国家社会科学基金项目
赵必振翻译日文版社会主义著作的搜集、整理与研究

赵必振译文集

人物卷

中共常德市鼎城区委党史研究室
常德市鼎城区赵必振研究会　编

主编：曾世平

辑注：应国斌

　　　翦　甜

校审：曾长秋

九州出版社
JIUZHOUPRESS

图书在版编目（CIP）数据

赵必振译文集. 人物卷／中共常德市鼎城区委党史
研究室，常德市鼎城区赵必振研究会编. −−北京：九州
出版社，2020.10

ISBN 978−7−5108−9677−4

Ⅰ.①赵… Ⅱ.①中…②常… Ⅲ.①赵必振—译文
—文集②名人—传记—世界 Ⅳ.①C53

中国版本图书馆 CIP 数据核字（2020）第 203113 号

赵必振译文集. 人物卷

作　　者	中共常德市鼎城区委党史研究室　常德市鼎城区赵必振研究会　编	
出版发行	九州出版社	
地　　址	北京市西城区阜外大街甲 35 号（100037）	
发行电话	（010）68992190/3/5/6	
网　　址	www.jiuzhoupress.com	
电子信箱	jiuzhou@ jiuzhoupress.com	
印　　刷	三河市华东印刷有限公司	
开　　本	710 毫米×1000 毫米　16 开	
印　　张	35	
字　　数	571 千字	
版　　次	2021 年 1 月第 1 版	
印　　次	2021 年 1 月第 1 次印刷	
书　　号	ISBN 978−7−5108−9677−4	
定　　价	99.00 元	

出版说明

《赵必振译文集·人物卷》，收集赵必振翻译的由日本人编著的七部人物传记。属于个人传记的有三部，即《亚历山大》《戈登将军》和《拿破仑》。

亚历山大大帝，即亚历山大三世，马其顿王国（亚历山大帝国）国王，世界古代史上著名的军事家和政治家。亚历山大以其雄才大略，先后统一希腊全境，进而横扫中东地区，不费一兵一卒而占领埃及全境，荡平波斯帝国，大军开到印度河流域，世界四大文明古国占据其三。征服全境约500万平方公里。亚历山大大帝英年早逝，在短短的十三年时间里创下了前无古人的辉煌业绩。

戈登将军（1833—1885），维多利亚时代的英国工兵上将。由于在殖民时代异常活跃，被称为中国的戈登和喀土穆的戈登。1856年，第二次鸦片战争爆发，他志愿到了中国，并且参与了1860年英法联军"火烧圆明园"；应李鸿章的邀请，接任洋枪队的指挥，参与镇压太平天国，和清朝军队积极配合，苏州、常州的太平天国的军队相继被打败，洋枪队浪得"常胜军"称号，戈登的声望达到最高峰，清朝政府为戈登"叙功，赏黄马褂、花翎，赐提督品级章服"。以后，戈登代表英国政府处理非洲殖民地的矛盾，最后死在苏丹的喀土穆。赵必振在"译序"中注意到了社会对戈登评价褒贬不一，戈登是清朝政府利用"白皙人种而戮吾同种者"，赵必振虽然明说不敢责备戈登，但还是指出"戈登之性质，惯代人以戮其同种"。译者谴责的是"同种人之争斗，延彼之色别、貌别、身躯别者，而授以刀斧，使同种人相鱼肉，以保彼一姓一家之产业也"。

《拿破仑》,日本土井林吉著。拿破仑·波拿巴(1769—1821),即拿破仑一世,19世纪法国伟大的军事家、政治家,法兰西第一帝国的缔造者。赵必振在译者序中称赞"古今之英雄,孰不推拿破仑为第一。稍知学问者,无不震之于拿破仑之名!"拿破仑去世后,拿破仑的传记汗牛充栋,赵必振选择日本土井晚翠君的著作,是因为这本书,"虽一区区之小册子,亦如古今大英雄之小影。呜呼!英雄往矣,得见其小影亦稍慰其景仰之意也"。

《德意志先觉六大家传》,日本大桥新太郎著,是一部介绍德国文学家的著作,被立传的文学家有克洛卜施托克(1724—1803)、维兰德(1733—1813)、莱辛(1729—1781)、赫尔德(1744—1803)、歌德(1749—1832)和席勒(1759—1805)。这些人都是德国文学启蒙运动时期的重要作家。克洛卜施托克是这个时期最杰出的诗人,他的诗歌感情真挚,富于激情,形象生动,韵调优美,对"狂突进"诗人有很大影响。维兰德是启蒙运动的著名小说家,他的代表作《阿迦通的故事》是德国最初的教育小说,并且第一次提出了"和谐的人"的理想。莱辛一生写了大量著作,剧本《明娜·封·巴尔赫姆》《爱米丽雅·伽洛蒂》和《智者纳旦》以及理论著作《拉奥孔或论画与诗的界限》和《汉堡剧评》等,都是举世闻名的作品。莱辛是德国资产阶级民族文学的奠基人,同时对现实主义的文学(特别是戏剧)理论和美学思想的发展也作出了重大的贡献。

18世纪70年代,一批青年作家发动了"文学革命",这就是德国文学史上所说的"狂飙突进"运动。最初是哈曼对早期启蒙主义者片面强调理性提出了异议,强调感情的力量。哈曼的思想影响了赫尔德,而赫尔德又净化和提高了哈曼的思想,并发展成为自己的思想体系。歌德接受了赫尔德的思想,经过自己的加工和提高体现在他的文学作品和理论著作中,从而影响了几乎所有的狂飙突进作家。如果说歌德是狂飙突进运动的旗手,那么赫尔德是这个运动实际的精神领袖。1773年歌德发表的《铁手骑士葛兹·封·贝利欣根》是狂飙突进的第一部代表作。1774年出版的《少年维特之烦恼》使歌德不仅蜚声国内,而且引起欧洲的广泛注意,成为德国文学中第一部产生世界影响的作品。

席勒是和歌德齐名的德国启蒙文学家。席勒在青年时期,在狂飙突进精神的影响下,写出了成名作《强盗》和《阴谋与爱情》,确立了他的反对封建制度、争取自由和唤起民族觉醒的创作道路。恩格斯说《强盗》这部剧作是"歌颂一个向全社会公开宣战的豪侠的青年"。歌德与席勒的友情更是足以照彻欧洲文学史半边天空的传奇。年长成熟的歌德给了席勒安定的呵护,而年轻激越的席勒给了歌德新的创作热情,于是《浮士德》跃出水面,它的光焰穿过历史的黑暗,点亮了今天的天空。

《世界十二女杰》,岩崎徂堂、三上寄凤著。立传的十二个女杰,从国籍来说,法国有五人,英国两人;意大利、俄国、西班牙、美国和德国各一人;其中女皇(王)有三人,即俄国的叶卡捷琳娜大帝,英国女皇伊丽莎白一世和西班牙女王伊莎贝尔,另外还有巴黎公社女英雄米歇尔和著名的法国女英雄贞德等。赵必振翻译的《世界十二女杰》,是晚清时期传入中国的第一本女杰传记著作,在当时产生了不小的影响。《新民丛报》为其做新书广告,明确界定该书对晚清女性的典范意义:"英雄豪杰,不分男女。中国数千年来,废女子不用,而女子之杰出者,盖寥寥罕闻矣。读此书载世界女杰,皆可歌可泣,可敬可慕,饷我中国。吾知女子中必有闻而兴起者矣。女子犹如此,男子更可以兴矣。"1904 年,杨千里以《世界十二女杰》为原本,编成了女学生教材《女子新读本》的下半部分(上半部分的内容为中国本土的英雄)。

赵必振翻译的《东亚女权萌芽小史》,在 1903 年问世。《新民丛报》称该书记录了"明治以来,闺秀见称于时者,德才品学皆足为女界之模范者",意在将书中女杰定为晚清女性的榜样。赵必振在译者序中说得很明白:"是编皆纪自明治以来,闺秀之见称于时者,辑其逸事,为言女权者之谈助焉。详而述之,是殆空谷而闻足音欤,抑亦去国而见似人者欤!"《东亚女权萌芽小史》建构的是日本女性形象,大都属于贤妻良母型的,当然书中也单独为洋学家加藤锦子、小说家田边龙子、西洋音乐家幸田洋子和文家及书画家税所敦子等少数才女立传,所以,该书提供的新女性实质有限,影响不及《世界十二女杰》。

《日本维新慷慨史》,原名《慷慨家列传》,赵必振翻译时更改为此名。西村三郎撰,赵必振译编。上、下二卷。为日本维新名士列传。述吉田松阴、赖山阳、水户齐昭、木户孝允等35人事迹。编辑体例以"先觉者为首,以攘夷者次之,以维新功臣殿之",亦概述维新历史,并主张以"破坏"改造社会。作者以资产阶级观点论述明治维新,书前序说"其书详于我国维新之改革,文明之进步。凡有关于国步者,述其事迹至周且详,而于爱国志士,艰难奔走,躬膺刀锯鼎镬而不辞,以及时势变迁,人情隆替,无不记之";"欲求社会之进步,必不能无所改革。欲求改革,则万不能无破坏之势。必破坏有多少,而后进步有多少。所谓雨不破块,则地不能成膏腴,风不鸣条,则林不能除败叶,此天下之公理哉"。赵必振翻译此书的目的,主要是为了鼓吹效法日本明治维新的榜样,并用日本明治维新志士的精神来鼓舞、要求改革的中国志士仁人。因此,他在译文中插有译者按语,发表自己的看法,如他在评论藤田东湖先生时,联系我国时事,将日本攘夷志士与我国腐败朝臣相比较,"一正此举亦殊卤莽。攘夷者在于政治学术,岂可以血气从事乎。幸而不成,否则徒祸耳。虽然意气凛凛,至今犹有生气。岂者吾国之朝言攘夷大势,去即摇尾乞怜,媚外唯恐不及者,所可借为口实也"。

Contents

目 录

亚历山大

日本　文学士幸田友成　　著

中国　武陵赵必振曰生父　译

应国斌　蓟甜　校注

世界历史之一

亚历山大

新民译印书局藏版

《亚历山大》叙

　　自古起，身微贱，躬亲百难，其伟业近为一代之俊杰，远为百世之师者多矣！然如亚历山大王[①]者，以马契度意阿[②]之太子，其父又为英主列利列王[③]，弱冠而即王位，北征托拉契、契特诸蛮部，而渡他意列河，南平奚列斯之叛，而握希腊之霸权，东而席卷波斯帝国，更远入印度，以传希腊之文明于东方，而导东方之风俗于希腊，跨欧亚二洲，遂生广大之希腊世界，为世界史上之一新时期。往昔阿利阿兹渥度洛斯之徒，始录大王之伟业。自是而降，传者愈多。所传者亦错综愈甚，甲乙互异，彼此相殊，真伪殊难辨别者不少。故余今为少年诸子，特撰《亚历山大王传》，而以故柏林大学史学教授幼冲科斯他列度洛伊希[④]之《亚历山大王传》为本，而参以笔法，并记其功过，以论断之。诸子于本书，先知亚历山大王之真面目，愿再从事于度洛伊希教授之亚历山大史，关于希腊主义之展发者，稍费时日以研究焉。则幸甚矣。

　　明治三十三年（1900 年）八月　幸田成友识

---

　　① 亚历山大王：即亚历山大大帝（前356—前323 年），即亚历山大三世，马其顿王国（亚历山大帝国）国王，生于古马其顿王国首都佩拉，世界古代史上著名的军事家和政治家，是欧洲历史上最伟大的四大军事统帅之首（亚历山大大帝，汉尼拔·巴卡，恺撒大帝，拿破仑）。

　　② 马契度意阿：今译马其顿，约前800—前146 年间，小亚细亚及希腊地区的国家，尤指公元前301年伊苏斯战役之后，由安提柯·贡纳克建立的安提柯王朝统治下的马其顿及希腊地区。马其顿地处希腊东北边缘，南接贴撒利，中隔奥林匹亚山，西为伊利里亚，东邻色雷斯。

　　③ 列利列王：即腓力二世（前382—前336 年），马其顿国王（前359—前336 年），亚历山大大帝之父，少时入质于底比斯，即位后施行币制和军事改革，政治上采用四处扩张计策，占领爱琴海北岸一带，继而南侵希腊，并于前338年取得希腊领导权；在准备进攻波斯期间被刺杀身亡。

　　④ 幼冲科斯他列度洛伊希：今译为约翰·居斯塔夫·德罗伊森，出生于切比亚图夫（今属波兰），19 世纪德国历史学家，普鲁士历史学派的开创者。他先后任职于基尔大学、柏林大学、耶拿大学，1833 年发表《亚历山大大帝史》，一举奠定了在西方史学界的地位。后来，他又创造了"希腊化"这一概念，以《希腊化史》一书涵盖了亚历山大征服希腊以后至罗马帝国兴起的这段历史。

第一章

历山大王之名,于世界史上,而画一大段落,更为一新时期之发端。故历山大王者,所以结亘二百年之久希腊人与波斯人之战斗,即所谓东西两洋最古之大冲突,而颠覆波斯王国之结果也。南自亚非利加之沙漠,东至野科沙陆特斯河及印度河,皆其远征所至之地,以传播希腊之王权及文化,更启希腊主义①之端绪。东西数千年之青史上,其奇伟宏壮之事迹,卓卓者不少。然其一跃而不再试,遂令一小国而以短日月间,以覆灭一大王国,于其残废之遗址,建营国家及人民之新生活者,实为古往今来,所未曾有。

希腊也者,在欧洲南部三大半岛中,位于最东,其面积较日本而稍大。其沿岸最多屈曲,与日本同。其东部多岛海中,有最多之岛屿,与对岸小亚细亚之交通,极为易事。其内地山脉纵横,便于小邦割据之事,亦与日本同。加之希腊之住民,分阿伊渥伊阿、度利阿、阿契阿之三种族,其人种上之竞争亦甚烈。其文化颇进,自耶稣纪元前七百七十六年,为其国正史之发端②。当时南部希腊者,为卫洛贺渥沙斯,为度利阿人种所建,为斯卫陆他市③。中央希腊者为海拉斯,为阿伊渥意阿

---

① 希腊主义:也称泛希腊主义。古希腊城邦相互之间是完全独立的,因此,希腊人的"国籍"指的是他所在的城邦。"希腊"没有政治意义,却是各个城邦的文化共同性——所有希腊城邦的公民讲共同的语言,崇拜共同的神,且有共同的习俗,以此与其他民族相区别,并将其他民族称为"野蛮人"。

② 古希腊是西方文明的主要源头之一,古希腊文明持续了约650年(前800—前146年),是西方文明最重要和直接的渊源,西方有记载的文学、科技、艺术都是从古希腊开始的。古希腊不是一个国家的概念,而是一个地区的称谓,其位于欧洲东南部,地中海的东北部,包括希腊半岛、爱琴海和爱奥尼亚海上的群岛和岛屿、土耳其西南沿岸、意大利东部和西西里岛东部沿岸地区。

③ 斯卫陆他市:今译为斯巴达。

人种所建,为雅典市。斯卫陆他者,属于卫洛贺渥沙斯;雅典者,属于卫拉斯。两雄竞立,势不相下。既而波斯之战争起,诸市乃舍其从来之纷纭葛藤,相合而当波斯之大敌。或于马拉托之陆战①,而博大胜;或于特陆贺卑列殊死血战②,而寒敌人之心胆;或一日委雅典于敌手,而于沙拉美斯之海战而获捷③,以使波斯王之威,遂不得振动于半岛。

波斯屡欲征服希腊,前后凡三次用兵④。于纪元前五世纪之上半,维持希腊之独立而最著大力者,惟雅典。自后雅典之势威,遂日加增,海上沿岸之诸岛诸市,皆新与雅典面结同盟,推之而为盟主,以备波斯之来侵,遂称之为特洛斯之同盟⑤。而雅典乃渐压其同盟诸市,遇之同其属领,诸市乃相合而嫉其隆盛,怨其专横,又推斯卫陆他为盟主。雅典并其同盟互争雌雄,殆三十年而未决。既而斯卫陆他制胜,遂握全半岛之霸权,又以暴力而临列邦。三十年之后,中央希腊之希列斯市,其野卫马伊耶他斯及卫洛卑他斯二杰突起,又代斯卫陆他而握一时之霸权,未久

---

① 马拉托之陆战:即马拉松战役,是公元前490年强大的波斯帝国对雅典发动的战争。雅典方面参战的11000人全部是重装步兵,他们按照惯例在马拉松平原的西侧排出八行纵深密集方阵。此时正值雨季,马拉松平原只有中间地势较高,两边都是泥沼地,雅典利用地形靠智谋获得了胜利。波斯军队共阵亡6400人,雅典方面仅仅阵亡192人。双方阵亡数字的悬殊差距充分体现了希腊密集阵对波斯方阵的压倒性优势。

② 特陆贺卑列殊死血战:今译作温泉关(Thermopylae)之战。温泉关是一个易守难攻的狭窄通道,一边是大海,另外一边是陡峭的山壁。第一次波希战争的马拉松战役之后第十年,希腊军队在这个狭小的关隘依托优势地形,抵抗了三天,阻挡了在数量上几十倍于自己的波斯军队,但是波斯军队人数众多,在杀了近20000(也有记载说是7000)的波斯军队后,300名勇士全部牺牲,史称斯巴达300勇士。

③ 沙拉美斯之海战:今译为萨拉米斯湾海战,是希腊战争中双方舰队在萨拉米斯湾进行的一次决定性战斗。萨拉米湾甚为狭窄,波斯的巨型战舰不能自由行驶,而雅典的战舰小巧迅速,希腊联合舰队最终击溃了波斯。萨拉米斯海战奠定了雅典海上帝国的基础,强大无比的波斯帝国从此走向衰落。

④ 波斯军队先后三次大举入侵希腊,第一次在公元前492年,大流士一世遣摩多牛斯率海陆军远征希腊,因陆军在色雷斯境内受阻,海军行至亚陀斯海角遭受风暴,损失惨重,遂无功而返;第二次在前490年,大流士遣达提斯率约100000军队、600艘战舰横渡爱琴海,先攻占优卑亚岛西岸的埃勒特里亚,然后在雅典北部的马拉松登陆,在此地爆发了马拉松之战,波斯军大败退回;第三次在前480年,薛西斯一世率军50万、战舰千艘进攻希腊,陆军夺取德摩比利隘口,进占并破坏了雅典城,但海军在绕过苏尼昂海角后,于萨拉米斯湾被雅典打败,仓皇退却,次年,陆军又败于中希腊的布拉。前478年,提洛同盟建立,希腊开始转守为攻,前449年,在塞浦路斯岛的萨拉米斯城附近打败波斯军,迫使波斯签订《卡里阿斯合约》,最终取得了战争的胜利。

⑤ 特洛斯之同盟:即提洛同盟。公元前478年,雅典组织中希腊、爱琴诸岛和小亚细亚的一些城邦形成新的同盟,同盟金库设在提洛岛,故名"提洛同盟"。它的目的原是为继续对付波斯联合作战,后成为雅典称霸工具,又称"雅典海上同盟"。前454年同盟金库迁到雅典。前404年,由于在伯罗奔尼撒战争中战败,雅典被迫解散了提洛同盟。

而衰。自后列邦互相争霸,扰乱无休时。

　　当是时,自从前希腊诸市所视为夷狄之马契度意阿者,于列利列王治世之下,国势一新,始干涉希腊之国事。而历山大王者,实即列利列王之子,故欲学历山大王者,非先知其父而不可。

第二章

　　马契度意阿者,在希腊之北境,占加摩列意阿山脉①之北,哈利阿科贺及阿契希渥斯两河流域之地,为其国之开祖。当纪元前八世纪之顷,自卫洛贺渥沙斯之阿陆科斯市而移来之王族,称为卫陆兹希加斯一世,奠都于阿伊加伊②。二百年之后,阿列契沙度陆一世即位,迁都于卑度耶③,乘波斯之战争,渐渐而拓其领土。当时于其首府之北方,自希腊之一独立市,耶托渥及加陆契兹科半岛、贺兹他伊阿、渥利托斯、特陆耶、阿么、列贺列斯等之诸希腊殖民地,皆为其所有。有马契度意阿者,以山间之一大酋长为未足,欲制多岛海北部之海上权,而染指希腊之国事,一扫是等之诸市。自阿列契沙他一世以来,马契度意阿之诸王,历世之后,皆确守是策,或阴离间中伤,或公然而用兵马,百方以求达其目的。然因其专制国,而篡夺王位之惨剧屡起。纪元前三百六十九年乘阿列契沙度陆二世④被弑,纷扰之际,乃率希列斯市之卫洛卑他斯兵而入当时之首都卫拉,自立为马契度意阿之摄政⑤。出三十人为质,前王阿美他斯二世之子列利列,亦其一人,齐赴兹列斯,留此三年⑥。列利列大悟希腊政界之机变,观破希腊市街之强弱二点,又与第一流之战术

---

　　① 加摩列意阿山脉:今译为罗多彼山脉。罗多彼山脉在保加利亚南部边缘和希腊东北部,古罗马时为色雷斯和马其顿的分界线。

　　② 阿陆科斯市,今译为哈利阿科蒙(今天的阿利阿克蒙);卫陆兹希加斯一世,今译佩尔狄卡斯一世;阿伊加伊,今译埃盖(埃泽萨)。

　　③ 阿列契沙度陆一世,今译为埃罗普斯一世,前602—前576年在位;卑度耶,今译派拉。

　　④ 阿列契沙度陆二世,今译为亚历山大二世,前37—前368年在位。亚历山大介入了色萨利的内战,成功得到拉瑞沙及其他数个城市的控制权。后来在一个庆祝活动中被暗杀。

　　⑤ 亚历山大二世被弑之后,虽然其二弟帕迪卡三世继任国王,但因他尚未成年,妹婿(或妻舅)勒密被委任为摄政王。

　　⑥ 列利列,今译为腓力二世,前359—前336年在位,阿敏塔斯三世之子,亚历山大大帝和腓力三世的父亲;阿美他斯二世,今译应为阿敏塔斯三世。腓力二世早年作为人质的地方是希腊的底比斯城邦。

家野卫马伊耶加斯而相亲爱。要之一少年而去国,其阅历遂多。列利列遂蓄多数之新思想,勇气勃勃,以一丈夫而远母国,亦犹俄罗斯之彼得大帝①,变身为一贱夫,而巡游欧洲诸强国。故以马契度意阿于列利列王之治世二十三年间,及其子历山大王之治世十三年间,其国势之伸张与俄国彼得大帝二十六年之治世间,其发达之事业,互相比较,则其孰优孰劣,殊未易以一言而决之者。

列利列王之归国,其兄卫陆兹加斯三世②继登王位,未久而殁。主张而应有王位相续之权者凡七人,列利列亦居其一,遂登王位③。然当时之马契度意阿,因多年被宗室轸灭之影响,非复昔日之盛观,北则卫伊渥意阿,西则伊陆利阿之蛮族,东则渥利托斯市,依然为加陆契兹科半岛第一之大市;而贺兹他伊阿、卑度拉耶度渥及其余特陆耶湾沿岸一带之地,尚存于雅典之势力范围中。而阿摩列贺利斯,系马契度意阿之军队,而屯驻于此地,亦有独立之实。故自列利列即位以来,先谋国内之统一,并对外敌之要具,一意从事于军队改良。尝以其学于希列斯者,以为应用之新法,称为列拉科斯而创新阵法,并新武器。希腊之战术,乃一大变动,至历山大王乃益改良。马契度意阿之军队,其精强遂称为世界无比者。

希腊从前之战术,不过为重步兵与重步兵之战,若无轻步兵及骑兵相遇,其胜败之数,已不待言。至野卫马伊他斯,而战术一变,重步兵、轻步兵及骑兵,皆同时而运用,且向敌之一点,而示集注兵力之利。在来之战列,即八至十二横列,改为五十之横列。因利野科托拉之一战,遂击破斯卫陆他兵,于是希列斯军队及其战法,乃遂改良,而实由列利列苦心孤诣所发明。

马契度意阿步兵之武装,以沙利沙译音短剑、圆楯、胸甲及胄而成,就中最要之武具,即沙利沙。沙利沙者,即长二十一英尺之长枪,两手持之,然其枪过长,不

---

① 彼得大帝:即彼得一世·阿列克谢耶维奇(1672—1725年),史称彼得一世,后世尊称其为彼得大帝。1697年,他派遣使团前往西欧学习先进技术,本人则化名彼得·米哈伊洛夫天下士随团出访,先后在荷兰的萨尔丹、阿姆斯特丹和英国的伦敦等地学习造船和航海技术,并聘请大批科技人员为俄罗斯工作。

② 卫陆兹加斯三世:今译为帕迪卡三世,公元前365—公元前359年在位。

③ 腓力(列利列)回国之后,于前359年夺取了年幼的侄子的王位。他经过20多年的励精图治,打造了一个强大的马其顿王国,前336年,在准备进军波斯的前夕死于刺杀。

便于单身之格斗。其一队必四千九十六人，为方形阵，而其名称为列拉科斯①。列拉科斯之单位，为洛可斯，以十六人为一纵列。各人之位置，相距凡三英尺，其头列称为洛加科斯，以百战磨炼之勇士充之。而兵士之执沙利沙者，立于六英尺之所。若离十五英尺，其兵士则出其体前而击之。故洛加可斯必以五本之枪衾，为防御之理由。自身之枪先，凡十五英尺，较之第二第三第四及第五列之战友之枪先，宛然而减三英尺，皆出其体前，互相防御。而列拉科斯完全之单位，则以十六洛科斯而成，而称为希他科马。纵横凡十六人，即一队二百五十六人，以此单位而得无穷之倍加。若至六十四希他科马，即为一万六千三百八十四人，而为一大列拉科斯，为史上所稀见。若自列拉科斯之前面而袭之，则坚固而不能破，若自侧面与背部而击之，则必不能支。若因其利而诱之，或前列于方向变换之际，则阵形必乱。如卑度耶与罗马军决战之际，敌兵之枪，既入列中，全队悉殪于敌刃。然是等之事，亦所稀有。当列利列之时代，希腊兵士之战术，以列拉科斯为最，几不能敌之。列利列于列拉科斯之外，别设轻步兵，亦如希腊重步之武装。又置预备兵骑兵攻城队，改为各人带刀之制。而采全国皆兵之主义，不论贵贱，不问田夫市人，悉放以军队教练，而养其协同服从之精神。于是马契度意阿，遂为精强之一军国。加之以长武技，富教育，通战术，蓄政略，列利列种种改良之布施，马契度意阿乃日膨胀，而希腊之运命危矣。

囊者波斯之侵希腊也，以雅典为主而抗之。今则为马契度意阿之希腊所胁，而仅成一市。其前勇后怯，一至于此。盖于纪元前四世纪之中叶，于希腊之国状，与百年前相比，已大相违。而其相违者，实因政治上一大发展之失败为之基。且希腊之政界，其根本谬误之观念，以都府为政治上最高最备之机关。自都府而下，以至村落，而各为自治，而不知以谋国家的统一，集几多之都府，向共通之目的，以

---

① 列拉科斯：今译为马其顿方阵。马其顿人的军队是在腓力二世手上成型的，由重装步兵、突击骑兵以及轻步兵、轻骑兵组成，其中重装步兵和突击骑兵是主力。而它的重步兵方阵就是马其顿方阵。马其顿方阵的构成：马其顿重步兵每个团为1536人，分为三个营，每营512人。其最低的单位为一行，共为16人。每一团都有其自己的指挥官，但方阵却无指挥官，每一行有一个"行长"，行长站在第一列，在他后面的两列也是要选勇敢和技巧兼备的人员，每行最后一个人也是精选的人员。方阵的重步兵主要装备是一根六米长的长矛，用双手来运用；其防盾挂在左臂上，这就说明只是一个小型的盾，防护面积有限，而且挂在臂上使得防护能力非常受影响；还带着一把短剑，并穿着胸甲（皮甲）、绑腿和头盔。唯一值得一提的是方阵重步兵使用的长矛比南方邻居希腊重步兵长两米；以及采取比希腊重步兵更深的纵深，也就是增加列数，以此来获得优势。实际上可以看出马其顿方阵就是希腊重步兵方阵的一个加强版本。

协力而联合。是为希腊人民之弱点。当纪元前五世纪之中叶，推雅典为特洛斯同盟①之盟主，希腊统一之业乃渐起。而国步多艰，分离又起。希列斯、雅典、斯卫陆科三市，又互相嫉妒，至其中世，与意大利诸市相类。既而卫洛贺渥沙斯之战争②，于是希腊之统一，又成泡影。至纪元前四世纪之中叶，希腊又分为几多之小市，徒抱近邻之都府，而互抱猜疑。此其衰弱之点。

孤立主义之弊，既已如此，加之政治上又屡屡失望，而公私道德之颓败，其弊亦达其极点。故特贺斯特渥斯责雅典人曰："雅典人者，以怠慢利己为主，多疑心而不顾污行。其准备之费用虽不少，而军费常苦缺乏。彼等惑溺于家庭之快乐，于国家之防御，虽动一指而不为。"其言如此。要之苟且偷安者，实为凡百弊害之源泉。即如彼佣兵之制，尤为笑柄。不独雅典人如此，即沙利人、希列斯人、卫洛贺渥沙斯人等，于暴风猛雨之际，唯祈请勿为损害，而不讲防御之手段。虽危难当前，而漠然置之。苟得苞苴，则于他邦之零落，视诸等闲。且至无敌而表同情，而不知为莫大之恶。今日之雅典人及希腊人，虽有切要之论辩，而实行之者实少。特贺斯特渥斯又曰："当波斯之侵寇，卿等之祖先，以身殉国难。卿等今日皆怠惰而放弃其义务，何等对卿等之祖先乎？"以败坏之雅典与新兴之马契度意阿而相比较，更即特贺斯特渥斯之言，可想而知。其言曰："吾人仅一微弱之岛屿，及契渥斯洛兹并可陆契拉，其国库之收入，仅四十五他列托约十万元，皆先征集期而征集。虽仅一队之骑兵与步兵，而人人各尽其军人之义务。吾人之政略，于近旁之诸市，则皆视敌如友。若国库缺乏，或有失败之事，则各出良策，咨众议而举行。以列利列之一身，而为万般之君主。"

以此而比较，则雅典与马契度意阿之优劣，已大著明。而特贺斯特渥斯，不挠不屈，一意以兴复雅典市为己任，颇为尽瘁云。

---

① 特洛斯同盟：今译作提洛同盟，指在希波战争期间，于公元前478年以雅典为首的一些希腊城邦结成的军事同盟。因盟址及金库曾设在提洛岛，故称"提洛同盟"，也称"第一次雅典海上同盟"。

② 卫洛贺渥沙斯之战争：今译为伯罗奔尼撒战争，是以雅典为首的提洛同盟与以斯巴达为首的伯罗奔尼撒联盟之间的一场战争。这场战争从公元前431年一直持续到公元前404年，在长达27年的时间里，双方几度停战，最后斯巴达获胜。几乎所有的希腊城邦都参加了这场战争，其战场几乎涉及了当时整个希腊语世界。在现代研究中也有人称这场战争为古代世界大战。

第三章

军队改良之举既成，列利列及出兵而征卫伊渥伊耶伊陆利阿之蛮人，次围阿么列贺利斯市。其市为通斯列斯与马契度意斯之要路，有卫加伊渥斯之金坑，为雅典人所建。其后归于斯卫陆科人之手，遂为独立之一大市，数与雅典战。故列利列欲并雅典，先于阿么列贺利斯洛城之役，即以甘言让与之，乃急进兵而陷阿么列贺利斯。于是渥利度斯市，渐逼危难，乃派使而诉于雅典。列利列亦遣使者，以其曾归雅典之卑度耶市与阿摩卑贺利斯，而提出交换之问题，以请求于密秘会议。雅典迷于列利列之甘言，乃反抗而不可。加之雅典现因卑沙兹渥契渥斯等同盟诸市之离叛，所谓社会战争将生，不欲新构劲敌，遂斥渥利度兹之请愿。已而雅典之社会战争既败，列利列乘国家之多事，急陷卑托耶，寻拔贺兹他伊阿，以与渥利度斯。渥利度斯深怨雅典之淡薄，而隙益深。

纪元前三百五十七年，关于中央希腊之特陆列伊占领之事件，第二神圣之战争遂起①。列利列遂乘南下之好机，而施其技。特陆列伊市者，位于列契斯州之西南隅。有阿贺洛神殿，为古来希腊人所崇信之神，喜舍之净财不少。列契斯颇羡望之，尝欲略有此地。特陆列伊人以为同种族特陆列伊人者属于渡列阿人之种族，而为之后援，乃得恢复。于是列契斯人与度利阿人之嫌忌乃益甚，然其后列契斯称霸于奚列斯，乃不得已而屈服之，然次第每有反抗之举动。兹列斯乃施其镇压策，而开阿么列科兹渥意阿会议，利用自党之多数，而借其口实，以课列契斯之罚金。列契斯拒之，仍议决而征定列契斯而献其地于阿贺洛神。列契斯奋然举兵而

---

① 前355年，为争夺特尔斐神庙的土地，弗西斯与底比斯爆发的战争称"神圣战争"。弗西斯在斯巴达的支援下获胜，并向帖萨利进军，帖萨利向腓力二世求援，腓力二世参战。前346年，神圣战争结束。阿贺洛神殿，今译作特尔斐神庙，或阿波罗神殿；列契斯，今译作弗西斯；特陆列伊，今译为底比斯。

试抵抗,乃侵略特陆列伊,而夺其积年贮藏神殿之财货,以聘佣兵,或贿赂于行使。遂进夺特陆贺卑拉伊,又至希纱利州与列拉伊市之君主而商议。于是又与列拉伊市而相争,乃又求援于列利列。纪元前三百五十二年,列利列率兵而南下,一旦败而还国。乃再大举而列拉伊、列契斯之同盟军,而握斯沙利之实权。又取多岛海滨之一大要港,名卫加沙伊者,遂进南北希腊之关门,而夺特陆贺卑拉伊。雅典人大惧,以为列利列若渡此关,则列契斯对希列斯胜败之数,不卜而知。而唇亡齿寒,势必逼己,乃急出兵共列契斯军而扼守特陆贺卑拉伊,与列利列战而败北。雅典遂为希腊诸市所摈斥。已而兹列斯疲于数年之战争,乃以阿摩列科兹渥意阿会议之名义,而请援于列利列,其形势乃一转。

先是,列利列以贺兹他伊阿与渥利托斯之事,欲得而甘心。及自希沙利而还,又用兵于斯列斯而至契陆耶渥耶斯之附近,渐逼于渥利托斯①。渥利托斯方与雅典而结平和条约,互为准备。既而战端既开,渥利托斯遣使者于雅典,而结攻守同盟。特贺斯特渥斯②大赞助之,以为马契度意阿与雅典势不并立,而列利列与特贺斯特渥斯同为人杰,故其如此。特贺斯特渥斯者,雅典人,其祖母为契陆耶渥耶斯人,少年而失父,为监督者而荡尽其遗产,艰苦备尝。故能决志发愤,以练磨其辩舌,或立于波浪狂奔之海岸,独法大声,或讲演古哲之学说,或力整威容,或学俳优而期身体之动作。今日之读其特斯特渥斯之演说集者,皆感其言之简要明晰,直逼人之肺腑,而独不能动当时之雅典人。盖当时之雅典人,亦无足怪者,以苟且偷安为事,徒谈过去之光荣,努力以维持平和而甘屈辱。其时最多小策士而无大政治家,加以其市民中而为列利列党者不少。故特贺斯特渥斯极论加渥利托斯与雅典两市为唇齿辅车之关系,亟诱劝其速派援兵。极论三次,皆已被斥。已而雅典容纳其议之时,而时机已失,渥利托斯已为列利列所陷,且破坏其同盟之三十二市。于是渥利托斯同盟希腊之荣华,遂一扫而空,而徒令追悼不置矣。

渥利托斯落城之年纪元前三百四十七年,希列斯以列利列征定列契斯之事而宣告,列契斯人大惊,遣使于雅典而请援。再出兵特陆卑拉伊,与守将等相争,纷扰连起。雅典之会议,以平和二字,奉为金科玉律。自列洛科拉特斯之发议,乃派

---

① 渥利托斯:今译为奥林土斯城邦。

② 特贺斯特渥斯:今译为德摩斯梯尼(前384—前322年),古雅典雄辩家、民主派政治家,早年从伊萨学习修辞,后教授辞学,积极从事政治活动,极力反对马其顿入侵希腊;后在雅典组织反马其顿运动,失败后自杀身亡。

阿伊斯卑渥斯、特贺斯特渥陆等十人之使节,于列利列之王庭,预议平和之条项。使节等及得列利列之手书而归雅典议会,特开二次之会议,乃议决雅典及其同盟者,而与列利列及其同盟者以结订平和,但降列契斯人而不与。

呜呼! 此为何等之失策,而雅典人不悟也。而列洛科拉特斯、阿伊斯卑渥斯等一派之徒,以此议决,而自鸣得意,以为能测列利列之心事。而自言曰:"列利列王,实为列契斯及雅典之友,而为希列斯之敌。故和议既成,而得行动之自由。"王喜列契斯人,而不必加与同盟之中,以敦结列契斯与雅典之谊。

呜呼! 列利列王之心事,果如此与否? 又岂列洛科拉特斯等之所知,而为其同胞所欺以谋己利,亦大可叹矣!

此条约既定,雅典人与马契度伊阿使节前而面誓。雅典之十使等亦面誓于列利列之前。未几,列利列忽用兵于斯列斯,又围雅典之同盟契陆耶列扑列特斯市。盟誓之言,已弃置而不顾。而腐败之雅典使节,尚悠悠忽忽而入于马契度意阿,以待列利列。而列利列又略取斯列斯之沿岸,直陷契陆耶列扑列特斯市,乃始归于卫拉。于雅典、斯卫陆他、希列斯、野贺伊阿、斯契斯之诸使节,一面饰其巧辩,一面又大整军备,遂发大军而南向,而仍与诸使节而定誓。

自列拉伊三日而达特陆贺卑拉伊,然不欲以兵力夺之,以从希腊列邦同盟之反抗。列利列复指嗾列贺科拉特斯而发议曰:"列契斯人于特列陆伊,非其当然之所有,故于阿摩列科兹渥意列会议而拒之。雅典人不能与列契斯之事。"列利列又从特陆贺卑拉伊之降服,否则其旧同盟者,雅典亦特布告开战之旨。于是列契斯及特陆贺卑拉伊不得已,乃降于列利列。而于希腊之军,不折一兵,而归于马契度意阿王之手。列契斯自阿么列科兹渥意阿会议除名之后,州内之二十二市,全然破坏,其住民四散,夫妇相离,而演无穷之悲剧。三年之后,特贺斯特渥斯,再过此地,目击凋落之状,愤恨不已,乃叹曰:"舍忠实之同盟,而自陷于悲境,何以见吾人祖先乎! 使祖先而有知,其抱恨何如也?"

第四章

列利列既于阿乌斯特陆利兹,殆如野那战后之拿破仑,为众目所注视。希腊将来之运命,必握于其掌中。雅典乃愕然,如长夜之眠初醒,急于国境而置守备兵。自后马契度伊阿与雅典之小葛藤,频频不绝。纪元前三百四十年,雅典遂公布宣战。时列利列从事于哈伊贺斯山征讨他意列河间之蛮族,不能南还。特贺希特渥斯乘机而改造海军,又废从前以国费之剩余而用于祭祀,以蓄积而充军费。而雅典之列利列党欲乘机而为内应,列利列亦欲乘机而起。然列利列又恐兹列斯之反覆,因攻击雅典而坏希腊列邦之同盟。既而列利列乃利用阿摩列科兹渥意阿会议之议长,乘第三神圣战争之起,遂率兵骑而从事于中央希腊。

契陆拉者,位于特陆拉伊西南之海路。特陆列伊为巡拜者之上陆地,风极隆盛。其近旁诸市大嫉之,于第一神圣战争之际,乃灭契陆拉。以其地为阿贺洛神领,而一切不许开拓。然而未久,阿摩列沙人又再兴。当第二神圣战争之时,特陆列伊党因列契斯之故,与雅典而构隙。纪元前三百三十九年开阿摩列科兹渥伊阿会议于特陆列伊。而阿摩列沙人为希列斯人所煽动,乃大攻击雅典。故雅典派出之委员极论契陆拉市再兴之不法以报之。翌日特陆列伊市民,因不得会议之许可,而致破坏契陆拉之政策。阿摩列沙人于其归路,袭击而大败之。于是阿么列科兹渥伊阿会议,是年而再开会,将问罪于阿摩列沙人。而迁延未决,乃招列利列王而仰其处断。

列利列王大悦,进兵而过特陆贺卑阿伊,阵于野拉他伊阿,别派遣一队,而向阿摩列沙。雅典得报,骇然而惊。虽开元老院及议会,无一人能发言者。众皆求闻特贺斯特渥斯之策。特贺斯特渥斯于此重大之问题,以视希列斯之背向如何,以为若得列利拉与希列斯而同盟,则与野拉科伊阿而阵于阿兹加境上。遂再遣十使节而送于希列斯,以约列邦之同盟。

十使节之赴希列斯也,而列利列之使节,已往希列斯。以特贺斯特渥斯之雄辩,始结攻守同盟。以雅典军之大半,会希列斯兵而守于贺伊渥兹阿州之境上。其余皆屯驻于列斯阿。雅典出军费三分之二,其指挥权两者皆平等。两市之同盟军,小战二次而获胜。又因特贺斯特渥斯之斡旋,自其余之诸市,又得援兵。然将帅不得其人,究难制终局之胜。纪元前三百三十八年秋八月,加伊洛耶伊阿之激战,全军皆败①。初列利列以步兵三万,骑兵二千余,而阵于野拉他伊阿,而占卫拉贺托美伊与加伊洛耶伊阿两市间之坂路,欲略同数之同盟军而先占此。佯出兵于东方,以胁拉加斯湖之南部东部一面之地。同盟军仅留少许之兵于坂路,而向希野斯之背而进。列利列既知其谋,急旋军而夺坂路,乃立于加伊洛耶伊阿之原头。

同盟军知为所欺,乃急还对列利列,乃见两军之阵形。同盟军之右翼,以希列斯人当之,而对列利列之子历山之军。诸市之援兵及佣兵而占中军,而雅典人又位于加伊洛耶伊阿接近之右翼,以对列利列自统帅之敌军。当开战之初,希列斯兵,不堪历山激烈之攻击,稍退列利列军之后。乃互相夸诞,谓必逐之于马契度意阿。既至午后,左翼乃知敌兵之精练不屈,士卒多战死。历山乘之,而袭同盟军之中军,直进而走。时雅典兵复有来攻列利列之势,次第退却。又攻其侧面及背部,渐及历山之军。然不过暂时之抵抗,复全败走。同盟军乃皆愤散而不能再举。雅典及希列斯,忽为守城之准备。而马拉度与加伊洛耶伊阿,运命乃遂不振。此其所由来矣。

加伊洛耶伊阿之战后,列利列乃严罚希列斯而无所宽假。而对雅典故执稳和之手段,与雅典之使节特马特斯而议平和条约。反还马契度意阿之所捕虏,又让与以希特斯所有渥洛贺斯市。雅典遂认马契度伊阿王于希腊之霸权。此条约之屈辱希腊为最甚,固不待言。而雅典竟承诺之。于是希腊连绵之国史,遂告终局。列利列公然为希腊列邦之霸者,以渥洛贺斯让与之事件。于是希列斯与雅典两市,遂布永久纷扰之种子。

寻而卫洛贺渥沙斯诸州,亦概为列利列党,而为其后援,又夺斯卫陆他而复其

---

① 加伊洛耶伊阿之激战:今译为喀罗尼亚之战,是马其顿王国征服希腊的一次决定性会战。前338年春,马其顿国王腓力二世率军入侵希腊。雅典、底比斯、科林斯等希腊城邦组成反马其顿联军进行抵抗。喀罗尼亚之战于前338年9月1日在喀罗尼亚爆发,希腊联军1000余人战死,约20000人被俘。

地。纪元前三百三十七年,希腊各市除斯卫陆他又开会议于科利斯①。列利列又与住在亚细亚希腊人之自由,且报沙契奚斯侵寇之举,遂从事于征伐波斯。全会一致,而选其为总司令官。是年乃准备远征之举。翌年春,以卫陆耶意渥及阿他洛斯为远征军之先锋。阿他洛斯者,列利列最后王妃科列卫托拉之父,率军而横断于卫列斯贺托,本军亦遂自马契度伊阿而发出。

初,列利列屡易其王后,内廷之纷扰不止。后听最后之爱妃科列卫托拉之言,而逐历山之生母渥利摩阿斯②。于是宫中遂生秘密党,大害王之安宁。乃欲一扫王女与渥利摩卑阿斯之弟之纷扰,乃并开其结婚与新王子诞生之祝宴于阿伊加伊③。时纪元前三百三十六年八月。先是,有贺沙意阿斯者④,以事而怨阿他洛斯,而诉于列利列。而为列利列王所嘲笑,愤恨不已。遂为渥利摩卑阿斯党与密秘煽动,贺沙意阿斯遂决意而附和之。当祝宴之日,乘列利列之赴剧场,护卫兵方退后,以示威容,遂闪匕首而刺杀王。预遣渥利摩卑阿斯党一人迎历山而即位,遂立之为马契度意阿王。

列利列方乘运命而为造化之宠儿,暴然而逝,享年四十七。希腊列邦所不齿之马契度意阿,一旦蹶然而起,而使希腊列邦屈伏于列利列王二十四年治世之下,而握希腊列邦之霸权。其始也用权谋,务卑下,行贿赂,以种种之恶手段,毫不自疚于心。至其子历山大王,十三年之治世间,遂席卷波斯全土。躬历战阵,试身于枪林炮雨之间。其用兵之妙,不可思议。前者之政略,后者之战斗,无不奏奇效。父子相次,而马契度意阿之强大,有自来矣。

---

① 科利斯,今译作科林斯。前 337 年,腓力二世在科林斯召开全希腊会议(仅斯巴达缺席)。会议约定成立以马其顿为首的"希腊联盟",宣布由马其顿领导希腊各邦对波斯进行复仇战争。科林斯会议结束了希腊的城邦时代,希腊各邦已名存实亡。此后,希腊历史进入了马其顿帝国军事独裁统治的时期。科林斯大会满足了希腊大奴隶主的要求,确立了马其顿的统治秩序。
② 渥利摩阿斯:今译作奥林匹亚斯,亚历山大的母亲。
③ 阿伊加伊:马其顿的旧都皮拉。
④ 贺沙意阿斯:今译为鲍舍尼亚斯。

第五章

　　纪元前三百五十四年七月某日，列利列王一日而得三吉报，一为其部下击破卫陆耶伊渥之伊陆利阿人，一为王之爱马于渥利摩卑阿竞技而胜，一为王后渥利摩卑阿斯生历山。历山年少，既富于自主之念，亲受良师大哲学者阿利斯托托陆①之薰陶，对学术而养其好尚。又最爱度伊利阿度之史诗②，而私淑于其编中英雄阿契列斯③。历山又好击剑与狩猎，长于马术，尝于父王前乘其悍马，又通音乐。十一岁之时，于雅典使节之前，巧奏纵琴，称为绝技云。

　　历山既即位，先宣言于全国，以保国家之尊严，而继绍父王之遗图，而将征讨波斯。又罚贺沙意阿斯之党与，次进兵于希腊，以镇压人心之不安。又开希腊列邦第二回大会于可利斯，列邦除斯卫他④，皆列会议，一致而承认马契度意阿王为希腊之霸者。历山既归马契度意阿，遂征希腊之蛮部，及渡他意列河，而得其酋长姐落之消息，而遂止军。寓于雅典、希列斯之亡命者，以得特贺斯特渥斯等之援，急袭希列斯，而夺其外城，乃出使列邦而求军费与兵马。列邦迁延未决，既接历山

---

　　① 阿利斯托托陆：亚里士多德（前384—前322年），古希腊人，世界古代史上伟大的哲学家、科学家和教育家之一，堪称希腊哲学的集大成者。他是柏拉图的学生，亚历山大的老师。

　　② 指荷马史诗《伊利亚特》。

　　③ 阿契列斯：阿喀琉斯，又译作阿基里斯、阿基琉斯、阿奇里斯，是荷马史诗《伊利亚特》中描绘特洛伊战争第十年参战的半神英雄。

　　④ 斯卫他：今译为斯巴达，古代希腊城邦之一，位于希腊半岛南部的拉哥尼亚平原。拉哥尼亚三面环山，中间有一块小平原，扼守着泰格特斯山脉。斯巴达以其严酷纪律、独裁统治和军国主义而闻名。斯巴达的政体是寡头政治，在伯罗奔尼撒战争中，斯巴达及其同盟者战胜雅典军队并霸占了整个希腊。但斯巴达在称霸希腊不久便被新兴的底比斯打败，在北方的马其顿崛起后，斯巴达失去了在希腊的影响力。

已抵伊陆利阿地方之报,急率兵而南下。十三日而达奚列斯①之南门外,遂乃陷之。是役也,马契度意阿失五百人,奚列斯失六千人。其战斗之激烈,可想而知。奚列斯之男女老少为捕虏者三万余。除僧尼及马契度伊亚人亲友之外,悉卖为奴隶。其市遂全然破坏,悲酸之景,不可寓目。其市领遂为贺伊贺兹阿所分割。

于是希腊列邦中,无不靡然而震恐。雅典以下,皆遣使而祝战捷。历山又自希列斯而赴可列斯。列邦又大开会议,对波斯远征而定各市之分任。又过特陆列伊而归卫拉城,乃益整军备。纪元前三百三十四年春,大集兵于卫拉阿摩列贺利斯之间。以阿兹卫特陆为马契度意阿之留守,授以步兵一万二千,骑兵一千五百,以维持国内之平和,兼备希腊诸市之动摇。

当时之波斯,适他拉伊阿斯三世②在位,西自沙哈拉,东达印度河,北至里海,南至波斯湾。其版图之广大,面积与欧罗巴全洲等。有各种之气候,各种之人民,各种之财源。苟有英主统率而运用之,为全球所不能抗。然自他拉伊阿斯一世以来,历代之国王,或愚暗,或专制,或骄奢,而擅非行,而内乱屡起,各州之知事,或因过强而抗中央政府,或过弱而不足以防外敌之侵寇。且波斯之战法,全墨守其旧法,其兵员又自各种之种族而成,故其勇怯各异,武装互殊,而缺协力之念。以种种之原因,以十倍波斯军之马契陆意阿兵,卵石之势,其胜败之数,不待烦言而决矣。

纪元前三百三十四年,历山率步兵三万,骑兵五千,横断于卫列斯贺托海③。其军队之渡峡者,命卫陆耶意渥监之。王率数人而拜托洛伊④之遗迹。托洛伊者,见于贺马之诗集,王自幼时所崇拜者。再合于阿利斯卫之本军,而向列利阿贺斯,乃出其骑兵,而侦察敌情。

是时,利兹阿之知事,与斯卑托利他特斯、列利契阿之知事,并阿陆希特斯及

---

① 奚列斯:今译作底比斯,或忒拜,是位于中希腊维奥蒂亚州的城市,于公元前4世纪达到极盛,与雅典,斯巴达并称为希腊三大主要城邦。在公元前4世纪初,底比斯人于留克特拉战役打败了当时的希腊世界的霸主——斯巴达,从此成为希腊最强大的城邦。但仅仅十年后该城邦就被马其顿国王腓力二世所灭,亚历山大时期又发动起义,失败后全城人民不是被杀就是卖为奴隶。

② 他拉伊阿斯三世:即大流士三世,波斯帝国末代君主,前336—前331年在位。

③ 卫列斯贺托海:希里帕,即今达达尼尔海峡。

④ 托洛伊:即特洛伊,是公元前16世纪前后为古希腊人渡海所建,前13世纪—前12世纪时,颇为繁荣。前9世纪古希腊诗人荷马的史诗《伊利亚特》叙述的"特洛伊木马计"就发生在这里。

洛希人相会于那摩列,而商军议。历山之军,乃退而清野,勉避战斗①。而历山之军势颇优,遂直冲敌之本国。其与希腊诸市之不平者,又开交涉之端。其二知事以历山仅二万之希腊佣兵,与二万之骑兵,以为不足与敌。遂阵于科拉意科斯河②之右岸,以迎敌阵。自恃科拉意科斯河,深浅不一,而两岸皆绝壁。历山之将卫陆耶意渥③以渡河颇难,劝于翌晓,再开战斗。历山不可,以为渡一小河,而迁延一日,以沮我士气,而养敌之锐锋,非军人之妙策。不如一战,以乘我军方锐之机。

　　历山自将右翼,卫陆耶意渥将左翼,挟河而与敌相对。历少时,历山命托列美率前卫而先进,自跃马横流而渡。左翼亦突进,金鼓震天,喊声动地,人马相接,剑戟遂交。那么耶所率暴死军之左翼,多年驰骋于战场。马契度意阿军之前卫,一时为其击退。全军既而上陆,战斗愈愈激烈。历山乃著美丽之甲胄,于其兜之顶上,参参而置白羽毛,尤眩人目。敌骑迫于四方,历山奋战而枪折,乃持其柄以当敌。偶自科利斯之兵而得新枪,适伊拉伊阿斯之养子美托利他特斯④率骑兵一队而突进。历山乃单骑离列而疾驱,举枪而刺美托利他特斯之面部,乃仰身而落马。忽一敌将舞剑而研历山之头,击碎其兜,羽毛缤纷,殆如雪散。幸而未中。历山急飞短剑,而贯敌之胸。敌将斯卑托利他特斯举刀,自后而击历山。危机将逼,忽白刃一闪,而断敌之右臂,则历山之乳兄弟科拉伊托斯⑤是也。其主将之奋斗既如此,于是马契度意阿军,士气益振。先奔波斯之骑兵,次围希腊之佣兵,殆鏖杀其全军。是役也,波斯所失二万之兵士,与多数之名族老将。于是小亚细亚之国威,俄然堕地。而马契度意阿军,战死者仅百二十人。王乃厚葬其死者,赈恤其遗族,亲访伤者而慰谕之。又送其战利品中三百之甲胄于雅典,而供于阿特渥之神。乃为铭记曰:"列利列之子历山及希腊人除拉契时贺意阿人所获于亚细亚蛮人之战利品。"⑥

---

　　① 知事,即总督,当时波斯边疆省份的3位总督会商。波斯的希腊雇佣军统帅,罗德斯的蒙农建议焚烧周边的田地,但由于波斯地方总督怜惜他们的财产,未被采纳。

　　② 科拉意科斯河:今译为伊斯特河,或格拉尼卡斯河。

　　③ 卫陆耶意渥:今译为帕曼纽,出身上马其顿贵族,父亲是菲罗塔斯。帕曼纽在腓力二世时期就投身军旅,深受腓力二世信任。亚历山大时,参与多场与波斯的战役,在高加米拉战役中指挥马其顿联军左翼。在公元前330年因其子菲罗塔斯被控诉对亚历山大谋反,而使帕曼纽遭到株连,于埃克巴坦那处死。

　　④ 即波斯王大流士三世的驸马马密斯拉德斯。

　　⑤ 科拉伊托斯:今译为克利图斯。

　　⑥ 今译:"来自亚历山大,腓力之子,和希腊人(除了斯巴达人)的奉献,从居住在亚细亚的野蛮人夺取。"

科拉意可斯之败报既达,闻风而靡。沙陆契斯、野列沙斯两市,闻历山之军方至,开城门而请降。美列科斯①恃波斯舰队之救援,欲试抵抗,未几而仍陷。耶摩那欲建策率波斯舰队而进击马契度意阿。历山颇忧之②,又服小亚细亚沿岸之诸市,而夺波斯舰队根据之地。因节军费,乃以舰队送还于本国。更进而围卫利加陆耶拿斯市。

---

① 美列科斯:今译为米勒特斯,或米莱塔斯。

② 亚历山大认为帕曼纽的"希腊必胜"的判断是错误的,马其顿不能用一支小舰队去碰一支大得多的舰队;对一只鹰落在亚历山大船尾的预兆解释也不同,马其顿必胜,但不是海上,而是陆地。

第六章

卫利加陆耶拿斯①者，为加历阿州之最强市，控海而倚山，绕之以坚固之城壁，及幅四十五英尺深二十英尺之濠，更以勇敢老练之将耶摩那②负防御之大任。雅典人野列阿陆特斯③率希腊佣兵以辅之，颇有轻敌之意。历山先行攻城，于附近希腊之诸市，而许其自由，以买其欢心。又令加利阿④之国君复其位，以收揽土人之人望。于距城壁半哩之地，而建牙营。其城兵试一二次之突击，不能击退之。历山乃夜击其近傍之美度斯市，失败而归。自是攻守之力皆瘁。攻击军又埋濠渠，以撞墙车而坏其城壁。其城兵数突出而妨之，或以积瓦而筑新城壁等，胜败未决。偶有马契度意阿有二兵士，以醉余而互矜武勇，欲陷其城以决优劣，乃争走而向之。有四五之城兵，出而迎击。既而彼此之兵士渐加，而两军齐出。马契度意阿军，苦战之后，渐逐敌于城内。城将耶摩那知难久守，与诸将集议。野列阿陆特斯主张最后之突击，最为热心。得耶摩那之许可，乃选死士二千人，令一半而持炬火。盖欲以敌之所用攻城诸器械，付之一炬。黎明之时，野列阿陆特斯开四门而突出，乃放火纵烟，而奔敌阵，势不可当。马契度意阿之新兵中，或有惊怖欲遁者，历山厉声叱咤，其阵乃整，往来战场之老兵士等，夷然不动，列枪以支之。野列阿契特斯先战死，其兵遂溃。耶摩那见计不成，一夜纵火于城中，携其武器、兵粮、住民等，遁于近傍之岛屿。于是卫利加陆耶那斯市，遂为马契度意阿军所破坏。

历山驻一队之兵于此地，又令卫陆耶意渥帅骑兵粮食，而入列利契阿。自率

① 卫利加陆耶拿斯：今译为海利卡那色斯，阿里安的《亚历山大远征记》译为哈利卡纳萨斯，即今日土耳其的波德昂。
② 耶摩那：今译为孟农，或《远征记》译迈农。
③ 野列阿陆特斯：今译为欧戎托巴提斯。
④ 加利阿：即卡瑞亚。

残余之军,东过利契阿及卫么列利阿,更转而北,经卑希兹阿及列利契阿之可陆兹渥市,乃合自卫陆耶意渥及希腊而来之援兵。历山自卫么列利阿直赴希利阿,乃更绕道,一徇小亚细亚沿岸之希腊人。乘其王不在其地,而胁其内地之知事,以防于未然。一为其本国马契度意阿之交通。

可陆兹渥神之殿,有车一乘,其轫与辕之结纽,以山茱萸树之皮而成,交错缠绵,莫知其首尾。自古以为神之所传,有善离其辕与轫者,将为全亚细亚之主。历山一日赴神殿而解之,托于神之所命。翌夜,雷电交作,天地震动,兵士等相庆曰:"我王应神之所托,故有此天变。"实则历山以剑断其纽云。

历山自科渥兹渥而出阿契拉,自加卫度契阿而南下,将越契列契阿之关门。此关门者,自他乌洛施山脉而当入契列契阿之要路,为一夫当关,万夫莫开之天险。然波斯人见敌军已接近,仅置少数之守兵,其守兵皆于敌军未到而先逃。历山惊喜不能措,遂直入契列契阿,并领其一大商业市他陆耶斯①。其市外有一小流,名为契托耶斯,其水清冽,历山急行而入他陆耶斯,心神未定,急入契度耶斯河而浴。忽患热病,生死不可知。侍医等惊愕,不知所为。独阿加陆耶意阿之医列利贺斯而进调合之药剂,约期三日,王之重患必愈。适卫陆耶意渥致书于历山曰:"王勿信列利贺斯,彼受他拉伊阿斯之重赂,而欲毒杀王。"王手读之,适列利贺斯捧药而至,王以其书附列利贺斯。列利贺斯读竟,直取药而自饮。王乃大感,急服其药而病愈②。

历山病愈,乃祭阿陆科列卑渥斯神而祝之。乃进东方伊耶斯③,留病者及伤者于此地,南下而达美利阿度洛斯市。自美利阿度洛斯低地,而达美利阿度洛斯湾,其东境则阿陆耶斯山脉限之,自小亚细亚及希利阿至那耶贺他美阿,其孔道直达于湾头。将近美利阿度洛斯,折而东南,经希利亚④关门而过阿马耶斯山脉,一通于南之阿兹渥科,一通于东之可列拉特斯河畔之沙列沙加斯。而阿马耶斯之山

---

① 公元前333年8月底,亚力山大征服小亚细亚腹地以后,立刻南下进军波斯帝国在小亚细亚最后的据点西里西亚。波斯西里西亚总督阿萨姆继续诱敌深入,弃守金牛山脉上的险要山口,使得马其顿大军轻易进占首府塔苏斯。契列契阿,今译西里西亚;他陆耶斯,今译塔苏斯,西里西亚首府。

② 亚力山大到达西里西亚以后感染风寒卧床不起,休养了一个多月才复元。他派帕马尼奥率部南进,控制叙利亚山口,并打探波斯军队的动向。帕马尼奥军团在叙利亚山口西侧扎营,派出探马越过叙利亚山口向东侦查,很快发现驻扎在索克依的波斯大军。

③ 伊耶斯:今译为伊苏斯。

④ 希利亚:今译为叙利亚。

脉，屡接近于海岸，仅有狭隘之通路而可以扼守。而波斯王他拉伊阿斯不听那摩耶之劝告，而斥之①。那摩耶死，守势遂变为攻势，集步兵四十万，骑兵十万以自恃。雅典人加利特贺斯极论多数之不足恃，胜败不关于兵士之多少。然忠言逆耳，而不听之，其运命遂从此而失矣。

兵数不足，更以王子妃嫔阉竖等，加于行伍之间。他拉伊阿斯之全军，五日而成，渡野列拉特斯河②，距阿马耶斯山脉仅二日程，而至希利阿之平原。忽闻历山自山之西超阿耶斯之关门而入伊耶斯，然历山于二日在此而求敌。既去此市，不过残留病者与伤者，他拉伊阿斯尽搜而杀之。侍臣极谏而不听，更退敌而南进，阵于卑耶洛斯河畔③。历山得报，不敢信之。飞遣五十梃橹之轻舸而侦察，召集诸将，以大鼓舞士气。即夜北还，露营于契列契伊山道。翌晓进兵，而至卑耶洛斯之平原，乃见两军之阵形。他拉伊阿斯于河前，以三万之希腊佣兵为中坚，其左右两翼备加陆他科兵如希腊之重步兵武装如亚细亚兵六万，置波斯骑兵于右翼之前方，别屯二万之军士，于左方之山巅，以胁敌之右翼，更加以五十万之大兵于战列，其余之十二万，则阵于后方。盖卑耶洛斯河之附近，与阿马耶斯之山麓，其海岸仅二哩，不便大军之驰骋。历山见之，以为形势为彼所据，胜负固不可知。乃分其军为六队，以一驻于列拉科斯。右翼之轻步兵及马契度意阿骑兵，历山自率之。左翼之卫洛贺渥斯沙及美沙利骑兵，卫陆耶意渥率之。别派三百之骑兵，扼敌于山巅。盖王之意，以先破敌之右翼，乘其中军方在列拉科斯战，乃横伐之。

历山徐徐而进军，及见敌箭之飞下，急命速力以前进。自立于轻步军之阵前，跃马而渡河，直迫加陆他科兵而追之。然因王之进击过急，列拉科斯之列忽乱，争前而渡河。其右侧全无守备，敌之中坚希腊之佣兵，遂乘机而逆击，互占领其河

---

① 那摩耶：今译为卡里德姆，雅典将领。公元前333年8月间，大流士在巴比伦召开军事会议，会上波斯贵族们一如既往地盲目乐观，纷纷要求同亚力山大决战。希腊雇佣军将领们却持截然不同的意见，雅典将领卡里德姆直言不讳，认为波斯军队虽然衣着豪华、数量众多，在硬碰硬的野战中绝不是马其顿军队的对手。他提议波斯王用黄金招募希腊所有的雇佣军，由他统帅去和亚力山大决战，而波斯军队中看不中用，在战场上只能成为累赘。性格平和的大流士听此言怒不可遏，当场命令将卡里德姆拖出去砍了，事后才后悔不迭，厚葬了卡里德姆。

② 野列拉特斯河：今译作幼发拉底河，是中东名河，发源于土耳其安纳托利亚高原和亚美尼亚高原山区，流经叙利亚和伊拉克，大体上流向东南，最后与位于其东面的底格里斯河合流成为阿拉伯河，注入波斯湾，为西南亚最大河流。其与底格里斯河共同界定美索不达米亚。幼发拉底河全长约2800千米。大流士在索克依安营扎寨。

③ 卑耶洛斯河：今译作皮纳罗河，西方史学家考证，它就是今天的帕亚斯河。

岸。此间波斯骑兵之本队,亦复渡河,而袭沙利之骑兵。两军战正酣,已而历山破波斯之左翼,更旋马而冲希腊佣兵。二面受敌,四分五裂。骑兵队自后而见其势去,亦退而却走,而为希沙利兵所尾击,纷扰已达其极点。于是波斯之全军皆溃,或人马相踏,或转徙沟壑,自卑耶洛斯河至伊那斯之间①,血肉狼藉,不可名状。实纪元前三百三十三年十一月之事耶。是役也,波斯所失骑兵一万,步五十万。马契度意阿之战死者,步兵三百,骑兵一百五十人,伤者不过五百人。历山之腿上,自负轻伤,不过如是而已。追击其残兵,及薄暮而始止。他拉伊阿斯,乃遂脱去。其国母、王妃、王妹、一王子、二公主,及他拉伊耶斯之天幕战车弓楯等,及三千他列托之货币,皆入历山之手。历山大反当时之恶习,遇是等之贵妇人皆以厚礼,终始不变,后世传为美谈②。翌日王建祭坛于河畔,以祭希腊之三神;而禁夺卫陆耶意渥及科马斯加斯之财物。

---

① 伊苏斯战役发生于公元前333年秋季,是在亚历山大东征中,由马其顿军队和数倍于自己的波斯皇帝大流士三世的军队在奇里乞亚(小亚细亚)古城附近的伊苏斯(今土耳其伊斯肯德仑北)进行的一次交战,大流士的军队几乎全军覆没。

② 史载:攻入伊苏斯营地的当天夜里,泛希腊联军还沉醉在波斯仅仅一个小营地里就有的巨大财富中(仅现金就有3000塔伦特,国王将军的营帐镶嵌不少金银珠宝),却听到了撕心裂肺的哭喊声,原来波斯女眷们以为大流士已死,自己也命不久矣。亚历山大带领士兵前去营中问候,大流士的母亲西绪甘碧斯立马跪在了更为高大英俊的赫菲斯提昂面前,请求宽恕。而亚历山大并没有计较这些,而是给了波斯女眷原有的荣誉。西绪甘碧丝对大流士的抛弃很失望,很感激亚历山大,并收他作了义子。

第七章

　　自伊耶斯之战捷,历山虽握野列拉特斯河以西之实权,然于其后犹患希腊人与波斯人之联合,或进自卫陆希贺利斯以夺波斯舰队之根据地①,以向列利希阿与埃及。历山自美历阿度洛斯附近,而越希利阿关门,沿渥洛特斯河之谷而至马拉托斯。于是波斯之二使节忽来,奉他拉伊阿斯王书,其要点殆责历山兴无名之师,而乞返还其国母、王妃、王子、公主,且速解兵,两者永修唇齿辅车之好。历山答书,列举自古波斯王对马契度意阿及希腊而加无数陷害之事,今日之远征,决非偶然之举。波斯王须认余为全亚细亚之主,或王自来,或派遣使节,而请返还其捕虏。及其余之请愿。更记曰,若不认余为主权,则待余至,而勿遁逃。再以一战而决雌雄。王之所在,余必赴之。

　　历山既自马拉托斯而发,大受卑列洛斯及希托②两市之欢迎,而响他伊阿③。他伊阿市民闻之,遣使而献宝物,厚犒远来之师。王欲入市内,而祭卫拉科列斯

---

　　① 叙利亚和腓尼基是波斯海军的大本营,特别是腓尼基的舰队,是波斯舰队中最强大、最精锐的部分。亚历山大的目标很明确:彻底摧毁波斯的海军力量,掌握制海权。

　　② 卑列洛斯,今译作比布罗斯;希托,今译西顿,腓尼基的重要城邦。

　　③ 他伊阿:即提尔,又译推罗,古代腓尼基著名的城市。公元前332年,亚历山大王在希腊和波斯之间的战争中占领了这个具有重要战略地位的海岸基地。由于不能席卷这座城市于一役,亚历山大国王封锁这座城市长达七个月,又一次提尔经受了考验。但统治者利用遗弃的大陆城市的残迹建筑了进攻便道,曾经一度达到了城市的围墙。亚历山大利用他的攻城器坚持进攻最终打破了防御工事。据说亚历山大对于提尔人的顽强抵抗和其部下的惨重损失极为恼怒,并且因此而毁灭了半个城市。城镇中的30000居民或被集体屠杀或被卖为奴隶。

神①。使者拒不应。王大怒，遂围而攻之。然而他伊阿之真意，欲守局外中立之例。而历山之真意，则欲先服列意希阿，而领其舰队，则沙伊列阿斯必望风而请降。而握沙伊列拉斯列意希阿之根据地，以临埃及，必待征服埃及，而王始免内顾之忧，乃得蓦然而进卫卑洛。故征服他伊阿者，为现时最紧要之事。而卫拉科列斯神祭礼之事件，不过为他伊阿市攻击之导火而已。

他伊阿者②，位于希度之南二十四哩。其一部居大陆，其一部居岛上。其幅十町余，以海峡而相隔。其岛周围三哩许，南北各一面。而有一湾，有水堤而防御湾口。其运河南北相通，其市之周围，绕以高百五十英尺之城壁。其市内有数阶，高楼相连。其面积颇小，仅五万之住民云。

他伊阿亦有舰队，而历山先攻其陆上之市，横断海峡而作新道路，乃采古他伊阿之市石，并列卫耶山脉之木材。然必自海峡而运于近岛。敌之舰队，每自南北两湾而出，以妨害其工人。于是马契度意阿军为数多之移动堡，及建两个之木制塔，以保护其工人。他伊阿人以若干之小舸，满载可燃物，乘风纵火而流之，以舰队从其后。炎焰涨天，短枪长箭，殆如雨降，城兵亦突出而助之。马契度意阿兵或焚或溺，不知其数。其攻城所用之诸器械，尽归乌有。道路之大半，悉以破坏。一日大风突起，所余者亦皆净尽。然历山毫无屈色，仍督工人而新造攻城具。为免波涛之浸蚀，再筑之道路，转而略斜。又自率精兵而赴希托，得希托、卑列洛斯、阿拉度斯、洛奚利契阿、沙伊列拉斯之舰队二百余艘而归。他伊阿人知战之必不利，以战舰并列于港口，而严守之。历山遂得制其海上权，更选大船而载攻城之具，而破坏其城壁。城兵举大石而投入海中，以防敌船之接近。又拾取敌船之碇泊，更出水练之士潜入水底而断其锚索等。攻守相当，胜败未决。一日，他伊阿北港之舰队十三支，于新道之北面，乘沙伊列拉斯舰队之水兵等。方正午，窥其上陆休息，乃急作单纵阵而奔之，遂为其所击沉而破坏。先是，历山于新道之南面，在其

---

① 拉科列斯神：今译为赫拉克勒斯，古希腊神话中最伟大的英雄。他是主神宙斯与阿尔克墨涅之子，因其出身而受到宙斯的妻子赫拉的憎恶。他神勇无比、力大无穷，后来完成了12项被誉为"不可能完成"的任务，除此之外他还解救了被缚的普罗米修斯，隐藏身份参加了伊阿宋的英雄冒险队并协助他取得金羊毛。赫拉克勒斯英明一世，却最终遭第二任妻子误会，并在他的衣服上涂了毒，难耐痛苦币自焚身亡，死后升入奥林匹斯圣山，成为大力神，他惩恶扬善，敢于斗争。在如今的西方世界，"赫拉克勒斯"一词已经成了大力士和壮汉的同义词。

② 他伊阿：今译作推罗，腓尼基25个城邦中推罗最强大。推罗原来位于地中海的东岸，位置及环境均极优良。除陆上之主城以外，还包括一个离岸不足一公里的海岛，岛上也建有城池。

舰队之中，见敌舰之来袭，乃急命数支战舰，而扼南港口。港内之敌舰，遂不能出港。乃亲率五六战舰，回岛而出敌之背部。城中见之大惊，乃扬声而用信号，以告其舰队，而令其速退出于港内。两军之金鼓与喊声，轰烈如雷，其队舰不能闻。既而渐觉，而机已迟。其舰队之大部分，已为历山所击沉而破坏。其得安全而归于北港内者，不过数支，而胜败之运从此决矣。

自是两军之战斗，日极其惨毒。城兵故残杀其捕虏于壁上，以示敌人，竟至投弃其死尸于海中。马契度意阿之将士，愤恚几不能措，注全力而赴敌，遂坏南面之城壁。后三日，历山亲率兵而闯入城内，其舰队亦同时而袭南北两湾。纵横杀伤，无所宽假。垒上与市中之伏尸八千，捕虏者三万，皆实为奴隶。而马契度意阿之所失，仅四百云。然而他伊阿之攻击，自纪元前三百三十三年十二月始，至翌年七月乃终，激战常不绝。马契度意阿之所损伤，亦过其半云。

当他伊阿之围尚未破，他拉伊阿斯之使节，又来而申请媾和，对王族之捕囚者，出偿费一万他列托。又割野列拉特斯河以西之地，并嫁公主与历山云。历山集诸将而议之，卫陆耶意渥曰："王盍不受之？"历山笑曰："我亦如卫陆耶意渥之意也。"①乃作答书而与其使节。其文意大抵与前之答书同。谓王之所请者孤已有之。若欲如王之所请，则曷若亲来谒孤云。

历山又自他伊阿而发，至南方而进于加沙②，围攻三月而拔之。转入野陆沙列么，其市民于攻击他阿伊之际，曾拒王命，乃大罚之。其高僧乃托于希兹阿神，令众僧拥之于途上而说王。历山畏怖，乃拜其希兹阿神。入市又从其命而祭神，并厚赐其僧侣与人民。

历山既去加沙，七日之后，而达卫陆希乌么，大受埃及人之欢迎。进至耶摩列斯，合其舰队，而下耶伊陆河，周航于马列渥兹科湖。其湖与地中海分划之地，其地颇狭。其前面为列洛斯岛，善防风涛，久为希腊及列意希阿海贼之根据地③。历山自此而上陆，先观察其天险，自大陆而达列洛斯岛。营十余町之新道，左右各作

---

① 卫陆耶意渥：今译为帕曼纽，亚历山大的将军，认为这个建议很好，他说："如果我是亚历山大，我就采纳这个建议。"亚历山大回答："如果我是帕曼纽，我也许会采纳这个建议。"帕曼纽参与多场与波斯的战役，在高加米拉战役中指挥马其顿联军左翼。在前330年因其子菲罗塔斯被控诉对亚历山大谋反，而使帕曼纽遭到株连，于埃克巴坦那遭处死。

② 加沙：今巴勒斯坦国加沙地区最大城市。加沙地区靠近埃及边境和地中海，通过沙丘带上的一个豁口与海岸相通。

③ 耶伊陆河，今译为尼罗河；马列渥兹科湖，今译迈尔尤特湖；列洛斯岛，今译为罗斯岛。

一良港,临港而建阿列契沙度利阿市①。该市于历山之生前,已目睹其繁荣。至二百五十年之后,遂与罗马之仓库,并可斯他兹耶列陆之仓库,及文艺发达之雅典,互相颉颃。至中世纪遂为使节商业之中心点。而历山建阿列契沙度利阿市之功,遂永劫而不没。历山又沿海岸而至卫拉伊托意渥,乃南折而进,经无数之艰苦,而至阿摩贺之肥沃地。参拜希斯神之神殿,乃归么列斯,而定埃及之行政组织。

纪元前三百三十一年春,遂发耶么列斯,驻于他伊河。未几又转马首,而抵野列拉特斯河畔之沙列沙加斯,而屯于对岸。其三千之敌骑,睹马契度意阿兵之来,且战且退。王以二个之船桥,经万难而渡全军。自北东而进,横断兹科利斯河,滞阵于野渥由之附近,以息征旅之疲劳。适波斯之斥候,有为马契度意阿军所捕,告以他拉伊阿斯率大军而接近。历山亲率数队之骑兵,而从事于侦察,与敌之前卫而接战。他列伊阿斯方阵于兹他利斯河之科陆兹斯他山之平野中,其地名可加耶拉者②,其引率之兵数,步兵二十万,骑兵四万,别具战车五十乘,象十五头。其地势之广阔,足备波斯全军之运用,且便于骑兵战车之突进。其平原之一部,稍低平者,尤为得其地利。故两军互相交,以兵数论,则不足其六分之一,以地势论,则敌军又占据其天险,则远征军适处存亡危急之秋。然而历山雍谷镇定,绰绰有余。于战争之前夜,悠然熟睡。翌晓,乃告卫陆耶意渥曰:"其速追敌,胜利必在此矣。"

① 阿列契沙度利阿市:今译作亚历山大市,是亚历山大东侵埃及时始建的一座城池,按其奠基人亚历山大大帝命名的,位于尼罗河三角洲西端,以长约1300米的人工大堤与对面的法罗斯岛联结,从而形成两个优良海港,东港是商港和军港,西港是渔港,来作为当时马其顿帝国埃及行省的总督所在地。亚历山大大帝死后,埃及总督托勒密在这里建立了托勒密王朝,加冕为托勒密一世(救星)。亚历山大成为埃及王国的首都,并很快就成为古希腊文化中最大的城市,在西方古代史中其规模和财富仅次于罗马。但埃及的伊斯兰教统治者在奠定了开罗为埃及的新首都后亚历山大港的地位不断下降,在奥斯曼帝国末期几乎已沦为一个小渔村。

② 可加耶拉,今译作高加米拉,大流士三世(他列伊阿斯)在这个平原列阵迎敌。因为高加米拉平原在阿贝拉城附近,所以这次战役称为阿贝拉会战。

第八章

　　滞阵四日之后，历山乃留其病者，捕虏辎重，而率步兵四万，骑兵七千，三更发营而进行。停于距波斯军三哩余之地，直集诸将而议兵略。诸将犹豫而未定，独卫陆耶意渥而唱异议，谓于异国而逢大敌，须熟知地形为必要。历山拒之，至日没乃骑马为侦察于附近。再召诸将，乃下简单严明最后之命令。然卫陆耶意渥尚未知开战之期，乃再请于王，而献夜袭策。历山以为以盗而得胜利，耻辱莫如之。丈夫之成功，必期公明正大，乃复叱斥之。然而究惧他拉伊阿斯之夜袭，兵士终夜，不敢脱甲胄云①。

　　波斯军者，他拉伊阿斯费二年之日月，召集其版图所召集之壮者，聚无数之异人种，而成大军。以知事卫耶斯率卫科托利阿兵，为左翼之最端，又以希利阿兵，居右翼之最端。他拉伊阿斯率波斯骑兵近卫步兵及希腊之佣兵，阵于中央。其背后为本军之援护，以卫卑洛意阿兵及其余之诸国民，并希希阿及一千卫科托利阿骑兵，共战车百乘，属于左翼，以包击历山之右翼。以战车十五乘，及象十五头，而对历山之军。又以残余之骑兵及战车而属右翼。

　　其对如此之大军，历山之阵法，亦少变化。乃以精锐之骑兵为右翼，以卫陆耶意渥之渥列洛他斯而指挥之。以列拉科斯之六队，阵于中央。又以同盟诸市之骑兵，以卫陆耶意渥将之，而为左翼。又恐其包围攻击，于后列又置预备兵，以应缓

---

　　① 高加米拉战役开战之前，亚历山大曾派先遣部队勘测大流士部队的军情，得知了大流士军队数目之庞大和装备精良。大流士认为这次大战自己占尽了地形、战术、装备、人数的优势，求胜心切的亚历山大一定会随时偷袭以求优势，所以他让全体士兵彻夜不眠保持战斗队形。然而亚历山大不愿意冒夜战的风险，在对将士们做了一个长长的演讲后，就招呼大家休息了。虽然很多忐忑不安的将士彻夜无眠，亚历山大居然在这个生命中最关键的一天睡过头了。很多古典史学家认为，大流士让士兵彻夜警惕是战前最大的战术失败，使得士兵们疲惫不堪并出现心理劣势。

急,并助列拉科斯,且防两翼背部之攻击。更以数队之轻骑兵,及弓手而出其前面,与其战车而挑战。乃注目于其右方击阵之骑兵,待其回转而包马契度意阿右翼之顷,急冲彼等之腹部。然两军兵数之差,相悬太甚。历山自将其右翼,而对波斯之中军。既而散开右翼之兵士,在后面者而出于前面,且少退于右方。且令骑兵斜向敌而前进,以补兵数相逢之不利。其军队突然变形,科拉伊科斯遂不能包围敌之右翼,其战车亦无可用之机。乃令希希阿及卫科托利阿之骑兵,转回而冲敌之右腹,其战车又蓦然而突进。马契度意阿兵不少摇,其驭者亦被伤而马亦毙,或执手网而回战车,或把刀击盾而惊其马。其战车反奔入波斯之阵中,卫科托利耶骑兵于右翼之最端,无数队之希腊骑兵相冲突。马蹄轰地,战尘蔽天。已而希腊骑兵败走,历山急出步骑两军以助之,乘胜而攻方来之希希阿及卫科托利阿骑兵。时波斯之左翼,尚为马契度意阿之右翼所蔽,中军及波斯之骑兵队,因其左翼之酣战,再乘马而出,围敌之右翼。历山乃乘机而窥战线之间隙,乃留轻骑兵以当之,自将精锐之马契度意阿骑兵作楔形阵,大呼而投彼阵之间隙。同将列拉科斯又与敌之中军而交阵,而追希腊之佣兵。两两竞进,而侵敌之中坚,更不暇顾左右两翼之苦战。波斯之左翼及中军,而为少数之敌兵所苦,次第而有负势。他拉伊阿斯乃大失望,遂弃其车而复乘马,乃离战场指阿陆卫拉而遁[①]。其大将既逃,于是将士皆散,其一队之敌骑,乃逐他拉伊阿斯而前进。

其余多数之兵,乃进而包围敌军。波斯之军略,其左翼既失败,其右翼尚冀成功。卫陆耶意渥所率同盟诸市之希腊骑兵,其腹背既受阿陆耶意阿及加卫度契阿骑兵之敌,进退维谷。其六队之列拉科斯中之二队,急派遣援军,而围尚不能解。乃乘列拉科斯之间隙,而占波斯中军之右部。于波斯及印度之骑兵队,突进而过之。乃出于全敌之背后,乃转马首自其背部而袭卫陆耶意渥,愈进而侵敌阵。卫陆耶意渥遣急使而求援于历山。王乃拔队而归援。波斯及印度骑兵与之相遇,短兵接战,鏖杀久之。马契度意阿军,亦失六十人。迨王至战场,其战急已毕。卫陆耶意渥乃率沙利之骑兵而奋进。波斯之右翼,乃遂大败,其众皆溃散。历山乃再追击之,深夜而达于利科斯河畔。人马休息,未片时而又发。迨追及之时,则他拉伊阿斯已向野科卫他耶而遁,仅遗弓盾、宝辇、货币及其辎重等。

---

① 阿陆卫拉:今译为埃克巴塔那。高加米拉战役失败以后,大流士再次踏上逃亡之路,这一次他从埃尔比勒逃往米迪亚山区的埃克巴塔那,亚历山大几次追近都未能赶上。

可加耶拉之一战，即为希腊对波斯即历山对科拉伊阿斯冲突最后之判决。历山由是遂为全亚细亚西部之主，而并波斯之王位，伪托于可陆兹渥之神以为证。是役也，破六倍之大敌。马契度意阿所损失者，不过仅五百人，而波斯军所失四万人。自是不能再举大兵。自古至今，欧亚两洲之间，其战争之实事虽多，而两军战员及死者之比较，惟加耶拉之战，为有一无二之战事云①。

既传他拉伊阿斯之败报，多年被波斯之压抑者如卫卑洛市②，欢然大悦，大开城门，撒百花于街头，焚芳香于祭坛，作颂歌以迎历山，其盛观宛如凯旋之大仪。历山留卫卑洛略三旬，整理州政，大犒将士远征之劳。再发入斯沙③，开其府库，获银五万他列托，及诸种之珍器宝物。未几，希腊之援军步骑一万五千，及马契度意阿之年少贵族五十骑来会。全军遂至波斯之故都卫奚贺利斯④。

斯沙及卫奚贺利斯间，其慓悍无类之乌契奚阿人，据狭隘难通之斯奚阿耶山道。马契度伊阿之将士，毫无屈色，到处破敌。忽渡阿列科奚斯河，而逼卫奚贺利斯城外。一队之希腊人，自城出而迎王师。其数凡八百，皆刑余之老废人，或手或足或耳或鼻，无一人为完全者。全军见之，悲哀之情，不堪寓目。历山亦泣然堕泪，乃厚赐各人。未几而历山焚弃卫奚贺利斯之事起。

焚弃卫奚贺利斯⑤之事件，为历山名誉之一大污点。于将发卫奚贺利斯之前夜，历山集其部下，置酒大会，众皆醉。座有雅典之一妇人，请于王曰："昔波斯尝

---

① 可加耶拉之战：今译作高加米拉战役，是公元前331年10月1日，马其顿帝国与波斯帝国在巴比伦（今巴格达）以北的高加米拉地区进行的一场战役。在西方世界的战史中，所有决定性的会战，这一战要算是最惊天动地的。亚历山大勇于脱出当时在战争中的死板模式，不落旧俗，不守陈规，敢于创新，勇于变革，结果竟把多于自己数十倍的波斯大军打得溃不成军，连不可一世的波斯王也落荒而逃。人们由此把亚历山大的军事成就称作古希腊军事哲学的重要开端，并推崇他为西方古典军事战略的创始人。

② 卫卑洛市：今译为波斯波利斯，是波斯阿契美尼德王朝的第二个都城，位于伊朗扎格罗斯山区的一盆地中，建于大流士一世（前522—前486在位）时期，其遗址发现于设拉子东北52公里的塔赫特贾姆希德附近。城址东面依山，其余三面有围墙，主要遗迹有大流士王的接见厅与百柱宫等。

③ 斯沙：今译为苏萨，波斯的都城，前538年，阿契美尼德王朝波斯的居鲁士大帝夺取了这座城市。居鲁士的儿子冈比西斯二世将帝国首都迁到苏萨，公元前331年亚历山大大帝征服波斯，但他的猝死让帝国分裂，苏萨便成了塞琉西亚王国中与泰西封齐名的两个都城之一。

④ 卫奚贺利斯：指波斯古都波斯波利斯，波斯阿契美尼德王朝的第二个都城，建于大流士王（前522—前486在位）时期。

⑤ 奚贺利斯：今译为波斯波利斯，波斯阿契美尼德王朝的第二个都城，位于今伊朗扎格罗斯山区的一盆地中。

付雅典于灰烬,使沙契奚斯之宫殿,归于乌有①。今日盍亦仿之,以竞今夕之宴,其快几许!妾愿当之,使后世相传,大王之阵中,有一妇人,转战海陆,随诸将军而为希腊报仇云。"诸将皆拍手赞之。历山耳热,意气激昂,遂不顾卫陆耶意渥之谏,先把炬火而投之。众皆仿之。忽而焚焰涨天,黑烟卷地。兵士闪白刃于街衢,以斩其市民,捕其妇女,悉卖为奴隶。已而历山酒醒,急下令而救火,势已不及。波斯历代之经营,一夜悉成焦土②。见于列陆他科之历山传。史家阿利阿③以此举于政治的复仇,必非一朝一夕之说。盖雅典尝被波斯惨害,其复仇之企图,常不离于历山之念头。更睹其迎于城外之八百人,更伤心于同胞悲惨之状,而一层复仇之念更强。醉余乱性,遂有此气激之非行,诚可责也。

---

① 沙契奚斯之宫殿:即雅典卫城,也称为雅典的阿克罗波利斯,希腊语为"阿克罗波利斯",原意为"高处的城市"或"高丘上的城邦"。希腊波斯战争中,雅典曾被波斯军队攻占,公元前480年,卫城被敌人彻底破坏。希腊波斯战争后,雅典人花了40年时间重新修建卫城,用白色的大理石重建卫城的全部建筑。

② 公元前330年,亚历山大大帝攻占了波斯古都波斯波利斯,在疯狂的掠夺之后无情地将整个城市付之一炬。传说"他动用了10000头骡子和5000匹骆驼才将所有的财宝运走",然后那些用黎巴嫩雪松制作的精美圆柱、柱头和横梁熊熊燃烧起来,屋顶坠落,烟灰和燃屑像雷阵雨一样纷纷落在地上。大火过后,只剩下石刻的柱子、门框和雕塑品依然完好。波斯波利斯就这样毁于一场大火。

③ 阿利阿:今译为阿里安,西方古典战史作家。

第九章

其时他拉伊阿斯自野科卫他耶,尚得步兵三万,骑兵三千,及卫耶斯、阿陆他卫耶斯①等之援军,将鼓勇而与历山对抗,闻历山之追至,直向东方卑陆加意阿卫陆兹阿而进发。随行而清野,以妨追及者。而历山于距野科卫他耶三日程之地,闻敌王于五日前,既去该市。一旦而入野科卫他耶,乃改军队之编制,又于最近九月间,得积巨额之货物,而附守卫,再急追他列伊阿斯。十一日而进三百哩之长途。又入拉加伊,又闻他拉伊耶斯既隔东方五十哩。而超加斯卑山道,乃暂休兵。居五日而再发,超加斯卑山道而进。一日得飞报,卫耶斯等已囚他拉伊阿斯。盖卫耶斯等以为穷追若急,则致王之全身,若得横过卫陆兹阿,则归卫科托利阿及耶科兹阿耶而以一身守之。于是历山率近卫骑兵轻骑兵及精锐之步兵若干,昼夜兼行二日,复得飞报曰:"卫耶斯已夺他拉伊耶斯之位。"阿陆他卫耶斯及希腊佣兵皆斥其不可。而不能敌,乃退于山间。历山追之益急。一夜半日,已至其前。夜,卫耶斯及党与所宿之一村落,人马大疲,且闻敌亦终夜前进,决不能及,殆如囊中之物,复失出云。乃集其土人,而考其险要及间道,更选骑步两兵之精华。午后又发,终夜急行,殆走五十哩,拂晓而追及敌军。卫耶斯等追他拉伊阿斯,再三劝其骑马而共遁。王终不肯。反徒怒,乃刺王于车中,求道于四方而遁逃。历山追及之,见其满身蒙血,瞑目而逝。以为他拉伊阿斯究为波斯最后之国王,其宝算②五十,在位凡六年,乃身殉于国事,乃以王者之礼,而葬之于其祖先之茔域。时纪元前三百三十年。

---

① 卫耶斯,今译为拜苏,波斯贵族,巴克特里亚总督,弑君者;阿陆他卫耶斯,今译为阿塔巴兹,蒙农的岳父、前赫拉斯滂总督,最终在波斯王身边依然忠心耿耿。

② 指称帝王寿数的敬辞。

　　他拉伊阿斯之殂落,历山之地位一变,马契度意阿王竟化为波斯王,乃废卫拉小王国之首府,而以为卫卑洛为首都,为大王国之一都会①。然其新地位,有二者而并立,自不能融合,遂生至大之困难。而欲完全之成功,本非易事。历山既为波斯王,又为马契度意阿王。马契度意阿之自由人马,不惯压抑,而波斯之人民,一旦脱于压抑之政,而统辖于历山之下,方庆幸福。惜哉! 历山早世,其平生之计画,方渐着手,遂尽废而不行。历山之概念及目的,其光明正大,迥非其侍臣及诸将所能比,实为吾人所同认。历山持说之根本,以人间平等说为宗旨,仍从波斯之风习。其军队以波斯人与马契度意阿人而联合,不图一时之虚荣,以冀望调和其不和之分子为基础。大王国之统治,几不难成。而马契度意阿人自历山之去世,颇嫉亚细亚人,以历山最适时宜之政策,废弃之而不行。而不能采用东洋之风俗及礼仪,以讲而通之。大可惜矣!

　　历山既至卫陆兹阿,自其首府卫加托摩卑洛斯分三道而入卑陆加意阿以征剽悍不羁之土蛮。又降前弃他拉伊阿斯而遁窜之千五百希腊佣兵。东转而欲伐卫科托拉今之卫陆科之卫耶斯,进渡马陆科斯河。偶有阿利阿州之知事沙兹卫陆沙渥斯忽举反旗,集兵士及粮食于首府阿陆他科耶,与卫耶斯相应,而将挟击马契度意阿军②。历山闻之而大怒,本军乃驻于他拉特洛斯,亲率精骑,急行二日,而达阿陆他科耶城门。其知事已遁去。历山乃罚其市民,无所宽假。犹以为未足,更欲示威于南方,以防未然之扰乱,乃迁回于今之阿富汗人之祖先度拉契阿耶及阿拉科奚阿之诸蛮部间,而向卫科托拉。

　　历山在度拉契阿耶州之列洛列他希阿市,忽起一场之惨剧,而阴云大蔽王之荣光,则列洛他斯及其父卫陆耶意渥之死是也。列利列所特赏之一良将,即卫陆耶意渥。于历山之东征,其所补翼者不少。其三子之才略,不让于其父。二子既曝尸于战场。列洛他斯独全其命,而为近卫骑兵,战功赫耀。故卫陆耶意渥父子,洵为国家柱石之臣,威望仅次于历山,而为马契度意阿唯一之人物。然当时之将

───────────

　　① 公元前330年夏,亚历山大沿里海南岸东进,进入帕提亚(安息)时,大流士三世已被其属下巴克特里亚(大夏)总督拜苏所杀。古波斯帝国及阿契美尼德王朝至此灭亡,亚历山大遂成为波斯统治者,并建立马其顿–亚历山大帝国。波斯帝国由此进入马其顿阿吉德王朝统治时期。

　　② 阿陆他科耶,今译作马拉坎达,粟特首府,今乌兹别克斯坦撒马尔罕。亚历山大在粟特遇到当地居民激烈反抗,其中尤以地方贵族斯皮泰门领导的起义威胁最大。起义军曾一度收复首都马拉坎达,给远征军以沉重打击。

士等,皆目野科卫他耶之守将卫陆耶意渥为老朽不堪任事,以为于可加耶拉之役,不能一战,引为证而嘲之。而指弹列洛他斯者,亦傲顽不逊,而部下之军士多苦之。历山亦乘事而颇不免有侮蔑列洛他斯之举,于是其父子之威望,不能自安。

时有兹摩耶斯者,以事怨历山,密谋弑逆。为人所知,而告列洛他斯,且告以弑逆之举,于明日即发云。然是日及翌日,列洛他斯与历山为长时间之谈话,而竟未告之密告者。至第三日,历山方在浴中,不顾而强求谒见,乃委细而言之,乃命一队之兵士,急捕缚兹摩耶斯。兹摩耶斯见事败而自杀。然弑逆一事,尚在暧昧之中。然列洛他斯于二日前已知其阴谋,而未尝以一言,而促历山之注意,心颇怪之。历山之不能无疑于列洛他斯,职是之理由。于是素憎列洛他斯之科拉特洛斯等之一派,以为奇货可居,力谮毁之。历山之猜疑愈甚,乃开将官会议。即夜历山发令,遂捕列洛他斯。翌日,遂自马契度意阿,捕之而至。王自为原告,而责其罪。其原告固将士之所崇拜者,其被告固将士之所憎恶者,而欲得公平之审判,固所不能,列洛他斯遂诬之以弑逆之判决。然以夙著威望之老将卫陆耶意渥方守野科卫他斯据雄富之地,今其爱子以无证据之事而忽下刑,设举兵而叛,其祸盖不可测。是以科拉特洛斯之一派,乃伪托列洛他斯之口,而为卫陆耶伊渥之罪状,一举而倒其父子。乃附列洛他斯于拷问,逼得其父子共谋,而弑历山之白状。翌日,乃以列洛他斯及同谋者而处以死刑。又发急使于野科卫他斯,令副将科利阿特陆而斩卫陆耶意渥。然兹摩列斯谋弑之举,其罪状皆自科拉特洛斯之一派而定之,而于列洛他斯或与其阴谋,或不与其阴谋,或因不注意而忘告于历山。三者虽不能定,然以疑似之间,而为敌党所乘,遂至于败。至于卫陆耶意渥,则为诬枉,固不待言。乃竟乘势而杀之,一误再误,实为已甚。后之读史者,谁不责历山误杀其柱石之臣,而生一大罪过。然生此惨剧,实科拉特意斯一派而发其端也。

第十章

纪元前三百三十年之秋,历山自列洛他希阿而发,不过六百哩。翌年早春,即达于渥陆托斯卫那,即今之加列陆。闻沙兹卫陆沙渥斯再起兵而入阿列阿,乃遣兵一队,以镇压之,益进而向卫洛卫意耶斯之山脉①。此山脉者,为四达之路,远征军乃取可希之山道。其山道海拔八千五百英尺,费十六日乃渐越之。寒气凛烈,缺乏食物,士卒之死者不知其数。历山凌百难,继续而进行,乃陷阿渥陆耶斯及卫科托拉之两市。卫耶斯率七千之兵,而渡渥科他斯河,烧其船以防敌之追击。而其队中,不能相洽。卫科托利阿骑兵,乃舍之而遁于四方。历山方抵渥他沙斯河,欲渡无船,欲作桥梁而乏木材。水深而流急,卫利斯②不知利用此天险而拒敌,乃远走至耶科兹阿那州之耶乌他加。历山乃设一计,用天幕之皮革裹藁于其中而浮水上,费五日而渡全军。前进未几,而敌将斯卑他耶渡斯之使者至,告以但遣一二之军队,则捕卫耶斯而降。历山因命列托扑美,率骑兵及轻步兵为一军,急行而助斯卑他耶兹斯,自率本军而徐行。托列奕拜命,于第四日达卫耶斯等前夜所宿之地。乃留此步兵,单伴骑兵急驱而进。卫耶斯等方休憩于一村落,乃急进兵而围之,谕其住民,令开村落之关门。遂手擒耶卫斯,剥卫耶斯之衣服,击以铁锁,而立于路傍。历山停车责之曰:"背义忘恩,捕其主而弑之。汝知罪状乎?"曰:"非余一人而为之。而为之者,且得陛下之恩惠矣。"历山无辞以答。命左右击之,送于卫科托拉而处以死刑。

历山既捕卫耶斯,更进于马拉加他今之沙马陆他度途中而遇希腊人之来迎

---

① 卫洛卫意耶斯之山脉:今译为兴都库什山脉,亚洲中部的褶皱山系,绝大部分位于阿富汗境内,为印度河与中亚阿姆河的分水岭,长约 1600 千米。

② 卫利斯:与前文的卫耶斯和下文的耶卫斯都是一个人,今译为拜苏,是杀害大流士三世的叛逆者,前巴克利亚总督。

者。是等之希腊人，于百五十年前，沙契奚斯侵希腊之际，凡阿贺洛神殿之番卫，及其神宝，皆委于敌手①。美列托斯市有列拉契科伊一族之后裔，其祖先等先通于敌国，预知故国难居，乃先入波斯以沙契沙斯之命而住于耶科兹阿那，子孙连绵，至于今日。历山以为列拉契科伊一族，实为国贼，其一族之污行，较之为波斯而战之希腊佣兵，其罪遥重。其祖先之罪，当以其子孙偿之。乃不问男女老幼，举其一村悉诛戮之。

历山既出马拉加他，又略途上之七寨，于野科沙陆特斯河之左岸，而建阿列契沙度利阿市今之可沙度，以备右岸之兹兹阿人。偶得飞报，山间之蛮人受耶柯兹阿那及卫科托利阿之援兵，而略七寨。又卫耶斯之将有斯卑他那渥斯者，方袭马拉加他。而此之兹兹阿人亦阵于河之右岸，大张其势。马契度意阿军，前后受敌，颇迫危殆。历山以恢复七寨为最急务，乃自他拉特陆斯之七寨中，向东而攻击第二之沙伊洛贺利斯寨。又自西端而袭加沙寨，遂直陷之，而破第二寨。翌日，又破其余之三寨。遂合他拉特洛斯而攻沙伊洛贺利斯，一万五千之城兵等，殊死夺斗而抗之，殆失八千之兵，乃始退入内城。饮水至尽，乃渐请降，第七寨遂不战而开城门。

当是时，阿列契沙度利阿市所建之大营，亦奋进，不堪敌之攻击。历山乃急命希腊兵及士兵之混成队，以为守备。又派步兵一千五百骑，骑兵八百骑，而救护阿列加他。寻自率兵而横断希科沙陆特斯河，冒乱箭而奋进，与兹兹阿人战而破之，许其和而归。又直向马拉加他。先是，马拉加他方被围，斯卑他耶渥闻历山之援军既至，乃解围而西去。至贺利兹耶托斯河畔，又以六百兹兹阿骑兵旋军追击之。乘马契度意阿之势而逆击，大捷于贺利兹耶托斯河畔，再围马拉加他。然闻历山之来，斯卑他耶渥斯又复退却如前，且复退入列哈拉卑哇间之沙漠中。历山不能追之，乃蹂躏沿道之附近，乃振旅而还卫科托拉，越年而乃大定纪元前三二九年至三二八年。

卫科托利阿及耶科兹阿那二州，尚未全服于历山，见机而暴发者，时所不免。历山乃编制几队之飞骑，历山及部下之诸将，各为一队之长，同时而出征于各方面。共会于马拉加他，更留镇于科拉特洛斯及卫科托意阿。自纪元前三百二十八

① 阿贺洛神殿，今译为阿波罗神庙，或者德菲尔神庙。公元前4世纪中期，弗西斯当政者为夺取庙产，与底比斯等其他希腊城邦发生神圣战争。

年以亘塑春，其飞骑乃横行于国内。斯卑他耶渥大为其所困，或陷孤立之城堡，或迫卫科托拉之城门，又大败卫契，而纵击其队中之兹兹阿兵。历山之志渐遂，乃以二年间之事实，其战功最著者，以陷沙科兹阿那之山寨为最巨。沙科兹阿那者，岩石嵯峨，天险无比，白云上护，深溪下回。城主之女洛科沙耶与他伊阿斯之王后，为亚细亚第一之美人。既平其山寨，乃以赐之于马契度意阿之将士。而沙科他阿耶山寨，并可利野渥斯山寨，于斯卑他耶渥斯既逝之后，马契度意阿之守备兵，已遍于各地。而二州仍公然反抗。久而平定之。历山乃转兵而入印度。印度之丰富，多年为希腊人所垂涎。往昔他拉伊阿斯一世，其岁入中三分之一，皆自印度而征收云。其时卫耶斯配下，有印度之一酋长，为历山所捕，于印度之事情，概然呈露。于是历山胸中远征印度之念，勃然而起。适有其领土在印度河与卑他斯卫斯河之间，他契希拉王之使者至，历诉他契希拉王为其邻国贺洛斯王所苦，而乞援于历山。于是远征印度之议乃决。

历山于印度河畔之战功，虽已成立，而其最惨之二事，有令人酸鼻者，则科拉伊托斯与加利斯特渥斯两将之末路是也。纪元前三百二十八年夏，命数队之飞骑，如约而集于马拉加他。历山一夜开盛宴，而犒诸将出征之劳，酒酣而谈当世之英雄，及奚斯神之关系。或谓卫拉科列斯之伟业，若以历山比之，则诚不足取。科拉伊托斯闻之不悦，乃乘酒兴，大声高论，而轻侮古之英雄，语颇侵于历山，并及列利列王。且高举右臂而言曰："科拉意可斯之役，救陛下于万死之中者，惟此腕耳。"历山愤激不能禁，乃把剑而起，将士皆起而阻之。王乃高声呼禁卫而不应，又命喇叭手吹奏，亦不敢从，乃举拳而殴其面。科拉伊托语言愈激，与飨之将士，乃拥之于一室以避之。既入其室中，仍漫吟"一将功成万骨枯"之句[1]。按，此为著者借唐人诗以写其意耳，以意逆志是为得之。历山闻之，愈怒不可禁，左右之将士，力不能支，乃投枪而中科拉伊托斯，乃遂毙命。须臾酒醒，悔恨不措，急退于殿里，而呼科拉伊托斯。已而又共其乳母而呼科拉伊托斯之妹，日夜痛哭，饮食俱废，直亘三日。噫嘻！前之卫陆耶意渥，今则科拉伊托斯，同毙于非命。而主将一身之安危，实乃全军之安危。将士等乃交往而面相慰藉，且或激励之，历山乃渐扶病而起，而再执军务。

---

[1] 唐代人曹松《己亥岁》诗曰："泽国江山入战图，生民何计乐樵苏。凭君莫话封侯事，一将功成万骨枯。"

纪元前三百二十七年，历山于卫科托拉而开与洛科沙耶之结婚祝宴，称述历山之功业。而谄谀之徒，盛称王之伟力，非人力之所能。其拜王而行伏拜之礼，殆如拜神。宿将闻之，虽颦眉闭口，而不敢置可否。阿利斯托陆之甥加利斯特渥斯遂进而举其非礼，谓神之所享者，乃受一私人之尊敬，愿大王弃神之尊敬，而享人间最上之尊敬。历山不能拒之，虽拜伏拜之议，而深怨加利斯特渥斯。偶有其侍从卫陆贺拉渥斯，暗谋弑逆，事露而伏诛。加利斯特渥斯与卫陆贺拉渥斯相友善，遂连坐下狱，而处绞罪之刑。

第十一章

是岁之夏,历山乃上征略印度之途。以步兵一万,骑兵三千五百,托于亚美他斯而镇卫科托拉。自率步兵十二万,骑兵一万五千,费十日而超卫洛卫意耶斯山脉,自意伊阿而东折,分为二队。一队以卫列斯兹渥与卫陆兹加斯将之,自阿列陆河口而进;一队历山自帅之,入北东之山地,随处而征服其蛮人。数月之后,于阿度科乃与卫列斯兹渥等相会。其地为最著名加列陆河与印度河之会点,溯印度河而上六十哩之右岸,即其所攻陷之阿渥陆耶斯山寨。是山寨者,疑即今之马哈卫山。其山岳拔平地而起,达四千英尺,周回不过十四哩,不乏薪材与饮水。欲达此山寨,仅一径路,而最险,其山寨仅隔一凹地而为丘陵。恃外部不能攀援,敌兵毫无所备。历山授托列美以轻步兵,附土人之向导,乘暗夜而上。翌晓,率本军而随之。然不能支敌,遂空引还。翌日两将同时而进兵,以与敌战。自拂晓而至正午,渐得联络。初埋伏于凹地,直迫山寨。将士悉从事之,将及四日,合兵进击之期,屈指可待。城中震骇,而愿议和。然其真意,实欲缓马契度意阿兵士之事业,而欲乘夜而遁去。历山阳许之,而整进击之准备,乘深夜敌兵密而出城之机,率七百之骑兵,亟喊呐而入城。本军亦从之。城中大狼狈,或被斫,或超城壁而转于沟壑,一夜遂陷其山寨云。

翌年三月,历山乃自阿度科之上流,而渡印度河,以入他契奚拉①,颇受其欢迎,与他契奚拉王并未以干戈相见。而贺洛斯王阵于卑他斯卫斯河之东岸,其斥候遍于河之上下,整备颇严。历山乃命可伊耶斯解囊所用渡印度河之船桥,载于

① 他契奚拉,今译为塔克希拉塔克西拉,位于今巴基斯坦首都伊斯兰堡西北约50公里处。公元前326年4月,马其顿-希腊远征军由南亚次大陆西北部的布克法拉城抵达希达斯佩斯河(今杰赫勒姆河),与波鲁斯王国军队隔岸对峙。亚历山大率军渡河作战,消灭波鲁斯步兵近20000、骑兵3000,迫使波鲁斯国王投降。

陆路之货车,自他斯卫兹河而搬运,进至河畔。敌王贺洛斯率兵三万,战象二百,及多数之战车骑兵,威容堂堂,阵于对岸。预知敌前不能渡河,先胁敌而劳于奔命。河水减少,一举而破之。军议既决,或急集船舶,以示渡河之状,或遣几队之兵士,出于河之上下,而为探试浅滩之状。或连夜而遣骑兵大声相呼应,以示渡河之状。果如历山之所谋,当初贺洛斯每有见闻,必整战备,既而习惯,遂不介意。于是历山之攻击之机已到,乃求渡河之点。溯流十八哩许,河中有一大岛,杨柳郁生,自本营至此地,凡数十间,每置兵士。或发大声,或焚篝火,凡数夜。贺洛斯以为敌不过如例以张空威,而讵知历山一日午后率二队之列拉科斯精锐之骑兵,及轻步兵,迂道而至其地。命科拉特洛斯,将残余之列拉科斯及骑兵而留本营。于敌之象战,为历山逆击所引去,乃直渡河,而赴敌营。又遣步骑两军及佣兵等,屯驻以上两队之间,直待其已开战斗,乃直达于对岸,而助其战。

夜深昏黑,不辨咫尺,风伯雨师,更逞其威,电火闪闪,时破天地之晦冥。历山之军,肃肃而至河畔,直乘轻舸,而达河中之一大岛。再乱流而驱上对岸,以五千自骑兵为前队,以弓手及六千之重步兵自后而随之。历山自乘马而出阵头。先是,贺洛斯得侦骑之报,知敌势已渡河。其一子率骑兵二千,战车百二十乘,而迎历山。骑兵见敌之优势,先已逡巡,次遂遁逃。其战车又陷于泥泞,深没马足,滞其车轮,进退不便,其一队遂大败。贺洛斯乃留若干之兵员,及数头之巨象,以牵制对岸之科拉特洛斯。自率本军,选沙地而布阵,以巨象二百头,配置前列,各象相距百英尺,次之以重步兵而为中坚,以骑兵为左右翼。其象如堡,其兵如幕,远而望之,宛然如一城市。于是历山下令于中军,令其稍退,以待总进击之期。以千百骑附于可伊也斯而置左翼,以为左翼之战友,待缓急而赴援,且从其后而追击。自将右翼以冲敌之左翼,其布置如此。敌将果自四方而至,而助左翼之战友。可伊耶斯尾而击之,贺洛斯之骑兵,前后受敌,几不能堪,乃退入象军中。象军代进而迎历山,驱象以蹂躏其人马。象背之兵士,长戟短剑,飞下如雨。骑兵整队,不能再进。而印度之骑兵,知不能敌百战磨炼马契度意阿军之锐锋,乃溃而走。其象又多受伤而失驭者,为鼓声斯骇,遂狂奔于阵中,狼狈困杂,不可名状。历山乃自列拉科斯之正面而进,纵骑兵以冲其腹背,遂破敌之全军。印度军之所失,骑兵三千,步兵二万人,更有九千之兵士,八十之巨象,皆落于敌手,其战车悉为所破坏。马契度意阿军所损失者,仅骑兵二百八十,步兵七百人而止。时纪元前三百二十六年七月。

贺洛斯之勇敢,亦足与他拉伊阿斯相比。勇敢奋斗,尤为最力。全军既溃,无由恢复。其肩上亦蒙重伤,乃旋象首而徐退。历山识之,乃谕他契奚拉王而来降。不听。更遣洛贺斯之旧知己,卑辞厚礼,而招谕之。乃始下象背而允降。历山既睹洛贺斯容貌伟大,勇往之气,溢于颜面,赏扬不已。当以如何之礼遇之。答曰王者之礼。问更有他求否。曰否。万事只此一语。历山伟其言,还封其旧所领之土地,更加以附近之地。贺洛斯遂深德历山,忠诚之志,终身不逾云。

　　远征军息于贺洛斯之国都者三旬,历山创建二市于此间。一名为意加伊阿,一名为列契列列阿。列契列阿者,即以为前日之役所毙死爱马列契列洛斯之纪念。又采伐卑他斯卫斯河上流之木材,以作印度河航行用之船舶。已而历山又发军而渡阿契兹渥斯及卑度拉渥特斯二河,而征加特阿人。以其地而与贺洛斯,进至于卑列希斯即今之沙托列斯河,更东行而达恒河①。而思归者众,乃大集将士而劝诱之。全军皆垂首而不应。历山乃再迫之。科伊耶斯进曰:“军人等舍其父母妻子,枕戈佩剑者亦已久矣。归志勃然,不能更随大王而远征。愿更募年少气锐之军,自黑海而至加希斯。”历山怅然不乐,将士皆归其营。翌日,乃下令曰:“彼等欲归者自归,任其舍孤于敌中。孤必偕同志者而共进。”言既终乃退于幕中,定期三日,许部下之谒见。然将士依旧沉默而郁郁。自第四日,历山乃供牺牲而祭神,以祈东征之幸福,而得凶兆。历山不得已,遂发归国之令②。欢声如雷,或有欢极而泣者。所向无敌,上下顷王之德,以为未有甚于此时者。百战百捷,历山大王之事业,乃结果云。

---

　　① 恒河:南亚大河,发源于喜马拉雅山南麓,流经印度最后注入孟加拉湾。恒河流域是印度文明的发源地之一,地不仅是今天印度教的圣河,也是昔日佛教兴起的地方,至今还有大量佛教圣地遗存。
　　② 亚历山大想进一步征服印度的心脏地带,向恒河流域进发。但此时亚历山大的士兵已厌倦了长期的紧张战争,再加上印度的炎热、暴雨和疾病,他们拒绝前进,要求回家。他们纷纷举行集会,发生哗变,印度的土著居民也群起反击。亚历山大在万般无奈的情况下,于公元前325年,将大部队撤出了印度。

第十二章

历山于卑列希斯河畔,建十二之祭坛,以谢神明之加护,且为战捷之纪念。乃遂西向,而渡卑度拉渥特斯河与阿契奚渥斯河。既至意加伊河及列契列阿,与夫可伊耶斯,获疾而殁。历山曰:"可伊耶斯者,以小目的而为大演说者也。"盖卑列斯河畔之事,尚不能忘怀云。

乃搜集新造之船舶,合计二千支内有船队八十支,其水夫概为列利希阿人及埃及人,以渥阿陆科斯统之。以远征军中八千之战员,共历山而乘船。其残余之大部分,令卫列斯兹渥为将,沿东岸以随之。其一部以科拉特洛斯为将,沿西岸以随之。其余则隔三日而发。至于五日而达卑他斯卫斯与阿契奚渥斯合流之点,舟行颇难,渐达马利阿民族之地。乃纵数队之轻骑,而陷诸城,遂逼其本城。历山先登,挥手而入城中,乃立于敌之内城。历山乃自悬梯于城壁,以楯翳之,乃首跃尚于其壁上。将士等争先而登,梯折为二。历山共三士,立扫壁上之敌兵。乃嗔目大喝,而投于城中,背壁挥剑投石以殪敌四人。敌兵将近,短枪长箭,纷如雨集。三士虽以身蔽王,而阿列扑阿斯既战死,卑契斯他斯及列渥托耶斯亦皆受伤。王为敌所射而中其胸,血出如注,力竭而横于楯上。先是,壁外之将士,见王之危急,皆如恶鬼罗刹而猛扑。或背人,或穿壁而突入,男女老幼,概残杀之,城中无一人得生者。医来,始拔历山之镞,血流如注。王之气息殆绝。众以为死,痛悼惊惶,不知所措。以为历山若有不虞之事,悬军万里之师,谁导之而归故国者。既而王渐苏,乃归其本阵,跨马而立于阵头。士卒见之,拍手欢呼,响声震天地。各人争触王之手肢衣带,投鲜花而如雨。

历山既听马利阿人之降,乃撤营于阿契兹渥斯河畔,建一市于印度河五支流之会合点。乃愈下而破沿岸之婆罗门族,而降领有河口三角洲之土王。然恐前途艰于跋涉,于其三队之列拉科斯象群,及数队之轻骑兵共伤者病者等,驻于科拉特洛斯。乃经贺拉山道,而达波斯,以取安全之陆路。历山与其左岸之卫列斯兹渥军而相应。更于三角洲头之卫他拉市,修筑一强寨,更选良船,离河口而乘出于渺茫之印度洋。然此一行,遂有无限之惊恐。盖希腊人不知潮信,忽睹银山突拥,涛声殷殷,其来也如万马奔腾,船如天上,无端而去,洲渚尽现,其船尽胶于土中。以雄心磊落之历山,置身于茫无涯涘,渺渺大洋之伟观,且惊且喜。乃再归卫他拉,命渥阿陆科斯率水师而向波斯湾头。乃弃其船,自陆路西方而进发①。

　　纪元前三百二十五年八月,历山自卫他拉而发,而入契度洛希阿,暑气炎蒸,又乏粮食。或经山路崎岖之险阻,或经荒凉满目之平原,或毙于道路之毒蛇,或为毒草荆棘所刺毙。行军艰苦,死者甚多。一日历山先登于程,偶遇一卒,以兜盛水,而奉于王。历山知众渴,不忍独饮,然势不能遍饮其军,乃受其兜,徐以水遍注于地上,以示军士共饮之意。全军乃大感奋,而渴顿愈。

　　已而横断于科度洛奚阿②之荒地,始入于加陆马意阿之沃土。诸酋大官,皆载资粮,以迎王师。科拉特贺斯及渥阿陆可斯亦来相会,军容再盛。历山以渥阿陆科斯仍由水路而经卫列斯兹渥,更自陆路而沿波斯湾以进,以至卫陆奚契陆度,而发沙伊拉斯王之坟墓,以开其金棺。历山大怒,欲严刑以处之。然渥阿陆可斯亦大悔其往日之失,事忽中止。遂达斯沙,而会于卫列斯兹渥阿陆可斯。又自契度洛希阿而航行于波斯湾之沿岸,再与历山相会。是役也,于其途上,而得观察之报告不少。于天文地理及博物学上之裨益,尤有关系。且不止于学术上之探检而已,历山更从其师阿利斯托陆③之请,派使于欧亚两洲之诸地,搜集动物之标本,以送于雅典,而备阿利斯托陆之博物学五十卷之材料云。

　　历山欲合欧亚两洲之人民,而成为一致。然而知自由矜战捷之马契度意阿人,而与屈从于压制苛虐之波斯人,殆如冰炭之不相容,而欲二者之融解,本为至难之事。而历山必欲实行之,先除波斯人之新政府之压制苛虐。凡其知事及其余之官吏有非行者,皆处以刑。次则令马契度意阿人,见波斯人,亦如同胞之亲爱,

---

① 渥阿陆科斯:今译为涅阿霍斯,海军将领。亚历山大分两路自印度撤军,一路在海军将领涅阿霍斯率领下,取海道,由伊朗海湾进入波斯湾;一路由亚历山大亲自率领,从陆路经卡曼泥沙漠而归。

② 科度洛奚阿:今译为格德罗西亚(莫克兰)沙漠。格德罗西亚,即现今巴基斯坦西南俾路支省的古老名字。

③ 阿利斯托陆:今译为亚里士多德(前384—前322年),古希腊人,世界古代史上伟大的哲学家、科学家和教育家之一,希腊哲学的集大成者。他是柏拉图的学生,亚历山大的老师。

或代偿兵士之负债,或与其将校以金冠。又自娶他伊阿斯王之女斯他兹拉①。于是将士皆效之,娶波斯妇人者一万人。设盛宴以祝之,各人皆有所赐②。

然欲两者之融合,究非一朝一夕而成。而适以转致马契度意阿兵之嫉妒,历山又令渥卑斯③之军队,其衰老及负伤与不堪军役者,任其先归本国。更编入多数之波斯兵于军中。兵士等以历山之解其队,喧嚣特甚,更迫王而解散全部之马契度意阿之兵。历山赫怒,忽命数将,自台上而下,指反抗之巨魁十三名而诛之。乘骚扰之稍镇,叱咤之曰:"汝等从征,孤待之以父子之谊,寒暖甘苦与共之。今尔等或为将军,或为知事,而有利兹阿之富,波斯之宝,及印度之珍物,而起叛心,岂以孤为怯弱鄙吝乎?身上之疮痍,孰有较余尤多者?自可拉意可斯河,至卑列奚斯河,谁导尔等以百捷?尔等如此,尔等盍自思之!"言毕而入殿,任将士之入谒见者。自二日至第三日,大集波斯之将校,以示将来之军队皆用波斯人,而训练以马契度意阿之军法。马契度意阿之兵士等,痛悔不能禁,乃齐赴宫殿,恳请谒见。历山乃以温言慰之,咸誓而断其归志。历山亦大喜悦,大张盛宴而祝和亲。乃择一万之老兵,各自赏与一他列度之给料,而从他拉特洛斯之指挥,率之而归于本国。

---

① 斯他兹拉,今译作罗克珊娜,大夏贵族之女。
② 前324年,在苏萨,组织过80对马其顿军官和波斯新娘的婚礼。
③ 渥卑斯:即奥皮斯城。

第十三章

纪元前三百二十四年冬,历山发于斯沙,半途而见卫卑斯沙之碑铭,遂入野科卫他耶①,大张盛宴。时卫列斯兹渥②虽病热,然勉强列席,宴半而病势忽增。历山得报,仓皇自剧场而归,已经瞑目。王退于一室,废饮食者三日,令国中而发丧。自奉卫列斯兹渥之遗骸,而葬于卫卑洛③。偶闻斯奚阿耶之山间最慓悍之可希阿人而举兵,乃先征之。出兵于其山下之兹科利斯河谷。将入都门,忽见加陆特阿之僧侣群而请谒,密告于王曰:"若入卫卑洛,必不利于王。"且托为神之所言者。历山颇有不安之色,然究不能中止。遂盛整仪仗,自东门而入城。而讵知以卫卑洛之首府,遂为历山告终之地。而席卷波斯全土之陆军,与渥阿陆可斯海军之舰队,并意希阿之新舰队,并制造中之工匠等,皆从事于卫列斯兹渥坟墓之筑造。而希腊诸市,若利卑阿陆加意阿诸州,皆派使节而祝历山之西归。遂以卑洛为历山大业之终点矣。

历山既入卫卑洛,其新施设颇多。舣装可列拉特斯④之舰队,旦夕而训练水兵,而定亚拉比亚伐之细目。又派一队自船匠,而为里海之探检。又以波斯兵而编入马契度意阿之列拉科斯中,以十六人为一列,始以三人而终以一人,其残余之十二人,皆以波斯兵充之。其考最之期将近,王一夕而集诸将,开宴及深夜。其席将散,亲卫骑兵队之将校耶兹渥斯⑤,伴王而还营中,痛饮二夜。翌日,历山知将病

---

① 野科卫他耶:《远征记》译为埃克巴塔拉。
② 卫列斯兹渥:今译为赫非斯定,《远征记》译为赫菲斯提昂,生于约公元前356年,死于公元前324年秋,马其顿贵族阿明托尔之子,因是亚历山大大帝的挚友而盛名于史,是亚历山大的辅佐大臣。
③ 卫卑洛:即巴比伦。
④ 可列拉特斯:即赫拉克雷第斯(阿伽亚斯之子)。
⑤ 耶兹渥斯:《远征记》译为迈狄亚斯。

热,乃留于耶兹渥斯之家,以处理事务。然后退于列拉特斯河畔之公园,与耶兹渥斯谈论,以度一日。而病势愈甚。自获疾以至第七日,自知其势难愈,乃还王宫,召集诸将。既而诸将至,历山虽识之,而病势既迫,已不能言。兵士等请过王之床侧,以告最后之诀别。王时时凝视之,如欲有言者,然不能发一语。仅脱指环,以与卫陆兹加斯,乃遂瞑目。寿三十三,在位十三年。时纪元前三百二十三年六月。

按,历山王之一生,以凤负大才不羁之列利列王为其父,以豪强难御放纵宫廷之渥利摩卑阿斯为其母。列利列弱冠而承王位,十年而为世界之大王,其用兵无一次而败。而其左右之人,大都呈媚贡宠斗宵之小人,其猛烈自尊之性质,遂遗传于历山。故历山之性质中,彼此冲突之点,无足怪者。曾欲立人间前古未有绝顶之荣光,不免虚荣虚饰之弊,然究为多情多感之人。虽不免于狂暴,而爱情颇深。故虽勇迈自尊,而能苦劳心力,奋勇而往,默察前途之困难。凡有过失,每自认而不讳。磊落光明,不愧为英雄之本色。此吾人所同认也。

而论者或难历山,曰"徒启兵端,而流无辜之血";曰"既知自由,而终于卫拉斯之战事。希腊人之征伐,所得亚细亚之利益,王终不能为其继承者"。请逐条而辩论之。

欲知历山之远征,必先知纪元前四世纪希腊人之位置。盖当时之希腊人,即蛮人,非今日之希腊人也。亦犹中世之耶稣教徒之视回教徒,又如回教徒之视异教徒,两者间之战斗,数所不免。其战败者,男子皆死,妇人小儿,皆卖为奴隶,无足怪者。以是而责历山,未免不知其时事。其对波斯而为复仇的征伐者,为历山以前之希腊人,齐声同唱。历山之征波斯而覆其王位,虽穷追杀戮于敌军,谁能责其为非理非行哉?至谓马契度意陆之勃兴,即自由希腊之衰亡。然于纪元前四世纪希腊之状态,果得目以自山欤?论客独不与跋扈之政治家与勇士,而贪一日之安,以斥勇往敢为之举,而缺统一之念,仅于市壁之里。而以圆满为政治的生活,高谈自由,而不知干戈,举其兵备,一任之于佣兵。道德颓废,贿赂公行,卖其国家,而堕节操,而恬然而不知耻。希腊之状态,诚然如是矣!以马契度意阿之治术,而与斯卫陆他相比,其程度之相去,而马契度意阿之握霸权,固为当时多承认也。又如雅典与斯卫陆他虽尝为大市之霸者,以敌外邦之侵伐,于其余之诸市,诚为幸福矣。然自其一面而论之,历山固为颠覆希腊之自由,而更自其一面而论之,其自由亦非真自由也。于扰乱分裂之时代,不过存其自由之名而已。

历山之远征,所得亚细亚之利益,不过仅其一半之成功。而其利益可考者,即以秩序而代其不秩序是矣。波斯时代之诸王,据其货财而不流通于民间。自历山乃始增商业之繁荣,新建几多之都府,于交通之要路,而通宏大之版图于两端,使波斯人之地位,几与希腊人而比肩。惜乎王之殂落,其大计画仅开其端,是波斯人之不幸也!加之历山特传希腊之语言文字于东方,其语言者,为交通之要具,其文学于东方,有著大之发达,以再传于故国,又扩推于欧洲。故希腊之大势,与马契度意阿之间接者,诚不少矣。

呜呼!自历山之逝世,于今已二千余年。卫卑洛之豪华,今存何处?可列拉特斯之水洋洋浩浩,虽千古而未改其流;而市朝迭更,王气衰歇,雄图伟迹,委于泥沙。仅存楼台之遗址,残废之城堡!寒烟疏雨,落日凄风,徒断诗人怀古之肠而已。然而历山大王之英名,炳乎青史。当时之名匠刻大王之半身像,现存于法国卢乌陆之博物馆①,瞻仰者每徘徊踌躇不能去云。

《亚历山大》终

光绪二十九年(1903)四月初二日印刷
光绪二十九年四月二十日发行

---

① 卢乌陆之博物馆:即法国卢浮宫博物馆。据载,亚历山大的御用雕像家吕西普斯在公元前330年左右创作《投枪的亚历山大》雕像,卢浮宫的这尊半身雕像只是站立式雕像的头部;雕像侧面镌有希腊铭文:"亚历山大,腓力之子,马其顿人。"

戈 登 将 军

日本　法学士赤松紫川　　著

中国　武陵赵必振曰生父　译

应国斌　蒡甜　校注

世界历史之二

戈登将军

新民译印书局藏版

戈登将军序

　　中国处亚洲大陆,环其四周者,古昔皆为同色人种,从无用异族而戕同种者。有之,自近代始。金田之乱①,实我黄色人种内部之竞争,相阋于墙,操戈于室,无伤也。忽有延彼白皙人种而戕吾同种者,悲夫,异哉! 至于今日,吾黄种之人,群颂戈登而不置也。戈登之性质,惯代人以戕其同种。不独于吾国为然,于埃及亦然。吾不敢责戈登,吾责夫同种人之争斗,延彼之色别、貌别、身躯别者,而授以刀斧,使同种人相鱼肉,以保彼一姓一家之产业也。戈登往矣,后之聘客将而授以兵权者,方兴未艾,其权且将十倍于戈登。吾恐其非用客将以歼客军,用客将以歼吾同种者,其祸未有已时也。嗟我同胞,兴言及此,能毋悲乎? 时译《戈登将军传》,而感触乎此。乃弁其卷首,用以代序。反袂掩泣,比于获麟②。

　　癸卯(1903 年)正月　赵必振　识

---

　　① 金田之乱:即太平天国起义,其始于洪秀全在广西桂平县金田村宣告起义。

　　② 获麟:即"西狩获麟",是《春秋》中的一句话,鲁哀公十四年,鲁国猎获了一只麒麟,因被射伤,不久死亡。孔子听说以后非常伤心,认为麒麟是神灵之物,在太平盛世才会出现,而现在正逢乱世,出非其时,而被人抓获,所以他怀着一种非常沉痛和绝望的心情,把这件事记录下来,从此终止了《春秋》的写作,这就是所谓的"绝笔于获麟"。

第一章　修学时代

　　人生处世,惟尽其诚而已。苟一贯以至诚,何事而不可为哉。当世运浇薄,人情轻浮,骨肉亲朋,互相排挤,以争名闻利达之时,毅然出其忠诚,而拯国,而援民。清廉持己,博爱及众,树拔群之功,建不朽之业,而兢兢业业,不敢以其名而自骄,非高洁勇武之英俊,其孰能与于斯。则查尔斯戈登①,其人是矣。

　　戈登者,英国苏格兰人。以一千八百三十年②,生于契托州乌利奚市③。在英都伦敦之东方,约八哩许。其地设有宏大之造船场、制铁所,及炮兵工厂等,为英国著名要害之地。戈登之家,世世以武门而为英国之柱石。其父显理维廉,天资宽厚,具勇胆,为英国军人之表率,著有声名。蒙女皇维多利亚之眷遇,遂以近卫骑兵大佐终其身。其母为美国独立战史上有名伦敦茶商沙美可野陆野特陆卑之令媛,淑德秀拔,最长于家政,世称为贤妇人。嫁其父维廉,有三男四女。其男皆为陆军军人,长子以骑兵中尉而夭折,次子累进而升炮兵大佐,遂致任。其季子即为查尔斯戈登,勇武绝伦,声名卓越,不独建业于本国,其英俊之伟业,乃及于中国。

　　戈登体躯矮小而羸弱,人皆以为不堪军人之剧务。然其两亲,则注意于其康健。五岁之顷,躯干日渐坚强。甫七岁,而入他乌托之小学校,以修普通学。十六

---

　　① 查尔斯戈登:今译为查理·乔治·戈登(1833—1885),英国维多利亚时代的工兵上将,清咸丰十年(1860年)来华,同治元年(1861年)到上海次年担任洋枪队"常胜军"队长,协助清政府镇压太平天国。战争结束后,清同治皇帝授予戈登中国军队最高军衔"提督"称号。戈登后在非洲、印度任高级殖民官员,任苏丹总督。1885年,与马赫迪·穆罕默德起义军交战而死。戈登在殖民时代异常活跃,被称为中国的戈登和喀土穆的戈登。

　　② 应为1833年,作者有误。

　　③ 即伦敦的伍尔维奇。

岁,入学于乌利希官立陆军兵学校①。然其初天赋钝鲁,于其修学时代之始,学绩平凡,不闻出蓝②之誉。盖彼平素尪弱,不能专事于精励之途。然其刚毅不拔之天性,究为众人所惊服。尝为其教习,大骂其无能,讥其终无为士官之望。愤然激怒,裂其肩绶而投于教习之足下,毅然以示其决心。呜呼,阳气所发,金石为穿。励其精神,何事而不能立。遂感于教习之嘲弄,由是而大鼓舞刺激其心魂,决誓必成有为之军人而后已。乃益锻炼其心身,孜孜汲汲,日夜奋励于学,其学识遂大进步。千八百五十二年四月,以优等而卒业于兵学校。是年六月,受任命为工兵二等副官,始入兵籍。寻而派遣于卫摩列洛科卫,又从事于建筑卫乌港湾之炮台,切切黾勉于职务。翌年二月升进为工兵副官。

当是时,东欧之风云渐起。俄然而科利美耶③之战役突兴,英国朝野之人心,乃大沸腾。军人皆扼腕鸣剑,而赴科利美耶。以活泼之地青年士官之戈登,每闻阿陆马河畔之大胜利④,及卫拉科拉卫六百骑兵之袭击等,种种之战报,每达于英国,乃蹶然而起,而欲速赴其地,以大建立武功。雄心勃勃,不能自禁。十一月,突然而接出发之命令,而其所指定地,乃非科利美耶,而为科陆列,盖为其父显理维廉在勤之地。若在平时之时,戈登必喜而赴之。而当国家当难兵马倥偬之际,而派遣于如斯龌龊之僻地,非彼之意所期。怏怏于怀,仍乞留任于卫列洛科,而欲迁延数月间,天运所注,所欲从心。未几,忽受领派遣科利美耶之命,戈登乃欣然而就道。

---

① 乌利希官立陆军兵学校:指伍利奇皇家陆军军官学校。1741年4月30日,乔治二世国王签署一份皇家文件,成立伍利奇皇家陆军军官学校(仅培养炮兵、工兵和通信兵军官)。弗雷德里克亲王于1802年建立桑德赫斯特皇家军事学院(培养陆军初级军官和参谋人员),1940年两校合并,到1947年,正式改称为陆军桑德赫斯特皇家军事学院。

② 出蓝:比喻学生胜过老师,后人胜过前人。

③ 科利美耶:今译作克里米亚。克里米亚战争又名克里木战争、东方战争、第九次俄土战争,指在1853年10月20日因争夺巴尔干半岛的控制权而在欧洲大陆爆发的一场战争,是拿破仑帝国崩溃以后规模最大的一次国际战争,奥斯曼帝国、英国、法国、撒丁王国等先后向俄罗斯帝国宣战,战争一直持续到1856年,以俄国的失败而告终,从而引发了俄国内的革命斗争。

④ 阿陆马河畔之大胜利:指阿尔马河战役的胜利。1854年9月14日,克里木战争时期的一个小战役,以拉格伦勋爵为首的英法联军迫使俄军停止进攻,从而打赢了这次战役。

第二章　科利美耶战役之功绩

科利美耶之地,自千八百五十四年十月以来,英兵三万,阵于伊契陆马之丘上,欲大举而围希哈斯托贺陆①之俄兵。窃窥间隙,而为慧敏之俄将耶希可列②所探知。先率七万之兵,而攻英兵于丘上。英兵颇善战,周驰健斗,已逾数时,然众寡不敌,遂卷旌旗而奔。适法兵来援,协心同力,互相呼应而当俄兵,乃大破之。然此役也,同盟军之杀伤亦甚。希哈斯托贺陆,终亦未能攻取。加以天候险恶,暴风雨雪之灾变颇起,粮食穷乏,冬服缺乏。士卒之冻死者,其数益多。英军之兵力,于十二月下旬,实已减少一万一千之数。此报既传于英国,舆论乃益激昂。总理阿哈兹侯竟辞职,而以哈陆马斯托侯代之。全国皆献纳"恤兵品",人心摇摇,殆如鼎沸。戈登乃以一千八百五十五年正月元旦,出发英国,从炮兵士官契耶氏而至土都君士但丁堡。乘可陆度列利斯号舰名,二月二十八日,而着卫拉科拉卫,乃至英军之本营,以待其职务命令。二周日之后,遂临战列,奉命于英法两军散开斥候之间,而凿旌条炮坑,以通其联络。三月十四日,彼率二百之兵而着手开凿,亲立于硝烟弹雨之中,与士卒均其劳苦,以三昼夜而成就。而为破裂弹之小片,微伤其前额,乃于野战病院而疗养,暂时回复,再就服务。六月六日,法军乘俄军之不意,而袭马耶洛之俄兵,乃大破之。寻攻西利契科寨,追俄兵之北者而至马拉可列,遂略取之。俄兵于是土崩瓦解,乃退守奚卫斯托贺陆城。俄军之兵锋顿挫,勇

---

① 希哈斯托贺陆:今译作塞瓦斯托波尔,克里米亚半岛著名港口城市,黑海门户,俄罗斯海军基地,黑海舰队司令部所在地。1854年9月25日—1855年9月8日,在克里米亚战争期间,俄军在塞瓦斯托波尔(俄国黑海舰队主要基地)进行的防御战。下文中的"奚卫斯托贺陆城"也是指该城,译作音译不甚准确。

② 耶希可列:即当时俄军统率亚历山大·谢尔盖耶维奇·缅希科夫(1787—1869年),俄国海军上将,俄国第一个大元帅亚历山大·丹尼洛维奇·缅希科夫的孙子,克里米亚战争前期的俄军总司令,克里米亚战争爆发后,任克里米亚陆海军总司令,指挥了阿尔马河战役、巴拉克拉瓦战役和因克尔曼战役,全部以失败告终,1855年2月被解职。

气颓丧,终亦不能支持。遂于九月八日之夜,乘夜而逃于北方,纵火以焚其市街。戈登目击此火灾之壮观,笔记其事曰:"八日之夜,二更之际,忽闻如震雷之爆声,屡屡惊余梦觉。翌日拂晓,于壁垒上遥望之,奚卫斯托贺陆城,全在焰火之内。熛熏涨天,焰光灼耀,爆烞之声,不绝于耳。少时旭日东升,与赤火相映发,如电如霞。奇光异彩,不可名状。俄军争渡舟桥,乱列而遁。八时顷,余奉长官之命,率工兵三百,向列他城而出发。"

奚卫斯托贺陆市之焰火,二昼夜而未灭。十日黄昏之际,英法联合军,渐得进入市街。至占领奚卫斯托贺陆之后,戈登又从事于契哈陆之包围军。待其略取,乃再归于科利美耶。自千八百五十六年二月,凡四阅月之间,从事于破坏奚卫斯托贺陆之兵营,寨寨埠头仓库及造船场等之诸事,戈登之功绩为多。

法国有名之工兵大佐兹野陆礼氏以戈登之功劳报告于法国政府曰:工兵副官戈登,于战场之勇气及敏捷,殊为长官所注目。其侦察敌状,尤具机智,同僚中无比肩者。我法军曩在奚卫斯托贺陆城前之炮垒,欲知俄国如何之队形,因戈登之探知,乃得尽其底蕴。其功尤巨。

其赞赏戈登之伎俩如此,法国政府乃赠彼以名誉勋章。此勋章者为拿破仑一世所创定最高之勋章,不与外人者,实为异例。是年五月因本国之命,乃去科利美耶而至卫沙拉卑阿,以援斯他托太尉。更尽力而设定俄罗斯、土耳其及陆马意阿之新境界。又游历科兹贺陆希兹加及希兹伊等之各地,潜心以测量,而从事于新地图之制作。及其新地图成就,又再因设定境界,乃共大佐希贺奉命而派遣于亚细亚之阿耶意那之高原。实千八百五十七年之四月。

戈登既至其地,为境界委员,日夜奋励于职务。少暇之时,辄试漫游于诸国。大雪蔽野,而攀阿拉希托之高峰,以实查其离海面若干尺。又吊可意伊野利哈、野陆希利可么之故城,而知太古筑城术之坚密巧妙,实堪惊叹。又尝栖息于阿耶意阿地方,而交其未开之住民,以为钻研彼等人情风俗之机会,留滞于该地者凡六月。终其任务,乃归于土都君士但丁堡,而列席于新境界欧洲委员会英政府之代表。是年十一月,乃辞土都而归于伦敦。自其出国之时,实三历星霜,乃得归卧于乌沙列托之故里。征履甫息,席未暇暖,于一千八百五十八年之初夏,再奉命而出张于阿耶意那之高原,更尽其境界设定委员之任务。其归途,又蹈查自土耳其而通俄罗斯之驿路。是年之末,乃还英国。翌年四月,升进而为陆军工兵大尉。寻于兹耶沙么为野外工事教官之辅,乃遂孳孳,鞅掌于育英之事务。

第三章　勘定中国太平天国之勋功

　　戈登之名,最著于世界者,以其尽战事于中国,而以勘定太平天国之武勋为始,于清国政府其关系实为最大。盖当时清国排外之思想,蔓延于四百余州,恶外人殆如蛇蝎。欲乘时机而放逐外人于国外,而守其闭关固守之规模。千八百五十六年,广东总督叶名琛①,置曩年《天津条约》之明文于度外,严禁外人之居住于广东。竟至揭英国之国旗,而恣清吏以闯入阿洛号②船名,捕缚中国人十二名,而投英国旗于海中,如此种种之暴举。于是驻在广东英国领事哈科陆,据一千八百四十三年英清间所缔结补遗条约③,请还附捕缚十二名之中国人。叶名琛顽然不应,与争议则不答,与期约则不践。于是哈科陆④大怒,谋于香港太守哈乌利科。十月二十三日,拔舰队而下碇于黄埔之寨垒。叶名琛悬赏⑤,而募集外人之头。英军乃进而陷落广东之诸垒。既而一千八百五十六年十二月十三日,一夕清人焚其西洋

---

　　① 叶名琛(1807—1859 年):字昆臣,湖北汉阳人,近代著名历史人物,清朝中后期著名疆臣,官至两广总督,擢授体仁阁大学士。

　　② 阿洛号:今译作亚罗号。"亚罗号"是一艘中国船,曾为了走私方便在香港英国当局注册,但是已过期。1856 年 10 月 8 日,广东水师在"亚罗号"上逮捕了几名海盗和有嫌疑的水手,按道理这纯系中国内政,与英国毫不相干。但是英国驻广州代理领事巴夏礼在英国驻华公使、香港总督包令的指使下,致函清两广总督叶名琛,称"亚罗号"是英国船,捏造中国兵曾侮辱悬挂在船上的英国国旗,要求送还被捕者,赔礼道歉。叶名琛据理力争,态度强硬,而且不赔偿、不道歉,只答应放人。于是英国人炮轰广州城,第二次鸦片战争爆发。

　　③ 补遗条约:清道光二十三年,即 1843 年,英国政府强迫清政府订立了中英《五口通商章程》和《五口通商附粘善后条款》(也称《虎门条约》)作为《南京条约》的附约,其中除了具体地规定《南京条约》的一些细则外,还增加了一些新条款,如凡中国人与英国人"交涉词讼""其英人如何科罪人(即定罪),由英国议定章程、法律,发给管事官(即领事馆)照办",即承认英国享有领事裁判权。

　　④ 哈科陆:今译作巴夏礼,英国驻广州总领事。

　　⑤ 悬赏:第二次鸦片战争爆发后,两广总督叶名琛发布告示,称:"英夷攻扰省城,伤害兵民,罪大恶极……但凡见上岸与在船滋事英匪,痛加剿捕,准其格杀勿论,仍准按名赏三十大元,解首级赴本署呈验,毋稍观望。"

人在广东之馆舍。于是翌年十二月二十八日，英法两军，乃相联合，攻广东而陷之，捕叶名琛而送于印度。广东遂为联合军所占领。

于是英国公使由陆希①，法国公使科洛男②，美国公使利度③，俄国公使列兹耶兹伯④等，连署而赠书于清国政府，乞派议办该事件委员于上海，清国政府仍不应之。英法两公使率军舰数支，而至于白河口，清帝以事为不足轻重。英法之军舰，乃攻白河口之堡垒，陷之而进至天津，清帝狼狈而乞和。千八百五十八年六月二十六日，乃缔结《天津条约》，而许耶稣教信仰之自由，且于从来之开港场广东以下五港之外，而增牛庄、登州等之五港，且约偿金各二百万两，乃结其局。然是不过清国一时之权略。千八百五十九年五月，乃送英法两国之公使，而交换批准天津媾和之条约。六月二十日，两国之公使，著意白河口，而清国又修筑炮垒以警之，而妨其通行。事甚不稳，英法之舰队，又进而陷之，而为其所伤。两国之公使乃退于上海，各急报其政府。于是英法两国政府又发联合军，以讨清国。英军一万三千，合其驻在香港兵五千，法军总计亦称七千二百。法军于千八百五十九年十二月发于希洛港，英军翌年春发于印度。三月八日，英国公使列陆斯，法国公使列陆列洛，各致国书于清国政府，请责其故，告以一月而无回答，则必开战。清帝出不礼之辞以拒之。四月二十日，英法两国联合军，袭舟山岛以为根据之地。英军向大连湾，法军向芝罘，两军更进。七月二十七日，着直隶湾，自北塘河口而上陆。八月十二日，发于北塘，攻新河，拔之，进陷塘沽。二十一日，占领白河。清军出其下者三千余人。二十三日，英国舰队长贺列率炮舰数艘，溯白河而至天津。城内已树英法之国旗。英军据天津河之右岸，法军占其左岸。清国政府得其报，命大

① 由陆希：即英国全权公使额尔金，是焚毁圆明园的始作俑者。他和英军司令都认为清朝皇帝最重视圆明园，为给清廷施加求和压力，额尔金一意孤行必欲以焚毁圆明园来狠狠惩罚咸丰皇帝。
② 科洛男：指巴蒂斯特·路易·葛罗男爵（1793—1870年），法国大使。第二次鸦片战争期间，葛罗曾在中国指挥法国军队，先后与中国政府签订中法《天津条约》、中法《北京条约》。
③ 利度：即列威廉·布拉德福·里德，美国律师、外交官，生于费城，第二次鸦片战争期间，先后与中国政府签订中美《天津条约》、中美《北京条约》。
④ 兹耶兹伯：即叶夫菲米·瓦西里耶维奇·普提雅廷（1803—1883年），俄罗斯海军上将，教育部长和外交家，曾派到日本和中国，1857年2月，受任为中国全权代表，第二次鸦片战争后，与清政府签订《中俄天津条约》。

学士桂良①及尚书花沙纳②,派往天津与英国公使由陆希卿,法国公使科洛男会商。九月五日,规定《天津条约》,以天津为开港场,约出偿金八百万两。然亦为清廷一时之权略,以迟延联合军之进击。僧格林沁③聚盛兵于北京,以企一剿同盟军。其谋忽漏,联合军愤然而起。适清国懿亲王赠书于两国公使以求和,联合军又信之,而又为其所欺。英国领事卫科斯等十二人,为清军所生擒。僧格林沁率鞑靼兵袭联合军于张家湾,为其所破。九月二十一日,法军进于八里桥,与僧格林沁之军相奋战。僧格林沁奋击突战,法军渐危。英军援之,终破僧格林沁之军,追其北者而掩击之。随行而陷落诸垒,向北京城以进击。

先是,英国增遣征清军之议起,千八百六十年七月,三万之军,自度卫港而出帆,戈登适从其役,乃达于香港。既而英法联合军陷落大沽,已在进击北京之途。九月二十八日,联合军既达北京城外,隔濠而为露营。英国公使由陆希卿并法国公使科洛男赠书于恭亲王④,若还卫科斯以下之俘虏,乃通牒而速媾和,期以三十日而回答。而清国政府之回答,仍暧昧梗糊,大有蔑视联合军之意。于是联合军大奋激,遂决计而侵击北京城。十月六日,英法两军自北京城背腹而攻之,破其城

---

① 桂良:瓜尔佳·桂良(1785—1862年),瓜尔佳氏,字燕山,满洲正红旗人,恭亲王奕䜣的岳丈,清朝大臣,历任兵部尚书、吏部尚书、直隶总督、东阁大学士、文华殿大学士、军机大臣,同治元年7月病死,谥号文端,入祀贤良祠。1858年,英法联军攻陷大沽炮台、直逼天津,奉派与花沙纳为钦差大臣赶往天津谈判议和,先后与俄、美、英、法等国代表签订《天津条约》;继又南下上海,会同两江总督何桂清与英、法、美等国议定通商税则,签署《通商章程善后条约》。1860年,战争又起,英法联军重占天津,桂良复赴津,会同直隶总督恒福与英、法议和,疏请全部接受英、法所提各项要求,因咸丰帝和战不定,未达成协议。9月,英法联军进攻北京,咸丰帝逃往热河时,桂良受命与"督办和局"钦差大臣奕䜣办理议和事宜,10月,签订中俄、中英、中法《北京条约》。翌年1月,清廷设置总理各国事务衙门,桂良出任大臣,帮同奕䜣主持该衙门外交、通商事务。

② 花沙纳(1806—1859年):清朝大臣,清蒙古正黄旗人,乌米氏,字毓仲,号松岑,内大臣德楞泰之孙,黑龙江将军冲阿之子,宣宗道光间进士,历官至吏部尚书、左都御史,第二次鸦片战争时担任中方的谈判代表与英国人谈判。

③ 僧格林沁(1811—1865年):博尔济吉特氏,蒙古族,晚清名将,蒙古科尔沁旗(今属内蒙古)人,贵族出身,善骑射。咸丰、同治年间,僧格林沁参与对太平天国、英法联军等战争,军功卓著,咸丰五年(1855年),击溃太平天国北伐军,俘林凤祥、李开芳,晋封博多勒噶台亲王,咸丰十年(1860年)八里桥之战中,因指挥失误,以骑兵正面进攻英法联军,致使所部马队不敌联军炮火而溃,继而冲乱步队,清军大败,退至京城西南,致使联军在圆明园、京城肆行暴虐,而被清廷革去爵职,仍留钦差大臣。同治四年(1865年)五月,僧格林沁入山东清剿捻军,在菏泽高楼寨之战中,中捻军伏击,所部七千余人被歼,率残部退据郝胡同村,复被围,半夜突围,逃至吴家店,为捻军斩杀。

④ 恭亲王:和硕恭亲王奕䜣(1833—1898年),道光帝六子,咸丰帝异母弟,是咸丰、同治、光绪三朝名王重臣,洋务运动的首领,为中国近代工业的创始和中国教育的进步做出了贡献。

壁而突入。奋斗激战,杀伐之声,振动天地。文宗显皇帝①惊骇狼狈,遂留皇弟恭亲王于北京,亲避难于热河。十月七日,二国之兵,闯入圆明园,夺掠宝器,破毁宫观,凶暴凌虐,无所不至。又劫掠其避暑苑,以争夺其重宝。其庞大不便携带者,悉破坏之。其宝藏之处,则猬集纷扰。遂设分捕委员,选择其未受损伤之物,任其杂卖,而止其不平之争。十月十八日,英军乃纵火而焚之。琼楼玉殿,瑶阁璇宫,百代之精华,悉为灰烬。时戈登亦在联合军中,目击其悲惨之景,曾送书于其本国,极言英军之凶暴,殊非公理。其时驻北京之俄国公使伊契耶兹野列劝恭亲王,乃调停而媾和。亲王乃还付其俘囚,立约英法二公使引见于礼部省,出其偿金一千六百万两,以与二国。于《南京条约》之外,更开天津港而为贸易场,其战事乃有结局。

是年十二月戈登升任少佐,且因北京之战功,授纪念牌并扣钩。十二月,英法联合军去北京而下天津,以张冬阵,戈登更为工兵指挥官,遂淹留于该所。千八百六十二年之春,屡赴北京,侦察清国朝野之状势。又尝旅行于万里长城之边,以测量其地山河之形势,并踏查俄领西伯利亚之通路。戈登于此漫游中,屡屡遭遇危难,幸而皆免。一日投宿于驿路之下等旅馆,至翌朝,主人请求不当之宿料_{犹言非所应出之费},戈登讶其高价,诘责于主人之前。先倩车一辆,载其行李而驰走。三时间之后,彼等从容自若,与其适当之金货,而不应其无礼之要求。主人愤然而怒,投之于地。彼等不顾而乘马。主人阻之,厉声疾呼。突见数十之暴汉,自诸方而猬集,遮路而疾呼曰:"同见长官。"彼等从其言。行至半途,伺其隙翻然而转马首,以追其行李。暴汉持凶器,尾击彼等凡数里,遂神倦体疲而止。戈登之于此行也,九死一生,不可胜纪。又一日,抵大沽,途中而遇激烈之飓风,危险万状。戈登尝为日记曰:"是日天晴,忽暗黑如夜,激风俄起,尘埃满空。以广十八呎②、深七呎,长五十哩③之大运河,仅二时间,竟为充塞。向天津张白帆而下之小舟,尘埃堆积其座上。船人皆大惊惧,颜色苍然,面如死灰。暴风不绝,竟涉十六时间。当日午后之三时,不辨咫尺,皆燃灯以照。中国船之沉没者,清人凡四十五名。于大沽溺死者,第三十一联队之士官二名。皆向大沽而旅行者,其中一名,已著衣而上

① 文宗显皇帝:指爱新觉罗·奕詝(1831—1861年),清朝第九位皇帝,年号咸丰。
② 呎:英美制长度单位,1 英尺(呎) = 12 英寸(吋) = 30.48 厘米。
③ 哩:英制计算长度,1 哩(mile) = 1609 公尺(米) = 1.609 公里。

陆,途中遇此危难,因迷归路而陷于沟中,蒙重伤而死。余急舍马,俯伏于地上,乃得全其生命。"记其猛烈之状,每一读之而觉毛发悚然。

戈登既驻天津数月,太平天国①洪秀全②之事忽起,乃镇定其扰乱,而戈登之名,乃大震于中国。洪秀全者,广东花县人,生于千八百十三年。至千八百五十年,始由桂平之金田以举事。至后年,遂成渠魁。其时清国科举之法,壅蔽人才,抑郁磊落之人杰,大都沦落于草野。以洪秀全之才识非凡,崒然卓出于乡党。少壮好学,长于讲演。常出应试,以糊名易书③探阄枚卜④之科举,终不能识其真才。洪秀全终不能上第,郁郁不乐,而归其乡里。以演卜为业,而隐遁于风尘。时广东人有朱九涛⑤者,唱上帝教,秀全与其同邑之冯云山⑥等往师事之。九涛病殁,秀全为其徒所推重。遂于一千八百三十六年,即道光十六年,秀全共云山往游广西,栖鹏化山而传其教。四方之来从教者遂日多。桂平之曾王衍,资产甚富,延秀全

---

① 太平天国:其中"天"字两横上长下短;"国"字内为"王"字,存在于1851—1864年,后期曾先后改称上帝天国、天父天兄天王太平天国,是清朝后期的一次由农民起义创建的农民政权,也是中国历史上最大规模的农民战争。

② 洪秀全(1814—1864年):太平天国天王,清末农民起义领袖,1814年出生于广东花县福源水村,后来移居到官禄布村,道光年间屡应科举不中,但其坚信"古来事业由人做",遂吸取早期基督教义中的平等思想,撰《原道救世歌》以布教,主张建立远古"天下为公"的盛世。1851年1月11日,洪秀全领导发动金田起义,建国号太平天国,号称天王,1853年定都南京,并将南京改名为天京。在主权原则上,洪秀全对满清政府与帝国主义签订的丧权辱国的不平等条约一概不予承认,并极抗击帝国主义对中国的侵略。英国政府曾派使者与洪秀全联系,表示如果洪秀全承认英国在华利益就对太平天国提供援助,但遭到洪秀全严词拒绝。由于洪秀全始终拒绝承认不平等条约,不肯出卖国家主权而使得列强转向支持满清政府。1864年洪秀全在天京病逝,其逝世后太平天国在满清政府与西方列强的联合绞杀下覆亡。

③ 糊名易书:指中国古代科举考试阅卷方式,考场监考人员在收卷后,首先将卷子交给弥封官,把考卷上考生的姓名、籍贯等个人信息,全部折叠起来,用空白纸覆盖弥封后,加盖骑缝章。这是第一道程序叫"糊名",为的是把考卷上考生的姓名掩盖起来,类似于现代高考的装订密封,任何阅卷人员都看不到。由书吏誊抄科考试卷,考官籍誊抄副本评卷,此种作法,就是"易书"。

④ 探阄枚卜:探阄,古代游戏,暗中取物以比胜负;枚卜,指以木条为工具的占卜。古代以占卜法选官,因以指选用官员。

⑤ 朱九涛(?—1855年):本名昌道,湖南郴州人,初参加天地会,化名九涛,活动于湘、赣之间,1851年(咸丰元年)与广东李升、湖北张添佐等结合,以"广东老万山"为名自建山堂,在湘、鄂秘密发展组织,自称太平王,李称平地王,张称徐光王,在衡州设立机关,准备起义。事泄,会员多人被捕,他闻讯出逃,嗣潜回郴州,联系郴州、永兴天地会首领图再举。1853年,其在资兴三都揭竿而起,自称楚帝,败郴州营兵,攻克永兴县城,旋撤出,活动于永兴油榨墟被毁,众散走广东,他潜赴郴州地区,1855年3月在郴州乌极铺被捕遇害。

⑥ 冯云山(1815—1852年),又名乙龙,号绍光,广东花县(今属广州市)禾落地村人,汉族客家人,原籍广东龙川县石灰窑村,自幼喜读经史、天文、地理,曾参加科举考试,后在村中设馆授徒,以塾师为业,是拜上帝会的始创人之一,太平天国运动初期的重要领袖之一。1852年6月,在太平军路经蓑衣渡时,冯被埋伏于此的清军江忠源部炮火命中,伤重身亡;曾官封南王,七千岁。

以课其子。武宣之萧朝贵①,为秀全之妹婿,亦家居桂平。遂与杨秀清②、石达开③等,互相比附,而师事秀全。时秀全病,殆死七日而复苏,乃诡言曰:"将有大劫,拜上帝者可免。"以欺愚民。乡里之愚民,多迷信之,入会者日益增加,纳金五两为香灯费。凡入其教会者,男为兄弟,女为姊妹,划除尊卑长幼之别,以谦逊为主。择天父之名目,以天父为耶和华,以耶稣为其长子。秀全自称为其次子,尊耶稣为天兄。其教盖模拟耶稣教者。初,因耶稣教宣教师利阿列托阿列阿者④,授以教谕一篇,由是而传。贵县之秦日纲⑤,亦起而相应,分布各道,诱聚渐普。金田之韦昌辉⑥,前充保正,纳粟入监⑦,与秀全等相结,号为四十兄弟,恣行劫剽。近邑之富豪等,互相团结,以自护卫。韦昌辉之罪状,而诉于浔州府,知府顾元恺捕昌辉而

① 萧朝贵(约 1820—1852 年):客家人,生于清嘉庆末年,广西武宣罗渌垌人,是金田起义的核心领导人之一,太平天国运动初期的重要领袖,官封西王。其地位高隆,位居洪秀全、杨秀清之下,冯云山、韦昌辉、石达开之上。

② 杨秀清(1823—1856 年),原名杨嗣龙,祖籍广东嘉应州,客家人,出生在广西桂平市紫荆山平隘新村一个贫苦的农民家庭,以耕山烧炭为业,1846 年加入拜上帝会,1851 年参与发动金田起义,同年 12 月被天王洪秀全封为"东王",称"九千岁",是太平天国最重要的领袖之一。1856 年 6 月,太平军攻破清军江南大营后,杨秀清已经集教权、政权和军权于一身,是太平天国实质上的首领。1856 年 9 月,杨秀清在天京事变中被杀害,家人僚属几无幸免。

③ 石达开(1831—1863 年),小名亚达,绰号石敢当,广西贵县(今贵港)客家人,太平天国主要将领之一,中国近代著名的军事家、政治家、革命家、战略家、武学家、诗人、书法家、爱国将领、民族英雄。1851 年 12 月,太平天国在永安建制,石达开晋封为"翼王五千岁",1857 年,又封为"左军主将翼王",天京事变曾封为"圣神电通军主将翼王",军民尊为"义王"(本人谦辞不受)。石达开是太平天国最具传奇色彩的人物之一,16 岁受访出山,19 岁统帅千军万马,20 岁获封翼王,32 岁英勇就义于成都。一生轰轰烈烈,体恤百姓民生,生平事迹为后世所传颂,被认为是"中国历代农民起义中最完美的形象"。

④ 利阿列托阿列阿:罗孝全(1802—1871 年),原名 Issachar Jacob Roberts,美国浸礼会牧师,是第一位来香港的传教士,另外,他还因为与太平天国有着特殊的关系而闻名于世。罗孝全作为第一个来港建造教堂的外国传教士,于 1846 年在广州南关东石角租地,建造了一座礼拜堂。1847 年 3 月,洪秀全和族弟洪仁玕一起,从家乡前来广州罗孝全处学道。他们参加了圣经班学习,记忆和背诵圣经,每天听课两小时。在这里,洪秀全第一次读到了新旧约全本。三个月后,洪秀全携带全部或部分《圣经》去广西宣传他的革命思想。

⑤ 秦日纲(1821—1856 年),本名秦日昌,因避北王韦昌辉讳而改名日纲,汉族,客家人,1821 年出生于广西贵县,太平天国将领,官封燕王。在 1856 年的"天京事变"中,秦日纲参与了北王诛杀东王杨秀清的行动,后来被天王洪秀全处死。

⑥ 韦昌辉:(1823—1856 年),汉族客家人,原名志正,又名正,太平天国前期领导人之一,祖籍广东南海县,明末清初,其先祖迁广西,定居桂平金田村。他家资富有,少曾读书,知文义,有才华,遇事能见机应变。道光二十八年(1848 年)入拜上帝会,不久成为中坚,与洪秀全、冯云山结为兄弟,称天父第五子;金田起义后任后护又副军师,领右军主将,官封北王,称六千岁,地位次于天王洪秀全、东王杨秀清、西王萧朝贵、南王冯云山。

⑦ 纳粟入监:指花银子捐一个监生,取得乡试入场资格。

下狱。昌辉之徒党鸣锣放火以劫之,元恺等皆惧而遁走。于是昌辉、秀全等,皆会集于金田。贵县之林凤祥①,揭阳之罗大纲②,衡山之洪大全③等,皆率众而从之。遂于道光三十年(1850年)举兵于金田。

是年九月,道光帝崩,咸丰帝嗣。清兵伐洪秀全不克,所在皆败。咸丰元年(1851年)闰八月,秀全遂略大黎地方,陷永安州,遂称国号为太平天国。秀全自为天王,杨秀清为东王,萧朝贵为西王,冯云山等各王与丞相及军师。其势渐盛,清兵不能制。其徒皆密蓄发,中国人忘其旧制,皆称之为长发贼云。

咸丰二年(1852年),秀全陷全州,顺流而窜驱长沙。浙江之知县江忠源④,督湘勇而绝之于蓑衣渡。鏖战二昼夜,冯云山殁于阵,乃舍舟而窜永州。洪秀全恐众志渐离,乃伪造玉玺,称为天赐,胁众而呼之为万岁。三年(1853年),秀全弃武昌而东下,叠陷沿江郡县。巡抚蒋文庆等死之,遂陷金陵,改江宁府而为都。据长江之险,扼形胜之地,精兵号六十万。而称承明之祚,宫室服饰,一如帝王。而其制度,据西教以为本,主自由,恶束缚,解妇人之拘束,禁娼妓蓄妾之弊风。又禁夫人缠足,禁卖买奴隶,设养育院,为中国千古以来未有之一大革新。清廷命钦差大臣向荣⑤进至金陵,至朝阳门外,为苏浙屏蔽,号为江南大营。敌之舟师犯湖口,为江忠源所侦知,即日自间道而驰赴南昌。部署略定而敌至,忠源告急于湖南,檄曾

① 林凤祥(1825—1855),太平军北伐名将,广西南宁市武鸣人,壮族,农民出身,1851年在广西永安(今蒙山)参加太平军,任御林侍卫,后冲锋陷阵,所向披靡。1855年3月,林凤祥受伤被俘,后解至北京就义,被追封为求王。

② 罗大纲(1804—1855年),原名亚旺,广东揭阳县西门外蓝田都上阳乡寨内(今梅州市丰顺县汤南镇新楼种玉上围/上围古寨)人。洪秀全金田起义,固然主要是依靠杨秀清、冯云山、萧朝贵、韦昌辉、石达开等"上帝教"骨干,而没有参加"上帝教"的罗大纲也是一位一开始就对太平军的发展作出重要贡献的主要将领。

③ 洪大全(1823—1852年),清末湖南天地会首领,湖南兴宁(今资兴市,位郴州市东北)人,原名焦亮,亦称焦大,早年以屡试未入学,愤而为僧,隐居读兵书,不久还俗,再试亦未中,后交结各方人士,参加天地会,创立招军堂;1851年与洪秀全联络,随太平军至永安(今蒙山),次年在蒙山突围时被俘。清钦差大臣赛尚阿将他解送北京杀害。原称"天德王",后被追封为悊王。

④ 江忠源(1812—1854年),字岷樵,湖南新宁(今属邵阳)人,晚清名将。江忠源举人出身,后兴办团练,镇压雷再浩起义,升任浙江秀水县知县。太平天国起义后,江忠源组建楚勇,到广西参战,并在蓑衣渡之战中击毙冯云山。此后,江忠源转战湖南、湖北、江西,累升至安徽巡抚。咸丰三年(1853年),江忠源到达庐州,陷入太平军的包围。同年十二月(1854年1月),庐州城破,江忠源投水自杀,年仅42岁,追赠总督,谥忠烈。

⑤ 向荣(1792—1856年),字欣然,四川大宁(今重庆市巫溪县)人,寄籍甘肃固原(今属宁夏),晚清名将,官至四川提督、固原提督、广西提督、湖北提督(从一品),卒授一等轻车都尉(正三品)世袭,谥号"忠武",有《向荣奏稿》传世。

国藩①。江忠淑自浏阳而赴江西,既而朱孙韶、罗泽南等自醴陵而进,别派镇箪兵②千人,以夏廷樾为总统,是为湘军出境剿敌之始。湘军抵南昌,城外之敌垒,惟文孝庙之数座,官军屡攻不能克,日有死伤。六年(1856年),罗泽南力攻武昌,驻营于宾阳门外,铲除敌垒殆尽。而江南之大营既渐失落,钦差大臣向荣,乃退营而保丹阳。

自洪秀全都江宁府,旌旗之所向,无不风靡。而内爨忽作,大势乃去。咸丰六年(1856年),金陵之内势,党羽各分。北王韦昌辉,杀东王杨秀清,而洪秀全复攻昌辉杀之。先是,昌辉自江西败归,秀清责其无功。恚甚。迨向荣既殁,秀清益骄恣。胁秀全至其府,令群下而呼万岁。秀全不能堪,趣召昌辉,密计之。秀清召昌辉饮,戒备以往。饮次,抽刃而刺秀清,洞其胸,割而烹之。且尽杀其党。时石达开在洪山闻变,狼狈而东下,以责昌辉。怒将并图之。达开缒城而遁。昌辉悉诛其母妻子女。秀全益惧,密谕秀清之余党攻之。昌辉逸出,潜渡江,为秀清之余党所获,缚送金陵而磔③之。时达开回金陵,众议举以辅政。秀全益忌之,乃命其兄洪仁发、洪仁达,以执政柄。达开仍遁至安徽,遂不复归。

然太平天国之势犹未衰,终自粤而进楚,其徒蔓延于江之南北,清军仍不能破之。侵山西而陷平阳府,或入直隶之界,或进湖北而拔九江城。至咸丰十年(1860年),乃陷杭州。洪秀全之势又顿振,将侵入北京以倒爱亲觉罗之政府,而代其帝位。清朝乃大震骇,大开登庸④人才之道。于是在野之俊杰,争建奇策以立伟功。先是自林则徐⑤,自洪秀全起,受任为钦差大臣,驰赴广西,途中而薨,平定之功不

---

① 曾国藩(1811—1872年),初名子城,字伯涵,号涤生,宗圣曾子70世孙,中国近代政治家、战略家、理学家、文学家,湘军的创立者和统帅。曾国藩的崛起对清王朝的政治、军事、文化、经济等方面都产生了深远的影响。在曾国藩的倡议下,中国建造了第一艘轮船,建立了第一所兵工学堂,印刷翻译了第一批西方书籍,安排了第一批赴美留学生。可以说曾国藩是中国近代化建设的开拓者,与胡林翼并称为"曾胡",与李鸿章、左宗棠、张之洞并称为"晚清中兴四大名臣"。其官至两江总督、直隶总督、武英殿大学士,封一等毅勇侯,谥号"文正",后世称"曾文正"。

② 镇箪兵:镇箪,地名,在湖南凤凰县南,原属湘西边远落后县份,地方多外来商人屯丁和苗民混合居住,由习惯上的歧视和轻视,历来都一例被省中人叫作"镇箪苗子"。镇箪兵骁勇善战,自明代闻名,清朝绿营中一枝独秀,镇压太平天国时驻守长沙。

③ 磔(zhé):古代一种酷刑,指把肢体分裂。

④ 登庸:选拔任用。

⑤ 林则徐(1785—1850年),福建侯官县人,字元抚,又字少穆、石麟,晚号俟村老人、俟村退叟、七十二峰退叟、瓶泉居士、栎社散人等,是清朝时期的政治家、思想家和诗人,官至一品,曾任湖广总督、陕甘总督和云贵总督,两次受命钦差大臣;因其主张严禁鸦片,在中国有"民族英雄"之誉。

能立。既而曾国藩先出湘军以兴长沙,胡林翼①为湖北巡抚,以曾国藩之弟国荃②攻吉安府,组织吉字营。左宗棠③畅晓兵机,拔帜而起。李鸿章④才大心细,劲气内敛而兴淮军。李元华⑤、刘铭传⑥等皆一时之杰。于是一时之人才突起。

且当时不独太平天国之乱,英法联合军之祸亦乘之。猛将杰士,防御外难,几无暇日,更不暇致力于此。且以圆明园之火未息,北京城下之盟未定。咸丰十一年(1861 年)三月,咸丰帝因内讧外患,驻跸热河而遂崩。同治帝即位,年方幼冲,慈安皇太后,垂帘听政,乃大从事于镇定。而官军屡屡失利,敌势益猖獗而不能图。千八百六十年八月,乃陷上海。清廷进退狼狈,不知所为。当将驻阵于上海,向英法联合军而乞征伐之援兵。联合军不答,以为清国勘定内乱之事,非其责任。

---

① 胡林翼(1812—1861 年),字贶生,号润芝,晚清中兴名臣之一,湘军重要首领,湖南益阳县泉交河人,道光十六年(1836 年)进士,授编修,先后充会试同考官、江南乡试副考官,历任安顺、镇远、黎平知府及贵东道,咸丰四年迁四川按察使,次年调湖北按察使,升湖北布政使、署巡抚。其在抚鄂期间,注意整饬吏治,引荐人才,协调各方关系,曾多次推荐左宗棠、李鸿章、阎敬铭等,为时人所称道。

② 国荃:曾国荃(1824—1890 年),曾国藩的九弟,毕业于湘乡私塾,湘军主要将领之一,因善于挖壕围城有"曾铁桶"之称,太子太保,两江总督,咸丰二年取优贡生;咸丰六年,因攻打太平军"有功"赏"伟勇巴图鲁"名号和一品顶戴。同治三年,其以破城"功"加太子少保,封一等伯爵,同治间,与郭嵩焘等修纂《湖南通志》,谥"忠襄"。

③ 左宗棠(1812—1885 年),字季高,一字朴存,号湘上农人,湖南湘阴人,晚清重臣,军事家、政治家、湘军著名将领,洋务派代表人物之一。其一生经历了湘军平定太平天国运动、洋务运动、平叛陕甘同治回乱、收复新疆以及新疆建省等重要历史事件,官至东阁大学士、军机大臣,封二等恪靖侯。中法战争时,自请赴福建督师,光绪十一年在福州病逝,享年 73 岁,被追赠太傅,谥号"文襄",并入祀昭忠祠、贤良祠。

④ 李鸿章(1823—1901 年),晚清名臣,洋务运动的主要领导人之一,安徽合肥肥东人,世人多称"李中堂",因行二,故民间又称"李二先生"。其本名章铜,字渐甫或子黻,号少荃(泉),晚年自号仪叟,别号省心。李鸿章是淮军、北洋水师的创始人和统帅、洋务运动的领袖、晚清重臣,建立了中国第一支西式海军北洋水师,官至东宫三师、文华殿大学士、北洋通商大臣、直隶总督,爵位一等肃毅伯。其一生中参与一系列重大历史事件,包括镇压太平天国运动、镇压捻军起义、洋务运动、甲午战争等,代表清政府签订了《越南条约》《马关条约》《中法简明条约》《辛丑条约》等一系列不平等条约,死后被追赠太傅,晋一等肃毅侯,谥文忠。

⑤ 李元华:淮安徽六安人,1854 年举人李元华率东北乡团练助克六安城。咸丰帝以六安官绅"不费公家一兵一饷,力克坚城,为军兴以来所未有",将有功各绅分别授予文武官职,李元华为知州。后李元华加入李鸿章淮军幕僚,主持清淮善后局,后任两淮盐运使(1867 年),山东布政使署理山东巡抚(1877 年)。

⑥ 刘铭传:(1836—1896 年),字省三,自号大潜山人,安徽合肥(今肥西大潜山麓)人,清朝名臣,系台湾省首任巡抚,洋务派骨干之一,赠太子太保,谥壮肃,为铭军统领,在平吴、剿捻战役,因功授直隶提督,封一等男爵;1869 年春卸任回籍;1870 年津案发生,奉诏起复,帮办直军务,后又督办陕西军务,次年去职回籍;1884 年中法战争爆发,再度奉诏起复,以巡抚衔督办台湾军务。战后,清政府于 1885 年 10 月在台湾设立行省,授其为首任台湾巡抚,1891 年辞职。

敌军若侵入上海居留地①,则必与官军协力而击退之。而敌军果进迫于居留地,联合军乃击之而退。敌军临去,而赠书于联合军曰:"我等因法人之内应而来,我军之所至,都市无所蹂躏。上海为清国之地,必略取之。"英国提督沙奚斯贺列乃直赴江陵府,向洪秀全而面约。以十二月为期,而攻上海,及市外三十哩之间,惟不得进入居留地。盟约而归。而上海之外人等,以彼等生命财产之所在,忧其危难,日夜不能安堵,遂募捐义军,以编成义勇军。又别美国之冒险家哇度②及列陆科哇伊③二人,以教习洋枪队,称为常胜军④,属于江苏巡抚薛焕之下。为击敌军之计,先悬赏金。自上海之南方二十里松江,与敌军而决战。哇度乃率一百之兵而攻之,敌据险而设垒,固守不降。哇度之军,将动而乱。既而清军来援之,横冲敌垒。其后千八百六十二年一月,敌军再袭上海。英法联合军又击退之。时法之司令官战死,英之司令官受重伤,两国之军,各失其指挥。提督贺列乃独率兵而欲剿灭上海附近之敌垒,其势渐振,兵数渐至五千以上。然于慈溪县之激战,贺列被重伤而没。于是千八百六十三年九月,遂以列陆科哇伊代之,而为指挥官。然以其天资疏暴而懒惰,大为上海之外人所摈斥,终亦无所作为。遂自乞于直隶总督李鸿章而去其职,以契耶列特贺陆拉度氏姑袭其职。而彼固辞。于是常胜军之指挥官,全然缺人。总督李鸿章大忧之,遂向英之将军斯特兹列⑤自彼之幕僚中,而选拔有为之士官,乞以任之。于是将军极思其人,乃得昔年工兵大尉戈登,极适其任。乃答于总督曰:"戈登于奚卫斯托贺陆之役,既为世人啧啧所称赏,为文武兼备之军人。彼虽未尝有指挥官之经历,然彼自渡清以来之功绩,确信彼自有将将之器量。

---

① 居留地:日语中的居留地相当于中国的租借地。日本与欧美诸国缔结通商条约后,首先在长崎、横滨两地辟出租借,以后逐渐扩展到神户、大阪、东京等地,1899 年(明治三十二年)取消。

② 哇度:一般译作华尔(1831—1862 年),美国人,镇压太平军的"洋枪队"头目,1860 年开始受清朝官员委派,招募外国人组成洋枪队,帮助清军镇压太平军,随后"洋枪队"改为中外混合军。1862 年春,华尔加入中国籍,被清朝政府委任为副将,"洋枪队"改称"常胜军"。1862 年 9 月,华尔在进攻慈溪时被太平军击毙。

③ 列陆科哇伊:即白齐文,或白聚文(1836—1865 年),美国人,活跃于中国的晚清战场,曾组织洋枪队镇压太平天国,也曾帮助太平军对抗清政府,后在被押往苏州途中被李鸿章下令溺杀。

④ 常胜军:中国清政府与外国势力联合组建的一支雇佣军,装备近代西方武器,参与了镇压太平天国起义和捻军的战斗行动,活动时间为 1860—1864 年。1862 年,清政府将美国人腓特烈·华尔统领的洋枪队扩编为"常胜军";华尔曾因之饷,纵兵劫掠店铺、官署,抢得银洋七千,黄金百两。华尔在慈溪与太平军作战阵亡后,由法裔的白齐文接任为第二任队长。白齐文行事风格较华尔更为剧烈,竟劫掠清兵军饷四万余银元,江苏巡抚李鸿章将白撤职,改由英国工兵军官戈登任队长,以镇压太平天国。李鸿章曾以这一武装攻占嘉定、青浦、昆山、吴江、姑苏、常州、溧阳、吴兴等地,战功彪炳,1864 年解散。

⑤ 斯特兹列:今译为斯塔夫利,英军司令。

故余特选戈登,彼亦决不至旷其委任。余所敢保之者。"

李鸿章乃大喜,遂决意而任戈登。李鸿章乃赠书于英国政府,以明其深愿任许。英国陆军卿亦大赞成此议,直与之而表同意。然而戈登之父,素不愿英人而执他国军之服役,以为辱国,颇不之许。戈登不得就职,大为遗憾。当时欧美各国,以太平天国得享有自由之权利,而无耶稣教徒为一揆①。戈登本为耶稣之信者,而忽为镇定太平天国之指挥官,怪讶惊愕,交相迭起,遂极口而非难戈登。然戈登则以为热诚博爱,其勘定太平天国者,非为清国,实为保护宇内和平之紧要。终献身而图伟业,致区区之毁誉褒贬而不顾,乃奋身而起。

戈登既为常胜军之指挥官,先裁定其军为三千人,仿英国之式编成队伍。以定军规,禁兵士之恣于掠夺,与以一定之给料。夫以骁勇轰于四海,如英国科洛摩乌野陆之铁骑兵②。又以德义为主,而加严密之训练,军气愈大振肃。于是士卒摄服,无敢枝梧者,军声大振。戈登以为欲扫荡弥漫国中之敌军,决非区区争斗小战之所能,必先冲其巢窟,以讲拔根枯叶之策。苦心惨淡,部署既定而后发。先攻上海之北宝山县之敌垒。三月三日,乃于宝山县之沿岸,以炮兵二百人、步兵一千人而上陆。自率炮二十门,频击敌垒。而敌方为浚濠,为持久计,殊不异屈。于是大尉海陆兹耶别遣兵五百人,急出敌之背后,绝其要道,屡纵骑兵而迫敌垒。辟易狼狈,遂降于常胜军。于是清人大赞赏戈登之功勋,信任益厚。清国皇帝特以敕命授与以总兵之职即少将之位。继而略取昆山。昆山者,敌军据之而设造兵厂及弹丸制造所,以整武备。而常胜军之兵力,仅炮兵六百人,步兵二千三百人,而有敌军约五倍之军势。于市之高丘而构本营,以警戒远近。于市街之周围,皆筑墙壁,具数门之巨炮,而设广二十尺而至百尺之濠,防备颇为坚固。惟隔一小湖,与苏州相对,由水路而运搬粮食,颇为不便。戈登乃以汽船而扼敌之水路,以遮断两市之交通,自信昆山之敌必降。五月三十日,先以常胜军及七千清国官军之援兵,而围昆山。别以汽船并小炮舰,而编成一舰队,舳舻相衔而出湖上。自昆山八里许,以

---

① 一揆:日文词汇,本意是指同心协力,团结一致,后来泛指百姓、土著、当地势力人士等非政府组织因某些目标而集结之团体,也通称百姓起兵反抗统治者的行为。

② 科洛摩乌野陆:今译为奥利弗·克伦威尔(1599—1658 年),17 世纪英国资产阶级革命中,资产阶级新贵族集团的代表人物、独立派的首领,曾逼迫英国君主退位,解散国会,并转英国为资产阶级共和国,建立英吉利共和国,出任护国公,成为英国事实上的国家元首。1642 年,英国内战爆发,克伦威尔站在议会革命阵营方面,以自己组织的"铁骑军"屡建战功,1644 年曾在马斯顿荒原之战中大败王党军队。

炮击敌军屯驻之一小村落,直占领之,而守以炮兵三百人。时苏州之敌军,赴救于昆山,乃再以炮击之,狼狈周章,向苏州而退走。以舰队追击之,及苏州,至翌朝乃还。昆山之敌,欲发大军,以企与苏州联络。乃以炮舰哈伊斯号向敌军而盛注破裂弹,敌乃却退。水陆相呼应而攻昆山,炮声七时间余,敌遂举白旗。敌军死伤,实五千余人。就中彼等昔日之侵掠,土人乘之而复仇,其遭杀害者益多。戈登乃捕俘虏八百人,极厚遇之。彼等大喜,皆乃投于常胜军,反向敌军而誓战。常胜军之势日益张。

昆山为直隶省中要害之地,戈登乃欲以之为本营。然而贪欲之士官,私犯戈登之禁令,以许多之掠夺品,秘藏于松江之旧本营,深恐一朝而失却,乃相谋而试其反抗。炮兵以为若不听吾言,断然而立脱队伍,以胁迫士官等。遍散檄文,以募同志之兵。军中纷纷扰扰,不知所止。以戈登之敏锐,知士官中必有为其煽动者,乃集是等之士卒,纪问其檄文之记者。众不敢答。乃宣言命彼等之内五人,各射击一人。众闻之,皆踌躇未答。就中一伍长,面色顿赤,恐惧之情色,立现于表。戈登乃先自队中,曳之而出,命步兵二名以击杀之。其余之下士官等,悉加禁锢。又一时间之后,乃命士卒就其队伍。彼等于五人之内,而以一人处死刑,以求檄文记者,众益恐怖。悉入队伍,乃全击杀其记者,伍长复命。于是戈登皆服士卒之刚勇,莫不号令明肃,步伍严整,兵锋益锐。然当此时,幕僚之间,不能互相调和。且清国政府,屡屡破约,而不送附兵士之给金。兵士之不满者,益益增加,因之颇难统御,彼遂断然而辞指挥官之职。而是时曩日之指挥官列陆契乌伊密抱叛志,与敌军洪秀全通牒,于上海之附近,而集勇敢之欧洲人,以编成一队,乘汽船自欧洲而上陆,最为常胜军之强敌。戈登若一旦而去其职,则必全军瓦解,与敌军相附和而大增其势力,则四百余州恐不能为清廷之所有。戈登亦熟虑之,为清国而谋永远之利害,乃以一身之困苦,而供清廷之牺牲。以故不复辞职,奋励自矢,必欲谋清国于泰山之安而后快于心。其后数日,列陆契乌伊与敌军而不睦,遂会戈登而求见。伪为脱于敌军之意,阴欲离清国而创设独立国,屡发议以干戈登,戈登始终拒绝之。列陆契乌伊知事不成,遂去敌军而为敌人所捕。戈登闻之,以为彼之关系,既已发现,则彼之生命,实为危险。虽彼卑贱奸猾之人,亦大怜之,遂夺之于敌垒,而交付于美国领事,乃放逐之于国外。戈登之胸宇广廓如此。乃设本营于昆山,为其根据地。欲先略取苏州,乃使清军围之。自遂共贺哇度及乌伊利阿么率常胜军,乘暗夜而攻敌垒。大破之。敌军虽知不能支持,犹坚忍守垒而不降。戈登乃合清军而大攻击,乃陷落之。敌军数百名皆出降,以博爱之戈登,待遇降人,极为宽大。且于市廛,秋毫而不敢侵掠。

先是,戈登与李鸿章约,为清军之司令官程将军。戈登为常胜军之指挥官,凡战争之间,遵由西欧之惯例,凡有俘虏,决不虐杀之,故敌军多愿纳降。然二人秘渝戈登之约,悉将敌将处以斩首,且纵士卒于街市,而恣其掠夺。戈登既入苏州市,满目惨凄,不忍正视,遂欲躬自视察之。时敌将之入居城者,忽以数千人,突然而出,围绕戈登而闭其门,而捕虏之。盖当时敌军,知其被获之敌将,未被杀害,故欲以人质,而救彼等之生命。既至翌朝,乃得敌人之承诺,乃遣其通辩,则书翰于湖上之炮舰长,请求解放其俘虏,而捕李鸿章留置于舰中。其通辩途中,为清军所斩杀。及午后,戈登伪称自将探索通辩,遂自乘间而脱于敌军,乃无恙而归常胜军。既归其营,始闻敌将皆被斩杀,伏地痛哭,大怒李鸿章之食言,欲杀之以偿其罪。直携短铳,搜索李鸿章数日,而不能得李鸿章而止。盖李鸿章知戈登之愤懑,而自知理屈,乃隐而避之。戈登乃率常胜军而归昆山之本营,集士卒而请清国政府以处罚李鸿章。宣言将放弃其常胜军之指挥权,而归其国。清国皇帝惧彼辞职,欲抚慰之。乃遣总督,授与以勋章并巨额之金,且并加士卒之俸金,及负伤者之医费金。戈登辞而不受。总督以盘满载黄金,而呈于彼前。戈登以为战争中不便携带,以常胜鞭一击而覆其盘,悉弃却黄金于户外。乃直奉书翰于皇帝曰:"戈登少佐,辱皇帝陛下之称扬,不胜感喜之情。然陛下所受与物品,因苏州陷落以来之事情,怏怏而不敢纳受,实为千秋之遗憾。"于是总督深佩其洁白之襟度,钦仰不能措。而戈登必要求清国政府免李鸿章之职,且必严罚之而后已。然政府以李鸿章之惨戮,究之出于为国家,决非因其私忿,委婉而拒绝之。既而戈登察系是等之事情,释然解悟,而且李鸿章誓不再为斩杀降人之暴举。戈登乃再就指挥官之职。

其时,列陆契哇伊再设阴谋,率无赖之欧人三百名,而投敌垒。戈登果辞职,列陆契哇伊将继之而为敌军之指挥官。则常胜军之兵士,必皆倾向于敌军。戈登乃弃其小忿,为清国而求平和之福,再为常胜军之指挥。决心以剿灭敌军,而谋清国之安宁。而苏州敌军之残旅,共二千余名,不约而簇集于无锡,据险而设营栅,大养兵气,有大举而犯苏州之势。因常胜军为其强敌,尚逡巡以待时。千八百六十四年二月中旬,戈登乃先冲敌军,略取宜兴及溧阳,欲断彼等之联络。乃挺身于常胜军之阵头,大肆奋战。时清军方攻南京而围之。又以法清两国之人,混成而为一军,以救杭州,进击而破敌军。于是敌军自知不能守无锡,舍城而遁。常胜军乃遂占领之。一老妇告戈登曰："一月以前,有四名之西人,被杀害于宝塔之附近。"戈登往见之,骨片、肉块、衣服、小刀等,狼藉散乱。残忍之状,视之悚然而股栗。盖昔日乘清军之汽船,营中之士官,为敌军所生擒,以报苏州之恨。以博爱之戈登,睹是等之惨状,大恶敌军之残暴,益决心而急剿灭之,以救无辜人民涂炭之苦。四月三十日,常胜军攻击宜兴市,鏖战二昼夜,敌军遂降。常胜军乘胜,而围溧阳城。城中之敌军,惊骇狼狈,攻守两说,纷纷不绝。一军出城,而攻击常胜军,大败而归。一军闭其城门而不得入。士卒穷迫,遂降于常胜军。而城中之兵,亦陆续降服。

戈登欲占领金坛,敌军闻之而大怖,乃自出降。而附近之敌军,集于金坛,挟之而与常胜军相抗拒。于是常胜军乃攻金坛。炮战三时间,遂破坏其城壁。一部决死之士,大喊突入。然而敌军炮射激烈,究为其所击退。戈登乃自督兵,再向城中而突喊,而右脚为弹丸所贯,鲜血淋漓。士卒大忧之,劝其速退而治疗。而戈登负伤直进,誓不肯从。意气勇锐,奋进而逼敌前。因血出过多,神为之困。医官贺乌伊兹托守护之,静避舟中。乃命副官列拉契少佐代率其军,突入城中奋斗突击。而敌势殊不易挫,常胜军之杀伤颇多,乃遂却退。是役也,常胜军之死者,实越二百人。而著名之列拉契少佐、特托少佐、卫意科大尉等十七名,亦皆战殁。戈登亦负伤。报至北京,朝野大为忧虑。英国公使赠书于彼曰:"余以汝立于重要之地位。自军事上而观察之,实为勇敢熟练之指挥官。汝之声名,日益大起。余以汝为统御顽陋狡狯之清国人,信为最适当之人物。愿汝速康健,再临战场,以扫荡多数之敌垒,实为清国之紧要。"而清国皇帝亦发敕诏慰之曰:"戈登为人,刚毅勇胆。危难之际,无所迟疑。今闻被伤,朕实不胜叹赏悲哀之衷情。朕愿彼充分强健,自爱静养。兹命李鸿章,每日慰问之。此据日文译之,非当日之原诏也。"戈登被此光荣,乃愈感激。幸彼之负伤,本非重患。然其身体,究以安静保持为主。特以彼之勇气勃郁,既闻曩日占领之福山县,再为敌军所略取,呻吟病床,欲起而克复之。医官贺乌伊兹托切止之而不顾,竟自冒病而突临于战场。以其身体不能活动自由,常乘担架,而立于常胜军之阵头,以指挥之。遂向无锡而进击,而留数百之兵,守其市街。自引率步兵二千人、骑兵四百人,及降军六百溧阳人,而出发,乃遍击四方之敌垒。士卒莫不服其勇气,而惊叹之。

当是时,敌军之势渐恢复,以麦市镇市为根据地,大养兵气而图大举,欲略取昆山。戈登探知之,自率炮兵向水路而达于该市。同时又命贺哇度及洛度两大佐率步兵自陆路迂回而出该市之背后,而与戈登之军合,且于途上戒其勿挑战于敌垒。然为敌所知,突遭骑兵之要击,士卒狼狈,遂相蹂践而遁。杀伤者,实四百人,而失其最勇敢之大尉三名。戈登乃急伴步兵,溯流而抵于麦市镇之附近。然敌之守备,颇坚固,攻击大难。陆路之军,既不能来,其位置益陷于危险。虽欲退军而不得,乃更编成军队,加以少数之步兵。又求援于李鸿章,与六千之清军而相合。部署既定,再攻麦市镇,乃大破之,遂占夺敌军之根据地。时清军之帅李鸿章,以敌占领常州府之城,欲谋立大功,盛攻击之。炮兵乃击破其城壁之一部,自率士卒,闯入突喊。而敌军之防御,亦亟激烈。清军之死伤者,有加无已,而终未能陷落,遂请求常胜军之救援。戈登乃直去麦市镇,急投李鸿章之军,欲相联合而攻城。而数千之清军,失期未能至其地,仍仅常胜军中精兵数十名,先越城壁之破口,突然而进击,又为敌所击退。故戈登及李鸿章二将,各率其军,求数多之破口而突入,纵横奋战,大倒敌兵。然以寡众不敌,不得不再退其军。于是三将之攻击,终亦无效。戈登出其特技以土木学之应用,乃凿地道,以企安全而得接近于敌之方法。李鸿章又于城中之敌军,以大字示之:“速去敌城者,免除其罪。”敌人见之,惊喜其宽大之措置,争先逃走。三日之间,遁者实逾二千人。敌之兵力顿减,意气益益丧耗。于是常胜军并清军更相联合,而谋再攻常州府。七月十九日,常胜军开凿地道,装四万封度之火药以轰之,声如霹雳,震动天地。常州府之城壁破裂者二十四丈。清军狂喊而闯入,敌军突邀而击之,力战奋斗,清军大有难色。戈登见之,勇气勃勃,不能自禁,自先士卒,驰犯敌锋。常胜军皆踊跃争进,喊声雷震,大破敌胆。李秀成①先遁,敌兵鸟散鱼溃,遂陷落常州府之城。先是,六月三十日,拒守南京之天王洪秀全,知事不成,一夕仰药自杀。众立其子洪福瑱②而为主。洪福瑱率残余之兵,而救常州府。八月七日为清军所生擒。李鸿章劝其降服,洪福瑱不听,且慷慨而言曰:“若非戈登及其麾下之勇兵,吾必早胜清军而略取常州府。”李鸿章大怒斩之。寻捕缚其诸将,搜杀殆尽。三日之间,实毙敌十余万人。

---

① 李秀成(1823—1864 年),初名李以文,出生于广西藤县大黎里新旺村,太平天国后期著名将领。天京变乱后,他与陈玉成、李世贤等力撑危局,取得了二破江北大营、三河大捷、二破江南大营等军事上的胜利,并建立苏福省、天浙省,中兴了太平天国。天王洪秀全封李秀成为忠王,称“万古忠义”。1864 年 6 月,湘军攻陷天京,李秀成被俘后在狱中写下数万字的自述,追述自己的经历和太平天国的历史,8 月 7 日被曾国藩杀害。

② 洪福瑱:洪天贵福(1849—1864 年),太平天国天王洪秀全长子,广东花县人,初名天贵,后加“福”字。登基后,玉玺于名下横刻有“真主”二字,清方又误称为“福瑱”。

于是太平天国之乱乃定。呜呼，洪秀全以汉族之一匹夫，突然而起，敌争十五年，蹂躏十六省，所陷之城六百余。是时湘军之长汉族曾国藩上奏于清国朝廷曰："我朝武功之盛，超越前古。屡屡削平大难，焜耀史编。虽然，如嘉庆川楚之役①，蹂躏仅及四省，不过沦陷十余城。康熙三藩之役②，蹂躏亦只十一省，沦陷亦仅三百城。今粤匪之乱，蹂躏竟及十六省，沦陷及六百余城之多。其中凶酋悍党，如李开方③之屯守冯官，林启容④之守九江，萧云来之守安庆，皆坚忍不屈。此次金陵之破，十余万众，无一降者，竟至聚焚而不悔。实为古今罕见之剧寇云云。"呜呼。洪氏之业，可谓盛矣。以汉族而起，而灭之者，亦汉族。清国朝廷之幸福，诚可羡矣。

常胜军既已达其目的，乃直解队。戈登又以任满而还英国。自是以降，世人称之为"中国戈登"，名声著于天下。清国皇帝，大嘉其勋功，与之其国最高之勋章，赐以黄骑袍即黄马褂，孔雀帽子即花翎，且赐以敕诏，言："朕极爱敬汝，为汝之纪念，叙汝以提督之位。且赐礼服四袭云。"其获赏给如此。而上海留在外国之商人，皆赠书翰，以表感谢之意。

---

① 川楚之役：指川楚白莲教乱(1796—1804 年)，又称为川楚教乱、白莲教起义或川楚白莲教起事，是中国清朝嘉庆年间爆发于四川、陕西、河南和湖北边境地区的白莲教徒武装反抗清政府的事件。从嘉庆元年到嘉庆九年，历时九载，是清代中期规模最大的一次农民起义。

② 三藩之役：三藩之乱，是清朝初期三个藩镇王发起的反清事件。三藩是指平西王吴三桂、平南王尚可喜、靖南王耿精忠。三藩之乱发生在 1673—1681 年，中国南方、西南地区、陕甘地区。

③ 李开芳(1811—1855 年)，壮族，广西武缘县(今南宁市武鸣区)人，在攻占南京城、高唐州之战中屡立战功，冯官屯战役中被僧格林沁所擒杀。同治二年，被太平天国天朝追封为靖王。

④ 林启容(？—1858 年)太平天国将领，一作启荣，广西人，祖籍湖南，1857 年清军掘壕三十里，三面合围攻陷江北小池口与湖口，用水师封锁江面。他坚守九江，孤军奋战，次年 5 月 19 日清军爆破城墙，他率守城一万七千余名将士浴血战斗，全部壮烈牺牲。1863 年被追封勤王。

第四章　于科列乌斯托之德行

　　戈登以赫赫之武勋而归英国,受世人之欢迎,不可名状。"中国戈登"之名称,远近宣传。虽三尺之童子,莫不知之。伦敦之交际社会,皆相争而招待彼,以为贵重之主宾。戈登多谢绝之,独出而居于科列乌斯托①,与家族而围炉,共谈中国之风物以为乐,绝口不以武功而自炫云。

　　千八百六十五年七月,戈登进为工兵大佐,寻命为特摩斯河②防御工事监督官,乃辞科列乌斯托而任特摩斯河畔之事。自是之后,乃为稀有之慈善家及宗教家,其名声益著。戈登热心而信仰耶稣教,窃以为人生究极之目的,全在于济度众生。常以此为目的,而谋活动之运动。故于鳏寡孤独病人贫者,大具怜悯之情,必救护之。又凡迷路之乞丐小儿,皆诱之而养于其家,见其长成,以为无上之乐。凡此等之儿童,戏呼之为王。又设立一私塾以从事于教育,自教授以读书。彼等于修业之间,多为海员。彼之海员,虽在天涯地角远近之地,书信常相往复,以知彼等之消息。以世界地图揭于其读书室,留针以标彼等之所在,日观其留针位置之变更,日常以为娱乐。一日,友人访彼,见地图上之留针,大惊而问之。答曰:"是示王之所在。从王之转徙,留针因之为转移。余每祈祷于神,以祝彼等之健康。"以此切切之爱情,可想而见。而彼等之敬慕戈登,如其父母。于私塾教育之壁上,其儿童屡书"戈登大佐万岁"。及戈登实为慈善之人等,以示其爱慕。戈登自奉最薄,而待人极厚。其所亲尝记其言行曰:"戈登稍得闲,辄访慈惠病院并救贫院,以注意万端之院务。当时为彼之近邻者,受彼之惠与金而支为生计者,实不下二十

---

　　① 科列乌斯托:今译作格雷夫森。

　　② 特摩斯河:今译作泰晤士河,为英格兰南部的主要河流,源出科兹窝德山(Cotswold Hills),流域面积约14250平方公里,被誉为英国的"母亲"河。

户。若濒死之病人,戈登必为招迎牧师。虽道之远近,时之风雨,亦所不厌,彼必亲赴之。戈登于饮食,极其淡薄。一夕与余邂逅近于途上,遂乃邀用晚餐。及至其家,桌上唯一茶壶,仅供二人之饮。入其庖厨,唯面包一块,注茶二杯而至。余思面包,非可干湿者,默而未言。戈登怡然浸面包于漱水碗中,复取茶以注之,以一杯与余,以一杯而自食。其淡薄如此者。"

戈登每以儿童教育为最要,常与世之慈善家相谋,尽力设立贫民学校,并日曜学校①。其学校若乏教员,则躬自任之。戈登最崇拜耶稣,常欲仿其言行,故往往近于奇矫。世人或疑其矫情,故屡蒙世俗之讥。每逢上流社会之酒宴招待,戈登必谢绝之。若贫民病者招饮,则欣欣然赴。又向神而自献其身,确信万物皆有其自享之权利。故凡奢侈品物,绝不自蓄。其对世之信耶稣教者,常典卖其赘泽品,以供救助贫民之费。其生平所有之勋章最多,从前如清国皇帝所赠赐之金制勋章,雕刻精妙,粲然夺目,皇帝亲署之铭,生平最所佩用。然未几,世人不复再睹,心窃怪之。而孰知戈登因义捐于马兹野斯他破产商人,以为基金,遂削其勋章之铭,匿名而寄赠于契奚耶美拉。乃大恍悟。

至其隐德之显著者,姑举二三。一日,于贫家之户口,而见有立医师之马车,知其人病重,一家必因之而穷困,乃急欲救助之。入其家,果有老人,而患虐病,其家赤贫如洗。乃与彼以千金,而顾告之曰:"余将速去,再来亦须数日之内。余实将有派遣。"老人惊问其故。答曰:"余为送神之使者,凡天下之事,非偶然而起。汝惟因穷,神命余送医师去时,适过汝家。此等之事,皆由全智万能之神所命。"老人摇头而冷笑。座客寂然,皆沉思而默考。其后屡屡访问之,每为老人谈宗教。及老人病愈而就家业,遂为热心之耶稣教徒,其性质遂一变而为良善。又尝有彼所爱顾之一炼瓦职工,而苦重患。彼怜之,而使宿于旅馆,以惠赠其医药之料。后变为急性肺病,从医师之劝告,乃送入于慈善病院。病者大感彼之厚情,向戈登曰:"大佐阁下,余入病院,不识能得再见否?"彼答之曰:"汝勿虑之,院内余多深厚之亲友,可屡屡访问之。"病人叹曰:"呜呼。余之生命不知何如?"戈登慰之曰:"汝决不死。汝知耶稣复活之事,必再生存。耶稣尝在汝傍,而问汝之生前及死

---

① 日曜学校:这是日本人的说法,中文一般译为"主日学校"。日语中,日曜日是星期日,日曜学校,即星期日学校,即西方所称主日学校。主日学校英文为Sunday school,于是又名星期日学校,是英、美诸国在星期日(礼拜日)为贫民开办的初等教育机构,兴起于18世纪末,盛行于19世纪上半期。

后。又尝在于病院,必常伴汝。"于是病者释然而言曰:"嘻嘻!余至今日,始得真会耶稣。"病者既愈,又为耶稣教之信者。又有商家之僮仆,因窃取物品,主人大怒,必欲告诉之。其母闻之,忧虑不知所措。闻戈登慈善家之声名,走而诉彼。潸潸落泪,而诉于戈登曰:"妾常正直,吾子何故而犯斯罪恶,吾亦不自知。惟彼亦不过一生一度。若再犯之,妾断然舍彼。然彼今果投狱,必益堕落,遂不能自立于人间。"戈登闻之,不堪其同感之情,乃答之曰:"诚然。余尽自信之力。惟事如何,则不可知耳。"其母喜曰:"阁下若劝告其主人,彼决心不敢再犯。妾虽死不敢忘阁下之高恩。"戈登乃直面主人。主人迫彼曰:"阁下奈何庇一僮仆,而不忍处置之,而必欲余放免?"戈登言曰:"汝姑恕之。彼必不敢再犯。余欲养成彼为有用之人物。"主人答曰:"然余本必欲罚彼。不敢失阁下之厚意,庶几免之。"戈登大赞主人之宽大。乃问僮仆,诚心训谕其真神之教化,并人间之道德。且曰:"汝至今可改悔。汝之主人,必亲切以赦汝。神必如汝之愿而赦汝。汝若誓立善心,决心奋励自己之职务,余必尽全力以拔助汝。"僮仆大感,遂堕泪以答曰:"唯阁下之命是从。"于是戈登乃送彼于学校,以从事于教育,遂为良善之人云。又一日,有一贫民,漫步于戈登之邸内,而私言曰:"呜呼。以此广大之农园,若为余所有,必栽培大豆并马铃薯等,终身从事于田园以为乐。"戈登侧耳而听之,不胜恻隐之情,乃向贫民曰:"此易事耳。汝需多少之土地乎?"贫民答曰:"一方码①之土地足矣。"戈登曰:"余贷与以二三方码。汝力为之。"乃以其邸内数百步之田圃,悉任贫民之耕作自由。

科扑列斯度之市民,敬慕戈登益甚,以戈登之言行,悉为市民之仪表。闻戈登之风,而破廉耻坏道德之事,因之顿减。呜呼,戈登之德,亦伟矣哉!

---

① 码:长度单位,主要使用于英国及其前殖民地和英联邦国家,美国等国家也使用它。1 码等于三英尺,1 英尺等于 0.3048 米,即 1 码等于 0.9144 米。

第五章　斯他①之治绩

　　千八百七十一年，当时以欧洲诸国之组织，而成多瑙河航路保护同盟会。英国政府派戈登而为同盟会委员，乃自科扑列斯度市而出发，以赴多瑙河加拉兹他之任②。市民闻其将出，多有泣不成声者。加拉兹他者，乃入列陆斯川航路之所在。船舶辐辏，四通八达，为多瑙河沿岸，唯一百货集散之地。戈登幼时，共其父显理维廉数年间居于此，水崖山谷，皆其旧时游钓之区，殆如故里，大慰羁愁。其在同盟委员会，每主张正义之论，以保护自国之利益，而全其使命。

　　翌年春，乃择少暇，漫游于土都君士但丁堡。时埃及著名之政治家，居于耶卫威希耶之寓。一日特访之于其旅馆。耶卫者，为当时最有势力之总督之顾问官。于航渡英国之途中，向戈登而询同僚中适当之人物，欲选择而依赖之。戈登相与酬答，反覆熟考之后，于千八百七十三年七月，亲赠书于耶卫，若得英国政府之认许，彼当自任其责。于是埃及政府乃请之于英国政府，遂得英国政府之认许。埃及政府乃大喜悦，厚礼而迎戈登。戈登乃匆匆整顿其行李，是年腊月自耶依路河口而向加伊洛港，乃向加拉斯他而出发③。

---

　　① 斯他：今译作苏丹，即苏丹共和国，简称苏丹，位于非洲东北部、红海沿岸、撒哈拉沙漠东端。国土面积 1886068 平方公里，为非洲面积第 3 大国，世界面积第 15 大国。首都喀土穆。苏丹历史悠久，是努比亚人的世代居住地。19 世纪 70 年代英国势力自埃及向苏丹扩张，1899 年由英埃共管苏丹。1951 年苏丹废除共管，1956 年 1 月 1 日独立为苏丹共和国，1969 年改名苏丹民主共和国，1985 年再次改称为苏丹共和国。

　　② 1871 年，戈登被提升为上校，出任"多瑙河委员会"委员，负责解决多瑙河口的领土纠纷。

　　③ 1872 年，戈登在君士坦丁堡结识了埃及总理努巴尔，让后者印象深刻。次年，戈登接到了埃及总督赫迪夫（Khedive Ismail）的信函，邀请他出任苏丹赤道省总督。在得到英国政府的批准以后，戈登于 1874 年初走马上任。

戈登即至埃及政府,直推为加兹摩①之总督。政府给予年俸一万磅。戈登赋性质朴,不欲受其巨额之金,断然而拒绝之。政府问其所欲。答曰:"一年二千磅,已足支吾之生计,不敢多望。"每年遂赠以年俸二千磅。其胸中之廉洁如此,殆有光风霁月之概欤。

斯他者,北界于埃及,东濒于红海,南接于他列契陆,西抱意阿沙湖,为地方广漠之总称。那伊陆河②滚滚贯流其中央,为所谓白那伊陆及青那伊陆相会之所。以加兹摩市为其首府。斯他者,自千八百十九年,以著名之耶哈耶兹托阿利遣其子伊斯耶陆于加兹摩市,设立政府之时,始属埃及之领地。然埃及政府之权力,不能达于加兹摩市之南百哩之外。自千八百五十三年以降,此等茫漠蒙昧不毛之地,唯独一之产物,以卖买象牙为专业。以商人尽力而辟之,渐次进于开明。而贪恶之商人,以白象牙之利益有限,乃变计而贩卖黑象牙。黑象牙者,盖指其地生息之黑种人,贩卖之而为奴隶,而为暴利之商品。愚昧无智之土民,皆大蒙其毒害。

奴隶卖买之商人,皆暴获豪富。其商人有希卑阿者,富累数亿,并有漠大之土地,从仆数千人。以埃及王之豪奢,竟不及彼,其威权居然凌驾于埃及政府。于是埃及政府以奴隶卖买极障其治安,断然而欲废止之。乃拔戈登而任加兹摩之总督,戈登乃又从事于埃及之政界。

戈登以千八百七十四年三月九日出帆于卫威港,历斯哇契么,自陆路而向加兹摩。戈登所随从之人,尝从事于科利美耶之役,以之为通译官,而大信任。若意大利人洛美可拉斯契兹氏,工学士度科托陆拉兹希陆氏,并契列氏,有名他伊摩斯新闻记者阿列氏,大佐亚美利加人洛科氏,耶拿托兄弟二人,及阿贺沙渥陆皆从事于奴隶卖买之役者。惟戈登之顾问官,遂无一埃及人。

既至加兹摩与总督面会,大蒙其欢待。遣人致书于其家而述其事曰:"总督着大礼服而迎余,祝炮达于四境。以嘹亮之军乐,而迎之上陆。每户皆插国旗,观者如堵,为其地稀有之盛礼。昔日因溯耶伊陆河,恐鳄鱼之危难,自希贺曳小舟而脱却,今以数百之护卫兵。回思昔日,不禁爽然。"又云:"余之尊称为赤道总督大佐戈登阁下。无论何人,无不称之阁下者。出入之际,无不避之云云译者按,戈登此

---

① 加兹摩:今译作喀土穆,苏丹首府。1884—1885 年,喀土穆毁于英国的侵略战争,1898 年开始重建。

② 那伊陆河:今译作尼罗河。

书，大有贪儿暴畜之口吻，殊不欲译。以原文所有者，不欲删之。欧洲人之劣性根，亦复如此，不置一笑。然亦可以为崇拜欧洲人者之一顶门针。"

逗留加兹摩数日之后，乃向可陆度洛可而出发，汽船溯大河而行。两岸森林，翁郁蔽日，猿鹤游游飞于林中，巨鳄河马水牛等，浮沉于水内。凭栏而眺，大慰旅愁。一夕，人静夜阑，万籁俱寂，远怀故乡之家族，又忧将来事业之困难，万感集胸，百端无那，辗转反侧，而不能交睫。突闻无端之笑声，惊骇回顾，四无人影，乃林中老鹳鸣和之声。戈登大奇之，乃作家书而示其所亲曰："余闻笑声，赫然愤怒，既而察知为林中之鹳，乃大爽然，殆如预祝余此行之成功。"又溯卫威兹托河。当时栖居沿岸之牧民，与他加斯人互结恳亲，其首长率从者四人，访戈登于船中。行奇妙之敬礼，尝戈登之手，以表感谢之意。当时彼之日记曰："四月十六日，安抵可度洛可。其住民见余而大惊愕，盖彼等尚未知余已任命总督也。"又其日记一则，记慈善家戈登于科列乌奊度之事，而可仿佛其为人。其日记曰："八月三日，余于一月前，于阵中，邂逅一老人，而悯之。余携之而归以养之。经数日而彼卧病，以薰烟草而遂逝。彼遂安全而去人生，以升天国，何幸福如之。""又一日，暴风突起，见一黑妇人倒于路傍，病苦呻吟，与以金货一弗。彼女乃以装木绵之上衣，其衣服实极污秽，其价一片凡五十分之一。"

戈登以为欲博住民之信望，必启发彼等之智识，而后可得成功。故其巡历各地，必殷勤以交其住民。或与谷物而示以耕作法，或授以职业，而取高价之赁银，或分配其货币，而教其使用法。戈登又以赁银而赁许多之小珠，后复以若干金而买收之，以示货币之性质，渐次以定诸物之价值。如商店然，以搜集诸货物，而示以卖买交换之现况，是为该地居民商务之始。

戈登见奴隶卖买法而大恶之。凡商人有犯此者，必与以严格之处分。又于彼等所留他人之家畜，每尽收之，而以分与贫民。又凡遇奴隶，必命其解放而送之于其故乡。使谋独立自活之道，而与以平等之保护。

又遍跋涉斯科之山河，常与野蛮人种接近，故屡屡遭遇危难。其旅行中，或有为瘴疠雾而毙，或遭蛮人之袭击而殒命者，不知其数。而戈登九死一生，竟得无恙。一日其从者三十人，先渡一小河，土民数十名，突然自森林而出，顿有加以危害之势。戈登仍直涉河，土人见之，蓦然来逼，为从者所击退。戈登徐招土人，将开谈判。土人不敢从之，而知戈登为首长，仍近而围彼。彼任土人之来，迫近数武，急即发放铳炮，土人狼狈惊走。而利耶托之兄，遂为土人所斩杀。利耶托之弟大怒,欲焚土人之家屋以报仇。戈登以为非大加打击则不可,而汽船又为所袭,乃用利耶度之策,命决死者四十名放火。不幸利耶度以下二十余名,又为土人所杀。于是同行之人,皆急逃走,乃免于难。

又数巡游于斯科附近之诸州,苦心惨淡,备尝心酸。或与土民战,或抚慰之,三历星霜,然于斯科未有强大之威权。故欲严禁奴隶卖买,屡为埃及政府及高管所妨害。又其余诸州之总督等,阴妒彼之名望,相谋而欲排挤。戈登自知终不能贯彻其目的,遂断然而辞职,以先归英国。盖戈登于当时,于埃及王之领域,仅为赤道直下诸州之总督。若斯科本部,与伊路耶路、卫希耶、耶可列别有总督以统辖之。故戈登奴隶卖买禁止主义,欲施行于该地方,则颇困难。戈登乃自英国而奉书于埃及王,乞免黜耶可列之职,而合于斯科本部,以置彼于其权力之下,否则愿乞骸骨。然埃及王固久洞察戈登为非凡之人物,深爱惜之,乃竟许其所请。千八百七十七年二月,乃亲赠书于戈登曰:"朕嘉汝之热诚及器量,并容汝之要请。汝所统治之诸州,与斯科、他列契阿,并斯科本部,合并为一省,任汝以为总督。于汝之下,置之副总督,以管辖之。而各分一省,一为斯科本部,二为他列契阿地方,三为东斯他及红海沿岸地方之三州。凡于该地方,汝必断行禁止奴隶卖买,并创设交通机关之二大政策。阿卑斯意阿者[①],为与斯科相接之大国,汝若得稍暇,调查该国山河之形势,而留意之。朕又委任汝以与该国政府交涉、处理多年两国间蟠屈葛藤事件之特权。"戈登感激埃及王之恩命,誓欲死于其职,乃再往斯他之任地。直出本国自加伊洛而发私信曰:"全能之神犹言万有神力,指导保护余,随伴而至任地。余以信仰之诚,何物皆不惊怖,又确信其必能成功云。"

其为耶稣教信者,真挚之意气,遂决心而调停阿卑希意耶之葛藤。时该国王希幼第二世,屡与埃及相争贺可司之地。自埃及王占夺该地,大愤激之,遂至向埃及而宣战。埃及王直捕贺可司国主鸣拉度美加野陆而幽闭之,备极困苦。其后贺可司国民因援其王,约对埃及而举叛旗,乃急释其国主。于是贺可司人,一时蜂起,而侵埃及。其始兵锋,大示勇锐,既而连战连败,声势日蹙,又至不能自立。戈登遂入贺可司之境。该国骑兵二百名,亦遂降服,乃护卫戈登而至其国都契列市。戈登报其景况曰:"余之护卫,颇具严格。余之座距树木六码,番兵七八名必直立。其余之兵士,各编小队而围绕余。如斯强迫的护卫,极为烦累。若余下骆驼之时,

① 阿卑希意阿,今译为埃塞俄比亚。

必有十名之兵士而来助余，视余宛如病人。余若徒步，则兵士等必俳徊于余之前后，其混杂不可名状，不得已乃再乘骆驼而徐行。"

戈登既达于契列市之郊外，贺可司之军三万，旌旗堂堂，鸣钲鼓而迎之。开舞蹈会，备极欢待。戈登乃与前贺可司国主鸣拉美加野陆商议，乃许赠书于希可之王，申述戈登之要件，有必待承认之意。未几，遂出贺可司之境，遂抵于斯他之首府加兹摩。五月五日，乃就其总督之职。而言曰："余唯冀天佑，以得行其政务，而慰余心。"发言之际，热诚溢于言外。市民皆大感激，欢呼之声，震动天地。戈登天资博爱，详稽民隐，风说所播，来见者日众。不能遍见之，遂设投书函，皆作请愿书而投入之。其时斯他之地屡年大旱，五谷不实，饿殍横于路。以慈善之戈登，究不能傍视之。于三日间，散其所持金千磅，以赈贫民云。

当是时，他列契阿之地方，土民奋起，势颇猖獗，遂袭埃及守备兵而围之。戈登闻变，乃急往救。戈登遂登百哩之长程，乘骆驼而旅行，抚慰其民，亦如在中国之计策。凡有降者，置于自己之配下，以镇压其余之未降者，乃奏成功。又大救济其余种族之艰苦，故彼等归服者愈众。然其地之住民，则自亚细亚土耳其人与欧美人而混成。而卫希、卫耶科兵之散在诸所者，出没隐显，极其剽掠杀戮，以煽动其土民，而助成骚动之势。故欲统御之，极其困难。为著名奴隶商人希卑阿之根据地，欲攻希野加城而陷之。时希卑阿方住土耳其，其子斯列马备六千余之兵而守之。戈登乃率六百之黑人兵，至于他拉市。忽报斯列马之军，袭击该市。自以众寡不敌，必难取胜，遂不欲用干戈而欲抚循，乃单身乘骆驼而抵斯列马之阵营以说之。其日记曰："余单身入敌阵之天幕中，酋长等见余之来而大惊愕。余向斯列马命速率其家族，而至他拉之政厅，奠清水一杯，以示盟信之意。乃直归馆。未几，彼等果至，环立于余之座，以亚剌比亚语相问答。谓彼等本非叛逆，不过断然欲以兵力而诉之。乃传旨严罚而止。彼等谨听之，乃相犹豫而熟议，遂一同而退。少焉，彼等乃呈书以明归顺之旨。余乃感谢神之庇佑不置云。"

其后斯列马既降服戈登，大悔自己之轻举，愧懊不知所措。然其欲望益增，乃欲要求知事之位，且并授与其礼服。戈登乃携斯列马而谒见埃及王而要其盟誓。复越数日，与斯列马愈相亲交，极赞其归顺之举，遂偕之同至奚耶加。斯列马以下数多之酋长等，箪食壶浆，以迎其师。尊敬之而称之为父，且乞淹留于斯列马之邸宅。戈登怡然诺之。彼等群服戈登之胆识，辟易狼狈，哑然者久之。宿泊二日而去。彼等初欲生擒戈登，密有计画，其后始恍然，群以为戈登之幸福云。既而斯列马等,又向埃及政府而举叛旗,自称为卫陆加希野陆国之君主,频逞侵略于埃及。戈登乃遣副官契希攻之。契希苦战奋斗,经数月间,终破贼军,捕缚斯列马以下首长奴隶商等,而归其营。乃开军法会议,以定彼等之罪。定其罪为叛逆者,与诱拐男女者,为天道之罪人,宣告死刑。寻而铳杀之。余数悉免其罪,皆解放之。于是斯他奴隶卖买之制,乃渐减退。戈登尝记其奴隶卖买之惨状而为日记曰:"余之此行,凡九阅月间,约捕缚奴隶商人二千人,不过于其商人五分之一。于野度哇捕商人七名,奴隶二十三名,骆驼二头。其奴隶中有三岁未满之小儿,彼等皆自炎炎之热天烁地之沙漠,横断而来,而至奚耶加,何等悲惨之状。余至托耶阿卫陆,县令告余曰:县下之商人最少。余大怪之,乃强迫其县令而苦为探索,竟获商人百余名,驴马及骆驼合计五十头,奴隶三百余名。路傍散乱之头颅骨,不知其数。其后所解放之奴隶,实在千七百名以外。女子及儿童等,尤占其多数。自乌么加至托希阿仅一周日里程之间,乃捕缚五百乃至六百之奴隶。由是观之,则既往数年间,每周必有如此多数之奴隶而往来。彼等凡四五日间,皆饮清水,颜色憔悴,备尝艰苦。每一见之,无不恻然。余尝计算自千八百七十五年以降,凡四年间,他列契阿毙于非命之人数,埃及人一万六千人,他列契阿土民五万人。卫陆加希野陆之战役,约一万五千人,合计达八万一千人之多数。其余为奴隶商人所虐杀奴隶之数,其自八万乃至十万人。呜呼!同为圆颅方趾,何斯他之祸,如是其甚也!"

奴隶商人通行之驿路,人骨狼藉于途。戈登一日,集诸方之人骨,而堆积之,以为残虐之纪念碑。彼等杀戮若干之奴隶,可想而知。以博爱之戈登,尝欲杜绝奴隶买卖,尽力以图维之,其风乃渐息。

斯列马之叛乱既镇定,戈登奉埃及王之命,而谒阿卑意阿国希幼王[①],欲调停其多年之纷争,直抵该国。希幼王极淡薄遇之,于延见之际,希幼王自升高座,置椅于傍,而命其侍座。戈登乃自取高椅,与王对座,以示均等之地位。而与会谈,以张其威势。希幼王愤怒,而向之曰:"汝知汝之生命,在余掌握之中否?"戈登正襟而答曰:"余所不知。汝能杀余,则请速杀。生死岂余所辞。"王怒目裂眦,而厉声曰:"汝知死期之将近乎!"戈登从容而答曰:"余早知之。汝若杀余,固余所愿,以免余焦心苦虑。而除却人生行路之烦劳灾难,实为幸甚。"希幼王惊其胆识,屏

---

① 阿卑意阿国希幼王:即埃塞俄比亚新继位不久的国王约翰尼斯四世(1872—1889 年在位),他大部时间用于抵制埃及、意大利以及苏丹马赫迪教派的军事威胁,被评价为坚强、开明的统治者。

息喟然而叹曰:"以余之权威,犹不足胁迫汝乎?"戈登徐答曰:"此何足畏耳。"王益怒其无礼,欲捕缚之。戈登觉其意,乃急起而走,遂抵红海之马兹耶哇港,电告于埃及王以求救助。适英国炮舰希加陆号碇泊于该港,戈登乃急投于该舰,而免其难。先是,戈登未至阿卑意希阿之前,而辞斯他总督之职。盖当时伊斯耶陆王让位于子兹可伊维科①,国内骚然,政府之方针,更不能定。戈登以劳心过度,大失健康,月非修养则不可,遂断然而呈辞表。乃归其本国,实千八百七十九年十一月。

---

① 兹可伊维科:埃及总督伊斯梅尔的儿子,伊斯梅尔在1879年辞职,并把位子传给了他的儿子。

第六章 晚年之伟业

　　戈登自埃及而还英国,寓居于沙乌沙列托,以孤创三十年半身而投于天涯万里之异域,瘴烟毒雾,备受辛酸。今遂悠悠自适,安享家族团圆之乐。每于风清月朗,怅望东南,俯仰之间,不胜百感交集。然为世界有为之人物者,例不许其安居。时利兹贺①侯新为印度总督,乃拔擢戈登而为其秘书官。然则利兹贺本为顽固之旧教徒,而戈登为真挚之新教信者,互相共事,世人乃大讶之,预知其必不能并立。戈登既抵印度,乃怅然悔之。突然而辞其职,又复再归英国。然亦非利兹贺不能相和融,其日记尝述其辞职之理由曰:"余轻率而拜受新印度总督利兹贺侯之秘书官。既至印度之贺卫伊,乃知秘书官者,乃最无责任之地位,不能稍振其伎俩。且余之同僚,亦皆为反对余之政见者。乃断然而去其职。若当时久处于利兹贺侯名士之幕下,其名誉亦必可称。然侯以余之政见,不能与同僚相同。若余长留其任,则必损侯之声名,乃挥泪而与侯分袂。故余辞职之事,有不得不出于此者。盖余久任,而参与其机密,与本国政府之政见,必不能同。然余尚不能无希望,以冀留任数月之间,而适掌中苦痛,遂乃辞表而出。故余于印度之职务,不能尽其责任者,职是故也。乃不得再顾世之毁誉褒贬而决心辞职矣。"其掌中苦痛数语,是借口于英国官吏,以为辞职之理由。以诚实之戈登,而不能不藉故而辞者,盖所以全其交也。

　　戈登虽再为闲散之身,而英气充满于内,究不能一日而无为。尝欲贯彻其所主唱奴隶禁示主义,先航渡于印度洋中之一孤岛,名沙兹卫陆者,而助该地之史丹,将大尽其所为。适其征剿太平天国之战友清国李鸿章,特遣使而招聘,乃欲再渡清国,而救其国难。热诚又复勃勃于中,遂上请愿书而乞政府之许可。然陆军

---

　　① 利兹贺:即第一代里蓬侯爵,名叫乔治·罗宾逊,任期为1880—1884年。

省,以彼之赴清国,而不知为何行动,又当时俄清两国,将动交战之危机,故不容其请愿,竟断然而拒绝之。戈登乃请舍其工兵少将之职,而请赴于该地。陆军省又不之许。然其志竟不可夺,申明不入清国军籍之条件,而渡清之事,乃得许可。戈登固知二国开战之事,极为宇内平和之毒害,必欲调停其战事而后已。故政府约彼之条件,决非阻碍彼之素思。乃遂欣然出发于英国,声言:"余所恳挚之希望,唯有保护清国世界之平和。必劝言两国,以潜消其宣战之意。余肯仅图赫赫之武勋,而不爱平和增进之名誉乎?"其胸中之清净洁白如此,对天地而无愧。诚磊磊落落之度矣!

既至清国①,朝野之欢迎,不可名状。盖"中国戈登"之声名,愈益振动于四百余州。李鸿章欣喜尤极,握手接吻,欢不可支。少时,不觉相感泣咽云。戈登乃先对清国政府,说破其开战之有害,乃自任调停俄国之平和。寻又劝其军队编制之改革,及国防战略等事,凡诸重要之忠告②。然不能贯彻其目的,乃不顾清国朝野之恳请,而直归英国。

然又不能闲居,因爱兰土③之扰乱,欲探该地之情况,而赴爱兰土,以讲究其救助策。后又至白耳义④而谒其国王。时其国王向亚非利加可科国⑤将准备派遣远征军,欲乞戈登为其司令官。戈登以他事故,固辞。又飘然而去,游于瑞西⑥,暂驻于沙湖畔。水明山紫,放浪其间,以大养其英气。忽接升进陆军工兵中将之电音,寻任为印度洋中贺利兹阿斯岛之工兵司令官⑦。乃直赴于该岛,孳孳汲汲,鞅掌于职务者数月。又行印度洋中英领诸岛之防御策,其赞献者实不少。戈登之谋略,多见之于此役云。

时英领卫奚野托拉度⑧之土人,屡屡蜂起而叛英国。政府苦不能镇定之。于是千八百八十二年五月,开内阁会议,鉴定戈登为适当之人物,直发电音,命其遵

---

① 这次戈登是 1870 年 7 月份到北京。

② 据《清史稿》记载,戈登尝言:"中国人民耐劳易使,果能教练,可转弱为强。"又曰:"中国海军利于守,船炮之制,大不如小。"当时称其将略云。

③ 爱兰土:今译作爱尔兰。

④ 白耳义:今译作比利时。

⑤ 可科:今译作刚果。

⑥ 瑞西:今译作瑞士。

⑦ 1882 年 3 月,戈登晋升为少将。他被派到好望角去增援巴苏托兰(Basutoland,今莱索托)。数月后,他回到英国。

⑧ 卫奚野托拉度:今译作巴苏托兰,即莱索托。

奉喜望峰①政厅之政令,从事镇抚其叛徒。而问其意向,戈登毅然诺之,急出帆于贺利斯阿斯岛。是年七月一日,乃驻于喜望峰,遂为南亚非利加殖民军之指导官。至八月上旬,与殖民局长而抚慰其叛徒,同赴卫奚野托拉度,大施其斡旋。多数之酋长等,皆大欢迎,以希望平和之恢复。而叛徒巨魁马希野卫,顽强而屡非难之。戈登乃遂单身至前,大相商议。于媾和条约将行缔结之际,忽接其酋长扑洛托特伊密飞报,奉政厅之命,征伐马希野卫之军已达途中。马希野卫闻之,大怒,其谈判断然中止,再以干戈相见。戈登经营惨淡之苦心,一朝遂归泡影。于是戈登大怒,慨叹喜望峰政厅措置之误。知其目的,终不能成,乃决然而呈辞表。遂还英国,游历苏格兰之山河。一年许后,漫游斯斯他伊②之圣地,而抵奚陆他列么,以吊耶稣之灵场,怀古之情,触感而起。又屡屡蹈查于红海并奚幼陆他河③之间。当时欧洲社会,嚣嚣于运河联络之问题,故特考察其实地,竟无恙而归国。

先是,白耳义国王遣英国有名之探险家海利野么斯他列远征于亚非利加可科地方,而获取广大之领域④。故欲聘用老练人物如戈登者,以统御蛮民,密招致之。戈登乃再抵白耳义,谒其国王,乃允其诺,匆匆准备而出发。因待国王最后之命令,而留滞于列拉奚陆斯府。突然而接本国召唤之电报,可科之行遂中止,仓皇而归英国。

当此时,亚非利加地方之度科特,有马特伊者,本名为马贺耶希托阿耶托⑤,生于贫贱之家,天资狡狯而猛烈。及稍长,为大工职,共其叔父而往,而为学徒,大励其业务。一日,为叔父大惩击,愤怒不知所措,蹶然而去,遂出奔于度可拉。经千苦万难,乃得至加兹摩之远地。当时有慈善家及学者等,开设自由学校,乃入其

---

① 喜望峰:今译作好望角,为非洲西南端非常著名的岬角。1652 年,荷兰的东印度公司掠取好望角的主权,并在现今的开普敦建立居民点,专为本国和其他国家过往的船队提供淡水、蔬菜和船舶检修服务。19 世纪初,在海外已攫取大量殖民地的英国人看到掌握好望角制海权的重要性,遂侵入南非将荷兰人取而代之,后设立好望角殖民政府。

② 斯斯他伊:今为巴勒斯坦国区域。

③ 奚幼陆他河:今译作苏伊士河。

④ 当时的比利时国王是奥波德二世,被派遣的探险家是亨利·莫顿·斯坦利(1841—1904 年),到非洲腹地探险,出版《穿过黑暗大陆》,否定了利文斯敦当年关于卢阿拉巴河可能是尼罗河上源的猜测,确证这条河是刚果河的上源。他还首次查明了刚果河流域的地形和地貌,使欧洲国家开始把注意力从探险活动转移到殖民活动上来。

⑤ 马特伊:今译作马赫迪,全名为马赫迪·穆罕默德(1848—1885 年),苏丹马赫迪起义领袖,原名穆罕默德·艾哈迈德。1881 年借用伊斯兰教救世主的名字称马赫迪,号召均贫富,反压迫,反对英、埃(及)统治,领导人民起义。

学,乃饰智以欺众人,自称为回回教鼻祖之后裔。于是顽冥之回回教徒,尊崇马特伊为圣人,群相赠以无上之名誉。后转而入卫威之自由学校,就硕学耶陆野陆他伊么而修普通学,兼考较回回教之蕴奥。后至白耶伊陆川阿卫斯小岛①自造洞窟而栖之,焚香断食,日日唱神名以祈祷。凡数时间,必不辍业,希望将来之荣达,以乘机而雄飞。互相传说,回回教中自马贺耶兹托逃走以后,百二十年必出中兴之教主。而千八百八十二年十一月十二日,适逢其日。马特伊遂欲乘此好机,自称为中兴之教主,创定世界共同的宗教法律,及其余百般之制度。宣言为领受神圣之天职,不问宗教之异同,苟对此天职而有阻碍者,悉杀戮之以胁迫其民,而令万民信仰以服其命令。其势遂益猖獗。

埃及政府乃大恶之,屡出兵与交战。而其结果,竟至连战连败之势。其残军之投于彼者益多,军势愈为不振,而遂陷于危险。马特伊之势遂日张,所向皆靡,遂攻埃及兵六千之守备者于野陆契卫托。埃及兵苦战奋斗,乃击退之。然马特伊之势,终未能挫,再大举而攻之,遂为其所占领。寻邀英国大佐卑美科斯一万一千之埃及军,大战于加兹希可希陆之野而破之。埃及兵死伤者,不知其数。卑美科斯大佐亦亡于此役,实十一月五日也②。至于翌日,再于斯他之北方托加而再激战,而埃及兵又败北。英国领事贺科利列从数百之埃及兵而救托加之急。方欲进军,而为马特伊之幕僚契斯马特伊科耶所要击,全军覆没。贺科利列自杀,埃及政府之势因之顿衰,措手而无所为。耶伊陆河畔一带之地,一任贼徒之蹂躏。

英国政府大忧之,乃向埃及政府,劝告其断然放掷斯他之领域。埃及政府颇难从之,盖以其地既有夥多之埃及兵士文武官,并欧美各国人之居住者,必尽其全力,以救护彼等于死地为至要。英国政府大苦其此等之措置,踬阻逡巡,不知所出。当此时舆论之激昂益甚,频促政府肆力攻击。或出发远征军,或劝派遣博爱之戈登,喋喋喃喃,不知所极。他伊摩之新闻,其社说大书特书曰:"戈登之为人,博爱勇武,最富于统御之天才。尤通晓斯他之形势,及其住民之风俗习惯,皆为世

---

① 阿卫斯小岛:即白尼罗河的阿巴岛。

② 卑美科斯,今译为 W. 希克斯。英国以埃及政府名义,派遣前英国驻印度上校军官 W. 希克斯率军镇压。希克斯与苏丹总督阿拉丁率军10000,于1883年9月从白尼罗河上的杜怀姆出发,11月5日在欧拜依德南部希甘附近的乌拜伊德地区,遭到马赫迪军的伏击,经过一上午的鏖战,敌军除了250人逃生外,其余全被歼灭,希克斯上校和所有的军官都被当场打死。希甘之役(也叫乌拜伊德战役)后,起义军声威大振。

人之所知。无俟呶呶,欲镇定斯他之扰乱,非速派戈登于该地则不可。必授戈登以强大之权力,而责以抚慰马特伊之贼,必得平稳之结局。若再不能,则援以埃及之兵,而剿灭贼徒,以救同胞无数之生命,是为国家之急务。政府之意见,何事而迁延迟疑乎?夫戈登携兵力,单身而赴亚非利加之蛮地,以治其纷乱,固属至难。然以彼等有为之才,而当其局,必无不可。若政府赞成此言,则乞速断行之。"

议论剀切,人心大为耸动。又内外奴隶废止同盟会,亦传檄于诸国,于其末节,特劝告总理大臣科拉耶陆伊侯①而冀派遣博爱之戈登,热望至诚,溢于纸面。于是世人益益感激,欲起戈登之议论,遍于全国。新闻演述,喧唱之声,无处无之,决不能苟且偷安,以为一时弥缝之策。内阁科拉耶陆伊侯为舆论所牵制,乃决议派遣戈登于加兹摩。戈登方在白耳义,忽得电报,促其归朝。千八百八十四年一月十八日,戈登安抵英国伦敦,遂与内阁诸大臣秘密会议,乃领受其训令,整其行李,即夜便乘"加伊洛行"之邮船而出帆。其顾问官者,前在加兹摩效力之骑兵中尉斯兹哇托。其报既传于全国,欢声腾于一时。如伦敦他伊摩之新闻曰:"戈登将军向斯他而出发,世人安慰满足之情,达其极点,互相安慰云。"则当时英人之嘱望于戈登,可想而见。而戈登责任之重且大,亦可知矣。

戈登于加伊洛,受取政府最后之训令,并斯他总督任命之辞令。宿泊仅二日,遂于一月二十六日,乘汽车自斯他之驿路,而至阿耶阿市。又乘汽船而至哇特伊哈陆列哈。乃自斯他而乘骆驼,横断茫漠之砂漠,以单身而旅行于人烟寥绝之境。其飞报既达英国,上下惊骇,不可名状。其冒险之危状,种种之流言浮说,传唱于里巷之间。既而得其既看斯他首府加兹摩之报,举国之人心始定。戈登将抵斯他之前,二月四日,英国大佐卫加率埃及兵三千五百人,以袭击托加之贼垒,欲略取之,而为马特伊贼所破,全军殆溃。希加兹托之守备兵,欲冲贼围而遁,大为贼兵所鏖杀。其战报既传于英国,于是埃及兵之懦弱怯恇,愈益显然,益益以增遣远征军为必要。英国政府先命将军科拉哈么②率兵三千以救托加。乃于十一月二十九日,大攻托加之贼垒,炮战三昼夜,乘贼瓦解之势,纵骑兵而夹击之,大破贼军。托加之守备,乃遂坚固。寻于三月十三日,再与贼兵挑战于他耶伊。又大克之。乃

---

① 科拉耶陆伊侯:今译作索尔兹伯里侯爵(1830—1903年),英国政治家,保守党领袖,曾三度出任首相。他还是科学怪人、牛津大学名誉校长、皇家协会主席,他在位期间使得不列颠殖民帝国广为扩张。

② 科拉哈么:今译作葛雷厄姆将军。

大追亡逐北，而肆其掩击，于是进攻诸方之贼军。

戈登既驻加兹摩市①，直入斯他总督之宫殿，普集市民，而告之曰："余为救市民之灾祸，单身独步，唯依赖神力而来。汝等若有苦难，悉出而诉于余，无贵贱上下之差别。唯以热诚，而听汝等各诉其愁苦。"既而察知其市民，苦于重税，且惧督促其纳税。乃悉出政府租税之簿录，堆积于宫殿之围庭，纵火而焚之。次又巡视狱舍，订其罪状并刑罚，除危险犯人指有坏国家之安宁者之外，悉与减刑，又或放免。狱中一老人，因前总督之命，受绝惨之杖责，气息奄奄，殆濒于死。戈登见而大怜之，大怒前总督之凶暴，为老人而索其报偿，要求以前总督之给俸，凡五十磅，于埃及政府，以给与其老人。市民皆大悦服，皆奉其命，无敢枝梧②者。戈登之威权，遂如旭日隆隆而上。

————————————————

① 加兹摩市：今译为喀土穆，苏丹的首都。喀土穆历史悠久，最初是一个小渔村，1822 年成为埃及兵营，次年成为埃属苏丹首府。1834 年土耳其奥斯曼帝国占领苏丹，定都喀土穆。1898 年起为英埃属苏丹首府，1956 年苏丹独立后定为首都。1884 年 2 月 18 日，戈登到达喀土穆。

② 枝梧：斜而相抵的支柱，引申为对抗，抵挡；或犹支吾。典出《史记·项羽本纪》："当是时，诸将皆慴服，莫敢枝梧。"

第七章　最后之悲惨

其时妖氛四塞,黯澹之杀气,腾腾于北斯他之间。马特伊贼之势,益益勇锐,所向莫不风靡,飚举电发,相继沦陷诸垒。遂逼于加兹摩市之附近,距市仅数哩,将围哈陆列伊城。有七百之埃及兵,以拒守防战。戈登闻变,急溯耶伊陆河而赴救。自船上以炮击而破其围。贼兵坚忍,难动其阵,遂纵骑兵而上陆,水陆相呼应而攻之。于是贼兵狼狈惊走,乃遂解围。戈登乃携马及骆驼、兵器、弹药等之战利品,奏凯旋于加兹摩。而贼势尚极猖獗,猬集数十之亚剌比亚人于加兹摩市之对岸,向戈登所栖居之宫殿并市街,每发炮而击之。危机渐迫,戈登乃以埃及人及卫希卫斯科人之士卒,编成游击队,以攻击贼兵。自留于宫殿,升高楼持望远镜,以视察战斗之情形。命二千之游击队,渡耶伊陆之上流,向贼兵而突击。干戈初接,其队中有士官数人,忽举叛旗。俄而强迫其前卫而退却,士卒相踏击,死者实二百人。贼兵之杀伤者仅四名。至是嚣嚣愤懑之声,群企向谋叛者而复仇。戈登乃开军法会议,宣告以主谋者卫奚沙及奚托二名而处以死刑,命游击队而铳杀之,军气乃复振肃。既而马特伊贼阿拉卑耶人等数万,席卷蜂拥而逼加兹列城。辗转蔓延,四出焚掠,更绕城而呐喊,呼声日夜,震动天地。于是戈登再三遣使于英国,而乞救援,欲俟援兵既至,预先报之。戈登自共科拉卫摩将军一剿特兹列及他耶伊等地方之贼徒,乃长驱于卫威而进击。英国政府拒绝之。戈登闻知奴隶大王希卑阿之才干,并负重大之舆望,欲极力抚慰,借以镇压贼徒。乃任命希卑阿为斯他总督之候补者,乞派遣于加兹摩。政府又拒绝之[①]。戈登不得已,乃请愿增遣土耳其骑兵千人、步兵三千人以应调遣。政府又断然拒绝之。戈登进退维谷,乃命加兹

---

① 希卑阿:今译为佐拜尔。戈登认为他是有影响力的地方领导,可以由他接管苏丹和马赫迪对抗,英国政府却因他曾经是奴隶而拒绝。

摩城里数千之生灵,弃城而走。戈登将死守其城,此外别无长策。于是孤城落日,军势遂日衰颓矣。

当英国议会开期之中,凡热心之议员,以关于斯他问题,关于戈登救援之问题,屡屡提出议案。而多数议员之倾听者,多以戈登之现况,而质问于政府。时总理大臣科拉兹度托及外务大臣科拉耶伊陆侯①其答办会议,以为戈登决不在危险之境遇。而于加兹摩市之军事,任其自由,一似毫不知加兹摩市之危难者。政府盖犹据其数月以前之报加兹摩之状况而言,而军势日非,冥然不觉。以博爱勇敢之戈登,决不忍单身而遁。众人劝之而走者,皆不顾之,决心一俟硝弹粮食既尽,而必拒守加兹摩城,以殉战死之名誉。既而加兹摩之惨境,详达于英国社会,舆论乃再沸腾,皆痛言救济戈登为急务。遂以五月八日于伦敦奚度奚么斯之公会堂,凡有志者,互相集合,推选加托嘉公为议长。其本会之宗旨曰:本会以我女皇政府之当局者,蔑视戈登之危难,荏苒而怠其救援。不惟政府之失德,亦大损伤国威。吾人认定此宗旨,遂通过此决议案。

先是,戈登屡屡发送电报并书信于英国政府,而不一得其覆音,乃大怀疑。遂遣斯兹哇度大佐及通信员卫哇氏,至加伊洛港之下流,以加兹摩之现况,公布于世,而欲得强大之助援。以为两氏安全而着该港,遂大感动英国朝野之人心。而援兵之至者,必加一层之迅速。然两氏未达该地,不幸而罹蛮民之毒手。于是加兹摩之形势,益益陷于危难。政府益为舆论所激刺,乃于千八百八十四年之秋,遣著名之将军洛度乌陆斯利②率远征军,急向埃及而出发,以救济加兹摩之戈登并其守备兵。将军乌陆乌斯利乃溯耶伊陆河,创造许多之轻便船。然以河流之缓急不定,大受困难,兵士往往自曳舟而后可进。士卒努力自勉。十二月一日,乌陆斯利乃传命曰:"我军当前进之时,凡天然之障害物,无论如何之阻碍,皆置不顾。当思戈登并其守备兵等,呻吟加兹摩重围之里。各自奋励,以冀前进,而救助彼等。以冀天佑,而尽我等之任务。假令天柱虽折,地轴虽裂,我等亦必誓而救之。以我勇

————————————————

① 科拉兹度托,今译为格拉斯通,全称威廉·尤尔特·格拉斯通。格拉斯通属于自由党,竞选主张之一就是不走帝国主义道路,主张"埃及应该由埃及人治理",反对英国接管埃及事务。起初格拉斯通非常勉强地同意起用戈登。戈登一到苏丹,英国的苏丹政策就开始偏移,逐渐向征服苏丹和吞并埃及的方向滑行。格拉斯通痛下决心,一定要悬崖勒马。在英国公众的眼里,出兵苏丹的结果不外乎使他们心目中的英雄得救,但格拉斯通却看到了"旷日持久的战乱,成千上万的牺牲,军事占领的残暴,和对一个民族的奴役"。

② 洛度乌陆斯利:今译作加尼特·约瑟夫·沃尔斯利将军。

敢英国之海陆军兵士,无俟余言,惟迈奋进而已。"

其言如此,悉自肺腑而出。士卒感激,志气顿振。乌陆斯利以为非速达加兹摩,则戈登以下之生命,已不可知。乃分其远征军,以一部属于将军乌陆斯利之部下,自耶伊陆沿岸,而横卫野科茫旷之沙漠,而出耶特摩美川边,曩日送戈登于汽船之所。斯兹哇托之军,乃转战于阿科利耶及科卫托之各地,而扫荡所在之贼徒。一周日后,乃至其川边,而见戈登所派出之汽船。远征军之士卒,踊跃大喜,而见戈登以下数千之同胞。仅旬日之内,勇气凛凛不能禁,直乘汽船,而抵加兹摩市。岂知该市已于一周前而陷于马特伊贼之掌中。戈登以下之人,皆被杀戮,其遗骸已不可知。僵尸蔽野,流血成川,惨状不可目睹。于是士卒皆大惊骇悲痛,慨叹救援之迟延,然已无可奈何。若加兹摩之陷落,及戈登死没之原因,诸说纷纷。虽未确定,而差可凭信者,其市粮食净尽,乃遂降于马特伊。戈登为一叛逆者所暗杀。呜呼惨矣!然其死也,固彼所预料者。千八百八十四年腊月十四日,所存最后之书简,慨言政府之缓急,援军之迟延,死期日迫,束手以待云①。呜呼!闻此言者,谁能不堕同情之泪哉。语曰:"死或轻于鸿毛,或重于泰山。"其戈登生死之谓乎。呜呼!以清廉、洁白、高尚、勇迈之宗教家的言行,而兼以飒爽之英姿,白玉楼中,遽然而召。哀哉。英国诗宗贺度可耶利因戈登之死,曾为诗以咏之,传诵于一时。

呜呼!以戈登永陷于蛮贼重围之里,苦心惨淡,终不能奏其效,不幸而毙于蛮人之毒手。疏烟淡月,笼照孤城,楫楫悲风,空吹椰树,雄图安在,遗迹空存。呜呼!戈登之事业,其遂止于此矣。然其至诚一贯,虽谓之与日月争光可也。试观滚滚不尽之耶伊陆大河,与彼赫赫之伟绩,长传于青史,永为世人之仪表。呜呼伟哉!

《戈登将军》终

光绪二十九年(1903)二月初三日印刷
光绪二十九年二月二十日发行

---

① 12月14日,戈登的最后一艘汽船装着他的日记离开喀土穆。戈登给他姐姐的最后一封信中写道:"我知道女王的政府会因为我强迫他们出兵而怒气冲天……由于援军的延误,这应该是你看到的最后一封信了。不过上帝主宰一切,他的意志将得以实现。由于条件的限制,恐怕我在此的作为会显得不那么辉煌……我非常快乐,感谢上帝,我已经尽力履行了我的责任。"

附:《清史稿》记载①

戈登,英国人。同治二年,李鸿章檄领常胜军二千攻常州、福山营。别遣吕宋兵乘小舟薄贼垒,支木桥,伏死士城墙下。日中,港东西贼营皆破,缘墙入,痛歼之,遂夺福山石城。围解,权授江苏总兵。进攻太仓,毁南门贼卡,戈登轰溃二石垒,官军继进,克之。规取昆山,与总兵程学启度地势,以环昆多水,惟西南通进义,策先断其归路。遂与驾轮舶以偏师绕而西,贼不虞其至也,即时败奔,夺其四垒。谭绍光构悍贼来争,与诸军大破之,薄昆城,偕李恒嵩夹击,贼酋伪朝将先期逸去。逾月,学启攻东城,戈登自果浦河奄至,扼守西路,分道疾攻。贼夺西门走,阻水,歼焉。遂留驻昆城,策应各路。移师攻花泾港,知贼必不诚,率众击北门,毁城外贼垒。次日,贼降,收吴江、震泽而还。

以事谒鸿章于上海。先是白齐文闭松城索饷,既撤,潜通贼,领二百人入苏州。戈登诇知之,亟返昆山为备。旋攻苏城,率军三千,与学启俱力争要害,稍剪城外贼垒。伪忠王李秀成闻警赴援,屡败;而绍光所部每战犹致死,自伪纳王部云官以下,皆萌贰志,诣营乞降。乃与学启乘单舸会云官等于洋澄湖,令斩秀成、绍光以献,学启与誓,戈登证之。未几,秀成遁,云官杀绍光,开齐门迎降,赏头等功牌、银币,并犒其军。助攻宜兴、溧阳,并击退杨舍贼。进规常州,轰破南门,合诸军掘壕筑墙以败之。叙功,赏黄马褂、花翎,赐提督品级章服。

初,戈登与学启为昆弟交,每战必偕。及诛降酋,颇不直其所为,捧云官首而哭,誓不与见。嗣闻学启卒,悲不自胜,乞其战时大旗二,携归国为遗念。戈登归后,埃及乱,督师讨之,遇害。朝廷遣使往吊焉。戈登尝言:"中国人民耐劳易使,果能教练,可转弱为强。"又曰:"中国海军利于守,船炮之制,大不如小。"当时称其将略云。

---

① 校注者选录。原文见《清史稿》卷四百三十五,中华书局,1977 年 8 月版,第 12360 页。

拿 破 仑

日本　文学士土井林吉　著

中国　武陵赵必振①曰生父　译

应国斌　翦甜　校注

---

① 此处原稿为"罗维"，书后版权页的译者标明为赵必振。

《拿破仑》序

　　呜呼！古今之英雄，孰不推拿破仑为第一？稍知学问者，无不震之于拿破仑①之名。然欲详拿破仑之事迹，载籍浩繁，虽累千万言，不足以纪其大致。而一区区之小册子，能形容之乎？然其传繁者，其纪事也详而悉；其传简者，其纪事也审而该。拿破仑之伟业，固非一区区小册子所能尽也。而以区区之一小册子而综括其大略，亦于谈历史者，殆如袖珍之本，而得之梗概也，不亦善乎？土井晚翠君之撰此传也，虽一区区之小册子，亦如古今大英雄之小影。呜呼！英雄往矣，得见其小影亦稍慰其景仰之意也。幸毋轻视焉！幸哉！

　　译者识

---

　　① 拿破仑：拿破仑·波拿巴（1769—1821年），即拿破仑一世（Napoléon I），出生于科西嘉岛，19世纪法国伟大的军事家、政治家，法兰西第一帝国的缔造者，历任法兰西第一共和国第一执政（1799—1804年），法兰西第一帝国皇帝（1804—1815年）。他建立法兰西第一帝国，颁布《拿破仑法典》，建立了庞大的拿破仑帝国体系，保护了法国大革命的成果，曾五破欧洲反法同盟。

第一章 少年时代

今古悠悠五千年,东西茫茫一万里,英雄武将之辈出于其间者,亦复不少。如凌云之峻岭,而俯视群丘,如涵地之大洋,而容纳百谷。乘风云之会而扬大名于宇宙,以藐视百代之豪杰。西则有奚伊沙阿、阿列契沙,东则有成吉思汗、他耶陆列、丰臣秀吉等。然彼等不过于其旧时代,而具伟大之事迹。至若开十九世纪文明之时代,而为地球第一人,起身于一贫士官,以其骇绝之天才,骇绝之勇气,骇绝之精励,遂登万乘之皇位,而握全欧之霸权,以穷人生之光荣者,非拿破仑第一其谁欤?仰视高山,俯瞰苍海,钦慕绝大英雄之事业,而仅此区区一小册子,则不过仿佛千古英雄面目之万一。以供少年子弟学窗余暇之钻研而已。若欲窥其全豹,则必搜集欧美之书,关于彼者百千无数种,以构成拿破仑之全史,而后始能详悉其平生也。

拿破仑第一者,于西历一千七百六十九年,生于地中海之可陆希加岛①内之阿耶奚渥市②。其父兹耶列斯贺耶卫陆托③,为其岛古来之豪族。其母为列兹阿列马利耶④,惊才绝艳,世称为贤母。拿破仑幼时,具非凡之性,为父老所特重。有远戚为阿耶兹渥市僧者,于其临终之际,呼拿破仑兄弟于床前,而遗言曰:"兹幼希列

---

① 可陆希加岛:今译为科西嘉岛,地中海的岛屿,法国最大的岛屿,面积8680平方公里,地貌以花岗岩为主,港湾众多,属于地中海气候,年均温度15.5℃,居民有33万人,盛产橄榄油和葡萄酒,是法国曾经的皇帝拿破仑的家乡。

② 阿耶奚渥市:今译为阿雅克肖,位于法国科西嘉岛西南岸,是南科西嘉省的省会,也是拿破仑·波拿巴一世的出生地。

③ 卡洛·马里亚·迪·波拿巴(1746—1785年),拿破仑一世的父亲。他出生在科西嘉阿雅克肖的贵族家庭,于1769年继承家族贵族头衔,后成为科西嘉地区代表。

④ 莱蒂齐娅·拉莫利诺(1750—1836年),拿破仑一世的母亲,祖上是佛罗伦萨的贵族世家,生父是国家道路和桥梁监察官。

拿破仑之兄,汝虽为长男,然拿破仑者,一家之首领也。"言终而绝。

可陆奚加岛者,素为独立国。当时为法兰西人所攻,抵抗力战之后,力屈遂为其属领。于是其父兹耶列斯,亦为法国之王民,遂移于巴黎。携拿破仑而同往,因得官许。拿破仑乃得入兵学校。时拿破仑仅十岁而已。

其始,拿破仑既未通法语,又因出于曾举干戈以抵抗法国力尽而始归服之新领土之人,故拿破仑为其余生徒之所注目。而意志隔阂,不能合群于同人,遂养成其自爱幽独之习惯。而反因此而得勉强于学业,而得自抵于大成。加以性不好嬉,沉默精励,于诸学中,长于数学,又好地理历史。思虑精密,虽小事而不忽。其性质如此,其研究数学,乃大得其精蕴。其居于可陆奚加也,酷好史传,于列陆他科之英雄传,尤熟诵焉。其炯炯之眼光,普照于罗马希腊之英雄传记。盖自此始,春花明媚,秋月凄清,独自行吟,抗怀前哲,古人之英姿,时往来于胸里。每每欣慕其鸿业伟略,不觉心神俱往。而受人之恩惠,更铭感而不忘。其天性之厚,又如此。因诵古人之传记而慕其功勋,而其精神,亦因之而愈刚强。盖拿破仑一代之英略,此其萌也。自是凡五年,乃自列利阿耶而转于卫利兵学校。其视学官契列利渥奉国王路易十六世之报告录之于下:

> 拿破仑以一千七百六十九年八月十五日生,身长四卑托十伊兹。学在第四级。体格良好,健全胜人,温顺正直,能感恩惠,举动整齐。数学之勉强,尤为特著,尤善于历史地理。但拙于拉持语。诚为他日之好海军兵。宜转于卫利兵学校。

时拿破仑年十五。既入卫利兵学校,深慨其校则之过宽,不能坐视生徒骄奢之风,乃送书于副校长卫陆托而痛论之。其中有曰:"生徒而不禁蓄仆,是足以阻碍学业。且不能为自奉之习惯,又非节俭之道,其身体亦不能强健。又安能忍风雨,堪饥饿,而使部下兵卒之尊敬乎。"其时方为十五岁之少年,其语宛然老成将官之口吻。其后二十年而为皇帝,而创役兵学校。此其起点也。

一千八百八十五年以良好之成绩而卒业,于是又入卫陆联队之二等尉官。仍留于科列耶列陆,暂移于哇列斯。其家苦贫,思得家族之助,乃迎其弟路易[1]少于

---

[1] 路易·波拿巴(1778—1846年),拿破仑的三弟,拿破仑征服欧洲后封他为荷兰国王,后由于路易·波拿巴破坏了拿破仑一世的大陆封锁政策,被拿破仑一世废除了王位,被迫去佛罗伦萨闲住。其子即为后来的拿破仑三世。

其兄九年于法国,共下宿于科拉度街四番地贺夫人之家。每朝教弟以数学,一日,路易困甚不能朝起,拿破仑自床而突杖之,且叱其怠惰。其弟答曰:"余今朝有快梦,故起迟耳。"拿破仑曰:"何梦?"答之曰:"余梦为王耳。"拿破仑叱之曰:"余方梦为皇帝,未觉自喜。"是为未来之皇帝,与未来之王之兆也。

乃更下宿于书店,于兵营之务与弟之教育之余暇,则勉强而读书。故拿破仑尝曰:"三年之间,彼我乘暇读书,而于职务之关系未尝少忘者。"是拿破仑后日于耶路列陆托与列国君主会议之余谈也。

一千八百九十二年,于卫利颇怏怏不得志,共其校友列利阿,凡种种之计画,皆未能成。二人一日,于市中之料理店,朝餐将终,市头俄然骚动。"国民万岁"之声,喧腾于耳。数千之人民,直进兹科列利伊之王宫。二人追而从之。王宫之窗已启,国王路易十六世①,已为人民所迫。是为法兰西大革命②之惨剧,渐熟渐发之征。而拿破仑之生涯,实自法兰西大革命之变乱,所酝酿而成之者也。

一瞬时间,洪水之泛滥,火山之爆烈,轰轰烈烈,近古无比之大惨剧,突焉而起。然一溯其原因,则法兰西之革命,其由来已久。往古之时,路易十四世③,攘度士民之产,游纵无度,搜括民财,而造盛大之建筑。又与各国,征战无已。幸而胜之,人心稍慰。空中之楼阁,亦遂为雾散而烟硝。而嗣王十五世④继位,骄奢游侠,益甚于前。官吏营私而自利,士民之困苦,愈不能自申。而法国之制度,别贵族、

---

① 路易十六世:即路易十六(1754—1793 年),为波旁王朝国王(1774—1792 年在位),路易十五之孙,王太子路易·斐迪南之子,法兰西波旁王朝复辟前最后一任国王。他既是法国唯一被处决的国王,也是欧洲历史上第二个被处死的国王。

② 法兰西大革命:指 1789 年 7 月 14 日在法国爆发的革命。统治法国多个世纪的波旁王朝在三年内土崩瓦解,法国在这段时期经历着一个史诗式的转变:过往的贵族和宗教特权不断受到自由主义政治组织及上街抗议的民众的冲击,旧的观念逐渐被全新的天赋人权、三权分立等民主思想所取代。

③ 路易十四世:即路易十四(1638—1715 年),全名路易·迪厄多内·波旁,自号太阳王,1680 年更接受巴黎市政会献上的"大帝"尊号,是波旁王朝的法国国王和纳瓦拉国王。他建立了君主专制的中央集权王国,使法国成为当时欧洲最强大的国家;但在位期间,他频繁发动战争,使得法国国家经济破产,不得不逐渐加重对农民的税收。

④ 十五世:即路易十五(1710—1774 年),被称作"被喜爱者",太阳王路易十四曾孙。他执政的早期受到法国人民的喜爱。但是,他无力改革法国君主制和他在欧洲的绥靖政策,且在执政后期,宫廷生活糜烂,使他失去了人民的支持。

僧侣、平民为三阶级①，前二者则坐食，以富贵而傲人。独第三者，而负担其租税，呻吟于苛酷法度之下，困穷饿死者，不知其数。因抵抗税吏，又频频而生纷争。当时之人民，全无自主之权利。各州之知事，皆各逞其横暴，弊风益长，政纲愈衰，愈至不可收拾。加以奥尔提尔②、卢骚③等之所论，每之讥刺宗教，而坏人心之信仰，唱导民主，而鸣王权之非理。震荡一世，人心风靡，而且压制愈甚，适所以助其暴发。一千七百七十四年，于路易十五世之时代，称之为"后洪水"。路易十五世既死，路易十六世升王位。财政之紊乱，又达其极点，祸机之迫，已在毫发之间。于是一千七百八十九年，又开国民议会，要求法度之改正。无施政之良法，平民之势力，次第增加。政党与俱乐部，同时而盛起，各吐激烈之议论，以要求于朝廷。路易十六世，欲借兵力以压议会之举动，而民心益益激昂。自是遂突入卫斯兹陆城，乱入哇路沙伊可王宫。自一千七百九十一年，美拉贺死后，官民之疾视，益益增高。王乃微服，自宫中而遁。翌年，欧洲之诸王，以法民之暴动，恐其利害，必关于己。各邦互相联合，起兵而攻法国，助王以镇压其人民。而法王之危机，殆如救火以薪，适增其焰。而冥冥之中，实助拿破仑崛兴之机。至于此际，又复有此暴举，此为六月二十日之事。国会遂废王而立共和政府。翌年乃遂处王以死刑，而扰乱益甚。因此流血之革命，而积日之陋习乃一扫，乃大宣扬自由、平等、友爱之三大主义于天下。然而，民智未齐，德育未备，而共和之弊，又达其极点。诸政党互相挤陷，刑死惨戮，几于无日无之。人心恐怖，因之又倦于共和，而恩戴强力之君主，以定一尊。而拿破仑乃得乘机而起，以尽世之英雄，乘一代之时势，振兴拨乱反正

---

① 大革命前的法国社会等级制度森严，全国人民被划分为三个等级。第一等级是高级僧侣，第二等级是封建贵族。第一、第二等级是封建统治阶级，不纳税，享有封建特权。资产阶级、手工业者、小商贩、城市贫民和广大农民等则属于第三等级。第三等级占全法国人口的95%以上，是被统治阶级，负担着国家的各种赋税和封建义务，但没有任何政治权利。资产阶级财力雄厚，文化素养较高，政治上最成熟，因而成为第三等级的领导者。1302 年，国王腓力四世召开第一次三级会议，出席的第三等级代表都是富人，即后来的资产阶级。18 世纪末，法国资产阶级领导的第三等级已成为反封建的主力军。

② 奥尔提尔：中文译为伏尔泰(1694—1778 年)，本名为弗朗索瓦－马利·阿鲁埃，伏尔泰是他的笔名，法国启蒙思想家、文学家、哲学家、著名学者、作家。伏尔泰是 18 世纪法国资产阶级启蒙运动的泰斗，被誉为"法兰西思想之王""法兰西最优秀的诗人""欧洲的良心"。他主张开明的君主政治，强调自由和平等。他一生反对专制主义和封建特权，追求自由平等和资产阶级君主立宪制，并在最终导致法国大革命的舆论变化中发挥了重要的作用。

③ 卢骚：今译为卢梭。让－雅克·卢梭(1712—1778 年)，法国 18 世纪伟大的启蒙思想家、哲学家、教育家、文学家，18 世纪法国大革命的思想先驱，杰出的民主政论家和浪漫主义文学流派的开创者，启蒙运动最卓越的代表人物之一。

之大手腕，而建上定千古之伟业矣。当时可陆希加因法国之兵乱，其岛极力而保其独，力尽而后始降。今又新与英国合力，而谋同复其独立。乃烧阿耶兹渥市，而夺贺耶卫陆度之家产，乃举家而来法国，居于马陆希可市。已而一千七百九十三年之惨血，而法国之半部，全在于枪烟弹雨之里。其西部南部，流血之惨，达其极点。围攻利渥市四阅月而陷，马陆希可而次降。希洛市①迎英兵而自守。法政府遣兵三万，而往攻击。拿破仑适为其军中之炮兵士官。既而将官缺人，其余之将官又负伤，破遂自为炮队司令官。既而政府遣监军来，拿破仑自嗣其任，于炮兵之事业，概不容其置喙。其时方为二十岁之青年。其巨胆已如此。监军问曰："咄！汝何物，而能负此重任乎？"答曰："众人不能任其职，而我能知之，故任之也。"其将为总督者，不能知战事，其所计画，类如儿戏。国会知其不能胜任，乃召之还，而遣度可摩希陆为新将军以代之。新将军知炮兵长官之能，信用颇厚。拿破仑乃筑炮台于山上，弹丸如雨。于炮战之时，炮军欲改造其炮台，而炮台官来过之曰："君但守其职，此炮兵官之事，我自为之。如此炮台者，可悬吾头以为保证。"乃如其言。其城遂陷。英军护其住民而逃遁。法兵乃入而代之。新将军深嘉拿破仑之功。破城之后，十二日，乃升之为将官。是为拿破仑功名发达之起点。

---

① 根据历史事实，拿破仑是因土伦战役而一举成功，此处根据日译本再译，"希洛"一词不知从何得来。土伦战役发生在 1793 年，时年 6 月，在法国王党分子的要求和策应之下，英国、奥地利、荷兰、西班牙等国组成反法联军，相继侵入法国；更为严重的是 8 月下旬，盘踞在土伦城内的保王党人，居然引狼入室，竟将土伦要塞和拥有 30 余艘舰只的法国地中海舰队，拱手交给了英国人和西班牙人，从而使英国和西班牙军队不费一枪一弹就轻而易举地占领了土伦。法军经过艰苦的战斗最终收复土伦。1793 年的土伦战役，不仅对保卫法国大革命起了巨大作用，而且也同拿破仑这一伟大历史人物有着特殊的联系。24 岁便荣升准将的拿破仑·波拿巴，就是在土伦战役中崭露头角的，并随即成了法国的军界新星。

第二章　将军时代

　　拿破仑既解希洛之围,以其伟勋,而任少将。然时机未至,因微细之事,为反对者所陷,遂废其职。怏怏而归巴黎,贫困无聊,竟至售其马车以支衣食。蛟龙失云雨,大失扶摇,鳅鳝鹪爵,群相侮笑之。英雄穷途之状,一至于此,是真可悯者也。而以于聪敏激烈之质,抑郁叱咤,遂渐走于极端。将弃其军队之事业,而遁于田舍之思想。将自希伊沙阿而至希斯耶兹他斯,乃先往其三年间所驻在之哇列斯。遇其兄兹幼希列,留于贺特利马陆村,风土适意,欣然大喜。时有邸宅出售,将欲购之。讶其价廉,则其邸宅,为凶人之居乃止。又匆匆而归于巴黎。其兄仍向马陆加意可。

　　是时,巴黎革命之乱,其极度已通过。所谓战栗时代又称恐怖时代[1]者亦已过去。一千八百九十五年,又布新宪法,而作兹列可利政府,大受全国士民之称赞,于第十月乃施行。然而巴黎之府民中,虽极表其同意,而极端之共和党与王政党之残类,各相结合,煽动愚民,而袭国会。国会闻之,命议员卫拉督兵,以镇定乱民。卫拉求副官,而得拿破仑。时哉! 不可失,蛟龙得云雨,乃急乘其机会,于哇特美野陆法国共和政府所用历法之月名十三日,如霹雳一震,以扫荡暴民之炮弹[2]。于是以绝世之伟人,握电火,驱风云,演全欧之活剧,而奏登场之鼓乐矣。

　　大革命之余威,如炎炎大火,其势熏天。虽镇定之余,而残焰犹炽。内乱既未

---

　　① 1791—1794 年在雅各宾派专政期间,在巴黎设置了断头台,三年内被斩首者多达 7 万。因此"雅各宾专政"又称"恐怖时代",是雅各宾派领袖罗伯斯比尔的专制独裁统治。这些被斩首的"反革命份子"有不少是非保皇党成员,他们只是反对雅各宾派。法国大革命(1789—1799 年)是法国社会激进与动荡的时期,给法国以及整个欧洲都留下了深刻广泛的影响。

　　② 葡月事变,法国大革命热月党人统治时期保王党为恢复君主政体而举行的暴动,拿破仑用大炮轰散叛军,一举平定叛乱。因为事变发生在 1795 年 10 月 5 日共和历葡月 13 日,所以称葡月事变,或者称葡月十三日政变。

能平定,则人心之危惧,惕惕未宁。然而外战即各国之联合军亡法国之民政者如前所述之举,胜与和相继为用。至千七百九十五年,与法为敌者,英、俄、墺①之三国,战争未已。法政府乃募大军,分为三队,一向东北日耳曼,一渡拉伊而向墺都,一赴墺大利以击墺兵及沙陆兹意耶之兵。以拿破仑为意大利军之总督。时拿破仑年二十六。于发程之先,乃娶故共和政府之将军贺阿陆渥之寡妇,兹幼希列伊。于一千七百九十六年三月二十一日,乃发巴黎而向意大利。临发兵之时,而励诸兵士曰:"呜呼! 诸兵,汝无食无衣,共和国而食之衣之,以共保此共和国,而保此殷富丰沃之国土。予为汝导,毋失前途之美景。汝毋自馁,而乏勇气。"此一千九百年以前,哈意卫陆②所励加陆耶希兵之语如此。前后二大英雄,遥遥相应,同为不世出之人杰,而名震环球者,即罗马之希沙阿③其人是也。

拿破仑之征意大利军,自二年以前,先防御于希耶阿④之近傍,以立地步。以此衰残之兵,而敌墺国及可伊度贺度之联合精兵二十万人⑤,以寻常一切之战略度之,其胜败之数,不待决而已明。于是拿破仑神敏如电,以小军队之全力,集注于

---

① 墺:指奥地利,即奥地利帝国,是一个地跨中欧、南欧、东欧和东南欧部分地区的庞大帝国,国土面积约 65 万平方公里(1804 年),人口约 2120 万人(1804 年)。领土包括现在的奥地利、匈牙利、捷克、斯洛伐克、斯洛文尼亚、克罗地亚、北意大利、罗马尼亚的特兰西瓦尼亚和波兰的加利西亚等广大地区。帝国的首都为奥地利皇室领地内的维也纳。奥地利皇帝世袭兼任神圣罗马帝国之皇帝,1806 年,拿破仑勒令弗朗茨二世放弃罗马皇帝尊号,神圣罗马帝国瓦解。奥地利是德意志邦联的永久主席国和神圣同盟的三巨头之一,也是哈布斯堡-洛林皇朝统治下的奥地利和波西米亚王国等其他领地的统称。1867 年 2 月,匈牙利获得自治,同年 6 月奥地利帝国正式改组为奥匈帝国。奥匈帝国是奥地利帝国和匈牙利王国组成的政合国,1867 年后匈牙利从法理上已经脱离奥地利帝国独立,但两国的外交立场保持一致。1918 年一战战败后奥匈帝国解体。

② 哈意卫陆:即汉尼拔(前 247—前 183/182 年),迦太基军事统帅。其幼年随父渡海远征西班牙,前 221 年,仅 26 岁即被任命为迦太基军队统帅。其《告众士兵》是激励军心的极好的战前动员。

③ 希沙阿:即大西庇阿(前 235—前 183 年),全名为普布利乌斯·科尔内利乌斯·西庇阿。古罗马统帅和政治家。他是第二次布匿战争中罗马方面的主要将领之一,以在扎马战役中打败迦太基统帅汉尼拔而著称于世。由于西庇阿的胜利,罗马人以绝对有利的条件结束了第二次布匿战争。

④ 热那亚,位于意大利西北部,利古里亚海热那亚湾北岸。19 世纪初期,拿破仑的扩张使热那亚共和国变成法兰西帝国的一部分。1815 年,根据维也纳条约,除科西嘉岛以外的热那亚共和国领土都被割让给了萨丁尼亚王国,并在稍后随着萨丁尼亚王国统一意大利半岛,成了意大利王国的一部分。

⑤ 据史实,当时法国面临的是奥地利和撒丁王国的联盟军。撒丁王国(1720—1861 年),亦称皮埃蒙特-萨丁尼亚王国,19 世纪中期意大利境内唯一独立的王国,位于意大利西北部。在它的基础上,意大利后来实现了统一。1720 年,萨伏依王朝根据 1718 年伦敦条约,被迫将西西里岛让与奥地利,换取了撒丁岛(亦译作萨丁岛),并在此基础上于 1743 年建立了皮埃蒙特-撒丁王国,辖意大利西北部地区的皮埃蒙特、萨伏依公国和撒丁岛,设首都于都灵(曾因法国入侵暂迁都卡利亚里)。1815 年根据维也纳条约,除科西嘉岛以外的热那亚共和国领土全部并入了撒丁王国。

一点。乘敌之未备,而电击其中心,使其首尾不相救。其中心既破,顺次而移于左右。敌阵堂堂正正之势,一夕而成为齑粉。其举动如斯之神敏,故能以寡而敌众。乃以其破敌所得之辎重粮食,除一切之障害,而供一切之牺牲。

其军队既获全胜,乃乘势而进。拿破仑本其胜利之雄心,加以法兰西兵士之性质,风驰云卷,势力扩张,以四万之弱兵,而当二十万之大敌。于贺特耶兹托、美列希贺、特可、维么么、贺度卑可,以十一日间,其败敌者凡五。沙陆兹意阿王大惧,乃割地开城而乞和,更直追墺兵而南进。乃溯其成功之原因及察未来之胜利,而致书于其监督厅曰:"明日余将袭墺将贺利可,将追彼而渡贺河,以略取洛卫特。一月乃立于兹洛陆之山上,合拉伊军而向卫哇利阿。"其谋如此。遂自洛兹桥而奋进。墺兵大败,奔守马兹可阿。意大利之诸侯国,皆向军门而请和。马兹可阿者,为墺兵之根据地。拿破仑乃自美拉而进攻之,坚兵不能拔。墺政府频遣拔兵,前后扶窘拿破仑。然而法兵之英气益锐,复于马陆可拉、利贺利等之诸战,大破墺国之精兵。翌年一千七百九十七年二月,马兹可阿遂降。法军之威,震慑于意大利全土。拿破仑乃受意大利军总督之命。一年之间,果排阴云而使旭日正照于天下,而诸将如游星之围于太阳。于是马兹耶那、渥希洛、兹可卫陆马陆贺、卫陆兹可等,皆集于其幕下。大帝国之基础,自是渐巩固于巴黎矣。墺国乞和,于是加摩贺列渥陆希渥之条约乃成。一千七百九十七年十二月,拿破仑乃归巴黎。

战斗之风云初息,厥功告成。拿破仑欲自为监督,而年龄太弱,无可如何。而天才微发,不能无事。拿破仑郁郁端居,侘寂①不自得。一日慨然谓其书记曰:"呜呼!列利阿兹者,余不欲存之者也。众不听吾言,而令留此,以致万事皆衰颓。大丈夫欲建光荣于世界,区区之欧罗巴,不足以当之。欧罗巴者,不过鼬巢而已。如并人口六亿之亚细亚,庶足以建大帝国而树革命之大业也。余将卒军而进东洋,以大大名誉于世界。此余之愿也。"乃献策于政府。一千七百九十八年四月,乞东洋军之总督。七月进埃及。自阿列契沙度利阿而上陆,以向其都城加伊洛②。当时埃及尚属土耳其帝之管辖,其实号为马耶利可他。其骑兵酋长摩拉度③,威振四方。今闻法军来袭,乃备兵于金字塔傍以待。是为古昔波斯大王加摩卑耶斯尝破

---

① 侘寂:日文用词,是日本美学意识的一个组成部分,一般指的是朴素又安静的事物。

② 加伊洛:指埃及首都开罗。

③ 摩拉度:指当时的埃及马穆鲁克的首领穆拉德。马穆鲁克是中世纪服务于阿拉伯哈里发的奴隶兵,后逐渐形成了一个独特的军事贵族集团。

埃及人之处,时移势易,已二千四百年,而盛衰存亡,茫茫相续。人去国替,遗迹空存。耶伊路①之流波,依然澄绿。英雄不见,空使人哀。拿破仑悬军万里,来此异域,遥望金字塔,高耸云天,壮志雄心,顿然爽豁。乃驱马于阵头,凛然大呼曰:"呜呼兵士! 四千年龄之塔上,汝见之乎。汝等何人,好男儿勿让古人也。"兵气于是遽增十倍,直驰而向敌军。马耶利可他之骑兵六千人,烟尘掩空,旌旗蔽日,兵容极壮。奋战数刻,终不能当法兵之剑戟弹丸,全军遂败。摩拉度率三百之残兵,退于上埃及②。法兵进略于加伊洛。而法国之海军,方下碇于阿列契陆港,而为英将渥陆耶所击碎,而遮断其与本国之交通。法军之在埃及者,殆如流谪之军人。拿破仑仍进而不屈,又击希利耶。更乘其威,以袭土耳其之主都可斯他兹耶列路。自希利耶而攻阿科陆城,其守者为英国著名之海将希度意伊斯美斯③。法军穷力攻之,坚不能拔。孤城落日,万里黄沙,面缚而降,屈指可计。而孰知挫拿破仑之大志,破其远征东洋之迷梦者,突然而起。至于五月,方收兵自埃及而归,且更破土耳其之追兵,余威振于劲敌。忽闻本国危殆之形势,乃决志销声匿迹,潜乘船而遁迹,以免英人之侦察。十月初旬,乃抵于法国。

先是,墺国乘拿破仑之离法国,乃破其和约,而与俄国同盟,欲悉回复意大利,又遣别军渡拉伊河④临瑞西而攻法国。而其国内,反对党之势又兴,政令不行,财政困绌,百军坠纲,民间之怨声日炽。监督政府之运命,迫于旦夕之间,急召拿破仑归国,国民乃大喝彩而欢迎。拿破仑以马上之英雄,虽弃干戈而归,而国事纷纷,非复昔日抚髀兴叹之日。遂执当时之政权,结托军人,联结党与,更百端以结上院之心。遂于一千七百九十九年十一月,乃废其从来之监督⑤。然而其五百议员会,竟毅然而反抗之。以拿破仑为自由之公敌,实篡夺主权之大逆者,当依法而

① 耶伊路:即尼罗河。
② 上埃及:指埃及南部地区,主要是农业区。包括开罗南郊以南直到苏丹边境的尼罗河谷地,气候干热,利需用尼罗河水灌溉农田。
③ 霍雷肖·纳尔逊(1758—1805 年),英国 18 世纪末及 19 世纪初著名的海军将领及军事家,被誉为"英国皇家海军之魂"。在 1798 年尼罗河口海战及 1801 年哥本哈根战役中带领皇家海军取得了胜利,并在 1805 年的特拉法尔加战役击中溃法国及西班牙组成的联合舰队,迫使拿破仑彻底放弃了海上进攻英国本土的计划,但自己却在战事进行期间中弹阵亡。
④ 拉伊河:即莱茵河,西欧第一大河,发源于瑞士境内的阿尔卑斯山北麓,西北流经列支敦士登、奥地利、法国、德国和荷兰,最后在鹿特丹附近注入北海,全长 1232 千米。
⑤ 史称雾月政变。1799 年 11 月 9 日,拿破仑以解除雅各宾派过激主义威胁法兰西第一共和国为借口,发动兵变,控制了督政府,接管了革命政府的一切事务,开始了为期 15 年的独裁统治。

处死刑。拿破仑命将官率其一队之兵,闯入议会,振其枪铳,以胁制其抗拒者①。议员皆恐惧而逃亡,余皆拿破仑之党与。乃废议会从来之宪法,新置三人为执政官,任期十年,以掌握行政司法之权。其中有实权者惟一人,余皆副官,不过以辅翼之。又改议院之制,于其一邑一郡之人民,先举其中之有名望者。又选数邑之有名望者十分之一,而为一州之有名望者。又选各州之有名望者,而为全国之有名望者。乃自此中,而选为国会之代议士。而众人遂不得为直接之选举。故此新宪法者,名为共和政治,其实之政权,全属执政官。自法兰西大革命之后,乃一结其全局云。

此新宪法既成立,拿破仑遂为第一执政官。国内之政权,悉在其掌握。而国民之中,虽多有内抱不满者,然而拿破仑之声名赫赫,轰于天下。大势已定,无敢抗议之者。人民遂渐削灭其参政之权。然自骚乱不绝以来,高枕平卧之日颇少。故其人民,亦甘服于英雄拿破仑新政之下。

---

① 拿破仑在大资产阶级的支持下发动"雾月政变"的第二天,就将法国议会——元老院和500人院全部解散,夺取了议会大权,并宣布成立执政府。

第三章　执政官之拿破仑

一千七百九十九年，拿破仑既为法国之第一政务官，首与欧洲诸国媾和。自裁手书而送于英国王兹渥陆兹三世①曰：

> 余顺国民之意，而为共和国之首长。先于英国国主陛下，而宣布余志。天下之苦兵乱者，亦已八年，战争者岂可永远继之乎？必绝战争之根，以各保其幸福。夫欧罗巴之二大国，为战胜之虚荣，而以国民之商业与平和幸福为牺牲，是大不可也。平和者为首先之必要、首先之光荣。吾人固同有此感情者。既有同此之感情，专治自由之国民，以企图幸福。愿陛下共图之。敢省仪式典例，截然自白于书中。果陛下之所见，共余而望一切之平和，则英法两国，不得滥用其力，以延滞平和之前途，而贻人民一切之祸害。余以为文明国民之军，则天下之兵乱，无不弭止。此可断言之者。愿陛下共察之。

英王乃命大宰相卑兹洛②代答之，以为法国若能再立旧王统，则可与之讲和。拿破仑既为英国所拒，乃媾和于俄国。俄帝倾兵以拒之，于是同盟军又起。

当是时，墺国之老将耶拉斯者，率兵十四万，入卑度贺托港，以待入春，希耶阿之开港，与英之海军而连络，进经希耶阿而入法境。拿破仑侦知之，乃募集大军，分为二军。一附于贺洛而犯德意志之内地。自率其一，而入意大利。一千八百年

---

① 兹渥陆兹三世：乔治三世（1738—1820 年），全名为乔治·威廉·弗雷德里克（George William Frederick），1760 年 10 月 25 日登基为大不列颠国王及爱尔兰国王，至 1801 年 1 月 1 日后因大不列颠及爱尔兰组成联合王国而成为联合王国国王，直到 1820 年驾崩。乔治亚三世参与了一连串的反法战争，反抗拿破仑及革命后的法国，这些战争最后以拿破仑在 1815 年被击败而终结。

② 卑兹洛：即小威廉·皮特（1759—1806 年），活跃在 18 世纪晚期、19 世纪早期的英国政治家。1783 年，他获任首相，时年 24 岁，时至今日，仍然是英国历史上最年轻的首相。1801 年，他辞去首相一职，但在 1804 年，他再次出任首相，却于 1806 年在任内去世。小皮特在首相任内，欧洲风起云涌，先后爆发了法国大革命和拿破仑战争；他因领导英国对抗法国，声名大噪。

一月初旬,乃发令,编成特兹幼等后备军,以"第一执政官并阅兵士"之一事,揭载于新闻。墺英之间者,见其兵既不精,而兵器服装亦极粗敝,而岂知拿破仑已别秘密征集真个之后备军。计画已定,三月十七日,拿破仑偶向其书记而问曰:"汝知耶拉斯为必败之地乎?"书记惊答曰:"不知。"拿破仑曰:"可开意大利之地图。余将示汝。"因取针头而为赤黑点,于敌黑之位地,以黑植之,于法军以赤植之。乃示其战略曰:"耶拉斯之本营,必设于阿列契沙度利阿,待希耶阿降彼而始去指希伊托卫陆那度。余则越阿陆列斯山之此点,乘意大利不及侦知之前,出其背后,以绝墺国之交通,将追彼于斯科利卑耶之平原。"以赤针而指沙兹利阿耶乌曰:"余将败彼于此。"相侍为马列可乌著名之作战计画。千八百年五月六日,乃发于卫利①。既至希渥哇②,乃遣工兵而捡山路。复命曰:"山路极险,兵军之通过极难。"曰:"到底能通过与否?"曰:"极难。然非不能通过。"拿破仑蹴然而起曰:"然则必进。"于是集其兵马辎重,极严重其调查,破靴损衣,皆修理之。以六万之兵马,续续而进于阿陆列斯之深山③。浓雾蔽空,咫尺不见。高岭五月之积雪,崩流而来。其一队兵马,全陷于深谷。凌难越险,经四日而达意大利之平原。五月二十日,入美拉府④,略美可拉、列拉兹、可兹耶、拉哇、贺特卫。六月八日,自美可拉之使来,告以希耶阿之守兵,粮尽力屈,遂降。拿破仑翌日进军。十四日与墺军会于马列可⑤。墺军拂晓自贺陆希他河上而进,午前十时,而达于拿破仑之战场。法将卑科托陆大败。拉哇为敌所合围,于军中乃分其最精锐之执政官护卫队,避敌而迂回。拿破仑自率其第七十二旅团而进,于茫茫之大原野中,忽见执政官自督兵而临阵。

① 卫利:现译为日内瓦,瑞士城市,位于日内瓦湖的西南角流入罗讷河之处。其南、东、西三面都与法国接壤,自古是兵家必争之地。从地图上看,日内瓦从瑞士的版图中突出来,中间最狭窄处只有4公里,许多地方的土地都是和法国所共有。

② 指大圣伯纳山口,是迄今最古老的跨越西阿尔卑斯山的山口,目前仍然能够看到上溯至青铜时代的人类活动遗迹及罗马时代的羊肠小道,是拿破仑军队1800年进入意大利时使用的道路。

③ 指阿尔卑斯山脉,位于欧洲中南部,覆盖了意大利北部、法国东南部、瑞士、列支敦士登、奥地利、德国南部及斯洛文尼亚。阿尔卑斯山脉自亚热带地中海海岸法国的尼斯附近向北延伸至日内瓦湖,然后再向东北伸展至多瑙河上的维也纳。阿尔卑斯山脉呈弧形,长1200千米,宽130千米—260千米,平均海拔约3000米,总面积大约为22万平方公里;其中有82座山峰超过4000米的海拔,最高峰为勃朗峰,海拔4810米,是欧洲最高峰。

④ 指米兰,意大利城市,位于阿尔卑斯山南部,波河平原上,是欧洲南方的重要交通要点,历史相当悠久,因建筑、时装、艺术、绘画、歌剧、足球、旅游、闻名于世。

⑤ 指马伦哥会战(1800年6月14日),为法国与奥地利帝国于第二次反法同盟时期的一场战役。法军由当时任法兰西第一共和国第一执政的拿破仑领军。拿破仑于此役的胜利,不仅保住了法国的革命政权,也是拿破仑毕生最引以为傲的一次胜利。

法军之勇气,乃达回复。同立于弹丸雨下之间,拿破仑呼曰:"诸兵! 我军前者不过却退,今宜急进。我之习惯,于战场当睡以记之。"于是"拿破仑万岁""执政官万岁"之声,四方竞起。进军之势,与鼓声而俱驶。全军勇进,奋斗八时间。先四时间,为战场之防御。墺将耶拉斯[1]大败,乃乞休战。以希耶阿、兹可利、托陆托耶等之诸城寨,而退却于马兹科阿以外。拿破仑乃送书于巴黎之同僚曰:"马列可以其翌日之大将耶拉斯及其将官送我而乞和,以别纸定整其约。其夜耶拉斯及我将卫路兹野而记名。余知庶得法兰西国民与军队满足之望。"

第一执政官既得胜而归巴黎,国民齐声而喝彩。自就外征之途,至是仅经二月。而以此短少之日月间,立此伟功而归,莫不惊叹。其得国民之欢情,自无足怪者。其六月十四日,法军马列可一度退却之时,适一旅客方过之,自卫利而传败信于法国,人民皆已深信。而忽闻于预期外之大胜利,其欢呼自有当然者矣。

卫陆兹野与耶拉斯之记名既约定,乃议共休息其战争。而九月五日,又忽破其条约。其年十二月洛贺之法军,踏贺哈利特之积雪,而大败墺兵,长驱而迫其国都。墺国力屈而请和,以拉伊左岸之地悉让于法。又减少意大利之领地。英国大宰相卑兹托读马列可之战记,于其大陆之战事,慨然太息曰:"凡欧洲之地图,自是而往,二十年间,是图无用矣。"其年三月,乃结阿希伊之条约。而英法二国亦媾和,欧洲之天地,乃得再仰大平和之光辉。拿破仑既与列国结平和之约,乃专尽力于内地,以巩固其政府之权,而普文化之德泽于庶民。先欲一扫过激之共和党与顽陋之王政党欲回复先朝列陆贺之家者。一日偶赴剧场,王政党先埋爆烈弹于地下,俟拿破仑之马车十步内,将轰然破裂以毙之。而阴谋发露,乃乘其机会以伺察反对者,大加囚禁流谪,乃绝其祸根。

拿破仑当时又以勤勉之伎俩,而笼络其亲近。当革命之际,方移住外国。既归而立国法,乃再兴加特立教,而回复宗教仪式。又注意于教育事业,大设立公立诸学校。因谋输运之便,大通水陆之路。又起壮丽之土木,以经营其各都市等。

---

① 耶拉斯:即梅拉斯(1729—1806 年),拿破仑战争期间奥地利陆军元帅。第二次反法同盟期间曾率部与拿破仑在意大利交战。在俄国元帅亚历山大·苏沃洛夫的指挥下,梅拉斯带领的奥军与俄军一起先后取得了卡萨诺、特雷比亚、诺维战役及热那亚包围战的胜利。苏沃洛夫回国后,刚当上第一执政的波拿巴向意大利的俄奥军队发起进攻。梅拉斯不久即在马伦哥战役中被拿破仑逆转,遭到惨败。第二天,双方签订《亚历山大里亚协定》,奥地利丧失了明西奥河以西的领地。随后奥军被迫撤退,回国后梅拉斯担任了波希米亚军团司令。

种种内治之改良，不胜枚举。但其条绪错杂，无一定之法典，而人民多困惑之虑，乃集老练于斯道硕学之有司，从事而编纂其法典。拿破仑以其余暇，自临其会，以辩论其利害得失，究微入精。虽专门学者，瞠乎若失。其天赋之大才，真非寻常所及者。故世界有名之《拿破仑法典》①，殆二千三百条，为近世最上完成之法典。今日文明国之法典，莫不根据之。即以一端，而拿破仑之大名，已足亘古千载而永垂不朽矣。

拿破仑虽为第一执政官，而其权实与君主等。又患其十年之期既满，不能永继其任，遂使全国之投票，认其终身而为执政官。又自有选其袭任者之权。其权遂与全欧洲诸州邦之君主之权相等。

先是，阿希伊之条约，英法虽结和议，而两雄之势，不能并立。又有细故，而破其条约，于是干戈又起。自千八百三年之末，至翌年千八百四年之末，两国盛整兵备，以示将起大竞争之势。然而旷日弥久，空自相持。至翌年千八百五年，英相卑希托更联合诸邦以当法，而欧洲之大乱又起。

拿破仑就职既五年，国民皆大悦服。然王政党与极端之共和党，依然未改其隐谋。将军贺洛近顷亦加入共和党中而兴王政党合谋，欲毙拿破仑。乃大捕其党与，远流放于外国。拿破仑乃捕其先王列陆贺家之枝叶野希侯，加以将举兵而敌法国之罪而铳杀之。亦此际之事。

于是议员中竟唱拿破仑就皇位以谋国家安宁之议，乃开全国之投票。而以为可者五百万人，而唱永远共和，不认拿破仑者，仅著名文学者三人，即陆马伊奚可度可希、希野托、列利阿是也。

---

① 《拿破仑法典》又称《法国民法典》或《民法典》，总共分为三大部分，2281 条法律条文。1799 年 11 月 9 日，雾月政变爆发的当天晚上，拿破仑便下令起草民法典。1800 年，雾月政变刚刚结束，拿破仑成了法国的最高统治者。随后，他正式命令大理院长特龙谢、罗马法学家马尔维尔、政府司法行政长官普雷阿梅纳和海军法院推事波塔这四位法律专家开始起草民法典。拿破仑对这部民法典相当重视，曾多次亲自参与一些法律条文的讨论。经过三年半的修改、讨论，该法典于 1804 年 3 月 15 日由立法院通过，3 月 21 日拿破仑签署法令，正式以《法国民法典》的名称颁布施行。这部法典是资本主义国家最早的一部民法法典，它破除了封建的立法原则，成为欧美各国资产阶级的立法规范，推动了资本主义的发展。

第四章　皇帝之拿破仑

　　拿破仑既负议员、国民、军队之舆望而升帝位,自是锐意而建设帝国。旧封建之贵族,既已灭亡,拿破仑乃造新贵族以代之。旧勋爵阶级,既已无余,拿破仑又造新列兹渥度列陆即名誉员以代之。旧来至高之武官者为大将,而拿破仑则作元帅。其元帅之任命者凡十八人,是皆随拿破仑于硝烟弹雨之中,所谓受炮火之洗礼,而门阀私宠毫不关其光荣。彼等以勇为父,以胜利为母是矣。

　　一千八百四年十二月二日,举皇帝戴冠式于耶度陆他摩之大寺院①。法王此罗马之法王卑渥七世②,特自罗马而来,加帝冠于新王之头。拿破仑与奚幼西列伊③以八骏马而驾其车,亲兵护卫,而入寺院,向诸高僧神机之下。法王近皇帝之头,以两手而注圣油,高声举祝曰:"昔神尝临哈希伊陆与希利耶王,希卑列与伊斯拉野陆王,藉预言者伊利耶之口以示圣意。预言者沙美可陆洒帝王之圣油于耶路与他卑兹托之头上,今假我手,洒尔之恩宠于尔仆拿破仑之头上,而命彼为皇帝。"

　　法王即自褥上取帝冠而授皇帝。皇帝先自戴之。希幼西列伊次戴之。乃返置于褥上。法王肃肃返座。皇帝更于诸高僧前捧圣书而共加盟。盟辞已毕,其侍从高呼曰:"荷至上之光荣,戴法国之皇帝冠,而就帝位。皇帝万岁!"全寺院皆齐

---

　　① 指巴黎圣母院大教堂,位于巴黎市中心的西堤岛上,是天主教巴黎总教区的主教座堂。1804 年12 月 2 日,教皇庇护七世莅临此地加冕拿破仑帝王。

　　② 指庇护七世(1742—1823 年),意大利籍教皇(1800—1823 年在位),原名巴尔纳巴·尼可罗·玛丽亚·路易·基亚蒙蒂。他在位期间可分为两个阶段,前一阶段主要是同拿破仑周旋,坚持斗争而受侮辱被囚;后一阶段在"神圣同盟"支持下,他重视教义和调整改革、意志坚强地使罗马教廷及天主教会有了新转折和复兴,而耶稣会得以恢复,以及越山主义思潮的兴起,更是庇护七世对天主教会的重要贡献。

　　③ 指约瑟芬皇后(1763—1814 年),原名玛丽·罗丝·约瑟芙·塔契·德拉帕热利,是法兰西第一帝国皇帝拿破仑·波拿巴的第一任妻子,法兰西第一帝国的皇后。

呼曰："皇帝万岁！"欢呼之音，如闻春雷。非罢职时所顾及此也。

翌日乃于希耶度马之诸军队，而附于帝国鹫章旗之下。皇帝自救曰："嗟尔兵士，汝等集合于此鹫之旗下，以保护汝之皇帝之帝冠及人民。汝等奉命而达于光荣与胜利之途上，以保全汝等之勇气而共插盟。"兵士齐声而应曰："臣等皆盟！"

拿破仑既戴其帝冠，意大利之国人遣其委员，乞以意大利国与法兰西帝土结合。一千八百五年五月二十六日，拿破仑乃入美拉，而受希野列马大帝所戴洛卫阿特之铁冠，曰："是为上帝之所赐，汝其钦哉。"

当是时，英国又联墺俄二国时俄之先帝已被弑，阿列契沙度列阿而继帝位[1]。又与法国而开战端。而战斗之风云又起矣。

盖为法国之最强敌者，惟英国。拿破仑乃授海军之将乌伊陆意可特[2]以奇计，阳率海军而赴西印度海，英舰尾而击之。诱之而至远海，乃乘虚伺间，急驶而回，一举直袭英吉利之本国。英将渥露耶[3]果陷其计，率英国最精之军舰，尾法舰而赴西印度海。法国于中途俄回航陆，渥露耶不知法人之策略，急尾而逐之。已不能及。乃别派快船，急报于英国。英国政府乃别出军舰，于西班牙之沿岸，乘乌伊陆意可列之归航而邀击之，大相奋斗。法舰破损，乃急入港。修缮而再进。英又袭之于海岸，遮其前路而不得进行。乃碇泊于加特斯港[4]。渥露耶是时已归本国，直率大舰队向加特斯而来，欲诱出法舰。十月二十一日，于加特斯港外托拉列阿陆加[5]之近傍，而演空前之大海战。渥露耶以期此日之必胜，于旗舰乌伊科托利阿号之樯头，高悬旗帜，大书"英吉利之国民各尽其本分之义务"之语。于激浪掀翻、炮烟蔽空之间，以精妙之策略，绝伦之勇气，乃大败法之舰队而旋。拿破仑闻其败报，怃然太息曰："呜呼！余只一身，安得同时而临各地也！"

---

[1] 俄帝保罗一世（1796—1801 年在位）与拿破仑结盟，共同反英。而其被暗杀后，新继位的沙皇亚历山大一世，又转而与英国和好，反对拿破仑。
[2] 即维尔纳夫（1763—1806 年），法国海军少将，1805 年特拉法加海战中战败被俘。
[3] 指英国海军中将霍拉肖·纳尔逊。
[4] 指加的斯港，位于西班牙西南沿海加的斯湾的东南侧，是西班牙南部主要海港之一。
[5] 指特拉法加海战。1803 年，拿破仑统治的法国与英国为首的反法联盟再次爆发战争，拿破仑计划进军英国本土。为牵制强大的英国海军，拿破仑派海军中将维尔纳夫率领的法国和西班牙联合舰队与英国海军周旋。1805 年 10 月 21 日，双方舰队在西班牙特拉法加角外海面相遇，决战一触即发，战斗持续 5 小时，由于英军指挥、战术及训练皆胜一筹，法西联合舰队遭受决定性打击，主帅维尔纳夫被俘，21 艘战舰被俘。英军主帅霍雷肖·纳尔逊海军上将也在战斗中阵亡。此役之后法国海军精锐尽丧，从此一蹶不振，拿破仑被迫放弃进攻英国本土的计划；而英国海上霸主的地位得以巩固。

先是,拿破仑率八万之兵,十月一日渡拉伊河①。六日进卫哇利耶。十二日下美可意希卑②。二十日,略哇陆摩③。十一月十三日,入墺之国都维也纳。二十九日,与意大利军合。十二月二日,当戴冠式之纪念日,乃立军于渥斯特利奥之野,而对二十万墺俄之同盟军。

其方略,左翼以拉阿为总督,军于沙托。右翼以斯乌露为将,军于耶科陆意奥之傍。中军以卫陆耶度兹托及美可拉率之,悉集其骑兵,于全线之后,为后备军二万人。其内一万人为皇帝拿破仑之亲兵,乌度耶率之。而又添右军,别为他列之游军。是出于皇帝之奇计,张其虚势,以诱致敌。俄军果留于高丘,以待贺卫希阿哈加利伊之援兵,离右翼大炮弹度二倍之点,迂回而出其后,果如拿破仑之私望。皇帝见彼俄军为此躁急之举动,不禁抚掌而喜曰:“不出二十四时间,彼队已归我有矣。”

十二月一日午前一时,皇帝微行,而巡视其全部。军队知之,皆焚藁火放欢声以奉迎。一老兵呼曰:“陛下而来炮火之间,将察视而布令乎?”皇帝答曰:“然。尔等静候之。余将留于后阵。”拂晓乃下令于军中曰:“诸兵士,若俄军闻墺军乌陆摩失败之报,汝等勿直急追之。整其军队,以就吾人之位置。若敌军而袭我右翼,则自其侧面而攻之。我率诸士之兵队,鼓其平生之勇,以碎敌阵,则一瞬时间而其胜利可知。余将最先进阵,躬临炮弹,必求胜利,以为国家之光誉,不待踌躇。汝等各负其伤者,脱队而先归于阵。此战争之胜利既终,吾人亦整队而归。召集法国之诸队,而奏凯旋,以毋辱我法国民。汝等其心铭之。盖战争之事,举国之关系。汝之辱,即我之辱,亦全国之辱也。”已而旭日渐升,光辉瞳瞳,众军欢呼,以晴朝为胜利之前表。阿乌斯特利兹④之太阳,至今传为军中之谚语。

俄军既入拿破仑之陷阱,乃遣一大军,而击法之右翼。他列之游军,出其不意

---

① 即莱茵河。

② 指慕尼黑,城市名,位于德国南部阿尔卑斯山北麓的伊萨尔河畔。1806 年,巴伐利亚由公国升为王国,慕尼黑也升格为王都。1871 年德国统一后,慕尼黑仍然作为王都直到 1918 年。

③ 即乌尔姆,1805 年 10 月,拿破仑率领法军向第三次反法同盟的奥地利进军,获得了乌尔姆战役的胜利。

④ 奥斯特里茨战役(1805 年 12 月 2 日)又称作奥斯特利茨战役,发生在第三次反法同盟战争期间,因参战方为法兰西帝国皇帝拿破仑·波拿巴,俄罗斯帝国沙皇亚历山大一世,神圣罗马帝国皇帝弗朗茨二世,所以又称“三皇之战”,是世界战争中的一场著名战役。其结果是 73000 人的法国军队在拿破仑的指挥下,在奥斯特利茨村(今位于捷克境内)取得了对 86000 人俄奥联军的决定性胜利。

而邀击之,以御扑契陆。拿破仑乘此机会,命斯乌露率右翼之兵而突进,以遮断俄之左军与右军之交通。俄帝见其危殆,乃率其亲兵而击退斯乌路之军。两军合战于列拉兹希野之高丘,炮烟蔽天,喊声震地。奋战数刻,拿破仑又遣卫兹希伊陆将近卫之精兵,而击退俄军。于是法之中军,又复进击。美可拉阿所率之骑兵队,猛势尤不可当。墺俄两帝自阿乌斯拉利兹之高处,目睹其中军、左军已败,其右军至于此时,亦不能耐拉阿而猛击。旋受法国炮军之突击,亦归于败。三军齐溃,渡阵后之冰湖而遁走。拿破仑急驱而至,叱其炮队曰:"时不可失!"直至湖面而击之。炮丸始击于空中,至冰上而滑。一人高举炮口,令弹丸而直下。冰面突碎,余皆效之。数千之敌兵,尽皆沉溺。墺俄之军,死者二万人,生擒二万人,其余大炮四十门,联旗队四十五毓,悉归于法人之手。联合军经此大败,遂力屈而请休战。既而乞和,割其土地,且出巨万之偿金。既得此战胜之光荣,皇帝乃大劳其兵士曰:"汝归至法国,凡与阿乌斯利兹之战者,皆不愧勇士之称矣。"

既得渥斯利兹之大胜,于是法国皇帝,威势更震于全欧。列国更认拿破仑为法兰西皇帝兼意大王之尊称,更割乌野意斯及他陆马希阿而归法国之版图。渥列陆斯王列野陆兹耶度为破法国之平和条约,而废其位,而以拿破仑之兄兹幼希列代之。其弟路易,又君临卫他卑阿共和邦之王国。美可拉阿则受之以海陆科之大侯国。元帅卫陆兹野为耶野希耶特陆公,他列拉为卫渥列托公。于是法兰西帝国,联合其附庸隶属之各王国侯国及卫哇利耶、维渥特列陆科、海兹希、他陆么斯他兹托等。即所谓拉伊同盟,俨然而为一大邦。其广袤与古希耶列马大帝之领土等。而德意志帝国,自建设以来,殆一千年,至是亦失其名称。其帝列拉希兹至去德意志皇帝之尊号,而单称墺地利帝。时一千八百六年八月六日。时拿破仑年仅三十七。

先是,英国大宰相卑兹托死,贺兹他斯代之。其人为持平和论者,国亦皆望英法两国之平和。然未几何,贺兹他斯死。两国又互相疾视,如冰炭之不相容。俄国亦恶法国,无餍足之意,遂与英国合,又结普鲁西,更联瑞典及沙科耶意。所谓第四联合是也①。拿破仑既接其报,乃急进兵。一千八百六年十月七日,与希科拉阿、卫陆耶度兹度、他拉之诸军而先阵,屡历阿乌斯特意度、希利兹兹、沙阿列维路

---

① 1806年9月,大英帝国、俄罗斯帝国、普鲁士王国及瑞典四国组成第四次反法联盟,同年10月欧洲战事重新开始。

度之诸战。十四日得伊可耶之大胜。十六日,野陆列陆托一万四千之普兵降。二十五日,长驱而入首府卫陆利。战云突起,仅七日间,列扑特利斯,大王之国,竟为所夺。是月之二十七日,皇帝拿破仑乃自贺兹他摩而下令于诸军曰:"诸君!汝等毋背我之期,以明法兰西国民之信用。汝等于途中能堪疲劳缺乏,于阵中能强勇而镇定,则汝等真能保护吾之王冠者也,则汝等真能完全大国民之光荣者也。汝等有是之精神,无论何人,不得而抵汝等。吾人今日作战之结果,虽欧洲一等之诸国,吾人突起而灭绝之。吾人祖先所不得经遇之所,若列拉可意阿之诸寨,沙阿列野陆卫之二大川,吾人七日飞跃而过,其间四次之会战,一次之大战争,皆吾人所获战胜之名誉者也。进而兹他摩及卫陆利,吾人而得六万之捕虏,六十五毓之旗,六百之大炮,三个之城寨,二十人以上大将。而我军队不过其半以上,而一发弹丸,无不获胜。则普鲁西王国之全领,自在掌握之中。诸兵士!吾人将待俄人之劳,进而与彼相遇,以省进路之劳。彼忘于普鲁西之中央及阿伪斯特利兹之前役,而忘我平和约定之宽大。吾人不得不收其成效者也。吾人共进而会俄军,以待其余新军队之来。普国大臣,惶恐失措,而背休战之条约,以虚伪而欺我。若英人为我永远之仇敌,以乱大陆之秩序,而欲掌握海上之主权。吾人枕戈厉剑所不能已者也。余胸中惟爱汝等,与汝等同表其感情,所不能辞者。"

拿破仑于柏林,发大陆对港之令,于英国之通信、贸易、买卖,悉严禁之。英人一切之在大陆者,悉收之为囚人。其商品、制造物诸财产,悉收没之。因于英国海上之主权,终不能以武力而抑制,故拿破仑乃出此穷策。然此究为无谋之举,徒招欧洲之怨讟,以速他日倾覆之祸云。

先是,普鲁西因提出和睦之条件,法人犹以为未足,更以威力而胁普国,殆欲覆灭之而后已。普人愤懑,积不能堪。乃欲合俄人残余之力,以当法人。法人直东向而进,遂拔哇陆耶。又历列陆兹科斯他、可利美阿伊洛乌之诸战。一千八百七年六月十三日,俄兵大败于列利伊度拉度,死伤捕获者凡六万人,大炮百二十门,联队旗二十五毓,皆落于法人之手。是时拿破仑又下令于军中曰:"白乌伊斯兹可拉阿,神敏猛鸷而奔于意伊耶意河。汝等尝祝阿乌斯拉利兹我举戴冠式之纪念日,而无忘第二联合可利可之胜利之纪念。呜呼!诸兵!汝等毋贻法国国民之耻,而凯旋于国都,以享受平和之乐也。"

既而俄国终媾和。一千八百七年六月二十五日,组筏于意伊耶河上,法兰西皇帝拿破仑、俄罗斯皇帝阿列契沙度陆①相会，以释旧怨，而固新盟约。拿破仑语之曰："自后，君据守欧洲之东半，余守其西半。二人协力而谋事，天下不足忧矣。"普国亦因力屈而请和。三国使节，乃于兹陆西兹托而订结和睦条约。又加入沙科耶意伊之王国。拿破仑又建乌野斯列阿利耶王国，以其弟希洛摩君临之。自拿破仑为执政官之诸共和国，至其为皇帝时，悉变为王国矣。

七月二十七日，凯旋于巴黎，以百战百胜之威，炳耀日月。都民之欢迎之者，举国如狂。今为法之敌者，独为英国。然英之同盟军虽败，创夷虽重，犹不屈以当法。其大陆之两端，以瑞典与葡萄牙为其视线。葡萄牙奉令而对港，拿破仑大怒，令废列拉加沙朝，乃进兵而占领其首府利斯贺。其得占领葡萄牙者，以西班牙为之先驱。西班牙之君兹西列施四世，用嬖臣可度伊，与皇太子列由陆兹耶度有隙，两党迭求援于法国。拿破仑方自葡萄牙而进兵，西班牙内乱适起。市民废其父王之位，而贬屈可度伊。太子即位，称为列野陆兹耶度七世。法兵乘之而入其马度利兹度京城，废其父子两帝，而夺其王国。一千八百八年第六月，乃迁其兄希幼西列先为渥列陆斯王者，而治西班牙。更以希可列阿为渥利列陆王。法人以如此之势力，而逼迫之，乃适增加其仇敌，离叛争斗，接踵而起。罗马法王以对港令著其先鞭，法人夺其寺领。西班牙亦举国而憎法人，又举兵而追攘希幼西列。葡萄牙亦与法将兹可耶乌力敌而却退之。英将乌野陆利托代领其国。于是拿破仑又复亲征，自日耳曼而归，率八万之精兵，而赴耶卫陆卑斯契伊之境，连战连胜。十二月，法兵又入马度利兹托。

然西班牙人深恶法人，慓悍猛烈，势不能屈，竟以法国之事，奉为国仇，而教授其儿童，其为问答之辞以受之。问："汝为何许人？"答："托上帝之恩惠，我为西班牙人。"问："为何等之人民？"答："有价值之人民。"问："害吾之安宁者谁欤？"答："法兰西皇帝。"问："彼之性质何如？"答："人与恶魔二性。"问："法人之帝何人？"答："实皇帝一人而现三个身。"问："何为三个身？"答："拿破仑，希可拉阿，可度伊。"问："三者之中，最恶者谁？"答："三者皆最恶。"问："拿破仑一生之事业之结果何如？"答："罪恶。"问："希可拉阿？"答："由拿破仑而生。"问："可度伊何如？"

---

① 指亚历山大·帕夫洛维奇(1777—1825年)，史称亚历山大一世，为俄罗斯帝国皇帝(1801年3月23日—1825年12月1日在位)。由于亚历山大一世在与拿破仑战争中击败了法兰西第一帝国，复兴了欧洲各国王室，因此被欧洲各国和俄罗斯人民尊为神圣王和欧洲的救世主。

答:"为二者之结合。"问:"第一者之性质何如?"答:"傲慢与压制。"问:"第二者之性质何如?"答:"掠夺与残忍。"问:"第三者之性质何如?"答:"强欲谋叛及无知。"问:"法人之宗教如何?"答:"先为基督教徒,今为异端。"问:"杀法人者有罪否?"答:"否。杀彼之异端与犬戎,神必被之惠。"问:"我西班牙人怠其义务者何如?"答:"处之以死刑,目之为叛人。"问:"救我于敌人者何如?"答:"赖自己之军队。"西班牙人之于法人,可谓不共戴天之仇矣。

同时,墺人乘虚而举兵,皇帝接其电报,急行而归巴黎,遣将军卫陆兹伊野、马兹希耶、他列等,而赴日耳曼。一千八百九年四月,亲督兵而发于巴黎,连胜于阿卫意斯卫陆科、由科希野陆、拉兹斯贺。五月十一日,长驱而陷墺都维也纳,追击墺将兹野列斯十万之兵于他伊科列之左岸。七月四日,渡流而大战哇科拉摩。墺军大败,死者四万人,伤者九千人,生擒者二万。其十毓之联队旗,四十门之大炮,悉为法人所夺。十月十四日,和议乃成。于是拿破仑之势威与光誉,达其绝顶。当其为贫微之士官,馘馘不得志,将遁于田野以终其生。仅十余年而为全欧之霸王,领内之州,一百三十,人口一亿二千万。列王皆伺其鼻息,猛将悉伏于帐前,其朝廷极其雄丽,其威武达于四境。八种之国语,齐合声而唱法帝万岁。始愿固不及也。

拿破仑之威权光荣,既达其极点。帝朝之基,益益巩固。列邦之交谊益厚,锐意而保欧洲之平和。其皇后希幼兹卑,贞操而备姿容。拿破仑素于钟爱,然以其炎炎于功名心,而横溢于胸次。欲结墺国之好,不能以爱情而供其牺牲。竟于一千八百九年十二月,于兹可列利伊宫而举离婚式。希幼兹卑乃去其皇后之尊号,及岁受岁俸二百万列拉之恩命,而退居于马陆耶伊那。而聘墺皇女马陆伊陆伊沙①而为法兰西新皇后。后十一月,乃诞生帝国嗣君,发百一之祝炮②,以为庆典。

未几,意伊耶河筏上之约将败,而战云又起。初,拿破仑割墺地利及波兰之诸州,而俄国不能分受其利益。俄亦下令,封港而严守。而密商于英国,而实相交通。法人知之,两者相恶,遂整军备,集粮食,相期以干戈相见。于是相订盟而结条约。普国二万人,墺国三万人,意大利二万人,同盟于拉伊尼八万人合计实七万

---

① 指玛丽·路易斯(1791—1874 年),奥地利皇帝法兰西斯一世的女儿,拿破仑的第二位皇后,生有一子,即拿破仑二世。

② 王朝旧制,公主出生鸣礼炮21 响,王子出生鸣礼炮101 响。

人，八字疑有误，齐至而应法军。一千八百十二年五月九日，拿破仑发于巴黎，集诸侯王于度列斯特。六月而至波兰，自维陆科乌斯契伊之本营而下令曰："诸兵！俄国先与法国，约永远之同盟，今日而败其誓。法人之鹭章旗而渡拉伊者，与俄人而说明其行为。俄人轻我法人，大集兵士于阿乌斯特利兹，以侮辱吾人，而必出于战争之间。吾人于二者，已选择而踌躇。汝等宜急进军，渡意伊耶，而进兵于俄领内，以为法国军队之光荣。而令他日吾人结平和之条约，五十年间，不使俄人酿祸害于欧洲。是汝等之荣誉也。"五十万之兵，既读其军令。拿破仑乃率其最多最强最美之军，为十五队，而以诸王侯督之。

既渡意伊耶河，三日，拿破仑至其左岸，留须臾而沉思，遂渡之曰："将促俄国之运命。有天命者，任我而为之。"乃命急进。二日急行，以袭俄人之后而败之。俄帝接其报，乃送书于法军，乞退于意伊耶而议和。拿破仑不答，次日进入于维陆那。

留于维陆那二十日，立假政府而统治其周围，开议会于哇陆耶，而议波兰之回复。又进追俄兵，于追行之第二日，法人见俄人防御法之奇异，而屹然而惊。盖俄人尽集其军力，而避敌之大军，以让其锐锋，而诱其直入，悉撤其收获、家畜、民舍，以清其野，而绝敌人之粮，欲坐以乘法人之弊。法人以五十万之大军，而进于茫茫之荒野。七月末日乃达于维持列斯科。拿破仑突遇此不意之战争，瞠然若失。即召一将而令之曰："余留于兹，以修养军队。以了一千八百十二年之战事，与一千八百十三年战事之残余。汝其注意勿怠。吾人于兹希例斯十二世之覆辙，不可蹈之。"嗣召希可拉曰："其植我旌旗。吾人于一千八百十三年，而克贺斯可府。一千八百十四年而克奚托卫他斯列陆科。与俄国之战争，以三年为限。"其计画如此，而俄帝仍坦然而不惊。乃决意限伪逃遁，后举兵士以迎之。拿破仑挥剑直进，不待踌躇，蓦然督兵而向之。八月十四日，败敌军于科拉斯耶列。十八日，追之于斯贺列斯科。三十日，又败之于维阿希马，乃大侵入俄领。大战之症候已显然。当是时，俄之将军托陆利伊已罢其职，以著名之宿将科希耶列代之，统十四万之大军，而驻于京城莫斯科府，并据于途上贺洛兹耶与莫斯科之间，以待拿破仑之来袭。法帝俄帝，尽其精力于此，以决胜败于一举。九月五日，乃进阵，而向俄之大军。俄军据于丘上，右倚森林，左据村舍，前据溪谷细流，以筑寨于诸处。更于中央而筑巨大之炮台，其防御颇严。而法军当之者，亦十二三万。两军之大炮，各五百门。于七日昧爽，皇帝乃下令曰："诸兵！汝等之热望，今日将为战始。此后之胜利,任于汝等之双肩,而求胜利之幸福。吾人暂休冬阵,再归于故国。汝等阿乌斯特利兹之兵,列利度拉度之兵,维特列斯科、斯贺列斯科之兵,后世子孙,亦同无不有荣施。"

俄军令其高僧,著灿烂之盛装,现于阵前,以示诸兵,而说以"尽力国家以受天上之报应"之说。军士皆举声而同盟。法军侵晓雾,进袭敌之三面,猛击而陷其堡塞。俄人忽退忽进,而其阵仍坚。奋斗数刻,胜负未决。而再战逾时,俄人之刚勇,百战百胜。法人大惊。俄军一团三万人,其生残者仅八千人,犹力战未已。法人从未经此血战,法之诸将说拿破仑曰:"愿遣陛下之亲兵,更试一大奋讨。"拿破仑不可,答曰:"若吾之亲兵,再经一度败,则欲再战而不能。"乃尽集其全军之精以当敌。翌朝,俄将军依联队士官之报告,渐次退军于贺兹野伊科。而法军新得自斯贺列斯科而来之援兵,又长驱而追俄队。九月十四日,遥望莫斯科府之尖塔圆阁,巍然耸于半空。全军踊跃而大呼曰:"莫斯科府!"皇帝亦悠然驻马曰:"著名之都市,果落于我掌中矣。"既而又曰"时哉时哉!"

法军大举而入敌都。何期三十万之都民,已尽去而不留只影。其所存者,大都贫窭羸弱之贱民。自余之士民,皆携家财,赍粮食,率妻孥,远遁于四境。四通八达之广衢大道,阒如墟墓之间。法军相顾,顿然失色。乃悟俄人之计略,乃避法之锐锋,而引入其内地,以待其疲弊。拿破仑乃以其本军,而据科列摩利宫,其全军分据于府内。

夜半,拿破仑忽闻失火之声。广街中忽已失火,焰势极盛,数刻乃镇定。翌夜,火复起于四方,炎炎烈风,相延各地。红炎百道,光焰腾天。全都皆为猛火所环,崩坏爆发呼喧之声,骚然不可名状。法军尽其全力,防御救济之。猛风益炽,烈焰益腾,如激浪之狂奔,如万马之骤发,焚烧亘四昼夜。科列陆摩利之宫殿,亦著于火。拿破仑踌躇数刻,乃犯火而奔出府外,驻于俄帝卫托洛伊契斯离宫。其都府五分之四,悉为灰烬。二十日,火始息。盖俄人引法军于其国都,乃焚烧以逼之。诸将乃劝帝曰:"时犹可乘,请急退军,以弃此不运之胜利。"拿破仑未决,频以目视卫利及奚卫他斯列陆科。盖以去其后者,仅一百五十利科,去其前者,凡八百利科。后者而进,犹可完全其胜利也。前者而退,是自认败亡也。然而大军露宿于莫斯科焦土之中,军粮缺乏,无可自持,加以敌兵四面来侵,粮道断绝。而慓悍之哥萨克兵①,如风之来,以困法兵。军情日日沮丧,虽以拿破仑之英才大略,亦无所施。而严冬又逼,不能不从退军之忠告。乃以十月二十二日,以百战胜利全欧之霸王,悄然低头而去莫斯科府。五十万之大军,所剩者今仅十万五千人。

俄军以哥萨克兵为先锋,以追击法兵。法兵行行随防之。二十六日,抵贺洛兹阿,见往日剧战之迹,积尸成丘,无人收拾,血流凝路,红赤斑斓,兵器散布于各所,凄怆满目,不忍正视。十一月二日,乃达乌伊阿兹马。俄军又追击之,死伤相继。军人又苦,且苦饥。退军之艰辛,从未有甚于此者。至十一月七日,寒暖计②俄然降至零下十八度。冻风冷雾,霰雪相继,茫茫旷野,一白如银。而道路之方向,地势之艰易,不能探知。以生于暖国之法人,其酷寒必不能经历,冻死、毙死、饿死、战死者,不知其数。十一月九日,渐达于斯贺列斯科。二十二日,更历百苦,既至契路加之时,其十万之残军,仅余一万二千人。拿破仑先遗留五万之法兵,来此相会,军威仍少振。于卫列希阿河岸,敌兵又来相袭。拿破仑知其残败之兵,已不可用。十二月五日,皇帝乃离其军中,乘橇而急行。十二月十八日,乃入巴黎。莫斯科之退军,为古来战史之最惨淡凄绝者。拿破仑后日,乃凯旋门外之欢呼,仍依然而不绝也。亲记录之曰:

> 将官、士官、兵官,皆无一样之装服,乱列而行。备历艰辛之极度,一切之军队阶级,皆已不能遵。骑兵、步兵、炮兵,皆混杂而乱步。其兵士之大部分,肩荷小粮,腰带小坛,其余庖厨之具,与其仅少之粮,以疲马而曳之。马死,则以之供兵士之食。或其马初倒,则兵士群集,而争其肉。其军队之大部分,皆分割而行。或九人乃至十人之少数,各组为团队,跄踉而进。此等之队,皆各孤立,而不加入他队之人。其队之各员,互相注意,而不敢误失其踪。盖偶误失其踪者,则不得加入他队,而必失路,而至于毙死。故十万之疲兵,扶长杖,带虮虱,缠褴褛,备经饥饿之祸与百般之困辛,颜色憔悴,形容枯槁,鬓发丛

---

① 在俄罗斯的历史上,由哥萨克人组成的骑兵是沙俄的重要武力。哥萨克人以衣着鲜亮而著称,他们过着游牧般的半自治的团体生活。从小在马背上长大使得哥萨克人成了极其优秀的轻骑兵,他们的武器是长矛以及马刀。在冷兵器时代,哥萨克的骑兵以速度快、机动性强、杀伤力大、骁勇善战著称于世,欧洲国家也常招募哥萨克人作为雇佣军。哥萨克参加了从18世纪到第二次世界大战所有的战役。

② 寒暖计:日语,指温度计。

乱,目凹而面如土。虽善绘贫院之状者,亦不能仿佛法兵退阵之万一。其所毙死于风雪者,则其余者遂强夺其余粮。破碎之尸,践于马蹄之下,呻吟之声,不绝于路傍。

俄罗斯之役,法军之战死者十二万五千,饿寒病死者十三万二千,被捕虏者十九万三千。惨亦甚矣。真所谓一将功成万骨枯者欤!噫!

第五章　同盟军

欧洲列邦之人，皆以法军为常胜军，而拿破仑必立于不败之也。而一种不可思议之圆光①，常掩于法国之军队。既而闻俄罗斯之役大败，乃皆破其迷梦。欧洲积年震摄于法人之威名者，遂大挫折。于是普鲁西首叛法国，与俄而结同盟。至其国内，争相驱逐法兵。一千八百十三年三月，普王列扑斯烙乌乃与俄帝相会，而结同盟，协力以当法国。

拿破仑既归巴黎，经元老院之决议，新募三十五万之壮兵，而部署一切。四月十五日，乃自首都而出。五月一日，乃至陆奚兹可，以二十五万之军，以讨俄普之同盟。俄普之军，闻拿破仑之再出兵，以为英雄岂屈于一败，猛虎虽伤，犬羊终非其敌。而拿破仑之猛烈，依旧如前。于陆兹希科原上而开战。同盟军之死伤者一万五千，俘虏者二千。法之新兵，与老练之故兵，故无有优劣之异。拿破仑先进阵，立于烟炮之间，小督阵。翌日，乃出令曰："诸兵！余嘉汝等之勇敢，汝等不背余之期望。陆兹希科之战者，胜于阿乌希特利兹、伊野那、列利度拉度、莫斯科之诸役。汝等一日而挫敌之奸略，而追入其蛮人种之故土，以入彼冰间之地，奴隶野蛮之地，人畜共住之地，以享欧洲之文明，而感谢汝等之功。"

法兵既败敌军，入度列斯特而复沙科耶意伊王之位。五月九日，渡野陆卫川之桥梁。二十六日，又追敌兵于卫乌兹野之狭口。翌日，讨而败之。同盟军之死伤者，一万八千，生擒三千。敌军渐次而退，法军渐次而进。二十九日，俄普两帝遣使节，而乞休战。又闻法兵十八万而袭联合军，乃分其队为三万五千人。俄普军犹以为追讨于列利可兹海陆。而法军忽电驰而归度列斯特，要敌军之来袭者，而大败之。是时，俄国之全军，殆将覆灭。死者四万人，亡而奔命者不知其数。是

---

① 圆光：指佛、菩萨及诸圣神头后的光圈，以表示威仪。圆光内或画莲花、卷草、石榴、团花、半团花或几何纹样等，每层边饰绕着圆光作装饰，特点是对称、连续、均齐、平衡，有严整的格律而又不失活泼。

役也,拿破仑自定其炮,以碎反将贺洛乌之双足。拿破仑所率之法兵,竟得全胜。然其追讨列利可兹海陆者,其希列希耶之军,则失二万五千人。向卫利陆者,则为卫陆耶度希度法之反将、瑞典之嗣王所败。其追俄墺哇他摩之兵,亦为敌军逆击所败。其报既达于联合军,而敌兵复盛。拿破仑虽得大胜,徒劳而归,得失不足相偿。拿破仑仍不屈而再进,至马科特列陆科。又因卫哇利耶乌陆特列陆科之离叛,其方略又悉瓦解。其追野陆卫及沙列之间之联合军者,于野陆卫及渥特陆之间,又开战争。法军乃退于拉伊河上。其军暂止。适墺国欲废其同盟,以保其中立之位置,而为调停者。六月四日,虽结休战之条约。诸国之使节乃会于列卜科。平和之议将成,而联合军要求驻于法国之境界拉伊与希可西之间。拿破仑以为侮辱法国而不可。和议遂败。墺国亦以离法则必不免于战斗,而乱云又起。于是法帝率四万之骑兵与二十六万之步兵,占领野陆卫之左岸,与沙科耶特之中心。英、墺、俄、普及瑞典之联合军,合为骑兵十万,步兵四十万之大军。自卫陆利、希列希耶、贺海美耶三面而齐进。拿破仑不顾其法军之数少,以其平生之神速,而取攻击之姿势。分全军为三队,一向卫陆利而当普瑞之联合军。第二队留度列斯特而防贺卫陆阿之俄军。自率其第三队,以袭普之将军列利兹卫陆。列利兹卫陆不能支法军之锐锋而却走。拿破仑进而追击之。适度列斯特六万之残兵退却之际,乃弃其所追之敌军,而败此联合军。十月十六日,进至列伊特兹希卑。法军之战士十五万七千人,大炮六百门,联合军之战士三十五万人,大炮一千二百门。是日之战斗,凡八时间。法国之军大胜,自度列斯特而来之敌军,几全败亡。而援军始至。十七日,俄墺既得援军。十八日,乃再来侵。战四时间,法军失利。其当要冲之三万沙科耶人,乃叛而赴敌。转其六十门之大炮,倒戈而袭法军。局面之突变,他人必不能自持。拿破仑驱其如电之骏马,现平生之猛勇,自率其亲兵,而攻沙科耶人。沙科耶人败而北,追而夺其装药之大炮,直击之以碎叛军。联合军惧而退,一日之间,所丧精锐之兵,凡十五万人。其夜,法军宿于战场。至第三日,一士官惊而报于拿破仑曰:"炮弹之残者,仅一万六千发。"而前者所失,凡二十二万发。兵士虽猛,亦无所施。午前二时,法军皆拂阵而退。联合军闻法军之所退,乃欲乘其退阵,乘晓而袭法军之后军,追入拉伊列兹希卑。法兵御之,阵于野陆希特陆河之桥上。兵卒等误发火药而爆裂,桥因之而焚烧。四万之法兵,二十万之墺俄兵,皆厄于急流激湍之下。溺死者与战死者,不知其数。既至野陆列陆托,属邦之兵皆散,所存者仅法之本国兵八万人。自是乃急行而归。十一月九日,达于巴黎。既而离叛相继而起。德意志首先背之,意大利亦乘机而去。而法兰西本国之人民,亦相起而离叛。又因议列邦和睦之条件,法国之立法院,以反抗拿破仑而解散。而列邦之意志,亦未能俯以相从。其会议因之而中止,而将别开会议。以最好挑战之拿破仑,安能默而受之。一千八百十四年,正月二十五日,以其皇后皇子,托于国民护卫军,而出巴黎。法兰西之帝国,四面皆为敌侵。墺人以意大利而进,英人自半岛而来,驻于卑渥斯之山顶。墺将希哇陆兹野卫陆科率十五万之大兵,自瑞士通过而来。列利可卫陆督十三万之普兵,自列拉科贺路托而进。卫陆耶度兹托已先侵击和兰,今率一万之瑞典人,与沙科耶人,而入卫陆兹阿摩。以七十万之大兵,与拿破仑而决战。自四方而来集,齐注重力于巴黎。拿破仑深沉不动,立于全世界皆敌之中。其兵不过十五万,而竟回复其壮年之活气。一千八百十四年之战争者,实拿破仑一生最妙之奋战也。

拿破仑以炯炯之目光,而防御一切,穷毕生之能力而当此难局。乃部署诸军,以耶那而防卫陆兹阿摩及卫陆耶度兹托,以阿乌希陆乌与利渥而御墺兵,以希乌陆而御洛阿陆阿之英军,以可希而御意大利。自督残兵而当列利可利可兹卫陆及希哇陆兹野卫陆科之兵。以迅雷烈风之猛势,督兵六万人,而扫荡列利可兹卫陆之军。十日之间,而得五次之胜利。同盟军共亡九万人。于是和议复起。然列王之要求,渐次进步,不独欲削拿破仑多年战胜之领地,并欲狭其前年共和政府时代之境界而后止。拿破仑不答。如猛狮之一跃,自希伊河上之耶沙伊而奔科拉渥,自科拉渥而驰拉伊么,自拉伊么而驰希伊托特兹陆,所至之处,敌军迎刃而解。然于拿破仑经过之后,敌军又复群集,而益益增加。拿破仑所在之法军必胜。拿破仑所不在之法军必败。英军遂入贺陆托。墺人又占领利渥卫陆兹阿摩军,合列利可希卫陆之残兵,而出其背后。至三月二十九日,普兵墺兵相合,将入巴黎。而拿破仑方至度洛伊。皇帝乃急离此地。四月一日乃达于列渥特伊列洛,而得报曰:"国都昨日已失矣。"巴黎之光荣,遂落于敌军之手,已矣哉。

联合军既陷法都,乃宣言曰:"皇帝拿破仑者,对一切之平和,而唯唯一之妨碍。今所以处置拿破仑者,惟二端。一则仿哈意卫陆之服毒,一则仿希陆拉之去位。惟拿破仑自择之。"第一策既不能行,乃取其第二策。乃手书于片纸曰:"为欧洲全局之平和而唯一之妨碍者,皇帝拿破仑是也。依列邦之宣言,皇帝拿破仑,弃其自个及继续者之法国,并意大利之王位。而安静以终其余生。"呜呼!以绝大伟人之事业,一旦遂如冰消瓦解矣。

第六章　复位

联合诸国之帝王,互相商议,以意大利沿海之野陆哈岛①,而居拿破仑。一千八百十四年,五月四日,先辞法兰西皇帝兼意大利王之位,乃分其军队,以少数之侍者,从航于此小岛。烟波缥渺,极目无端,故国之光荣,今日何在? 以盖世之英雄,岂能郁郁居此,而使积岁之大业,一朝而泡散乎? 而拿破仑卷土重来之志,未尝一日或忘。侦知法国新朝列陆贺②忽失民心,机不可失。于一千八百十五年二月二十六日,乘英国监督官之不在,乃招集其侍从之兵士,告以将归法国。其侍从之兵士,一闻法兰西之名,又闻其将归航,兵士等欢极而哭,雀跃抱拥,其态如狂。是日有舰数艘,舣于其旁,乃率千人之从兵,遂扬帆而脱野陆哈岛。于航泊中,拿破仑自草示法国民及法国军队二通之告文。其文字无印刷物,自缮写之。

三月一日,着法国之南岸加耶③。三日着卫列摩。四日著特伊契可。五日著加列拉。印刷其告文数千枚,散布于沿道之民。进入拉希可陆、维兹可之境。其一队之法兵,凭险而御拿破仑队之进入。皇帝留于小丘以伺之,而向将军耶陆度拉曰:“彼辈不能防余,勿与之战。惟宜直进。”乃下马渡小流而直向其队。其将马陆希耶之部下,拔剑而下发炮之令,转瞬之间,忽闻拿破仑高呼曰:“汝等而不识余乎? 余乃汝之皇帝也。汝等之中,孰为余杀其大将者,即以汝为之。”言未终,“皇帝万岁”之声,齐自队中而发。诸兵之队忽乱,争驰于皇帝之足下,俯其手而接其吻。欢呼喝采,其声如雷。

---

①　野陆哈岛:今译作厄尔巴岛,为拿破仑第一次流放的地方,位于地中海科西嘉岛东北面。

②　列陆贺:指路易十八。1814年,拿破仑倒台,在反法联军和法国国内拿破仑军中的新贵奉迎下,流亡英国的普罗旺斯伯爵返国即位为法王路易十八。在军队和资产阶级的压力下,路易十八被迫接受了一部倾向自由主义的宪法。

③　加耶:即夏纳。拿破仑在大海上航行了五个昼夜,3月1日在夏纳附近的儒昂港登陆。

自整其队而为前驱,自维兹野而赴科列耶列陆。于途中遇一急驱之士官,向其队而急报。是日午后二时,佐官拉卫托野率第七步兵联队,自加赴耶列陆而御皇帝。然其既至离市一二里之间,佐官命驻军,自取鼓而翻其鹫章旗,立鞍上而语诸兵曰:"诸兵,导吾人于不朽之战争中,非此光荣之旗章乎?彼尝导吾人于战胜,今彼率兵而再进,以复其败辱之仇,是吾人驱驰于彼旗下之时也,是吾人常守此旗下而建光荣之时也。请全军从余,而谒皇帝万岁。"盖前驱之士官,已赏其报而报于拿破仑。

拿破仑驰马而进,其小队呼走而随之,达于一小丘之顶。彼等拉卫度伊野之联队,急驰而望见之。皇帝万岁之声,直自阵中而起。野陆哈之诸勇士亦和之,欢声如雷。诸兵士狂喜,皆去队乱列而踊跃。自拉卫度伊野之马下,而奔于皇帝之膝下。皇帝慰劳之曰:"余将回复帝位以慰汝等。"拉卫度伊野狂跃如狂,盖彼等怀慕拿破仑之威德,未尝一日而忘。今闻皇帝之玉音,如得再生之庆。

联队乃急行,而达于科赴耶列路之城下。时已将昏,拉卫度伊野立于丘上高声而呼曰:"诸兵,吾人今伴经历百千之战场之英雄而来,而享法国之光荣,而为欧洲战胜者之第一国。汝等宜急呼皇帝万岁。"城壁上闻之,传播于市中。众中皆自城门而突进。守将尚键其门,不能开门。门外则又拿破仑兵士之群集,内外之音,交格而不能通。忽而托列伊科洛阿托路之全市民,齐呼跃,携器械,乃破其门。六千之市民,如怒潮之溢出,其希望之热情,暴怒愤激,急欲目睹拿破仑之面而后已。既而拿破仑突进,群集于其马下,狂呼欢跃,争为之运其行李。是夜宿于旅馆,乃翻刻其告文,以传播于四方。翌日,地方之僧侣官吏等,纷纷来欢呼。而向利渥列陆贺家王族之守者,皆已遁逃。城兵倒戈而迎皇帝。帝国第二之大都府,已入拿破仑之手,乃留四日。十三日,又自此市而出。法国著名之元帅路伊[1],亦途中而归服。三月二十日,着列渥特伊列洛,其夜八时半,伴无数之群集,而入于兹野乌列利之宫[2]。拿破仑进军之点,至此告终。文武官吏,大小廷臣,今得再见其梦寐不置之英雄,皆欢喜无极。于是拿破仑再为法国之皇帝。不血刃而忽革命,一日而功告成。呜呼异矣!

---

① 路伊:即米歇尔·内伊(1769—1815年),法兰西帝国"军中三杰"之一,1804年5月19日,35岁的内伊被授予帝国元帅称号;1808年6月6日,被封为埃尔欣根公爵,1815年滑铁卢失败后被波旁政府以叛国罪逮捕,12月6日被判有罪,12月7日在卢森堡公园附近被枪杀。

② 兹野乌列利之宫:即巴黎杜伊勒里宫。

第七章　渥他洛①

　　拿破仑既复位,乃改造内阁,发布宪法,锐意图治,以期众心于安堵。又以将来之成败,全关于军兵之利钝,乃布令于全国,而募壮丁,仅二阅月,加队已及二十万。而欧洲之联邦,乃大震惊。先是,欧洲之联邦,会于奥都维也纳,商议分割法兰西领土之境域。纷争未已,忽闻拿破仑之复位,殆如迅雷不及掩耳。举动失措,且惊且怒,共目之为平和之破坏者,人道之公敌,乃决议共起征讨之师而镇压之。奥国三十万,俄国二十二万五千,普国二十三万六千,德意志小联邦十五万,和兰②五万,英国五万,合为百零一万一千人,为联合军。而拿破仑以二十万之新募兵抗之。拿破仑留若干之兵于巴黎及利渥③,其余则驻于耶希兹及瑞士之境。派二将于拉伊之上流,而支奥将希哇陆兹野卫陆卑。而自率精锐以入卫陆兹可阿陆。其北方之敌兵,自马哈伊么之边而来,先合于乌野陆利托及列利野兹海陆之队,先破奥英之军。

　　一千八百十五年六月十一日,发于巴黎。十四日,乃据贺洛之本营,悉检阅诸兵④。拿破仑乃于诸军队中,选其最锐最良者,为亲卫兵二万五千,最捷之骑兵二万五千,大炮三百门,及步兵八万。拿破仑乃令于全军曰:"今日者,为马列可及列利度伊度之纪念也。敌非旧日之敌乎? 余非旧日之余乎? 夫识见卑狭者,惑于片时之胜利,而不知镇压法兰西之国民者,非彼等之所能也。彼等虽入法国,而不能

---

　　① 渥他洛:今译作滑铁卢,比利时小镇,本文指滑铁卢战役,即1815年6月18日,由法军对反法联军在滑铁卢进行的决战。战役结局是反法联军获得了决定性胜利。这次战役结束了拿破仑帝国,此战也是拿破仑一世的最后一战。拿破仑战败后被放逐至圣赫勒拿岛,自此退出历史舞台。

　　② 和兰:即荷兰。

　　③ 利渥:今译为里昂。

　　④ 指拿破仑将大本营前移至法比边境的博蒙特。

舍自己之坟墓,以长镇压我法人。故吾人今日之进军,为法人决胜之时,亦为法人决死之时也。"

当是时,普之将军列利可兹卫陆,率十万之兵,驻于沙摩列陆河上。其右翼,则乌野陆利托①率之,而屯于列拉兹希陆,而接七万五千之英比联合军之左翼,缓急约互相援。六月十五日昧爽,法军进渡沙摩列陆河,乘列利可兹海陆之未备,乌野陆利托之援兵未来,急破列利可兹海陆。普之部将兹伊特尽力以御之。警报既达于普之全军,列利可兹海陆乃阵于利科意伊。仅余其部将卑可陆一队之未到,全军悉当其阵前。拿破仑见敌已备,尚欲绝其与英军之交通。自希野陆洛河至列拉兹希陆之通路,以击退那希耶之兵,而至科阿托陆列阿。"阿托陆列科"者,四达之义。自希耶陆洛河而至列拉兹希陆,自意卫陆而至耶摩陆之路之合点,故有是名。然英军之行颇疾,已自列拉兹希陆而来。

十六日,拿破仑分其军为三队。右军四万八千人,元帅科陆乌兹②率之。中军二万八千人,皇帝亲督之。左翼四万八千人,元帅渥伊率之。右军与中军相合,而攻列利可兹卫陆③。左军独阵,而支英之援军。列利可兹卫陆八万之兵,以受法兵猛烈之攻击,一进一退,遂为法军所破。普将亦收兵而退却于哇列陆之方面。拿破仑既知普兵之退却,命科陆希④率三万二千人追击之。又自转而渥伊之军,自科阿托陆列拉而退于渥他洛,又向乌野陆托而直进。

一千八百十五年六月十七日之夜,法军及联合军之位置,其部署如下:

皇帝拿破仑占领自列拉兹希陆而通科阿托陆列拉之大路,阵于列拉希耶阿之前后。为第一第二第六之步兵队,其大将率斯乌卫陆卑之骑兵一队及美洛及契拉陆马之胸甲兵、龙骑兵及亲卫兵,并大炮二百四十门。

英将乌野陆利托其本营设于渥他洛,占领自列赴伊拉野至拉卫伊沙⑤,率八万英比之联合军,及二百五十门之炮。

---

① 乌野陆利托:今译作威灵顿,即阿瑟·韦尔斯利,第一代威灵顿公爵(1769—1852年),英国军事家、政治家、陆军元帅、英国首相。他是历代威灵顿公爵中最为人熟悉的一位,所以他常被称为威灵顿公爵,别名铁公爵。

② 科陆乌兹:今译作埃曼努尔·格鲁希(1766—1847年),法国拿破仑战争期间法国军人和世袭侯爵,法国元帅。

③ 列利可兹卫陆:即布吕歇尔。

④ 科陆希:疑与科陆乌兹为同一个人,即格鲁希。

⑤ 指威灵顿的英盟军队主力驻扎在沙勒罗瓦至布鲁塞尔公路边一个东西走向的高地上。

列利可希卫陆,搜集七万五千人于哇列陆,约闻炮声乃进而救英军。科陆希伊先普军而追击,而失其道,遂至希摩列陆。是夜之十时,拿破仑乃派急使于科陆希伊,以报英军之位置。又命之曰:"于日出先二时间,先遣七千兵并十六门之大炮,而进西伊托拉摩卫陆,以连络本军,而击英军之左翼。"列利可兹卫陆乃齐哇列陆而去,乃追击之,直举全军而追拉摩卫陆之分队之迹。

拿破仑拂晓而出阵,以察敌状。初思欲乘乌野陆利托之普军退阵,而据利阿契之森林。方踌躇间,忽见英比之联合军于前夜已据丘陵而固守。拿破仑语其侍臣曰:"今日之胜败,视科陆希伊之来着何如?彼若从我之命令,则我军之胜,十居其九。然因前日之强雨,至今日之朝八时而始霁,未识彼军何如耳?"乃命检查道路,炮兵士官复命曰:"路将干,俟一时间,炮队可以进击。"拿破仑方下马朝餐,乃急跨于鞍上,直赴拉卫陆阿利阿斯之方向,将伺敌阵而穿敌之沟渠,遣一将官近侦之。将官复命曰:"无沟渠。敌军据丘陵,整队伍,各兵皆待号令。"皇帝乃驱骏马而过阵前,军乐之声,欢声四起。盖其战争之习惯,恰如祭例。法军全队之热情,亦因之而大起。乃凭乌可陆利托丘上之树,以千里镜而窥法军。无不感激奋起,决死奋斗,以奉皇帝之命。

拿破仑又归至洛兹利摩之丘,下马而眺战场之全景。其后军乐欢呼之声,犹尚未已。已而一同寂然,乃大战之始。

于此寂寞之中,法军之左翼,铳声忽起。希洛摩已袭英之右翼于科陆贺,乃注意而向敌。英军直发大炮以应之。法将列伊可共贺伊队兹炮军而进,契拉陆马亦驱十二门之轻炮而前进。而法之中军右军,亦进其一队而援希洛摩。

拿破仑目击此首先之运动,以攻击拉卫伊沙之中军为主。元帅渥伊遣使,以报一切悉准备。拿破仑直传令而进军,更察视其全局。偶于奚伊托拉摩卫陆之方向,忽见雾中之黑点。因询众以为何物?参谋各手眼镜而熟视之,或曰树木,或曰人也,其军队皆不能审。科陆希伊以为列利科奚卫陆之敌,斯乌拉以为本军,拿破仑亦犹疑不决,乃命将军度贺曰:"汝率己军及将军斯乌卫陆乌伊由之轻骑兵队,以向黑点而行。若为我军,则合之而为先锋。"于是三千之骑兵,号令一下,如长蛇而进发。

拿破仑察视之时,法军之斥候队,于哇列陆与列拉希阿之间,擒普之一兵卒,送于皇帝之前。乃报普将卑阿洛轻希、伊托拉卫陆而进乌野陆利托之使也。于是法人先所见之黑点,又因此俘虏之言,而知普军分三队,自哇列陆而进,科陆奚不能支。拿破仑得是报,乃向元帅陆伊曰:"今日我军,百中占九十之胜运,今因阿陆之到,而又失其三十。然尚有六十之机会。科陆希若昨日尚彷徨于希摩列陆,则失败不能相偿。吾人其速送援兵以救之,则我军之胜利,可令卑科陆之队而全败也。"又急驰使,促科陆兹而来援。又命将军洛贺乌率一万之兵,自右方而进,以支三万之普兵。其令既毕,拿破仑又注目而向战场。其全线已放铳,然于战事,独法军之左翼而攻击科贺。英军自其中军遣一团之兵,以援右翼。其余之全线尚未动,而其极左端,卑可洛之普军已来会。拿破仑又遣元帅渥伊下令曰:"直炮击之。"乃始用炮,乃进而夺拉卫伊沙之铳枪。其步兵之一队,突进卫利洛兹托及拉卫伊之村舍。英军与普军而分离。彼等方穷其追攘,须臾八十门之炮,轰然而发,以报此命令之施行。法将野陆耶渥伊之部下遂进而中断英军。忽迫于低地,炮车陷于泥泞而不能进。乌野陆利托自丘上而望之,乃遣骑兵大队而逆击。骑兵分为二队,一向马陆科契队,一向困于泥泞之炮队。法兵奋御之,夺其二毓之旗,斩其炮手,断其炮锁,勇气益盛。七门之大炮已奏其功,拿破仑又见将军美洛乌之胸甲兵,又急下令,进而应援其同胞。壁如铁壁,以向英军。其势又如怒潮,英军遂却退。我军再进击之。先是渥伊见其右翼受其激烈之抵抗,乃进左翼之一队,以猛烈之攻击,而据拉卫伊沙。至是美洛乌之胸甲兵,又击英之残兵于列拉兹希陆之途间。而其时其左翼又攻略希洛摩及科洛森林之一部。英兵之残垒,已不能支。仅此方面,尚得半胜。其中央又为元帅渥伊将夺其拉卫伊沙,英之炮兵骑兵,互相抵抗,以固守。然已有十分胜利之势,其右翼因我军之一队,欲夺卫列洛兹托及拉哈伊之农舍,其胜败尚未分明。其极右端,则将军度贺以斯乌哈陆卑及洛贺一万之寡兵,而当普将卑科乌洛三万之兵。此方面于全军中,尤为危殆。科陆希伊因昨夜之约,于今日拂晓来援。然至午后四时半,军尚未至。拿破仑思待至七时半,而待彼援。故延其时刻,以支卑可洛之军。拿破仑乃命将军兹科野斯么率八千之兵与二十四门之炮,以救洛贺之军,而阻遏卑科洛。同时又令渥伊而袭英之中军。自拉卫伊沙而进,以夺贺沙希耶之高丘。美可乌之胸甲兵为先锋,以驰于丘上,向乌野陆利托之骑兵及步兵方阵而奋斗。法兵集精锐于中心以援美洛乌。拿破仑乃派乌陆美之胸甲兵为二队,又派渥伊将军契可幼之重骑兵,与其三千之胸甲兵,及契可拉兹希伊陆亲卫三千之龙骑兵。质而言之,天下之精兵,无过于此。如疾风而驰,以击英之方阵。英军尽其死力,坚守丘上,防御亘数刻。法兵之勇气,益益增加。英之方阵,凡十三,已击破其六阵。英之骑兵,突驰而进,奋战乱斗,达其极点。天地暗黑,狂飙突起,杀伐之气,金铁皆鸣,剑耀刀光,闪烁如电。英兵溃散之状,几不能支。乌野陆利托决死奋斗,自立于阵头,叱咤奖励,以督战士,不退一步。天色渐暮,列利可兹卫陆奋身督阵,颜色苍然。当时侍者称之为铁公将军。拿破仑以全胜在其目前,欣然立于丘上。忽睹哇列陆之路,一队之军,突然而出。以为自科陆希伊而来者。法军大胜之言,未终于耳,而新来队之前面,炮声如雷。其弹丸不向于英普军,而向于拿破仑阵后之亲卫兵,环于拿破仑之周围。拿破仑出于不意,嗒然若失,始知其来者,非科陆希伊之军,而实普军之大总督,列利科兹卫陆也。

以垂成之大功,而忽败于顷刻。法军之运命,自此告终。而拿破仑一生之伟业,乃毕于此矣。

后队之亲卫兵,即所选之长枪队、龙骑队、胸甲队、大炮队等,并列利度拉度之勇士,伊野耶乌科拉摩及阿乌斯特利兹之胜利者,皆爽然若失。皇帝万岁之声,与阵头之军乐,皆呜咽嘈杂,淆然于炮弹霹雳之里。蜩螗鼎沸,军心惶惶,皆绝望而乱列,大军遂溃,已不可收拾。皇帝乃自下马,提剑而进于乱军中。希洛摩谏止之。拿破仑不可。军士之毙者不可胜数。前后之士官将校,阻之而不得进,乃再上马。一士官取其辔,急奔而去战场。近世史上最大之战争,所谓渥他洛之役者,遂乃结果。而英雄之霸业,亦遂如梦如幻,仅存残迹于历史矣。

六月二十一日,拿破仑乃归巴黎。二十二日,拿破仑退位,让位于其皇子,遂得法国议院中多数之承诺。七月八日,列陆贺家之路易十八世再入巴黎。十四日,拿破仑至海岸,而投一封手书于英舰卫拉贺洛以转致于其政府曰:"国内遇党派之分裂,国外受欧洲之憎疾,余于政事上,终生不复置喙矣。与古之希兹斯托摩陆斯等,据英国人民之厚意,愿托身于我旧敌中最强最宽大英国法律保护之下。"

七月十六日,拿破仑乃向英国而航行。二十六日,入列利马乌斯港。三十日,英政府之使来,传命流谪于希伊托卫列那①。拿破仑大怒,而草抗辩书曰:"余欲溯英国政府邦交之谊,故自卫拉贺洛而来。余非囚人,乃英国之宾客也。而英国之举动如此,而如千岁之历史何?英人之诈敌无礼而如此,与其抗身于英人,则请英人缢杀我。"抗辩书既发。八月七日,英政府乃移之于耶陆沙么卫阿拉度号舰名,

---

① 希伊托卫列那:今译为圣赫勒拿岛,是南大西洋中的一个火山岛,隶属于英国,离非洲西岸1950公里,离南美洲东岸3400公里,孤悬海中。

且夺其剑。是日乃远谪之于希托卫列耶①。

一千八百十五年十月十六日,拿破仑乃抵大西洋中之一孤岛,而受英政府之监视。如猛虎在槛中,苛察酷薄,无所不至。千古第一之英雄,遂幽囚于蛮烟以送其生,居于该岛者凡六年。末路之惨凄,笔不能忍述。一千八百二十二年五月五日,于热带地方暴风毒雨之里,而法兰西皇帝兼意大利王之拿破仑,其人界之大梦,遂遽然而觉矣。

拿破仑终

光绪二十九年(1903)三月初一日印刷
光绪二十九年三月二十日发行

---

① 指1815年8月7日,拿破仑在贝朗将军和夫人、蒙托隆伯爵、古尔戈将军、拉斯加斯伯爵父子等人陪同下,从"伯雷勒芬"号转移到巡洋舰"诺森伯伦"号上。

惹安达克

日本　文学士　中内牒丕　著

中国　上海　国民丛书社　译

应国斌　翦甜　校注

惹安达克序

惹安达克①者，法国之奇女也。其救国之热诚达识，震撼全欧。予友译其书，将举其生平之血性，表暴于中国，以浸灌我国民之脑质，激发我国民之志气，振刷我国民之精神。使我国民无爱国之脑质者，变而为爱国之脑质；无爱国之志气者，变而为爱国之志气；无爱国之精神者，变而为爱国之精神。呜呼！其关系于中国大矣！予索而读之，见其热诚达识，果足为我中国国民之师也。不禁喟然叹曰："国之兴也，兴于国民。国之亡也，亡于国民。"兴于国民者，兴于国民有爱国之精神也。亡于国民者，亡于国民无爱国之精神也。民有爱国之精神，其国不兴而兴，民无爱国之精神，其国不亡而亡。印度之灭亡也，越南之服从也，非必其君之闇弱，曰惟国民不知爱国故。合众国之独立也，意大利之统一也，非必其君之英明，曰惟国民知爱国故。是故，善谋国者，抚其爱国之民，则民心固而国势兴；不善谋国者，贼其爱国之民，则民心离而国势亡。呜呼！我中国自甲午一役，而割土地者众矣，偿兵费者钜矣，民人受制者辱矣，天子蒙尘者耻矣。《传》曰："城下之盟，国士耻之。"旷观四万万之同胞，求一二伟男子，起义兵，挫寇氛，张国威，雪国耻，且无有焉，而于女子又有何望！

夫惹安达克者，法国之一女子也，法当查鲁士之时，纪纲紊乱，上下酣戏。《诗》曰："莫赤匪狐，莫黑匪乌。"②其情状如此，宁复有一线光明之发见哉？及强英外迫，困于叛乱，士气不振，而帑藏告罄，君臣上下，束手无策，至于宗社失手，仓皇播迁，坏乱抑何极欤！当其时，国政之腐败，国事之困难，国势之孱弱，实我中国今日之前身也。而惹安达克，顾以一农家女子，本其热诚达识，出万死不顾一生之计，以赴国家之急，卒使英人慑魄，为法王恢复宗社，牺牲一己而不恤，馨香万古而不朽。呜呼！惹安达克者，可谓有爱国之精神者矣。呜呼！惹安达克者，可以愧

---

① 惹安达克：赵必振在译著《世界十二女杰》中译为如安打克，今译作圣女贞德（1412—1431年）。
② 见《诗经·北风》："莫赤匪狐，莫黑匪乌。惠而好我，携手同车。"

国民之无爱国精神者矣!

　　是故,吾今欲祝前途之中国,为富强之中国,不得不虔祷彼造物者,乞降一惹安达克其人于中国。吾今欲乞一惹安达克其人于中国,则不得不奢望于吾中国人四万万之同胞。虽然,今日之中国耗矣,纵云四万万之同胞,岂尚有惹安达克其人者,乘时而出乎? 虽然,今日之中国危矣,既云四万万之同胞,何可无惹安达克其人者,应时而兴乎? 夫以中国四万万同胞之众,合群努力以学惹安达克,则惹安达克,未有不遍中国矣。何也? 四万万之同胞,其上焉者,皆可学惹安达克,即其中焉下焉者,亦无不可勉为惹安达克之一体。如是则合数百中焉下焉之同胞,勉为惹安达克,而一惹安达克出焉。合数百上焉之同胞,学为惹安达克,而数百惹安达克出焉。中国有数百惹安达克,则惹安达克遍中国矣。呜呼! 惹安达克遍中国,则中国之前途,是亦一大法国之前途欤。是在读是书而能激发其爱国之志气者,是在读是书而能振刷其爱国之精神者。

　　光绪癸卯(1903 年)仲夏吴尔伦序

序　说

　　立大功定伟业于世界者,奚必男子哉? 拯国危救国难者,奚必世家哉? 有人焉,非男子,非世家,而为穷乡僻壤农夫所产之一弱女子,独具绝大魄力,爱君国,忍挫辱,挽危殆于顷刻,以生命为国牺牲亦不之计。噫! 若而人者,求之世界,可不谓之第一奇杰欤?

　　巴,勇女也,身出于武将之门,其勇不过为其夫耳,不能称回天之伟业也。木兰,健女也,身出于武将之门,其功不过为其父耳,亦不能称回天之伟业也。毕竟巴与木兰,一为日本之女杰,一为中国之女杰,未足以夸之于世界焉。至若武勇超绝百代,英风耸动万古,舍一己之身命,成一代之功业,纵横上下,无与伦比,其惟惹安达克乎? 惹安者,法国农家之一少女,以贫窭①鄙贱之身,一朝奋起,握三军之将权,担国家之运命,遂建回天伟业,上定国王之大宝,下救万民之穷厄。其所以至于此者,岂无故哉? 未尝不掩卷太息曰:"嗟乎! 以惹安之功绩,而其末路如是,能不为之寒心哉!"惹安究何如人乎? 今暂略其事迹,请先论当时之法兰西。

---

① 贫窭:窭,音 jù,贫困。

第一章 百年战争

距今六百年以前,当纪元以前三百年之顷,法兰西之国王希立布西四世,生三男一女,公主伊沙白嫁英王耶登瓦德二世①。后三王子相继嗣位,一为路意十世,一为希立布五世,一为查鲁士四世②,不幸三王皆无所出。故查鲁士殂落之后,国人乃迎希立布四世之弟哈罗伊斯公查鲁士之子为王,是为希立布六世③。是时英王之后伊沙白之子耶登瓦德三世④闻之,自以当立为法王,谓希立布六世之血统,较己更远,今上法王之位,非我而谁? 于是屡遣使于法兰西诘问。无奈当时法国历代定典,女子不能践位。英王之母后伊沙白,既不能嗣,况其子乎? 故耶登瓦德三世,亦决无承位之理也。于是法人拒其要求,英王乃大愤曰:"女子固无践祚之权,今其男子也,何为不可? 虽然,拒则拒矣,吾以兵力挟之,亦不患其不我立也。"纪元一千三百三十七年,自布告为英法两国王,遂发兵袭法兰西之土地。此有名百年战争⑤之发端也。

纪元一千三百四十年,法王希立布御英军之侵入,以兵船四百艘,战兵四万,

---

① 希立布西四世,今译为腓力四世,法兰西卡佩王朝国王,有美男子之称;伊沙白,今译为伊莎贝拉(1295—1358 年),腓力四世的女儿;耶登瓦德二世,今译为爱德华二世(1284—1327 年),英格兰国王,1307—1327 年在位,金雀花王朝成员。

② 路意十世,今译为路易十世,腓力四世的长子;希立布五世,今译为菲力五世,法国国王,1316—1322 年在位;查鲁士四世,今译为查理四世,为腓力四世的第三个儿子,法国国王,1322—1328 年在位。

③ 希立布六世,今译为腓力六世,1328—1350 年在位,法国瓦卢瓦王朝的首位国王,卡佩王朝国王腓力三世的孙子,查理四世的叔叔。在位时与英国爆发了著名的"英法百年战争",1347 年在弹尽粮绝中向英国国王爱德华三世投降。1350 年,腓力六世死后,法国陷于分崩离析和社会动荡之中。

④ 耶登瓦德三世,今译为爱德华三世,法国国王腓力四世的外孙,英格兰国王,1327—1377 年在位。

⑤ 百年战争:是指英国和法国,以及后来加入的勃艮第,于 1337—1453 年间的战争,是世界最长的战争,断断续续进行了长达 116 年。

备于斯路欲苏①之近海。英王乃率兵船二百艘来袭,正酣战时,法军大将某,为敌内应,遽起后面,与英军并力攻法军。法船腹背受敌,于是大败,失兵船二百三十只,丧兵卒三万余人。英王乘破竹之势,将兵十余万,进至法兰西之国境。此后无甚大战,两国遂成和议。英王亦自归本国。

至一千三百四十六年,英法二国,复破和议。法军围哥伊他,英王救之,率兵舰一千艘,共太子耶登瓦德,屯兵于喏路马志之岸侧。斯时太子玄甲羽鍪临战,故人称之为黳黑太子②。移时,英兵大破法军,进至市街,随以火焚民居,势焰炽天,延及巴黎城门,并喏多路达木之礮上。当时村落零乱,人民流离,集于耳目间,而敌兵来袭之情状,即此可想见矣。

法王希立布了无惧色,即募八万之师,迎敌军于盛多立。时英王还兵于呼能特,至松木河边,布阵于克列西之野,以待法军。是夜天色昏暗,浓云黯然,暴雨沛然,法军遂不来袭。至于翌朝,阴雨绵延,尚未全霁,正午始晴。时法军闻英军阵于克列西之野,王弟亚能松侯,将前军,希立布自指挥本军,于未明时,冒雨发军,直向英营突进。呐喊之声,剑戟之光,震耀天地。虽然,全军既踏六里之泥泞,英气必大衰减,加以弓弦沾雨,弛张尤不如意,苦战移时,遂为英军大破。惜哉!四万余人,曝骨沙场,而法王希立布仅与残兵六骑而遁③。

英军既得利于克列西,乃更转围加列④。此地为法兰西西北部之要港,一旦为英人所据,法军必不能拔。且其城将勇敢,军士激烈,一任昼夜攻击,固守不降。十有一月,以亚能松侯之援兵至,法王希立布率大军来援。见英军堡垒颇固,围不易解,惧甚。相持许久未战,谋诱英王外出,以野战决雌雄。英王知敌之秘策,谓野战必损兵卒,不如占领要害,深沟高垒,作持久计,乃不受法人之诱。法王百出奇计,终不能解英军之围。

① 斯路欲苏,今译为斯吕斯。1340 年,英军在斯吕斯海战中打败法军,控制了英吉利海峡;英国因此夺得制海权,有效阻止了法军渡海入侵。

② 黑太子:指英格兰统帅爱德华,爱德华三世长子,母亲为埃诺的菲利帕,生于牛津郡的伍德斯托克。他是英法百年战争第一阶段中英军最著名的指挥官。1346 年,爱德华指挥了英军获胜的克雷西战役;1355 他的军队洗劫了阿基坦。1356 年,爱德华指挥了他最出名的战役:普瓦捷战役,他与父王配合大胜法军,俘虏了法王约翰二世。同年,他被封为阿基坦公爵。

③ 克列西,今译作克雷西,法国东北部索姆省的城市。1346 年 8 月 26 日,英军以英格兰长弓大破法军重甲骑士与十字弓兵,史称克雷西会战,也叫克雷西战役。克雷西之战是英法百年战争中的一次经典战役。

④ 加列,今译作加来港,是法国海防要塞。

时城中并无一人能敌英军者,而徒以希冀胜敌之心,散为流言,不知加列人民,心恒郁郁不乐,且被围历一年之久,牛马羊犬,以及鸡豚等,皆已食尽,粮食又复乏绝,饿殍载道。而敌之援兵,又自外至,勇气百倍。以此空城,旷日持久,而其人民,不待城破,必自毙矣。宁乞降乎? 犹可全数万之生命。乃有加列之土豪六人,欲舍其身以救众庶,露顶徒跣,仅衣衬衣一袭,自缚其颈,手持城门之钥,请降于英之军门。英王裂眦怒曰:"竖子久抗吾军,今来降乎? 即使哀乞,吾亦不汝赦也。将命军士斩之。"太子耶登瓦德及诸将皆入谏。不听。愤怒益烈。会王妃希立巴在营中,闻之,忧虑特甚,进王前,伏于膝下,泣曰:"愿王敛天威,戢凶毒,勿使教法品行,污于一旦。则妾之幸也。"王未遽听。少顷,叹曰:"呜呼! 非卿在此,吾焉得悔过。然卿在此,幸毋误我事也。今姑以六人之徒,授卿。卿自处之。"于是王妃与六人衣食经费而还。

勇士六人,幸得免死,巴黎遂为英军所占领。法王此时欲抗不得,遂于英王讲和,请降于英。斯时法兰西之全土,饥馑疫疠,相续而起,国民毙者,殆及三分之一。田野悉荒,宫宝尽坏,城邑旧址,徒见丘墟,街坊芜菲,有如原野。世界之夸骄奢者,莫不首称巴黎之都,今过其地,见此惨淡形状,回想前日繁华,有不为之动心者乎?

法王希立布死于扰乱之中。当其未死以前,英王许让多希列州,得并有之。今也国破身亡,所得不偿所失,诚憾事也。

希立布之嗣子西雍即位[①],时年十四,性猛勇,好战斗。常轻身冒危险,又专尚奢侈,不厌冗费。至纪元一千三百五十五年,复与英国不和。翌年,英太子耶登瓦德率小军入寇法国,劫掠巴黎一带地方。法王发大军围之,攻击甚急。法之谋吕谏西雍,说急击之不利。法王但凭血气,欲博战胜之名。九月十九日,自率大军,与英军战于坡瓦志耶[②]。甫交绥法军惊奔,大为英军所破,士卒死者一万余人,军械为英军所得者不计其数。法王西雍,亦为英军所虏。英王遂送法王于伦敦,留四年。英王父子以宾客之礼遇之,谦恭礼让,用意颇为深切。待虏王礼,不可谓不厚也。

---

① 指腓力六世之子约翰二世(1319—1364 年),于 1350 年即位,法国瓦卢瓦王朝第二位国王。

② 坡瓦志耶:今译作普瓦捷,又译为普瓦提埃,法国维纳省的省会。1356 年 9 月,英法两国军队在普瓦捷展开会战。在这场战役中,法王的骑士被全部歼灭,法王约翰二世及其子连同诸多家臣被俘至英国,需缴纳罚金才能被赎回,史称普瓦捷战役,是世界战争史上著名的一场以少胜多的战役。

克列西之役,法军不幸大败,将校士卒之死者,悉尸横战场。坡瓦志耶之役,法军全失昔日之勇敢,全命遁归者颇多。国人皆为不快,大抱愤怒之志。而法王又为英国囚虏,权门高贵之士,跋扈于上,大放权势以逞私欲。烧农夫之家,没收其财货。农夫等愤懑之情,实不能禁。虽不能禁,而力又不能与之敌也。无可如何,徒抑天悲号而已。贵族见农夫之无能为役,暴虐日益加甚。农夫等万不能忍,乃奋然谋报怨贵族。于是各挥锹柄竹枪,群起侵入贵族之家,坏毁杀戮,无所不至。贵族既不能骤与众敌,群相逃匿,复不能施一防御之策,徒为狼狈而已。

时法国太子之妃及官女等,在蒨乌之都。当土寇进围时,城中守兵,尽力防御,而都民等,却开城门以应土寇。于是土寇之势,如风屯云涌,侵入城内,损坏宫室,势不能遏。时英王之骑兵,偶过此地,闻战阵声,因急驰马来救,土寇暴动,遂得幸免。

国内之暴乱,已难抑制,而外寇之侵袭,复不能防。一千三百六十年,遂请和于英,以亚基的奴与英人①。此虽为法国之大耻辱,然当时之情事,实万不得已也。

纪元一千三百六十四年,法王西雍死,查鲁士五世嗣父之位②。时年二十有七,虽以蒲柳之质,不能自挥枪剑,然颇贤明,而又长于政治。鉴父祖之覆辙,故不好动无益之兵,又不欲逞匹夫之勇,致横死无辜之臣民。身虽尝赴战役,乃折冲于樽俎之间,不似乃父乃祖之徒以勇暴也。故英王耶登瓦德三世,常叹之曰:"在敌之中,尝抗我之势者,惟查鲁士一人而已。我常为之苦闷者,亦惟查鲁士一人而已。"即此可以想见其为人也。

查鲁士生平善于将将,其最著名之良将,为志鲁孤耶斯登③,为人猛勇,而又长于战略,屡著功绩,故查鲁士擢之,任为军务总督。志鲁孤耶斯登之仕法王也,大小凡数十战,扩张法兰西之国权。一千三百八十年,志鲁孤耶斯登围仑且他克州内,西鸦多奴呼城时,遽发疾死④。法民闻之,皆为痛惜。初,西鸦多奴呼之城主,

---

① 1360年,法国王子查理被迫与英国签订布勒丁尼和约,把加来及法国西南部土地割让给了英国。

② 约翰二世在英国监狱病死,其子继位,即查理五世,他是瓦卢瓦王朝第三位国王,1364—1381年在位。他逆转了百年战争第一阶段的战局,使法国得以复兴。

③ 志鲁孤耶斯登:今译作贝特朗·杜·盖克兰(1320—1380年),被称为布列塔尼之鹰,法国民族英雄,百年战争初期杰出的军事领袖,从1370年到去世一直担任法国骑士统帅。

④ 1380年在朗格多克,贝特朗·杜·盖克兰在一次军事远征时死于痢疾,被安葬在法国国王的圣但尼大教堂,他的心存放在迪南的教堂。

知城难防守,乃与定期请缓其围,约曰:若及期援兵不到,当乞降于军门。先期志鲁孤耶斯登已死,将士因劝城主践约。城主作色曰:"渠在世时,以信义待我,今我亦当以信义待死者。"乃开城门出降,自至法之军营,以城门之钥,至于志鲁孤耶斯登之棺上。时人相议曰:"志鲁孤耶斯登,死犹降服敌人。真将军也!"志鲁孤耶斯登将兵临阵,未尝抗敌之兵,亦未尝虐杀平民。临死之时,戒部下兵卒曰:"既入战场,心即残忍。当体上天好生之德,无论至何国何地,凡遇敌之教徒、穷民、妇女、小儿,切勿妄加杀掠。汝等谨志之,勿忘也!"法王查鲁士深惜其死,以其尸葬于寺内王宫贵族茔域,造极壮丽之坟墓,又设灯架于上,以志永传于后世之意。未几,王亦罹疾死。当是时,盗兵既已消灭,英兵亦扫荡于外,故国内全归安宁。查鲁士尝论曰:"王位不足为幸福,独为善乃可以为幸福耳。"观此一言,可以推其为人矣。

查鲁士六世嗣父之位,时年甫十三①。其性虽急如火,然颇善良仁慈,好救护贫弱之徒,友爱之情,尤其深厚。

时王年未壮,不能专统御之任。亚西若侯等相谋,挟幼王摄国政,专恣横暴,无所不至。府库积财,悉供奢侈之费,以致国用不足。摄政等尚不知敛,弄权作威,日甚一日。于是愤怨大起,暴民作乱。路瀛、巴黎、呼仑查等地方,悉起应之,膏血载途。虽幸得平,然政纲既坏,又无善后之策,徒肆刑戮,残忍苛酷,靡所不至。或收没其家财,或夺领其土地,或幽禁于狱中,或放逐于境外,种种酷虐,犹未饱摄政等之欲。举国人民,仰天悲号,哀泣之声,遂彻于国王之耳。查鲁士闻之,问知其情,惊忧不已,急下令亚西若侯以下,尽解摄政之职,亲执国政,思以芟除国难,扑灭乱风。凡旧染之恶习积弊,一洗而新。又大登庸人才,国人皆喜善政之有归焉。

王亲握大权三年,布里他拿侯抗王命谋反。王欲亲整大军,出巴黎以讨其罪。会王疾作,犹不肯受命臣下,且不以疾为意,仍命捡兵。侍臣咸叩马谏曰:"今王体违和,且请息兵。俟疾少愈,再兴师未为晚也。"王躁急不能待,遂不听谏,扶病出师。时当三伏,炎景流金,三军肤发,尽皆燥裂。王著避暑衣于甲上,以绯罗纱蒙其首,而冠以真珠焉。

调拨马布三军,整队进发。铁骑连云,旌旗蔽天,黄尘漠漠,烈日炎炎,三军之士,苦闷固不可言矣。而王常与军士相离,策马先行。过蒙斯之深林,绿树翳然,

———————————

① 即查理六世,又称可爱的查理,是法国瓦卢瓦王朝的国王,1381—1422 年在位。

翼蔽天日,凉风习习,体顿清和。忽睹一异人立于其间,蓬发白衣,飘然而前,逆王马首呼曰:"王请勿进,反贼必遮道以扼王。"言终,忽失所在。

夫怪诞之事,世所恒有,信之不为好奇,不信未有不罹于灾者也。使王当时遇此异人,而即旋军,则亦恬然至巴黎矣。不幸而王不悟,仍麾军趋过深林,遂及于难。

当其出深林也,沙原茫漠,一望无际,烈日丽天,势镕砂砾。三军之士,不堪其苦,皆逡巡有退志。王之近侍有二人,一执枪,一提兜,以左右王。而一人之枪忽失,落于此人之兜上焉。

王既历此种种变异,中心迷乱,毒热内焚,神志衰丧。时觉枪兜触激之声,溢于耳畔,惊怖失次,忽得狂疾,拔剑追其侍臣。侍臣大惊逸,一人由王之后,抱王缚至车上,载还宫中。

自是以后,王遂幽闭三十余年,其疾时愈时发。然独处深宫,寂寞之间,而种种尘垢,污于王体,无一人往慰之。王之无聊,至此已极。王妃伊沙黑德者,容色颇丽,而性不贞。见王困于疾病,毫无顾惜,且酷待其太子。日夜惟恣宴乐,事奢侈,以府库之财,为游荡之费。当此之时,日用所需,将必至于缺乏矣。

王权既已坠地,国中规律不备,群奸蜂起,觊觎国家。趁机爆发,互谋利己。王弟疴尔良公尔伊者,其为人轻佻浮薄,奸佞邪欲。王义弟布耳康志公西庸者,其为人猛勇绝伦,桀黠残暴。二人各树党援,互相陷挤,虐下侮上,横行国中,生灵涂炭,不可名状。呜呼!法兰西之全土,几化为一暗淡恶魔世界矣。

优胜劣败之理,大党之势益张,小党必次第扑灭。今也专权于国家,为疴尔良党,与布耳康志党之二大派①,必至有两雄不并立之势,相疾相怨,相噬相吞,此自然之势也。况尔伊与西雍二人,素不相善,常相倾轧,几演惨剧。幸有调停于二党间者,遂不至大起冲突。

虽然,滔滔急流,一激必覆岩拔山。今虽调停有人,譬以一小堤而防大川,岂能久持。所以两党之倾轧,尤复日甚一日。

夕阳西没,暮霭罩山,霞光灿天,如火如锦。而帷幄之中,暮色苍凉。时阿尔烈翁公尔伊,携从者二三人,散步于街市间。突有刺客二十余人,于暗陬跳出,围尔伊,加以白刃昏暗之中,并无救者。尔伊遂为倾仆。

---

① 指奥尔良派和勃艮第派为争夺查理六世的摄政权混战不休。

从者惊遁,并不究其刺尔伊者之为谁何也。夫指使此刺客者果谁也哉?非即布耳康志公西雍乎。于是疴尔良党徒,遂大恶于西雍,痛彻骨髓。立待机会,以图报复。由是,两党之轧轹益甚。当时骁勇有名之亚马奎,为法国西南诸州之侯伯长,助疴尔良党。北方各都府之人民,及巴黎之贱民等,援布耳康志党。两两相持,争斗时起,良民不得安堵。加以猖獗疫疠,杀伐兵燹,相续而来,田野荒芜,邸宅颓败,法之扰乱,殆无宁岁焉。

英王亨利五世,乘此危急之时以袭法国,欲承其祖耶登瓦德三世之素志。一千四百一十五年,自将兵由若路马志上陆,以十二月二十六日,与法军会战于亚西瀛克之野。时法兵四倍于英,倘能同心协力,英兵殆非其敌①。无如党同伐异,上下相疑,而又将骄卒惰,妒贤嫉能,故一战而大败绩。死伤之数,较之克列西、坡瓦志耶之役,犹数倍焉。

朋党相争之结果,其召大败如此,然法兰西国民之迷梦,犹未觉也,仍复两党相仇,互欲达其所欲。"布耳康志"党则拥国王,亚马奎之一派②则奉太子查鲁士,交相抵抗,已成不解之势。

当是时也,内讧外叛,国事几不堪设想矣。英兵愈加猖獗,随败随进。既陷路瀛,喏路马志亦为敌所占领,大有进逼之势。布耳康志公西雍见国家运命将蹙,已身立足之地,亦必随之动摇,且惊且恐,姑与太子查鲁士相和,又亲结亚马奎党,以救一时之急。亚马奎党,亦欲乘此机会复疴尔良公之仇,方喜其来,遂约于门多罗桥边相会。及期亚马奎党徒窃发,虐杀西雍。于是两党之和议再败。布耳康志派遂大激昂,反通敌军,与英人连和。巴黎都民,及北方之士民等应之。呜呼!此虽迫于一时之情,然卖国以阿附敌人,何无谋之甚耶!

王妃伊沙黑德,见国运之难挽回,于是竟废太子查鲁士,而以累世之国仇英王

①　英格兰国王亨利五世趁法国虚弱之机于1415年重启百年战争。8月,英军攻陷哈弗勒尔。亚西瀛克,今译为阿金库尔,此战役发生在1415年10月25日,是英法百年战争中著名的以少胜多的战役。
②　布耳康志党,今译为勃艮第派;亚马奎,今译为阿玛尼亚克派,也称奥尔良派。

亨利五世,定盟为今王查鲁士六世之嗣①。读史至此,莫不为之长太息也。

英王亨利五世②,竟载王冠直入巴黎府城,布告旨意,自今为法国之王。未几,亨利五世死,摄政白多阜尔多侯等,相谋立嗣子亨利六世于襁褓之中。于是下令于巴黎之都,以亨利六世为法英二国王③。法王查鲁士六世,后亨利五世二月亦死,太子查鲁士七世④,既为母后所废,遂退于坡瓦志耶,为南方诸州侯伯之翼戴。呜呼!法国之运命,虽连绵于十五世纪,而法国之社稷,今遂限之矣。

---

① 1415 年,亨利五世入侵法国,并在阿金库尔击败了法军。1418 年,在政治和经济上与英国有所协议的勃艮第公爵约翰占领了巴黎。1419 年,约翰在蒙特罗被他的对手阿马尼亚克所谋杀。约翰的儿子菲利普三世跟英国组成联盟,并在条约上与英国国王谈判,签署了《特鲁瓦条约》。根据条约规定,法国成为英法联合王国的一部分。英王亨利五世宣布自己为法国摄政王,并拥有在法王查理六世死后继承法国王位的权利,还将法国领土一分为三,分别由英王、勃艮第公爵,以及查理六世的太子控制。英国统治着以巴黎为中心的法国北部,查理六世的太子则控制着法国南方,导致了法国领土上出现了南北对峙的局面。

② 亨利五世,英格兰兰开斯特王朝的国王,1413—1422 年在位。

③ 亨利六世,兰开斯特王朝的最后一位英格兰国王,1422—1461 年以及 1470—1471 年在位。由于他的软弱,英格兰在亨利五世时代所取得的丰硕战果丧失殆尽,且陷入了血腥的玫瑰战争之中。亨利六世是英格兰国王亨利五世和王后凯瑟琳唯一的儿子,生于伯克郡温莎,出生后九个月即位,由于外祖父法王查理六世去世而身兼英法两国国王。根据亨利五世与查理六世签订的特鲁瓦条约,英国人几乎是单方面宣布他也是法国国王(法国人大多不承认特鲁瓦条约有关两国王位继承的条款)的。

④ 查鲁士七世:今译为查理七世,是疯子查理六世和巴伐利亚的伊莎贝拉之子。因为兄长和弟弟均早逝,在 1417 年,查理作为查理六世唯一成活的儿子,获封为法国王太子。1420 年签订的特鲁瓦条约剥夺了他的王位继承权,当其父王查理六世死后,英王亨利六世(亨利五世之子)被英国人宣布为法兰西国王。查理七世在阿马尼亚克派的支持下,实际控制着卢瓦尔河以南地区,而法兰西北部则完全沦于英国统治之下。

第二章　疴尔良之危急

　　纪元一千四百二十八年之秋，英人既占领罗亚路河以北之地，又欲进征其南，遂举大兵迫于疴尔良城①之下。

　　法兰西国运危急，未有甚于此时者也。军士屡招败衄，将卒亦多死亡。国都之民，立异邦王为君主。正统太子，反蒙尘边陲，绝无可据之地。田园荒废，盗贼横行，上下贫窭，衣食不继，以憔悴枯槁之身，流离四方。大小城垒都邑，悉为盗贼敌国所占，死尸充野，膏血渍地，恶臭之气，冲人鼻息。自今追想，酸鼻不堪，况当时亲遇之，目击之者乎？呜呼！以堂堂一大国，败坏至此，绝无一人奋然而起，扫荡劲敌，挽回王室，良可慨已。

　　疴尔良城，临罗亚路河②之岸，乃法兰西南方诸州之咽喉也。英军一占此城，则为长驱直入，席卷残余诸州，法人势将无从救援。以是英军名将沙黎斯白利欲拔此城，遂帅大兵发巴黎，攻取沿道诸城。十月十二日，遂渐进逼于疴尔良城之壁外。

　　疴尔良城之本营，在罗亚路河之北岸，跨于郊廓之南岸，中间架一大桥以连络之。于桥南垒壁，以防御桥头。桥上有二塔曰"亚列露"，自北岸至此二塔，以土石筑造，坚固非常。自二塔至南岸，架木造之吊桥，以便往来。"亚列露"及桥头之堡垒，两者相峙为坚寨。若此处多置守兵，甚难攻取。南岸诸州，得援兵亦甚自在也。

---

　　① 疴尔良城：今译为奥尔良城，是法国中部城市。1428 年 10 月，发生在奥尔良的战役是英法百年战争中的著名战役。被围多年的法兰西南部重镇奥尔良，在圣女贞德的领导下得以解围，从而为法国最终取得战争的胜利奠定了基础。

　　② 罗亚路河，今译为卢瓦尔河。奥尔良地区地势平坦，海拔在 90—124 米之间，市内绝大多数地方起伏不超过 10 米，法国第一大河卢瓦尔河贯穿市区，其支流卢瓦雷河流经市区南部。

疴尔良城为当时法国之第一坚城,一夫据此,万卒难拔。英军虽强,亦无如何。英将沙黎斯白利侯,于未交兵以前,捡此城之要害,以为欲陷疴尔良城,必先向"西列露"攻取。乃令诸将,向此先攻,屡次猛烈突击。法军殊致力死守,不能遽破,激战数十,忽于十月二十三日之夜,得袭此地。因法人见英兵攻围甚急,欲毁坏石桥之北端,以断英兵进路。英军遂乘此隙夺之。英军既占此地势,屡以巨炮轰击街市,法人大苦。

城之要害"西列露",虽既为英兵所占领,然绕城之垒壁颇坚牢,且带一方川流,得以开援兵及粮食之便路。英兵虽攻击日急,究难陷也。相持既久,军士各有懈色。沙黎斯白利大怒,以为此城不陷,决不退兵。于是徐施长围之策,于城之周围,筑堡垒六所,且增工兵,连接堡垒,以开凿堑壕焉。

明年为一千四百二十九年,及春之半,堑壕工事粗粗落成,英兵进退,更得自由,攻围愈急。城内法军,四邻之连络殆全断绝,粮食兵械,亦渐告缺乏矣。

此时英军阵中,粮食军器既不欠缺,攻围更严。忽法兵四千余人,窃出城冲英军堡垒,以接援兵粮草。英将西庸巴斯多知之,仅以一千六百兵卒,邀击于疴尔良附近之布拉伊,大破之,悉夺其粮食兵器,分与全军。于是英兵之气顿振,直进攻疴尔良城。法兰西全土为之震动。

英军兵势日盛,法军士气日衰。虽向在西农府之太子查鲁士[①],促其速送援兵。无奈太子及辅佐之臣僚等,无争法国王位之念,闻之漠不关心,又无忧恐之色。不但不肯发兵,且谋得间遁窜外国,全无维持战争之策。故疴尔良城之运命迫在旦夕。法兰西之灭亡,逼于眼前。正不知挽回气运,振兴法国,果属何人也。

---

① 查鲁士,今译为查理,即后来加冕的查理七世。因为兄长和弟弟均早逝,在1417年,查理作为查理六世唯一成活的儿子,获封法国王太子。1420年签订的特鲁瓦条约剥夺了他的王位继承权,转给英格兰国王亨利五世。当其父王查理六世死后,英王亨利六世(亨利五世之子)被英国人宣布为法兰西国王。查理七世在阿马尼亚克派的支持下,实际控制着卢瓦尔河以南地区,法兰西北部完全沦于英国统治之下。西农府,又译希农,此时查理驻地。

第三章　奇代之少女（上）

深山大泽，实生伟人。当纪元一千四百二十八年一月六日，疴尔良城之围益急，运命迫于旦夕，势将无所望矣。而不意法兰西之曼斯溪谷间，一小村名多木列美者①，有一奇代之少女在。

此少女为谁，即惹安达克也。惹安生自农家，朝出原野，牧于羊群，夕归茅屋，织于灯下。一岁三百六十五日，无旦不课，无课不勤。十余年中，无日不在战乱之世。且地处僻陬，文化不能普及，故未受完全之教育。虽男子当斯时，处斯地，若无武略学术，亦不能建功业，有声望也，而况质朴温顺之一少女乎？

谁知素不知名之一农家少女，见法兰西之降危，竟以一身担全国之运命，建武夫所不能及之伟功，称一代之女杰，千载而下，芳名标于青史。予是以欲绍介读者，见其为人焉。

惹安幼时，敬神之念极深，常诣寺院，闻钟鼓声，自以为无上之乐。纪元一千四百二十一年，惹安龄才九岁，时英吉利、布耳康志②二国之联合兵，扰乱法兰西国中，劫掠狼藉，无所不至。斯时乡党之少年，执剑而起，进拒敌兵。归来，悉负重伤，流血淋漓。惹安见之，心为惨然。每望敌营方面，痛恨悲愤不堪言状。

敌军兜锋益炽，马蹄所到，尽成荒丘。一日，蹂躏至多马利米村之外，惹安合族，及近邻等人，悉远出避难，逃于山中。及敌军过后，相率归来，旧境全非，故山景物，大异于昨，惨酷之情，令人不堪。屋舍烧残，不留片影，贮置之粮，尽归乌有。正不知今宵之宿依何处，食于何所也。天道如斯，祸及良民。惹安亦惟有仰天怨神而已。

---

① 多木列美：今译作栋雷米村，位于法国香槟－阿登大区和洛林大区的边界上，是贞德的出生地。
② 布耳康志：即勃艮第国。

惹安幼时生活,惟信神之念最深。他之行为,如下同情之泪,及恶敌国骄暴之心,皆不亚于有志男子,故能以一巾帼而担国家之运命也。虽然,其建回天之伟业,动机果何在乎?

纪元一千四百二十五年之夏,惹安常例,必逍遥于后园。正散步间,忽闻呼其名者再。惹安顾右盼,身边并无人影,乃仰首倾耳,考声之所从来,似从寺院所出。正惊疑间,倏忽一道光明,赫灼空中。惹安此时,心中自思曰:"是何象乎?吾亲眼见之,亲耳闻之,几不可思议之事,一时皆于耳目闻,或妖魔之诳我欤?"颜色苍然,恐怖之情,有不能禁。正待回时,忽睹三人[①],自空而降,称曰天使,至惹安前,凛然传神命曰:"起,惹安!汝不可不救法兰西之社稷!"惹安怪且恐,答曰:"天使,贱妾乃农家一女流,今天命任此大事,无论惹安不能提刀驰骋,且亦手无寸柄,将奈之何?"天使曰:"否。惹安勿忧,此神命也。汝可速行,投于将军坡利克列[②]之下,自有可为。"言讫,天使欲归。惹安不禁有离别之情,歔欷流涕。天使慰谕之,乃去。

惹安自奉神之密旨后,每闭目即见此幻影,或现诸梦寐。屡见天神告曰:"救法兰西以安社稷。"惹安初时,以为事虽奇异,犹疑眼中幻影,未之深信。及天使屡屡现于梦中,于是自信之念始决。遂勃然起匡济之志,欲急救母国之危难焉。

惹安既确信天职之付己,遂欲以身从军,速赴将军之所。一日至父前,悉以己之所见所闻,及决意投军报效之志,告之于父,并乞许行。其父平日见惹安语言失次,行为奇异,心窃怪之。初听其言,以为必遭狂气,心中忧虑,呆然思想。继见其一片热诚,形于面表,知其言出真实,乃谓曰:"愚娘,勿论其事之不能行,即能行,焉有妇女从军,而不为人笑骂者乎?"

一夜,其父梦惹安武装投法军之营,大惊而觉,回想前日之言,或者将来竟有此事,不听我言,窃脱出家,亦未可料。从此益严监督,又集惹安兄弟等而命之曰:"汝等当留意惹安,勿使窃逃。渠若窃逃,当速捕之,投之于水。若汝等兄弟不遵我言,我即共汝等投之于水也。"

惹安之父,见儿执迷不悟,终日忧闷,百计劝解,固为人亲之常情,无足怪也。观其所命之言,又何无慈悲之甚耶!

① 1412年,贞德16岁,有一天,在村后的大榉树下,遇见三位天使圣弥额尔、圣女加大利纳和圣女玛加利大,要求她带兵收复当时由英国人占领的法国失地。

② 坡利克列:今译作波德黎库尔,也译为博垂库尔,沃古勒尔的城防司令。

虽然,细思其言,似残酷而非残酷也。惟其爱之情甚深。先既以理论之,见不能止惹安决去之心,故不得不戒之以势,欲阳以恐吓之,仍不外于爱之意也。

惹安决去之心,究何如乎?惹安幼时,孝心最深,而又笃实温顺,未尝稍悖父母之言。今者蒙神现示,虽欲赴疴尔良城之急,无奈父止其行,不敢强背。思从神命,又弃事父母之道。欲全事父母之道,则又视神之示现,如弁髦①也。从神之命,不免悖于父母;孝于父母,不免不信于神。惹安此际,正进退维谷之时也。

惹安之伯父夫妇,居于多马列米之近村。一日为伯母所招,访至其家。惹安欲将后园遇神,属救国难,与自愿从军,并将父命不许之始末情事,悉语伯父,欲其携己投军。乃挥泪更饰其言曰:"儿欲阿克里路从军,父虽不许,然屡蒙神之命,岂可置之?且一日早,传查鲁士殿下密旨言疴尔良城之危急,不可不救。儿愿至阿克里路,投于将军坡多利克之下,并劝渠辅太子以扶朝廷。此儿之志也。"伯父感惹安之热诚,遂诺其请,遂携惹安赴阿克里路。时纪元一千四百二十八年五月十三日也②。

惹安因伯父为绍介,得至将军之前,心中一喜。及想法国前途,又不胜忧虑之忧也。见将军,云:"妾蒙神之示现。来救法国之危。"将军闻之,大惊,熟视惹安,容貌秀丽,身又纤弱,服装卑贱,类田舍娘。焉有挥赤手,镇国难之理,意谓必为狂女也。惹安又言曰:"我主怜王查鲁士殿下之穷厄,传妾密旨以救国难,愿将军为妾传之殿下。"将军曰:"汝称我王,果谁之谓?"答曰:"在天之神。"将军愈以惹安为狂女,大骂其伯父,命速带归。

不经之言,人恒不信。惹安满腔热血,欲救国难,言于将军,疑为怪诞。将军虽有知人之明,见其不过一农家少女,焉有回天之力。且其言又不经,无怪其不信也。

惹安自蒙神示现之后,人多知之,其事迹遂传于查鲁士之耳。

---

① 弁髦:弁,黑色布帽;髦,童子眉际垂发。古代男子行冠礼,先加缁布冠,次加皮弁,后加爵弁,三加后,即弃缁布冠不用,并剃去垂髦,理发为髻。故以"弁髦"喻弃置无用之物。

② 1428年5月13日,贞德在亲戚(伯父)杜兰德·拉苏瓦的带领下来到沃古勒尔(阿克里路),受到城防司令波德黎库尔(坡多利克)的接见。

是岁七月,布耳康志①之军队,侵入国内,蹂躏多马列米村之附近。孤城日落,与英军联合围疴尔良城之警报到,法兰西国之运命,愈见危急。斯时惹安慨然,不忍傍视,大呼"时到,时到!"于是再至阿克里路,谒将军曰:"法兰西国之危急,今已迫于眼前,不可犹豫。愿假妾一队兵士,直解疴尔良城之围。即裂肉碎骨,所不敢辞也!"

惹安此时,全不依往日之孝顺性质,竟不告别父母,直来阿克里路,请兵救围。盖忧国家安危之念切,故不遑顾其前后也。其后语人曰:"妾彼时,虽处以极尊贵之地位,亦毫无所眷眷也。"闻之者,不惊服其热忱云。

当时英军猛将如云,健卒如雨,若欲致之于败地,实见困难,此人所知之事也。而惹安乃以神命为辞,蛊惑人心,言"英军虽强盛,以势论固知不敌,然余受命于神,神命余安法国,余是以确信其必胜。且今日危机已迫,万不能不振作而恢复之。"以此说将军坡多利克。而将军犹未能深信也。但见其热情激烈,大赏识之。因滞军于阿克里路,报于法王查鲁士,待其许可,然后行事。

惹安当日,即寄宿于制造车轮者之家,从主妇助其裁缝纺织之业。得闲即诣寺院,已过数日之间矣。

惹安居此,人多知之,谣言蜂起,或骂为狂女,或妒为拐儿,随处招人嘲笑。惹安不畏人言,一片热诚,只待人之我用。

阿克里路一带地方,军民人等,无不知惹安之所为。载道谈论,传闻渐广。在将军坡多利克之下,有骑士一人,名济农者②,惹安曾会其一度。见其言论风采,知为有心之士。一日,惹安访其家。骑士先问曰:"卿何为来此地? 我军不能得利,英人横领法国之全土,国王外逐云云。"惹安答曰:"妾蒙天帝之敕命,负大任于身,来救法国运命。欲乞将军坡多利克,容妾之请,直绍介于查鲁士之前。无奈将军疑妾之言,至以狂女遇妾。呜呼悲哉! 当今之时,我国家之运命迫于旦夕,助查鲁士之穷厄,安法兰西之社稷。今王无此心,侯伯无此志,英王之女无此意,天下重任,唯妾一人而已。"言论豪壮,意气凛然,非复前日之田舍女娘也。

---

① 布耳康志:今译为勃艮第,在汝拉山脉和巴黎盆地东南端之间,为莱茵河、塞纳河、卢瓦尔河和罗讷河之间的通道地区,历史上曾在此出现勃艮第王国和勃艮第公国。勃艮第公国由理查德伯爵于9世纪建立,1477年查理公爵在南锡战役中被瑞士击败,公国逐渐被法国和哈布斯堡王朝瓜分。当今法国布洛涅行政区大部分地区即为勃艮第公国旧地。

② 名济农者:今译为让·德梅斯,将军波德黎库尔的一名士兵。

惹安意气虽颇激昂，究不失为女性之身，忽悄然垂首曰："事虽如此，妾初亦知将军之不能信妾，因妾旧时，常侍母侧，朝出牧羊，夕归裁缝，一生事业，本只如此。"言至是，长叹一声，有如海棠带雨，杨柳经风，不胜凄恻之意。忽转言曰："否，否。奉我主之命，不可不急行进救国难，奋然而起。"又宛如有一枝寒梅凌霜之概，骑士忽生畏敬之情。问曰："卿称我主，果谁之谓？"惹安曰："妾主即在天之神。"骑士愈感其热诚，乃曰："我能信卿所言，请导卿进皇居。"问定何日启程，惹安闻之，喜形于色，答曰："人皆以冷遇妾，今独蒙将军厚情，不以妾言为谬，又肯为妾绍介，真三生之幸也。妾不胜感谢之至。若问行期定于何日，世谚有云，救兵如救火。愿明日即就途。"惹安救国之心，初无一人信者，不图今日得骑士一臂之力，真幸事也。

斯时惹安起行之事，此地无人不知，交相评论。济雍同僚之骑士，有一人亦感惹安赤心忠爱之言，自愿奋身护卫惹安同去①。斯时将军坡多利克虽不信惹安所言，然见事已至此，无可如何。又不能再阻其行，心中自思，惹安之一片血诚，或者万一侥幸，请得一队之兵，能救国难，亦未可知也。

惹安幸得阿克里路骑士众人之助，为之整起行之准备，欣喜非常。纪元一千四百二十九年二月二十五日，遂发于此地。斯时正战乱相续之会，敌国军兵，横行国中，道路为之蔽塞，旅况又极困难。惹安虽颇勇敢，然究属一女子，行旅诸多不便。又惹安为敌所知，遂改男装，身披甲胄，手执长枪，腰佩大剑，胯下骏马，骑士拥前，弓手从后，意气洋洋，可想此时之得意也。

---

① "济雍同僚之骑士"之"济雍"即上文的"济农"，亦即让·德梅斯。1429 年 1 月，自愿随同护卫贞德的有两个士兵一个是让·德梅斯，另一个是贝尔特朗·德普朗吉。

第四章　奇代之少女（下）

于是查鲁士七世，在西农①府，由志克鲁之街到此须经百五十余城。此一带之城垒，悉为敌兵所陷。英吉利与布耳康志之军卒，如云拥集，战尘蔽道，行路艰难。惹安恐费时日，计程须十有一日方能达彼。又恐路遇敌兵，行程更难预算。于是间道夜行，休息途中，幸免敌兵来袭。

将军坡多利克，自送惹安去后，常虑途中或有他变。护卫之兵士等，亦有不全信惹安者，多恐途中遇敌，面有忧色。惹安慰彼等曰："君等勿忧勿怖，神为我等开道，保无他虞，必安全至西农也。"

长亭短驿，果无阻碍，遂至西农府门，不敢遽入，住于附近之村。惹安欲将所过之地及其情形奏王，于是上一草书，其中有云"陛下若传重要之密旨，一百五十余城，可以恢复"等语。然查鲁士乃因循不断之人也，今得惹安上书，踌躇许久，不能自决。在廷臣僚，同声排之，激昂较军人更甚，咸相谓曰："守护国家，乃吾等之任务。惹安何人，敢预斯事？且渠不过一农家女，身出卑贱，焉能握将权，以救国难乎？侮辱吾等甚矣！"查鲁士左右，多不容惹安之请，一味高声嘲骂，全无主张。斯时志罗、伊拉布路、真多列侬等名将，有感惹安之言行者，进排群议曰："惹安身虽卑贱，乃阿克里路之将军绍介而来。今未及见面，徒空斥之，无是理也。须传见此女，观其所言，究其所行，然后决事未迟。"语未终，王之宠臣多列末伊瞠目耸肩言曰："惹安龄仅十九，身出卑贱，谅无若大才能，如何听其所言。渠言为神所命，不过梦想之事，实狂人之谵语也。"于是甲驳乙辩，众议嚣嚣，久未能决。惹安至此，不能遽入都门，屡屡困顿至于如此。

---

① 西农：今译为希农，距巴黎西南三百公里，是位于法国中央大区安德尔－卢瓦尔省的一个镇，当时法国王太子查理（即未来的查理七世）驻扎于此。

于时查鲁士之母后若仑多，亦感惹安忠厚之志，与皇后蔻黎，共说查鲁士，劝其延见惹安①。查鲁士意渐动。于是若仑多先传命惹安。惹安即以三月六日，初得入西农府城。未许直入禁中，宿于城内民家，待敕使到。时及三日，廷议犹纷纷未决。时值疴尔良城危之警报，相接而至，求救愈急。斯时朝廷援兵既已遣尽，不剩一卒。军费亦悉用尽，不余一钱，国库所存，只金冠四顶。救助之策，不知何所施也。法兰西国之运命，悬于疴尔良城。不幸是城一陷，法军失其最后之根据地。查鲁士必为奔窜之身，法国前途，实有不堪设想者矣。

斯时查鲁士无所策画，忧虑之形，不堪言状，胸中自思，惹安自进，誓救国难，不知有何良策。渠言奉神之命，神当助之。此不可知之事，或赖万一侥幸，能退敌兵，亦未可知。查鲁士此时不遑他顾，遂听惹安拜谒。

纪元一千四百二十九年三月九日，夕阳西沉，西农城中之光景，究何如乎？满堂银烛，明于白昼。廷中列骑士三百，肃然有如列星。查鲁士此时，故弃瑶冠宝衣，与侍卫之诸官同服，王座亦交于臣僚之间，以待惹安朝见。惹安徐步入堂，并不眩于煌煌之烛光，亦不恐于肃肃之甲士。瞥眼即知查鲁士之所在，遂趋进跪于足下。言曰："仁慈陛下，妾多马列米村之贱女惹安也。在天之主，命妾传陛下密旨，谓法兰西之国王，即陛下也。何不速扫荡敌兵，行即位之大礼于列木府。今愿陛下假妾兵马之权，愿一队兵士，直赴疴尔良城之急，誓必殄灭英兵，奉陛下入列木府以登大位。此神之命，亦妾之素念也。倘能一旦功成，妾仍退居田野，与众民共沐陛下之恩德。他无所望，愿陛下容妾之请。"言吐清朗，风姿凛然，有旁若无人之概。查鲁士不觉正容，遂传其所闻于群臣。

惹安今日，遂得传神之密旨，不知查鲁士果能从其所言否也。且查鲁士之生性，又从来优柔不断，见群臣之议论纷然，莫衷一是，莫能解其疑惑。惹安之所谓神托，本无证据，实难遽信。今欲定其从违，非由群臣与之诘明不可。于是命素有声望学识兼优之硕儒高僧等，会于坡亚查路议院，与惹安辩断，然后再行。

惹安得报，毫无惧色，曰："导妾者，神也。妾请述神之命，足矣。请行。"遂于三月十一日，至坡亚查路议院。

坡亚查路之质问也，是时惹安之运命，进则为国家之救主，退则为欺君之罪

---

① 若仑多：今译为巴伐利亚－因格尔施泰德的伊莎贝拉，为查理七世的母后；蔻黎，今译为安茹的玛丽一世，即查理七世王后。

人。一视其结果何如耳。然则集千坡亚查路议院者何人乎？则列摸之大僧正、僧正、法官、枢密院顾问官，及其他许多之鸿儒硕学也。是时也，悉心计画问题，用待惹安之至焉。

未几，惹安入席，有博闻强记之神子博士一人，先起而问曰："惹安，汝以一妇女之身，欲握兵马之权，扫荡英兵于国外，志则佳矣。然谓出于上帝之神虑，上帝命汝救法国。以神之全能，乃不能自行扫荡英兵，而必再动干戈，斯何故也？"

惹安从容答曰："英兵来侵，既占领法国矣。非败其君，如何能退？而欲败彼之军，势不得不加以兵力。此神之所以命惹安也。"

意地恶之僧正一人，又问曰："惹安，汝称在后园受神托，不知天使如何语汝？"

惹安微笑答曰："天使语惹安曰：卿善为之。"

僧正不能诘。

长于理论之博士一人，故揶揄惹安曰："惹安，汝果信神否？"

惹安正色答曰："惹安信神较卿等稍真。"

语未终，僧侣一人诘曰："惹安，汝称受神托救国难。然只汝一人之言，未足取信于人。欲授兵马之权，亦太早计，势必有得神托之证据然后可。"

惹安笑曰："妾受神托之证据，不能现于此议院。卿等欲见其证据乎？请疾送妾于疴尔良城，则妾受神托之真伪，不言自喻矣。愿假我一队兵马，送于疴尔良城，可也。"

忽而僧正一人，欲辱惹安，问曰："惹安，汝果知文字否？"

惹安不悦，答曰："妾不知A，不知B，一文不通。上帝命妾，亦非欲妾读卿所著之书也。妾唯知解疴尔良城之围，使陛下行冠礼于列摸，自尽我之义务而已。"

斯时硕儒高僧等，亘夜诘问，刺刺不休。惹安安全无难色，其答辩之明晰，有如快刀之断乱麻。于是众人莫不卷舌，皆惊其智囊之难测，遂服惹安之言。

审断之结果，不料竟出于意想之外。其先或以为妖术愚民，或以为魔女现世，无一人能知惹安者。惟贵妇三人，亲味惹安所言，知其出于至诚，亦不过以为笃实温顺之一女子，犹未知其有辩才也。至是始信其能。

斯时惹安之声名顿扬，风评人议，喧之于道。向之诋为狂女者，今全知其为热心爱国。向之骂为拐儿者，今直信其为神之化身，来救国难矣。在宫廷内之百官勿论，即军旅在外之将卒，亦皆传知，莫不敬惹安之志，爱惹安之才，即因循不断之查鲁士至此亦早释其疑惑矣。

惹安出身卑贱,无非常之功勋,与非常之伟绩,欲得上下人望,本属极难之事,乃因一种奇术得之,其所以至此者,岂偶然哉?当时法国社会之状态,皆谓天神必干涉人事,善者祐之,恶者灾之,适正信仰此等浮说。又值法国全土,为敌兵所蹂躏,上自王公贵族,下至庶人,莫不遭遇灾害,皆谓此即天神惩罚其罪恶也。彼英人之傲慢凶暴,岂能独逃天罚?将来天神惩罚法国之器具,亦必施之英人无可疑矣。人民思想如此,加以僧侣等,及其他之热心宗教者,游说于都鄙之间,人民悉迷信其邪说。法兰西于此时代,几全为宗教惑溺之国,冥冥之中,遂助成惹安之事业,诚异事也。

彼等所说之要旨曰:内则骚乱相踵,外乃受敌国之压制,生灵涂炭之苦,莫酷于今日矣。欲速免此惨状,必须祈之天神。夫天意之行也,惟随宇内之大法,全出时人意料外者。自国事之变迁,及于天然之现象,一为上帝之特命,生因结果,莫不皆然。所以神圣天使游行宇宙,常往来于神人之间,察人善恶,造人因果,以行上帝之特命。

当时又有一种邪说,盛行于法国。其说曰:天地之间,有一群恶魔,恒干涉浮世之事。其势力猛烈异常,如彼巫觋、魔术师之辈,乃通息于此等恶魔,以行理外之妖术者也。

时势如此,社会之现象,乃为惹安助长势力之具。不独法国之民众为然也,即敌国之英人,亦皆信其鬼人之教示,至不敢抱其疑念。呜呼!邪说惑人,竟有左右世风之力。愚者溺之,惟智者乃能明于旁观耳。

第五章　回天之伟业（上）

　　惹安以撮尔之一小军队,何能解疴尔良城之重围? 虽查鲁士深信其言,而当万人疑忌之中,亦难以措手也。

　　查鲁士用惹安建策,授以将帅重权,且赐宝剑一口,银甲一领,白马一头。惹安此时,志愿已遂,穿铠跨马,右手握鞚,左手提旗,威风凛凛,拂于四边。有如彩绣白地圣母之神像,二天使跪于足下之状,见者咸起畏敬之念焉。

　　惹安以卑贱妇女之身,忽握将帅大权,使其身为男子,有此际遇,必共仰大将之指挥,是诚人情之常也。今部下之兵卒等,何初存轻侮之念,及见惹安言行,忽起敬仰之情,不敢稍怀不快。是盖以惹安为一少女,即具此等胸怀,愿抛身命,以救国难,诚为世界所罕见。故疴尔良城之人民,待惹安之至,如大旱之望云霓,赤子之慕慈母云。

　　纪元一千四百二十九年四月二十七日,惹安整远征之准备,大将布沙知克之指挥,护卫一万余军兵,队伍森然①。发于西农府,僧侣列前,护卫拥后,鼓乐与赞歌之声,一路相送。

　　同月廿九日,行至疴尔良城之左近,到罗亚路河之岸侧,见其水势滔滔,急如箭发,徒步难涉,并无桥梁,又无舟筏。惹安此时,且惊且迷,不能前进,只得分军沿岸探桥梁之所在,欲迁回布罗亚之方面以至疴尔良城。正寻觅间,遥见有一短艇,自疴尔良城之方面而来。临近登岸,即将军志欲喏亚也,谢惹安之远来,并乞即夜入疴尔良城中。惹安问曰:"卿疴尔良城守备队之将校乎?"答曰:"然。吾等渴望援军已久。今幸卿等到来。"惹安即责之曰:"既久望援军之到,妾出西农府时,即遥寄书于卿等。今军到此,过无桥梁,渡无船只,导于河岸。不知卿等何

---

　　①　大将布沙知克:今译为阿朗松将军。

意？"志欲喏亚答曰："否。因此地先为英军所据，我军出进，不能自由。故拆其桥梁，改道此间。是皆出自城中将校等之智虑，非某一人之专策也。"惹安曰："将校等之智虑，虽然如此，不知神之所教，远胜于卿等所画之策。妾率援军之前锋，常蒙神之阴护，故数万之英军当于妾前，全无恐怖之意。今既到此，可速袭敌军之垒。"言讫，遂奋然挥军前进，直欲沿河出本道以袭敌兵。志欲喏亚叩马止之曰："今军远来，人疲马乏，何能急战。不如入城暂息。且疴尔良城之运命，迫于旦夕。将校兵卒等，悉仰首待卿之到。此船幸足容若干兵士，请卿乘此，先入城以慰众人之望。待军气奋兴，出城再战，未为迟也。"惹安不忍强拒其请，遂分军一队，向本道布罗亚之方面而进，约于疴尔良城会合。自身仅带二百人，与志欲喏亚先渡河入城。

其夜午后八时，惹安身着银甲，手鞭白马，入于城中。音乐嘹亮，军旗风翻。志欲喏亚及城中之将校，从惹安之左右。市民之代表者，及兵士肃肃继其后。数千之众，手执火炬，照耀路间，共扬欢声，颂惹安之来云。

惹安见城中危急，一刻不可因循。其夜直欲进袭英军营垒。守备队之将校等，咸以为时尚早。欲待先向布罗亚方之军兵到来，再举兵出城。各持一见，互相议论，未能断决。斯时外忧未解，内讧忽生。志欲喏亚忧之，百方慰谕，自愿任接应前分队之兵。于是仓皇赴布罗亚。

初，惹安率援军出西农府时，其部下将士之中，有尔基若者，素轻惹安。至罗亚路河之岸，惹安分军入城，别遣一军向布罗亚方向，约于城下相合。此军之将，即尔基若也。其人奸佞邪智，又因素轻惹安，欲故误其事。乃告麾下之兵士等曰："闻各州已发援军，相继入疴尔良城。若然，则不必待我军之救助。且我军本陛下之护卫兵，今尽发来，西农府必空，不如退兵守护陛下。"正欲将军退回西农府，幸志欲喏亚未来，促此军之前进。尔基若遂与志欲喏亚同往疴尔良城。设使志欲喏亚未来促军，尔基若必回西农。惹安大事，必为此竖子所误。疴尔良城之围，未知将何以解也。

五月四日，尔基若军到，报入城中。惹安与守备队之将校，及市民之代表者，共迎之于门外。道过英军垒壁之下，幸无所抵抗，得以直入。

英军见惹安援军入疴尔良城，大忧之，频使人窥其动静。盖英人等，先亦犹法人之视惹安，谓惹安有何神异，不过以妖术笼络人耳。后闻惹安请军解疴尔良城之围，英人亦如法兰西向日至流布，预言曰："一幼女起于田野间，焉能救法国之危急?"及惹安既得兵权之后,并其屡屡所行之奇迹,传播于世。英人闻之,犹未深信。今见惹安果来,睹其军容,探其行为,知向之传闻者事事俱实。英之军士,始窃窃惊惧,不敢轻视其为人矣。

惹安未入城之先,遣使致书于英将曰:"汝等近年起无名之师,攻取法国之城邑,无道已极。今天神命妾传示汝等,速还附所夺之城邑,撤退围城之兵马。妾亦不动干戈,两国由不失为和好。若迷而不悟,敢逞虎狼之威,再进军马。妾亦以兵力从事,誓扫灭汝等,以复神之所命云云。"

英将得书不答。及令入疴尔良城,再遣军使二人促之。英将大怒,捕军使一人下狱。 人酷遇之后,嘲骂遣之。又唾其面言曰:"法军皆男子,乃戴一卑贱柔弱之匹妇。今又屈从其使命,宁不愧死。"

惹安自入疴尔良以来,军旅之事,无大小,皆待其评定。有将校等数人,意有不服。至夜分各率部下兵卒,潜出城外欲建殊功,遂向英军进袭。是夜天色昏暗,不辨东西,误进敌营,竟为英兵所困。

惹安辗转枕上,未能成梦。正筹败敌之策,以手画于胸膛,遥闻一阵声响,似雨非雨,似风非风,隐隐来于枕畔。及倾耳细听,又似人马战斗之声。正惊疑间,忽街上哗然曰:"我军危矣! 我军危矣!"惹安此时,已知将校等暗袭敌营,为敌所败。遂蹶然而起,叹曰:"法人之血,流于此土,岂少也哉? 汝等胡早不告我?"急呼从者,持械具,牵马匹,身披铠甲,腰佩宝剑,持军旗,扬鞭出城,蓦向战地急驰。志欲喏亚及其他之将士闻变,亦连续而至。

时法兵为英军困战,力渐不支,将败走。幸惹安等率新军破围来援。法兵一见,勃然奋兴,勇气复发,直向英军力斗。是时主客异位,英军不能取防御之势。当法军之锐锋,激战移时,遂陷圣路布之寨。此时若无惹安救援,法军必为英败无疑。今得反败为胜,诚幸事也。惹安凯歌入城。由是疴尔良人民,欢喜非常,无不尊敬惹安,莫敢怀轻视之心焉。

此战之后,惹安再作书与英将,谓本遵分书之约,两国和平,不动干戈。无奈将校等不听号令,夜间潜出袭战,致为所困,故我军不得不救助,云云。仍令军使送书英营。军使恐为英将囚房,或遭虐杀,不敢径往,乃系书于矢,射入敌营,且高叫:"见矢! 见矢!"英将见书,哄笑嘲曰:"法人真不堪矣。恃一田舍女娘,为国家之干城,宁不愧耶?"

惹安即日率军出城,向英军周围所筑之垒,奋力攻击,愈斗愈勇。英兵严防,亦无少懈。五月六日天明，犹闻弦矢，剑戟之声，疴尔良城之周围，几化为修罗场①矣。

激战亘二日，两军毫无倦意。法军上自将校，下至兵卒，悉出死战，相替轮换，以攻英军之垒。初两军之战，胜败未决。惹安脚负微伤。疴尔良之太守多科克，忧将士疲劳，主张休战。惹安恐军气沮丧，主张续战。各执一见，冲突遂起。翌早，惹安策马向战地，城门坚锁不开。命守城卒开城，城卒云："奉太守命，不敢开城。"惹安怒曰："妾虽不肖，陛下授以兵马全权，当疴尔良城救援之任。太守何人，敢束缚我自由乎？"麾军破门而出，逼于知尔业垒之下。时午前十时也。

知尔业垒者，英军自恃为最坚之垒也②。法军极力攻之，欲夺此要害以杀英军之势。英军亦自知此垒一失，我军必无所恃，死力防战。于是攻者防者，两边势力，皆集于此垒云。

移时法军渐形疲惫，惹安手持军旗，督攻愈力。瞥见一处敌势最激，兵卒难攻。惹安复手挥长剑，纵马突入，逼近敌垒，令军士投绳梯壁上，将升入敌垒。忽一矢飞来，中惹安颈上，深入五寸。惹安落马，马惊逸。一将急趋扶起，易以己马，退休静地，命士卒护之。

惹安中矢昏绝，良久始苏。虽有天幸，不致殒命，然已苦痛不堪矣。迨心神稍宁，自思一弱女子，身临恶战之地，忽负重伤，以致功不能就，实可忿憾，不禁泪涔涔下。少时忽起立挥泪，膏油伤处，裂白布裹之。直欲复往，众强挽之，乃止。

当时法军见惹安中矢，旗靡辙乱，士卒之锐气顿衰，大有罢攻之意。法军之将校，见力攻不下，亦欲退入城中。遂传令退军。惹安闻之，且惊且愤，不顾身负重伤，奋袂而起，执剑跨马，驰向战场。左右阻之不住。法军将士，遥见惹安之军旗，风翻而来，皆大惊。及近见惹安权无痛苦，又率出力之兵来助，勇气复振，遂合兵复攻③。

英军抵死防御，纵横奋击，始得法军渐渐欲退。忽见惹安跃马复来，麾法军再

---

① 修罗场：本佛家语，修罗毕生以战斗为目标，修罗场指的是他们之间的死斗坑，后来修罗场一词在日语中又引申为现实中战斗和需要竞争或"作战"之场合（例如赶工）的代称。

② 知尔业垒：今译为土列尔堡垒，也称屠棱要塞。贞德非常轻视法军将领们一向谨慎行动的战略，在战场上她采用了正面的猛烈攻势来进攻那些英军堡垒。在贞德攻陷了几个堡垒后，英军开始放弃其他木制的防御建筑，并集中剩余的兵力，以防守一座控制了奥尔良联外桥梁的石制堡垒——土列尔堡垒。

③ 1429年5月7日，法军开始进攻土列尔，贞德在交战中被一支箭射中肩膀受伤，被士兵们抬离前线，但她很快把箭拔了出来，负伤重返战场以领导最终的攻势。

进,向垒力攻。英军皆恐怖失色,勇气顿挫。英大将克拉德斯爹欲退军回营,外郭又与本营不通,退路须过吊桥。正渡桥时,法军向英军猛扑,矢石如雨。倏忽桥坏,克拉德斯爹落水,其将士溺死者不知其数。于是全军大乱。法军急追击之,遂陷英营。

惹安既拔英军根据之地,奏凯入城。疴尔良之人民,欢呼之声,有如雷动。祝寺之钟音,终夜不绝于耳。斯时惹安之箭伤,虽未痊愈,然已不知其痛楚也。

翌日,天始明,英军复率众奋勇,临疴尔良城壕边,挑法军出战。法军见之,谓此等军卒,何足当其一击。遂开门争出。英军迎战,未及一时,英军果大败,弃军械而走。从此疴尔良城周围,遂无英军之迹矣。

惹安自入疴尔良城以来,至是方八日耳。一举而解弥七月之重围,救满城人民于水火。云奇云怪,建人间未有之业。费有非常之威力,曷能至此?当是时法国之全土,悉为英军所蹂躏。法国之人民,已浮沉于绝望之渊而不能出。忽一道光明,闪烁焕起,如草木逢大旱之后,沛然得雨,谓非惹安之赐福欤?

第六章　回天之伟业(下)

疴尔良城之围既解,非惹安果尽神命任务之大验乎? 在惹安意中,必往谒查鲁士面奏救援之始末。方臻完全事业,未容得半而止也,乃于五月十三日行至都路。惹安左手提旗,右手执辔,遥见查鲁士远远来迎。惹安即下马候于路旁。将近,查鲁士亲脱其帽,握惹安之手,殷勤慰劳。惹安膝行至查鲁士之前,奏曰:"妾奉命退敌,虽幸解疴尔良城之围,然犹未毕付托之半。今法兰西国内,仅余一二部落。其中人民,虽仰陛下为国君,然大乱之后,威泽未能普及。陛下幸许妾亦先驱之任,护从銮舆,驰赴列摸府①。彼地为历代国王践位之都,宜祖宗之大典,早登宝祚,使全国悉瞻王化,以定民志。至于扫荡敌氛,甚易易事也。陛下不可踌躇,宜急行之。"查鲁士闻奏,以为经过诸城,尽属英兵之管辖,因危其议,不能断决。

初,王之宠臣多列莫亚及在廷之臣僚等,多妒惹安之功绩。今见惹安之请,冀王不用其言,故百方阻之。谓长途之行,难免无虞,必须多兵护卫。今军队不足,费用又缺乏,目前如何可行。王之顾问等,亦姑息之辈,评议经日,不能断决。惹安愤懑之情,愈不能堪。知王之迟疑,非用激烈之手段,不能请王之行。一日突入于宫中,至查鲁士密室,敲其户。查鲁士启户,惊问曰:"卿来何为?"惹安伏于膝下,泣涕奏曰:"陛下何为迁延发軔之期? 若事迟恐欲不便也。诸臣徒终日评议,无一善策。愿陛下容妾所奏,早定行期。妾保陛下安全至列摸府。"惹安一片热诚忠爱之情,见于言表,欷歔流涕,长跪不起,查鲁士渐意动。惹安见此情况,恐事迟则又有变,乃趋出,直建大旌于营之外,募兵护驾。于是诸州之士,望风而来,群集

---

① 列摸府:今译作兰斯,又译汉斯,位于法国东北部城市,是香槟-阿登大区马恩省的市镇,也是该省的一个副省会。兰斯是法国著名的宗教文化中心,被称为"王者之城"。自11世纪起,法国国王都必须到这个"加冕之都"受冕登基。在法国历史上,共有25位国王在兰斯圣母大教堂加冕,其中包括法兰克王国的奠基者克洛维一世、路易一世、路易八世、查理七世、路易十三等。

如云。六月十日，查鲁士即以惹安为先锋，率一万二千兵卒，进征列摸府。沿道诸城，见惹安威风，不敢放一矢抵抗。

至列摸府，城内军民见之，开城门出迎銮舆于道左。查鲁士遂欣然与惹安共入城中。斯役也，未折一矢，鸣一鼓。查鲁士得安入列摸府，皆惹安之功也。于是筑即位之坦场。七月十七日查鲁士遂庄严行戴冠式。惹安奉天使命，至此乃告成功云。

惹安自谒见查鲁士之后，仅三阅月解疴尔良城之围。又三阅月，行太子即位之礼于列摸府。向之所谓神托，果虚构而无证哉？于是法兰西之国民，无论贵贵贱贱，皆感佩惹安之功绩。今试征之敌国之人白多呼阿多公之言，惹安之事业在疴尔良城之胜利如何，尤足明惹安之大有造于法国也。

白多呼阿多公者，英王之摄政，在巴黎都之人也[1]。当时惹安破疴尔良城围之时，白多呼阿多公闻警，致书于从子亨利六世，其文幸存于今日。兹特抄出其第一节。云：

> 疴尔良城攻围之时以前，我军之兵势日振，筹略并行。予从弟治黎斯白利侯，遭不虞之变。继我军之在疴尔良者，为惹安所败。民心忽离，士气顿沮，云云。

法王敬惹安为再兴之恩人，兵士皆仰听惹安之号令，不敢或违。庶民亦皆称誉惹安，或尊为圣妇，或呼为恩人。惹安谦让未遑，曾无傲娇之色。人多请为臣从者，皆谢却之。又常混于众兵之中，不敢别其所异。由是惹安之声望，日愈高焉。

---

[1] 白多呼阿多公者：即贝德福德公爵，此时的公爵指兰开斯特的约翰（1389—1435 年），英格兰政治家，军人，百年战争中的英军司令，亨利四世的第三子，1414 年受封为贝德福德公爵。1415—1422 年，当亨利五世在法国作战时，他三次代理朝政；1423 年亨利五世死后，他成为幼主亨利六世在法国的摄政王。

第七章　女杰之末路(上)

惹安自蒙神之密旨后，不耻卑贱，愿救国难，以匹妇上握兵马之大权。当时人民，或嘲为狂女，或骂为拐儿。惹安立于嫉妒冷笑之间，不一顾忌，一意救疴尔良城之危急，行戴冠式于列摸府，尽二者之任务，他无余念也。今既解疴尔良城之围，又奉查鲁士行即位之大礼。惹安素念，至是已偿，岂尚长拘军旅，久居功名之地哉？况当初陈奏，即有若功成之后，当仍返归田里，从事牧羊犁锄之旧业，与父母兄弟，同享安闲之生涯等语，至是力请告退。查鲁士深惜其功，不放之行。而法军之将士等，亦皆服惹安之智勇，且相随立破敌之殊勋者，其民人感激惹安之恩义者皆是也。若允其请，部下兵士等亦必瓦解散去。故惹安数次请去，王与诸士百官等，强留之，情致殷殷，实有不忍舍去之意。惹安见王与诸士等情切，亦不忍强辞，遂暂留焉。而孰知此一留也，惹安遂不复有再返之日乎！当初有百折不回之进志，至今无百折不回之退志。若能决然舍去，归隐故乡，终天年于赫赫声誉之界。彼奸佞之小人，何从而施其毒手哉？惜乎！拘于一时之情实，遂缩百年之命运，真不幸之甚者也。虽然，士为知己者死，酬人之知遇者，岂独男子而已哉？惹安不能却查鲁士之恳请，非悬恋于名利，乃不背乎人情，实有出于不得已耳。原未深咎之也。吾人读《惹安传》，至其末路，有不洒同情之泪者乎？

惹安尔时虽不似前日握兵马之全权，然犹将一队之兵，辗转各处，悉欲为查鲁士荡平诸州，肃清敌氛，归于法国之版图。其图报法王特达之遇，不可谓不至也矣。

纪元一千四百三十五年五月二十日,英军将围哥仑披鲁城①。警报至列摸府,惹安受王之命,率若干兵,日夜驰赴哥仑披鲁。幸于英军未围城之前,得达其城下。满城人民,遥见惹安之旗,风翻而来,狂喜之状,仿佛如疴尔良城之时。惹安既入城中,暂休士卒,欲乘敌人之阵脚未定急袭之。于是仅率兵六百,突击英军。

斯时惹安所领之兵,仅寥寥数百耳。而敌国之军势,如火如荼,填塞郊野。惹安纵横策马,行所无事,手挥长剑,十荡十决。又频督励士卒,尽力死战。英军见法兵勇猛,添新兵入替,以防冲突。苦战移时,又为法军击败。

于是法兵益得势。惹安长驱直进,所领一队,已裹入英军之后阵,为英军所隔断。法军虽勇往奋击,前后夹攻,究属众寡悬绝,又无援兵接应。英军见法兵前后不能相顾,遂挥动大军,潮涌前来。法军被冲,忽然队伍纷乱,前后失次,左右窜奔,全军于是崩溃。斯时军乱之后,惟惹安一骑,为全军之殿,且战且退。英军见一异装戎衣人,单骑殿后,知为惹安。于是众目齐注,矢石乱飞。惹安纵横叱咤,人皆畏其神武,莫敢前近。惹安徐退至城下,不意门外之悬桥,早已撤去。大呼再回,城内无一应者。

惹安此时,入城不能,归路又绝。胸中自思,惟恃此马之力,开一方血路,杀出重围,再作计议。于是复向敌军冲去。敌之将士,见惹安匹马欲出重围,遂挥大军层层围上。惹安困在中心,左冲右突,不能得出。敌兵愈围愈厚,忽敌兵一人,自后突进,牵惹安之裾,力掣之。又一人并进,以刀斫马。马惊,惹安仆地。敌众见惹安落马,数十骑一齐拥上,众手齐下,遂将惹安缚定。嗟乎!一绝代之女丈夫,竟为英兵所擒,何不幸之至于此乎!

惹安之被擒,岂独哀惹安之不幸哉?又最可痛恨者,哥仑披鲁之太守耳。当英军之来袭也,进退狼狈,计无所施。夫惹安援兵一至,即出城袭敌,以数百之疲卒,当数万之敌军。太守不知其不敌而阻止之,犹可说也。迨惹安苦战之际,见之而不一援。惹安退入城时,反妒惹安之功,闭门不纳,竟陷之于死地。呜呼!吾不知其何心而残忍若此,酷薄若此也。譬诸虎狼,其奸险尤或过之,虽杀诸市朝,乌足以蔽其辜哉?

---

① 原文"一千四百三十五年"有误,应为"一千四百三十年";哥仑披鲁城,今译为贡比涅城。贡比涅市,又译"康边",是法国北部皮卡第大区瓦兹省的一个市镇,位于瓦兹河畔,巴黎以北80公里处。1430年圣女贞德在这里被擒获,转卖给了英国。

第八章 女杰之末路(下)

惹安自为英人所虏,闻者莫不惨然。因叹流水易逝,人生难测,有如是夫。当惹安未达以前,其人格不过多马利米之一村女,所操之业,亦不过樵牧纺织之事而已。谁知其能奏武功,树回天之伟业哉? 及一旦身受天命,为国家之救主,握兵马之大权,破敌解围,奉王即位,勋业成矣,声名振矣,又谁知末路之不幸,为英人所囚虏哉? 今者遭小人之构陷为敌人所生擒,系之狱中,欲生不能,求死不得。此时之惹安,其感慨果何如耶?

当解疴尔良之围,扫荡英军者,惹安之功也。英人之恶惹安、憾惹安,殆如蛇蝎然。今落英人之手,其残虐自意中事耳。故惹安越狱数次,为英人所觉,迄不能免。

英王亨利六世,闻惹安数次越狱,虑为所遁。于是年十二月二十三日,命移于路瀛①,交坡乌牙之僧正严锢之,俟审断再决。

有孤亲布尔克之侯爵西容者,天资仁慈人也。闻惹安为英军所擒,乃怆然流涕曰:"不料奇代之女丈夫,竟如斯之结局也。"终日苦虑,思有以救之。俄又闻送惹安送于路瀛监禁,乃与同僚兄弟等,于翌年一月之初旬访其狱舍。

侯见惹安慰之曰:"予等深怜卿之蹇薄②,特来为卿赎其罪。我王纳一万里吾耳救卿之生命。卿身等百万黄金之重,故予等不吝其财,远来欲脱卿于牢狱中。但卿出狱后,誓不再向英军,则幸甚矣。"惹安答曰:"卿等洵好意,妾当深谢。然妾乃法王之侍臣,我心如铁,不能受卿等之束缚。"言讫,意气凛然不可动。侯等益惜

---

① 路瀛:今译作鲁昂,法国西北部城市,是滨海塞纳省的省会及诺曼底大区的首府,位于塞纳河下游,距入海口110公里,离巴黎140公里。

② 蹇薄:指命运不好。宋陆游《福建到任谢表》云:"岂期蹇薄,旋困沉绵,卒繄全度之恩,俾获退藏之分。"也有驽钝浅薄的意思。

之,尽言劝恳。惹安毫无允从之色。同来一人为斯他知和多伯,见惹安全无转意,乃奋然骂曰:"匹妇不识人之好意!"遂拔剑欲斩惹安。瓦依知克伯从旁抱之,乃止。众人见惹安之心难动,于是同出牢外。闻之者皆叹息曰:"惹安以农妇女之身,名重一时。至见危时,又不欲贪不义之余命,心如坚铁,意凛如霜,其节操为何如乎! 千载之下,吾恐有髯之男子,亦瞠乎其后矣。"

初,惹安之移于路瀛也,其所过诸州之人民,咸争先欲见女丈夫之颜色。或跪拜于路旁,或清写其肖像,以为纪念,或愿闻其教说。人皆祝其健在,今不幸见在缧绁,又为之悲叹不置云。

惹安,法兰西之救主,查鲁士之恩人也。国人爱之敬之,热度之高,固无足怪。惟查鲁士见彼恩人之穷厄,不思一救,则殊不可解也。

路瀛法教裁判所之判官,乃牧师等数人,与巴黎神学校之教授为之。判官若受辞令于人人中,当共会于法庭。出登于法庭之判官,出身虽多不洁,然逼于多数之势,故不得另易之。今开庭之准备既全,惹安以二月二十一日,出于路瀛城中之礼拜堂①,听判官之审断。

自二月二十一日,至五月三十日,开法庭纠问,前后凡四十次。初,惹安之来此地,禁锢于铁栅栏之内。后因纠问,始得出铁槛一睹天日。虽然,笼鸟之得出于笼,为慈悲饲主所取出,放于广阔之青天,此无上之幸福也。惹安为无情之庖人取出,供作炙肉之料,此亦无上之不幸也。同此一出,惹安曾笼鸟之不若,不能免此运命,出于槛中。且幽闭于高塔之暗室,而加以脚拖铁锁,真可哀哉。

惹安因于暗室,身披铁锁,遇种种之残酷,受种种之痛苦,其惨状已不堪言矣。而狱卒僧正又从而侮笑之,尝谓惹安曰:"卿苦铁锁,乃卿自招之罪。卿在狱舍时,不安于狱舍,数次欲遁走。故今受此严锢,非卿之自取而谁陷之?"

惹安之欲遁走,非为惜己之生命也。睹其不答孤亲布尔克之侯爵言,已知其意。不过欲再投法王,击退英军以雪会稽之耻耳。不幸狱不能逃,反遭毒苦,何命蹇之若是乎!

开庭之日,狱卒引惹安入堂。僧正②先命惹安曰:"予等纠问,事事当以实对,毋为虚伪之言,可宣誓语。"惹安从容答曰:"妾未知卿等如何发问,不能预立誓言。

① 路瀛城中之礼拜堂:贞德作为异端邪说的邪教徒被审判,审判在鲁昂的圣·沃斯教堂。
② 主持审判的法官为法国北部博韦的一名主教皮埃尔·科雄。

妾不欲语，卿等即千次诘问，不容易开妾之口。强欲促答，即虚言以欺卿等。誓之何为？"僧正等执拗促其宣誓。惹安不堪其烦，奋然曰："此事非关于神之信仰，卿等如何迫以权威，强欲妾语。真实之义务，妾心早已难动，何必徒为无益之问答也。"言讫不再言。僧正见惹安心坚，又欲吓之以暴威，骂曰："汝屡拒我意而不言。予等当以严刑拷问。汝不开口不置也。"惹安绝无恐色，答曰："我意已决，虽水火加身，我所不厌，任卿等如何为之，吾不惧也。"僧正等不得已遂罢庭问。

开庭亘三月[1]，经博学及牧师教授等，数十回之纠问，迨不能转一十九岁少女之决心。惹安目无僧侣与学者等，虽责之以理，吓之以威，不能令宣其誓言，得其实供。僧正等犹执最后之手段，谓非以严刑拷问，终不得其实情。一日，召惹安于城内之一室。惹安既至，列种种刑具于前，刑吏待命于两旁。僧正谓惹安曰："向者，予不忍以苦刑相加。今刑具在，汝当实供。不然，勿谓我等不容情也。"惹安神色自若，答曰："妾已先言，即碎骨裂身，决不誓言。即拷问至极痛苦，妾即开口，亦非出妾本心。妾有死而已。"僧正百方拷问，惹安终亦不答。又中止拷问之事。

僧正知审断惹安终无所得，于是又会议于牧师。议曰："惹安既不从吾辈说谕，是背教会之命也。既背教会之命，不外于异教者。若然，不可付于法教裁判所之审断，宜诉于法律上之判决，可定其罪科。"于是谋于神学校之教授等，谓不可各夹异议。第一次审惹安，可答确有信仰之有无。议定，僧正即以五月二十三日召惹安，悉语以会议之结果，劝速翻其顽强之心。又添言曰："汝既生于法兰西之国，生活于法王统御之下，勿论不敢不从法王之命。其下即官吏之命，亦知有不可背之之理。果然，汝今生于不奉基督教之国。以上自不信克拉知多，勿论克拉知多之官吏，自不能不背于牧师僧侣之言。"惹安倾耳静听，少焉答曰："卿等以妾为异教者，故妾拒卿等之言。虽然，信神之念，却深于卿等。妾前已曾言，此非关于神之信仰事之内，故不答卿等。虽缚妾身于火刑柱，焚于火焰之中，誓不答卿等之纠问。"惹安此时，已存必死之念于心中矣。

路瀛法教议会已告终，惹安之罪科，究如何判决。曰惹安假托神名，猥作浮说，以骗计诳众人，罪实不轻。其行状全近于魔术，大背于神圣宗教上之旨，宜处以死刑。于是将惹安之不法，宣告于众。惹安不服，亦对众言曰："妾非敢逞诈谋，行魔术也，全蒙天之密旨救国难。今处于酷刑，非妾之罪也。"僧正等又以强辩其

---

① 贞德于1431年1月9日在鲁昂被审判，5月30日执行死刑。

非罪,执行其判决。惹安又自思,死固自所期,然徒负冤罪之污名,终不能无遗恨。不如暂俟全命期,乃改其前强抗之言,哀诉于众曰:"妾知过矣。今深悔前非,欲全改其言行。愿垂怜悯,宥恕之。"判官等见惹安哀诉,共怜其志,宥死一等。又严诫之曰:"汝既知悔过,以后必改汝行行状,决不可为男子装束。"遂处终身禁锢之律,下狱。日唯面包与水而已。惹安艰苦,不能以言语尽述。且以妙龄之女子身,处于狱中,难免番卒等之戏弄。狱卒常欲遂其情欲,数次迫之。幸惹安刚烈,得免其辱。此惹安在狱之境遇也。

惹安厄运犹不止,此其末路更有悲焉。英王亨利,恶惹安往日之所为甚深。今虽见处于呻吟之悲境,犹不足以厌其心。窃恐惹安若生存此世,难免无后患之虞。于是传旨僧正,必欲陷惹安于死地。僧正直诺之。苦虑良久,忽得一计。一夜,伺惹安睡熟之时,潜隐入其狱舍,以新制之男服一袭,置于惹安枕边,遂出户外伺之。

穷鸟入于怀,猎夫犹不忍杀之。况已同胞奇世之少女,而又沉于悲酸之境,不加怜惜,反欲置之死地。吾不知其何心而忍出此,何无情如斯而为此非道之举耶?

惹安之命运既竭,不图梦破开眼,见一袭美男子之服置于枕旁。忽起而畴昔之感慨,谓己之功业,赖此而成,今置于此,必天帝之所赐。全不知为奸者之所为,谋陷己之身也。又不暇省判官曾禁男子之装,遂取其衣而服之。僧正于户外潜窥,见惹安取衣缠身,急与狱吏突入,捕惹安送于法官之前。言曰:"惹安不改故志,今又穿男子之服,必谋为不轨。兹送入法庭,以定判逆知罪。"法官等不再纠问,遂宣告死刑,以生烧杀之。呜呼!残忍如此,酷薄如此,宁无恻隐之心乎?昔恶惹安之敌兵闻之,犹凄恻为之下泪云。

判官既定烧杀之死刑,遂传刑罚之宣告。惹安闻之,肝肠断裂,不堪其惨,咽泪向刑吏诉曰:"呜呼!汝等遇妾,何残虐于是乎!吾宁刎七度头,实不愿生焚于火炎之中。"大叫所受之苦。无一人应之。

翌朝午前九时,惹安出狱舍,身系铁锁,狱卒牵赴刑场。凄惨之形,不异受屠之羊犬。沿道人民,及护送之英兵,见惹安受此毒刑,皆为之下泪。

惹安此时,既定心一死,全无恐怖之色,哀痛之状,言论举止,仍温顺自若也。时群集观望之众人,为之仰天祈祷,消灭罪业。又拜诵经文,替祈其死时之平稳。惹安瞑目托身于枭木之上,重积束薪于下,点火焚之。忽野风飒起,火焰冲天,日色无光,愁云黯然。未及片时,骁勇绝世之一奇女子,化于湮消火灭之中。时纪元一千四百三十一年五月三十日也。

呜呼！法兰西再造之功臣，罹如此惨刑而死，谁不痛心疾首，恨英人之酷烈乎？惟彼愚昧陋劣之查鲁士当时闻惹安之受此惨刑，不为之设法一救。及阅二十五岁星霜以后，始感惹安之忠诚，追想其功业，而又痛其死于非命，深恨英人，欲为之复仇之意渐萌。

法国之民众，闻惹安死于非命，无人不怀愤懑之情，同口骂英人所为之酷薄也。虽英人犹且悔之，兵士等常临其刑场，共相叹曰："吾侪烧死此圣妇，吾侪失却知觉之良心矣。"

英人自处惹安于极刑之后，始自悔其残酷，而亦莫可追矣。此时法国之人，痛心疾首，奋激踊跃，为国复仇之志益坚。其贫贱者，不能供金谷，相谋掷身命以救国难。富贵者，散其财帛以供军需。如贾人查克尔者，富商也，亦出数百万之巨金以购戎具，为敌英人之用。形势既如此也，属于英军罗亚尔河以北之诸州，闻风亦应于法王。且久与英人相亲之布耳坑志公①，亦抱不平，破盟和查鲁士以大抗英军。不意惹安未竟之大业遂成如此。

---

① 布耳坑志公：指与阿马利亚克派对立的勃艮第公爵派。1435 年，英法两国在举行和平会谈，会谈期间，法国代表团与教士代表呼吁勃艮第的好人菲利浦和查理七世和解。勃艮第在当时是法国的封地，但实际上是独立邦国，1419 年菲利浦之父被谋杀后，查理七世被认定是共谋者，因此勃艮第便和英国结盟。勃艮第派接受和解。除此之外，法国早已与苏格兰结为同盟关系，英国被孤立。从 1435 年后，英国在法国的占领地开始持续减少。

结 论

　　呜呼！惹安之志于斯成矣！惹安之目应亦瞑矣！上下二十四朝之史乘,临乎二十周世纪之场,出师未捷,英雄泪满,茫茫天壤,缺憾虚悬,若是者夫亦何限？而惹安进焉。当其荒原撒手,犹是赍志没世之人。及夫众怒成城,卒有大局告安之日。虽非安于惹安,实无异于惹安。惹安尚何憾哉？

　　或有为惹安憾,且为惹安惜者,以谓:"扫荡敌氛,辛勤梦寐,救万民之涂炭,委只影于沙尘,碌碌若干年。是即麟阁纪绩,螭陛酬庸①。在法兰西,若君、若臣、若国民,恐犹有未足报称万一者。何意天乎不吊,遭妒为擒,短气图圄,暴尸烈火,血洒杜鹃之迹空剩啼！有心扶大厦之危,便随烟化,岂吾人所忍言也。"

　　不知功成者,英雄之志也。功不成者,世运之厄也。当国步艰难,郊原蹂躏,王则蒙尘,兵则解体,执政骚首,辄唤奈何？顾欲以眇兹一身,农家贱女,素无闻见足以服人,惟恃区区托辞,藉鬼神之说以牢笼人心,用以战胜攻取,略复故物,存法兰西千年之社稷于不坠,夫亦始所料不及此者矣。况此后,人皆含愤,士起雄心。失之身前,得于死后,杀身成仁,惹安果何憾哉？且以憾窥惹安犹未足以窥惹安者也,盖惹安绝代奇女子也,不世出伟人也。心目中,梦魂中,自有其阔大思想,雄豪境界,加以疾风催劲草,板荡动英雄②。睹国运之陵夷,叹江河之日下,于彼心固有戚戚焉。用是,气愤风云,志安社稷,言人所不敢言,事人所不敢事。其成也,如天

----

　　① 麟阁纪绩,螭陛酬庸:《汉书》曰:"麒麟阁,萧何造,以藏秘书,处贤才也。"汉宣帝时曾图霍光等十一位功臣像与阁上,以表扬其功绩;螭陛,雕有螭形的宫殿台阶。明陆采《明珠记·拒奸》也说:"近侍龙颜,长随豹尾,朝朝螭陛持戟。"

　　② 疾风催劲草,板荡动英雄:典出李世民的《赐萧瑀》,"疾风知劲草,板荡识诚臣",板荡指的是社会动荡不定。《诗经·大雅》有《板》《荡》两诗,均刺周厉王无道,纲纪混乱,政局不安,所以后来以"板荡"指社会动荡不定。

之福,其败也,可告无罪,务在自尽其力而已。岂若庸夫,任事沾沾焉,惟成败是计。以致成固欣然,败则抱憾也。

谓予不信,请即其最切近以言之。夫安土重迁,人之情也。家庭团聚,性所乐也。惹安何独不然,而顾忍离乡井,背父母,涉险阻,就征鞍,处之恝然?毋乃念及若君、若国、若民,自知忠孝不能两全,覆巢将无完卵,以甘为此行乎?诸葛忠武有言:"鞠躬尽瘁,死而后已。"至若成败,利钝非所计也。可为惹安诵矣。惹安究何憾哉?惟是惹安自无憾,而后人读其书而哀其遇,伤其事而注其人,往往不禁感慨系之。洒一掬同情之泪,吊百年孤愤之魂,虽吾亦不自知其所由。然第觉悲从中来,境随心化,惆怅凌烟余烬地,丹青谁写美人图。

呜呼!惹安,惹安!十年养气,一旦报国,拯斯民于水火,挽国运于倾颓,虽牺牲一己,亦所不计。孔曰成仁,孟曰取义,于斯尽之矣。彼世之无血性无热诚之男子,手握兵符,身任军机,值国家多难,天子蒙尘,士民饮血,曾不急起而救之。闻惹安之风,能不愧哉?能不愧哉!

世界历史之三《惹安达克》终

光绪二十九年(1903)五月初三日印刷
光绪二十九年闰月二十日发行

德意志先觉六大家传

日本　大桥新太郎　编辑

武陵　赵必振曰生父　译述

应国斌　翦甜　校注

序

读马路兹卢特路①之圣书，不独为宗教上一大裨益，而于德意志文学之萌芽，亦实发源于此。其后著名之诸家，继踵而起，争缀宗教的社会之诗歌小说，大促其文学之进步，是为德意志文学隆盛之第一期。虽然，其时所有之著作，概自他国而翻译之者法国尤甚，未足以见德意志固有之风俗人情也。至于十八世纪，科洛列斯托科、乌拉度、扑希科、威陆特陆、可特、希陆列陆②六大家起，乃专致力于斯道，以振兴德国文学为己任，是为德意志文学隆盛之第二期。且以诸氏，虽前后相继而生于同时，同致力于文学。而至其所长，则各不相同，彼如科洛列斯托科氏与乌拉度，当全国心醉于法国文学之时，乃共披荆棘，辟荒芜，以真挚严格之笔，而欲排除猥鄙之法国文学，而以艳丽洒落之文，暗谋德意志文学之独立，以诱导后进之士，而开其道途。于是乎，扑希科、威陆特陆继二氏而起，大开新颖之批评。前者为客观的，后者为主观的，彼等各以其观察，而阐发其所长，批难其缺点，以开斯道之进路。次之则有芳名震于万国，雄笔豪于文坛，若可特、若希陆列陆者。二氏既出，一为写实派之祖，一为理想派之宗；一以咏史而见长，一则戏曲而特著。手足相恃，笙磬相依。振其如椽之大笔，使德意志文学，全行独立于地球。是为德意志文坛之六大家，铮铮于一时者。其著作之优劣，今不暇论。至于诸氏之尽力于斯道，其功劳皆有不可磨灭者。此德意志文坛所以有三副对之名称，而津津于士夫之口碑也。

夫文学者，与其国之风俗人情，相依而表见者也。东西各国，各异其趣。近日泰西之文物，多输入吾国。虽诗歌小说，翻译之者，亦极盛于一时。于吾国之文学，其裨益者诚不少。虽然，而其所翻译者，皆不出于英法二国。而于欧洲文坛，

---

① 马路兹卢特路：今译为马丁·路德（1483—1546 年），16 世纪欧洲宗教改革倡导者，基督教新教路德宗创始人，出生于德意志中部绍森几亚（图林根）曼斯菲德附近的艾斯莱本。

② 今译简称分别是克洛卜施托克（1724—1803 年）、维兰德（1733—1813 年）、莱辛（1729—1781 年）、赫尔德（1744—1803 年）、歌德（1749—1832 年）和席勒（1759—1805 年）。

最占欧美之地位,如德国之文学,至今乃渐见其萌芽。然而德意志文坛,果有何等之人物,其知之者尚少。夫欲读其书,必先知其著者之人物,则今日吾国之于德国文学之历史,是亦不可不讲求。余等不辞固陋,乃编德意志文学六大家传,以供研究斯学者之调查。然以浅学不才,不无谬误罕漏之点。读者若能谅之,幸甚矣。

　　明治癸巳(1893)三月下旬　编者志

科洛列斯托科（克洛卜施托克）^①传

列利度利卑·可托厘列·科洛列斯托科氏者^②，以千七百二十四年七月二日生于哈陆兹之科野度厘渥陆科^③。其地山水明媚，风光绝佳，以得江山之助，乃养成世人其资格。加之其父母，以严肃之养育，与宗教的教育而并施。故其精神益益活泼，锐利而发达，凤富于高尚之宗教的观念。行为端正，于轻薄之徒，嫉之如蛇蝎，终身而无所变迁。以视乌维拉度之生活，全然反对，实为严正真挚之君子，以终其一身。故其力概用于历史的宗教的著作，以视华美流丽，心醉于法国文学者，颇不合于时流。然其意想，高尚幽雅，若平心而寻译之，妙趣环生，理解圆妙，不觉秋宵之达旦也。一千七百三十九年，氏年十岁，始离家庭教育，就学于列陆他中学校^④。校中附属之图书馆，所藏之古物古书极多，供其参考。氏心乐之，常游息于图书馆，以翻译古圣先哲之著书。以氏之脑力锐利，妙悟理解，其智识大进。尤嗜诗歌，凡古来著名之诗集，参涉玩味，大开发其思想。于是乃研究哇伊希以来所传之诗法，试其材艺，遂从事于声诗。而取哈伊利卑列契陆传记，为其材料，著一宏篇，以写其为人，大博众赏，乃欲振其名誉。行止坐卧，常注意于此。冥心孤往，大有所得，愈欣欣自喜。其目的虽基于半途，而趣向极笃，尽力而为一生之大著作。因契利斯度之事所摈，不果而止。

后又因翻译事业，得读美陆托之《失乐园》①书名，氏之精神，乃缀其一国一人之事，所述神之大能力，称为天地万有之主宰者，决心而欲发现其宏德，欲作宗教的咏史之愿乃起。取失乐园之模范，乃成一著名之著作。其所以得至于此者，虽由其幼时之教育使然，而美陆度之著作，亦大有力焉。故氏自在列陆他也，其告别之演说中，大赞扬美陆度，而称之为"诗学之护神"。

千七百四十五年，氏乃研究神学，而入由耶大学②，乃自著书一篇。其时造句之学，尚未纯属，故仅达其意旨，而缀为散文。

明年，又至拉伊列兹卑③，其地之诗人，聚其作家联为一团体，开一杂志，名曰列扑那人之援助，于文坛上，大有势力④。氏亦因其亲戚奚美度之绍介，遂得加入其团体，而为会员。其会员中，富于经验卓识者不少。以氏之热心诚意，皆乐与之交通。欲广大其识见，氏亦乐于结纳。其终身之刎颈交，大都该会之会员。后日氏于其所交际之人，皆纪之于诗歌。今观其所称赞者，可想见当时之交谊云。

氏之居于此地者凡三年，与其会员，互相往来，以扩其胸襟，谈论笑语，以度愉快之时日。既而团体解散，乃各散去。氏以郁郁久居，颇不能耐，乃去而之拉契沙陆兹。虽仅三年，于氏之利益不浅。氏之名誉，亦于此时而大振，著述甚夥，大博非常之好评，其余如诗歌之成于此地者亦甚多。氏于此间，乃规定六脚句法，以为诗歌之用。此法乃创于可托奚度，然用之于德国文学，每苦不能达意，故德意志用之者绝少⑤。氏常以为遗憾，苦思熟虑，而其法乃普及于文坛。以六脚句法用之于德意志者，实以氏为嚆矢。

----

① 美陆托之《失乐园》：美陆托，今译为约翰·弥尔顿（1608—1674年），英国诗人，代表作品有长诗《失乐园》《复乐园》和《力士参孙》。《失乐园》讲述诗中叛逆之神撒旦，因为反抗上帝的权威被打入地狱，却毫不屈服，为复仇寻至伊甸园。亚当与夏娃受被撒旦附身的蛇的引诱，偷吃了上帝明令禁吃的知识树上的果子。最终，撒旦及其同伙遭谴全变成了蛇，亚当与夏娃被逐出了伊甸园。

② 由耶大学：今译为耶拿大学。

③ 拉伊列兹卑：今译为莱比锡。

④ 克洛卜施托克在莱比锡结识的作家团体是"不来梅杂志同人"中的克拉默、施莱格尔和拉伯纳等人，这些人创办的杂志为《理智和机智的娱乐新论》，克洛卜施托克《救世主》诗前三章就发表在该杂志上。

⑤ 六脚句法：即荷马史诗的六步扬抑格，指诗歌中包含六个音步的诗行，通常是扬抑抑格，即一个重读音节后面跟着两个非重读音节。在古希腊和拉丁诗歌中，特别是在史诗中，扬抑抑六音步格的诗句是其主要格律。一般来讲，每诗行前四个音步是扬扬格或扬抑抑格，第五个音步是扬抑抑格，第六个音步又是扬扬格（有时也可能是扬抑格）。可托奚度，今译为荷马（约前9世纪—前8世纪），古希腊盲诗人。

千七百四十八年，氏乃至拉契沙陆兹而营家宅①。有一女郎，为奚美度之姊妹耶列野奚美度之少女②，与氏相知，两情款洽。女容貌清艳，举止娴雅，颇动氏之爱恋之情。然女之对氏，别无深意，不过单纯之交际。而氏则独具痴情。时氏方二十五岁，眷恋之意，托于文章。当时以其所著之诗歌，托于风怀影事者，即为此女而作也。

一日，氏自契陆托渥陆闻有贺度那陆者，于氏之著作，热心爱顽之，乃直寄书，而述其平生之著述，且欲订交之意。贺度那陆大喜，遂与订交，欲为之而图进取。乃寄书于哈陆列陆及其余之友朋，并以氏之著作，而翻为法文，而送于列厘度利卑大王。大博赞赏，召其至兹利卑③。时氏方恋恋于奚美度女，绻恋之意，达于极点。竟辞贺度那陆之绍介，而仍留于拉契沙陆兹。

其后氏见奚美陆女之不属意，知其目的终不能达，乃至千七百五十年夏，移居兹利卑，依贺度耶陆。优待遇之，别无纤毫之忧虑，乃竭其全力于著作，而文笔大振。其居松杉郁勃，依于扑卫邱；楼阁高耸，鳞鳞万瓦，皆在其瞩下。阿陆列斯山脉④，连绵起伏，与可托利山而争其雄。著名之兹利卫陆湖⑤，碧波如镜，山影浮空，风景妙绝，非言可喻。于二十九年之后，可特氏乃作述祖诗，兼述及此地之风景，其景致可想⑥。氏朝夕卧游，餐吸清气，其思想之发达，得此天然之美术，以为其材料，故其文机，活泼而雄于时。氏之处此，以幽闲之日月，渐与贺度那陆失欢，其著作颇不为贺度那陆所欢迎。盖以氏本生一小都府，所见颇狭，每自负其学识，不免井蛙之讥。故对此固执之老诗人，常有不快之感。感情既薄，疏厌渐生，而交谊遂淡。虽同处一室，恒越月而不相见。氏乃决心而辞贺度耶陆。贺度耶陆益愤懑，乃送书于其友人等，责氏为背恩，且斥其著作疏漏，以为氏之不德之点。两氏之交际，初如胶漆，继若仇雠。后以友人等之和解，氏乃仍居其家，而自任赁资云。

氏在斯维兹拉度者凡八阅月，适丹麦国之宰相，卫陆斯托陆伯奉其君主列厘

---

① 拉契沙陆兹：今译为朗根萨尔察，1748 年至 1750 年在朗根萨尔察的亲戚家当家庭教师。

② 即表妹玛丽·莎菲·施密特。

③ 兹利卑：今译为苏黎世，位于瑞士联邦中北部，今是瑞士联邦最大的城市。

④ 阿陆列斯山脉：今译为阿尔卑斯山，在苏黎世的北面。

⑤ 兹利卫陆湖：今译为苏黎世湖。

⑥ 可特：今译为歌德，1774 年，克洛卜施托克前往卡尔斯鲁厄，途经法兰克福时见到歌德。克洛卜施托克对歌德和狂飙突进运动影响甚巨。

度利卑二世千七百六十六年死之命①，聘氏著书，岁奉四百打列陆，而特网罗之。千七百五十一年，氏乃至可卫哈契②，而入居列厘度利卑之王宫。大得国王特别之招待，每召见于宫中，其宰相等，皆争订交，名誉愈振于一时。乃以全力从事于著作。氏于此际所出版之书，卷首以丹麦国王之宸翰，其著作于完结之际，精心结选，以表其知感之情。

氏之至可卫哈契也，于哈摩利陆卑之途中，遇耶他贺陆列陆孃③，即后日为氏之夫人者，深相爱慕。既至可卫哈契，书状互相往还，以起缱绻之情。氏著《兹度利》之歌，其语语深到，极其赞美。后于千七百五十四年，乃结偕老之约。鹣鹣鲽鲽，方赋同心，而并蒂枝分，连理花折，夫倡妇随者，不过四年。氏悲叹不能措，乃以其纪念，集其遗书，为之出版。其于列阿陆度耶之近傍，为其夫人而树墓碑，亲题词于碑上，以慰其愁思。至十四年之后，氏之思念，尚未消灭。其著作中某著之第十五篇，乃其追悼夫人之遗念而作也。

自千七百五十九年至千七百六十二年之间，或归科由度利列陆卑之乡里，或住列拉乌希可哇伊卑，或游哈陆卫陆斯他托，其后又至可卫哈契。至千七百七十一年，所止之处不一。当时所作者以戏曲为多，如千七百六十八年所作《卫陆马战争之曲》。幼希列第二世读之，大加叹赏，以金刚钻石所镂之金牌赠之，大得名誉。因此将应幼希列帝之召而赴乌维，旋以他事而不果。

千七百七十一年，科利斯兹阿第七世之宠臣斯托陆由斯因卫陆斯特陆列宰相之退位，氏以丹麦王国公使馆参事官之资格，乃派遣于哈摩列陆卑④，乃居住于其地。千七百七十六年，又应列厘度利卑哈特伯之召，又至加陆斯陆卫，滞在者不过一年，又归哈摩列陆卑，乃终于此。千七百九十一年，氏年六十八，其悼亡后，再兴与女友幼哈列渥乌特么结婚，那氏亡夫人耶他之侄。其爱亲备为亲切，氏得之大慰晚年。

千八百零三年三月十四日，氏年七十九岁，终于哈摩列陆卑。是月二十二日乃举盛大之葬事，葬于渥特奚前夫人耶他之墓边。氏之名誉，至今日尚脍炙于人

---

① 卫陆斯托陆伯：今译作伯恩斯托夫，丹麦内阁大臣；列厘度利卑二世：今译为弗雷德里克五世（1723—1766 年），1746 年至 1766 年间的丹麦 - 挪威国王。

② 可卫哈契：今译为哥本哈根，丹麦首都。

③ 耶他贺陆列孃：今译为梅塔·莫勒，1754 年克洛卜施托克与其结婚。

④ 哈摩列陆卑：今译为汉堡，德国北部城市。

口,虽千百年必不消灭云。

氏之著作,尤足以见其性行之资。其著作中,尤有名者,大抵如前述之数种。若氏所案出之六脚句法等,又有二十篇之宗教的咏史,自千七百四十八年起草,至千七百七十三年渐渐完备,其间共费二十五年之长日月,殆以余生之力,倾注于其中,屡蹈危险,几不能完结。又尝作《救主》①之诗,以为祈祷,不幸不能得见其全篇。不独为氏之不幸,且关系于德意志文学界之大业。氏于此著作,以人间之脑力,而想像事理,尤为高尚之撰著。其材料则多取于科利斯托所撰之书,半神半人,述其宗教上之事实,而发辉其真理。而其趣旨,则著者于第一章,则述亚当之后裔,再蒙神之慈爱,耶奚阿斯乃再下世而再升天云。全述神与人间之关系,或假托于天神,或言人物与恶魔,其意颇不易解,不可不推为一种之哲学书。其第一篇言天上者,乃天父与科利斯托之评议场。天父于此以定人间之罪,科利斯托谏之而免,即述其事。第二篇言地狱之场,为恶魔等与耶希阿斯谋叛反,阿列阿托那反对之事。第三篇言现世者,为基督信者于渥陆与谋反者可他相会之事。第四篇言学者与长老等陷于死罪评议之事,及晚餐会。第五篇言契希马渥之烦闷。第六、七篇言可他之谋反及他拉托之裁判。第八、九、十篇,言死于可陆斯他十字架之事。自第十三篇言复活之事迹。至第十九、二十篇言科利斯度升天之事,及其结局。其企图如斯之大,故自文学上言之,虽不免多少之欠点。然其假托事迹于灵界,全因哲理之想象,而缀成大篇,氏亦非凡人之所及也。

其余诗歌之中,其种数之区别,姑表其二三如下。关于宗教的则有《救主》《神》《春之祭》皆篇目名;关于爱情的则有《爱之者》《兹托厘》,未来之《爱恋者》《蔷薇之花轮》等;关于友情的则有《葬亡妻记》与《兹可利卫陆湖》等,关于爱国的则有《吾人之言语》《德意志之圣书》《本国之歌》等。其外为教会而作之赞美歌,亦极不少。其戏曲之材料,一则自其一部圣书而出,一则自其一部古书而出。如《阿他摩之死》《卫陆马之战争》等,总于宗教的历史的而并之。氏又富于散文之

---

① 《救主》:今译作《救世主》,为克洛卜施托克的代表作,最初用散文写成,后改用荷马史诗的六步扬抑格,改变了17世纪以来模仿法国亚历山大体的传统;全书有20章,分上下两部。上部叙述基督受难,下部描写基督升天和胜利。1748年发表的前3章,由于感情充沛,形式新颖,一扫当时内容贫乏形式守旧的阿那克里翁的文风,受到人们的欢迎。1773年发表的最后几章,故事情节不清,人物形象不鲜明;它模仿《失乐园》,但缺乏后者的民主精神,充满宗教感情,因而反响不大。这也说明几十年来德国文学及人们的思想感情发生了变化。但它是德国家喻户晓的作品,在维系当时处于分裂状态的德国人民的民族感情方面发挥了作用。

著作,如《学者之共和政》①最为有名。又以兹陆伊特国之言语,并自文学上而观察之,以论德意志语之事。当将多数之学者,皆对之而大肆攻击,而卒不能胜。氏又常注意于德意志之言语,于古语而加改良,创始新语,而为其著作之用。于德意志之文学,大得言语之自由。其功于德意志之文学界,咸推之为巨子云。

---

① 今译《德意志学者共和国》,1774 年著。

乌拉度(维兰德)传

科利斯托列·马陆兹·乌拉度氏者[1],以千七百三十三年九月二十五日生于希可哇卫国之小都希卫拉哈町之近傍渥卫陆贺陆兹哈伊么村[2],父为基督新教之传道师。幼时在家庭,受严格之教育,且其天资敏捷,其智识之发达颇速,十三岁已能读乌陆契陆及贺拉兹等之著书,能以德意志罗甸语而作诗。氏之家纯然为宗教的之家族,故氏之幼时,为热心之基督信者。年十四,入马科特列陆卑村之寺院,从事于学,其信仰益益高。当时氏之所好读者,为著名之科洛列斯托科之《耶希阿斯》。然至壮年,其智力既日进步,宗教上之疑问渐起,心常不平。其后归父家,得耶列幼科特陆马女友,两小相聚,其爱情渐现萌芽。即与此女交际往来,渐去宗教的之观念,而进于社会的娱乐之方。盖耶列幼娘氏长二岁,他日而嫁马契奚美利耶列洛拉卫氏,当时称为女作者。

千七百五十年,氏年十七岁,乃入兹卑契大学[3],而修法学。因注意于法学,乃更旁及哲学、史学等。又模范科洛列斯托科、贺度耶陆等之著作,以大养成其诗情。贺陆耶陆者,以千六百九十八年生于瑞西国,至千七百二十年共其友列拉伊兹契陆创兹乌利卑文学会者,或称为瑞西派。

千七百五十二年之秋,氏自兹科卑府客于贺度耶陆氏,受其教示,更研究诗学。其所交游者不过平生出入于贺度耶陆氏之亲友等,殆有隐遁之状态,其家人骨肉,每多怪之。是时著有《基督信者之感觉》《神之赞美歌》《朋友之遗书》及阿

---

[1] 科利斯托列·马陆兹·乌拉度:今译为克里斯多夫·马丁·维兰德(1733—1813年),德国18世纪上半叶洛可可文学的主要代表,启蒙运动的著名作家。

[2] 克里斯多夫·马丁·维兰德,1733年12月5日出生在比贝拉赫附近施瓦本地区某小城的牧师家庭。

[3] 兹卑契大学:今译为图宾根大学。

列拉哈摩等。

客于贺度耶陆者二年,乃依赖于同府役人科利卫陆氏为家庭教师,乃辞贺度耶陆之家。其后至千七百五十九年,又为卫陆意府之希渥陆家之家庭教师。是时氏又于可利野贺特利女友,于其情交,渐渐消灭,又为热心宗教之时代。

及后又于从来之宗教的观念,竟全消灭,与向日之方向,全然反对。凡过去之罪障、未来之赏罚等,一切皆不顾虑,惟任自己之情欲于后段性质论乃详论之。是时氏之嗜好,颇好英法华丽之文学,常慕英之奚野列兹卫利,法之卢骚、乌渥陆特陆、兹特洛兹托及阿利摩卫陆托等,而于其所著书,每手读之而不倦。

千七百六十年,乃任卑卫拉哈府之书记官,与斯他兹渥伯相交际,涉于上流社会之华奢放逸,其品行次第流于游惰。是时氏出其所著《耶兹渥》及其余之著,公之于世,遂惹多数之反对者。就中以哈伊列度党之辈,其嫌恶氏为尤甚。于科兹列斯托科氏之诞生日,取氏之著作,投之于火中,悉为灰烬云。

氏于此时,仍然独行己见,更取法于英法之诗人。凡以滑稽谐谑称者,如英之列伊陆兹科、斯特陆渥、斯维列托尤最好之。

斯他兹渥伯既死,氏又应马伊兹选举侯野那利卑幼希列之招,而为野陆列托大学①哲学科之教授,实千七百六十九年之时,氏年三十六。以上皆为任意主义之时代。

此时代之所著书,如《主人公甲部》《乙部》《丙部》等,及翻译奚施科斯卑耶之著作,以印行于时。

其第三期则为老成着实时代,然或又偏于一面。其第一第二时代,皆为未合中庸之时代。及其年近不惑,血气渐冷,其言行次第,乃有真挚之趣。千七百七十二年,氏又应沙科哇伊马陆州女侯阿马利耶之招,为其二侯子可斯他兹及加陆阿乌科斯托之师,入居其侯殿②。千七百七十五年,加陆阿乌科斯托及即位,更为顾问官,颇受优待。于此间乃得尽心读书赋诗,颇为自得。氏与可特、卫陆特陆、希陆列陆氏③之订交际,亦在此时。

氏既至哇伊马陆府,于是开设德意志"耶陆契可陆"④神名称,为智慧之神,又

---

① 野陆列托大学:今译为爱尔福特大学。
② 1772 年,维兰德被聘到魏玛宫廷任卡尔·奥古斯特亲王的教师。
③ 可特、卫陆特陆、希陆列陆氏:今译作歌德、冯·赫尔德、席勒,本书有传。
④ "耶陆契可陆":今译作《德意志信使》,维兰德 1773 年至 1810 年主编该刊物。

称为兹可卑特陆之使者之杂志而发行之,几比著名之渥卫洛。其杂志既出,大博喝采。至千八百〇七年,又著阿利斯兹科,是为最后之作。

于此时代所著书,与其前者相比,其面目乃大迥异,随其思想之高雅老实而进。读其书者,知其进步之阶。

千八百十三年一月二十日,享寿八十而死。葬于渥斯马斯特托。其妻之墓亦在其傍。

氏之哲学上之主义,颇为随分而不完全。然于德意志文学界之裨益颇不少。

氏以科洛列斯托科①之文,以高尚之严格,人苦难解,乃专以简易,以流丽为主。最喜法国之文学,同于上流社会之嗜好,而渐转移德意志文学之方。盖氏之著书,轻快便利,不让法国文字。是其第一手段。

氏之诗才,颇以巧妙为主,而为科洛列斯托科所摈斥。乃力恢复韵脚法。是其第二手段。

氏之诗文,皆富于滑稽讽刺谐谑等。是其第三手段。

氏于德意志文学中,为开风气之一领袖。是其第四手段。

以上四种之功劳,实开之于氏。慕氏之风,而模仿之者亦不少。就中如摩野伊斯、列渥兹可摩耶陆、哈伊希、卫陆耶斯、斯列山列渥、拉洛卫等,皆其中之锵锵者。

氏之所著书,概为时代物,如戏曲、咏史歌谣等,尤其所长。而其过半,皆模仿古人,敷衍古书而成之者。然其崇拜法国华丽之文学,其倾向虽往往流于猥鄙,不免似其平生之品行。氏之所著各书,不许其自己之儿女展读。至其著书之第二病,则失于冗长是也。

扑奚科氏②评氏第一期所著书,非徒为皮相之宗教的,其精神上亦能发挥上帝之语,如彼《基督信者之感觉》③。其为基督信者,乃为真正之基督信者,其感觉亦为真挚之感觉。可特氏亦评之曰:"彼女神亦认道德界为人生之乐土。其后智识,乃餐果实而遂堕落于人间界。"此语深可玩味云。

---

① 科洛列斯托科:今译为克洛卜施托克,有传。

② 扑奚科氏:今译为埃弗赖姆·莱辛,本书有传。

③ 《基督信者之感觉》:今译作《一个基督徒的感受》。1753 年,女友莎菲与拉罗施结婚,维尔德情绪沮丧,写了这部诗,诗中主张禁欲,激烈反对一切爱情诗。

于第二期,氏之最著功勋,乃翻译《希科斯卑耶》①是。盖《希科斯卑耶》者,乃以德意志语而翻译之。至今代尚有高尚之价值,于当时之文学界,其裨益实不少云。

氏当时最博声明,而大得其利益者,则阿加托物语是也。

至第三期,乃著最著名之《渥卫洛》。氏之著此书也,其材料采自法兰西之时代物。又采希由科斯卑耶《夏夜之梦》以为模范,盖此渥卫洛者为氏一代之杰作。可特氏极口称赞之,尝取月桂树以赠,特表叹服之意云。

氏生平之所著书,不遑枚举,姑一泛论其大致,以见一斑云。

氏之经历,既经三度之变迁,其第一期,最热心于宗教。既而渐倾于厌世的,其热度次第渐薄,稍稍趋于皮相的之信仰。至第二期与第一期为正反对,专事于放逸游荡。然氏生于宗教家之家,自其幼年,始终受宗教之教育。其初之非常之信宗教也,不过先入为主,本非宗教的人物。既而渐通世情,遂起第二期之反动。而此反动者,亦由一时之血气而起。及其年龄稍长,血气既定,乃喝然大悟,遂为洒落温雅之君子。

要之,氏为学者的诗人,才子的诗人,极愉快极勇壮之诗人。举世悠悠之褒贬,皆不介意。如春风之骀荡,温以接人,其面未尝显怒色。氏复高谈雄辩,巧于语言,促膝倾谈,不觉秋宵之易尽。一言以评之曰:氏为最欢乐之人物,最活泼之通人,最敏捷之诗人。无论可特氏亦不能出其人物之上,试求之于日本文学史乎,种彦之俦乎,马琴之俦乎,未能及之也!惟京传、西鹤,庶几稍近之。

---

① 希科斯卑耶:今译作莎士比亚。维兰德把莎士比亚的 22 个剧本译成德文,编为《莎士比亚戏剧集》(1762—1766 年)。

列希科（莱辛）传

可托贺陆度由列拉伊么列希科氏①，以千七百二十九年一月二十二日生于渥卫陆拉乌希兹之一小市加耶兹②。父为幼哈可托厘度列兹科③，为博学宏材有德之君子，任基督教会牧师之职。生十男，氏为其长子。外有姊妹二人，一为其姊，长氏三岁，一为其妹。

幼时受两亲亲切注意周到之教育，氏又资性敏悟，其进步极迅速。天性好学，幼时之戏品，皆取最上之书籍。其父常命画工，画氏之肖像。氏乞并其累积之书籍，而共画之。雏凤之声，已非凡鸟。其将来雄飞于德意志之文坛，良非偶然也。

千七百四十一年，乃入马伊西之沙托阿列拉学校④。此校入学之年龄，以十四岁为规定。于氏之年龄，尚不足一年。是时氏方十三岁也。头角峥嵘，已殊同辈，校长称氏为千里之驹。氏之才学，每出于众生。氏之在此学校也，于其课业外，践独立之学科，而读罗马希腊之古书，及古代数学之历史。尝以罗马之列拉乌兹斯及特列兹之著作，而组织为戏曲以研究之。尤热注于古代文学，又翻哈契度陆、科拉伊么、哈陆列陆等之著作，为近时之文学所推重。故氏之学才，既有非常之进步，其想像力亦因之而愈富。氏不但以得读奇书而自足，而必自期于古之作者。见解既富于胸中，乃著一书，名《学者之前途》，为氏第一著之著作。乃于学校时代而集其材料，又著《世界之问题》，大抵取材哈陆列陆之著作，而恃之以为诱导，而未能见其完结，实大可惜也。

---

① 可托贺陆度·由列拉伊么·列希科氏：今译为戈特霍尔德·埃弗赖姆·莱辛（1729—1781 年），德国戏剧家、文艺批评家和美学家。
② 加耶兹：今译为卡门兹，萨克森（或译撒克逊）省首府德累斯顿东北部德波边境上的一个小镇。
③ 幼哈可托厘度列兹科：今译作约翰·戈特弗里德·莱辛。
④ 马伊西之沙托阿列拉学校：今译作迈森的圣·阿夫拉贵族学校。

其理解力既已如此之非凡,既而卒业于此校。时千七百四十六年,则方十七岁之少年也。再为拉伊列兹卑大学①之学生。其两亲虽希望氏之从事于神学,而氏之所研究者,于博言为独近,于神学不甚措意焉。且其精神,既一意于文学,尤热注于戏曲,由氏之性质使然。而当时大学之教授,多授数学者、哲学者。契斯托渥陆之熏陶,其青年才子,于同教授之下,而自成一团体。往来交际,声气相应,故与神学亦益益相远。且当时拉伊列兹卑市之风俗状态,于氏之精神,亦受非常之感化力。氏尝致书于其母曰:"拉伊列兹卑市殆如特别之一小世界云。"盖当时拉伊列兹卑市之繁华,为全德意志之魁。不但为氏一人之所称许,而为一切世人所同认。故氏之悟神学为迂远者,氏亦有所感悟而云然也。

氏于学课,大尽其勉强之力,常占上席。然氏之才能,又不能限于一途。每每旁及于他学,而受主学之批难。其精神既专一于学事,又注意于体育,如击剑、蹈舞、马术等之游技,皆遍试之,以谋身体之发达。以未及壮年之一少年,其注意之周到如此,实罕见也。

氏之所尤愉快者,则颇嗜观剧。当时列利度利契那伊卫陆之一座,氏每日必临之。尝自言曰:"余一日不观剧,则干燥无味,而食不甘味。"其嗜可想而知。乃与其亲友哇伊希相谋,为耶伊卫陆夫人而翻译法国戏曲若哈意哈陆等,凡二三种。以乞于该剧场而得自由入场券,以得倾心于斯道。后因友美利可斯之斡旋,乃如其愿。又亲为耶伊卫陆夫人于演剧之必要,凡形容态度等,千差万别,一一而研究之,以穷其蕴奥。氏之天性,酷好斯道,自十三岁之顷,已注意之。而至于此时,虽属无足重轻之事,而因此乃于耶伊卫陆夫人之交际,于其精神上得其感化者不少。故夫人尝评之曰:"以男子之性质,于演剧,能尽充分之智能,如妇人者,绝少见也。"即此可见氏之对夫人其感情之优厚云。

方氏之著《学者之前途》也,已注意于适当之舞台。至于此时,乃于耶伊卫陆之座试演之,大博非常之喝采,大觉愉快,更续成其脚本,名声乃振于一时。此为热注戏曲之时代,氏之精神,每一意以集之。或有不能得作者满足之处,每思自登舞台以自演。

氏之举动如此,稍稍为其两亲所闻。其父本温厚实德之君子,颇大爱之。又

---

① 拉伊列兹卑大学:今译作莱比锡大学,位于德国萨克森州的莱比锡,创立于1409年,是欧洲最古老的大学之一,也是现今德国管辖地区内历史第二悠久的大学。

闻其与当时之才子,著名歌曲家科利斯托洛列美利可斯其交际大亲密,愈爱不能措。遂于千七百四十七年,命其归家。氏以两亲之严命,乃归其加耶兹之乡里。其年方举渥斯特陆之大祭,其父每注意于氏之举动。于其品行,每疑其有不端正之为。而其文学有非常之才,其发达之速,亦为其父所认。氏乃辩解美利可斯之为人,决非惑溺声色者比,乃亟证明其人物。于最初之疑念,乃得冰解。再游学于拉伊列兹卑。然其两亲,以其终不能修神学,将来仍以文学为依归,常不满足之感。乃更从事于医学,而其目的,仍以研究博言学为宗旨。

匹夫有志,不能夺之。况以才智拔群,其精神自幼既走向于文学之列兹科氏,而以医学能移其志乎。故及其再归于拉伊列兹卑也,仍热心从事于文学,且于耶伊卫陆之座,而应其召同赴乌维。其交际亦如前,于演剧之稽古,尤用其力。既去拉伊列兹卑,而招不幸。乃乞二三俳优而为保证人,而助之资。既而保证人索其还债,氏之资力,不能办之。债权者日夜督催,不堪其烦苦,遂遁于拉伊列兹卑,而再遁于乌维特卫陆卑①,随意勉学。既而病魔缠绕,孤身异域,展转空床,百感千愁。胸中交集,追思前后,颇悔既往之行为。乃寄书其母,述己之生涯,大有悔悟之感,因之而大奋起。

氏病渐愈,心思稍安,而彼债权者自拉伊列兹卑摄迹而来,请求其返济。氏以此处不能再居,乃决心舍大学之课业,而赴卫陆厘②。当时扑度科托伊陆特陆利兹契陆希(后改称列希卑)新闻之记者,声气相通,乃投于其友人美利可斯而求衣食之道。且欲得其资金,以偿办拉伊列兹卑人等之债务。

氏就独立之事业,其端绪实始于此。其遭不幸之境域,而反以鼓吹氏之独立之精神,隐然而助其势力。其至卫陆利也,囊无余资,衣服褴褛,破靴敝伞,殆如乞儿,其状态一寒至此。千七百四十八年十二月,渐达卫陆利,于美利可斯③之外,无一面识者。以栉比鳞次之市,往来如织之区,而氏处其间,殆如茫茫沙漠,绝无人烟之境,舍美利可斯无一可与语者。其后以书状往复数度,渐于乡家而得仅少之金,而购新衣一领。其致两亲之书曰:"余自今日始,几不得再接人间。人人几不敢与余接近,而无可与谈话者。"当时之状态,可想而知。以氏之性质,绝正温良,

---

① 乌维特卫陆卑:今译作维滕贝格。
② 卫陆厘:今译作柏林,位于德国东北部,是德国的首都和最大城市。
③ 美利可斯:今译为缪利乌斯,莱辛的表兄弟。

其书状之爱情,尤可感也。

氏因美利可斯之周旋,乃得整理利可兹契陆书库之事,其境域稍赴平坦。乃共美利可斯而撰《历史之演剧及其由来与援助》①一书,每年以四次附于出版之杂志,而发兑。与美利可斯相说合,而共发刊。至千七百五十一年,乃委任以卫陆利最特色之列兹希新闻之文学部,而任其关于政治及文学者,乃于其附录,而著《斩新闻之智识界》,以通俗文学,附新闻而发兑,遂得稍稍伸其骥足之时机。当是时也,氏之天禀之批评的精神,亦灿烂于纸上。偶遇拉伊列兹卑与兹可利卑之间,构成文学之争端贺度耶陆大称扬美陆度之《失乐园》②,而可托奚托则批难之之原因。氏以其洪识巨胆之精神,奋独持之健笔,以对拉伊列兹卑之可托奚托,而逞其锐锋。其论议正确,其指摘适切,无有漏处,于是世人皆认之为批评家,其名大震于江湖之耳目。更缀多数之论文杂记,续之而出版。且与多数之寄书家,向法国之列利列厘特托新闻,亦以锐利之笔端,大驳其谓卢骚美术及文学为世俗之害之说。氏之声名,益益喧播于世上。

氏每自思,今日虽以所得之学识,而任此事业,恰如一叶之扁舟,而航于大洋。今幸声名稍举,须乘此好机,勿再遭遇沉溺之不幸。乃筑论据之铁壁,而坚其基础。暂至乌维特卫陆卑共究文学之蕴奥,乃决心而再求学。当千七百五十一年之终,再至乌维特卫陆卑③以研究文学,兼学斯哈意耶语。氏之弟幼哈可托列利度当时亦修学于此。氏之初去拉伊列兹卑也,颇欲滞于此,以修其业,终不能果。今复又抱非常之望,而至此地,盖非偶然。且此乌维特卫陆卑者,当时著名德意志文学著名之泰斗,为宗教家马陆兹陆特陆④自千五百〇八年为神学教授而占大学之椅子。千五百十七年十月三十一日,彼乃揭其著名九十五条论文于城门,以开宗教

---

① 《历史之演剧及其由来与援助》:今译作《历史论文和戏剧评论》,莱辛和表兄一起出版的杂志。

② 美陆度:今译作约翰·弥尔顿(1608—1674 年)英国诗人、政论家,民主斗士,英国文学史上伟大的六大诗人之一,代表作品有长诗《失乐园》《复乐园》和《力士参孙》。

③ 乌维特卫陆卑:今译为维滕贝格,德国东部城市,属萨克森-安哈特州,在易北河畔,1180 年见于史籍,1293 年建市。

④ 马陆兹陆特陆:今译为马丁·路德(1483—1546 年),出生在德意志(人称德意志为改革发源地)中部绍森几亚的曼斯菲德附近的艾斯莱本-萨克森伯爵(选候)领地,是 16 世纪欧洲宗教改革倡导者,基督教新教路德宗创始人。

改革之端绪①，即其地也。氏之果钦慕陆特陆与否，姑置勿论，而于此地，竟产德意志文坛之二勇将，而于文学界皆有绝大之关系，不亦奇欤！氏之在乌维特卫陆卑，虽不过一年，而氏将来学者之行为，与批评家之精神，皆于此处而完备。果如其所希望之学位，达其目的。于千七百五十二年，再归卫陆利。

其再归卫陆利也，其从事于列渥奚新闻如前。又揭其新著作于纸上，益挥其健笔，又傍读英吉利、意大利等之书物，而翻译其多数②，而得莫大之报酬，乃与其弟等而充教育之资。加之于近时之文学上，名声日盛。然两亲以其不习神学，意颇非之。今其全集既出版，乃以其全集，邮寄其父。父受纳之，乃大满足，乃恢复其感情。

初，氏之在卫陆利也，与美利可斯之外，更得多数之知人，若耶特陆斯那、意可拉伊、拉么列陆等诸名士，皆有亲密之交际。一利一害，每每相因。其交际既烦杂，遂不能充分从事于著作事业。当千七百五十三年之初，乃至贺兹他摩，爱其公园地之闲静，而住于其间。滞于其地者，凡八周间，而沉思默考，以谱戏曲。乃作《美斯沙拉沙摩列耶》③之戏曲，并通俗悲哀之戏词。直兴行于列拉可列卢托阿特陆渥特陆之剧场，大博非常之喝采。

此一戏曲之结果，昔之排斥氏于演剧者之中殆如蛇蝎者，皆因之而转为希望。且当时列厘度利卑大帝，非常而爱法国的演剧，因之而忌德国的演剧之隆盛，乃自其首都而黜退之。氏大愤，欲以己身而抵抗之，慷慨激烈，愤不能已。千七百五十五年，共其朋友等，不暇告别，乃去卫陆利而至拉伊列兹卑。以前演剧者之旧友，无一存于剧场者。乃投可贺，日日委身，而稽考于斯道。乃于此地，亦演沙拉沙摩列耶，且缀可陆度意斯之戏曲，而登舞台。

---

① 当时人们认为天国的钥匙在教会手里，一个人进入天堂前要先洗清生前所犯的一切罪行。他们最怕的是死后在炼狱中的刑罚，因此他们相信只要用赎罪券就可以上天堂，一张赎罪券能缩短死后在炼狱中的刑罚；而赎罪券可以在教堂里购买，因此当时的教堂和牧师都很有钱。路德反对于赎罪券的曲解和误用，这不但对人的得救不利，还影响了教会的正常运作。路德在1517年万灵节前夕，也就是10月31日那天，宣布他反对赎罪券，写了95条论纲。

② 莱辛翻译的有伏尔泰和弗里德里希二世的作品。伏尔泰（1694—1778年），本名弗朗索瓦－马利·阿鲁埃，伏尔泰是他的笔名，法国启蒙思想家、文学家、哲学家、著名学者、作家。弗里德里希二世，即腓特烈二世（1712—1786年），后世尊称其为腓特烈大帝，是普鲁士王国国王，欧洲著名的军事家、政治家，及作家、作曲家。

③ 《美斯沙拉沙摩列耶》：今译为《萨拉·萨姆逊小姐》，德国悲剧，由戈·埃·莱辛创作，1775年在柏林出版，同年在奥得河畔法兰克福首次演出。剧本共分5幕。

　　既而拉伊列兹卑有富饶之绅士乌科列陆者①,将为全欧洲之大旅行,往返约三年间,而聘其为案内者导引之意。喜应其召,乃整旅装,先两氏向贺陆拉托而出发。当时自拉伊列兹卑而至阿摩斯特陆他摩②,其旅行之日程至少亦需八十日。氏等既经此长日程,乃著阿摩斯特陆他摩,遍历同盟州有名之都府。将航于英国,偶遇七年间战争破裂之事起③。乌科列陆奉列整度利大帝之命,急驰归国,乃遂停止前途之旅行,遂引返于拉伊列兹卑。既而将再继续此行,而氏以诉讼之事起,乃请求其旅行中止损害之赔偿。普法战争既止之后,乃渐达其目的。

　　于是乃再从事于文学,以为生计之道。终日握笔,将尽毕生之力以殉之,以为衣食之资。乃与旧友哇伊希及列拉乌等相往来,以度幽闲之岁月。更与著名之著作家由哇陆度列渥·科拉伊斯托而订交际④,氏所得之利益尤多。既而列拉乌卒,科拉伊斯托亦以普法战争之出军,乃共哇伊希而为哈利斯之旅行。于是生涯寂寞,无聊尤甚。且氏于此大战争之举,自向普国而抱同情,长住于沙科奚之首府拉伊列兹卑,自多不愉快之感。乃于千七百五十八年五月,又归于卫陆利。

　　其三至卫陆利也,自其旧友知人,皆受非常之欢待,至此稍进愉快之境遇。氏乃作科拉伊摩战争歌之序言,而特出版,以配布于列洛希耶军之兵士。读其书而感激者不少。是普国之军队,乃大发扬其一层之爱国心。

　　偶有科利斯托战死之飞报,既达于卫陆利,氏闻之悲叹不能措。其自记以为"余平生之悲哀,此为尤激烈之悲哀"。大有不惜其死以殉之之意,以示科拉伊么·科利斯托者。当氏在拉伊列陆卑之时,时率军队而至其地,偶然相会,意气投合,遂订刎颈之交。至此以身殉国,再见无期。氏亦军人而有文学者,实可敬服之人物。

　　其后氏乃共意可拉伊及耶特陆斯那而发刊文学书翰,又与拉摩利列陆相谋,

---

　　① 乌科列陆者:今译为温克勒,富商。

　　② 阿摩斯特陆他摩:今译为阿姆斯特丹,是荷兰首都及最大城市,位于该国西部省份北荷兰省,是著名的国际大都市。

　　③ 七年战争发生在1754年至1763年,而主要冲突则集中于1756—1763年。当时欧洲的主要强国均参与了这场战争,其影响覆盖了欧洲、北美、中美洲、西非海岸、印度以及菲律宾。这场战争由欧洲列强之间的对抗所引发,英国与法兰西和西班牙在贸易与殖民地上相互竞争,同时普鲁士,这个日益崛起的强国与奥地利正同时在神圣罗马帝国的体系内争夺霸权。1763年,法兰西、西班牙与英国签订《巴黎和约》,萨克森、奥地利与普鲁士签订《胡贝尔图斯堡和约》,标志着战争的结束。

　　④ 由哇陆度列渥·科拉伊斯托:今译为埃瓦尔德·克里斯蒂安·冯·克莱斯特,普鲁士少校,著名作家,莱辛和他缔结了亲密的友谊。

选拔洛加乌斯之讽诗，傍缀以列洽他斯之悲哀戏曲，又并其初所作之《列乌斯托》并之而出版①。后至千八百七十七年野契陆氏恐氏失其原稿，乃急上梓。氏又著古昔话之起草，亦于此时代。而其所作之戏曲，遍传于一时。

既而颇嫌厌文学上之事业，不欲郁郁龌龊于书籍之下，以埋没其终身。乃遍交际世人，而运动之念盛起。尝滞在拉伊列兹卑，以其知人科拉伊斯托之绍介，而应契渥拉陆列科乌兹之招，乃告知其友人，又去卫陆利而至列扑斯拉乌，乃就其地知事秘书官之职。其时氏之日记有曰"余暂时宝奇丑之蚕儿，盖欲待其化成美丽之蝶，而得再见日光也。"即此言可知氏之当日之心情。

自千七百六十年，迄千七百六十五年，氏皆在扑列斯拉乌，而就知事秘书官之职②。于此五年间，大感染军人社会活泼之风俗，尤与军人相亲，乃更发见德意志国之气概，于其将来之发达，有莫大之补益。然氏今以衣食之故，而无自由之时间，以从事于考案。而其性质敏捷，终为毕生之杰作云。其所作《美耶阿列阿陆卫陆么》，为军人淑女之好模范，尤好德意志人之性质。彼之著名《拉渥可》③，亦于此时起草云。

既而大战争方告平和之局，氏之职务，稍稍烦杂，颇不能堪。千七百六十五年之初，遂辞其职位，又归于卫陆厘。

氏乃以其从来之收入，而扶养其家族。又以其私费，于列朴斯拉唯而收贮其藏书，以设立图书馆。故其初至卫陆厘，囊橐已罄，不能不再借著作而谋衣食。乃更完缀其文学书简，更续缀其拉渥可，以救一时之急，乃稍裕云。

氏之久居卫陆利也，为时已久，将有帝国书籍馆之长之希望。世人亦大尊敬于氏，以报其文学上之功勋。故亦自冀占取其职位，以列利度利卑特陆科洛希而为之先容。而列利度利卑忽以一无名无学无智之一法人而承其职。氏乃动其非常之激昂，遂不屑居住其首府。无论何地方而有书籍馆长之职者，必应其招。偶遇哈么列陆卑④方设立德意志国民之剧场，乞氏为其座付之作者兼评议员。于是应其招聘，直向哈么列陆卑而出发。

---

① 1758年，莱辛返回柏林，写下了第一批涉及当时的文学的信件。《列乌斯托》，今译作《菲罗塔斯》，独幕剧，1759年出版。

② 1761年至1765年，莱辛在布鲁斯劳担任普鲁士军陶恩钦的行政秘书。

③ 《拉渥可》：今译为《拉奥孔》，是莱辛的美学巨著。

④ 哈么列陆卑：今译作汉堡，德国第二大城市，有着"世界桥城"的美誉。

氏本赞成德意志主义之演剧,而欲大发扬其主义。自千七百六十七年四月而至哈摩列陆卑,乃以其一身而为此新事业之牺牲,而专为整顿之计。然此之企图,至半途而渐退缩。氏察其不能完成,乃去其职,于千七百六十八年,再从事于整顿,而后实行。乃先独发刊其哈摩列陆科演剧志,而全力持之,以终底于成此氏于哈么利列陆科之事业。

既而氏之希望,皆成画饼,即会计上亦陷于非常困难之地位。而彼剧场之设立者,又不能支给氏之俸给。其所著作之美那列渥哈陆卫陆么及演剧志,而亦不能得其报酬。于是负债又起,加之其所著之演剧志,而为哈陆列大学教授科洛兹互宣极恶之笔战。内忧外虑,皆丛集于一身。以此忧虑多端,乃愈愤科洛兹之高慢无礼。乃尽发挥其博学深识,挥其批评的锐笔,成考古学杂志,发刊于报纸以答之,以攻击敌之论据,而大嘲其浅陋。

氏既身体健康,精神壮快,欲得文学上之新材料,将为意大利之游。及至此时,乃愈欲达其目的。百方苦虑,而谋旅费以就道。既而有绢商人可意卑之遗室尤烈①与氏一见而订交,恋爱之情,不能自禁,乃决心欲与女结婚。意大利旅行之希望,因之中止。将求常定之职,而为活计之资。适列拉乌希可哇卑之皇太子招氏为乌陆列卑可特陆之图书馆长②,乃就其职位,而赴列拉乌希可哇卑,然仅六百他列陆之给料。当时与今日之地势,实大相殊。其地方为寂寥之小都府,实非位置氏之地位。氏与尤烈女之相恋爱,时年已四十,其恋情发达,亦可谓迟。加之尤烈女之财产,于其前夫逝世之际,颇多混杂,未能全归于女之手,故亦未免困难。然而结婚之后,荏苒六年,氏常往来于乌陆列卑可特陆恳谈慰谕,其爱情益益日深。氏之至乌陆列卑可特陆也,委任仅一年间,从事于图书馆之整顿。于其错杂散乱之藏书,皆绵密穿凿,一一通读之。部类排置,整饰确然。乃以其余日,而著《历史及文学》。又其《由陆利阿加路兹》颇费年月所考定者,亦于此时完结焉。

千七百七十五年,氏以尤烈女独居乌维,忽闻其病,乃急至乌维而视之。偶遇

---

① 莱辛的妻子是一个商人的遗孀,其名字今译为娥娃·科尼希。

② 列拉乌希可哇卑,今译为不伦瑞克,是德国下萨克森州东部的一个城市,位于德国中北部城市,濒中部运河。在1918年该公国大公逊位前,不伦瑞克是不伦瑞克公国的首都。乌陆列卑可特陆,今译为沃尔芬·比特尔大公图书馆。

列拉乌兹可哇伊卑之皇子列渥贺陆度，命氏随伴而为意大利旅行①。乃与尤烈女告别，握手殷勤，分襟歧路。乃奉皇子之恩命，而应其旨，乃共皇子等周探意大利之胜地、旧迹，而大发达其诗想。归路乃分袂而为美可卫之行，而独至乌维。时尤烈女已归哈么列陆卑，氏亦直归乌陆列可特陆。

千七百七十六年十月，氏至哈么列陆卑，乃与女举合衾之式②，相携而归乌陆列卑可特陆。鸳鸯交颈，琴瑟张弦，于氏之生活，大添一层之光彩。

氏之居乌陆列卑可特陆，凡六年间，虽生来强壮，而害其健康者实不少。盖因其热心整理职务，而多勉强之结果。氏之给料，增加二百他列陆，都合而为八百他列陆。加之与其夫人尤烈，得团圆和乐之生活。氏之精神，乃大壮快，而稍稍恢复其健康。然而寸福尺魔，人所难免。虽得此幸福之生活，而不过如一刹那。而非常之悲叹，又横于氏之前途。

千七百七十七年，氏又陷于悲境，其生命殆因之而减缩。其夫人尤烈于结婚后已结珠胎，当十二月二十五日之夜，而得一子。然于二十四时间，倏然死去。夫人以产后伤感，病不能起。翌年一月十日遂一瞑而不归。前失爱子，继失娇妻，胸中悲惨，非笔所能罄。乃以其夫人尤烈之肖像，及前后两夫之关系，而成一书，题为《列奚科与其夫人之往复书状》云。

夫人既逝，于其死去之时，博士拉伊马陆斯著《乌陆列卑可特陆无名物之片碎》。遂因此书，而文学上之新争论，因之而引起。其书中于基督教上，颇事攻击。而已出版，而辩驳书继之而起。然其续出之反对说，多不足取，仅哈么列陆卑之牧师可兹野氏，独试最烈之攻击。因此论之辩驳而世颇有称之者。氏乃直著一书，题曰《可兹野之敌》，锐利之笔锋，大破其论说。遂获大胜利，是其笔战之结局，而稍充其希望之一端。

由斯愈励精神，从事于笔战，以慰其悼亡之悲情。而不意其结果，反大杀氏之健康，遂得精神病，不能辨别人事。乃至哈摩列陆卑列拉乌兹哇伊卑而为旅行，以养其神气。然究不能恢复，其效究难永久支持。且其眼力，又得非常之衰弱，不能辨黑白。

---

① 列拉乌兹可哇伊卑之皇子列渥贺陆度：今译为不伦瑞克的王子莱奥波德，命莱辛陪伴其旅行意大利。

② 1776年10月，莱辛与商人遗孀埃娃·柯尼希结了婚。

氏之身体既衰,乃注意于摄生,而欲以维持之。至千七百八十一年二月之初,至列拉乌奚哇伊卑,偶因小失,而自奋击其体,遂受内伤,是为夺其生命之原因。乃于二月十五日,溘然长逝,享年五十有三。其所余之家财,仅列拉乌希哇伊卑侯之赠与,以助其葬仪。其境遇诚可悲,然亦有余荣也。既而千八百五十三年,乃于列拉乌希哇伊卑而建设氏之立像,而题其表面曰"德意志本国大思想家大作诗家"而刻于石。呜呼,氏之去世,虽已百年,而其著作与立像,尚自激刺于今人之眼帘,亦盛矣哉! 其立像成于著名之技术博士厘兹露之手云。厘兹露氏生于千八百零四年十二月十五日,于列陆斯意兹之地。自千八百三十二年以来为度列斯特技术大学之教授。以千八百六十一年二月二十一日乃死。

威露特露（赫尔德）传

　　幼哈可托列厘度威露特露氏①，以千七百四十四年八月二十四日，生于东普鲁士之贺陆契之一小都府②。父为贫儿院之教师，兼勤于基督教会之鸣钟并唱歌之役。氏之幼时，已才智非凡，常聆两亲之教示，别悟理解。其智识之发达，每越其教育之程度云。

　　及稍长，氏习其父之业，受牧师之教育，得博学温厚之传道师乌陆拉贺著名诗人乌陆拉贺第二世之父之称许，遂全受宗教的教育。氏于神学上之智识，夙已发达。氏当时又因科利摩梭校长而入罗甸学校，其时酷好典籍，已有嗜书家之称。凡有书籍之所，不问其时其地，直翻阅之。自始至终，必读尽而后已。又虑妨人之事务，则携出园庭，或于树下，或于水际，静坐细读，不知红日之入崦嵫③。

　　氏于读书之外，次则嗜好音乐，颇热心研究之，能达其技云。

　　千七百六十年，当时著名之神学者，奚哈斯兹耶托列希幼自贺陆契而来，就牧师之职位，为乌陆拉贺之继续者。是时托列希幼于其职务之暇，方从事于著作事业，欲得一人为之助者。一见氏则知其适任，遂顾入之。氏乃应其招聘，乃助托列希幼从事于著作事业。其时方十有七岁云。

----

　　① 幼哈可托列厘度威露特露氏：今译为约翰·戈特弗里德·冯·赫尔德（1744—1803 年），德国文艺理论家，狂飙运动的理论指导者，曾在哥尼斯堡大学学习医学和神学，同狄德罗、歌德和莱辛都有交往。其学术研究范围很广，包括哲学、文艺、宗教、历史和语言学等，提倡民族文化，重视民间文学，试图从历史的观点说明文学的性质和宗教的起源，并运用比较语言学方法解释语言和思想的关系。著有《关于近代德国文学的断片》《批评之林》《论语言的起源》和未完成的《关于人类历史哲学的思想》等，还编纂有民歌集《诗歌中各族人民的声音》。

　　② 赫尔德出生在东普鲁士的莫龙根。

　　③ 崦嵫：即今天的齐寿山，古时常用来指日没的地方。《山海经·西山经》曰："鸟鼠同穴山西南三百六十里曰崦嵫之山。"郭璞注："日没所入之山也。"屈原《离骚》也说："吾令羲和弭节兮，望崦嵫而勿迫。"

氏自此遂被图书馆之命,其事务虽愈繁忙,而氏自以得偿其读书之癖,反以为便。氏所玩味,尤好新古之诗歌,如科拉伊斯之著,尤为其第一爱读之书。其后托列希幼亦感氏之勉学,为其息子等而设希腊并罗甸语之讲筵,乃氏共其研究。于是氏既得学古语之时机,喜悦不能措,热心而赴勉强之程。遂致目疾。此千七百六十二年春之事也。

乃乞俄国军队随军之外科医,有奚哇陆兹陆洛者,氏欲愈其目疾,乃请求于托列希幼之绍介。幸得奚哇陆兹陆洛之允许,其疾遂愈。奚哇陆兹陆洛爱其年少而性质温良,其才气又非凡,乃劝氏共己而至可意科斯卫陆卑①,随赴卫特陆斯列陆科以修医学。是时氏以为吾能兼入大学,则专心以委于学事,而自叹家贫,不能偿其希望,常抱遗恨于胸中。今闻奚哇陆兹陆洛之劝驾,窃自大喜,果从其言,而出可意科斯卫陆卑。纵令吾学不能成就,而于彼所言之医学,亦必有成,终优于漂泊于此地。遂于千七百六十二年夏,从奚哇陆兹陆洛而赴可意科斯卫陆卑,以修医学。

于是氏遂从事于医术之讲演,或时临死体解剖之席,睹其惨淡之光景,恐惧战栗,每失神而绝倒。虽为可笑之一事,亦足以察知其性质之一斑。氏乃断然决意而弃医学,兼切望得执神学,乃谢奚哇陆兹陆洛之惠与,而自为私宅之教师,以得若干之报酬,并自乡里之朋友等,而受少许之补助。遂足其学资,而入意科斯卫陆卑之大学,为哲学科之学生。此时氏所最好听闻者,为伊马耶野陆加托②之讲义。伊马耶野陆加托以千七百二十四年生,千八百零四年死。

氏又与书贾加特路结交,大得加特路之信用。凡必要之书类,多惠与之。又

---

① 可意科斯卫陆卑:今译为柯尼斯堡。在七年战争中的 1758 年初,俄罗斯帝国占领东普鲁士;1757 年 12 月 31 日,女皇伊丽莎白·彼得罗芙娜发布敕令,宣布将柯尼斯堡并入俄罗斯。1758 年至 1762 年间,来自俄罗斯的五名总督负责管理柯尼斯堡。在波兰第一次被瓜分后,1773 年,柯尼斯堡成为东普鲁士省的首府。第二次世界大战期间,柯尼斯堡在 1944 年遭受盟军轰炸而损失惨重;1945 年柯尼斯堡战役后,苏联红军占领了这座城市。战后,根据《波茨坦协定》,柯尼斯堡成为苏联领土。1946 年,为纪念刚逝世的苏联最高苏维埃主席团主席米哈伊尔·伊万诺维奇·加里宁,柯尼斯堡更名为加里宁格勒。

② 伊马耶野陆加托:今译伊曼努尔·康德(1724—1804 年),出生和逝世都在德国柯尼斯堡,德国作家、哲学家,德国古典哲学创始人,其学说深深影响近代西方哲学,并开启了德国古典哲学和康德主义等诸多流派。康德最著名的著作被合称为"三大批判",即《纯粹理性批判》《实践理性批判》和《判断力批判》,这三部作品分别有系统地阐述了他的知识学、伦理学和美学思想。《纯粹理性批判》尤其得到学术界重视,是西方哲学史上划时代的巨著。此外,康德在宗教哲学、法律哲学和历史哲学方面也有重要论著。

多为之介绍其益友,氏得其便宜者不少。

然氏之经济,收入颇少。时大限于困难。氏后尝语人曰:"以面包一块,经过数日,尚存之以为粮。"其贫苦若此,乃以友人之周旋,得为可陆列契可么列厘特利兹耶么之教师,其资金稍余裕。

氏于教授之术,叮咛亲切,最得其道,大得学生之尊敬,德望日高。又得豪家之知遇,约氏共其家居,自是遂开幸福生活之端绪。

经此等之波澜,于氏生来怯弱之性质,遂全打破。男儿刚劲之气性,乃次第而发达。

既而加托以氏之颖悟,而大加知遇。乃许听其讲义,而不索其报酬,而氏则助其著作之事业。盖氏所发之议论,颇得加托之意云。

且氏于此,又以先辈哈马[1]之恳意,与加托之交际,而遂更深。两两相依,有如胶漆。故氏与哈马结交之后,所得之利益不少。乃更研究希科斯卑耶渥希阿之著书。又因其幼时所习之圣书,其萌芽所出之国民的思想,益益发达,多由哈马之赐与。氏之他日雄飞于德意志文坛,垂芳名于万世者,哈马之感化力惟最大焉。

千七百六十四年之秋,氏以哈马之推举,为利加市[2]寺院学校之教师。其教授之术,愈大进步,大得生徒之悦服。氏于此时又为说教者,屡屡于教会堂,纵发议论,闻者皆为之动心,声明乃大振于利加市。利加市者,本繁华之商业市,虽为尘俗纷纷之所,然氏善注目于市民之气风,与社会之状态等,以开发其国家的观念,而大得其利益。

氏于利加市之生活,故颇平和,且多愉快之感。

千七百六十七年之初,氏于沙托卫特陆斯列陆科而为卫特陆学校之校长。将应其招,利加市之市民,皆不忍其去而固留之。氏亦感其感情,而不忍决然辞去,乃辞其招聘,仍止于利加市而任校长并牧师之职。

是年,氏乃著《德意志文学管见》一篇,附录于扑布科[3]之《文学书简》。以德意志自古来与将来之文学,而论述己之意见。此为氏之初登文坛第一著之事业。

---

① 哈马:今译作哈曼,全名为约翰·格奥尔格·哈曼(1730—1788 年),德国著名哲学家,是发端于1770 年的德国文学界的"狂飙突进"运动之父。歌德在《诗歌与真理》中回忆了哈曼的思想对他本人及整个浪漫派的巨大影响。

② 利加市:今译为里加市。

③ 扑布科:即扑希科,今译作莱辛,前面有传。

即此一书,盖氏当在契意科斯卫陆卑之时,久已起草。至是乃公之于世,大得扑希科之奖励云。

然氏之批评文,视扑兹科之批评文,似较平易简明,抑扬比喻,颇为修辞的义字。一言以评之,彼为客观的,而此为主观的也。

千七百六十九年,氏又著批评的之一种,名曰《批评之森林》①,直接就扑希科之《拉渥可》②而论之。自现时之著者溯及古代诗人之事,以古代之思想与理解,与法人《拉渥可》之解释而大试攻击。于其第二第三卷,更转其论锋,以大攻击科洛兹③。科洛兹愤甚,以无理之手段,而加氏以非常之耻辱。氏以横逆之来,心颇郁郁,遂舍其职位,思为他国之旅行。遂先游法国,更遍历贺陆拉度及全德意志,而观察诸国之教育制度。取舍而选拔之,再归于利加。企以其善良完全之制度,而公布于其地。氏于是年之六月,方解其职,出发于利加,而向耶特斯。氏于此次之航海,大觉愉快。至其晚年,乃编《旅行日记》而详记之。

滞在耶特斯者凡四阅月,直至法国之哈利斯与其数多之名士,而订交际。其学士会之会员,尤为多相往来,其中以兹度洛托之交谊为最深。此次之游历,既得数多之益友,又得观察有益之事物,每择时间,遍览其图书馆及博物馆。尤好临其府之剧场,就法国演剧之所发明,氏后日以法国之演剧与法民固有之思想所发达,与现时之体裁,更令德意志人而仿效之。于此时已认定云。

当千七百六十九年之末,氏又伴列利兹利贺陆斯他伊而为法国及意大利之旅行。当时列利兹方患气病,故欲为旅行,以排遣之。氏为其案内者与监督者之任。氏又历法国,经贺陆拉度而至哈么列陆卑。虽仅暂时之滞在,而与扑希科及科拉乌兹可斯④等诸名士,皆订相知。后又向契陆而出发,再与列利兹等相会。

翌年七月,氏与列利兹等同上旅途,先经哈么列陆卑、哈那列陆、契等兹契等,而至他陆摩斯他托,馆于军议官耶陆科氏之家⑤,与其将来之夫人加洛厘渥列陆斯拉度娘,初得相见。互相爱恋之意,不能自止。又再作斯托拉斯列陆科之旅行,而

---

① 《批评之森林》:赫尔德的著作,今译为《批评之林或根据最近发表的论文的尺度对美的科学和艺术的一些看法》。

② 《拉渥可》:今译为《拉奥孔》,莱辛创作的一部美学著作,副标题为《论画与诗的界限》,1766 年出版。

③ 科洛兹:今译为克劳茨,古典美学代表。

④ 扑希科及科拉乌兹可斯:即戈特霍尔德·埃夫莱姆·莱辛和克劳狄乌斯。

⑤ 他陆摩斯他托:今译作达尔姆施塔特。耶陆科:今译作梅尔克。

与列利兹之侍官,忽尔失欢,且以其在贺陆契之时,目疾再发,乃辞列利兹,分袂而行。且辞其随伴,独止于此,以疗养其目疾。不幸终不能达全快之目的,而于氏之精神上,反大变更,往往有轻怒之举动。

是时,氏之差以自慰者,与其同年之可特氏当时方二十二岁,时方为法学士,相见如故①。不但为文学上之益友,且为刎颈之交。可特与氏于技术上并精神上之感化,尤为不少。

氏于此地,成《言语之起原》一篇,得卫陆厘大学之赏金,颇丰厚。其于文学上,因之而得之利益又不少。

氏于此地,又有翻译渥希阿、西契斯卑耶之著作,及希腊之古书等。又以平生所尊敬科洛列斯度科之著作,置之旅窗,以自排遣。氏之诗想,因之而大发达云。

氏又因其以前在他陆摩斯他托之时,曾自乌陆卫陆摩列卑可契列陆科伯以宫殿牧师并寺院寺之职位,而招之于卑可契列陆科。既已承诺,千七百七十一年,乃至卑可契列陆科而就其职位②。而与氏之预想,每多反对。盖伯颇恃其威权,举动多高慢。而氏之所谏,不能容其一言,故多不快之感。幸伯爵之夫人,温和敬爱,于氏颇能尊敬,渐相亲睦,而调和于伯爵之间,亦大相得。乃能相安,遂成就《人性之原则》《人间变迁之哲理》等。又倾意于《国歌》之事,凡关于德意志国,及其余诸国之事,悉聚萃之。至千七百七十三年,又与可特并耶希陆两氏相结托,而成《德意志风习及技术》,发刊于杂志而行之。

是年,氏与其恋人爱恋之人列陆斯拉度③娘举偕老之式。于其生活上,添一崭新之光彩。时氏方三十岁。

于是,氏之声名,稍稍为世人所知。自渥兹契西等地,招待者日多。而可希兹契当千七百七十四年之时,即乞氏之来游,劝驾者甚夥。适与友人方居哇伊马陆侯之宫殿,以可特之推举,于是哇伊马陆侯招以宫中牧师并大僧正之职位。氏方应其招聘,千七百七十六年,乃赴哇伊马陆。当是时,可特、乌拉度、科渥卫陆诸氏希陆列陆亦于千七百八十七年亦来会于斯地皆在加陆阿乌科斯托侯之幕下,与哇伊马陆共组织文学俱乐部。氏亦与有力焉。由是声名愈高,于哇伊马陆俱乐部

---

① 1770 年,赫尔德在斯特拉斯堡与歌德(可特)相会,被誉为德国文学狂飙突进运动的开端,具有标志性意义。

② 1771 年至 1776 年,赫尔德在比克堡当首席牧师。

③ 列陆斯拉度:1773 年,赫尔德和符腾堡的卡罗琳·弗拉希兰德结婚。

中,遂占第三之地位。

氏之职务,既如充分之繁杂,若以常人处之,虽委以全力,尚虞不足。而氏于其职务,毫无伫滞迟延。更于其暇,而从事于文学上之事业。其所著《国歌》《爱情之歌》及著名之《卫列厘诗歌之精神》,皆于哇伊马陆滞在中,乘繁务之余闲,而缀成之者。氏之裕余如此。

氏之名誉与职位,皆蒸蒸日上。又为文学者之一人,大受世人之尊敬。前日之目疾,虽已渐愈,而氏之精神又变更,短气轻怒,虽亲爱如可特者亦至失欢。与希陆列陆亦几不能相结托。以乌拉度氏之慰谕劝导,其交际乃渐如初。

氏既落落寡合,乃希望为意大利之旅行。至千七百八十八年夏,乃共列他陆卫陆卑男而赴意大利。偶偶滞在罗马府,会哇伊马陆之女侯阿马利阿,共为渥阿列陆等之旅行,乃达其宿望。方滞在意大利中,又自可奚兹契招以为大学教授并大学付大学牧师之职位。乃欲应其招聘,哇伊马陆侯止之。至千七百八十九年乃再归哇伊马陆。其后氏之著作如《理想》《慈善奖励者》及《歌舞之神》,并翻译哈陆特斯之诗歌等,有数多之哲学上之著作。氏之最初之学派,颇在加托之下,近日之著作,于加托派之人,大加攻击云。

一千八百零一年,为寺院议会之议长。且自选举侯列渥哈伊野陆而列为贵族。

自是之后,氏之身体,入非常衰弱之境。加之目疾愈重,又于千八百零三年五月自马车而堕落,益益害其健康。遂起神经病及沮汁病。乃至由契陆之温泉,欲疗养之,而不见其功。千八百零三年,遂为不归之客。享年六十岁。氏于哇伊马陆俱乐部中,为最先逝者。

至千八百十九年加陆阿乌斯托侯于氏之基碑,题"光爱生"三字,以称扬氏于文学上之伟勋。

又千八百五十年八月二十五日,为氏之诞生日,乃立像以表氏之伟业,建立于哇伊马陆。又氏之夫人,特著《威陆特陆之记念》以叙良人之生平。

可特（歌德）传

幼哈乌陆列加科可特氏①，以千七百四十九年八月二十八日生于马伊河畔之列拉科陆托府②。氏之家世，先无显达者。曾祖父以铁蹄为业，祖父为裁缝师。至其父幼哈科斯哈陆③，次第而家起，遂为府中之绅士，家既富而人望亦归，称为"帝国评议官"。其母加他利耶由利沙卫斯④，性质爽利，于交际之地，尤长于谈论。氏之具诗人之资格，并其富饶之想像力与美妙之观察力，皆自其母氏之遗传而来。父以严肃持身，故氏幼时之教育，专务自身行之，以养成其小儿之独立心。氏夙通罗甸、希腊、法兰西、英吉利、意大利等诸国之语言，又曾学希伯来语。每就圣书而研究其原书，就中之诗篇，尤氏平生所好读者云。

氏之乡里，本自古繁荣之街市，富于历史的之纪念物，大助客观的之诗想。其时之太守，尤好美术，多招集同府之画工雕刻师等。氏与其美术家，交际颇多，又大养成其美术的志想。

千七百六十五年，氏年十六，乃脱家庭教育之范围，游于拉伊列兹卑府⑤。入

---

① 幼哈乌陆列加科可特氏：即约翰·沃尔夫冈·冯·歌德（1749—1832年），德国著名思想家、作家、科学家，魏玛古典主义最著名的代表。而作为诗歌、戏剧和散文作品的创作者，歌德是最伟大的德国作家之一，也是世界文学领域的一个出类拔萃的光辉人物。他在1773年写了一部戏剧《葛兹·冯·伯利欣根》，从此蜚声德国文坛，1774年发表了《少年维特之烦恼》，更使他名声大噪。1776年，他开始为魏玛公国服务，1831年完成了《浮士德》的创作，翌年在魏玛去世。

② 马伊河畔之列拉科陆托府：今译为美因河畔法兰克福。

③ 幼哈科斯哈陆：今译为约翰·卡斯帕·歌德，是帝国议会的成员。

④ 加他利耶由利沙卫斯：今译为卡特丽娜·伊莉莎白·歌德，是法兰克福市长约翰·沃尔夫冈·泰克斯托的长女。

⑤ 拉伊列兹卑：今译为莱比锡。莱比锡是德国东部的第二大城市，位于柏林以南165公里。市名莱比锡在当地古语中的意思是"种有菩提树的地方"，市区、郊外处处可见浓郁的菩提树。歌德十分喜爱这里，称它为"小巴黎"。

其府之大学,而修法学,兼好哲学、史学等之讲义。盖其性之所近,其进步遂非凡。又入其府之交际社会,目击其风俗之华美,大有所得。然于美学,氏尤好之,更热心以研究之云。

氏之居于此也,初试缀为戏曲。于千七百六十七年,年方十八,乃著一戏曲,题曰《恋人之变心》①,盖叙当时契托卫娘之事迹。翌年又成一书,题曰《罪人》②。氏盖目击其乡里及拉伊列兹卑府道德之腐败,而为此滑稽剧。此二书者,氏仿法兰西戏曲之法而写其平生心头之感。其所述之苦乐,皆以其诗想的之材料,而写其观念,以开他日写实派之端,盖非偶然也。其余所著小篇之歌谣,又有多种,皆未题氏之本名。故当时之人,未有知可特氏为何如人者,而不知无名之诗人,他日不独德意志一国而占雄名,于欧洲全体之文坛,而独占其主座。即此年方十八之青年也,至千七百六十八年夏,不幸而为病魔所侵,而患呕血,生命危于累卵,乃暂废学事而归其乡里以养生③。与其母之友人加他利耶列渥科列特卫陆卑娘,受其密切之调护。

既而渐复健康,千七百七十年再赴斯托拉斯列陆卑府,乃从其父之命,而继研究法学。氏以同学之诱导,于法学之余,兼及医学及博物学等之讲义,而与听之。至此,获交列兹、列陆奚、可科斯兹陆利科等之良友,而获其裨益不少。又与威陆特陆而订交际。威陆特陆与氏相较,仅五年以长,经验学识,皆冠绝于一时。氏自与之订交,乃更从事于希伯来之诗学,及贺耶陆、渥希阿希科、斯卑耶、可陆度斯美斯等之著书。其研究文学之希望益固。又得闻威陆特陆氏所发明之语,其言曰:"诗歌者自二三才人之脑中,与一切国民之胸里,自然而涌出。"乃大悟国风俚歌之可贵,乃仿当时之俚歌,而作《野之蔷薇》之曲。其余又自文学上而博闻有益之卓论新说,更大发达其诗想。其得威陆特陆之益居多。

既而斯托拉斯列陆卑府之近在,有希洗哈伊么村牧师之女列厘特利契④娘,姿容秀丽,性质聪明,备楚楚可怜之态,与氏而通情,两心叩叩,如漆如胶。然氏后竟薄幸,而为秋扇之捐。列厘特利契娘矢志守贞,终身不二,以寡妇而送其生涯。此为氏之缺点。

---

① 《恋人之变心》:今译作《恋人的情绪》,为歌德1768年创作。

② 《罪人》:今译作《同谋犯》,喜剧。

③ 歌德大咯血不得不中断学业,于1768年8月28日返回法兰克福。

④ 列厘特利契:即夏洛特·冯·施泰因,和歌德保持了一段十年之久的亲密关系。

当氏与列厘特利契娘交际之顷，其所著之诗歌，大都艳丽哀婉之作，如《欢迎与离别》《恋人之选》《春之歌》等，皆自其真情涌出。爱情之浓，一读三叹，使人之意耶消，盖彼仿可陆度斯美斯之体云。又在斯托拉斯列陆卑府游学时，见美斯特陆之高塔，大有所感，乃研究建筑学，而著《德意志建筑术》一篇。他日所著若《可兹》及列乌斯托之著作，其材料大抵预备于斯托拉斯列陆卑游学之时。

一千七百七十一年，氏遂得法学士之学位，乃归其乡里列拉科列陆托，而为免许代言人。然仍从其所好，首研究于诗歌。喜与文学社会相交际，然于本职之法律事务，仍无旷职之虑。氏以希洛西陆在拉伊列兹卑时之知己友人而与他陆摩斯他托之参谋官耶陆科氏而结交谊。耶陆科氏虽为军人，而富于美术思想，其裨益于氏者又不少。

一千七百七十二年之春，又赴乌兹拉陆府，采访裁判处之事务，四月乃归。七十三年，又著一书，而言某勇士之事，即以其名名之。此书为氏公之于世之第一著[1]。氏之声名，铮铮喧传于江湖。

是书之材料，乃采自千五百年代可兹所著《列拉契勇士之传》。然彼之著作，而以奚由科斯卑耶为模范，而有不规律之遗憾。氏之著作，盖远胜于彼云。当氏之在斯托拉斯列陆卑府也，大采集其材料，其稿已成。后又屡加润色，乃始发刊于时。此曲之各出，皆叙勇壮快活之事。惜哉！惟于大戏曲之经济或云顺序，即规律之意不免欠点。盖氏之缀此曲也，于彼之所谓时代，及其地位，不免有隔绝之弊。虽然，此著既出，世人皆争读之，有一时洛阳纸贵之势。然于文坛，欲又生以波澜。而卑劣之文学者，皆竞缀勇士之传奇，以取媚于时流。既而布陆列陆之《群盗》既出，而文学社会，又争为无味淡泊之盗贼小说，以售于时。不问时之古今，地之东西，皆有此等卑劣之文学者，模仿抄袭，以附骥尾，可惜又属可怜也。

氏又续著《乌陆特陆之不幸》[2]。此一篇之传奇，其用材料，概自己之阅历而来。先时，氏之在乌拉陆府也，或时临踏舞会，与聂得氏之女同为裁别处之人恳意殷殷。既而交情日秘，渐有不可一日偶离之势。后闻此女许嫁于其友人契斯托渥陆列扑耶公使之书记生，乃怅然而绝意，拂袖而归于乡里。而爱慕之情，终不能

---

[1] 书名为《铁手骑士葛兹·冯·贝利欣根》。
[2] 《乌陆特陆之不幸》：今译作《少年维特的烦恼》，1774年秋天在莱比锡书籍展览会上面世，并在那里成了畅销书。

绝,悲愤不已,辄欲自杀。是时,有同在裁判处由陆沙么者,亦以影事,以短铳而自杀云。氏闻其事,大感悟,且感其同情,乃缀一传奇,以乌陆特陆为主人公,半述由陆沙列么之事,半写己情。其篇中所称阿陆卫陆托者,即契斯托渥陆之变体,其全篇即为氏与加陆洛特娘之化身,自不待论。此书既出,大博世人之爱赏。批评家争为恳切之批评,翻译家无不热心从事于翻译,而卑怯之文学者,争勉而模仿之。当时之文学界,竟酿成一种乌陆特陆之流行病。且青年血气之辈,因此书而动其感情以自杀者不少。可特氏之势力,不亦伟哉!

是时,氏年二十有五,其名渐播于都鄙。一时知名之人士,争访氏家,而与之订交。若最著名之科洛列斯托科①及兹利卑府之牧师拉列阿特陆,乃共氏而为瑞西旅行。又如斯托陆卫陆卑伯及哲学者兼传奇者哈伊利卑奚可卑,与氏尤为亲密。而氏平生之知己,则推哇伊马陆府之加陆阿乌科斯托侯。侯未即位之时,于列拉科列陆托府已订至交,其后再会于加陆斯陆卫。至千七百七十五年,侯乃招入哇伊马陆府之宫殿,遂滞于其间②。

哇伊马陆侯加陆阿乌科斯托之母,阿马陆耶者,为列厘度利卑大王之姪,年十八,已寡居,凡十六年间代良人而执政事。其嗣子加陆阿乌科斯托之教育,系委于乌拉度③。故加陆阿乌科斯托虽立,而实不握政权,其身既闲散,乃得专心于文艺、音乐、绘画等。既而氏至,女侯大喜之,乃迎氏而令组织文学的俱乐部。此俱乐部之所属,氏与乌拉度为始,而少佐科渥卫陆侯之弟可斯他兹之太傅。虽为军人而备文学思想者及其余宫中之侍臣,凡有志于音乐及文艺者等。后至千八百八十七年,希陆列陆氏乃移居于此地④。

氏之初至哇伊马陆府也,自居于客位。既得侯之信任,殆如极密顾问官。不但于文学上,即政治上之意见,亦必候氏之教示。其受哇伊马陆侯之尊敬可想

① 科洛列斯托科:即德国著名诗人克洛卜施托克。
② 歌德于1775—1786年为改良现实社会,应聘到魏玛公国做官。哇伊马陆府,今译作魏玛公国,是德国魏玛地区的一座小城市,在历史上曾经一度发展为公国体系,位于德国境内图林根州以东20公里。丹麦童话作家安徒生形容"魏玛不是一座有公园的城市,而是一座有城市的公园"。加陆阿乌科斯托,即公爵卡尔·奥古斯特(1758—1828年)。
③ 乌拉度,即小说家兼莎士比亚著作翻译家维兰德(1733—1813年),他从1772年起到去世一直生活在魏玛。
④ 希陆列陆,即弗里德里希·席勒,他在这幢过去的巴洛克房子里度过了生命中的最后三年。从1802年到他逝世的1805年,席勒和他的妻子夏洛特及四个孩子一起住在这里。

而知。

氏既受侯优渥之待遇，然事务单简，更得养成其诗情。又以其余闲而研究骨相学、金石学、植物学、解剖学等，乃得充分之满足。氏又暂离哇伊马陆而漫游于意大利地方，以达其年来之宿望。

氏乃向加陆侯而乞暇，先至加陆其哈度。千七百八十六年九月二日乃向意大利而出发，至十月十八日渐达于贺陆科那，而入罗马府。暂勾留于此，以探究历史的名迹。而再归于罗马府，盘旋于意大利之地者，凡二年。千七百八十八年四月二十二日，遂怅然至罗马府。是年六月十八日，乃安抵于哇伊马陆。都其凡二年间所见闻之事迹，而著《意大利纪行》。

此《意大利纪行》一书，于氏之生涯中，尤著变迁之迹，于氏之精神上而一改其方针。盖氏向之所崇拜者，为渥希阿希斯科卑耶，今则以贺耶陆与耶列科扑斯代之。凡美术之根元，皆以普通自然之理，而模仿之。以合于古代之理想中，与其从来之持论，至今一变。其所著作，乃大改其面目。

既立此新主义，其第一著之著作，假一女郎，而写其事迹。其本文之事迹，氏尝缀散文以纪之，后因滞在意大利中，改之为戏曲。其时希腊之戏曲家渥伊邪卑特斯亦采此事之材料，而组织为戏曲。一切以素朴为主，自存古代戏曲之风，一日以二三时间，演于特伊耶拿之社殿。其篇中自其人物之性质而起，以至其时代时事地位，一一备之。其规律极严正，氏之著作中所仅见云。

更著一书，即以意特陆拉度之勇士野可贺托之名为名，此曲即以勇士以其自身为牺牲之事迹，而点缀之。于十二年前已起稿。

又著一书，即以其人之名为名，亦以前所缀之散文而敷衍之。篇中所现之人物不过五人。虽与《伊列契意》相似，然至其事实，皆自氏之经历而出云。

又著《罗马集》，此集中之诗，皆咏与其夫人科利斯兹耶那乌陆卑斯之关系，譬喻适切。夫人为著名传奇家之妹，千七百八十八年始与氏相知，互为朋友，交际极其亲密。后千八百零六年氏与夫人著一诗，题为《植物之变形》，亦与夫人相关云。

当是时，其邻国法兰西，大革命之事起，其影响波及于德意志者不少。氏乃又得种种之材料，又著一书，名为《狐之裁判》，以此影响之故。既而加陆侯发兵，氏乃从之而征法国，而围马伊兹。

乌拉度氏既去,威陆特陆①亦他游。哇伊马陆府之文坛,不免稍寂。氏亦以离群索处,寂寞寡欢。至千七百九十九年,乃得一平生第一之益友,即幼哈科利斯托列·列厘度利卑·希陆列陆氏是。

希陆列陆氏者②,以千七百五十九年产于马陆威哈,少氏十岁。在加陆学院之时,与氏相见。千七百八十八年再会于卢度陆列斯他托,其任由那大学教授之职,全由氏之绍介。然其交际,亦无特别之奇。既而于氏意大利旅行之后,其精神上,乃有一大进步,奋力研究希陆列陆之著书。至千七百九十四年,两氏遂成莫逆之友,书翰之交换,不绝于途。六年之后,希陆列陆又移于哇伊马陆府,其交益亲密,无日不相往来。乃共相约,合为恳切之注告与丁宁之批评。金以炼而益光,玉以磨而愈粹。二氏之进步,于此时愈为精励。然而二氏之主义,却非同一者。氏则依实事而构成理想,希陆列陆氏则依理想而构造实事。彼用归纳法,此用演绎法。故氏则以写实派称,希陆列陆氏则以理想家尊。凡诗曲之完全者,必以写实与理想相待,而始能有成。今日二氏,以相异之主义而相维持,实为二氏之幸福。然不独为二氏之幸福已也,即谓之为后世文学者之幸福,亦无不可。盖此二氏之性质,其所以差异者,亦非偶然。一则以氏为富家之息子,自幼而发达其自由。希陆列陆氏则生于贫家,与氏相比,则独受严格之教育。此二氏发育之差异,其原因如此。

其后氏共希陆列陆氏共发刊《和烈》杂志,以谋当时文学界之进步,而诱导之。又如《魔法使之弟子》《宝堀之人》《托厘托娘之嫁》皆书名等,皆此时代之著作。

当是时,希陆列陆专用意于戏曲,而氏则反之,独尽力于咏史、传奇等。

一千七百九十六年又著一传奇。此为氏二十年前所起稿,最初之一卷,著之于意大利旅行中。其书中之主人,为富豪商家之子息,而大嗜演剧者。乃点缀其经历而为之。

其咏史中著名之著作,于一千七百九十七年,乃公之于世。采之著名之著作,而点缀其事。当法兰西革命之顷,德意志旅馆之子,有卫陆马者,于法兰西之亡命

---

① 威陆特陆:即约翰·戈特弗里德·冯·赫尔德(1744—1803年),德国启蒙运动最有名的理论家,从1776年起也住在这里。

② 希陆列陆氏:今译为约翰·克里斯托弗·弗里德里希·冯·席勒(1759—1805年),两度在魏玛生活,并在这里写了剧本《威廉·退尔》。此剧歌颂了瑞士传奇式的自由英雄,鼓舞了人民反抗专制的斗争意志。

人,每施与之衣食。有少女度洛特阿者①,独寄恋情。而其父颇不满,其母及其知人,为之作合,竟以少女妻之。然此不过一种之情史,而其文笔,而能写出纯粹德意志风犹言德国之气风家族之习惯,洞察人情,大博人间之称赞。

此著既毕业,氏乃直为瑞西之旅行,此为重作旧游之举。氏乃采乌陆卫陆磨特陆之事迹,而成咏史之一篇。然不自喜,乃废弃之。至一千八百〇四年,希陆列陆乃取而编成戏曲,乃达氏之目的。今日各国皆称美之,称为希陆列陆之杰作,而不知实氏之著也②。

自十八世纪之终,十九世纪之始,希陆列陆最热心从事于文事,雄篇大作之著,此时为多。而氏于此时乃暂休息。

至一千八百〇五年,氏为一生之大不幸。其平生第一之亲友,而竟永诀而不归。其时希陆列陆氏,年四十六,而竟不永其年。于是氏殆如失其一臂,眇其一目,叹息哀悼,不能自已。而郁郁不乐,更觉衰老。追慕之余,草哀逝一篇,为亡友万世不朽之纪念,而刊于其墓。

希陆列陆之死后,更阅二十七年,氏尚巍然为鲁灵光。然于比较上而论之,于诗学之范围内研究者颇少,实业的学术的之研究为最多。

千八百〇九年,又著传奇二种,为氏之自传。其第一篇,千八百十一年,乃公之于世。其中于氏之生活,依次而顺序之,于氏之平生,委婉详记之。然此书之所载,详于二十六岁之时,乃氏居住哇伊马陆府时代。其余皆备于《意大利纪行》与《第三此瑞西纪行》及日记等。

当是时,德意志自由战争既起,士民从事于干戈,物情汹汹。氏乃弃其文事,更研究阿拉卑耶卫陆希耶之诗学,后乃编成其诗集。既而自由之战争既终,乃著祝祭之戏曲,于威陆利剧场演之。

---

① 度洛特阿:今译作克里斯·蒂安娜·福尔皮乌斯。歌德从 1789 年起与她同居,在席勒去世后与之一年结婚,有一子奥古斯特。

② 《威廉·退尔》是这一时期席勒的重要剧作。戏剧取材于 14 世纪瑞士英雄猎人威廉·退尔的传说。这一题材原本是歌德在瑞士搜集到的,他将其无私赠予席勒。席勒从未去过瑞士,却将这一传说诠释得极为生动。瑞士人为了感激席勒,把退尔传说发生地四州湖沿岸的一块极为壮观的巨岩石命名为"席勒石"。

氏至晚年,尚成二种之大著述,就中以《列乌斯托》①尤为世人所知。氏之著此也,共费六十年之日月,实以一生之精力注之。当氏辞拉伊列自卑大学之时,归家而养病,时已脱稿。至八十二岁,于其去世之前一年,乃删润成就此书。学者一生之事业,或迷于情,或走于利,千辛万苦,乃达真正之幸福。以自家之经历,混和以哲学的之理想,而达于愉快之境。实为一种警世之哲学云。其全部分前后二篇,而以前篇与后篇相比,趣味较优,且易解说。盖其壮年血气之作,先情而后理。其后篇则其晚年着实之作,密于理而疏于情。故前篇颇浓丽,后篇则素朴。尝有批评家威陆特陆②读氏之此著也,苦一节之难解,乃质问于氏。而氏于往时起草之意趣,亦不能答之,乃大笑曰:"理解之太元奥者,己亦茫然。解人难索,不亦宜哉!"

氏之《列乌斯托》既成,积劳所致,翌年遂病殁。实千八百三十二年三月二十三日也,行年八十有三。葬于哇伊马陆之郊。其墓与希陆列陆氏相邻。今之游哇伊马陆府者,文人骚客,争谒其墓,称之为二诗伯。其墓前之香花,婵妍馥郁,不绝于时云。

---

① 《列乌斯托》:今译作《浮士德》,是德国作家歌德创作的一部长达 12111 行的诗剧,为歌德的代表作,是他毕生思想和艺术探索的结晶。《浮士德》的构思和写作贯串了歌德的一生,1768 年开始创作,直到 1832 年——前后一共用 64 年,才在其逝世前一年完成。

② 威陆特陆:即约翰·戈特弗里德·冯·赫尔德。

希陆列陆(席勒)传

幼哈科利斯托·列利托利卑·希陆列陆氏者①,以千七百五十九年十一月十日,生于乌陆特卫陆卑之一小市名马陆哈卫者②。氏之曾祖父,以面包为业。其父幼哈加斯卫陆希陆列陆③以千七百二十三年十月二十七日生,千七百九十六年十一月七日死学外科术,当由斯特陆拉伊卑即位战争之际,为哈伊由陆骑兵队之军医,后住于马陆哈卫而为外科医,乃与列乌维陆托之女可度哇伊斯④娘而结婚。奉职于乌陆特卫陆卑军队之少尉,既而升进大尉,管理希利兹特离宫之园林。又转为地方农学校长。

其母可度哇伊斯在马陆哈卫之时,乃生氏。其母富于致密之感情,长于诗歌音乐。加之列卫陆希列陆科之和平后,世又泰安,家族团圞⑤之乐,与活泼忍耐之性质,皆传染于氏之脑中。

一千七百六十五年,乃移家于列磨斯河畔之洛陆卑市。氏乃就牧师摩西而学古语,为氏就学之起点。后日氏所著之《群盗》⑥,其材料盖得之于摩西者居多。

一千七百六十八年,氏共其两亲及姊科利斯托列渥后嫁可屋他图书馆长拉伊哇陆度徙居陆度乌科斯列陆卑。父为其地农学校之校长,乃著《希利兹特》一书。

---

① 席勒出生于德国符腾堡的小城马尔巴赫。

② 约翰·克里斯托弗·弗里德里希·冯·席勒(1759—1805年),通常被称为弗里德里希·席勒,为德国18世纪著名诗人、哲学家、历史学家和剧作家,德国启蒙文学的代表人物之一。席勒是德国文学史上著名的"狂飙突进运动"的代表人物,也被公认为是德国文学史上地位仅次于歌德的伟大作家。

③ 幼哈加斯卫陆希陆列陆:今译为约翰·卡斯巴·席勒。

④ 可度哇伊斯:今译为伊丽莎白·泰阿·柯德薇丝。

⑤ 团圞:团聚、团圆。

⑥ 《群盗》:今译作《强盗》,是席勒1777年开始创作的剧本,1781年完成,次年1月在曼海姆上演,引起了巨大反响。

氏至其地,乃入罗甸学校。至千七百七十二年,又从事于神学。先受基督教之洗礼,再入希乌卑西寺院之学校。此学校者凡欲研究于斯学,尤为适当之预备门。氏乃著一戏曲,名为《基督教信者》,至今日尤盛传之。悲咽哀感,是为氏之感激于宗教教育之时代。

偶值加路渥伊契公,方立军人子弟之学校,欲以养成军士,并以教授法学、医学为目的。依军律的之校则,乃设立加路学校,大募少年聪颖之子弟。乃向其父请求以氏为子弟员,氏乃应其募集。千七百七十三年一月十七日遂入其校而修法学①。但此加路学校之组织,其教育规定之整顿,自今日视之,固为甚不完全。且其中有非常苛酷而行鞭背的之规律。然此为当时德意志一般之惯例,不独此校为然。且此校尤有多少宽严之别,视沙科奚之贵族学校,亦为特别。其教授之法,差为全备云,盖在当时颇称良校。文学之著述,有多少存于校内者,入可特②之所著书,颇盛行于此校。又如《科拉列科》之戏曲,尝于加陆公之诞辰,生徒等曾演以祝。氏乃移其神学之念,而心仪于文学,且其学校不平之制,虽日日勉强而就法学之课程,然终难俯就此无味之学科,且不能满足其文学之志想。遂与二三之同志谋,将遁出于学校。

千七百七十五年,转移校舍于斯希兹加陆度③。氏之目的,乃欲变更,而移于医学,渐抑制其遁校之念。然究不能全移注氏之精神,而其过半,仍注意于文学。然而此加路校者,后有非常之进步。自幼希列帝进为高等加路学校,分为三科,而加入大学之列。

偶偶《科拉列可》之著者可特氏,于希科哇伊兹旅行之途次,谒见加路渥伊契公。氏乃初与可特相会,大受其非常之感化。同为文坛希世之双峰。可特长氏十岁,文才诗思,迥绝时流,赫赫隆名,已为当时之文杰。氏乃整备羽翼,尚未离巢之雏鸟。与可特氏应对款洽,极为投机。于是当时一流之诗人,争相订交,其资格日起。

氏之在加陆学校也,颇自谦抑,以力求学。尝自言曰:"加路公待余之厚,两亲之外,无有逾者。"当时氏之敬爱加路公,一至于此。盖其性质之偏昵,有莫明其故

---

① 1773 年,席勒被父亲送到卡尔大公的军事学校学习。

② 可特:今译为歌德。

③ 1775 年,卡尔大公军事学校扩大为军事院校,校址由索里图德王宫迁到斯图加特市内(斯希兹加陆度)。

者。至如以诗人希可卫陆托与贺卫阿斯卫陆科投之于狱,而系留之一年。其残逆无道若此,而氏仍本其无量之慈惠,一意以依于加路公。氏之偏执,又如斯也。

千七百七十九年二月十一日,于加路公之诞生日,氏乃取其事迹,演成祝祭之游戏以颂之。公乃大喜。

氏于此时,与公之爱妾伯爵列拉兹斯加列渥贺卫哈伊么女相知,乃就女之所得,而发见妇女之思想。

当是时,氏所模范敬慕之人物,以希可卫陆托及科利契陆为最。又好读之《耶希阿斯》,可特之《契兹》及《乌陆特陆》,契陆斯特卫陆科之《乌可利耶》,拉伊希乌维兹之《可利可斯列他扑度》等。且由乌拉度之翻译,而得读希契斯卑耶之著作,以大开发其诗想。已而于一千七百六十六年,乃作《新年》诗。其后此等之诲诗犹言教诲之诗,续续自其脑中而涌出。乃欲自著一咏史的之伟作,先以勇士贺西斯为其材料,后又以诗章未能普及于国民,乃以自由之笔,写以适当之文词,而组织成戏曲。自后乃倾心于斯道。

其后氏所受之感化愈多,遍读卢骚之著书。凡所作之诗中,称扬卢骚之语,往往触笔而出之。

氏又以以前所作之《斯兹铁特列握耶沙》《可斯摩斯列渥耶奚兹》等,而欲演成悲哀之戏曲,以完结之。当千七百七十六年,氏年十八乃采希可卫陆托之语,而成一著名之戏曲,则《群盗》也。至一千七百八十年,其戏曲乃脱稿。

氏初受两亲之感化,自幼时即热心而信奉基督教,爱读圣书,及其诗篇,及预言之类,每玩味而熟读之。其所作之诗歌,多以此精神为其基础。今则对基督教每多怀疑,乃读贺陆他伊列①著名法国之诗人兼历史家与哲学家,千六百九十四年十月二十日生,至千七百七十八年五月三十日乃卒之著书。然其观念尚未能全去基督教,仍再临教会而听其说教。

一千七百八十年十二月十四日卒业于加路教,乃在司希兹加陆度,任命近卫兵营之军医②。月得十八科陆特之俸给,初得独立之生活。氏之适当于此职务与否,姑置勿论,而颇碍其文学之业。

---

① 贺陆他伊列:今译为伏尔泰(1694—1778 年),本名弗朗索瓦－马利·阿鲁埃,伏尔泰是他的笔名,法国启蒙思想家、文学家、哲学家、著名学者、作家。
② 1780 年 12 月,席勒结束了八年军事学院囚徒般的生活,被分配到奥热将军的斯图加特步兵团任军医。

氏之当日,大受严格校则之束缚,万事皆处于压制之下。今则突然而得自由,以游泳于世路之潮流。其反动之力,于氏之行动,乃有一大变更。其微薄之俸给,不能充豫其消费,而债台遂高。及《盗贼》①出版,乃借以弥补之。然在当时,氏之声名,尚未大震,无金主资本家以贷之。至千七百八十一年夏,乃以自费而上梓,其书乃述盗贼加路贺陆之事,并其复仇之图而图画之。

此著述既出,大得预想外之好评。氏之声名,乃喧传于一世。当时马哈伊么②之俳优监督,卫利威陆度、列渥他陆威陆卑乃乞氏于其剧场,而为之删补折衷,而试演之。氏欲自表其著作,然以军队无暇,乃遂乞假。以千七百八十二年,而至马哈伊么,乃令著名之伊列拉度列拉兹丈而扮贺陆以演之,大得非常之喝采。此曲既传播,遂凌《洛伊卫陆》之上,而批评家皆争誉之。

氏既辞其军队,加陆公颇不悦于心。然以其为加路学校之高才生,尚优待之。而氏之对《洛伊卫陆》及其同时出版之歌集,颇为冷淡,以其趣向不过华美艳丽,为金马玉堂之著作,以此目公,而不能别开妙境。书中往往讽公,而嫌隙渐启。公乃召氏之父,恳切责之,戒其著作事业之误,且嘱其以自今之著作,一一先以示公。氏乃断然反对之,以拒绝其请求。公乃大怒,偶偶闻氏方编《列野斯可》③之新戏曲,乃下非常之酷令,于其医学外之著作,皆禁之。又禁其往来他国。氏夙知公之气质,与之反对,必不免于刑罚,与希可哈陆托同辙。乃更秘密而为马哈伊么之旅行,事究发觉,遂处以十四日间之禁锢。

既以反对之故,而受刑罚,于其前途之障碍颇不少。使他人处之,发扬之志气,必因之而中阻。而氏则更鼓其一层之勇气,亟欲脱其身体及精神之束缚,以从事于其事业,遂成《列由斯可》。既而于千七百八十二年九月十七日,乃从其亲友音乐家阿度列阿斯托拉伊卫陆出奔于斯奚兹加陆度,更走马哈伊么。仅其母及姊并二三之亲友知之,其父亦不知也④。此书一出,大博世上之高评,其余之卑劣小说家,争模仿之,以贪名利。此东西古今之文界,大抵皆然。然当可特《契兹》之出

---

① 今译为《强盗》。席勒于1777年读书时开始创作剧本,1780年写成,1782年1月13日于曼海姆首次公演,获得巨大成功。该剧反抗封建暴政,充满狂飙突进精神。

② 马哈伊么:今译为曼海姆。

③ 《列野斯可》:今译为《斐艾斯柯》。

④ 1782年9月,席勒和一位朋友从斯图加特军营逃出,途经法兰克福、美因茨,来到鲍尔巴赫,在这里度过了一段流亡生活。

也,骑士之小说,遂遍于一时。今氏《洛伊卫陆》之出也,盗贼之小说,又风靡于
一世。

其所出之歌集,既获非常之评判,氏乃益益信用自己之文才,于其新作之《列
野斯可》极欲再博充分之好评,故再至马哈伊么。然其所信任之他陆卫陆卑氏,遇
之非常之冷淡,请求其为《列卫斯可》出版之金主,亦竟断言拒绝之。于氏一切之
著作,皆轻蔑之而无甚注意。于氏之所希望,皆成画饼,大陷于困难之地位。

氏之所计画既失,乃乞于乌渥陆希渥契之妇人而借其马伊意契之一小村野陆
海兹哈之邸宅,而欲退隐。乃著一书而鬻于书肆希野哇,仅得笔资以偿旅店之消
费,而赴马伊意契。是妇人也,尝于司希兹加路度与相见,其子亦在加路校与氏为
同窗,故因之而为避地之所。

氏一千七百八十二年十二月七日乃渐达哈乌野陆哈兹哈,敝衣破帽,憔悴形
骸。中途复遭覆舟之险,浮沉波浪,九死一生,乃达此境。乍睹山水之幽丽,身处
闲地,乃静养其心气,以复其疲劳。后得乌渥陆兹渥契妇人并其女互相往来,氏受
其非常之优待,乃颇慰其忧郁。其女年十六,名洛兹特陆,艳丽无比,巧于交际,于
是氏之精神,依旧整顿。而马伊意契之图书馆长拉伊哇陆度亦信爱氏,以其图书
馆之书籍,悉贷与之。或就氏而访问,交际日亲密。氏后以其姊妻之。数子之外,
无一往来。闲居一室,专从事于著作事业,以成《路易西美陆扑厘》。其余之著作,
则以《度加陆洛斯》为最著。其材料盖得之于《拉伊哇路度》云。

他陆卫陆卑闻氏之在哈乌由陆海兹哈仍热心而从事于著作事业,大悔从前遇
氏之冷淡,再乞氏为马哈伊么剧场之作者。氏以其反覆无常,不欲就之。且于洛
兹特陆娘爱恋之情,当时如炽,而不忍顷刻相离。然漂泊之身,有多少之不满,乃
不得已而割一家团圆之乐,乃于千七百八十三年七月之末,再至马哈伊么。以氏
之著作,亟登之于舞台,每年以三百科陆特为其谢礼,更直著手于新著述。翌年一
月十日又成《共和政治之悲曲》列野斯可于契耶阿革命之事而演之于舞台。而其
《诡计与爱恋》[①]亦成于此时。

氏既为马哈伊么演剧之作者,乃得交际种种之人物。当时有加路洛兹特列渥
加陆列女郎者,其性质富于非常之感情,且具渊博之才学。然其气质颇偏己,嫁其
夫,而意气不合,不能尽充分夫妇之交情。偶偶观氏之《诡计与爱恋》之演剧,而触

---

① 《诡计与爱恋》:今译为《爱情与阴谋》。

其衷情。盖此剧者氏自一千七百八十四年五月八日以来,既至马哈伊么,凡氏之所交际,常以女子所理想男子之资格,而欲借笔端发见之。然以种种之妨害,氏之热心与爱恋,焦积于胸,乃成此伟著。当时氏之出版物之金主马路加列特希可哇娘与氏之交情,非常亲密。氏之意中人,惟此一人。既而加路列女因此演剧,又注满腔之热情,氏更浓情艳遇,萃于一身。其时加路列女,芳纪二十三岁,艳情正富,玉貌争妍,即铁石男儿,亦为之而心转,况以多情如氏者,谁能遣此。乃与加路列女时相提携,交情日笃。于是氏之诗想上,更添一大势力。实为氏之艳福极盛时代,桃娇杏媚,各竞春光,争欲买氏之欢心。而氏亦左有右宜,大有得色。彼之《度加陆洛斯》①乃写此二女爱恋之竞争也。

当是时,氏一面则以二女之交际,而身处温柔之境;一面则与他陆卫陆卑等之交际,而入高尚之程。盖彼为最富于理想之人,而无匹敌。氏自与之订交,自己之理想,亦愈愈而高尚邃远,更大养成其诗想。氏初颇欲依赖他路卫陆卑而颇为卑屈,既而大悟,乃专恃自己之才学,独立独步而雄飞于天下,以发扬德意志人固有之自恃心,而绝一切之依赖。乃更发刊其所续著之《度加路洛斯》及《拉伊意兹希他利阿》之演剧杂志。于其第一号,氏乃自揭其如何为演剧之本色之问题,而论剧场为德育上之要地,其演剧可补宗教及法律不足之意想。此固自一方之偏理而论之,不得谓完全之说,而氏至后日,始终维持此主论。可知氏当日之心情,全注于此点。

一千七百八十四年,氏乃访其亲属而至哇伊马陆。哇伊马陆侯加路阿乌科斯托召之,乃至他陆摩斯他兹托之宫殿,而讲演度加路洛斯。氏乃与其可由特之友人,得大信用,皆得后宫顾问官之职位。

氏已厌处马哈伊么之演剧作者之位置,遂受哇伊马路侯之优待。是年十二月,氏以尊重爱顾之意,以当时拉伊列兹卑大审院判事科利司托列可托厘度契陆渥陆千七百五十六年生于拉伊列兹卑,千八百三十一年死于卫陆厘。度列斯特之诗人特渥度陆契陆渥陆之父为首,于其所属作以团体,皆为之画像。以美丽之妆饰,而赠以书状,恳切丁宁,以寄于氏,而劝其游沙科西。氏颇自慰,喜不能措,然不能断然而辞马哈伊么之职,乃覆以书状,而道感谢之情。然氏之心,因之而大奋起,乃有非常之进步。其交际上,亦大增非常之感情。

---

① 《度加陆洛斯》:今译为《唐·卡洛斯》。

翌年四月，乃至拉伊列兹卑①，当时契陆渥陆已辞度列斯特之职。当时列野陆兹耶度列野卫路后为氏之妹婿最为欢待，其后乃得与契陆渥陆相见。契陆特陆乃取氏之著作，而下适切之品评。氏乃大悟，于其言语上行为上，增无限之亲切，为平生无二之亲友。

当是时，氏之小团圞之乐，亦复不浅。如契陆渥陆之妻当时尚为技术家之女及美那斯托科娘及其妹度拉娘，乃并此诸人而画成肖像，日与此等之才子佳人，互相唱和，以度时日云。

至千七百八十五年九月，皆受契陆渥陆之保护，乃于拉伊列兹卑近在可列斯而为住家，乃一意热心以续成《度加陆洛斯》。以其余暇，则与其小团体之人互相往来。襟怀活泼，鼓舞欢欣。其遗宅今尚存在，凡敬慕氏者每留览不置云。氏于此时，成《喜之歌》②一卷，不拘于语格，惟述其真意，大受激赏。氏后日以此为少作云。

氏前与马哈伊么交情甚密，欲与马陆加列特希哇娘而结合卺之约。其父颇不欲之，其女与其母，乃请相见而一谈。终以女之性质与氏之性质，不能相合，遂送拒绝之书状，而事不谐。惜哉！

当契陆渥陆与美耶斯托科娘之结婚也，氏至度列斯特。九月十一日夜半，乃共特别邮便，越由陆卫桥，而至度列斯特，遂在洛希乌兹之近傍，住居于契陆渥陆之葡萄山，隐遁于此者，凡二年，以度消闲之日月。其间共热心于著作者惟契陆渥陆时相提携，共为情话，以相切磋。以契陆渥陆严肃之气质，忍耐不屈之精神，于氏之感化不浅。列陆马陆千八百年一月二十一日生，千八百六十八年七月三十日死，为神学者及文学历史家尝评之曰：“彼从来以不羁之性质，乃变其偏颇之特性，而合于规矩准绳。其受契陆渥陆之感化力可以验矣。”

其所著之《度加陆洛斯》既已完结，又习列希科之例，用无韵句法，而作《耶他》。以千七百八十七年六月《度加陆洛斯》既出版，乃先送于哈么列陆卑之希列特陆。于八月三十一日，乃于其处之舞台演之。氏之此曲，以四年间之经历，遭遇种种之变迁，而乃克有成。故与希陆列陆氏之五大戏曲而异其趣。

千七百八十七年，氏以其知己之女友野利沙卫斯列阿陆意么娘执拗而不从其

① 拉伊列兹卑：今译为莱比锡。1785年4月，席勒应格·克尔纳等四位仰慕者邀请，前往莱比锡。
② 《喜之歌》：今译为《欢乐颂》。

请求,乃为生计之道,而至哇伊马陆。乃与其益友契陆渥陆而别,河梁握手,挥泪分襟。氏之目的,盖欲于加陆阿乌斯托侯之下,而谋一好位置,以自给其生活。

七月二十一日,乃之至哇伊马陆之首都,不幸当时方从事于列洛伊西之军事,其知己可特亦在意大利而未归,激赏氏之著作之女侯亦不在其地,乃大失所望。幸而乌拉度、威陆特陆①二氏助力居多。又于此处而晤马哈伊么之知己列加路列女,乃由之而绍介于女侯阿马利耶。列加路女以其前所结婚,每有非常不幸之感,乃欲与氏结偕老之约,而与其前夫离缘。氏乃携女而赴由那,乃渐察女之性质,终非长处愉快之妇人,乃遂舍女而他适。其后女果为其妹婿而夺其财产,陷于非常之困难。至千八百二十年,竟盲其双目。列洛伊希皇女阿利阿渥悯之,乃命之于卫陆利城内而保护之。至千八百四十三年五月十二日,年八十二岁,遂死于其所。

氏虽与此不幸之女友,而绝其关系,人与寡妇扑契列路度之女加陆洛特娘之恋爱,并其姊加洛列渥之友情,此三女者,皆于马哈伊渥最近呢之人。氏于十二月,又赴马伊意契,而访其爱顾之老女乌陆兹契,共其息子氏之同窗学友乘马而赴陆度陆列斯他托而投于列契列陆度之家以述旧情。虽在逆旅之中,大有愉快之感,盘桓流连,而不忍去。

千七百八十八年之春,与其姊妹往复之手书,累累盈牍,交情益益亲密。乃自陆度陆列而起程,定居于列陆科斯特托村。或时至陆度列陆,或归于其寓所,大得自由之生活。遂热心而缀《共和国意特陆拉度之灭亡史》②,又作《精神观察者》之小说。又作《希腊之诸神》之诗,与乌拉度而齐名。大博耶兹陆之好评。以悲哀忧郁之诗章,而叹希腊宗教之衰退。

当是时,氏于古物界之生活,其所著尤占多分。以古昔之事迹,而描写之。又翻译《阿乌利斯之伊列契伊》及《列意兹阿之女》③以影写加洛特娘之事。又观察当时之技术者,作《技术家》之教诲诗以训之,其当时境遇之内部,俱描写而无遗。

氏与陆托列陆朝夕过从,以度消闲之日月。既而可特亦自意大利而归哇伊马陆。氏乃出其所著之批评而赠之,又增文学上交际之端绪。可特读其批评,大加

① 乌拉度、威陆特陆:即克里斯托夫·马丁·维兰德,约翰·戈特弗里德·冯·赫尔德,前面有传。

② 《共和国意特陆拉度之灭亡史》:今译为《荷兰脱离西班牙统治独立史》。

③ 《阿乌利斯之伊列契伊》及《列意兹阿之女》:欧里庇得斯的悲剧,今译为《伊菲革涅亚在奥利斯》和《腓尼基少女》。欧里庇得斯(前480—前406年),与埃斯库罗斯和索福克勒斯并称为希腊三大悲剧大师,他一生共创作了90多部作品,保留至今的有18部。

叹赏。氏乃更招列契列陆度之姊妹，而至陆度列陆斯他托，互相绍介，乃共订交。氏乃得见可特之容貌，及其平日之状态。乃送书其友人契陆渥陆曰："余既与可特订交，此后必得非常之亲密，可无容疑。余自今所得之利益，必由经过而愈进。自其年龄之差等，而可进经验其进步之差等。且其性质，亦多全与余异。而其著作，亦各不相同。然而胶漆莫逆也。"

如氏之所述，已为世人所同认。盖氏为理想家崛然而起，而可特则以写实派卓然而立。所以两雄匹敌于文坛上而不相忌也。

氏居此间，与列契列陆度姊妹，其交情愈浓。而百年之愿，自难择定。然究以妹加陆洛特娘①优于其姊加洛利渥娘，遂以其妹为夫人，而与其姊为女友。又有斯他伊女者，读氏之著作，企慕氏之才学，而欲为之求定职。偶偶野那大学需教授一人，于氏尤为适当之位置。斯他伊女乃为之非常尽力奔走，可特亦于千七百八十八年十二月于加陆阿乌科斯托侯议会，而呈一书，以推举氏。遂以翌年三月任命为大学教授。是时，氏之两亲及陆度陆列斯他托之女友等皆闻之而大喜。

氏亦颇以自慰，又致书于契陆渥陆曰："世人不知余之计画。余自二年间，尚未为之准备。然居此新位置，而多可笑者。多数之学生，请以历史为教授。余虽依可特之所教授，然余之学识，实惧不足以副之。"此虽为氏之谦逊之语，氏当时心中之得意，亦可想见云。

五月二十六日，氏于大学乃揭《万国史学之目的》为问题，就职演说，听者实五百人，极为盛大之会。然其后氏又讲演罗马史，听者不过三十人内外。其中陆续而出者，几不存十人。然氏之性质，富于记忆力，搜集其材料，以备日日之讲演，一一而存其稿，实不堪其劳。然而听者渐少，胸中颇不平，遂欲辞大学教授之职务。

氏以心中郁郁，乃于是年之暑假中，遂至拉乌卑斯特托与列契列陆度之姊妹共为消夏之生活。加路洛特娘遂定为氏之夫人。氏之不平，乃藉之以稍慰。乃欲请于马伊意契侯而为其宫中之顾问官。侯容许之，劝其先结婚。每年赐以二百他列陆。

千七百九十二年，乃于野那府之乌野意契村之寺院，与加陆洛特娘而举结婚之式式。鹣鲽比翼，夫唱妇随。后举四子。于氏卒后，尚至二十一年，享寿六十岁，于千八百二十六年乃卒云。

---

① 加陆洛特：今译为夏洛特。

氏既得此一番之愉快，乃更奋力以从事。以其大学之所讲演，辑成为《三十年战争史》。其前半乃采契兹希野之《贵女历史》，公纸于纸上，以备讲演之材料，遂得稍伸其骥足。然以此勉强之故，为氏渐失健康之影响。是岁之末，又至野陆列陆托备受非常之酷热。翌年一月再归于野那，病势乃益益增加，遂变为肺病，而渐衰颓。

乃至加陆斯哈托之温泉以养疴。病势虽渐愈，而经此等之事变，其费用遂多，乃益迫于困穷之位置。然其大学之讲演，仅得些少之报酬。再从事文学事业，以供其需用。如其昔日之举，又向其亲友契陆渥陆而索当时之负债。且取加路阿乌斯托所给与之额，终不能充氏之消费，困难已达其极点。再于野那之知人特马路科之诗人哈契希尽力而说于阿乌科斯特列陆科侯及特马路科之宰相希摩耶陆马伯，惠与以三年间之疗养金，凡千他列陆，乃渐恢复其困难[1]。

氏又稍稍渐赴安乐之境域，更研究于加托之哲学。更续成其《三十年战争史》。十一月乃完全，又成一著名之著作。盖于卫耶温泉之旅行，新取得之材料云。

氏所研究之哲学，常特注目于道德美术之点。其结果也，遂成数多之劝善教诲的之文章。乃呈之于阿乌科斯特列陆卑侯。

千七百九十二年秋，氏又访问其母及妹。翌年八月将欲为古乡希哇卫之旅行，千七百九十四年五月中旬，乃始发轫。其初居住于哈伊陆列洛，后又至路度乌科斯列陆科，再移于奚西兹加路度。氏乃呈一书于加路渥伊契公，谢其以前之无礼。虽未得其覆言，然公昔日之怒，亦遂已解。心乃渐安。然公亦于千七百九十三年十月二十四日亦卒。始终不复再见云。

当滞在古乡希哇卫之时，氏之夫人，初举一子。氏父已七十岁，心大喜悦，时尚壮健。家族团乐之快乐，因之而增一层之光辉。加之新旧之友人，互相往来，语旧谈新，为安乐之日月。又与书肆可他为相知，不但为友谊上之交际，即文学上之事业，亦皆相助为理。乃发刊贺列之杂志，与有名之著述家相结合，而求可特之协赞。可特大喜诺之。氏于五月至野那，乃著手于此新事业。可特亦遂来会，共尽力以图之。两雄互相结托，交情益密，如鱼之得水，如轮之相依，不能相离。

氏于千七百九十六年，又著《歌之势力》《踏舞》《理想》《妇人之位》等。又其《讽诗》亦于此时所作。

---

① 1790 年丹麦诗人巴格森拜访了席勒夫妇，对于他们家庭生活的贫困十分同情，便说服丹麦王子奥古斯滕堡公爵弗里德里希·克里斯蒂安给席勒提供经济支持。他列陆，古之货币单位，今译作塔勒。

其后乃专心于戏曲。又成《马陆他之骑者》，以古昔之名人而组织成之。既而其爱妹死，其父亦逝去。氏悲悼不已，乃暂缀文事。仅与可特相周旋，以慰其郁情。

千七百九十七年，是为两氏唱和之时代①。氏居于野那之沙陆谷，尤富于风景。于夏时之寓居，最为适当。乃觅一邸，自五月二日移居之，于此地之吟咏不少。若《潜水者》《手袋》《贺利科拉特斯之指轮》等诗，皆此时作。可特亦有诗数种，若《魔法使之弟子》《可利托孃之嫁》等。是等之著作，于翌年乃行于世。

翌年又成《龙之战》《人质》等。著名《歌之钟》亦成于此时。

千七百九十八年之初，乃辞贺列杂志之繁杂，专心而从事于新著述。十月又著《哇陆列斯他伊之阵屋》。十二月遂上于哇伊马陆之舞台。翌年一月三十日，值女侯之诞生日，乃演其新著述。四月十一日又演其《哇陆扑斯他伊之死》，其全篇乃结局。每篇皆传非常之好评，后七月再演之。又博列厘托利卑乌陆卫陆么第三世及女皇路易西之赞赏。

千七百九十九年之末，再移转于哇伊马陆②，侯乃赠以二百他列陆增给，乃尽辞其杂纸，一意从事于戏曲。又草一著名之悲剧，翌年六月九日乃完结之。十四日遂上舞台，以著名之加洛利渥耶契马扮由利沙卫斯而演之，又得一时之激赏。复以阿乌科斯托侯之劝诱，更研究英国之戏曲，而翻译奚科斯卑耶③之戏剧，于千八百年五月十四日，于哇伊马路而演之。次著《少女渥陆列阿斯》之小说的悲曲，于翌年四月十六日乃完结。其后又思与其旧友契陆渥陆而叙旧情，乃为托列斯特之旅行。游览而归，乃觅一新筑地，方逐种种之俗务。以迄千八百〇二年夏，未等从事于著作事业。至四月三十日，移于新宅。其母长逝。氏之英气，又为之所挫者不少。遂引起

---

① 席勒与歌德的合作是以"赠辞之战"开始的。一次偶然的机会，歌德读到古罗马诗人的警句诗，也叫赠辞，只有三言两语，针对一件事加以评说。他觉得这种形式短小精悍、生动泼辣，有利于对社会不良现象的抨击。于是两人互相交换灵感，共同创作出414首赠辞。席勒在他主编的《1797年艺术年鉴》上发表了其中的一部分，在社会上顿时引起轩然大波。这些赠辞虽然并未指名道姓，却仍然引起一些被抨击者的反击，于是人们把这一年称为"赠辞之战"的一年。这种做法在当时的主流媒体上颇有微词，甚至连康德和席勒的经济赞助人丹麦王子都表示了不满。此后他们便投入了"叙事谣曲"的创作。1799年，为便于与歌德的交流合作，席勒全家由耶拿迁至魏玛居住。

② 指1799年12月席勒迁居魏玛。

③ 奚科斯卑耶：今译为莎士比亚，即威廉·莎士比亚(1564—1616年)，英国文学史上最杰出的戏剧家，也是欧洲文艺复兴时期最重要、最伟大的作家，全世界最卓越的文学家之一。席勒迁居魏玛，翻译了莎士比亚的《麦克白》和拉辛的《菲德拉》等剧，还与歌德一起从事舞台艺术实践。

其喘息病,而欲借以自遣,乃读希腊悲曲家希陆之著。又因之而成新著。

可特亦于此时,而成戏曲二三种。而氏之所长者,有非可特所能及。加以可特又为之增加好评,于是氏之声名乃独盛,普及妇孺,无不知氏之名者。千八百〇二年以阿乌科斯托后之推举,皇帝乃进之为贵族,赐以美丽之章表。氏之名望,遂愈愈高。翌年又因养疾,而为洛卑斯特托之旅行。其时乌陆特卫陆卑之皇子渥伊契倚之为辅导者,颇优待之。及归哇伊马陆之后,斯乌特之国王,屡屡召见,大嘉许彼之《三十年战争史》,赐以金银宝石之指轮即戒指。而他陆卫陆卑亦赠之金元美酒,以祝氏之光荣。

氏之名与势,既赫赫而云上,乃益益励其精神。乃采法国戏曲者,名《叔父与其甥》者,而译其一二,而投世人之嗜好,而博其绝好之评判。其余氏之新作,亦不过《胜利之祝祭》,哈列斯列路卑等二三之诗歌。而新戏曲之著述,遂暂时而中绝。其一种著名之杰作,大抵皆取材于可特之材料。至千八百〇四年二月十八日乃完结其稿。三月十七日既演于哇伊马陆之剧场①。又博非常之好评。是年七月又演之于卫陆厘。

四月下旬,氏以伊列拉托之招待,共夫人而至卫陆厘。是时氏之著作,方登于舞台,剧场之观者,争集于栈以观客,大呼万岁,以称扬氏之名誉。其得人民之爱敬,可想而知。五月十三日,乃谒见女王路易西。王劝其长止于卫陆厘。氏虽感其厚情,而难从其命。盖以知己之可特,尚在哇伊马陆,遂婉辞之而归。

氏之自卫陆厘而归也,乃以俄国之历史,而缀一新曲。至七月,为风邪所袭,遂不能握笔。延至十月,病乃稍愈。翌年皇太子之妃,特至哇伊马陆,人民共尽欢迎之意,欲开祝贺之演剧。可特当时,以野那文学新闻之事务繁忙,不能兼顾,遂以授之于氏。然需之孔亟,乃扶病而强起。仅四月间,而遂脱稿,题为《技术之恩泽》。于十一月十二日演之。皇妃又大加赞赏,非常喜悦云。

氏以病后,而受急剧之辛劳,于其身体,大增非常之疲困。遂易脑病,展转而至严寒之候,病势尚未能除。乃更凝其精神,炼其志想。虽不能勉强而组织新作,乃遂翻译法国拉伊渥之作,以二十六日间而成。千八百零五年一月三十日于女侯

---

① 1804年3月17日,在魏玛剧院首演的《威廉·退尔》是席勒所完成的最后一部现实主义名剧。它以14世纪前半期瑞士人民结盟反抗奥地利统治者的英勇斗争事迹为题材,利用和改造退尔的民间传说,创作了一部歌颂受压迫民族为自由和独立而战的爱国主义诗剧。

之诞生日而演之,又博阿乌科斯托侯之赞赏。

氏欲再成一种之新著作,遂不能完结,而为病魔所缠。当时可特亦为病所苦。既而氏病稍愈,乃急至可特之病床,两视无言,相抱而接吻。后乃细谈衷曲,逾时乃已。氏于此二月之间,尚成就二三种之翻译,互相告语,以慰励病者而归。不图氏与可特遂以此一见而永诀也。

于三月之初,氏又欲著作一种之戏曲。不顾其虚弱之身体,而勉强成之。于四月之末,乃续继而脱稿。二十九日乃至剧场,未几归宅。五月一日,中热病而卧病床。虽在病中,仍手不释笔,而从事于著作。方草至第二篇特耶托利斯之母,在寺院而受劳苦之事,对其息子,将有所语。乃凭几投笔,忽而瞑目①。实千八百零五年五月九日。方四十六岁。时可特亦在病床,得其讣音,悲叹不能措。而语人曰:"吾生已危。不图吾友,竟先我而逝。吾之余生,亦失其半矣。"②

八月十日,乃执行氏之吊祭。演氏所著钟歌之戏曲以祭之。可特为氏而赋挽诗,以示哀悼追慕之意云。

德意志先觉六大家传终

光绪二十九年(1903)七月十五日印刷
光绪二十九年七月三十日发行

---

① 完成了《威廉·退尔》后,席勒在病中立即开始着手创作另一部借异国题材反映德国现实问题的剧本《德米特里乌斯》,但只写出片断就去世了。从他遗留下来的计划中能够看出,剧本将继承《华伦斯坦》的现实主义风格,充分展示俄国广阔的社会生活面貌,忠实地反映那里的风俗人情和民族特点。

② 席勒病逝,歌德痛苦万分:"我失去了席勒,也失去了我生命的一半。"歌德死后,根据他的遗言,被安葬在了席勒的遗体旁。

世界十二女杰

日本　岩崎徂堂　合著
　　　三上寄凤

中国　武陵赵必振　译

应国斌　蒯甜　校注

世界十二女杰序

呜呼，大名鼎鼎，垂于宇宙，千秋万世，令人崇拜而敬服者，非人杰哉？而其当局之苦衷，及其困难，傍观者尚不得而臆测焉。况海山万里，远隔重瀛①，今古千年，遥生异世。古之炫耀史册者，或慷慨而自殉，或艰难而图成，崎岖错节，自隙其身，百辛万难，乃达其境。而其结果，乃成今日之虚名，亦大困矣。质而言之，功名者，坚忍不拔之颂号；成业者，惨淡苦心之表价。而世之人，于古今之苦衷，及其困难，百未经一，诩诩然自炫其自命英杰之狂谈。天运侥幸，无巨障大魔以试之，而任其放语终世，不思之甚矣。夫锦绣者，成于空园之桑叶。而桑叶之成锦绣也，其间之所历，岂一朝一夕之功乎？英杰岂易学哉！

朗兰夫人者②，诚一世之女杰也。其夫遁匿之时，热情壮志，大斥其卑怯，从容就缚，毫无惧容。圄圄之中，其自叙生平，自题为《悯然狱中之狂人》，预想断头台上之情景。奇思异论，溢于纸笔之间；刚情毅胆，划除世间庸俗之女性。犴陛之中，虽时痛哭，而其心思所在，必非畏死。所谓坚忍不拔之精神，惨淡苦心之结构，天下后世，谁能测其底里也。

呜呼！古之英杰，既复如斯。横览现在，后顾未来，天下成名，岂容易哉？本书稿成，有感于中，顺笔记之，聊以代序云尔。

明治三十五年（1897）二月著者识于东都客舍

---

① 重瀛：重重的海洋，泛指海外各地。《清史稿·食货志一》云："及同治、光绪间，交通日广，我国之民耕种贸迁，偏于重瀛。"

② 朗兰夫人：今译为罗兰夫人（1754—1793 年），法国大革命时期著名的政治家，吉伦特党领导人之一。

沙鲁土格儿垤娘（夏洛蒂·科黛）①

第一节　尼寺之生活

读法兰西之革命史，无论何人，孰不震撼于沙鲁土格儿垤②之名者。当十八世纪之末叶，德义坠地，冤惨迷夭，唱自由者，亦多出于社会之暴民。揕胸③喋血，求牺牲于国中，遂诛其国王路易十六世④于断头台上，极前古未有之狼藉。而纤手挥白刃，毙暴魁乌拉⑤于一击之下，从容就死，无纤毫之悔惧，以冀彼等暴徒之反省。如沙鲁土格儿垤者，苟无记录，曷以为彤管生色，而千载不朽也。

沙鲁土以纪元千七百六十八年，生于若路鸦梯⑥之一小村。家甚裕，以门第著于时。其先出于科路提游，为启度之作家⑦。母早卒，父多病，其家遂落。沙鲁土

---

① 括号内的内容是传主的今译名，为编者所加，下同。

② 沙鲁土格儿垤：今译为夏洛蒂·科黛。

③ 揕胸，读音 zhèn xiōng，出自沈括《梦溪笔谈》，意思是刺入胸口。

④ 路易十六（1754—1793 年），法国波旁王朝国王（1774—1792 年在位），法兰西波旁王朝复辟前的最后一任国王，1793 年 1 月 21 日在巴黎革命广场（今协和广场）被自己设计的断头台处决。

⑤ 乌拉：今译为马拉，即让·保尔·马拉（1743—1793 年），法国政治家、医生，法国大革命时期民主派革命家。

⑥ 若路鸦梯：今译为诺曼底。夏洛蒂·科黛，1769 年出生于法国诺曼底地区利尼埃附近的圣萨蒂南。

⑦ 科黛的外祖父是法国剧作家皮埃尔·高乃依，原住诺曼底省的港市鲁昂。皮埃尔·高乃依（1606—1684 年），是 17 世纪上半叶法国古典主义悲剧的代表作家，一向被称为是法国古典主义戏剧的奠基人。

至十三岁,贫不能堪,遂委身于尼寺①寺为王后马兹路古所建立。实纪元千七百八十年也。

沙鲁土居于尼寺,倏忽六年,雨夕风晨,光阴弹指,梵钟斋磬,断送华年。然沙鲁土者,酷好读书,日夕不废学。于卢骚、福禄特尔②之著作,信仰尤笃。而尤好扑路哈他③之英雄传,日不释手。每一展卷,至希腊罗马古英雄之事迹,慨然景慕。辄思肖其为人,竟至于魂梦萦怀,接于寤寐。至纪元千七百八十五年之际,遂出尼寺,寄寓于叔母扑列呼伊路之家。于是益自奋励,更研究于哲学。

第二节　革命之进行

日月递嬗,时事忽变。而革命之命运,相迫而来。时国王路易十六世为"自由之公敌",人民愤怒,竟悬首于断头台上,而国祚中亡。时法国又有奉神者,为搭突马拉、洛倍路丕阿④等,手握大权,肆行暴虐。于是君主政治,一变而为暴民政治。千魔竞舞,百鬼跳梁,所谓"恐怖时期"开幕之日也。当是时,法国之舞台,化为禽兽之世界,以暴易暴,以凶屠凶,暴虐之极,不知其所底止。苟拉马路托之弃尸场,残骨如山,积血成海。光天化日之下,而法兰西全土,独沉沦于阿鼻狱中。昔者恶君主政治之压制,极力而图革命之进行。及至达其目的,而暴民政治之恶虐,又至于此,乃大失望,又求以颠覆暴民,而以"自由""平等""平和""安宁"为主,而布真正之共和政治。加之是时所称温和党,如忌落托党者,自国王处刑以来,大恶急激之专横,而其领袖又为急激党所捕,于是又大生冲突。

---

① 科黛小时候,母亲和姐姐相继去世,父亲把她和她妹妹送往诺曼底她姑母所在的卡尔瓦多大区的冈城,进了冈城隐修院。

② 卢骚,即让－雅克·卢梭(1712—1778年),法国18世纪伟大的启蒙思想家、哲学家,法国大革命的思想先驱,主要著作有《论人类不平等的起源和基础》《社会契约论》《爱弥儿》《忏悔录》等;福禄特尔,今译为伏尔泰(1694—1778年),法国启蒙思想家、文学家、哲学家,18世纪法国资产阶级启蒙运动的泰斗,主张开明的君主政治,强调自由和平等,代表作有《哲学通信》《形而上学论》《路易十四时代》《老实人》等。

③ 扑路哈他:即普鲁塔克(约46—120年),罗马帝国时代的希腊作家、哲学家、历史学家,以《比较列传》(又称《希腊罗马名人传》或《希腊罗马英豪列传》)一书闻名后世。

④ 洛倍路丕阿:今译为罗伯斯比尔(1758—1794年),法国革命家,法国大革命时期重要的领袖人物,是雅各宾派政府的实际首脑之一。

第三节　演说场之感动

胁迫之势,日达其极点。而欲反抗者,绝无轻试之势力。于是路乌悠倍欲之徒,欲以兵力而抗暴民政治。乃至苛陆加路乌阿托试激烈之演说,以冀鼓动国民,指摘暴魁马拉之恶虐,极尽其致。时沙鲁土方在演说场,隔坐共听。及闻其详,心大感动,誓欲救法兰西于恶魔之手,而急布真正之共和政治。欲以一身为牺牲,而成之。热血溢胸,愤不可遏。时沙鲁土方二十五岁也。红脂绿黛,皓齿明眸,丽质天成,一顾倾国。而弃其西子夷光①之艳质,从事于聂政荆轲②之雄图。噫嘻! 此非巾帼中之异人乎?

第四节　车中之青年

沙鲁土意已决,乃辞父,诈称赴英吉利而上程。艳友丽朋,河梁握手,乃尽分其书籍,以为记念。而行李一肩,慨然登程。篋中所藏,仅扑路哈他之《英雄传》一册而已。时纪元千七百九十三年七月七日也。乃辞其叔母,仓皇上途,直向巴黎而进。时同车中有一青年,见沙鲁土之美,爱慕不能措。情丝一缕,几不能持,软语温言,渐露其意。沙鲁土微笑斥之,且曰:"今日且勿寻妾。事后自有分明也。"既而又曰:"昔者倍利之一少女,尝入敌人贺洛赴由路尼司之慕,刺之而归。乃大集雄兵,乘之而救其国。吾适所言,即此少女之遗语。君其志之。"青年讶然,不知所谓。呜呼! 沙鲁土之志,岂不卓然自立哉? 其所自期者有在矣。

---

① 西子夷光,即西施,地本名夷光,越国美女,一般称其为西施,后人尊称其为"西子"。

② 聂政,战国时侠客,韩国人,年青侠义。韩大夫严仲子因与韩相侠累(名傀)廷争结仇,潜逃濮阳,闻政侠名,献巨金为其母庆寿,与政结为好友,求其为己报仇。聂政待母亡故守孝三年后,忆及严仲子知遇之恩,独自一人仗剑入韩都阳翟,以白虹贯日之势,刺杀侠累于阶上,继而格杀侠累侍卫数十人。因怕连累与自己面貌相似的姊姊嫈,遂以剑自毁其面,挖眼、剖腹自杀。荆轲,卫国人,战国时期著名刺客。公元前227年,荆轲前往秦国刺杀秦王王。图穷匕首见,荆轲刺秦王不中,被秦王拔剑击成重伤后为秦侍卫所杀。

第五节　巴黎之旅宿

沙鲁土以七月十一日,抵巴黎。七月十二日,携绍介状,访忌落托党干事员奇苛贺之家。适奇苛贺外出,仍归旅宿,取扑路哈他之英雄传而读之。鱼更数跃,握衣再访,乃得见。闻马拉之近状,又大怅然。盖马拉方罹天刑病①,闭门养疴,不登会议之席。而其私邸,又复禁人出入,防范正严。踌躇逡巡,束手无策。再取《英雄传》而读之,激昂鼓舞,愈不能已。遂市匕首,袭而藏之,将刺马拉于私邸。其心益固矣。

第六节　浴场之蠢事

沙鲁土乃先裁书送于马拉,言马拉躬遇共和政治之衰颓,并述其平生之希望,且欲谒之,事不果。乃更理发饰妆,鲜衣明服,乘马车而至其门。门者拒不纳,乃直进,达于主人之所,将伺于阶下。时马拉妾阿路倍路见之,大讶。马拉方在浴场,闻其争辩,急谒亟呼,命妾引客而直前。呜呼!此天夺其魄,而授沙鲁土之时机也。沙鲁土如兔脱而进,棱棱霜刃,直贯其胸,紫电光腾,红颜气壮。以马拉之暴虐,而毙于一弱女子之手,名震于一时矣。

沙鲁土既刺马拉,弃刃而立。邸内鼎沸,其势嚣嚣,闻变驰集,婢仆环绕。而沙鲁土屹然不动,静以待之。既而急报传达四方,暴民党徒,蜂拥而至。乃命宪兵传沙鲁土而投之于阿特之狱,且群起而殴之。珊珊弱骨,饱受毒拳,余息一丝,峭然而绝。既而香魂再返,宛转星眸,残喘渐苏,醒松而语。慨然而言曰:"吾之所欲为者已为之。今日一任汝等之所为也。"乃从容而入狱。

---

① 指马拉患有皮肤病。

第七节　狱官之问询

金屋娇姿,忽沦犴陛①,银铛铁锁,玉体摧残。一日,狱官提讯之曰:"汝何故而刺马拉?"曰:"止暴虐耳。"问同谋者几人?曰:"余一人耳。"又问汝与马拉有怨乎?曰:"无怨。仅怨马拉之暴虐耳。"狱官曰:"汝恶虐政,刺一马拉而可止乎?"曰:"否。然刺一马拉,而余之马拉皆可警矣。"乃复入狱,更语人曰:"不过仅除一鼠辈耳。一女子抵之,已足有余,安能更累男子乎?"巴黎一纤弱之女子而能挺身尽国事,死瞑目矣。巴黎人闻其言而敬之。既而妖雾渐扫,旭日光明,乃筑祭坛,以奠香魄。有亲至阿特之狱中而吊其遗址者,得其遗书一通,香墨尘封,侠情四溢,乃当日寄巴黎市民者。其书曰:"妾命在旦夕,无所系恋。惟乞市民诸贤,画妾遗像,无罪人之像。以为后之欲肆暴虐者,有所恐怖耳。若后世有目妾一义人之名者,则愿不及此。惟望采及下言,觅精巧之画工,而为之。死且不朽。"遂布此书于大众,以偿其愿。

第八节　死刑之宣告

纪元千七百九十三年七月十七日,彼革命裁判者暴民政治之裁判,命处沙鲁土以死刑。于宣告之日,市民群集。沙鲁土整发拂衣,亭亭而出,指挥大众,慷慨激昂。观者感动,为之泣下。乃对簿于裁判之廷,辩护人即律师希耶贺初欲辩护沙鲁土为狂人,以释其罪,希耶洛托拒之。及受审问,毫无隐蔽,而事无可解免。巴黎市民,乃觅画工握野路杂于人群中,扬言沙鲁土貌美,绘之以传于后世。执笔屹屹,以竟其业。沙鲁土见之大喜,审问良久,毫无怖色。故握野路所传之像,容态整饰,终始泰然。呜呼!桃李比艳,金石同坚,其斯人之谓欤!

---

① 即狴犴(bì àn),又名宪章,中国古代神话传说中的神兽,为鳞虫之长瑞兽龙之第七子,形似虎,平生好讼,却又有威力,狱门上部那虎头形的装饰便是其图像。《龙经》中有云:"狴犴好讼,亦曰宪章。"此处犴狴,指监狱。

越判官既宣告沙鲁土之死刑，乃复归狱。狱卒待之，握野路入狱，对坐而完其业。既而狱卒持铗至，先绝其发，以便处刑。沙鲁土乃自为书以致其父，预告一身之运命，且谢罪焉。并引用苟路地由之语曰"可耻辱者惟罪恶耳。无罪恶者虽处极刑，而不耻也。"用以自慰，并以慰其父云。呜呼！若沙鲁土者，岂但无耻辱，虽死而实人生之幸福也！就刑时，手执《英雄传》，尚未去手。盖其得力于是书者深，且为未来永劫之前因后果也。

第九节　断头台之最后

既而囚车至，沙鲁土械手而乘之。宪兵拥护，而送之断头台。最后祈祷之僧侣，随伴而来。沙鲁土谢之曰："曩者流人之血，今者流己之血，于愿足矣！何祈祷为？"遂如式而赴行刑所。时巴黎市中，纷如鼎沸，百口纷议，莫折其衷。已而行刑既毕，撒手尘寰，侠魄香魂，顿归天国。于是赞赏之声，几盈于耳。宪兵狱卒，亦共泫然。时阿古路苟司在人群中，独悬恋而不能去。后数日，集资于众，为沙鲁土作一大像，而刻之。且题曰："步路他司暴民，以为主张犯罪，亦捕之而刑于断头台。"

第十节　情人之哀悼

先是，沙鲁土与诺路马其一青年赴拉苛利，两小无猜，白头有约。将赴拉苛利方编制于加肯之民兵，书翰画像，将相赠酬。既而巴黎遍传沙鲁土之消息，赴拉苛利惊闻噩耗，不知所为。魂梦时萦，悒悒终日，乃与其母退居于若路鸦旗之草庐，哀悼愁肠，抑郁而死。遗骸乃共沙鲁土所遗之书翰画像，共葬一丘。其墓今在若路鸦旗之地，而沙鲁土之遗骸，则葬于苛拉马路托云。河山百里，分瘗双骸，月白风清，魂兮来往，青林黑塞之间，玉宇琼楼之境，人间天上，携手同行。窈窕双星，是其灵魂之所托也。

加厘波儿地夫人(马尼他)

第一节　沙他加沙利米之茅屋

芦苇萧萧,一江秋色,夕阳西下,斜照射于村落之间。残网未收,鸬鹚干笑。而有一卓绝之女子,起于其间,以与意大利建国之大业,与加布若陆提兹欺而并称,烈烈雷名,震于世界,如加厘波儿地之夫人马尼他利由洛者①,非真稀世之女丈夫欤!

马尼他者,以纪元千八百二十八年,生于沙他加沙利迷。沙他加沙利迷者,南美之热带国也,文化未进,住民淳朴,犹存太古之风。马尼他生于间,非特不能受教育,而其远离浊世,几如桃源之仙女。时加厘波儿地方二十六岁,已与沙梯远征之举,以罪而宣告死刑,密脱意大利之本国,而遁迹于南美利加②。当时卜拉希路之革命军,扬旗树帜,乃急投于利握古统度之共和军,而为伊他哈利噶军舰之乘组员,泊于沙他加沙利迷之海岸。一日取望远镜而睇其水滨,忽睹一少女,鬓发如云,肤理印雪,举动娴雅,虽荆钗裙布而楚楚动人,汲水于井户。加厘波儿地大奇之,每日必以望远镜,凝神注目,遥寄遐思。历日既久,以太相触而怦怦心动,不能自止。乃乘小舸,直抵少女之家,备致殷勤,以通款曲。而茑萝之缔结,由是而起。

① 加厘波儿地:即朱塞佩·加里波第(1807—1882 年),意大利爱国志士及军人。他献身于意大利统一运动,亲自领导了许多军事战役,是意大利建国三杰之一。马尼他利由洛,即加里波第夫人,称马尼他,或称阿妮达。

② 1833 年,加里波第加入了秘密革命组织"意大利青年党"。翌年,他又参加了意大利的海军起义。起义失败后,加里波第被迫流亡巴西避难,于 1835 年抵达巴西。

天南地北,忽缔奇缘,鱼水和谐,漆胶固结,遂伴加厘波儿地于利握古统度军舰者,殆十余年。戈戟纵横,炮弹轰烈,军前壮士,相半死生。而马尼他未尝一刻离于加厘波儿地之傍。今日啧啧人口之加厘波儿地夫人者,即当日沙他加沙利迷茅屋之马尼他由利也。

第二节 最初之海战

马尼他与加厘波儿地既结婚后,镜台军舰,消受闲情,儿女英雄,合为一致。无何,而最初之海战遂起。而非常之勇气,乃特见焉。当是时,加厘波儿地以势甚危难,恐及马尼他之身,苦口再三劝之上陆。马尼他掉头不顾,日依恋于良人之傍,誓共生死。须臾两军开战,火激烟腾,忽一炮弹堕于甲板之上。水夫二人及马尼他皆为所击,奄奄垂死。加厘波儿地见之大惊,直驰至甲板上,亲自抚之。而马尼他仅负微伤,强镇而起,毫无恐惧之色。加厘波儿地深器其勇,自后屡屡同临军队,以共指挥。战海波腾,而情天爱笃,与卿携手,共举国旗,亦人间之佳话也。

马尼他路始遂共加厘波儿地而督利握古统度共和军之战事。加厘波儿地军事倥偬,则代统其部下,或平明传令,以励兵士;或自携战器,以督军人。然共和军之命运,尚未大振,而军势日衰。以加厘波儿地之勇,尚奋力防战。既而大势不可支拒,加厘波儿地深恐马尼他之不免,遂命之上陆,以乞援于共和军之将官。共和军之将官,许以援兵,且止其上陆。而马尼他不顾危难,又亲复命于加厘波儿地之军。军势益危,大势日迫,而马尼他顷刻不离于加厘波儿地之傍。既而敌炮日逼,兵士死亡者,去其大半,实不能支。加厘波儿地至此,遂决意而退,再俟时机。自焚船舶,马尼他则乘小舸,运军器于陆上。炮雷丸雨之际,往复运送,至二十次而始毕云。

第三节 洛司畏托司其幽之牧舍

共和军之防战,渐失其勇。乃退都于利屋古统度之列寄斯,而处战斗线之中心。马尼他单身而从,于陆战则驰马而依其左右。部下见之,拟为姊妹云。负伤者自施绷带以看护之。时加厘波儿地之部下,炮烟弹雨,强半死亡,追随左右者,不过四十余人而已。戎马倥偬,仓皇大幕。而马尼他腹中之一块肉,呱呱而泣,又堕人间。乃产一子于洛司畏托司其幽之牧舍,即所称拿兹是也。锦绷在怀,复跨战马,涉洪水,度大漠,艰苦百经,而向于吧兹的陂利拿。而孰知步意希路之将官,木厘歆耶者,出其不意,而突袭共和军,卒为所败。敌兵大索,两人皆将不免。马尼他奋身跃马,怀抱婴儿,遁于林中。几历昼夜,雨濡风冻,瑟缩不堪,以待良人之救。初,加厘波儿地于耶兹司步利迷之途次,忽闻炮声,乃大疑讶,急购军务之必需品必用之物也而归。探知其实,大惊,电驰归营,直觅马尼他之踪迹。四野遍搜,乃得之于林中。

伊渥古牙托之战后,霖雨数旬,全地如沼。人马来往,陷于泥淖之中,衣履涂附,困惫不堪。加厘波儿地乃取其怀中之儿以温暖之。马尼他温言抚慰,但询外交之策,无一语及其困苦者。

第四节　莫托希激握之蜡烛

马尼他既共加厘波儿地而归共和军之本营,乃向沙他加沙利迷而驻。无何,加厘波儿地渐窥本国之形势,遂与欧洲诸国为直接之交通,而移驻于海边,呈一书于共和国之大统领,而乞归休。既得许可,束装上途,身解军符,倏然自得。一双佳偶,携手同行。遂自乌陆古瓜而达于莫托希激握而寄寓焉。故侯种瓜将军倚树忆战场之钲鼓,恍若前生。而左对孺人,右抱赤子,经营生计,不知髀肉生几许矣。

老骥伏枥,闻战鼓而咆哮。天生英才,岂真长此而终古乎? 既而意大利人之避难者,纷纷而集于莫托希激握。复因加厘波儿地之威望,集而成军,是为"意大利之军队"。加厘波儿地深感莫托希激握人民之厚意,屡与敌战,而大破之。

于是莫托希激握市民,欢欣鼓舞,崇拜加厘波儿地,盛仪以祝其凯旋。如当时滞留之法国水师提督,亦亲临意大利军队,以赏赞其功焉。

行凯旋式,数日之后,法国水师提督,深佩加厘波儿地之人物,一日忽访其家。夕阳西落,暮色苍然,疏星渐明,昏鸦息噪。忽闻水师提督来访,急命马尼他燃烛以备清谈。马尼他遍搜屋内,而无购烛之资。水师提督闻之,益益服其清德。归途遂命军务卿资助之,以济其贫。呜呼,身统十万貔貅,一寒至此,良可敬欤!

无何，军务卿以水师提督之命，奉百寄他俄之金额，而致于加厘波儿地。加厘波儿地与马尼他拜谢其惠，悉以赐之士卒，仅留给烛之资。曰"以备水师提督之来，而供长夜之谈也。"夫妇相顾，莞尔而笑。伉俪如此，诚难得矣。

第五节　最后之微笑

惨雾四塞，毒焰弥空，意大利之天地，压制于法皇政治之下，已达其极点。国中诸都府，四分五裂，昏沉冤抑，民不聊生。而唱革命之志士，则或捕或逐，不能安其所处。人心汹汹，奋袂而思突起，以收复其国权。马尼他与加厘波儿地，默察时机已至，厉图再举。马尼他潜至贺肯丕耶之各都府，密为准备，欲以一战而决雌雄。意气激昂，人心感动，而加拉捕列耶之志士，应之而起。悲欢慷慨，如古人燕赵之遗风，乃大试其激烈之运动。

当是时，加厘波儿地方统率意大利军队驻于莫托希激握。而本国阿兹意忽致书而促其归国。

加厘波儿地，既得其书，察知本国之形势，直率意大利军队，将有归国之举。莫托希激握市民，欲固留之，而不可。盖其时法皇古利苛利十六世①方殂，新选古伊阿司九世②而继法皇之位。古伊阿斯者，本奸谲狡诈之僧侣，而世误认之为救世主。一时新法皇之政策，佯为回复意大利之平和。加厘波儿地素恶前法皇，及闻古伊阿司九世一反前法皇之所为，而有回复意大利平和之意，甘率同志而翼戴之。遂为一书呈于法皇之大使，以述其意。方自恃其报书，又闻本国新法皇之政策，亟欲归国。及得阿兹意之书，其志愈决，乃率意大利之军队而归。货于耶若阿高人，得若干额，以为旅费，共马尼他而辞莫托希激握之政府。莫托希激握政府知其不

---

　①　古利苛利十六世：今译为格列高利十六世(1765—1846年)，意大利籍教皇(1831—1846年在位)，原名桑巴特鲁姆·阿尔贝托·卡佩拉里，他在庇护六世掌权时，担任司铎，当时，法国大革命正在进行，1796年拿破仑率军占领罗马，势如燎原，他在1799年发表《教廷反击革新派获胜》一文，鼓吹绝对的教皇极权主义。

　②　古伊阿司九世：今译为庇护九世，原名马斯塔伊-费雷提。出身于意大利贵族家庭，1819年任神父，1823年升任教廷驻智利公使秘书，1827年担任教廷辖区斯波莱托总主教，是最后一任兼任世俗君主的教皇。

可止,乃赠大炮二门,小铳八百挺,以壮其行①。

经三阅月,乃达衣斯,马尼他又共加厘波儿地而向美拉。

无何,而意大利之平和又破,其全都府,剑光弹响,震耀全畿。遂倒法皇政治而布共和政治。然内难未靖,外患又来。法兰西澳大利之兵,已侵入国境。困难之势,更复倍之。

马尼他乃共加厘波儿地转战千里,意大利之兵终败。而法兰西之军,遂入罗马。马尼他又伴其良人而他遁。初,马尼他与加厘波儿地,既为法兰西之军所逐,旋又迫于澳大利之兵,攀跻而度阿卑芝之山,九死一生,乃全生命。至倍意司,乃趁船将遁于阿托利耶芝苟。而又为澳大利之舰队所阻。其计不果。乃辞其船,而自拉卑耶而上陆。加厘波儿地当时之日记曰:"予于此时,其境遇何如,亦不自知。予自顾本无所惜,惟惜予妻之勇敢,未获歼敌以竟其功。而同埋骨于寂寞之水滨也。"

既而同志,多捕戮于敌手,如加厘波儿地,仅以身免。病魔又扰,百度困难。马尼他弱骨珊珊,备经困折。兰心慧质,易感秋风。锦伞绣旗之壮志,终莫能偿。而黄土遽埋,红颜凋谢。震世之女丈夫,竟奄奄而物化矣。时年二十有六②。

第六节　尼司之葬礼

加厘波尔地半生之功业,多为马尼他之所赞成,而忽折翼孤栖,同袍莫赋,以加厘波尔地多情之英雄,悲痛之情,不禁肠回九折矣。然而铁骑纵横,敌军四布,营斋营奠,仓卒不遑,乃于近旁之松林,长封马鬣,冰肌肉骨,零落山丘。及至意大利国乱已平,烽烟净靖,加厘波尔地,乃共其子女迎其骸骨于尼司,而营正式之葬仪。往事如烟,凄然欲绝,抚棺一痛,哀咽无声。后之过其地者,青松护墓,古柏当门,而追思艳情侠骨之女丈夫,如马尼他者,不禁油然而兴起也。

---

① 庇护九世在 1846 年 3 月登基,加里波第 1847 年 4 月 15 日启程回国,6 月 21 日抵达尼斯,受到了意大利人民的欢迎。

② 马尼他死于 1854 年。

苏泰流夫人(斯塔尔夫人)

第一节　处女文学者

以一妇人之身,而动全法兰西之政治会,以拿破仑之英雄,而视之如一敌国。如苏泰流夫人者,殆十八世纪欧洲之政治社会,世人之所注目不怠也。

苏泰流夫人,名鸦路易马①,以纪元千七百六十六年,生于巴黎。父为有名之银行家,名伊契路②。当路易十六世之时,为国务大臣。其时财政,紊乱如麻,鞠躬尽瘁,欲以回复之。母以才学者,且为非常之规律家。其教育法,颇严肃,不以爱女而自紊其律。故当时伊契路夫妻之名,高于巴黎。家产既富足,交接社会,皆宗仰之。见客之期,则马车罗绎,骈集于门。四方来集者,若政治家、实业家、文学家、哲学家,无不吐其蕴蓄,互相资考,高谈雄辩,溢于座中。耶路马陶淑③其间,耳濡目染,而学业亦大进,且自持甚高。一时之名士,鲜有当其意者。虽在总角,其自负已如此。

耶路马之境遇,既已如此,而才气发露,丽质天成,秀外慧中,夙根不昧。十三岁时,尝作孟德斯鸠④之戏曲,见者惊叹,无不赞为妙文。而其幼时,小品之著,已

---

① 苏泰流夫人,今译为斯塔尔夫人,名安娜·路易丝·热尔曼娜·内克,法国评论家和小说家,法国浪漫主义文学前驱。

② 伊契路:今译为雅科·内尔,银行家,路易十六朝的财政大臣。

③ 陶淑:陶冶,而使之美好。清·陈确《大学辨三·答张考夫书》曰:"程子陶淑多贤,可为极盛。"

④ 孟德斯鸠:即孟德斯鸠男爵(1689—1755年),法国启蒙时期思想家、律师,西方国家学说以及法学理论的奠基人,与伏尔泰、卢梭合称"法兰西启蒙运动三剑侠"。

几等身。十五岁乃注释孟德斯鸠之《万法精理》,以行于时。又匿其姓名,评其父之财政篇,不胫而走。于是耶路马之文学,声名洋溢,卓然而为巴黎之名媛。而又容光焕发,纤秾①得中,见者惊为神人。姑论其仪表,已足倾倒一世。加伊倍路伯尝赞之曰:"耶马路者,望而知其为才女也。其韵在神,其秀在骨,丰度娴雅,非言语之所能形容也。其气味有自天然而来者,非凡夫所能领会也。而益之以才华之富,谈话之巧,家门之盛,巴黎之交际社会,非让耶马路独步而让乎?惨绿少年②,纤青③吉士,颠倒梦魂者,不知凡几矣。"

第二节　男爵夫人

好事多磨,欢场易妒。而巴黎之少年绅士,以当时之非理法律,斥耶马路为新教徒伊契路之女,不能与以正当之权利,而拒绝之。且加以诬谤之词,以毁其盛誉。故耶马路结婚之事,颇多困难。

纪元千七百八十二年,耶马路于扑窝铁步拉之廷,遇英国宰相拿利扑希陀,时希陀方少年,仅二十四岁,容仪潇洒,才气焕发,崇论宏议,口如悬河。一见耶马路,心窃感动,因进而为礼,通词款洽,不藉微波,遂西路求婚之意。耶马路父母见之大喜,讽劝以允其请。而耶马路爱恋宗国,不欲远去巴黎,婉辞以谢之。父母大为惋惜,而彼淡如也。

同时热心于耶马路者,尚有二人。一为日耳曼拿开倍路希之希握希枯古陆他司亲王,一即巴黎瑞典公使馆书记官幽利苛可司赴俄司他衣路贺路苏泰流男爵。亲王以事不果,而苏流泰男爵④,遂缔奇缘,即结结婚之约。而伊契路向苏泰流男爵捉出种种之条件,向之而请,展转定议,大喜告成。而瑞典王亦切请于法王之

---

① 纤秾:或纤秾合度,形容女人的花容玉貌,或衣服合身得体,使自己变得漂亮。典出曹植《洛神赋》:"秾纤得中,修短合度。肩若削成,腰如约素"。

② 惨绿少年:浅绿,指服色。原指穿浅绿衣服的少年,后指讲究装饰的青年男子,引申为风度翩翩的青年男子。

③ 纤青:佩带青绶,谓作高官。晋·葛洪《抱朴子·任命》曰:"及其达也,则淮阴投竿而称孤,文种解縕而纤青。"

④ 苏流泰男爵:今译作斯塔尔·侯赛因男爵。

后,且命苏泰流男爵十二年间永为驻扎巴黎之公使。待冰未泮①,乃订吉期。纪元千七百八十六年,法王、王后保证既下,乃举盛大之结婚式。于是巴黎名媛耶马路,遂为苏泰流男爵之夫人。天合佳偶,比翼双栖,地久天长,方期永好。而情天多缺,恨事难全,此千古名士美人所同慨也。

第三节　破镜叹

苏泰流男爵,其初名誉甚高,于巴黎交际场里,亦颇卓卓。既而耶马路所求太夥,不能满足。结婚无几,而交情渐疏。是时革命之气运,几压法兰西之全土。君主政治,暴虐已达其极点。而国民之程度幼稚,唱革命者多属乱民。既入王宫,遂迫胁国王及贵族僧侣,多其威权,而破三族议会,而别成平民议会,以施号令于天下。耶马路初甚喜之,颇赞革命之进行。而乱民既刑国王路易十六世及王后阿托雅托②于断头台上,借自由之美名,以私济其罪恶。乃公布一册子,而为王后阿托雅托之辩护焉。

既而革命益益进行,耶马路夫人,颇干涉之。时招政府之猜忌,几累及其良人。至再至三,交情愈阔。而耶马路爱国热志,不能因之而阻,于是遂别室而居。苏泰流男爵,负债又深,困穷彻骨。夫人则奔走国事,用度亦极困难。如蹈舞会、游园会,凡绅秩之淑女,裙履蹁跹,翩然而集。而耶马路则出其政治、法律、文学、哲学,滔滔辩舍,澜翻不穷,大发自由之真理,而障政府之狂澜。拿破仑深忌恶之,乃与苏泰流男爵,极表同情,而排抵之尤甚。

第四节　复旧书

革命之恐怖时期,已达其极点。时暴魁洛披司毕阿,大张毒手,以肆杀虐,断

---

① 待冰未泮:见《诗经·邶风·匏有苦叶》:"士如归妻,迨冰未泮",意思是读书郎啊,你如果有心娶我,就趁着冰还未融化的时光。

② 阿托雅托:今译为玛丽·安托瓦内特(1755—1793年),法国国王路易十六的妻子,原奥地利女大公,生于维也纳。

头台上,负冤而死者,日数百人。悲惨抑塞,暗无天日,阿鼻地狱,无过于此。耶马路夫人不忍目睹,遂决计而去巴黎。自言此地不可一日居,宁流寓于异乡,自甘漂泊,夫人之心悲矣。

然而爱恋宗国,终难断然。义侠愈愤,乃大张旗鼓而敌之,开门养客,广厦万间。不堪革命之惨剧者,亡命之士,多归其门,而声名大起。

纪元千八百零二年,苏泰流男爵忽罹笃疾,势渐垂危。平日之遇夫人,颇极落寞。而两耦恩谊,各萌悔情。乃寄书男爵,许其复旧。夫妻相伴,再入巴黎。至中途,男爵病革,药石无灵,陆马不归,遂赋撤瑟①。

第五节 国外追放

耶马路夫人,既归巴黎,名声愈震,一举一动,交际社会,皆伺其趋向而宗仰之。初,世界之谲杰拿破仑,既露头角于巴黎之政治界,狼顾鸮视,时存君临法兰西全土之野心。举措之间,无端流露,而为夫人之慧眼所觑破,大冲突遂因之而来。拿破仑初尚轻其为女子身,不能干涉政治。既而夫人声势愈壮,势不能堪,乃谓夫人曰:“女子无政治无关系,非所宜言。”夫人昂然曰:“法兰西者,法兰西人之法兰西。女子非法兰西之人民乎?”拿破仑无辞以应,气折而返。自是益益不合。而夫人唇枪舌战,屡欲发其阴谋。拿破仑既即帝位,大惧夫人为之敌,乃放逐之于国外,以杀其势。荏苒数年,夫人之子密请于拿破仑,窃愿夫人之归国。拿破仑曰:“汝母至巴黎,若能半岁,予必致之于狱中。欲存汝母之生命,则无如勿入巴黎。”呜呼。以一纤弱之女子,而威名震于环球之拿破仑,视之竟如大敌,斯亦奇矣。

---

① 撤瑟:本谓撤去琴瑟,且炕头敬意。语本《仪礼·既礼》:“有疾,疾者齐,养者皆齐,彻琴瑟。”彻、撤同。后用以称疾病危笃或死亡。南朝梁任昉《出郡传害哭范仆射》诗:“宁知安歌日,非君撤晨瑟。”

第六节　著书十八卷

　　耶马路夫人，既为法国所放逐，漫游四方，茅店鸡声，板桥人迹，蓬飘梗断，宛转随风。所至之处，遍访名士，纵横议论，上下古今。白纻红裙，辉映一世。既而拿破仑威势既倒，乃复归于巴黎，以期再兴步路呵之家。又复退处瑞西，大唱自由之真理。纪元千八百十七年，著书十八卷，玉容寂寞，撒手人天。欧洲之社会，闻夫人死，黯然无色，顿觉寂寥。交际之场，人咸喑喑。而政治社会亦寂寂矣。

　　夫人放荡不羁，不无缺点，然其落落大志，关于政治社会者不少。拿破仑亦评之曰："以彼之聪慧，世无其比。加以训练，世界须眉，皆当慑伏于其裙底。"夫人曾昵路易十五世之庶子拿路贺，至恐怖时期，夫人遁出巴黎，拿路贺亦皆伴之。倍希耶兹苟司他，才名震于百世，声誉喧播法兰西之全土。知名之士，拜服宗仰，而堕于夫人之情网，竟不能脱其羁绊。夫人既退处瑞西，与梯乌阿之贵族稀耶陀洛兹加，两情相恰，备极爱怜，恩谊之浓，不啻如真实夫妇。此实夫人生平之缺点①。然当是时之法兰西，礼仪坏乱，风俗颓靡，而夫人慷慨愤激，驰逐于政治社会之场，不当以此小节而责之也。哈洛又评夫人曰："惜其不为男子，拿破仑之伟业，岂足多哉。"盖夫人郁勃之羁气，往往逸于常规之外，非引绳切墨者所能妄论之也。夫人诚女杰哉！

① 1786 年，斯塔尔夫人与瑞典驻法国大使斯塔字·侯赛因男爵结婚，1802 年男爵去世。斯塔尔夫人与作家邦雅曼·贡斯当发生爱情，为邦雅曼·贡斯当的小说《阿道尔夫》提供了创作基础。1811 年，斯塔尔夫人与一名年轻的士兵约翰·罗查结婚。

路易美世儿女史(路易斯·米歇尔)

第一节 无政府党之女将军

欧洲之无政府党者,自为一团体。于现社会,极多失望,悉欲破坏之而后已。其宗旨曰:"生人间者,皆得自由。人间支配之权利,皆为一致。无所谓国家,无所谓上帝,惟天法天则而已。而天法天则者,即人间之自由也。于人间而置造阶级,非理之甚。非亟破坏之,无以全人生之幸福也。彼之造国家,造上帝者,皆堕于旧时之迷信,非先除去其迷信而不可。故于国家,必先去其主权,而布绝对的自由。于社会,则先去其阶级,而复绝对的平等,而谋复吾人类之幸福,而极力而与现社会之压制战。于其一切之统治权,所有权、道德律、宗教律、婚姻制度、阶级制度,悉行破坏之。于帝王贵族富豪僧侣,而驱逐于社会之外,以破除一切之拘束,而别造新社会。"其目下之急务,则以破坏现社会为起点。其目的则不惮以暴易暴,而破坏先社会之秩序,以为其将来结果之先导焉。主张其党者,党员数万人,日夜经营,以张其势。如陀厘、如骆兹意、如迟握路谷司,皆为此等党员所暗刺者。然而无政府党,若是之剽悍,惟宜于男子之团体。而孰知其党员中,纤纤弱质,袅袅柔资,奔走于其间,口舌纸笔,各各主张,以扩张其党势,如意大利之铁列沙、步路苛路,亚美利加之犹末谷路托马,法兰西之路易美世儿①,皆为无政府党之女将军。而于其团体中,别放一层之异彩。

花容月貌,弱不禁风之一美女子也,而为意大利无政府党之女王。希兹意之

---

① 路易美世儿:今译为路易斯·米歇尔(1830—1905 年),法国巴黎公社女英雄。

被刺,实出于步路苛路之指使。谷路托马者,姿仪艳丽,学识优富,奇论警议,口如悬河之美女子也。随其所至,努力而鼓吹无政府党之主义。兹屋路局司之刺马欵列衣也,亦受煽动之嫌疑,引致于兹加局之警察署。时无政府党之气焰,高腾万丈,警察官望而失色,震动一时。至路易美世儿,则一丑恶寝陋之女子,罗刹夜叉疑为同类。然其挫强扶弱之精神,矍铄于内,屡冒危难,百死一生。犴狴之中,屡出屡入。年越七十,而意气毫不衰颓。孜孜矻矻,而致其身于无政府党。不谓之为一世之女丈夫而不可也!

第二节　古城址之一破屋

路易美世儿以纪元千八百三十年,生于洛列司古城址之一破屋[1]。其母方在结婚之始,而美世儿忽产,人皆目之为私生儿。共其祖父母叔母,居于一颓然破屋之中。猫狗马牛、豚羊兔鼠等,日日相伴[2]。夕阳西下,饥蝠盘空,残月东升,怪鸮啸树,荒凉之景,一至于此。

美世儿姿容既陋,望之如一夜叉,其幼时人多远之。而其可怜之态度,亦有足以动人之爱情,而忘其丑陋者。资性最笃,富于同情之感,常分其食以饲鸟兽,隐然众生平等之思想。司伴之儿童,或捕小鸟,饲之箧中,见而怜之,则出其玩具以易,而释其鸟。有不听者,则暴力以夺之。常凛然曰:"以正义责之而不从,则不得不用暴力。用暴力者诚不得已也。"其言如此,与无政府党之目的隐相吻合。盖其卓识,有所自来矣。

美世儿之祖父,夙为崇拜共和之政治。将当残腊,北风呜呜,破屋颓垣,凄然相对。拾荒郊之芦苇而炽之,稚女童孙环绕膝下,则举昔日革命时代之遗事,娓娓而细告之。美世儿日化其教,故其及长,醇然而唱共和之论,为独悍云。

美世儿从其祖父授书,然家道困难,所授无几。而其进步,实有出人意表者。

---

[1]　1830 年 5 月 29 日,路易斯·米歇尔诞生在法国上马恩省弗隆古尔古堡,这里距离英法百年战争时期女英雄贞德的家乡只有几英里。

[2]　路易斯是一个"非婚生"孩子。母亲玛丽安娜·米歇尔是一个普通农妇,弗隆古尔古堡主人沙尔·德马伊的女仆。至于父亲,有的传记家认为是沙尔·德马伊之子洛朗,也有人认为是沙尔本人。路易丝则始终称年老的沙尔·德马伊夫妇为祖父母。

自赋之诗歌,俨然女学士之著述。复于破屋之隅,为禽兽之骨而饰之,以供玩好。而其自作乐器,不减于良工所为。其颖异若此。

第三节　流罪之宣布

纪元千八百四十四年,美世儿之祖父母,相继逝世,遂离其家,为教师以营生计。于是益自愤励,大唱共和论以鸣于时。

纪元千八百五十三年,拿破仑三世①即皇帝位。翌年,法兰西英吉利之联合军,而援东方之老大帝国土耳其。与俄罗斯之军,大战于苛利兹耶。美世儿方为小学校之助教师,遂入巴黎,时二十三岁。追忆幼时侍其祖父于洛列斯之古城址,围炉絮絮,发挥其崇拜共和之思想,而填胸义愤,积不能堪,遂怀暗刺皇帝拿破仑三世之念。而势单力薄,竟不能果。

纪元千八百七十年,法兰西与俄罗斯又破平和,战云蔽空,干戈相见。法兰西皇帝大败于细特,乞降于俄罗斯,人心汹汹,惊措不遑②。巴黎城中,纷如鼎沸。先是,马特步利托握之徒,以唱共和政治而系狱。美世儿见机可乘,遂出请愿书于巴黎之知事,谓免马特步利托握之罪名。奔走东西,以求同志。且自言曰:“且弱女子,不敢自爱其头。诸君堂堂须眉,坐视不救乎?”斡旋其间,其力最著。既而法军屡败,俄军进围巴黎。美世儿愤不能堪,乃自服兵服,肩铳佩剑,终始防战,无一息而稍懈云。

纪元千八百七十一年,法兰西与俄罗斯和约既成。美世儿坟墓之地,在洛列司者,圈入俄罗斯之版图。是时,共和政治,再布于法兰西。兹苛路新就大统领之职。无何,而巴黎科兹由之乱又起,巴黎党与政府党冲突忽生。巴黎都市,又成鲜血之场。美世儿当巴黎党与政府党大战之间,自陷重围之中,以救其母,忽为政府党所捕,引对法廷,严重审问。逞其天纵之雄辩,以自辩护。法官遂下流罪之宣

---

① 拿破仑三世:名夏尔·路易-拿破仑·波拿巴(1808—1873年),法兰西第二共和国总统及法兰西第二帝国皇帝。

② 译著有误,应该是普法战争的色当战役,“细特”即色当,发生于1870年9月1日普法战争时期,战斗的结果是普军俘虏了法皇拿破仑三世及其麾下的军队,虽然普军仍需要与新成立的法国政府作战,但此战实际上已经决定了在普法战争中普鲁士及其盟军的胜利。

告,以免其死,遂流美世儿于利由加列度意阿①。利由加列度意阿者,罪人集合之所,凶徒暴汉,聚于斯地者,不知其数。而美世儿于此间,从容待命。暇则指挥讲导,以发明其宗旨。美世儿之气概,愈大激昂。

第四节　公园之演说

纪元千八百八十年,美世儿适逢大赦,再归巴黎。其在利由加列度意阿②,几殆十年,天禀与境遇,相资相励,于是渐移崇拜共和之心,而崇拜无政府党之主义。是美世儿进为无政府党女将军现世之始。乃大放厥词,以发挥现社会之弊害。冷嘲热骂,罄所欲言,历举贫穷者之困苦,富者与有权者之无情。挥万斛之泪,继之号泣,热血所迸,不顾忌讳,以此而系于狱中者屡矣。遂去其宗国法兰西,而作英吉利之游。自叙其言论,装订成册,以明其宗旨。大集劳动者于哈伊托之公园,舌澜不穷,唇枪相刺,雷轰霆击,言论自由。时年已越七十,而扩张无政府党之宗旨,其不怠如此。以一女子之身,而肩社会之大任,其卓然传名誉于后世,诚为巾帼之光矣。

无政府党者,大都无智无学,下等社会之无赖人。其初本无宗旨,大抵不得志于先社会,而欲逞其暴行以泄其愤者。拳铳短剑,各耀其威,目之为爆裂弹之团体,殊为酷似。而求其特具智识,洞明公理,真认现社会之弊害,欲崛起而易之,以增进人类之幸福,如美世儿者,不数数觏。呜呼!须眉男子,躬负社会之重任,其亦闻美世儿之风而顽廉懦立③哉。

---

① 1871年12月,路易斯被送到上马恩省奥别利夫中央监狱,1873年8月,几经辗转后被押上"维尔吉尼"号战舰,12月到达法国在太平洋上的殖民地新喀里多尼亚岛。

② 利由加列度意阿:今译为新喀里多尼亚,位于南回归线附近,是法国在大洋洲西南部的一个境外领。该地区整体主要由新喀里多尼亚岛和洛亚蒂群岛组成。

③ 顽廉懦立:出自《孟子·万章下》:"故闻伯夷之风者,顽夫廉,懦夫有立志。"顽,贪婪的人;懦,懦弱的人。使贪婪的人能够廉洁,使怯弱的人能够自立,形容高尚的事物或行为对人的感化力强。

如安打克娘(贞德)

第一节　古列美之传说

如安打克①之名,凡热再建法国之事迹者,无不知之。如安方十六岁,不过古列美之一农家女,而世人之注目者,已不鲜矣。

如安以纪元千四百十二年,生于乌屋科路附近之度姆列兹②,少受教育,博通文学,资性锐敏,容止幽闲。颇信仰宗教,每日业毕,必诣村内之寺,以奉祈祷。寺中所奉者,为加耶利与阿加列兹托之神像也。每逢七日,又至圣母之祭坛。时度姆列兹之地,俗说相传,有不可思议者,谓村内之古榉树,每至月夜,灵精聚集于此。时有灵物,投于树下之清流,托生少女,以救法国。实贺阿兹可耶樫林之灵物云。荒渺离奇,不可究诘,盖犹未脱于神权世界之思想。而如安适诞于其地,后人遂以附会之③。

---

① 如安打克:今译为贞德(1412—1431 年),奥尔良少女,法国军事家,天主教圣人,被法国人视为民族英雄。在英法百年战争(1337—1453 年)中,她带领法国军队对抗英军的入侵,最后被捕并被处决。

② 贞德出生于法国香槟－阿登大区和洛林大区边界一个叫做栋雷米的农村,父亲为雅克·达克,母亲为伊莎贝拉·达克。贞德出生地即译著中的"度姆列兹"或"古列美之",今译为"栋雷米"。

③ 相传贞德说自己在 16 岁时的一天,她在村后的大树下,遇见天使圣弥额尔(即米迦勒)和圣女加大利纳、圣女玛加利大,从而得到"神的启示",要求她带兵收复当时由英国人占领的法国失地。

第二节　法国之大难

如安方十六岁,而法国之大难已起。先是,英王由托哇度三世,其生母为法王兹耶路四世之妹。琐琐姻娅,遂欲主张君临法国之权利。于纪元千四百二十年,发兵而入法境,大破法军于科由可路托,有一举而占领王位之势。无何,英王由托哇度崩,法国王子兹耶路,遂谋起兵以抗英国,又为英军所破。枢要之地,尽入他人之版图,劫灰所存,仅留屋路列阿之一府。英军如荼如火,直逼而来。即此落日孤城,危在旦夕。法国独立之国势,有一落千丈之虞。举国人民,义愤奋勇,爱国之精神,大为鼓舞,誓欲一死以殉国难。慷慨激烈,义薄云天。而就中之尤奋起者,则推托姆列兹之村民。

第三节　天使之出现

时有战阵负伤者,脱至托姆列兹村,愤言激语,极陈降服之可耻。村民皆大感动,如安布裙椎髻,杂于人丛,备闻其语,奋慨不知所措。本其宗教所经验之清净无垢心,誓发大愿,单身而救国难。光明一道,忽坠眼前,恍惚空中,神灵忽现,而委如安以救国之大事。一日,为其父牧羊于野,恍见天使赫灼,现于空中,预言如安将为法国之救济主,并其事之次第,可告于乌屋科路①知事贺托利加②。且言加耶利与阿加列托两神必与冥助。如安更大感动,遂将普通之女性,如羞耻怯懦之念,顿如烟硝。遂次第告其父母,乃共叔父而至乌屋科路,面谒知事贺托利加。而贺托利加见其装服粗野,意颇悔之,不纳其言。如安乃大失望,进退无主。

译者按,此亦当时时势,民尚惑于神话,故如安托之而行。盖科学尚未发明,迷信之心未能尽绝。谲智之魁杰,仍借荒谬之说,以行其事而愚其民也。

---

① 乌屋科路:今译为沃库勒尔。
② 知事贺托利加:今译为驻防部队指挥官博垂库尔。

第四节　法王子之使节

如安与其叔父,既大失望,方叹触藩,然天使示现之事,传播颇远。一时之人心,竟为鼓动。时法王子兹耶路,方在兹若①,闻如安事,大奇之,遣使遥迎,相见于兹若。如安闻命大喜,男装跨马,护卫仅六人而从。鬓影鞭丝,翩翩年少,迷离扑朔,莫辨雄雌,急驰而向兹若。其时荆榛满地,烟弹弥天,而如安竟得无事而过。

兹耶路乃迎如安于广大之室,集将士百余人,戎装灿烂,兵戟森严。王子随班而进见,如安独识于众人之中,遂传天使之命曰:"上帝助君,以临法国。命妾如安,传命而来,俟解屋路列科②之围,以救守兵。既至列摩,乃即王位。"兹耶路初犹疑之,遂令法官检断。乃知如安真系上帝之使,遂命以指挥屋路列科之援军。时如安方十七岁,戎衣璀璨,粉印婀娜,金发垂肩,碧睛流盼,仪容威整,翩若神人。如安且复善骑马跨,桃花鞭垂杨柳,绣旗锦绮拥护而行。每遇交锋,则三军注目,以为此少女者,诚为上帝之天使也。

译者按,如安之谒王子,王子之备礼而迎如安。英雄相遇,会心不远。狡狯之技,而托神话以施之。鬼火狐鸣,白蛇赤帝。不谓此风而欧洲亦同之也,异矣?

第五节　屋路列科之援军

屋路列科之援军,既至步洛阿,如安乃着正装,身佩神刀,手握地球图,以描于旗。出发之前,先检军中,而逐淫妇,集兵卒于一所,各各忏悔,且谋夜袭敌兵之策。其策颇于兵法不宜,幸而法军侥幸而得胜利之结果,兵气为之大振。剽悍奋疾之英兵,顿然丧失。如安复进至屋路列科,手执其所绘之旗,而指挥军人。市民见之,齐呼之为救济主。咸有所恃,以待英军。如安乃集屋路列科之兵士而命之曰:"自今以后,须一变其态度,而击英兵。余必乞神而为汝助。"兵士更为鼓舞。

---

① 兹耶路,即法国王子查理,皇储,即位后为查理七世;兹若,即驻地希农。

② 屋路列科:即奥尔良。

先突英军之一角,复大破之。英将兹幼他路贺兹托见之,急率一队,突出其后,而法军勇气百倍,沮之而不能前。仅仅十一日之间,胜败之机,卒然一变。英军大败,列屋路他兹列遁,他路兹贺托擒。列摩市中,遂绝敌兵之迹。

第六节　列摩之即位式

屋路列科之围既解,遂于列摩而备即位式之威仪。如安乃请兹耶路率一万二千之兵,经托落伊,而过兹耶洛,乃至于列摩①。时兹耶路乃从如安之请,是为法国再建之日,遂举盛大之即位式。如安服正装,手执其所绘之旗,立于新王之侧。是旗盖如安所常执,指挥军士,而屡屡大胜者。士民见之,咸呼万岁,拍掌喝采,宛如沸鼎。如安感极而哭,抱王之膝,以致其诚。此即位式,乃极庄严之盛典。士民之望如安,殆如神人,洛诺沙阿沙赴洛乌阿望风而降。法国之老幼男女,皆感激奋励而抱勤王之志。英将大忧之,深恐军气沮丧,亟施回复之手段。请英王亦举即位式于巴黎,大召新领内之侯伯,共誓歃盟。较列摩之即位式为尤胜,以敌法国之新王。

第七节　苛姆倍之败军

列摩之即位式既终,如安之素愿已成,亟欲退归度姆列兹之茅屋,依然闺阁之生涯,不复托神以饰众。而兹耶路不忍如安之别,百计挽之,与其乡村之特例,进其家格而称打克家。时英军驻于苛姆倍②,拔路卡特侯率之,势又渐振。如安不获已,应命救之,率兵而至苛姆倍。市民见之,人人鼓舞,咸以英军为不足恐,色然相喜。而讵知雾散云消,花残月缺,即在顷刻之间。如安与敌战,未能却之。敌军整肃,坚壁而待。如安独身向前,力折马毙,遂为所擒。或谓法将嫉如安之功高,有

---

① 查理七世的加冕仪式在兰斯举行。

② 苛姆倍:今译为贡比涅。贞德在 1430 年 5 月 13 日前往贡比涅以抵挡英格兰和勃艮第人的攻势。

妨于己特致之于死地,而送之于英军之手。

如安被擒之报,既达巴黎,英军大喜,而法国之降服者,亦从而和之。寺院竟诵祝歌,市中亦扬夜花,以示庆贺。而藉如安之力以登王位之国王,怅然无策,莫能救之。呜呼!兔死狗烹,鸟尽弓藏,千古英雄,同声一哭。若如安者,岂独彼一人。而叹国人之轻薄,毫无关情之感哉。如安既被擒,送于监仓,而下于卢鸦之狱。

第八节　庐鸦之审问

如安本无罪恶,其督军人而战,乃其应尽之义务。而无如为其所败之英将,皆憎恶之,遂假词宗教,虐待备至。时比苛乌屋之僧正,通于英军,恶如安之胜敌,欲唱其背宗教法,以致之于死。巴黎大学亦与之同情。遂去英将而授僧侣,以法官,遂于英王之行在卢鸦①而开审问。如安身系铁索,对簿法庭。如安请免其锁,法官以如安曾自狱逃出,以故不许。如安凛然告之曰:“若能自逸,则早逸矣,讵待今日乎?”审问既四阅月,如安侃侃而道,决不示以一毫女性之弱点。法官所最注意者,以如安曾托天使之言。问:“种种诡诞,乃寺院之力耶?”曰:“否!神之力也。”法官曰:“汝不认寺院之权力,即为异教徒。”将布宣告,如安不服,直具状上告于法皇。法官惧其不能罗致,乃改其旨,遂即如安所用之旗而诘之曰:“汝所用旗,非魔术的之证乎?”曰:“妾惟信神,不知旗有魔力。旗者,不过现神之意思而已。”又问其何故携旗而临列摩之即位式。曰:“凡共危难者,有与享荣光之权利。”又曰:“以女子身而从军,而不受男子之命令,奈何?”曰:“惟欲驱逐英人耳。”倍兹度列屋托公闻如安之凛然辩答,大叹赞曰:“噫!此少女者,若为英人,不知为何如贵重之少女。”然百计焦虑,欲救其死罪而莫由。法官终诬如安为假托神圣以惑愚蒙之左术,终受有罪之宣告而定其罪焉。

如安百经拷问,法官必欲致其死命而后已。痛苦不堪,强服其罪,不复辩论。

---

① 卢鸦:今译为鲁昂,法国西北部城市,滨海塞纳省的省会及诺曼底大区的首府。历史上,鲁昂是中世纪欧洲最大最繁荣的城市之一,贞德于1431年5月30日在鲁昂被烧死在火刑柱上,法国国王查理七世于1449年收复了这座城市。

而誓以后不炫左术以惑人，以冀免其痛苦。

第九节　火刑场之祈祷

英人既捕如安，而于假托天使之事，既无证据，而其尽力战事，乃其分所应为。而英将之憎恶如安者，必欲致之死地而后已。相与聚谋，令如安著女服，而致送于狱中。则恐其免死，乃置男装于其前。如安误堕其计。忽见男服，追思往事，与王子相见于兹若之时，粉黛兜眸，雄姿艳质，壮心勃勃，不能自持。犹复信仰神权，以为必得二神之助，遂忘法律禁服男装。英将遂诬以惑弄左术，百方疏辩，置之不闻，遂送于卢鸦用火刑而处决。

如安之罪，既已诬服。以英将鸣屋马兹苟伯之命，令于纪元千四百三十一年五月三十一日，引致于卢鸦之火刑场，残忍酷暴，所不忍言。以夭桃秾李之艳姿，而受炮烙之残毒，受辛难暴，所不忍为。斯时野蛮之刑具，令人酸鼻而不欲竟述矣。如安信仰宗教，本于性根，既临刑场，神色自若，炎炎猛火，渐逼其身。而专一致诚，虔心祈祷，惟乞神保护四字而已。呜呼！紫玉成烟，征之实事，香魂缥缈，随祝融而上征。上诉真宰，天为之泣矣！

既而法国再建，追念如安克打之光荣。不但法国不能忘之，而世界亦不能忘之。至纪元千四百五十三年，悉逐英人于境外，全国国土，始收回复之权。追溯其功，群推如安为功首。乃于卢鸦而特建华丽宏壮之纪念碑，以表其伟大之绩。国民崇拜，至今不衰。呜呼！以度列姆列兹之一农家女，而建巍巍之大业，身为牺牲，受人间之极苦，而卒为法国之救济主，良可敬矣。

朗兰夫人(罗兰夫人)

第一节　夫人之父母

朗兰夫人①之父,名古拉兹耶扑希利兹贺,为巴黎雕刻陶器之画工。性质偏屈,当时巴黎之中等社会,议论乖僻,沉沦于贪鄙。其父染于习俗,缺点尤多。古拉兹耶共举八子,生存者惟夫人一人。

夫人既苦其父遗行太多,而且资财浪费。幸赖母贤,信实洁白,支持家计,仅仅免其衰颓。而其父又性质刚愎,动遇睚眦。熏陶资育,皆赖之于其母。

第二节　夫人之幼时

夫人以千七百五十四年三月,生于巴黎。资性敏颖,好读书及音乐。四岁时,即能读书,数年学业益进,游艺益通。其母肇锡以佳名,名希耶阿苦扑希利兹托②。

---

① 朗兰夫人:今译为罗兰夫人(1754—1793 年),法国大革命时期著名政治家,与其丈夫罗兰同为吉伦特党领导人之一。1793 年 11 月 8 日被雅各宾派送上断头台,留下名言:"自由,多少罪恶假汝之名以行!"

② 希耶阿苦扑希利兹托:或扑希利兹托,罗兰的母亲最初给罗兰取的名字,今译作玛侬·让娜·菲利普(简称玛侬)。

十一岁即研究宗教①,十六岁乃研究哲学,二十岁,乃破宗教之范围。当九岁时,特好达兹由翻译,浦路他苛之著书。适遇千七百六十三年之斋戒日,举祈祷之典礼,乃携书同入寺院,反覆熟读,神为之凝。其父不许,乃潜读之。英杰之事迹,乃日输入幼少之脑中,壮怀伟志,因之而起。

扑希利兹托幼即倔强,尝罹重病,服药甚苦。父怒而痛鞭之,已至于再。且威赫曰:"汝不速饮,且有后命!"语未终,扑希利兹托骤止号泣,颜色自若。再三切言,誓不能饮。父愈怒不可遏,势不能止。其母见之,婉劝而散。

俟少时,其母再至其之寝室,取药再进。温言谆语,以诱劝之。乃望母颜色,顿感于中,慈爱之情,潸然忽泣。乃取杯中一吸,罄无余沥。不堪其苦,几欲呕吐。且申言无论何物,概饮之云。

第三节　夫人之境遇与其意志

刚健之性质,虽本性根,然受其母之教训,日渐感动。千七百六十四年八月,执行阿兹沙母扑兹幼升天式之时,已极恭顺。自后居于尼寺者凡一年。复归家,共祖母及叔母而居于耶托。又共其母居于路伊。于是日夜读书,研究实际,渐次舍其宗教之念,而卓然为一"不信教家"。于福禄特路、卢骚、美拉贺、木特司歆科贺兹披希由母等之所著书,尤为信仰。

当时人心汹汹,热心于耶稣信徒之理论家,皆倾于民主政论。扑希利兹托跃跃欲试,以尽其才。默居自忖,花容月貌,绣口锦心,岂终埋首蓬门,草木同腐乎?而不利用于社会,则亦虚负此生矣!乃伴其祖母,炫妆倩服,遍谒贵族之家。其出接待之侍女等,遇之甚厚。礼节繁缛,心已困之。贵贱上下之别,相悬如此。而彼于一雕刻师之女,视与贵族无异,又窃自负,而见侍女辈之卑屈,心颇非之。

扑希利兹托又至卜由路耶,与诸宫女共起居于王宫之一室。见贵人之傲慢,下民之卑污,及一切无理无义之举动,心大不忍。乃取希腊及罗马之英雄记而读

①　宗教给了玛侬很大影响,在她11岁时,她表达了想成为一个修女的强烈渴望。1765年5月,她的父母同意她去修道院修行一年,于是她进入巴黎的妇女团体修道院,在那儿,她遇到了卡内特姐妹、亨丽埃特等人。这些人成了她终生的朋友。

之,非常感动。于是共和政论,自由平权之大望,益益激昂。扑希利兹托之伟业,遂由斯而起点。

第四节　夫人之美丽

扑司利兹托,容色艳丽,顾影自怜,而刚健之质,含于婀娜。任侠好义,本于性根。追慕希腊罗马英雄之事迹,俯视一切。时流名士,摈斥之殆如土芥。而于富商大贾,尤嫌恶之。而于唱导四民同权者,最相矛盾。

筚门闺窦①,门户单微,虽丽质天成,侠情性具,而小家碧玉,难嫁汝南,思附茑萝②者,不出于屠沽之辈。有年少之屠肉商,忽怀奢望,先请之于其母。扑司利兹托勃然变色曰:"赴拉托及当今之学者,谁不友我。而嫁一屠肉商之小人,何面目立于社会乎?"屠肉商受其拒绝,羞恶无地。其母惧有祸害,而终无如之何。

又一医师,欲申结婚之愿。其母自顾齿衰③,亟欲其女速成伉俪,以慰其心。因谓女曰:"医师已非贱业,汝之希望,当已足矣。金张许史④,孰缔婚于贫女者乎?"扑司列兹托冷笑谢之,却无他言。

扑司列兹托少时,曾备彩色之肖像,丰容妩媚,逸态横生,目有毫光,发如膏沐,拈花一束,微笑嫣然。身长五尺五寸,亭亭玉立,袅婀腰肢,温丽庄严,顾盼流媚。而眉端凛凛,时露丰稜,英爽之气,诚美丽之女丈夫也。

拉马路兹亦评其像,备极赞辞。其居狱舍也,同狱者沙由赴曰:"扑司列兹托临刑时,爱娇之姿,不失常度云。"

学识既优,姿容绮丽,自待之重,固不容言。虽贫富悬殊,岂足介意。凡贸贸然而欲结婚者,一概斥之。而后日之横死,已萌芽于其时。其母亟为隐忧,屡劝不

---

① 筚门闺窦:筚门,柴门;闺窦,上尖下方的圭形门洞。形容穷苦人家的住处。出自《左传·襄公十年》:"筚门闺窦之人而皆陵其上,其难为上矣。"

② 思附茑萝:《诗·小雅·頍弁》曰:"茑与女萝,施于松柏。"茑与女萝为两种蔓生植物的合称,比喻关系亲密,寓依附攀缘之意。《红楼梦》第99回有诗云:"想蒙不弃卑寒,希望茑萝之附。"

③ 齿衰:指老年。

④ 金张许史:四姓并称,借指权门贵族。典出《汉书》,汉时,金日磾、张安世并为显宦;许广汉为宣帝许皇后之父;史指史恭及其长子史高。恭为宣帝祖母史良娣之兄,宣帝即位,恭已死,乃封高为乐陵侯。当时许史两家皆极宠贵。

听,罹病颇剧,而弱女婚姻之事,时萦于怀。既而母氏告终,而扑司列兹托放逸愈甚,慷慨之志,愈激烈而不可止。家产之事,置诸弗理。日月易逝,生计日衰,乃自托于知友于加布利野路之妇人。

第五节　妇人之结婚

扑司兹列托访其昔日寺院之女友,如沙赴伊加伊兹托等,时相往来,屡屡劝其过激。女友中有阿美阿者①,夙识朗兰氏,愿为绍介。朗兰氏者②,固上等之绅士,以才学名,久当制造所监事之重任。一日以事偶至巴黎尼寺,加伊兹托遂为之绍介焉。

扑司兹列托既得其绍介状,始与朗兰氏相见。其年龄倍之,长身鹤立,言辞扑纳,广于交际,名誉隆然。而动作淡泊,肃慎威仪,纯然学者之风。相见之下,各倾情愫,既而往来日密,情好日深。朗兰氏深钦扑司兹列托之才貌,怦然心动,遂诉结婚之情愿。扑司兹列托决无踌躇,遂直应之,乃告其父于加扑利由路。父忌朗兰氏之品行方正,亟欲拒绝。而两人心许已深,同心缔结,虽其父之异议,不能间离。遂订吉盟,约同进巴黎。

其父不欲缔婚,憎恶殊甚,反动之力益起。乃赴尼寺,将寻其夫妇而启葛藤,以待朗兰氏,竟至数周。而朗兰氏竟至半年,未尝履其尼寺。及朗兰再请结婚之约,于千八百八十年之冬,白头矢誓,遂为朗兰之夫人。又更名为由托拉,产一女,后称为兹耶姆扑诺,其血统也。

---

① 女友中有阿美阿者:女友名今译为索菲亚·卡内特。

② 朗兰氏者:今译为罗兰氏,玛侬·菲丽蓬的丈夫,其名字今译全称为罗兰·德拉普拉·蒂埃(1734—1793年)。

第六节　夫人与橄落达党[①]

朗兰夫妇,乃结婚于瑞典,折而旅行英国,叹赏英人之习惯风俗,赞不去口。复归法国,于利屋府之附近拉赴拉兹由路,买邸而居。夫人为得贵族之认许书,认为从来之世袭,百方尽力,其事乃成。乃劝诱其夫,共集憎恶王权之人,隐为庇纳。朗兰氏乃择利握府而居国会之议员,其举动日渐显然。夫人从而和之。朗兰遂与橄落达党及其余之政治论客,联络往来。每遇集会之际,彼等倍极欢迎。

法王路易十六世之末,实权尽失。朗兰氏适为内务大臣,寻而橄托达党,进握政权,公文报告演说之草稿等,多出于夫人之手,补助朗兰氏之业者不少。夫人之所以名誉震烁一时者,所具多矣。

第七节　夫人囚

无何而革命之变起,刑法王路易于断头台上。朗兰遂逃,夫人斥其卑怯,独留巴黎,从容就缚,以待死命。其自著言行录中《悯然狱中之狂人》一文,历述革命之由来,借以自慰。虽其临刑慷慨,义侠凛然,而其独处狱中,悲愤侘傺,凭窗自吊,红泪澜噫。女丈夫之末路,亦大可悲也矣。

第八节　夫人就刑于断头台

千七百九十三年十一月九日,遂送朗兰夫人于赴乌契苟路他乌苟路之法廷反对党之官,而受死刑之宣告。时年三十有九,而姿容犹若二十许人。

---

① 橄落达党:即吉伦特派,有时称"布里索派"或"长棍面包派",是法国大革命时期立法大会和国民公会中的一个政治派别,主要代表当时信奉自由主义的法国工商业人士。该派著名的活动人士包括雅克·皮埃尔·布里索、孔多塞侯爵、罗兰夫妇、皮埃尔·维克杜尼昂·韦尼奥、玛格丽特-埃利·加代、阿尔芒·让索内等。

翌日临辰,以马车载之,徐行而至刑场。衣白棉纱之衣,神色淡定,悲风吹发,拂于颊际,哀艳之状,铁石回肠。夫人冷笑曰:"公等今日送吾于断头台,他日送公等于断头台者,已不远矣!愿告公等,速自忏悔。"既至断头台,向狱吏曰:"假吾笔纸,吾胸中之奇想,几欲溃溢。愿一写之。"吏严拒不许。而夫人之遗蕴,遂不得传。惜哉!

朗兰氏闻报,悲而自杀。其一仆一婢,乃检夫人与朗兰氏之遗骸,共葬之于科拉马路托,志其墓焉。葬毕,闯入赴乌契苟路他乌苟路之官厅,痛詈恶徒,以泄其愤。反对党之官吏,以婢年幼发狂赦之,而斩其仆于断头台。呜呼!夫人之得仆婢心至于如此,可以想见其平生矣。

俄国女帝伽陀厘(叶卡捷琳娜)

第一节 伽陀厘之性行

有羞花替月之姿,建旋乾转坤之业,述其大绩,略其小瑕,为世界之言女权者,增一雄奇哀艳之历史。彼一孔之论,不足以窥其底蕴,又乌能求全责备也。余于伽陀厘①之事迹,未尝不有美犹有憾之叹。然愿世之论人者,宽假其心术,而观察其鸿业也。

伽陀厘方十六岁,已备伟业之资,而华丽娟妍,世无其比。性好铳猎,屡屡共人游畋,资以为乐。颇好读书,少时品行端正,容止庄严。自负傲慢之心,亦有所激而始变易。尝以教育自任,其母阿哈路托耶路布司托,力抑制之。以伽陀厘之聪颖,而欲禁其致身于交际社会,以谢名士之往来,其事本难。而因之而起反动之力,遂与其母颇形反抗,骄傲之气,益益增长。亦娇女恃爱之习惯,女子特性之发达所常有者。

既而身为皇后,遂欲大张其威权。其未占妃位之前,已有自踞帝位之大望。虽以皇太子海托路扑野路托洛乌伊兹大公爵,素行夙著,而于彼之异心,竟不能制。隐谋已深,时机既至,一举而横领玉座,再起而杀所天而夺帝权,揽大权者三四十年。专事放恣,毫无所惮。然其内而改新政法,外而发扬兵威,而与著名之伊司马伊路及卜拉加鏖战。服土耳其,略波兰,永辉俄国之光威于宇内,其勋绩诚不

---

① 伽陀厘:今译作叶卡捷琳娜(1729—1796年),1762年至1796年在位,是俄罗斯历史上唯一一位被冠以"大帝"之名的女皇。

可掩。若能去其邪念,海托路第三世①之大梦遂醒,不但不死于非命,而关于社稷之存亡者,利害得失之相乘,未可预定也。

第二节　大望之端绪

初,苟利沙海司女帝,以终生所配遇披托路大帝之一子兹耶路斯赴列铁利兹苟为嗣子。千七百四十二年,兹耶路斯十四方崩,迎之于俄京圣彼得堡,乃改其耶稣新教,易名海托路扑野路托洛乌伊兹②。同时而授为大公爵,后竟公然而立为太子。

后三年,女帝为太子授妇,赠书于德意志列国中贵族妇人以求之,又恳嘱于扑哈路托耶路铺司伯夫人。夫人与贺列司特依伯为同胞,苟利沙海司女帝之幼时,曾约结婚于贺列司特依伯,女帝甚爱慕之,于婚仪之数日前,伯爵病殁③。以此关系,故夫人与女帝以来之状,甚于他人。而夫人之大野心,由是而起。乃至俄京,极力游说,请以其女为皇太子妃。女帝始颇冷遇之,既而追思故贺列司特依伯,故夫之义,泪湿重襟,遂取伯爵之侄,以佩皇太子,是为伽陀厘入宫之始。

伽陀厘扑列歆沙乌由迷,以千七百二十九年五月二十三日生于普鲁斯国之司拉兹④。初称沙赴伊耶屋古司他扑屋阿哈路托⑤,自为皇太子之妃,自新教而转希腊教,遵俄国政略之定例,于受洗时,乃改名伽陀厘。其父名阿哈路托耶路遄司托伯⑥,普国之陆军少佐。

---

① 海托路第三世:今译作彼得三世(1728—1762年),彼得大帝的外孙。彼得三世本来是德意志人,几乎不会说俄语,因为伊丽莎白一世女皇未婚且无嗣而被挑选为继承人,1761—1762年在位。彼得三世统治时期,德国势力在俄罗斯宫廷的影响达到顶峰。

② 彼得三世是彼得大帝的外孙子,全名为卡尔·彼得·乌尔里希,是彼得大帝长女安娜·彼得罗芙娜公主和瑞典荷尔施泰因－戈托普公爵卡尔·腓特烈所生。1741年,彼得大帝的女儿伊丽莎白·彼得罗芙娜公主发动宫廷政变,登基成为伊丽莎白女皇。1742年,在伊丽莎白的加冕仪式上,正式宣布彼得为皇储。彼得被接到俄罗斯以后,洗礼皈依了东正教,改名为彼得·费奥多罗维奇。

③ 贺列司特依伯,今译为卡尔·奥古斯特,是荷尔施泰因公国王子,但这位王子未来得及和伊丽莎白订婚就病故了。

④ 普鲁斯国之司拉兹:即德国的斯德丁,今波兰的什切青。

⑤ 沙赴伊耶屋古司他扑屋阿哈路托:今译为索非亚·弗雷德里卡·奥古斯塔。

⑥ 阿哈路托耶路遄司托伯:今译为安哈尔特－查尔布斯特,叶卡捷琳娜的父亲,是普鲁士军队中的一位将军,后被封为公爵,封地是安哈尔特－采尔勃斯特国,这是当时德国的一个不起眼的小公国。

伽陀厘年方十六,遂与俄国帝室,缔结婚姻。上配天潢,志得意满,毒蛇猛虎之特性,将有所凭借而逞其威。未举婚仪之前,皇太子适患天痘,颇危笃,幸而获愈,而痘痕满面,望之如鬼。伯爵夫人,闻其平愈,急趋慰之,乍睹其貌,几不相识,大为惊讶,泫然而泣,急走归而告其女。伽陀厘初闻颇惊,而深自密抑,遂驱马车,直谒皇太子,抱之慰问,故为欣喜之容,而侘傺①抑郁,敛于无形。呜呼。是岂寻常妇女之所能哉。时伽陀厘娇姿弱质,方在妙龄,其手段如此,自后掀天震地之伟业,蝛躬狐媚之奸谋,皆兆于此矣。

第三节 伽陀厘乘隙而起

既而皇太子举行盛大之婚仪,乃导之放荡,以堕其行,南北东西,浪游无度。俄国之守旧党倍司托兹野兹卜大臣,始恶皇太子,将有此座可惜之忧。又希腊教徒尝请于皇太子,言其手握权利之时,必解国教即希腊教之专擅,而保护其余之宗教,以说于普鲁士国王扑列铁利兹苛,于是群情震惧,惴惴自危。愤懑之余,窃组徒党,遂除大公爵为皇太子之位置,而以其子贺陆代之。伽陀厘遂为摄政。

然其时伽陀厘与皇太子结婚未久,其子虽幼,而其年龄已过其结婚之期。斗谷於菟之种类,而伽陀厘之缺点,亦其一端也。

与皇太子反对之一派,皆附于伽陀厘之党中。先是,太子与托耶路铺司女帝颇形龃龉,太子居恒郁郁,颇放荡以自遣。沉湎度日,而为长夜之饮,于是责备太子者愈甚。一日,伽陀厘欲咎太子之非行,而反躬自问,秽德尤多。其第一之宠人,为沙利路拉司木赴司欱托②,乃弹三弦之荡子。以伽陀厘之宠,竟受敕命而列为武官,旋为中学校之校长。其第二之宠人,沙路兹苛知③前为皇太子之家令,伽陀厘昵之,大加优遇。当时俄国之宫中,丑闻秽行,传播颇遥,举国人民,多有掩耳不欲听者。

伽陀厘富于机智,掩其秽行,于上下社会之名流杰士,皆事牢宠。又重于宗

---

① 侘傺,读 chà chì,指失意而神情恍惚的样子。《离骚》曰:"忳郁邑余侘傺兮,吾独穷困乎此时也。"王逸注:"侘傺,失志貌。"

② 沙利路拉司木赴司欱托:今译为萨尔特科夫。

③ 沙路兹苛知:今译为波尼亚托夫斯基。

教,尝诣寺院,躬事礼拜。见贫民可怜悯者,特出金品以济之,神妙之技,暗以纠合人心。伽陀厘既与皇太子相恶,而于女帝,亦渐失宠,乃乘机而欲离俄京。遂说于女帝,而远处于屋贺路古,酒池肉林,弹琴歌舞,幽闲日月,以送生涯矣。

伽陀厘既赴屋贺路古,引其从士著普国之军服,时训练于其地。既离俄京之危险,而服色奇异,于是人心益离。

伽陀厘之母扑哈路托耶路铺司伯夫人①,亦渐疏远。未几,亦放逐于俄国。夫人流浪于欧洲,遂依法国宫廷,以糊其口,以千八百六十年,而卒于路苟耶赴路苟。负债甚巨,债主索之于伽陀厘。伽陀厘拒之,其母子之间,亦凉薄若此。

第四节　伽陀厘之举叛旗

伽陀厘收拾人心,颇得其术,尝参诣寺院,施济贫民,又厚利其近卫之将士。改革弊政,以为人望所归之基。其手段所布施,极为完密。待时观变,蓄势俟机,其计略早已笼络一世矣。

千七百六十二年一月三日,托野路铺司女帝②崩,皇太子即位,是为海托路第三世③。七月八日,遂捕伽陀厘之党兵队长哈路兹疵于狱中。乃自狱中送密书于他兹苟芝扑公爵夫人,促其举事,勿误大事而失时机云。

他兹苟芝扑公爵夫人者,伽陀厘党中之第一有力者,即今帝海托路第三世之爱嫔苟利屋海司马列迷之同胞。时今帝既废伽妃,并其私生之子,而纳苟利屋海司为妃也。

伽陀厘与他兹苟芝扑公爵夫人,方在旅行中,将赴扑伊拉湾之木扑列兹路之避暑馆。忽得他兹苟兹扑之密书,骑虎势成,大生冲突。乃急集其兵士,鼓舞士气,以督军人。有怯懦者,厉声叱咤之曰:"吾一妇女,且具刚胆。汝等膂力方刚,何卑怯乃尔!"士卒奋励,勇气倍腾。彼之豪举壮志,英爽之气,千载之下,犹有令

---

① 扑哈路托耶路铺司伯夫人:今译为安哈特尔·查尔布斯特夫人。

② 托野路铺司女帝:今译为伊丽莎白·彼得罗芙娜(1709—1762年),俄罗斯帝国女皇(1741—1762年),彼得一世与叶卡捷琳娜一世的第三个女儿,1762年病逝。

③ 海托路第三世:即彼得三世,原名卡尔·彼得·乌尔里希(1728—1762年),是俄罗斯帝国皇帝,荷尔斯泰因·哥道普的卡尔·腓特烈和安娜·彼得罗芙娜之子,彼得大帝的外孙。

人想象不置者。

乃于夜半与公爵夫人,急变装服,乘农车,持密书,驰赴俄京。即以使者为驭者,中途马仆,驭者周章,颜色顿失,乃欲谏止其大事。伽陀厘誓志不饶,且谕且励之,偕其徒步,行二十里许。而其俄京之党,已著马车而迎之。

第五节　叛徒之大胜利

翌朝七时,伽陀厘已达宫廷。时伊司迷洛司卜敨之卫兵数百,翩然来集,群呼女帝万岁,矢志灭亡新教叛徒。

伽陀厘兵势单薄,强弱悬殊,而奋勇坚毅,毫无惧色。以雄壮激烈之淫说,鼓励其军人。杀气弥天,阴氛布地,旌旗耀目,鼓角惊心。战至九时,其兵来援者增至二千。伽陀厘跨马入阵,驰骤往来,虬髯区目之队中,忽现维摩天女。乃就大教,正行戴冕式,终举盛服之教职数十名,齐诵颂歌。而市中名所,各揭教画,鸣钟发炮以致敬。

新女帝既行戴冕式,倩装盛服,威艳动人。戴握他树之花冠,络缨拂额,靴刀腰剑,娬媚庄严。军人市民,心咸鼓舞。"女帝万岁""国母伽陀厘幸福"之声,万口腾沸,不绝于耳。

第六节　伽陀厘叱咤皇帝之使节

海托路优柔不断,袖手酿成。初得警报,怡然不以为意,且曰:"叛徒鼠辈,安有所为。"毫不为备。既闻叛兵胜利,乃大失措,狼狈不知所为。其牟乂芝卜之士官,出兵讨伐。及闻俄京陷失,奏报既上,帝尚踌躇而不能决。

叛旗日逼,尚复懵然,仍遣握洛兹扑大臣奉使节而遣于伽陀厘,令其悔悟归顺,许其免死,否则即行讨灭,毋贻后悔云云。噫!何其迂阔,一至于此。

握洛兹扑大臣,既到宫中,伽陀厘方据玉座,威严端肃,朝见臣民。大臣进谒,战栗不能语。恐惧再拜,仅侍皇帝之旨。伽陀厘傲然曰:"汝亦知今日之事,余亦顺人民之慰望乎!"大臣起,将退去,更怒目严命之曰:"汝曾表忠意否?"大臣恐慑,不知措词,乃跪而俯伏,誓其忠诚而无他。礼毕,乃许退去。遂逐之于境外焉。

海托路帝困难,既迫于目前,犹豫狐疑,尚难自决,乃从臣民之谏,共搭轻舸,将遁于海托路贺兹赴,将航于苛洛司他兹托①。时机已误,海陆兵士,悉为女帝之党。而其司令官,偕皇帝同行者,若欲上陆,则肆威以胁吓之。及闻炮声渐近,乃驶其船于海岸。帝将不听,而无法可止,乃急隐于船室,与侍女等相对悲泣。既而其船泊于海托路贺兹赴,将出独遁,而不果。

第七节　俄帝之被杀

帝顽冥如故,徒建迂拙之策,以表其愚。乃赠极谦让之手书,以谢己过,且言甘让帝权。及得覆书,始大失望。更裁一书以乞怜,但乞免死,而稍给退隐料以终其身,即去帝位以避之云。伽陀厘不许,遂命捕帝及其廷臣,投之于狱。待遇苛酷,衣服及足袋,皆不与,惟襦祥一枚,缠于腰间。呜呼,昨日之日,依然九五之尊,方一刹那,荣瘁顿判。以君临一世至尊之身,而受下民不堪之虐待,天堂罗刹,弹指之间。狱吏番兵,互相嘲笑,而帝之哀情,亦大苦矣。

伽陀厘遂命海意姆伯传其意旨,革帝让位之式文,署名既毕,并攘夺其一切财产,然后护送于拉赴兹耶。乃卑辞屈请,许其携黑奴一人,爱犬一头,提琴一枚,小说数册,而之配所,潜心哲学,以送余生。呜呼！月明回首,故国凄凉,昨夜东风,凄焉欲绝。雕栏玉砌,徒付诸梦游而已。

一日,有阿列苛兹司屋路洛哇者,共拉扑洛兹扑受新女帝之密旨,诈访废帝,且述慰言,催其会食,暗投毒药于酒中。废帝知之,卒然投其酒盏,别求牛乳。两人见事已破裂,遂肆凶暴,奋其腕力,互相争斗。废帝孤身无助,其势立穷。俄国皇帝海托路三世,遂为其所绞杀。

二人归复密旨。时伽陀厘方共贵绅食事,二人词气凶悍,犹露杀机。伽陀厘目视而止,借事暂退,乃密词于他室。约十分钟,仍出而就席,温言软语,觞宴如前,其深沉狠毒如此。翌日,宣布于众,谓先帝血管破裂,龙驭上宾。更遣大医数人,证明医案。更于宫中举行大丧礼,又令全国各寺院,执行祈祷,以安伏其灵魂。

---

① 苛洛司他兹托:今译为喀琅施塔德。

其手段之狡诈,千载后犹令人发指也。

第八节　女帝之终焉

　　一千七百九十六年十一月六日,伽陀厘偶患心疾,独入一室,久而无声。侍臣等待命既久,闯入室内,而伽陀厘已气绝于床。俄而宫中,群情鼎沸,极力持抱,急用奋兴之剂,以冀救苏。乃渐苏生,启目四顾,无限凄凉。言为鬼物忽扼其喉,恐怖殊甚,悲咽未已,继以号泣,其声哀惨,人不忍闻。而一缕柔魂,悠然渐逝。而一世之雄图伟业,付诸空冥。以彼之雄才而不务公德,洵可惜也。

　　　　译者按,伽陀厘之见鬼物,非鬼物也,脑病为之也。负心之事太多,清夜扪心,不能自问。而惊疑恐慑,时往来于脑中。人之将死,天良返本,而平日往来于脑中之恐怖,忽现幻象于目前。故为恶之人,于其死际多现种种之奇状者,职是故也。森罗地狱,中国之所传闻,故恶人弥留之际,亦多现此恶相。而无森罗地狱之说之地,则无之矣。荒渺之词,不当迷信。而恶亦不可为,庶为得之。

　　法兰西之哲学者多信耶稣教概多称扬伽陀厘之美事,以为一生之英杰,无复过之。然于其心术,多为彼所蒙者。伽陀厘诚谲杰也。

　　俄国政府,百余年间,频向东方而谋扩张其版图者,自千七百九十二年伽陀厘女帝为始。其始特令西比利亚之镇台,护送日本漂民幸太夫、矶吉二人于日本,欲开两国交通之机。既至虾夷,使节拉兹基苏马因其地之吏员以请,时国法禁之而不许。俄人东下之志,实自伽陀厘以启之也。亦伟矣哉!

缕志发珍逊女①

第一节 缕志女之父母

　　缕志发珍逊女史,父名阿列阿铺司利。希野母司王②之时,列于士爵。其结婚时,方居海军用度官之要职。尝欲聚富有之寡妇,或少于己年龄三分之一之妙龄处女,而后结婚,盖彼结婚已三度,年已四十八矣。

　　所希望富有之寡妇,既不能得,遂娶少女。其年龄虽悬隔,然幸悦而诺之。

　　阿列供其新妇之用,每年给其费用料千五百元。后阿列为伦敦监狱之长,妇又为俘囚之教诲师。而俘囚有鸣耶路他列利君者,从而研究化学。妇因为之给器具药品等,慈善之德,人所难能。阿列亦具恻怛之深情。在其夫妇之任中,俘囚皆无所苦。其隐德如此。

---

　　①　据唐欣玉著《被建构的西方女杰》(四川大学出版社,2013 年 1 月,第 38 页),"晚清为缕志立传的译者仅有赵必振",缕志的今译名不方便查知。

　　②　希野母司王:今译为詹姆士一世(1566—1625 年)。

第二节　缕志之幼时

缕志女者,为千六百四十九年英王兹耶路斯[1]被弑之后,屋利乌阿苟洛母乌古路首长建立共和政治之时共和政府者,至千六百五十九年沙兹耶托退职时乃止之第一女杰,实阿列阿铺司利君第三妻之第三子,其二兄亦人杰也。

缕志生于英岛首府伦敦,实救世主纪元千六百二十年一月二十九日。方其生也,母适梦一非凡卓越之女,入其室,寤而缕志遂生。其父母特为注意于鞠养教育等,不惜重费,以成其才。

幼好学,尤嗜爱国之文章。兼好英文,舞蹈之外,时从教师,兼习游艺。其琵琶为一世之国手。且善修饰,并工于针黹。姊妹等皆畏敬之,如其母。盖其自幼,聪颖端正,已异寻常,举动如成人。好谈宗教,待下尤仁慈。

第三节　哈兹梭氏之相会

缕志既得贤父,方十一岁,病几死,乃移家于列兹基木托。荏苒七年,容貌才智,日渐发达。娇丽妩媚,楚楚动人。求婚者接踵而来,女悉谢之。然其态度,娇妍而丰神峻厉,凛凛不可犯之色,溢于眉宇。

千六百三十七年五月,乃与哈兹梭氏相会,两情相结,如漆如胶,密誓凭肩,白头共矢。曾述其誓约曰:"山盟海誓,生死不渝。无俟人知,上帝可鉴。"可以想其深情之所寄矣。

托马司哈兹梭君,若兹基阿卯郡之绅士,马加列兹托夫人之子。长于缕志四岁,才艺丰富,名誉隆美。翩翩年少,裘马轻肥之佳公子也。

---

[1]　兹耶路斯,即查理斯一世。1649年,克伦威尔领导的议会军打败王党军队后,于1649年1月处死国王查理一世,建立了英吉利共和国。但是1653年,克伦威尔宣布就任"护国主",实际上就是军事独裁专制,共和国名存实亡。克伦威尔去世后,其儿子沙兹耶托(今译理查·克伦威尔)继承,但无法把控局势,遂于1659年5月辞职。1660年,流亡法国的查理二世复辟,共和国结束。

第四节　缕志之夫哈兹梭

哈兹梭始研究法律学，然非其好，进步颇难。既而游学伦敦，时症流行，偶偶传染，乃避疫于利兹基木托之音乐教师科路马氏之家。留滞数日，怅然有所触。乃誓变其目的，以定一生之宗旨。

熏衣刷鬓，惨绿少年，学富五车，名倾三岛，且温良诚笃，尤富爱情。既见缕志，而灵魂以太，水乳交融，遂申结婚之愿。

初，哈兹梭氏既负声望，又美丰仪，求婚者日众。或艳其美，或觑其富，氏皆鄙之，掉头不顾。偶有一少女，艳丽独绝，而态度庄凝，属意颇厚。然天生英杰，自有佳偶，闲花野草，讵许勾留。未订三生，空劳一顾。而氏之感情，终觉漠然。

心如木石，性若冰霜。利兹基木托之名都，游女如云，视同土芥，缟衣綦服，匪我思存。其友忧之，且谓之曰："昔一名士，闻一少女，才德秀绝，忻而慕之，不能自禁。遂踪其迹，随赴山中，睹少女之影，袅娜于途，急趋伏地而接其吻。终以闲情太富，回肠荡气而死。而君何其反对也。"相与一笑。

哈兹梭顾影自负，结婚之愿颇高。一日忽见缕志所作之歌，大为倾倒。低吟暗诵，不厌百回。嘉赏之词，日不去口。而情愫一缕，暗已遥通。然爱慕虽殷，无由缔结。冰人绍介，痴愿乃偿。缕志亦夙知其名，慨然相见。玉人并立，朗朗双辉，四目流波，色授魂与，目成心许，不能自持。氏之妹著有《物语》，曾纪其事曰："哈兹梭与缕志相见既散，焦虑苦计，唯恐不谐。忽传风说，缕志与他氏结婚，哈兹梭颜色顿变灰白。方在食堂，怏怏离食棹，盘旋户外，有似离魂。既闻所传既虚，神色乃定。"呜呼！痴儿骏女，一至于此。此古今万国之奇杰，孰非痴骏者之所成就哉？观于哈兹梭与缕志，而又深惧世人之不痴骏而忒聪明也。幸而风说不实，终举合欢之式。明月在抱，彩云满怀，宝鼎烟浓，银缸花绽，其得意可知矣。

哈兹梭尝谓人曰："余与缕志之爱情，自以为人间夫妇所未有，吾恐历史不能记，小说不能传，哲学家不能研究，演说家不能敷陈。"呜呼！至矣！

第五节　缕志夫妇之感情

秦嘉徐淑①,佳偶天成。敬爱如宾,双飞双宿。缕志尝自记其丽情曰:"予之初见哈兹梭也,自惭形秽,平日自负之意气,潜然尽销。既举合欢之式,恍如登天抱云'欢床如天,欢身如云,登天抱云,欢堕侬身。'此傅青主②先生之乐府,淫思古意,逼近汉魏。而其全集中所不载,仅见于《兰苕馆外史》③说部中。附志于此,广其传。译者附录,迥非人间之乐境。平生青年少俊,请婚者如鲫,而皆漠然。惟于哈兹梭,一见魂销,不能自主。三生石上,果有前因欤?"呜呼!伉俪情浓,溢于言表。古今夫妇之笃爱,孰有逾此者?

千六百三十八年七月三日,于贺路贺马托马托利由之一寺院,大举伉俪式之盛仪。缕志新病初愈,弱不禁风,憔悴病容,光华略减。哈兹梭睹其娇媚,倍极爱怜,茗垸药铛,偎然相傍。缕志益益感其厚情,红泪泛滥,不觉嫣然而湿襟矣。结婚一年后,突举双生儿,是为托马司、野托沙托云。

第六节　夫妇之危难

当是时,政界之风潮,激昂颇甚。悲歌慷慨之士,四方群起。或主扩张国权,或主守护王室,或助政府权利,或唱国家主义,精神发达,爱国之志,油然而生。于是其夫妇乃抛生命,遂注力于政界,而冒其艰危。

既而勤王党与议院党竞争日烈,抵牾之势,由之而生。缕志周旋其间,拮据尽

---

① 秦嘉,字士会,陇西(治今甘肃通渭)人,东汉诗人,桓帝时,为郡吏,岁终为郡上计簿使赴洛阳,被任为黄门郎,后病死于津乡亭。秦嘉赴洛阳时,妻子徐淑因病还家,未能面别。秦嘉客死他乡后,徐淑兄逼她改嫁;她"毁形不嫁,哀恸伤生",守寡终生。秦嘉、徐淑今存的诗文并收辑于严可均《全上古三代秦汉三国六朝文》、逯钦立《先秦汉魏晋南北朝诗》。

② 傅青主:即傅山(1607—1684 年),明清之际道家思想家、书法家、医学家,初名鼎臣,字青竹,改字青主,又有浊翁、观化等别名,山西太原人。

③ 《兰苕馆外史》,又名《里乘》,共十卷,收录笔记小说一百九十篇,是一部以劝惩为意旨,兼有《聊斋》和《阅微》优点的笔记小说佳作。书中收有傅山的《艳词》。

瘁,而议院党既得胜利。缕志见其基础未坚,喜惧相半,而仍驰驱于政界,不惮其势。时哈兹梭在军中,为陆军佐官。英王兹耶路司第一世之死刑状,哈兹梭亦署其名,是为被祸之原因。

千六百四十九年,兹耶路司第一世,既处死刑,遂置议员政府①。

千六百五十三年,再建苟洛母乌科路之政府②。王方幼冲,其摄理政治者,称为护国政府。对囊日之议员党,大起猛烈之反对。哈兹梭为其所获,将受死刑于断头台,而哈兹梭先病死于狱中。

缕志深痛其夫,含冤莫诉,为夫疏辩,屡叩法廷。而昏暗时期,覆盆莫照,乃遗训其子,必复其父之仇。至四十九岁,乃从其夫于泉路。呜呼!以缕志者,固一世之女杰,兼为贞妇与慈母者,稽地球之彤史,未见其比例也。

---

① 兹耶路司第一世:今译为查理一世(1600—1649 年),或查尔斯一世,1625 年 3 月 27 日即位,1649 年 1 月 30 日被处死,是唯一一位以国王的身份被处死的英格兰国王。

② 苟洛母乌科路:今译为克伦威尔,1653 年,克伦威尔驱散议会,自任"护国王"。

女王伊纱百儿（伊莎贝尔）

第一节　伊纱百儿之血缘

加司兹拉国女王伊纱百儿者，希幼第二世之女，生于千四百五十一年四月二十日，为拉加司他公之后孙轩利第三世之后，为公之女。希幼第二世，前后娶后二人。第一后阿拉由人，生一子，是为海利第四世。第二后葡萄牙人，举二子，一为阿路列屋托，一即伊纱百儿王①。

加司兹拉国者②，为西班牙昔时分国之名。加司兹拉果，即产其地。

又阿列科，亦为西班牙之分国。

第二节　宫中之纷扰

伊纱百儿方四岁时，父王去世，母后遂伴王女至阿列乌洛卜寺③，专心教育，以

---

① 伊纱百儿王：今译为伊莎贝尔一世，卡斯蒂利亚－莱昂女王，1474—1504 年在位，父亲是胡安二世（希幼第二世），母亲是葡萄牙人，也名伊莎贝尔；海利第四世，今译为恩里克四世，为伊莎贝尔同父异母兄弟；阿路列屋托，今译为阿方索，为伊莎贝尔同父同母的弟弟。

② 加司兹拉：今译为卡斯蒂利亚，或译作卡斯提尔，曾是西班牙历史上的一个王国，由西班牙西北部的老卡斯蒂利亚和中部的新卡斯蒂利亚组成。后来它逐渐和周边王国融合，形成了西班牙王国。在伊比利亚半岛西部，北起比斯开湾南岸，南迄塔霍河，分为北卡斯蒂利亚和南卡斯蒂利亚，约占西班牙全国领土的四分之一，是历史上卡斯蒂利亚王国的所在地。

③ 阿列乌洛卜寺：今译为阿雷瓦洛，恩里克继位后，伊莎贝尔同母亲、弟弟阿方索搬到了这里的一个幽闭城堡里居住。

养其才。天禀颖智,过目不忘,丰姿艳丽,光彩动人,独具特有之品格。

加司兹拉国之王位,以秩序则应归其诸兄。然人望所归,天命斯属,尤特热心宗教,信仰不衰。故西班牙之旧教人民,尤望女王之即位。而女王之诸兄,当时之举动,宫中紊乱,更仆难终。姑举一斑,以见其概。长兄哈利第四世,即位之初,与其后扑拉兹别离。扑拉兹者①,阿列科国之女也,遂怀与同国对敌之意,确立其目的而不移。而哈利怯懦性成,世呼之为弱王,资性委靡,惟贪安逸;国事日坏,政令衰颓。复娶葡萄牙国王阿洛纱第五世之妹兹幼阿拿为第二后②,温柔绮丽,婀娜温存。而加司兹拉国人恶之,或谤为阿路赴契路公哈路托拉之情妇③,其由来盖因兹幼阿拿至加司兹拉国之时,阿路赴契路公随从之。而兹幼阿拿颇受哈利非常之宠爱,既而所生之王女,国人皆以为出于阿路赴契路公,即所称海路托拉是。当时之王室,其紊乱如此。国人愈生离心力,而复有无数不平等之原因。于是遂合贵族即职教之有力者,联结党与,公然大举叛旗。而其奇式怪异,自成一种,即为废置哈利第四世之原因。

乃于阿列伊拉府近傍之原野,建设高台,而为王座。以王之戎装及冕笏,安置其上,数王之罪恶而宣布之。乃宣读废位状,即命托列拖大教正剥取王冕,乌伊迷侯夺其笏。其余之贵族,或夺其剑及徽章等。乃仆其像于台下,群集其下者,尽情诟詈,以泄其愤情。喧噪骚扰,不可名状。既毕,于是阿路列屋沙亲王伊纱百儿之第二兄,遂据空座而称王。列座贵人,一同敬礼,以表奉戴之意。

阿路列屋沙虽登王位,而其属望,不过较之海利弱王,略见高程。然与伊纱百儿之声誉,相远殊甚。虽行以上之奇式,其实际则实为废弱王而设,而实非注意于彼。登位未久,内乱鼎沸。千四百六十八年七月五日,中毒而死。干戈之焰,乃渐消弭。

第三节　王女之结婚

兹幼阿拿与弱王之母后同名之生王女伊纱百儿也,知国中必图之,乃置于其

---

① 扑拉兹,今译为布兰卡,是纳瓦拉公主恩里克的表姐。
② 1455 年,恩里克四世与葡萄牙国王阿方索五世的妹妹琼结婚。
③ 阿路赴契路公哈路托拉:即阿尔布开克公爵贝尔特兰·德·拉库伊瓦。

兄阿路列屋沙之宫中,且嘱结婚之必要,指明注意于葡萄牙之阿路列屋沙与伊纱百儿之兄同名[1]。兹幼阿拿党强劝阻之,而伊纱百儿不听。其党人曰:"加司兹拉国之王女,其婚必于本国之贵族。次则英王之弟,庶可结婚。"遂请于罗马法王而得准许,乃将结婚于贵族歆屋,以迫王女。王女愤甚,竣拒绝之,预为准备,悲愤不已,竟得心疾。

时伊纱百儿之党,因此决婚,同抱愤懑,乃大试其反对之运动。侍女希托利司者,谓王女曰:"彼虽请于上帝,上帝许之,而妾独不许。"乃怀匕首,愤然而去。将求新郎而刺之,其计遂决。

反对党预备既定,乃促王女举行迎新郎式,于乌伊拉扑拉加。既至其地,俄而新郎暴卒,其事不果。其临终时,极口慢骂,责神人之昏愦云。其死也,实系毒杀。其实出于希托利司与否,虽不可知。而出于伊纱百儿党之所为,是固无容疑义者。

第四节　伊纱百儿结婚之条件

既而,阿拉苛国之太子扑由路迷托[2]请于伊纱百儿,而与王女结婚。伊纱百儿乃遣其最信任且颖敏之一僧,于阿拉苛之宫廷,探其情实。而太子之风采及性质,实系善良。既得其报,乃即许婚。而无端之困难,又因之而起。

兹幼阿迷党因防害王女结婚之事,数经失败,心咸愤然。更建一毫不可恃之策,而谋幽闭王女言幽囚之,非中国之官刑也。盖惧王女既与阿拉苛结婚,在不利于其党。于是众情鼎沸,伊纱百儿进退愈难。

未几,察知反对党之预计,防范愈严。而反对党,乃于国境,预置重兵,守卫森严,而拒扑由路迷之托迎婚式。

扑由路迷托闻之,大怒。乃断然冒险,而试亲迎。从者仅十二三人,伪为商旅。太子途中,自秣骡马,或守商品等,而执种种之劳役,守卫者竟不觉之。乃度反对党之险境,危策竟奏其功。

---

① 阿路列屋沙:今译为阿方索,或者阿丰索。恩里克四世安排伊莎贝尔嫁给20岁鳏夫葡萄牙国王阿方索,伊莎贝尔同母弟弟也叫阿方索。1475年,葡萄牙国王与恩里克四世之女胡安娜结婚。

② 阿拉苛国之太子扑由路迷托:阿拉苛国即阿拉贡国,扑由路迷托即斐迪南。

千四百六十九年十月五日,太子竟入其境。因托列托之绍介,始会晤伊纱百儿。时伊纱百儿年方十九,而扑由路迷托年十八。天成佳偶,两小无猜。王女纤秾修短,无不相宜。温雅庄严,仪容整肃,而威棱之气,隐隐流露于眉宇间。青发垂肩,碧眼流盼,颜色温润,光泽动人,气质容貌,远胜其夫。于是扑由路迷托心大喜悦,共誓白头。

扑由路迷托遂居于加司兹拉,而保持加司兹拉之权利。是国之文武官,署明得其任免。既得伊纱百儿之许约,乃制定其于加司兹拉国之条件,并其约束之取法如下:

> 公令须两人之署名,始为有效。但伊沙海路之名,必在于前。
>
> 伊沙海路有独断任免教法职之权。

加司兹拉国对阿拉苛人之条件,虽痛加抗论,而伊纱百儿,夙为加司兹拉国民所重,故于其希望,亦勉强容其要求。

以上议定之要目,相方配名宣誓之,乃于千四百六十九年十月十四日,举行婚仪。陪席者不下二千余人,皆欢欣鼓舞。先于仪式之前,朗读罗马法王之式文曰:"阿拉苛与伊纱百儿,虽亲属相婚,而无庸忌避,已经大教正之许可。伊纱百儿,无庸疑虑忧虑,宴尔新婚。"

其后伊纱百儿又复恳请,乃得法王之真允许状。盖前所读之式文,为保婚仪之神圣,仅一时捏造以镇人心者。

第五节　伊纱百儿即王位

千四百七十四年结婚后五年十二月十一日,海利第四世殂。伊纱百儿即即王位,以承其统。

翌年五月,叔父贺路托王乃退其兹幼阿迷结婚之约于尼寺。

一千四百七十九年一月,阿拉苛国王兹幼殂[1],又共其夫扑由路迷托而主其国。于是两国统一之君主。

既而伊纱百儿以千五百四年十一月二十六日殂,在位三十年。其时方为西班

---

[1]　阿拉苛国王兹幼殂:指阿贡国王胡安二世去世。

牙君主政代中最盛之时代,适阁龙中国译为哥伦布发见亚美利加之时①。

凡国家种种之弊害,大抵出于一途,其国势将衰之时,则政权归于武家之手。即如加司兹拉国,至伊纱百儿异母兄海利第四世,益益疲弊,内忧外患,相踵而起。而伊纱百儿继之,整理国事,手挽颓波,理外国之纷纭,矫刑政之横恣。非智勇不世出之人物,安能躬膺其任乎?至于阿拉苛国由之并统,以垂百世之鸿业,皆由伊纱百儿操纵万机,以至于此。若伊纱百儿者,为女为妻为母,一无所缺,而智勇德三者具备,非世界之女杰哉!惜哉!其始也,不免权谋与诡计,以致他人之生命。其表面与内心,皆有非常之轩轾。而其夫扑由路迷托,又不能协同。伊纱百儿发扬伟业,益益光辉。是读史者,所为握腕而叹也。

---

① 克里斯托弗·哥伦布是意大利的著名航海家,是地理大发现的先驱者,1451年8月或10月生于意大利热那亚,1506年5月20日卒于西班牙巴利亚多利德。他在1492年到1502年间在西班牙国王的资助下四次横渡大西洋,到达美洲大陆,因此成了名垂青史的航海家。

克路崎美苏女王(伊丽莎白一世)

第一节 女王之幼时

登英国之像堂,于诸王之立像中,庄严美丽,炫耀人目者,非依里琐比斯女王[①]之像乎。女王生于千五百三十三年九月七日。幼时为父王倍利所弃,致之于哈司托之王料地。动心忍性,乃能成立,其境遇亦可悲矣。初,倍利王私纳阿扑利之女千五百三十三年一月二十五日,大教正依法理而审查之。及大教正兼判事之权,公定正当之婚嫁。适阿扑利后生依里琐比斯女王于古利意兹痴宫[②]中。父王举盛典,行命名式,大教正掌式之职,固执不可。未几,大教正复托神命,倍利王与阿扑利后正婚姻之约,肆其狠毒,遂判定依里琐比斯为私生儿,令其与王后别离,竟处王母于死刑[③]。王女顿失尊荣,赖守护者阿加列兹托之妇人,供给王女"上衣""帽巾""覆面布"等。致书于一教法职,而任其责。伶仃孤苦,藉以度日。

---

① 依里琐比斯女王:今译为伊丽莎白一世(1533—1603年),名叫伊丽莎白·都铎,是都铎王朝最后一位君主,英格兰与爱尔兰的女王(1558—1603年),也是名义上的法国女王。她是英王亨利八世和他的第二任妻子安妮·博林的女儿。1558年11月,伊丽莎白的同父异母姐姐玛丽一世去世,1559年1月15日,伊丽莎白正式加冕成为英格兰的女王。

② 古利意兹痴宫:即格林威治普雷森希宫。

③ 阿扑利:即安妮·博林,英王亨利八世第二任王后,女王伊丽莎白一世的生母,威尔特伯爵托马斯·博林之女。安妮·博林原本是亨利八世的王后凯瑟琳的侍从女官,但与亨利八世暗中偷情。为了与安妮结婚,亨利八世发动了宗教改革,永远地改变了英国的历史。安妮·博林在1533年1月与亨利八世秘密结婚,5月被宣布为合法妻子。三个月后亨利八世对她的热情消退,直到1533年9月生下伊丽莎白一世后才稍和缓,但两人关系在1536年1月安妮·博林流产时更加恶化。1536年5月2日安妮·博林被捕入狱,关进了伦敦塔,5月19日以通奸罪被斩首。

既而依其异母姊为之说合,乃得王之许可,公然认为希由希马后之子后为由托哇诺托第六世。乃临命名式之席,用圣油涂于手制白麻之衫①盖其命名式之典礼。由是运命渐转,益益发达。

依里女王姿容秀丽,风韵幽闲,以生母之宠爱,受命离婚之际,因乞得与依里相会之特典。既认为希马王后之子,视如已出。依里遂脱其困苦之途。

依里年十二,能为拉丁、法兰西、意大利、西班牙等国之文,兼通扑拉他司国欧洲古国之名,今跨法兰西、白耳义、荷兰三国之境土之语。于地理、天文、建筑及数理学等,无不熟达。装服素质,不事浮华。金玉珠翠,不以为饰。神姿朗朗,灼似秋星。气息深稳,龙种自殊。其接王统之余光者,亦由其才德之所致也。其师洛希耶阿司加马极口称述,识者以为至言。

第二节　王女与帝王

千五百四十七年一月二十八日,哈利王崩②,时依里方十五岁。一日,方作拉丁文以赠幼王苛托哇托第六世③。幼王者,依里之异母弟也,时方十岁。颇聪颖,知赞依里文章之流丽。及闻噩耗,且曰:"姊君,风说若确,则英国必狼狈。奈何?"

王父既崩,姊弟相依辟睦。然幼王颇虚弱,内外风传,一日不幸,则继其位者必推其亲近之姊君。依里乃致书其弟曰:"吾愿陛下,善自珍摄,以肩重任。"足见依里之心单纯洁白也。

---

① 希由希马后:今译为珍·西摩,或者简·西摩。珍·西摩,英格兰国王亨利八世的第三位妻子。1536年安妮·博林被斩首后,她取而代之成为英格兰王后。1537年,珍·西摩生了一个男孩爱德华,即后来的爱德华六世。在爱德华接受洗礼时,伊丽莎白为爱德华献上白色洗礼服,将圣油涂抹在爱德华的身上。

② 哈利王:今译为亨利八世(1491—1547年),都铎王朝的第二任君主(1509—1547年),英格兰与爱尔兰的国王。

③ 苛托哇托六世和上文的托哇诺托六世,今译即爱德华六世。

第三节　依里女王之意中人

哈利第八世之后，有希由若兹马兄弟者①，共八世始列贵族。其一支为由托哇托，受哈利列贺托伯之职，其一支为托马司兹阿，亦叙土爵。二人以其姊妹，上配高宫，恃宠希荣，骄蹇殊甚。磨牙厉爪，以待时机。既而哈利王崩，乃心窃喜，大欲肆其奸谋。

时依里方十六岁，深爱托马司兹阿②，每闻其名，而意若有所注。然娇羞脈脈，怯泄其情。为托马司所窥，视为奇货，遂萌结婚之想。夙昔之野心，颇得端绪，于是希望愈进。哈利既崩，一变其意向。

哈利王第六世之后加沙利者③，寡妇再醮，淫荡性成，轻儇纵欲，面首颇多。所爱恋者，尤以托马司为最。哈利既薨，遂欲实行其旧约，公然冒礼，而申结婚之请。加沙利亦竟诺之。大丧仅举数日，麻衣风惨，而锦帐春浓，新人燕笑。盖久已忘其故夫矣。

加沙利与哈利之结婚也，已为再醮。哈利为其第二夫，托马司为其第三夫。托马司之与加沙利结婚，年齿悬隔。如日本谚所谓"干胜梢者"Zamrevient toujoursa spiemilvesa mours，亦大奇矣。

托马司是时，方为英国海军大臣并兼近卫都督，年龄倍于依里王女。肢体强干，仪容修伟，颇足动人。

第四节　王女招太后之嫉妒

依里之赴兹野路美也，寓于前太后之家。前太后今为托马司之新夫人，然颇

---

① 希由若兹马兄弟者：即亨利八世的第三任王后珍·西摩的两个兄弟：托哇托（今译为爱德华·西摩）、托马司兹阿（今译为托马斯·西摩）。

② 托马司兹阿：即托马斯·西摩男爵（1508—1549 年），英格兰海军大臣，传说他曾追求过伊丽莎白公主，最后却娶了亨利八世的遗孀凯瑟琳·帕尔。

③ 加沙利者：即凯瑟琳·帕尔，是英格兰国王亨利八世六个妻子中的最后一任。她于 1543—1547 年为英格兰王后，之后为英格兰太后。她是英格兰结婚次数最多的王后，有过四任丈夫。

衰病。目睹托马司对依里之情状,倍极殷勤,愤怒不堪,下令逐客。依里遂去其家,时芳年十六。

飞蓬展转,弱草飘零,玉叶金枝,随风荡漾。咏秋柳而寄托者,遍于国中矣。而一溯其招嫉之由,托马司虽缔婚于前太后,而未能忘情于伊里。或凌晨未起,竟入其室。杯弓蛇影,颇涉嫌疑。屡屡拒绝诘责,而不能止。依里曾为会计役事,而向哈托利意。加沙利伺其不意,遣人察之。既得伊里与托马司恩谊情状,乃愈嫉妒,而竟不能容其安处①。

托马司宛转向加沙利百方辩护,夫人不允。防闲监督,不能相亲。而依里与托马司恩谊缠绵,茧丝日缚,邛唇相倚,誓共白头。遂相携而赴哈兹托列希路托哈乌司。

第五节 依里与情人之结婚

未几,前太后死。呜依利耶母古利达路②依里之教师,本挚实直率之学者以吊鲦夫指托马斯之文,寄示于依里。依里笑而读之,以示托马司。托马司私心颇喜,而欲守仪式的以终其为夫之丧。依里促之,国王亦无异议。互相允许,誓守终身之约束,乃受教法议会之认可。然此约束,终未能实行。何以故?适科度哇度王罹病,托马司之兄实为教法议会之议长,当议后嗣。依里应承王位,不能异辞。托马司乃王婿,不能行其异例。托马司虽不满意,而不敢言,别图狡狯之奸策。

更有甚者,当依里未结约之前,携其信任之从者会计师而就哈梭,而托马司乃亟去调依里之财产,并其收入额,精密而记之。且及家屋之数,无地之良否,暨其所有之证状。贪谋鄙计,狡狯万端。而以己之不良之产,欲与交换,以饱其贪婪。呜呼!遇人不淑,吾为依里琐比斯悲矣。

---

① 一说凯瑟琳怀孕期间,西摩开始觊觎伊丽莎白小姐,凯瑟琳发现他们两个还曾拥抱。无论是不是发生过这种事情,伊丽莎白于五月被送往另一处府邸,从此再未见过她亲爱的继母。

② 呜依利耶母古利达路:伊丽莎白的老师,今译作罗杰·阿斯坎。

第六节　依里受叛逆之嫌疑

托马司以为诡谋已就，窃自大喜，沉于迷梦，以待佳期。忽闻其兄之命令，捕系而问其罪状①。于是王嗣又忽变更，定以大逆之罪。哈利及阿兹利②皆坐同谋，而收于监仓。王女依里琐比斯，暨他赴伊托君，皆受严重之监守。

哈利既受讯问，慷慨而对曰："宁身八裂，不敢妄诬王女。"再穷问之，对答如一，而无变容。阿兹利女以随依里乘画舫，夜度铁母司河，因是亦受谴责。既而他扑伊托受命严究依里，与托马司之逆谋。伊里本无所闻，抗辞直诉，虽严讯威逼，而颜色不挠。

他扑伊托以伊女不承，欲以计诱之。伪为哈利及阿兹利等之自白状，以证其罪。伊里疑信弗措，然心窃忧之，乃求示彼等之口供。他扑伊托出其伪造者以示，伊里益动其疑。乃自鉴定其口供书之羊皮纸，检其印章之伪迹，于是伪造愈确不能强诬。伊里之聪颖，诚不可及哉。

伪造妄诬之事既破，他扑伊托乃大激昂，更用种种之猾计，必欲陷之而后已。而伊里应对机敏，思虑周密，毫无失言，乃幸而免于难。而托马司独受死刑于英国之断头台。

---

① 托马斯西摩认为哥哥爱德华西摩没有好好照顾自己，因此在军队中公开鼓动士兵发动政变推翻护国公的统治。1548 年底，托马斯西摩的阴谋败露，但爱德华西摩出于团结的目的建议召开一个听证会给弟弟一个解释的机会，但是愚蠢的托马斯西摩不但没有出席听证会，还孤注一掷地试图绑架小国王爱德华六世，结果自己反被士兵逮捕。

② 哈利及阿兹利：即伊丽莎白的女教师阿什利夫人和帐房托马斯帕里。

第七节　依里琐比斯女王

苟度哇托土既早去世①千五百五十三年，其从姊妹兹科古梭亦死于非命，异母姊迷利独巍然尚存，仍据高位。后因王位之争，兼宗教新旧两教之争，契列意及迷利驰驱戎马之间，积劳而逝。其王位遂终归于依里琐比斯。于是处女女王之名，震于一世。

女王即位，未三月，适千五百五十九年二月，下议院国民劝奏，申示女王纳婿之期。女王对内阁及下院而演说其言如下：

> 诸君所劝奏，诚关妾之终身，敢谢厚意。妾以处女始登王位，亦愿以处女终。有如昊日，誓不食言。

于是终身不婚。处女女王之名，为史家之所艳述。依里琐比斯之举动，遂赫赫于地球之历史矣。

女王以千六百三年崩，年七十岁。史家马科列氏尝赞之曰："若卑苛托利拉女皇，虽有依里琐比斯之资性，而无依里琐比斯之温良。"此盖其当时演说之语，可以知依里琐比斯之为人。

---

① 苟度哇托王：今译为简·格雷（1537—1554 年），英格兰女王。简·格雷是萨福克公爵亨利·格雷的长女，母亲是弗朗西斯·布兰登，外祖母玛丽·都铎是亨利七世的女儿、亨利八世的妹妹。她曾嫁给法兰西国王，后又改嫁。1553 年 7 月 6 日，英王爱德华六世去世，因为政治和宗教原因，简·格雷被推上了英国国王的宝座。同样也是因为宗教原因，1553 年 7 月 19 日英国议会废黜了简·格雷的王位，并拥立玛丽一世为女王。1554 年 2 月 12 日，简·格雷在伦敦塔内被秘密处死，时年 16 岁。

扶兰志斯娘（威拉德夫人）

第一节　扶娘之父母及其家庭

扶兰志斯①之母，以贤名，赍志未遂殁。扶兰志斯而补其志业者也。母名迷厘，又呼希路②，出于清净教徒之系统，热心及教育之事。母女同之，尝奖励扶娘，以尽瘁于公益之事业。常参与商议，以尽其诚。或注意事业，或判定事理，一意促成扶娘之成业。而当时之新闻杂志中，凡赞誉批评扶娘者，择其文章，剪拔成集，以参考其事业。或傍扶娘而助其演说，以匡补其缺点。至八十余岁高龄，而精悍不渝。

扶娘方二岁，其父即送之于屋倍路之大学校，以修文学。旋又转移于其同地原居于纽约受教育于家庭③。既而卒业，文学的久居高等，颇欲终事于文学。其父以其健康，不之许。复欲委身农事，以送闲雅之生涯，遂移居于乌伊司苛兹之旷野。桑麻共话，晴雨同占，幽闲贞静之闺，人往来豆篱瓜棚之下。天寒袖薄，倚竹无言。倏然自远之情，有不食人间烟火之象矣。

---

① 扶兰志斯：今译为弗朗西斯·伊丽莎白·卡洛琳·威拉德，或简称威拉德(1839—1898 年)，在1874 年成立于美国俄亥俄州克利夫兰的基督教妇女禁酒联盟担任主席，任职 19 年(1879—1898 年)，是一位卓越的演说家、游说者、教育家。同时，她对于推动女权运动及女性获得政治投票权的运动也起到了一定作用。

② 希路：即其母亲玛丽·希尔·威拉德，在结婚前曾经做过 11 年教育，对子女影响大。

③ 这段话有不准确的地方，应该是威拉德两岁时，父亲敲西亚·威拉德为了实现自己做牧师的理想，卖掉了纽约州的农场，全家迁往俄亥俄州的欧柏林；后患肺结核，遵医嘱，住乡下，举家再迁往威斯康星州的简斯维尔农场定居。

率其一家,自乌伊司科兹而至兹科司希路,自称为森林之家庭。同时而集其子女等,以施纯洁之教育。又励生业,家产次第渐殖,遂送扶娘与其兄握利哈于丕洛伊托之大学。游学其中,日有进步。又携扶娘及其妹,就学于其年龄相当之学校,乃又送于由哈司托之大学①。家族之人,散处各校,时有不便之感。爱恋之子,远离膝下,舐犊之私,更不能免。又移住于由哈司托以就之。孟母三迁,比踪前哲。扶娘亦何幸福而得此贤父母也。

第二节　扶娘之不幸与荣达之端绪

扶娘既移家于由哈司托②,而家运不幸之事,接踵而来。其妹迷厘,溘然病逝,其父继之而亡,其兄屋利哈又继之。叠遭三丧,家门零落。泪痕常湮,哀叹时闻。茕茕母女,孤苦相依。寂寞秋风,不胜哀逝之感。

境遇虽困,扶娘之壮志,依然不挠。乃遂决意驰驱于社会的事业,遂以学校教员,奔走于世。千八百五十八年至千八百七十四年③,其学年总计十三期,任其学校之责任者凡十一所,或小学校,或中学校,或大学校,大抵皆其生徒。其方法极费苦心,复以亲切之热心当之。方为纽约拉伊马学校④之教师,尽力以改良妇人之文学会,为会长,司青年女子之教育。时时演说,曲尽其志,以导教其生徒。

第三节　扶娘之苦心尽归乌有

千八百六十七年,遂辞教师之职,其友人契托兹耶科梭共扶娘漫游欧洲⑤。既

---

　　① 威拉德有一个哥哥,名叫奥利弗·威拉德;一个妹妹,名叫玛丽·威拉德。1857年,威拉德和妹妹在塞尔沃基师范学院读书,只一期后辍学;1858年其说服父亲,在伊利诺伊州埃文斯顿的西北女子学院读书。

　　② 哈司托:今译为埃文斯顿。

　　③ 一般说威拉德从1860年到1868年期间先后到多家学校工作。

　　④ 纽约拉伊马学校:今译为纽约州莱马学校,即纽约州莱马的杰纳西卫理公会神学院。

　　⑤ 1868年春到1870年秋,威拉德在好友凯瑟琳·杰克逊的父亲支助下,与好友结伴游学,到了不列颠岛、西欧、俄罗斯、地中海沿岸及中东等地。

上途,旅费实二万四千元,是皆契托之所支出。欲于翌年归国,设置由哈司托之妇人社会,其职员悉以女子组织之。更图设置一女子大学校,与妇人社会相倚而成。东西奔走,共集三万弗余。其建筑将渐著手,共开盛大之校式,群推扶娘为校长。绵历三年,渐次盛大。而千八百七十一年十月,兹加科大火[①],延烧三日。兹加科全市,皆成灰烬,女学校亦在其间。数年之苦心,付与一炬。扶娘之志,能不慨然乎。

其灾厄,全市被之,更无由再行集款。不得已,一时中止。乃一转其方向,鼓励妇人从事于运动。而以满腔之热血注之,是为妇人矫风会[②]之起点。

扶娘之事业,败于中途,乃仍从事于教育。或为大学校男子之教授,然其生徒,以其为妇人之讲义,不甘下之。或故指摘其讲义,以试冲突。一日,扶娘方授业时,先置一猫于其案之抽斗中。扶娘方至讲述,猫屈其内,蹄躅跳号,扶娘置之,毫不介意,镇定自若,以毕其讲。又或于扶娘讲演之时,预约生徒十余名,三分时间,辄出入教场,故故开闭其扉,音响嘎然。又故为急激之闭,声震屋宇。扶娘度量广阔,惟自尽其职务,决不问之。其忠实概如此。

第四节　扶娘之名誉与其生活

千八百六十七年,妇人矫风会既起,自称十字军。执种种之方面,美国一时风靡。扶娘亦大表同情,或保护出狱人,或视察贫民与传道等之实况。是年夏,复其母而至迷伊州之屋路托屋兹耶度毕兹,税驾其所,日夜演说矫风之事。时极贫,囊无一钱,备尝困苦,而勤勤恳恳,志意晏如。后得兹加科之拉鸣司妇人书,促其再至兹加科,而援妇人矫风会之事,乃后归于兹加科。

千八百七十四年,适选举兹加科之妇人矫风会长,共推扶娘。然贫困如初,度

---

① 兹加科大火:兹加科,今译为芝加哥。美国伊利诺伊州城市芝加哥早期的房屋是用木料搭建起来的,很容易着火。1871 年 10 月 8 日,一场大火烧了几天几夜,把市区 8 平方千米的地区统统烧毁,伤亡惨重,这就是美国历史上有名的芝加哥大火。

② 妇人矫风会:今译为基督教妇女禁酒联盟,1874 年成立于俄亥俄州克利夫兰。该会通过口头教育、社会宣传及政治约束等手段来促成立法,是 19 世纪美国成员最多的组织。联盟成员坚信,饮酒会导致暴力犯罪和性侵犯增加,为了更加实际地保护妇女,联盟还建立了酒癖治疗医院以帮助酒癖患者戒除酒癖。

日如棘。而演说访问等事,日不暇给。竟至求五钱而为铁道马车之费,亦不可得。尝徒步数里,或废午餐,然扶娘不以为苦。遇有志之婢人,辄欲援之,代筹数千金,以支其生计。己虽困难,而仍竭蹶从事。

债台高筑,囊无余资,而慈善之怀,依然如故。每遇义举,毫无吝容。尝访贫民窟,大怜彼等,而慰之曰:"吾知汝等之困苦,然苦无力。人贵自立,君等盍自勉。"乃与共桌而食,自以为乐云。

扶娘之同志者,为阿兹路度他加路司夫人,为矫风会之会计。或建育儿院,或定传道地,或开矫风饮食店等,共扶娘创建义举。竭力不懈,有益于社会者不少,亦当时之女杰也。

第五节　扶娘之抱负及其势力

既而扶娘又推为美国妇人矫风会之干事,又为伊拉阿迷贺利司全国大会之矫风会会长,时千八百七十九年[①]。

千八百八十三年十月,又于拉兹托洛伊度市,执行全国妇人矫风会之十年纪念会。运动之力,多出于扶娘。其会议之决议于下:

> 取禁酒主义,与正确保护家庭左袒政党者则声援之。

此为扶娘数年来抱持之宿志,乃携其家庭保护主义即禁酒主义之请愿书,日夜奔走,以大试其运动。复临共和党之决议委员会,大试其演说,以明其宗旨。会员遇之,虽颇冷淡,然以一妇人之身,而试堂堂之壮举,顽廉懦立,自有感人于不觉者。扶娘又倡于矫风会每周一次发行其流行杂志,以牖其人民。于其记者,则最以务进忠告之议论,发扬高尚之趣味,务祈适于身体而保护健康者。于人文进化之程度,关系不浅。于是希望益大,矫风会益益发达,乃大扩张其规模。会员人皆鼓舞,同会又复组合劳动,发数万之书状,慷慨激昂,溢于言表。以为将来提携应援之基础。其注意盖有深且远者。

---

① 指1879年印第安纳波利斯联盟大会,威拉德以超出威顿米尔59票的绝对优势当选为联盟主席。

第六节　白十字军与丑业妇

英人有乌伊利耶母司拉兹托者,深哀当时堕落魔窟之妇人,哀情惨状,亟欲救之。盖是时有"所谓深夜传道"者,于更深人定之后,侵入魔窟,互相煽诱。乌乌伊利耶母既倡此举,英国人民颇感动。有志者乃建白十字军旗以救是等之堕落妇人,亟力运动。自后益益盛隆,伦敦共十六所。扶娘先年于巴黎,游于马车之检查场,目击娼妓之困苦,深有所感。遂亦起而赞助之,亦于美国而树白十字旗,以试运动。即如日本之救世军。

其第一着手,即请美国各州之法律上,改定处女之年龄。共出请愿书于国会,复与劳动组合之首领贺他列氏,共计画焉。

第七节　万国妇人矫风会与列路迷意耶事变

美国妇人矫风会,益益盛大,扩张之后,又复扩张,遂成万国妇人矫风同盟会。其宗旨与理想,不问人种、言语、风俗、习惯之异同,而欲团结世界为一大家庭。遣游说员于布哇、澳洲、日本、中国、印度等,至千八百八十三年,组织已成。而其所执之事业,不但组织禁酒会而已。普及监狱改良、小学校之完成,妇人风俗一般之改良、丑业妇之扑灭,万国平和运动等。于社会上,有企图百般改良之势。

千八百九十二年,复航渡英国,共同国妇人矫风会之首领海利沙马耶兹托夫人,尽瘁运动,无一息稍懈焉。

未几,东欧列路迷意耶之事变忽起关于宗教上之暴动,马耶兹托夫人率英国妇人矫风会,同至其地,以救逃难之人民。于马路耶科,扶娘助其运动,大尽力以助其成。非扶娘几不能济。

第八节 贺利苛洛兹托大请愿

扶娘毕生之事，最为世界所注意者，则贺利苛洛兹托之大请愿是也。其请愿书，分世界各国之语，各国人民，皆署名以布矫风会主张之主义于世界。此请愿于千八百九十五年二月，提出美国之国会。是年六月，提出于英国之全国大会。而署名于此请愿书者，共得七百万人。其卷物之重量，共千七百三十贺度云。

扶娘既为美国妇人矫风会会长，又为万国妇人矫风会会长，前后共十年。拮据斡旋，始终如一，毫无殆倦之容。而矫风会运动之着手，自始至终，凡十七年，一身皆未受俸给。

第九节 扶娘之最后及其葬仪

千八百九十八年，长逝于纽约之客舍。方卧病时，内外人士之求会面者，接踵于门。门前如市，而医师几不得进。书简电报，堆积于几案者，一日盈尺。亲友所赠之花草，饰其病室，烂漫而盈于舍。病中所语，惟矫风会之事，无一语及其他者。扶娘之志亦诚矣。

其危笃时，雍容静定，恍如其平生之愿望而登天国者。呜呼！天堂之极乐世界，舍扶娘其谁居欤？瞑目而逝，毫无痛苦。年五十八。其侄迁其遗骸于贺路度鸣伊夫人之住宅，以具送葬之仪。更于耶托希耶毋司教会，行葬祭之礼。其生前之至友数十人，拥护灵柩而送于美加科。又于矫风党行葬送之式。来会者数万人，警官五十人，出张于式场之内外，护卫一切若斯盛大之葬仪，自大统领沙科路以来所未见也。兹加苛市民，皆揭半旗，以表吊意。凡公立之学校，皆为之休业，以示哀悼。

以上之仪式，既如此其盛隆也。而随灵柩而送葬者二万余人。又送葬而至噩哈司托者，合其同地之教会，而营最后之葬式。其亲族故旧，咸至洛司嘻路之墓地，以俟其葬毕乃返。

呜呼！凡一妇人，所最贵者，为母之资格，与为妻之资格，所志望如斯而已。欧洲人之评扶兰志斯娘也，谓彼非一人之母，世界之人之母；非一人之妻，世界之人之妻。若扶兰志斯娘者，非世界之女将军欤！

普国王后流易设（路易丝）

第一节　太子与流易设相见于剧场

千七百九十三年三月一日，普国因对俄法交战，而同盟会于是乎起。德意志之贵族，联袂而集于扑拉苟扑屋路托市①。是日也，又为普国鲁西亚德意志往时小分国之名国王驻跸于此，其繁华隆盛，震于一时。

时普王太子后为呜伊路海路母第三世随其父王拉为路海路母第二世，亦在列屋路托市中。电灯初耀，人语喧腾，随其父王游览于其剧场。适扑由耶达路母司他兹托公之寡夫人，携其妙龄之淑女，并坐而观②。颜色欺花，容光夺月，众目所注，人皆惘然。太子独具深情，暗通以太，魂飞魄散，不能自持，颠倒朦胧，浑忘身在剧场矣。

父王询其左右，乃知淑女之世家。召谒于前，殷勤慰问。太子心目方注，忽意中人翩然而近其身，异香醉心，丽情酥骨。私心自念身列东宫，娶妻而不得丽华，几为虚生人世。然东欧联邦虽广，粉黛如云，佳丽三千，视同土芥。人难再得，乃始为佳。于是好逑之心，萦于梦寐。

天作之合，终缔奇缘。后世所称普国王后流易设亚茗里娘③，欧洲第一之美人即是矣。父为迷科列扑路苟司托列兹公，母扑由耶达路母司他兹托夫人。以千七

---

① 扑拉苟扑屋路托市：与下文的列屋路托市，今译为法兰克福市，是德国的第五大城市。

② 1793 年 3 月，玛丽·露易丝带着两个年轻的外孙女来到了法兰克福。

③ 流易设亚茗里娘：今译为路易丝·奥古斯特·威廉·亚美莉(1776—1810 年)。

百七十六年生,芳年十八。深闺养在,众识其名。金张贵胄,许史名门,非碧玉小家之流亚也。

第二节　流妃养晦以成其才德

太子焦虑方殷,而佳音忽报,觌面仅十五日,合卺之约遂成。阅六月,遂举盛大之结婚式①。同心共誓,比翼双栖。然好事多磨,易为鬼妒,伉俪之爱,两度月圆。曾几何时,而波澜又起矣。

所谓魔神者,即妃之从兄也。名路易列由路兹迷托公子,容貌潇洒,举止中节,膂力骁勇,丰度温柔。军队敬畏之,妇女爱慕之,而孰知其深沉不测。外饰恳笃温厚之态度,内藏奸宄狡诈之野心,而设邪谋诡计,屡出不穷,危乎殆矣。锦帐梦酣,翠围春暖,而外界风波,无端冲突。以彼少年之伉俪,岂复能堪。

极乐界里,忽生恶魔。兜率天中,将成离恨。心猿意马,遂有适彼乐土之思。太子乃偕其妃,先出柏林,居于贺兹他母之宫殿②。追者至哈鸣由路河畔,乃伪称已至哈列兹沙之田舍家。桑麻共话,鸡犬常闻,居贺兹他母之宫殿者凡四年。流易设妃于此间,闭户读书,以消永日,诗歌小说历史,罗列于胸。洪洞风尘,寂然不动,端居静养,视察天地自然之大观。默识神通,豁然一贯,德性温厚,才识深宏。其后参与天下之事,传英名于后世者,皆此四年之所修养也。

第三节　普国王后与亚历山帝

千七百九十七年一月十六,普国王鸣伊路海路司二世大渐③。太子及妃,仓皇命驾,而还柏林。父王病笃,遂竟不起。

太子乃即王位,遂称列利度利希鸣伊路海路司第三世④,流妃进位为王后。

---

① 1793 年 4 月 24 日,太子与路易丝订婚,12 月 24 日结婚。
② 贺兹他母之宫殿:今译为夏洛腾堡宫 。
③ 指腓特烈·威廉二世(1744—1797),霍亨索伦王朝的普鲁士国王,1786—1797 年在位。
④ 指腓特烈·威廉三世,于 1797 年 11 月 16 日即位。

迅雷暴震,举国惶然。忽传法军侵入普国阿司哈希之报,飞达宫廷。国王疲于宵旰,王后亦因国家之事,昼夜不遑,以唱道赞襄,而普国之国事颇亟。

千八百五年十月二十五日,俄帝亚历山德①突至柏林。俄国之同盟军,已与墺国联合,更欲联合普国,以成合纵。普王介于俄法之间,其向背宗旨,踌躇不决。举朝皆主张联俄,王后亦表示同情。于是普王方定裁决。王后之力尤多。

王后既与俄帝相见,乍睹俄帝状貌,已先识其为非常。身躯伟大,气度超绝,既备威严,兼存气韵。且一种之趣味,令人恭敬谒仰之念,油然而不能止。乃自决其为大器,巍然亿兆之上,必有伟业传于后世者。故奉赤诚而表同情。王后之感佩俄帝风采动作,至于如此。至其结果,王后之言行,因之一变。胆识勇猛,语言壮劲,深谋巨识,别放一层异彩。庸脂俗粉之习惯,遂一扫而空之。呜呼!英雄之感化人也如此,诚非凡夫所能识哉。

而巴黎之新闻,曾纪其事,揭之报端。摘录于下:

> 俄帝将求东欧联邦之同意,先至普国。普国王后流易设亚茗里者,迷于亚历山德之风姿,心醉其行动,劝奏普王而与同盟。当时之策士,早已窥破亚历山德与王后之心事,故其事毫无困难。回銮之际,与普王及王后告别,且曰:“俄国既与贵国同盟,两国之关系,从兹亲密。朕今将离贵国,愿谒先王之墓,且誓将来永远同好焉。”即诣第二世墓前,拥碑而誓永保两国之和亲。且亲携普王及王后之手,以表亲爱之情。于是王后情焰益高,凡俄国之事,不避困难,必全两国之交谊。

其言如此,极诋王后之败德。然出于敌国法兰西之新闻纸,不可据以为信史。但王后钦佩俄帝之为人,可想见矣。

第四节　王后与军队

既而屋司拉陆利兹之战,法军大获胜利,普王与王后始大惊。王后回忆俄帝当时之誓,奋然而起,乃再督励鼓舞,以自振其意志。为评议国议政略,朝廷之缙

---

① 　指亚历山大一世·帕夫洛维奇(1777—1825年),罗曼诺夫王朝第十四任沙皇、第十任俄罗斯帝国皇帝,1801—1825年位,保罗一世之子。

绅,每夜会合于王后之御座所。更举勇气有热心者,同任国事。若路易列由路兹迷托公,拉兹痴呜为路公之令娘,贺海洛海亲王、哈路特哈路科男,司他伊男,陆军将官路海路,及赴路海路等,扼腕奋志,誓欲摘除拿破仑之帝冠。敌忾之气,颇为极胜。

于是王后渐知军人界之事业。时加路科列呜兹托伯率阿司哈希之新骑兵,千八百六年五月五日,乃大阅兵式。乃请于王,自今联队冠以王后之御名。王再三嘉许,并奖励之。王后之威望,益益称扬于士官及兵卒之间,群呼之为新君长。其启行之日,率阿司哈希之新骑兵,载徽章,著御衣,通过街市。市民见其壮丽,号呼狂喜,拍掌之音,不绝于耳。

第五节　王后鼓舞其军队

九月二十一日,王后暨国王亲临沙路河畔之迷呜赴路科,观览其地之守备军情及战况。时其总司令官布路司呜伊兹苛公,方败于沙路列由路托。路易列由路兹迷度公子亦战死,士气沮丧,国王大失望,终日默然。王后玉颜寂寞,翠蛾不展。既而巡视诸阵,兼及俄营,见其行动活泼,心渐畅然。锋镝之余,士气大振,爱国之精神,敌忾之勇气,集合于王后之一身。其军队又起。

战争之风云日急,危险之邮报时闻。将官路海路劝奏王后还御,王后乃于其夜,自呜阿马退于由路列路托。启行之间,炮声断续,或近或远,军人震惧,行队惶然。是为伊由迷之战。

启行既过四日,渐进于达路兹。忽一士官,赍书翰而追后,呈而启视,则科拉伊路托大佐十月十四日战中之报告也。其要旨则言战事大败,王幸无恙云。王后将着柏林,飞报如矢,形势益益危急。

王后乃急避难于美由呜由兹托,复至路持兹痴,又至由路托利等。仓皇展转,奔走战尘。十月二十一日,国王自战地遁而至于歆由司托。王后与国王别于那呜不路古,仅九日间,而列列若托利希大王之事业,几无孑遗矣。

第六节　王后于客舍追念国民

普法之战争既失利,将乞降于拿破仑,以请休战。廷臣会议,其得失利害,无敢断言之者。五里雾中,彷徨莫适。王后独陈其不可,断然撤回王命,下令准备继续之战争。而又失利。王后与国王,横穿枞树阴郁之地,而过荒凉贺拉托之旷原,遁于屋路特司布路他,寄宿于其地之客舍。时十二月中浣也。水落石出,月小山高,茅屋一椽,万峰环绕,悲风萧瑟,时拂破棂。翟服污尘,六珈委地。从征军士,未卜死生。四顾苍茫,百端交集,却悔一时之孟浪矣。溯既往,鉴将来,抚枕凄凉,回銮何日,布衾不暖,土室无温。鹤唳风声,时惊魂梦。人民困苦,其流离更可想而知。军马倥偬,兵燹焰炽,田园庐舍,大半凋残。骨肉飘零,家山破坏。炮烟弹雨,奔走仓皇。一念至此,目不交睫。盖深念其国民之疮痍,不禁怦怦于中也。耿耿夜长,星河当户,晓风窸窣,寒气逼人,曙色渐开,鸦声哑哑。疏枝枯木,影堕茅屋,玉砌雕栏,金戈铁马,繁华英武之幽梦,一回首,如隔世矣。

王后经此困难,病魔又迫。然犹力疾视事,幸获安全。

千八百七年一月五日,王后乃向迷拿路即俄须利他呜由之边端由列洛兹耶国最后之市府而出发。

王后虽有悔心,颇自咎责。然其对敌,终无屈服之意。二月十三日,又经科伊拉呜之败北。六月十四日,复经扑利由特拉托之败北。坚强不屈,终不撤兵。

第七节　普国王后与拿破仑

千八百七年六月二十四日,普王与俄帝乃再会合于兹路希知托利①,将开俄法媾和之谈判。时俄帝亚历山德及法帝拿破仑等,皆集合于兹路希托。

普王亦至兹路希托。时加路苟列呜兹伯私述于普王曰:"今日之会合,能挽既倒之狂澜者,惟恃王后。盖巩固活泼之手段,会合时必获利益。且冀俄帝回思贺

---

① 兹路希知托利:今译为提尔西特,或蒂尔西特,即今俄罗斯加里宁格勒州苏维埃茨克市。

沙兹他母之誓约,或代恳请于拿破仑,以复我国之疆土千八百六年之战,普国之版图半为法国所占领,故欲乘此会合而收其利益。但王后力主联俄而敌法,恐战胜者指拿破仑不无轻薄之心。"

加路苛列鸣兹伯劝奏普王,以冀王后之启临。乃发书于王后。后居迷那路,忽接宸翰,开函细读,玉颜忽紫,涕泣唏嘘。盖颇嫌忌拿破仑,虑其面接之时,或加凌辱,故展转忐忑也。

当时法国之新闻纸曾揭载其事,颇加凌辱。其言曰:"王后不得已,乃临于兹路希兹托,会拿破仑以陈种种之希望。时条约预其决定,效果已成。惟关于此条约之利益者,皆阿列契沙达与拿破仑之所定云。"

拿破仑又致书于其后,亦大加凌辱王后之辞。其词曰:"普鲁西亚国之美人指王后,贡谀献媚,以惑于余。然余但并有其国土而已,别无他意云。"其轻薄若此。

既而王后与拿破仑相见,果如加路苛列鸣兹伯之所虑,拿破仑几不自持。王后向拿破仑要求法国所占领之版图,方开谈判,拿破仑微笑,渐进王后之侧,睹其服色鲜丽后之服饰极其优美且称其身,为一时冠,手执其一部,意颇狎昵。王后正色曰:"陛下少安,方议国家之重大事件,愿注意焉。"拿破仑乃即复席①。

第八节　普国王后与秘密结社及其最后

战事之后,普国人民,乃大激昂,群结秘密社会,以报复国仇为目的。王后极赞成之,百方怂恿于王。允结社之定款,且资助其保护金。其社名为兹由契度列托云。

王后愤念国耻,日夜图谋,以冀普国之兴复,乃招其先时国王所黜之顾问司他伊于那兹沙诺②,与以类例之权利,以其万事之改良。又命司他伊进讲希腊史、罗马史等。普王虑其焦,愁成疾,乃偕王后而同出游。千八百八年十二月二十七日,

---

① 法国与普鲁士在蒂尔西特举行协商时,腓特烈·威廉把他怀孕的妻子路易丝派去参加,因为他认为这样可以给拿破仑带去好心情,有利于谈判。拿破仑见到路易丝王后,立即被她身上的气质所迷倒,于是他致信给妻子约瑟芬皇后说:"路易丝实在是迷人,使我不得不作出让步,你不要吃醋,我不会被她所迷倒。"协商结果,拿破仑同意把普鲁士的领土原封不动地还给普鲁士。

② 司他伊:今译为施太因(1757—1831年),普鲁士王国民族主义和民主主义政治家、改革者。

遂发于科古司海路苟。翌年即千八百九年一月七日,乃着耶托海托路司卜科意而驻跸焉。

是时,巴黎之新闻纸,又记王后在事而辱之曰:"普国王后,将游俄国。俄帝将拂拭其寝室以欢迎。"法国之新闻,于王后之事,大抵肆其轻薄之词以凌辱之。

王后力谋普国再兴之事,尝自言曰:"兹事重大,必卧薪尝胆,历无限之甘苦以图之。必非目前所能期效,惟举国之臣民,共朝廷而力任仔肩耳!"呜呼。大功未就,玉骨先埋。后日普国之尊荣,惜其不能亲见。然而远大之希望,实自王后而启在。目的已达,瞑目九泉。奇人杰士之事业,何必成于己身也。

千八百九年十二月二十三日,乃复还于柏林。千八百十年六月中旬,将自修养。数日间,将赴伊鸣司托利兹。至二十五日,乃自加路洛兹持兹达路苟,御驾遂发。供奉之人,皆大欢喜。自王后离于此者,亦既六年。舼棱在望,莫觌天颜,蹁跹翠华,忽焉莅止。群情鼓舞,万众欢迎。王后亦感其情,欣然下接。追来叙往,竟为通夕之长谈。爱郁已久,疾伏于中,一旦触之,百病皆发,猝成痉挛,气绝复苏,忽患胸痛而呕血不止。

重症之报,既达柏林。普王偕其子数人,星驰往视。既抵其所,王后已在弥留之际,不复语言。七月十八日,不省人事。至翌朝遂薨。年三十四。今日德意志之皇帝,即其孙也。

呜呼!若王后者,天成丽质,别具热肠。以倾国之姿,具爱国之志。卒在普鲁士兴复之业,终克有成,其起点实自王后而布之。溯其功首,蹶有由来。万世馨香,名垂彤史。他日女权发达之世界,而数古昔之女杰,孰不屈指于王后哉?

世界十二女杰终

光绪二十八年(1902 年)十二月十五日印刷

光绪二十九年新正月二十日发行

东洋女权萌芽小史

日本　铃木光次郎　编辑

中国　武陵赵必振曰生父　译

应国斌　蒯甜　校注

《东洋女权萌芽小史》①叙

男女同权者,古今中外之公理。而公理未发达之时代,男尊女卑之谬说,蔓演于人间。在昔野蛮之世,万国所同,而东亚为尤甚。晚近公理渐明,女权渐起,风潮所播,始自泰西。近三十年以来,自西徂东,东亚之黑暗世界,渐现一线光明。然而数千年民贼之毒说,蒂固根深。如夫为妻纲,夫倡妇随之盲论,非一旦所能划除者,甚矣。男女平等,尚不知何时也。日本尊男卑女之风,与吾国同,故其妇女,社会亦同为暗黑世界。今渐有一隙之明,然如九幽之磷火,广漠之萤焰,茫乎其不知所在也。是编皆纪自明治以来,闺秀之见称于时者,辑其逸事,为言女权者之谈助焉。详而述之,是殆空谷而闻足音欤,抑亦去国而见似人者欤! 同声同气者,当相视而一笑也。癸卯(1903)二月译者识。

---

① 《东洋女权萌芽小史》:此书名为赵必振翻译时修改,日本铃木光次郎原著书名为《明治闺秀美谭》。

柳泽伯爵夫人

明治昭代①之美人，其数何止亿万，而求博识压式部，婵妍欺小町，淑德俱备，懿行并茂，真个不愧闺秀之名者亦甚鲜。脂录增美，彤史纪德，如伯爵柳泽旧郡山藩主夫人位置于明治女权发达小史之第一位，非首屈一指者欤！夫人如摄家一条公爵第一令娘，皇后陛下之姊，幼通和汉西洋之书，淑德坚固，而无骄色。内治家政，外处交际，不辱伯爵之名。伯爵尝枉驾于别邸，平原花草，借慰政躬。夫人留于邸内，综理庶务，井井有条。一日同族会集，夫人代伯爵而出席。同族以夫人为椒房之亲②，欲表尊敬之意，咸以正座而让夫人。夫人固辞，自移于末座，位于良人应居之所。同座固请之，夫人正容婉谢曰："妾不过以椒房之亲，琐琐姻娅，何敢辱诸君过分之推崇。在昔至之御血缘。若平姓源姓者，尚历然正君臣之礼。今妾不过嫁一华族，为皇室一屏藩之妻，而乱同族之秩序，冒犯非礼，惧贻陨越，而贻皇室羞。且今日之礼，妾居良人之次席，分所应然。而高据上座，何以肃观瞻乎？"竟婉谢之。同族之贵宾，咸感叹不置。夫人尝师事释云照上人，固守师弟之礼。其平居日夜严肃，小心翼翼，绝无挟贤挟贵之心。呜呼！诚彤史③之第一人也。

---

① 明治昭代：明治，本为日本天皇睦仁的年号（1868—1912 年），其间经过王政复古大号令及戊辰战争，拥戴朝廷的诸藩成立了明治新政府。新政府积极引入欧美各种制度及废藩置县等，这些改革被称为明治维新。昭代指政治清明的时代，常用以称颂本朝或当今时代。

② 椒房之亲：指皇帝的姻亲。杜甫《丽人行》诗里云："就中云幕椒房亲，赐名大国虢与秦。"

③ 彤史：古代宫中女官名，掌记宫闱起居等事。

高桥夫人

九洲铁道会社长,高桥新吉氏之夫人者,浅草陬访町豆腐屋之女。初家贫,蓬门生长,未识绮罗,事父母以孝闻。其父以负债过钜,家政愈倾。乃质夫人为柳桥之雏妓,得其身价,以助两亲。又集其日夜之所得,悉归于父母。人皆感其至孝。年十六,遂为大妓。时高桥氏不过鹿儿岛县之一书生,偶尔豪游于新桥柳桥之间。一夕召其侑酒,询知其身家之事,感其性行。鞋誓钗盟,指天誓日,共订白头。百计借贷,得数百金,遂为夫人赎身。妇人大感其恩,热心以助良人之立身。折节而习英语,以为他日贵显交际之用。既而高桥氏任长崎税关长,夫人益喜,愈便研究英语。当其转任米国①意乌可陆他领事,其业大进,其才学大惊米人,以为自日米通商以来,未有如夫人辞令婉娴,交际老练者。而且姿容优美,惊为神人。其后高桥归朝,转任农商务省之商务局长,夫人之名誉愈高。乃于豆腐屋迎其两亲,事之十年如一日。并得拜谒皇后陛下,人以为荣。高桥氏先年金山之失败,郁郁闲居。后得伊藤伯之推荐,乃为九州铁道会社长。夫人内助之力,尤为最大云。

---

① 米国:美国。

户田伯爵夫人

户田伯爵夫人,赠太政大臣故严仓具视公之女。幼受女大学之教育,性聪明,其处世断事,有锐志,户田伯爵之万机,多出于闺闲。妇人尝从事于交际,共同列诸娘。学舞蹈于鹿鸣馆中,大熟练,名誉鹊起。然而兰蕙自芳,秋风妒之,里巷无稽之怪说,忽欲中伤户田家。夫人慨叹,以为瓜田李下,非整观纳履之所。诽讥之起,由于妄习舞蹈,固妄之罪也,乃断然废退,而修淑德。既而户田任特命全权公使驻扎墺国。夫人随行,常临交际场里。至于舞蹈一节,则谨避之。墺国人以为日本公使之夫人,美德具备,而唯不知舞,是其缺点。而不知夫人盖有所避,以明其松筠之操行也①。

---

① 松筠之操行:也说松筠雅操,松与竹材质坚韧,岁寒不凋,用以比喻坚贞的节操。典出唐朝魏徵《隋书·柳庄传》:"梁主奕叶重光,委诚朝廷,而今已后,方见松筠之节。"

有尾夫人

大藏省主税官有尾敬重氏之夫人,为岛居断三氏之侄,故井田让氏之妹,容姿美丽,语言明晰,不愧普贤菩萨①之称。而清节坚贞,足凌金石。居常谏良人曰:"男子处世,当注力于名誉之一途,区区家政,非丈夫之所关怀。妾虽不肖,凡家庭以内者,不欲御念。"乃自锐意家事,凡宾客男女老幼,皆以适当之应接。虽如何亲昵之知友,对之无敢怠慢者。狎昵之际,遇之则肃然而改容。先是,有尾氏筑邸于牛辻区,夫人自执准绳,指挥大工,更于庭园,加以植木,以添风致。决算出纳,无毫厘之差。家政无所缺,人皆服其贤明。

---

① 普贤菩萨:音译为三曼多跋陀罗,大乘佛教的四大菩萨之一,象征着理德、行德,与象征智德、正德的文殊菩萨相对应,同为释迦牟尼佛的左、右胁侍。此外,毗卢遮那如来、文殊菩萨、普贤菩萨被尊称为"华严三圣"。

山口男爵夫人

陆军中将男爵山口素臣[1]氏之夫人，幼为帮间松家延枝之女，沉沦于芳原之孽海，隶籍于金瓯楼，名为潇湘。蕙心兰质，声价压当时曲中之今紫。虽小太夫等名妓，芳声亦逊之。春风秋月，荏苒数年，而常占魁位。一夕侍宴于山口素臣氏，而重其为人，共誓偕老。明治五年，乃脱乐籍，坚守前约，闭楼谢客以待之。既而乞山口氏迎之于家，其父以为奇货，夫人乃私减衣服栉笄[2]之费，以助山口，乃遂其愿。常以身出污泥之中而自耻。既遂从良，于交际社会，多贵显者，整理家政，德声远播。既而良人累进陆军少将，当赴任仙台，促夫人同行。夫人以武将不可伴妻，力谏不可，乃自觅美人，以进良人。而留其身于富见士町之邸，固守其一家之本城，内修其德而外御侮，贞淑之誉，播于遐迩。而其家政，毫无缺点云。

---

① 山口素臣(1846—1904 年)，日本陆军领将，镇压义和团的日军司令，号称战将中的战将。1896年晋升为陆军中将，1904 年晋升陆军大将。

② 栉笄：栉，本义是梳子和篦子的总称；笄，古代中国女子用以装饰发耳的一种簪子，用来插住挽起的头发，或插住帽子；栉笄，为用制栉之木所制的笄，为古代女子服丧时所用。《仪礼·丧服》："恶笄者，栉笄也。"郑玄注："栉笄者，以栉之木为笄。"

高崎男爵夫人

高崎男爵五六氏,少生我鹿儿岛,长嫁男爵。当是时,天下汹汹,尊攘之论渐盛。男爵夙抱勤王之志①,奉藩命周流天下,以探侦幕府之内事。幕府觉之,乃命急捕。男爵乃走,潜于大阪之间。将归乡地,傲船于大阪。适暴风偶起,怒涛汹涌,船将颠覆,舟人自分必死,奋勇前进,直入于阿彼德岛以避幕府之追寻。达于同国小松浦,自浦而上陆。男爵大疲劳,不能自行,饥渴内迫,进退维谷,乃暂投于一渔家。渔家一少女,名科列,见男爵骨相之非凡,密庇护之。既而风收,追吏亦去,乃亲送之于埠头。男爵大喜,谢其厚恩而去,乃免于难。维新后②,男爵官位频进,不忘前日之事,乃迎列科女为妾,举家政而委之。居数年,其嫡夫人自乡里而上京,以侍男爵。闻列科女之旧事,大敬重之,欲自让夫人之席。列科女固辞。适令娘结婚之议起,其嫡夫人乘机携令娘而归鹿儿岛,留列科女而待其良人。列科女不允,固乞男爵迎嫡夫人于鹿儿岛,涕泣交集,乃自退隐于小松浦。嫡夫人惊且悲,数数遣人迎之。列科固辞。嫡夫人美其志操,自节冗费,送数十金,以助其家政。闻者咸感其美德云。

---

① 勤王:意思是君主制国家中君王有难,而臣下起兵救援君王或皇帝。出自《晋书·谢安传》:"夏禹勤王,手足胼胝。"

② 维新:指日本的明治维新,是19世纪60年代末日本在受到西方资本主义工业文明冲击下所进行的由上而下、具有资本主义性质的全盘西化与现代化改革运动。这次改革始于1868年明治天皇建立的新政府,故称明治维新。

德川侯爵夫人

侯爵德川义礼氏之夫人,旧尾张藩主故德川庆胜君①之第二女。母君受贞静院之殊宠,夫人遂配义礼君。义礼君元出于高松家之公达,入嗣德川家。漫游海外,自归后,品行颇堕迷于新桥柳桥之花月,流连忘返。夫人深闺孤梦,红泪泛滥,而毫无怨色。慰母君,戒奴婢,以蔽良人之过失,不使人知。偶闻义礼君离缘之议起,旧臣分二派,争论如沸鼎。义礼君避难,而闭居于名古屋。夫人悲泣,不能自胜,慨然曰:"夫妻素期同穴,苦乐异趣,余心何忍?今良人闭居于名古屋,破庐藜藿,迫于饥寒。妾独处此金殿玉楼,岂能恝然乎?"乃数数促其归邸。义礼君以难未定,誓不欲归。夫人乃奋然而起,整轻装,具奴婢数名,潜赴名古屋,亲执薪水之劳,涕泣苦陈,继之以血,以祈家难早解。未几,纷议之局既结,乃并辔而归,重享平和团圆之乐。夫人之坚志苦衷,亦与有大力云。

---

① 侯爵德川义礼(1863—1908 年),侯爵;德川庆胜(1824—1883 年),贤德院仁莲社礼誉源文大居士。尾张藩是日本江户时代的一个藩,是江户幕府御三家之一,位于美浓国以及尾张、三河及信浓部分领域,藩主是尾张德川家。

古庄夫人

古庄嘉门①氏夫人,武勇绝伦,能执剃刀与大刀,操马上壮兵之伎俩,故两鬓诸所,皆有面磨之痕。先年以中村六藏暗杀广泽参议之嫌疑,而为所捕获。古庄氏在大阪控诉院长之职,亦蒙其嫌疑,警官出其不意而袭其家。当时古庄氏他出,夫人早察之,私集六藏之书翰,悉隐于茵中,而坐其上。应接警官,指挥奴婢,以助搜索家宅。警官无所获,搜毕而去。夫人私出其所隐之书类,而自读之,则皆寒暄往复之平信,无一秘密者,乃哑然绝笑而抛之,毫无愧色。其举动稍似轻率,而当此震霆无暇掩聪之际,裕裕有余,非贞勇相备者,其孰能之乎?如夫人者,其亦结缨而后正命之流亚欤!

---

① 古庄嘉门(1840—1915 年),日本木樨犀潭学系四大门人之一。

杉山夫人

静冈县收税官杉山叔氏之夫人。信州松本人。学识最高,巧于交际,上下无相隔。杉山氏之赴山冈任也,以素称难治之县。杉山氏方举减轻租税之议,县厅反之,大唱激论,遂成二派分立。夫人极力维持之,于交际社会,尽其巧思。虽如何反对论者,不能持其短长。当累卵薄冰之际,积年而无一毫破绽。谓为夫人纤腕维系之功,非诬言也。夫人今在静冈,淑德愈进。若在京坚德之妇,有破贞破节之丑闻,夫人知之,心辄不乐。凡乡里贞德之妇,遇有拂意,辄曳杖于静冈,访夫人而接其清谈,亲其美德烂漫之风,一洗其污耳,可以想见其为人矣。呜呼!顽廉懦立①之风不期见于巾帼也。

---

① 顽廉懦立:顽,贪婪的人;懦,懦弱的人。使贪婪的人能够廉洁,使怯弱的人能够自立;形容高尚的事物或行为对人的感化力强。

宗伯爵之亡夫人

　　宗伯爵重正氏之夫人网子者,锅岛家之令娘。明治七年,入于宗家。有令声,通诸艺,文笔不让丈夫。内理家政,外巧交际。性慈善而恤下,族中无不称美之。功则归人,过则归己。每留旧臣国分老年忠节之士于其家,以助内外之事。今尚住于邸中。一年大雪,贱民多困于业,召老人而画赈恤之计。时老人方除庭前之雪,偶有一乳莺,为雪所逼,惊飞而入屋中。老人仓皇捕之,给以饵而后放之。应召而入,谒夫人而述放莺之事,称夫人美德及禽兽。夫人赧然而奖之曰:"是汝之阴德也。"咏和歌一首以赐之。老人欢泣再拜。夫人平生举动,真成日本的淑女,夙厌西洋德女流,往往流于轻浮。教其姊妹,力主保存国粹主义。又嗜和歌,燃脂余暇,著作等身。族中之闺阁,皆慕其淑德,钦仰弗措。惜哉为二竖①所袭,享年四十二而卒。

---

　　① 二竖:语出《左传·成公十年》:"公梦疾为二竖子,曰:'彼良医也,惧伤我,焉逃之?'其一曰:'居肓之上,膏之下,若我何?'医至,曰:'疾不可为也,在肓之上,膏之下,攻之不可,达之不及,药不至焉,不可为也。'"后用以称病魔。

森子爵之后室

　　子爵森有礼氏之夫人，故岩仓右府之令娘。子爵遇刺客之变，夫人哀恸，几不欲生。感怆抑郁，乃归家而寡居。先是，子爵前夫人既故，颇厌受西洋教育德夫人之弊风，欲娶淑德坚固，受日本的教育之夫人。闻右府令娘之贤，乃迎之而归。未几，子爵遭难，鸳鸯翼折，鹣鲽①形单，结断同心，枝分连理，孤鸾寡鹄，对镜伤心。夫人丰姿婉约，落花依草，余韵犹存。或有劝其他嫁者，夫人坚执不听，太息曰："妾于良人，是岂寻常夫妇，而忍再醮乎？惟热心以教育遗孤，毋堕家声，贻笑良人于地下，是妾一生之心也。"人皆感其贞烈云。

---

　　① 鹣鲽(jiān dié)：鹣是中国古代传说中的鸟名，仅一目一翼，雌雄须并翼飞行，故称比翼鸟；鲽则为传说中的鱼名，且一定要两条互相紧贴着才能行动，故称比目鱼，比喻恩爱的夫妻。经常见到"鹣鲽情深"或者"鲽鲽情深"混用。

德川公爵夫人

公爵德川达君之夫人,近卫笃磨氏之妹,生长名门,家承阀阅,而能深通下情,养蚕织丝之技无不精。时武道方盛,又修名将造鞋之法。以其祖父忠熙公之清德,故能造就夫人之令德也。

高桥健三夫人

内阁官报局长高桥健三①氏之夫人,东京人。初在柳桥香围粉阵之中,从名师都一广,而学校艳名,蠹立于全都。偶遇高桥氏,时方为秀才,情寄琴心,意传简末,欲订鸾凤之盟。然高桥氏之春秋,高于夫人二十,惮而不敢发言。相知既深,乃达素志。数年后,高桥氏泥于柳桥之校书某,豪游畅举,流连而殆忘归。情之所钟,将欲迎为侧室。然校书故昂其身价,要求金数百元,高桥氏无以处置。夫人窥知之,私赴柳桥访校书之家。校书延其旧师一广来,百辞迎之入室。夫人不许曰:"妾今将购新衣,与卿同行。"乃共乘腕车,瞬间而至骏河町,选绫罗数卷,顾校书曰:"妾所欲者,谨此数卷。卿若有所欲,乞选之,妾当给其价。"校书辞不敢选。再三强之,取半襟一片。夫人曰:"卿亦柳桥著名之校书,何所欲之薄乎?"乃取襦珍一卷,价数十元,与校书给其价而去。校书归家,私惊夫人之豪举,妾感其恩义,呆然如在梦中。既而一人持锦缄至,乃起而迎之,则夫人之车夫,赍书一通而递之。急开缄启视,则夫人自代高桥氏所寄之身价金。校书变色,惊怍不知所为。既睹夫人之慈善,知非不利于高桥氏。且先感襦珍之恩义,而心已默许。乃不得已而允其诺,遂归于高桥氏。同居二女,同德同心。夫人之才智贤德,大概如此。且又巧于交际,凡贵族之内讧纷议,必待夫人之裁之。夫人爱才如渴,凡知名之士,多爱养之。高桥氏尝目以为女孟尝,名士多出于门下。现在官报局及新闻社者甚多。今日高桥氏同窗会之繁荣,皆夫人之力所致者也。

---

① 高桥健三,1896—1897 年任日本内阁官房长官。

栗塚夫人

　　大审院判事栗塚省吾氏之夫人，横滨某商家之女，年十二，志于洋学，从美国宣教师某，游于海外。学成而归，嫁栗塚氏。尝出入台阁诸公之邸，厚于交际，贵女中皆贵重之。又长于料理财政，纯然以西洋主义，教育其二妹，如母如师。遂令其二嫁，皆才学双绝，嫁名士伊贺阳太郎与原川权平二氏，而大著贤名。今日都下，西洋的夫人虽不少，而求真个男女同权，又真个为西洋的夫人，而淑德毫无欠缺，如栗塚夫人者。遍观今日之妇人社会，盖亦稀矣。

前岛夫人

　　前岛密氏之夫人,旧幕臣之女。姿容绝伦,谦德美备又最绵密,夙善料理家政。前岛氏方为秀才时,知其拔萃,乃嫁之,人皆服其知人。前岛氏曾为内务少辅,受大久保内务卿①之知遇,为八省中之最著者。前岛氏处事敏活,省中之机政,皆出其手。然其性资磊落,大事虽绵密周到,而小事每以不屑意置之。当时庙堂诸公,所寄书翰,堆积如堵,一见辄委弃之。既而纪尾井坂②之凶报至,天下震悼,如疾雷霹耳,皆叹为失一俊杰。高桥氏欲收其遗翰,乃悉弃去,翻然大悔。夫人在旁慰之,乃起入一室,携一函以示高桥。高桥怪之,开视则悉为其前所弃去之书翰,保存不失一纸,且无半点之污痕。可知其素行之一斑。夫人纯然受日本的教育,不敢自以文学称,贞德备具。整理家政,条理井然,良人无内顾之忧。其美绩人多能知之。欲知真正日本的夫人之真相,于夫人外未见其流亚也。

---

　　①　大久保内务卿:即大久保利通(1830—1878 年),幼名正助,号甲东,后改名利通,生于日本萨摩藩(今鹿儿岛),原为武士,日本明治维新的第一政治家,号称东洋的俾斯麦。他为了改革翻云覆雨,铁血无情,不论敌友,挡在他前进道路上的只能是灰飞烟灭,最后被民权志士刺杀身亡,但也成就了明治维新的成功。

　　②　纪尾井坂:此处指纪尾井坂之变,是日本明治十一年(1878 年)5 月 14 日,明治维新元勋大久保利通被暗杀的事件。

山川操子

山川操子者,会津之士,陆军少将山川浩氏之妹。少嫁同藩之某氏,良缘佳偶,难服白头,鹄别鸾离,谁补情天之缺憾。当时操子尚少,花期烂漫,春色恼人,虽芳香正浓,而贞操凛如冰雪,誓不二夫。上京而仕于宫中,又游学俄国,深通其国之事情。且善法语,交际社会,周旋无不宜。任皇后陛下之通使,俸给奏任之上官,而毫无骄心。以其余裕,助有为之青年之学资。其家常养数十名之大学生,以故家资日落。其江户川之邸,床破户坏,不能复修,然独能修其边幅。呜呼!今日之青年寡妇,其贞洁者虽多,大抵感化于舅姑之正肃,仅保其身,或又有兄弟姊妹而养之,而独立独行,以持此贞洁者,如操子者,盖甚稀也!呜呼!世之轻薄浮躁之女子,宜拜此女杰山川操子之后尘,以涤汝污肠秽行,勿以操子而自欺也!

鸠山夫人

博士鸠山和夫①氏之夫人,贤名夙著。先修高等之学,曾为官立女学校之教师,又受派遣欧美之内命。当时尚未成家,惧堕女子之本分,乃固辞之。是时求婚者凡二人,一为大藏次官渡边国武氏,一为博士代言人鸠山和夫氏。自其威权而论之,时鸠山氏尚不如渡边氏。然夫人私所决断,竟嫁鸠山氏。内理财政,外力交际,奉事毫无缺点。当众议院选举议员之际,鸠山氏为东京第九区候补者。夫人尽力助之,游说区内,以防反对党之妨害。鸠山氏遂得与选。其贤才大概如此。渡边氏以好逑为鸠山氏所占取,每有失其佳偶人难再得之叹。其未迎娶之时,深恐无有贤如夫人者。

①　鸠山和夫(1856—1911 年),明治时代活跃的政治家,鸠山政治家族的始祖,法学博士,众议院议长、东京专门学校(即现在的早稻田大学)校长。

黑田伯爵夫人

伯爵黑田清隆氏之夫人，府下材木商信浓屋传右卫门之女。丰颜清丽，步生莲花言其善于步武，非缠足也。学识虽博，而志操尤著。伯爵以勇悍之士，其前夫人以士家出身，尚稍困于奉事。夫人以小桃夭之妙龄，而入此老武伯爵之家，琴瑟和合，夫倡妇随。伯爵性磊落，家政之事，不屑顾之。或养力士，或专养鸡，从心所欲，以耗费其资财。而且朝云绿珠，充斥内外，所出之费，往往越于所入者。夫人锐意与伯爵谋，远力士，止养鸡，专节用，而制奴婢之华奢。于岛田天神总，禁结浮薄之娼妓。自执箕帚，率先以指挥，减其奴婢之冗数，用务大举。伯爵之家政，渐见余裕。夫人性温雅，于交际社会，虽未著伟绩，而治萧墙之中，声明藉甚。人皆服其德俸，而钦仰不置云。

榊原伯爵夫人

伯爵榊原旧高田藩主夫人,旧加州藩主前田侯之令娘。以生于大藩,夫人入舆之时,妆物丰备,以车数十辆而输之。其器具皆染梅钵之纹。夫人不知之,及见其陈列,私心不乐。谓侍女曰:"妾居父母之家,则用梅钵之纹。今于夫家,岂可袭之乎?女子离父母之膝下,而自归其家,而用他家之纹,不伦孰甚!"命抹之。闻者称叹。夫人谦德备具,未尝以威凌人。温言婉辞,如接春风。旧臣之出入者,必亲出玄关而送迎之。居常以约俭为主,避绢服,常衣本棉衣。榊原家之财政,整理得宜。内外肃然,而无一毫陨越者。夫人内治之力居多。

井田氏之后室

前全权公使故井田让氏之夫人,鸟居断三氏之侄,风致绰婉,淑德温良,巧于交际。既为全权公使之夫人,耻好虚名,务为隐德。一年,其乡里美浓震灾,旧藩士皆举义捐金,竞托于新闻社,独无夫人之名。乡人怪而访之曰:"今回之凶灾,乡人皆以其应分之金帛,助于义捐而恤之。井田故公旧藩出身之大名士,而夫人于义捐若踌躇者,故公之名,殆将堕地。岂夫人之志欤?"夫人曰:"家事多端,未及筹及救恤之事。"乃出若干元以与之,其人谢而退。而不知夫人已先投数百元,私赠罹灾之人。曾语人曰:"浓尾之大震,罹灾者既多,仅投数十元,而欲悉救之,不亦难甚乎?宜先援其相知之人,次及其余一切之罹灾者。仅仅以义捐金而播仁者之名于广告,妾心耻之。"然于乡人之劝告,则仍应之,以救一般罹灾者,其心术之宽和深厚,巧于交际如此。夫人又通海外之事,虽不知其蕴奥,而普通之学,无不知之。且深爱日本的教育之美,居常接人,平和庄肃。又通洋语汉语,熏陶其遗子。故其门内肃穆,咸化其德风云。

井上伯爵夫人

　　伯爵井上馨氏之夫人,新田万次郎氏之女。维新之始,中井弘氏在筑地,多集淑女,而教养之。时井上氏为大藏少辅,家计颇饶,时尚未娶。偶游中井氏之家,谈及家计,中井氏曰:"君若欲理家政,宜先迎妻。"井上氏曰:"何处有善女欤?"中井氏乃指荐茶所之美人,而谓之曰:"君谓何如?"井上氏曰:"是好女子也。"反问其何人。中井氏笑曰:"是出于源家之嫡流八幡太郎义家之末裔新田万次郎氏之姬君。其父家素为德川氏所尊敬,有十万石之格式者。"井上氏大喜,乃乞其媒妁,遂迎娶之,即今之夫人。夫人淑德坚固,善理家政。良人窘迫之时,常于其父家而为通融之计,经数年财政乃大回复。既而井上氏自欧洲归,晋至大臣之位,其富愈进,为今日新华族中之猗顿云,皆夫人在内整理得宜之所致也。既而井上氏授伯爵,后先设别庄于相州稻村,以充夫人老后之隐室。其中皆附以中黑之徽章,以铭其远祖左中将之伟功,存其旧迹云。

有岛夫人

大藏省国债局长有岛武氏之夫人,名幸子,旧南部藩留守居役加岛某氏之女。父早没,夫人幼鞠育于母氏之手。沧桑之变,王政维新。夫人之家本甚富,母氏在艰苦之中,教养二女一男,乡党目以贤母。夫人及长,姿色最丽,才艺尤过人,以故豪家富人,争相求婚,而皆未许。未几,知识既开,遂抱文学之志,乞母移家于东京。当时有岛氏已至今位,其前妻某,以贵显之女,自恃外戚之威,大损妇德。有岛氏颇不善之,故前妻既逝,其续娶必迎富于才学,貌美而体健者。百方索之,偶闻加岛氏之女,素称贤德,遂命媒妁求婚。及许之,乃备礼迎之以归。时有岛氏方居职在横滨,凡十年之间,内外朝野,事务交际,终日鞅掌①,而无内顾之忧者,夫人内助之功也。有岛氏罹病濒死者,前后数次,夫人衣带不解,看护于病床,周旋于家事,一切皆以身任之,人皆服其贞义勤勉。夫人又善和歌,且工书法。凡游名所旧迹,长篇之纪行和歌,数十百篇。绣口锦心,字皆金玉。其良人往复之书札,多出于夫人之手,丽文健笔,须眉丈夫,一见当应愧死。于歌舞丝竹之游艺,概屏弃之。暇则读书,阅新闻,以解其义理,而训其所生之子女,故其子女多贤达者,实不愧古之贤女云。

---

① 鞅掌:事务繁忙的样子。典出《诗经·小雅·北山》:"或栖迟偃仰,王事鞅掌。"

辻①夫人

文部次官辻新次氏之夫人,有贞贤之名,善理家政,邸宅之建筑,皆其亲所设计。会计之事,皆定时日以出纳之,不留黄白于家。举所有而托之于银行,故无盗贼之虞,岁尾又获其利息。良人毫无理财之劳,不识不知,而家财蓄殖。其本乡区内,所增之不动产,皆由夫人经济之妙所致。夫人宽于御下,对奴仆无恶言,人皆服之。

---

① 辻:音 shí,日本汉字,多见于日本人名。

谷子爵夫人

陆军中将子爵谷干城①氏之夫人，名玖满子。以弘化元年（1837），生于土佐。父翁贤，仕容堂公，食禄二百石。极力鞠育子女，玖满子之淑德最高，才艺非凡，以故权门竞欲迎之。当时谷氏仅藩中之一藩士，然气骨出凡，贤才服众。父翁见而奇之，择其而嫁以玖满子。结婚之先，戒玖满子曰："干城之才，当世所希见，非久立于人之下风者。天定良缘，授汝以此吉士。今将举婚礼，慎勿误贞节。汝若不敏，遂不能事干城，宜无面目以归。"乃赐以短刀一口。玖满子泣曰："妾虽不肖，不敢忝所生，惟坚持妇德，以奉良人之箕帚。若妾有误，以死继之。"乃归谷氏。然谷氏之贫愈甚，小禄不足以养其一家数口。玖满子乃奋然，自裁木棉之鲤口最下等之服，而自著之。晨出街巷，以拾马粪，夕归制草鞋，自鬻之以助家计，而助丈夫之立身。明治十年（1877），西南之役起，谷氏以陆军少将而为熊本镇台之司令长官。敌将桐野条原等，率兵迫之。扼田原坂之险，将陷熊本城。谷氏坚守危城，敌虽数数迫之，终不能陷。然孤军在重围之内，粮食不给，兵士皆啜粥食粟。玖满子常躬自指挥炊事，自冒弹丸，周旋于其间，又力鼓励将军，以备不虞之事。命腹心之下婢，时窥将军之动止。下婢复报曰："将军今在天主阁，遥窥敌状，飞弹如蝗。数破将军之帽，而将军泰然不动。"夫人闻之，大喜其夫之英武。两军交战，兵士稍劳。夫人乃以大釜炊小豆，于炮烟黯淡之间，手作牡丹饼。又于堤里诸所，摘野菜而浸酸之，以遍飨兵士。全军处此危城中，而得此最上之美味，皆出意外。未几，敌军溃散，官军凯旋。熊本之笼城会起，每会必供此野菜及牡丹饼，以为当时苦战之纪

---

① 谷干城（1837—1911年），日本江户时代至明治时代社会活动家、土佐藩士、陆军将领、政治家、华族陆军中将，正二位一等勋子爵。

念,大表夫人之贤。夫人今居陆军中将子爵之内室,极其尊荣,而操行犹昔日。常著棉服,节俭自居。蚕桑之事,尤为夫人所好。女婢数名,给侍左右,屏除一切之仆从,以昭俭德云。先是,北白川宫临将军之邸,时夫人著鲤口而进御前,共语往事,听者为之感泣云。

滋野男爵夫人

陆军少将男爵滋野清彦氏之夫人,大阪人。陆军少佐在大阪镇台任,偶闲游内宗佑卫门町之货席富田屋,召艺妓以侑酒。妓既至,风姿婵娟,语调优雅,周旋极熟,真不愧交际社会之令夫人。滋野氏心爱好之,从容问其名,答以天王寺屋之房鹤。时京都有二名妓,名千代、喜代,艳名震于大阪。房鹤居大阪,遥与千代、喜代而齐名,共为京阪著名之三妓。滋野氏以故更钟爱之,数数召以侑酒。凡管弦茶汤之技,无一不精。一日,滋野氏招房鹤于座侧,问其素姓。房鹤悄然拭泪曰:"妾父素为武士,隶于东町奉行,领禄二百石,姓黑崎。父以一旦破产,遂陷于孽海。"语毕掩泣,红泪泛滥。滋野氏曰:"果如所说,予将迎汝为妻。"直乞黑崎氏而结婚。夫人既入,处理家政,力事交际。最爱书生,常助其学费。驭下以宽,奴婢皆感其德风,而怀德畏威。滋野氏既而转于名古屋,又归东京。其月佣之奴婢,竟至五年七年而不辞者。可以见夫人驭下之美德云。

西乡南洲翁之后室

　　故南洲翁之夫人,贞坚气节。南洲以一朝之误,战殁于城山。旧知相谋,为翁营碑,参拜者追思往事,低徊不能去。香花顶礼,朝暮不绝。夫人惮于官家,且恐人之讥诮,虽忌日白昼不能礼拜之。入夜之后,素衣微行,独诣墓前,合掌拈香,为翁而祈冥福。呜咽肠断,泣辄达晓,以见夫人平生之素志。今春夫人将有事东上,预报同乡出身之贵显等,如条原国干氏之令嗣业在平桥警察署者,村田新八氏之令嗣在麴町警察署者,及桐野利秋氏之养子等,皆南洲生前刎颈之交,并通知其家族,亦无一纸及其余者。夫人之识见,岂常人所能及其万一云。

后藤伯爵夫人

递信大臣从二位勋一等伯爵,后藤象次郎①氏之夫人,名雪子。以弘化四年(1838),生于大阪。父佐贺藩大阪藏屋歌之留守,饶于财政,勤于教育,且长于书,学颜真卿之墨迹,似逼真。日清之老书家见之,无不惊绝。既而其父家衰,乃出移于京都。后藤氏知其贤,遂娶之。夫人容姿美丽,于现任内阁诸公之夫人中,称为第一。又长于交际,优遇天下之名士。机敏活达,与伯爵而并称。往年伯爵以大同团结,结托天下之名士,以自居首领之地,出入殊繁。夫人乃数临客堂,以助伯爵之应接,数数倾谈政党运动之方略。语气壮快,注意周到,同党之名士,大惊服之。偶有吉田大江诸氏机关新闻政论起,乞资于伯爵。然当时伯爵财政未饶,不能直应之,逡巡而未尝著手。夫人在侧闻之,微笑言曰:"资额几何,妾未之闻。敢请其额。"伯爵答以二万元。夫人曰诺。瞬间当赍吉报,改衣而起,遂乘马车,展轮扬鞭而去。伯爵怪之。经一时间,门内轰然,报夫人归。伯爵自出迎之。夫人小肋抱巨物而进,以呈于伯爵曰:"此二万元,幸乞用之。"伯爵惊问其故。夫人以苏张之辩②,说岩崎弥之助而借之者。闻者皆服其伶俐云。凡出入伯爵门下之士,无不尊敬夫人。凡事问其赞否,而后报于伯爵。夫人之才可知矣。

---

① 后藤象次郎:即后藤象二郎(1838—1897年),日本幕末至明治时代武士、政治家、实业家,正二位一等勋伯爵。日本明治维新的元勋(维新元勋)。历任土佐藩家老、明治政府参与、参议、递信大臣、农商务大臣。

② 苏张之辩:苏指苏秦,张指张仪,两人皆是战国时期纵横家的代表人物,有名的说客,拥有三寸不烂之舌。

高谷夫人

　　高知县人高谷佐平氏之夫人，名特卑子。器量最优。高谷氏曾为陆军上长官，以大才见重于同僚之间。又为叔父板垣伯所信用，诸事皆委之。高谷氏辞职，而就闲散。板垣伯特送之三千元，约携高谷氏而行。时高谷氏于品川有妓某，情好颇笃，遂携三千元，直访妓所，而为之脱籍，共居御殿山者数月，三千元已尽，乃始颓然而归。板垣伯怒其无礼，禁高谷氏之出入。夫人诉于伯爵曰：“良人今日之过失，固由自取。然既往不谏，许其赎罪。”乞宽假之。自后力持贞操，以教养其二子。于伯爵之家，往复如旧。夫人于政事，夙主自由主义，与岛本仲道、中江笃介等诸名士相结。客岁民党合同论起，夫人力说板垣伯与大隈伯终成二伯之会合，而开其基础。犬养毅氏等周旋于民党之诸名士间，其功最大，而以巾帼而与其事者，夫人之力尤钜云。呜呼！称为近世之女丈夫，洵不愧矣。

福地夫人

樱痴居士福地源一郎[①]氏之夫人，芳原江户町二丁目之果子商竹村之女。容貌优美，常居店以应来客。娇媚婀娜，楚楚动人，艳名倾于一时，人皆称之曰小町娘。以福地氏以一书生，纵横芳原，遍阅三千之名妓，而无所倾倒。偶见小町娘爱其优美，遂娶之以为妻。筑屋于浅草马道，以从事于文界，渐为世所知。然福地所著，关于政府之机密，忽被捕而处以苦刑，年余始归[②]，将访本阿弥光贺氏。一日正容问夫人曰："予此度入狱中，所失之费已多，出狱后之收入更少。岁暮不能归东京，将赴横滨，而为通辩。汝嫁予之日尚浅，色香未衰，更他订良缘，幸毋所误。"夫人变色曰："狱中之失费，姑勿论之。妾凭手业，亦足以持家。君虽贫困，然一纸一笔，已绰绰而裕余。君子固穷，亦复何怨。离缘之事，幸勿再出于口。"福地氏感泣交集，相抱逾时。既而赴横滨，周旋于外人之间，获多金而归。未几，庙朝之贵显，皆知福地氏之才，任为大藏大椽，后为文坛之老将，又为维新立派之人。皆服夫人之贞操，且服其先见知人之明。夫人不忘昔日之贫苦，每谏福地氏之挥霍，专以俭约质素为旨。其学问授之于夫，历读诸子百家之书。事福地氏百年如一日，外慎交际，内修贞德，大为世所重。其淑德之所以如此者，全由竹村之两亡亲教育所致。福地氏乃于麟祥院为其两亲营法会，以谢其遗德云。

---

① 福地源一郎(1841—1906 年)，号樱痴，日本长崎人，出身于医师家庭，政治家、文学家、记者。其代表作有《幕府衰亡论》《幕末政治家》等。1875 年福地源一郎为翻译英文"society"一词而在日语里首先创用"社会"一词，1878 年，他将英文"socialism"翻译为"社会主义"。这一词在 1902 年由梁启超引入中国。

② 福地源一郎 1868 年(明治元年)因在自己创办的《江湖新闻》中发表批判新政府的新闻被逮捕。

山田伯爵夫人

正二位伯爵山田显义氏之夫人,名龙子①。永嘉二年,生于山口后河原。幼有奇气,识见绝人。夙慕山田氏,心窃愿嫁之。交谊颇笃,但无采兰赠芍②之事。未几,天下大乱,或唱勤王,或说佐幕③,诸藩各异其趣。已而伏见、鸟羽之役起,次而有奥羽之战争。长州夙为勤王之木铎,出兵京畿,大唱讨幕之义。时山田氏年犹壮,督兵而在遣中,转战于京畿奥羽,屡建殊功。龙子在乡,无事则为山田氏祈祷。花落飞絮,春闺岑寂,虫吟雁语,秋夕凄清,泪渍鸳衾,梦回雁塞,无一时而忘山田氏者。经年乱平,山田氏以功而事朝廷,终迎龙子为夫人。后山田巡游欧洲,夫人守家,日夕以理家政。山田氏星槎万里,无事归朝。夫人事之如一日,人皆称其贞操。夫人常学佛,且修文辞。一书生见夫人之机上,呈数册之洋书,卒然问曰:"此为何书?"将披阅之。夫人笑曰:"佛书。非卿等所能读也。"书生大惭。

---

① 山田显义(1844—1892年),日本江户时代末期武士、明治时代初期政治家重臣、陆军军人,明治日本的元勋(维新元勋),陆军中将,正二位一等勋伯爵;龙子,井上馨的养女、汤田温泉瓦屋的鹿岛屋喜右卫门的长女,明治3年(1870年),山田显义与龙子结婚。

② 采兰赠芍:兰花,花味清香;芍:芍药。男女互赠礼物,表示相爱。出自《诗经·郑风·溱洧》:"维士与女,伊其相谑,赠之以芍药。"

③ 或唱勤王,或说佐幕:勤王,意思是君主制国家中君王有难,而臣下起兵救援君王(皇帝);佐幕,指在将帅幕府中担任职务,或泛指作地方官的幕宾。这里指拥护日本天皇,或辅佐德川幕府。

芹泽夫人

　　大审院判事芹泽政温氏之夫人,磊磊落落,颇富于义心,酷类其良人。于亲族故旧,困苦之际,夫人常自鬻其衣服椸筓以助之。夫妻自成一家。至今凡数十年间,四举家财,以救穷者。减奴婢,节家用,夫人常自扫门前之草。即此一端,可想见其俭云。

南部信荣氏之后室

旧八之户藩主南部信荣之夫人麻子,旧盛冈藩主南部利刚氏之第二女。信荣氏乃岛津家之血统,非本姓之出,以继自家之血脉,故以配之。庆应之末,出养于八之户。信荣氏之父信顺氏罹多年不起之病,夫人亲奉汤药,看护备至。明治初年,夫妻始达婚期,乃举合卺之式,伉俪最笃。翌年,信荣氏留学于美国,二年得大病而归。夫人大悲叹,日夜衣不解带,侍养看护,竭尽心力,而终无其效,遂赋分钗。夫人悲哀无极,誓与俱死,亲族劝止之,朝暮以佛经而自遣。亲族怜之,乃慰之曰:"御身年未二十,而锦衾独处,以负一生。落花随风,飘零命薄,曷若别择佳偶,无负青春乎?"夫人恶其秽语,面斥之曰:"吾姊君华顶王之妃,亦青年少寡,谁敢劝其再嫁者。妾虽不肖,既生华族之家,决不能二度所天,以破贞节,何以对祖先之神灵!若有再出此言,妾将为法尼,朝夕对亡夫之位,以追念旧情。青灯古佛,以毕余生。此吾终身之志。"言者大愧而止。既而其夫弟利克氏,自盛冈迎之,遂让家政于其抚育之子。长斋绣佛,足不出门,常对亡夫之神位前,或奏笙咏歌,或调琴以自遣。每当忌日,必诣其墓,而营清祭,如良人犹在之时,以慰其灵。呜呼!今日人情轻薄,德义拂地之时,而有此闺秀,洵为难能而可贵者矣!

藤堂伯爵之后室

故伯爵藤堂高洁氏之夫人，侯爵蜂须贺家之令娘。淑德备具，深通和汉之学，密助藩政。明治维新之际，勤王佐幕之议论，并起于藩中，恰如鼎沸。藤堂素有功劳于德川氏，其恩义亦不浅。佐幕党渐得势，高洁氏将表同意。夫人闻之大警，乃见良人，涕泣而谏。德川氏之恩虽厚，而以皇恩相比，诚如九牛之一毛。况德川氏在将军之职，亦一时武功所致，本与诸藩无异。良人宜翻然改心，以省大义，勤劳于王家。德川氏若败，举族将诛之时，其于良人哀诉于朝廷，为德川氏谢罪，以全旧义。又谕群臣以大义，再回复勤王论之宗旨。及维新后，华族叙爵之事，其资格本列于侯爵，而止于伯爵者，以曩日曾和佐幕论之由。若微夫人，则其结果如何，尚不可知。今夫人在邸，事其舅高猷氏孝道无缺。旧臣皆服其德，家中之敬礼，与封建时代，毫无所异云。

中久木夫人

第三高等中学教授中久木信顺氏之夫人,名顺子,旧幕臣之女。明治之初年,游学于神田一桥内今文部省构内女学校,夙擅才学,拔群之誉,长于汉英之学,傍修和学。和歌之笔迹,传于京都歌人社会,其名啧啧于人口。又通弹琴插花之技,而温籍淑良,女德兼备。既嫁中久木氏,能理内政,公私之文书,多成其手。以使良人一意从事于学校教育之事,从无内顾之忧。其事舅姑,十年如一日,无毫厘之违命。一家十有余人,家政整理,毫无繁杂。夫人起最早,终日理诸事,兼育子女。爱书生,恤奴婢,处事毫无倦容。尝著《心之学》一篇,以训说奴婢。夜间于父母子女就眠后,则从事于读书笔砚。故其才学,颇著于时。人皆服其贤德,且服其勤敏,职是之理由。

诃濑夫人

河濑秀治氏之夫人,京都之舞子,故木户孝允氏之夫人翠光院之妹。维新之前,河濑氏以丹后之志士,奔走京畿,共同志而刓足利尊氏之像,频唱大义。幕府知之,捕治愈急。河濑氏屡陷危险,几落幕吏之手。夫人以身救护之,助以旅费,而使上京都。维新后,乃再团圆。夫人色黑而肥,性淡泊,熟于交际。又善理家政,教育子女三人,极其整肃,不逊于世之以教育自任者。夫人又为音乐家,尝弄三弦,以为郑声,遂弃之而不顾。乃师事筒井一溪大祖溪庵之孙弟子学清乐,数年其业乃成。若良人不乐之时,自弹奏之,以散郁结。今日贵显之夫人,虽多能者,而于清乐,无出河濑夫人之右者云。

大隈伯爵之母堂

大隈重信伯之母堂①,事良人,贞且贤。良人没时,伯爵尚幼,受母堂之鞠育,胜孟母三迁之教。惧妨其发达之气象,诸事任其所为。时伯爵方名八太郎,放怀风月,颇事豪游,贮财渐尽。偶有以事赴江户,而囊中萧索,行色艰难,然闭口不敢诉之于母堂。母堂窥知之,乃探其具足柜之底,出小判百两以赐伯爵。伯爵大喜,遂上途。伯爵之有今日者,以母堂之贤教所致也。母堂今龄过耳顺,居早稻田之邸,以为现世之用既终,乃专心于佛学,以祈将来之福利。

---

① 大隈重信(1838—1922年),明治维新的志士之一,明治时期著名的改革者、政治家及教育家,早稻田大学的创始人,曾两任内阁总理大臣,为从一位侯爵;母堂:母亲。

西村夫人

西村胜三氏伊勢胜之夫人,名野斯子,生于江户本芳原金瓶楼之游女。时名妻琴,风姿优雅,有侠气,人皆呼为奇妓。一夜,侍宴于西村氏而慕其为人,已心许之。是时,西村氏为横滨商馆之书记,不遇一寒畯之书生。王政维新之际,祭于奥羽,锦旗东指,会藩迎战。方交兵马之时,密求兵器于横滨。西村氏为之奔走,购小铳数千挺,遂被捕,处流罪于八丈岛,以就苦役。当时之所谓流罪者,为无期刑,不能预知免放之期。妻琴坚守前约,不复他人。其姊妹四十六人,皆嘲笑之。妻琴更密鬻其衣服笄栉,送于西村氏以轻其痛苦。自誓长此终老,不复更慕浮荣。其后大赦,西村氏获免,乃整理家政,而迎妻琴。楼主松本周藏预告之,妻琴欢喜无量。既入门,乃专心助其正业,以理家政。西村氏今日致巨万之富者,夫人之力居多。

田中氏之后室

天下之系平事田中平八氏之未亡人者,神奈川县金贷某之女。田中氏抱大志,怀天保钱二枚,而赴东京。饥渴交迫,而无屈色。购馒头一枚以忍饥,百苦而至横滨。与外人接,察知贸易之理由。一攫千金,而囊中苦无一钱,又无信用者,进退维谷。夫人当时父母在堂,家资虽富,而不能任其出入。然深知田中氏商机敏捷,私贷资金十两。田中氏乃奋然从事于商业,以致巨万之富,遂称之为天下之系平。呜呼! 当其不名一钱之时,非夫人之力,乌至此哉!

闲院宫殿下之御息所

闲院宫殿下之御息所,御名智惠子,故内大臣三条实美公①第一姬君。容姿秀丽,资性聪颖,承其父之遗德,贤德著称。幼时心嫌西洋心醉的之时流,乃就迹见花溪女史而修和汉洋之学,以及点茶插花等。更学优雅之女礼,巧于书画,自号花堤。法国博览会及日本劝业大博览会,每挥彩笔,必受赏牌。又厌西洋女服之轻躁,忧其不能保女德,终身未尝著之。盖欲保守其日本的女德云。

---

① 三条实美(1837—1891 年),日本政治家,公卿出身,内大臣三条实万之四子,幕末、明治时期的公卿、政治家。

老女寿满野

老女寿满野者，幕臣一色氏之女，夙以才学闻，兼通诸礼，起居举动无稍失度，为维新以前一交际家。曾入江户城，仕德川庆喜公。及公奉还大政，又从之于骏河。数数赐假，命其择嫁，固执不可。朝夕勤于其职，五十年如一日。常以姬君之教养，竭力而学诸般之技艺。今侍其姬君而上京，在千驮谷之公爵家。寿满野之父母，向在远州，而已早故。一妹尚存，善理家政。幼欲姊君之教诲，凛凛有丈夫之气概。不慕浮荣，困苦自励，亦具奇骨之女丈夫也。

中岛夫人

前众议院议长男爵中岛信行氏之夫人,姓岸田,名峻子,号湘烟女史。惊才绝艳,名著文坛,赋性活达,夙志泰西之学。又尝漫游欧美,大叹日本的夫人之鄙陋。归朝后第一著手,大主唱男女同权论,以振日本妇人之志气。与大山夫人山川舍松子后为中岛氏之夫人,仍固守其持论。于整理家政之余,大为良人之内助,芳名远腾于闺阁之外。中岛氏亦以与西洋的人物夫人而相配,宛然如见西洋家族之生活。举国宣传,皆叹羡其佳偶不置云。

恩地夫人

横须贺裁判所检事恩地辙氏之夫人,名赖子,京都人。资性柔软,固似女流的之品格,而好修武。通薙刀之技,极其蕴义,须眉之丈夫,多辟易之。而整理家政之事,尤为夫人所长。教养其子女,谨严笃信,不溺爱而不用威,人服其得中庸。恩地氏曾任广岛,夫人留滞东京,遇贼四人,知恩地氏不在,拔刀入内。越高垣如飞,叩户而言曰:"有急事,乞开之。"夫人在内,知为猾贼,乃起而执承尘之薙刀。执鞘而挥之,乃徐启门。贼突排倒夫人而闯入,夫人倒地,即以所持之薙刀而斫贼足,贼乃仆。一贼踵进,举刀而击夫人。夫人从容应之,又仆。余贼皆逃。二贼腰痛足萎不能起,号泣乞哀,夫人徐呼家仆,以绳缚之,乃引出庭树,面责之曰:"汝等狗鼠之盗,不从正业,徒知胁人而盗财,其罪不轻。今日以后,必大悔前非,以表悔改之心。"乃厚谕之,乃命警官释二贼。而谓之曰:"汝等果有改心,自今后其为善人。若蹈前非,则再寻我家,毋欺良善也。"其待人之厚如此。

迹见花蹊女史

花蹊女史①摄州西成郡木津村之乡士。迹见重敬氏之女,母名几野。以天保十年(1839)生。其先出自天种子命,至迹见赤铸,始下降于民间。子孙世世,勤于名主职名。晚近为迹见某而夺家职。几野愤懑,不能自禁,朝夕诫女史,示其系谱,励以家势之再兴。是时,女史才脱襁褓,性聪明,能领会其戒,从母学文事,最嗜书画。年十六,游大阪中之岛,入后藤松阴氏之门山阳之门人,修和汉之学。又学画于圆山楚山翁,于其傍以教道豪商之子女。当是时,天下骚然,诸藩之志士,大唱尊王倒幕之议。泽宣嘉乡即主水正又举义兵于生野之银山,军不利而出奔。女史夙与卿面识,又以画相师,宇野喜三郎促女史而图卿之画像,冀获之以得重赏。女史怒叱曰:"咄!俗吏何足污我笔。"蹴裾而起,宇野终不能强之。既而七卿落长门,幕府发征长门之师。唐津藩士长谷川某,欲为导引,密乞女史而画地图。女史托他辞以拒之。长谷川知其志不能动,乃请图山水二幅,置谢金半两而去。女史叹曰:"幕吏之谢金,吾岂屑收之。"乃投其半两而与乞儿。未几,女史游京都,访宫原健造氏山阳之门人,从宫原氏而学书法。是时九条关白之后室姬路侯之女,颇著贤名,闻女史之名,急请见之。女史以事,不能趋命。后室乃枉驾先顾,而执师弟之礼。时人皆称其高洁。女史之名大扬,书画远播于朝鲜。朝鲜国李基永氏见而奇之,遥寄诗于女史曰:"兰亭已矣辋川墟,独有花溪迹见居。曹大家惟能读史,卫夫人是但称书。几番风雨纷纷落,一抹烟云淡淡如。东望沧溟那得见,终教魂梦作舟车。"维新之后,女史上东京,面皇后陛下,闻其才名,召进言拜谒。明

---

① 清·王韬著《淞隐漫录》(又名《后聊斋志异图说》《绘图后聊斋志异》),内有《花溪女子小传》,记载了迹见花溪的生平事迹,称花溪女史姓迹见,名泷摄,津国西成郡人。其父重敬,通书史,工词章,有声于时。

治五年(1672 年)某月恭诣宫城,咫尺天颜,不敢陨越,乃咏和歌一首,以志其事。明年八月乃于神田猿乐町,创设迹见女学校。其德育的熏陶,养成数百之贵女。及二十年又移新校于小石川柳町以扩张其规模。于是师母之名愈高。先是,朝鲜金绮秀氏而来日本,语言明达,识见宏通,以外务官之绍介,而会见女史。女史入席而面接之,援笔而赋诗曰:"扶桑深绿映鹤林,喜见高踪海外临。彤管纵无花入梦,芜词也许表微忱。"韩使亦执笔而赋一绝曰:"恍惚依那日出林,九天仙子肯来临。花蹊无尽生花笔,归后何堪恼才忱。"女史又会见清国公使何如璋氏①。时共三条智惠子当时六岁,山内八重子当时九岁,姊小路季子当时十岁,以下之名媛,并斗书画诗文,大获公使之赞赏。女史赠清国公使诗曰:"万里东洋亦比邻,星槎喜见汉嘉宾。鲁英米佛来难久,何若同文贵国亲。"清国公使璋答之曰:"鲁邦风雅接东邻,渡海乘槎喜作宾。多少宣文女弟子,稚龄弄笔便相亲。"女史淑德坚固,不但秀于文学,亦嗜武道。一夜为盗贼所袭,女史奋然,以长杖而倒之。如女史者,古今闺阁之中,洵为当代不易得之才也。

---

① 何如璋(1838—1891 年),字子峨,广东大埔县湖寮双坑村人,晚清外交家,中国第一任驻日公使。光绪二年(1876 年)出使日本,抗强权,在日本增设横滨、神户、长崎三处领事馆,不负国人期望被誉为"不辱使命何如璋"。其间,撰写《使东述略》,主张效仿明治维新谋求强国之道。

佐佐木伯爵夫人

枢密顾问官伯爵佐佐木高行氏之夫人,名贞子,少于伯爵八岁①。幼时已识见越人,毫无轻浮之心。佐佐木氏累世仕山内侯,食禄百五十石。然自祖父之时已负债山积,所得之禄,不足以偿。家无担石之资,户障亦败而不可居,日卖文以自给。初夫人之未嫁佐佐木氏也,夫人之父母,见佐佐木氏之贫,而有难色。夫人独赞其英才,知非长屈于人下者,坚执而欲归氏。既而贫益甚,屋漏不能修,艰苦备至。夫人能以意事之,琴瑟和乐,伉俪最深。佐佐木氏本磊落奇伟之士,不知金钱之价值,清贫自甘,一意耽于读书。其学虽为朱派,然无拘泥之弊。又好和歌与军书,无余财以购书籍,乃借人书而自写之,往往欠其买纸笔之钱。夫人忧之,乃为人纺棉,灯下茕茕,一夜所得三四钱,以充其料,佐佐氏稍免困乏。已而风云日急,投笔而起。佐佐木氏于维新之际,累奏奇勋,累官而至今之官爵。今日伯爵已居富有之中,而不问家事,绝无内顾之忧者,皆夫人整理家政之由。乡人传诵,皆服夫人之明云。

---

① 佐佐木高行(1830—1910年),日本江户时代末期(幕末)至明治时代的武士、土佐藩士、政治家、维新元勋、宫中重臣、侯爵。佐佐木高行与国久市兵卫之长女贞子结婚,婚后育有2男3女,著有《日本魂:日本精神》《佐佐木伯爵时局谈》《佐佐木高行日记》等。

儿玉夫人

儿玉少介之夫人，产于长州。儿玉氏曾居毛利氏之权职，伊藤、井上两氏皆居其配下，藩人皆以闻太未详呼之。儿玉氏以磊落刚劲之质，无所重轻。夫人待士最厚，且深许两氏之才，独优遇之。维新后气运一变，伊藤、井上诸氏皆居显官。藩人皆易其面目，邂逅之际，惟恐不得纳交，惟儿玉氏如故，夫人之勤肃亦依然。其后儿玉氏奉职工部省，又为高车铁道之发起者。日形鞅掌，不暇顾及理财之事。夫人力为助之，转运自在，使良人无缺乏之忧。又性慈惠，凡下贱者，皆爱怜之。现时依其荫以立身者，皆感夫人之德望云。

尾崎夫人

学堂尾崎行雄[①]氏之夫人,神奈川县人,卒业于小学校。嫁尾崎氏时,年十六。性温厚,度量广,能御众。明治十九年,因执行保安条例,尾崎氏亦奉命退去。时夫人方在产褥,产医片桐氏恐夫人闻而惊愕,急窥其褥。而夫人于良人退去之事已先知,片桐氏乃慰之曰:"尾崎氏之退去,不过数周,夫人幸勿拂意。"频慰籍之。夫人莞尔笑曰:"良人行雄,既委身国家,将来之难事尚多。今之退去,不过一毛之轻重。妾决不以此动心。先生毋烦贵虑。"神色自若。既而尾崎氏遍游海外,夫人亦离褥而起,奋然曰:"妇女虽嫁人,未尝不许研究学问。今日之势,良人既为天涯万里之逐客,漂流海外,妾独留守家中,排遣之策,惟文墨而已。"乃托婴儿于乳母,日夜修学。遂研究高等之女学。星霜三年,尾崎氏期满归朝,夫人之学识大进。虽尾崎氏之渊博,亦大惊其博览。盖其刻苦之功所致云。

① 尾崎行雄(1858—1954年),号咢堂,日本明治、大正、昭和时期政治家、议会和政党活动家,日本议会政治之父,日本近代首个政党立宪政友会发起人之一,曾任大隈重信内阁文部大臣,东京市长,第二次大隈重信内阁司法大臣,国会参议员等要职,著有《德国学与中国学》。

长谷川夫人

长谷川泰氏之夫人,性豪迈,而好学。长谷川氏临塾为诸生而讲医学,夫人在旁,以笔录之,遂成名文。若长谷川氏有过,必与争论以救良人之失。长谷川氏不悟其非,力为强辩,而夫人绝不闭口。长谷川氏乃飘然驱车北里,流连数日。夫人俨然在家,以待良人之归。又申前论,必达其是非而后已。尾崎氏每多折服之。夫人贞操绝伦,在内之奴婢,在外之学生,无不服之,皆称之为女丈夫云。

曙女史

曙女史,本名木村野卑子,为牛肉商主人木村庄平氏之女。姿色绝美,性质活达,举止优雅。自幼通和汉之书,入高等女学校,大博俊秀之名。最先着和绢之洋服,当时洋服之风,尚未畅行,同窗嘲以为阿转婆。既而洋风大播于女界,上下争扮洋装,各校女生皆仿之。女史叹曰:“妇人之风如斯,恐不能保持本邦固有之淑德。”俄然解其洋服,易以岛田振袖之和装。同窗又讥之为变窟。既而世之妇女,亦厌洋装,竟视女史之风气为转移。女史年十七,卒业于高等女学校,以为本邦之妇女,自古少修手艺者,损独立之象,习奴隶之姿。自欲一游海外,以修自营之术。从容请于父母,而求游学之资。父母皆不许之,谕以先修本邦固有之女德。女史乃绝外游之念,止于东京,入浅草广小路之支店,监理其业。身缠短褐,挂手襷,励多数之奴婢。然处此尘俗器杂之里,驰想天外,草小说数篇。寓己外游之意,而以自遣。后为其夫几次郎迎之而归,贞淑才慧,琴瑟和合。天生此佳偶,而不假以年。昨年而病卒,惜哉!

毛利公爵夫人

旧山口藩主正二位勋一等公爵毛利元德[①]氏之夫人,名安子。以天保十四年生。父为旧丰浦藩主故毛利元运氏,初为赠正一位毛利敬亲公所养,以配元德公。容姿优美,淑德坚固,通和汉之学,以博识称于同族中。夫人虽生长于大藩,而能深通世情,指挥家政,而无过失。力于交际,德风仰人,内外贵宾之席,若无夫人则不欢。性不好弄,且寡言,天禀娇媚。虽生成于兵马之间,不乏义勇之事历。而谨谦卑抑,如不自胜。古语曰:"桃李不言,下自成蹊。"夫人有焉。

---

① 毛利元德(1839—1896 年),德山藩主毛利广镇的第十个儿子,出生后不久成为萩藩主毛利敬亲的养子;在世子的时候,就积极支持尊王攘夷运动,1864 年因为禁门之变被剥夺官职,1867 年王政复古时被恢复官职,同年继任德山藩主,1869 年,根据版籍奉还被任命为德山藩知事,不久,废藩置县后辞职,后任第 15 国立银行行长,董事;1884 年封公爵,1890 年成为贵族院议员,1896 年去世,日本政府为之举行国葬。

榎本子爵夫人

子爵榎本武扬氏之夫人,名多津子①。前海军之医总监林纪氏之女。幕府之末,兵马倥偬之际,乃配榎本氏。性温厚,举止沉重,实为日本德之贤德夫人。其接内外之宾客,长于交际。榎本氏奉命为特命全权公使,驻扎俄国②,夫人在东京,梦魂缥缈,不胜相思之情,乃寄诗曰:"诫君勿耽花月夜,浓花朗月属多情。戒君勿耽歌舞宴,游冶毕竟误一生。妾身当要闺中节,君身须期海外名。君不见功烈拿破仑,席卷欧洲唱文明。又不见伟功丰太阁,振起皇威擒虏兵。由来丈夫皆如此,天下何事岂难成。七炮台边浪万重,帆樯影里月三更。一封欲寄相思语,泪落枕头静有声。"即此可以证其贞贤而且才。今不幸已入冥籍。好花易落,瑶草先凋。惜哉!

---

① 榎本武扬(1836—1908年),日本武士(幕臣)、江户幕府和明治政府重臣、政治家、军事家、外交官、化学家、建筑家,海军中将,正二位一等勋子爵,通称:釜次郎、号梁川。榎本武扬的妻子是幕府医官林洞海的长女,育有三子三女,长子榎本武宪是黑田清隆的女婿。榎,音jiǔ。

② 榎本氏1874年(明治七年)1月至1878年10月任海军中将,兼任驻俄罗斯帝国特命全权公使。

故吉田熹六氏后室

　　韬庵吉田熹六氏之后室,山梨县知事、从三位、中岛锡胤氏之女。性毅烈,最嗜武道。自剑术、枪术、柔术,以至薙刀、锁镰,皆能极其蕴奥,无不达之技术。又爱读孙吴之兵书,常讲上兵之利。孝贞自备。父翁三条河原氏以刎尊氏之像,其义气震于一时。夫人故有所禀,而整理家政,尤为其所长。良人熹六氏既奔走于政事,夫人在内助之,而财政告匮,乃典卖其衣服桁笄,毫无惜色。于理财之事,皆以自身当其冲,不使良人知。常谓人曰:"政事家之妻,而岂以此琐屑事烦良人乎?"既而熹六氏以助藤陆三氏之选举,而赴仙台。夫人大喜,如祝武士之出阵武士出阵,日本必祝之祖,为大吉典,而励熹六氏曰:"事若困难,而敢加危害于良人之身者,妾虽孱弱,必奋死以继之。"熹六氏亦大喜,乃向东北而进。而为二竖所犯,竟一去而不归。长恨绵绵,钗分镜破。其讣报初达东京,夫人适在书斋,手握一卷,惊绝而卷落地。哀泣既终,乃决计仓皇而携町田忠治氏共赴仙台。抚熹六氏之遗棺,恸哭泣血,乃向墓前而陈追怀之情。归葬既毕,教养其遗子,以至成人。贞操凌霜,凛然有不可犯之色。夫人兼善游艺,书法尤冠绝一时。其草书凤舞龙飞,爱绝一世,诚才媛也。

大山伯爵夫人

陆军大将大山严①伯爵之夫人,名舍松②。陆军中将山川浩氏之妹。幼敏慧,好读论孟。初入耶稣教,从美人教师而受其教③。其教师归国,爱恋之情,不能自禁。其兄浩氏戏曰:"汝慕师之情如此,宜随之而游美国。"舍松欣然答曰:"兄若见许,妾愿乞行。"仓皇整装,随师而越远海,游学美国。时年十六也。既在美国,所至必勉学。大修泰西之学,练扩张女权之思想,业成而归。将归之际,大集美国之男女,而竭诚演说④,以谢美国多年教育之恩,誓必于归朝后,出其所学传于日本之妇女子,以报其恩。既归朝,大唱男女同权论,与湘烟女史等合谋,力图扩张之。后归大山伯,而壮志愈坚,始终不懈云。

---

① 大山岩(1842—1916 年),日本政治家,明治和大正时期的九位元老之一,陆军大将,日本帝国陆军的创建者之一。大山岩早年积极参加明治维新运动,注意吸取国外的新思想,对建立近代资产阶级的日本军队起了重要作用,是促使近代日本称霸亚洲、跻身世界军事强国的关键人物之一。

② 舍松:即山川舍松,因嫁给大山岩,名大山舍松,最初名为山川笑子,是会津藩家老(家臣之长)的女儿,出生于安政七年(1860 年),正是幕府随时会瓦解的幕末骚乱时代。

③ 舍松于 1872 至 1882 年在美国学习。

④ 明治十五年(1882 年)6 月,瓦萨学院举行毕业典礼。舍松是第一位在美国大学被授予学士学位的日本女性,亦是亚洲第一个毕业于美国大学的女性。她被选为毕业生代表之一,在台上发表演讲,演讲的题目为"英国对日本的外交政策"。《芝加哥论坛报》报导其"以精神饱满、明快的口吻,而且是纯粹的(古英语)盎格鲁-撒克逊口音演讲,在当日博得最狂热的喝彩"。

末松男爵夫人

　　文学博士男爵末松谦澄①氏之夫人,名生子,伊藤伯②之女。性活达,夙受西洋的之教育,卒业于华族女学校。嫁末松氏,乃通英法之语,精于舞蹈,最重交际社会。其治家政,不让西洋流之精美。其事夫贞节而谦。末松氏曾为县治局长,奉职内务,夫人于其出入,必自迎送。若归邸稍迟,夫人自驾马车,而赴内务省,待末松氏之用务既毕,同乘而归。伉俪之笃,路人皆啧啧羡之,亦才媛之佳话也。

---

　　① 末松谦澄(1855—1920 年),日本福冈县丰前国前田村人,日本近代政治家、外交家、历史学家和法学家。

　　② 伊藤伯:即伊藤博文(1841—1909 年),日本长州(今山口县西北部)人,日本近代政治家、明治九元老之一,是日本第一个内阁总理大臣、枢密院议长、贵族院院长,首任韩国总监,明治宪法之父,立宪政友会的创始人,是从一位大勋位公爵。

故岩崎弥太郎氏之母堂

岩崎弥太郎①氏生于南海之僻陬,夙抱大志,尽力于海运扩张之事。凡环海所至,无不见三菱旗。乘云蒸龙变之势,而累巨万之富者,固由严崎氏非凡之才。而其秉于母教,训养之久,所以完成其大才也。母氏常诫其子曰:"汝今欲食前方丈,侍妾百人,龙肝凤髓,楚媛吴姬,秦皇之阿房,隋炀之广苑,谅非难。然而骄奢者人之鸩毒也,节俭者家之药石也。秦皇隋炀之所以亡,五帝三王之所以兴,虽以大喻小,似近不伦,然家国一致,兴废一理。汝宜拳之服膺,毋须臾忘。我今与汝一蚊帐,乃吾昔居乡之时,以西畴所植之苎,纺而织之者。秋夜孤灯,蟋蟀在壁,今日思之,恍然如梦。今以遗汝,以为他日之纪念。勿忘今日在南海时,对生膝下之时也。二月进江南之鲜,六月迁北海之冰室,岂可长久而为家法哉?"相共泣下。岩崎氏既奉母氏之教诫,大加节俭,食膳被具,俱守素质。母子今在下茅谷町之邸,常亲纺苎以习劳,定时而就寝,与在南海之乡无异。岩崎氏之夫人亦受感化,其贤名大著。姑媳皆为人所称道弗衰。及岩崎氏既故之后,母氏日夕香花而为之祈冥福。

---

① 岩崎弥太郎(1835—1885 年),日本"第一财阀"三菱集团创始人,1835 年 12 月 11 日出生于土佐国(现高知县)安艺郡井口村的一个"地下浪人"的家庭。弥太郎幼时生活在下层社会,1864 年才当上下级官员,后来经营官方的"土佐商会",成绩卓著。

手岛夫人

手岛精一①氏之夫人,杉享二氏之女。幼敏达,常在父翁之侧,修和汉西洋之学,以及诸子百家,无不通晓。圣经贤传,皆期于躬行。孝义贞操,为世所重。良人曾数游欧美,夫人独守深闺,前后十有余年之永。其间变理家政,井井有条,教育子女,循循善诱。品行方端,而寡言笑。奴婢皆母事之。夫人又长诗歌。三十年来,赋咏所及数千首,密不示人。唯时时翻阅以为七情之镜,而自陶适性灵云。

---

① 手岛精一(1849—1918 年),日本明治时期的工业教育家和实业教育家,日本工业教育的先驱者,被誉为日本的"工业教育之父"。

高山美兹女史

女史名美兹子，递信局高山某之妻。性温良，能备日本妇人之真相，为钗裙队里之师范。自趋走应对诸礼，至裁缝、理发、料理诸法，无不通达。应华女学校之聘，现居教职。子弟皆归服之，校中称为第一之美德。女史又长于家政，良人之月俸，皆储之以为预备费。家计既尽，则以俸给济之。虽贞德坚固，而无骄色也。功则归于良人，过则引于自己。德化所及，普及邻里。故其左右，无不称其盛德云。

坂谷芳郎氏之母堂

坂谷芳郎氏之母堂，名京子，生于备中七日市，为藩士故坂谷希八郎氏之夫人。希八郎氏素称儒者，号朗卢，为藩校弘城馆之师范，名声最高。京子通史乘，好讲倭书。然无骄色，躬任薪水之劳，以助子弟之教育。偶偶年凶，五谷不登，一藩皆主俭约。良人欲减寄食生，京子大谏其不可，自鬻衣服笄栉，以补其资，亲操杆臼之业，省下仆之冗费，以渐养寄食生。自后随良人而游广岛，遂至东京。至今日六十余岁，毫不变其志操。其朴素磊落之气象，尚有跃跃欲试之机。双手能提五斗俵[①]。凡四子，长礼之助，次次雄，次辰三郎，次芳郎。礼之助、次雄、辰三郎三氏皆早没，芳郎氏独存。芳郎氏才学最著名。涩泽荣一氏欲妻以女，乞媒妁说于京子。京子从容谓之曰："吾家贫儒，何敢聚陶朱公之女。"媒者尚苦说之。京子曰："吾家之家法，必任薪水之劳，能胜其任者，而后可传家法于子孙。否则不能配吾儿。"媒者曰："彼女能胜其任。"乞母氏试之。婚遂成。然涩泽氏本富家，其息女究不能习其事，多赖侍女等。京子不免失望焉。

---

① 五斗俵：可装米五斗的米俵。米俵或称为俵，系以稻草或麦草所编的圆筒状装米容器，用于搬运贮藏。

金井之恭氏之夫人

贵族院议员金井之恭氏，上州人，家夙贫困。金井氏常病，夫人共姑乃大改革家政，业渐兴。已而金井氏乘风云之会，出仕于朝，历官而登显职。夫人常追陪之，内助之功不少。夫人性阔达，有凌须眉丈夫之风。先是金井氏发见上州雾积山之温泉，夫人大致力于此。身先招众，革鞋轻装，攀岩突，辟草莱，伤手失足，坠于悬崖百仞之下，起而复登。如是者屡次，毫不屈挠，益益鼓勇，犯险而进。众皆瞠乎其后，勉从之行，终得发见一良质之大温泉。今之女流，深闺藏匿，闻夫人之气概者，彼蒲柳之姿，不当腼颜愧死耶！

白川胜文氏之夫人

　　宫内省内匠察技师白川胜文氏之夫人,年四十,能辩能谈,使座客无倦色。曾入妇人教育会,为干事,处理皆得其宜,为众所推重。夫人尤好学,今复大修汉学。每夜延师于家,共良人而研究琢磨,不觉春宵之短。今世人以晚年之故,而不能下心就学者,滔滔皆是,不特妇人为然。而夫人以一妇人而如此,能不对影自惭欤!

矶精子

　　精子以嘉永二年(1849 年)八月生于东京麻市。父为涛之助,通诸子百家之学,以是教育精子。严重不苟,无放肆游戏之事。以读书之暇,习武术游艺。十七岁,能传其父衣钵,授家塾之弟子以数学。谆谆熏陶,诸生皆服之。未几,冰期未泮,鸾凤缘成,琴瑟极其和合。而天妒良缘,所天忽丧。时精子方二十一岁也,青春未老,红粉先零。精子坚持节操,誓不二夫。明治七年(1874 年),为麻布宫下小学校之校长,最致力于子女教育之事。明治十七年聘为英和学校教授,凡贵显之夫人如松方黑田、前田柳等,皆出其门下。又能整理家政,经理咸宜,使亲党无诟卒之声。精子之学,兼通和汉英,并能绘画与诸礼。其于游艺,若琴鼓弓三弦,皆有摇梁尘遏行云之妙。于武术学长刀于森要藏,受其指南,就早川小十郎而学柔术绳棒,皆得其奥秘。

中岛歌子

中岛歌子者,武藏之乡士故中岛又左卫门氏之女。以弘化元年(1844 年),生于入间郡森户村褪之顷。随父母而出江户,住牛込区,受家庭之教育。稍长,学文字于手习子家。是时其叔父中岛某,在幕府之麾下,计其父翁之立身,又助歌子之鞠育,乃入中村某及故敬宇氏之门。父翁性磊落,广交游,与水藩之藤田、户田等,皆托知己。乃托歌子于松平播摩守水户之分家。歌子时方十岁,勤敏拔于同辈,受君之殊遇。十五岁时,水藩士黑泽忠三郎樱田志士之一知其秀节,乃为媒以配其养甥林忠左卫门。

歌子时方十八岁,忠左卫门者,水藩之士,领禄百五十石后至二百石。勒马回役,号以德,通文武之才,颇具气概。安政年间,米舰入浦贺。水户前中纳言陈锁港之说,与幕府不合,奉命永蛰居,而让位于新中纳言,闲居水府。先帝婴疾,下攘夷之密旨,委托于前中纳言公。幕府夺其密旨,遂破攘夷之论,而通水户之奸党市川等,以攻击正党武田等。两党之轧轹,愈愈增加。水户乃于长冈构新关,以制藩大之出入。而两党相持愈激,不幸而动干戈。时忠左卫门与林五郎方居三馆取缔之重职。三馆者,潮来小川港是也,居正党之枢要。因长冈之激战,遂负重伤。一时退处于僻村。当时水藩之志士,皆思促幕府以密旨返上为主。阁老井伊直弼力压制之,遂成樱田之变。然奸党势犹未衰,轧轹愈炽。正党遂举义兵,置本阵于水府之港,以敌奸党。时文久二年(1862 年),即歌子配忠左卫门之翌年六月。

忠左卫门每赴阵,必戒歌子曰:"吾家指水户上市五轩町为古来正义之遗窟,幸勿轻薄自失,以贻土著羞。"歌子诺之。在家凛然,令其义妹伴之。既而奸党之稽备严,日夜搜索于其家。歌子每匿其良人于天井,极力保护之。奸党定期将焚其家。歌子探知之,使良人自间道而遁。然歌子之忧苦,较前者倍甚,日夜祈其夫之安全。居常带短刀,备土民之来袭。若力战不及,则以自戕,以俟良人于地下。

坚同铁石,誓死不移。奸党部下,假藩命以捕正党之家族,歌子与其义妹,皆为所捕,幽之于涩田之狱。时严霜已降,寒气侵肌。狱中苦况,殆不能堪。如是者数夜,歌子心中泰然。偶闻港之本阵,炮声轰轰,端然改容而闭户曰:"吾夫在炮声之内,其毙奸党乎?其毙自身乎?君亡于战地,妾死于狱中,皆尽国家之义务。毋相忘也!"吟歌一首。歌子生平未尝习和歌之道,偶一吟咏,已自惊人。后都其所作,名为思出草。既而正党之诸士,其与奸党及幕军战,力遂不敌。一党分于三面,一赴筑波,一赴越前。忠左卫门因松平大炊头始为同志,欲自诉之,以吐露肝胆。而膝伤为毒丸所中,先自赴幕军,而诉于久里留藩。而幕吏下之于狱中。翌年正月,因创发而死于狱。享年二十有五。幕府定其罪状,发忠左卫门之遗骸,枭其首而悬于狱门当时正党财政颇困,于忠左卫门及歌子之母皆不能给以补助金。

先是,歌子系于涩田之狱,既而扰乱渐平,其亲族及其义妹之亲类,乃告歌子以其夫既死,及死后枭首。悲愤气绝,久而乃苏。乃嘱同志者密赍其夫之遗物,开缄启视,泪落如雨。又赋和歌一首,以志其哀。厚谢其同志,密易旅装,共义妹而赴川越,以谒其母。再出江户,以养育其义妹不怠。凡五年。及明治之御代,官军入水户,诛戮奸党之主领市川三左卫门,而许林家之再兴。歌子大喜,以其而继其家。自身止于中岛家。今年著者著书之年七十九,养母之外,逊志隐居。因习和歌,乃入歌人林瓮男氏之门,而请肄业。更为加藤千浪氏之门人。和歌之名乃著于远近,为诸家之夫人令娘所慕,踵门而乞教者不少。今尚健在云。

井上书记官之夫人

俄国公使馆书记官井上胜之助之夫人,伯爵井上馨①氏之女。才学摧众,人咸惊服。法学士关直彦氏尝赠以爱马,富于西洋的男女国权之气性。曾助列兹斯扑维耶在鹿鸣馆②,周旋机敏,殆如老练于交际者。偶有福地源一郎氏扬扬而入,四顾各家之夫人及令娘,意颇轻薄,故弄其才辩,以示微波通辞之意。各家之夫人及令娘皆赧然,举袖而障之。夫人遥见而憎之,先取写真一页以待。至夫人前,将萌其故态,夫人微笑先迎之曰:"福地君姑停其雄辩,此间一贵物,乞买之。"福地氏怪而取视之,则其往年所缱绻芳原某校书之写真。福地氏于广众之中,赧然变色,乃笑问其价。答以金十元。福地氏明知以二三钱之物品,而特索高价,苟不诺之,愈贻笑柄。且不便拆其价,乃如其值携之而去。众夫人及令娘皆目笑之。夫人之机敏类如此,于交际之地,随机应变,不辱于坛坫。手段之巧妙,众人皆以才媛目之。

---

①　井上馨(1836—1915 年),明治维新元勋、九元老之一,政治家、实业家,明治、大正两朝元老重臣,幕末以及明治时代时的活跃人物。

②　鹿鸣馆:是日本明治维新后在东京建的一所类似于沙龙的会馆,供改革西化后的达官贵人们聚会风雅之用;由于来客都是日本近代化的栋梁型人物,因此当时日本很多重要的政策都出自鹿鸣馆。鹿鸣馆建成于1883 年(明治十六年),是由英国建筑师乔赛亚·康德设计建造的一座砖式二层洋楼,整体建筑呈意大利文艺复兴式风格,兼有英国韵味 。

田中子爵之夫人

　　子爵田中不二麿①氏之夫人，名斯契子。永嘉四年，生于尾张名古屋。父为花簪商，名花屋新兵卫。既而家愈落，斯契子遂为校书，名为花新，一时盛流，皆为颠倒。当幕政之末路，列藩武气，骎骎有吞四海之势。而金鯱城中，威势坠地，泥于太平之习。繁华风流，流而忘返，徒矜矜于衣饰珮服，文学于武道皆不省。于是藩中之志士，乃选集义队凤博队、精锐队、南群队、草薙队，专以养成武气，待时机而举动。田中氏当时名虎之助，为凤博队之一人，身乏时衣，缀破羽织，佩刀而朱鞘，意气激昂。队外之人，皆避道相让，女子等望之而避其影。时花新独承巨眼，私慕其高迈之气。田中氏方共丹羽顺太郎氏，奔走国事。花新私庇荫之。既而大势一变，田中氏在京都，大显头角，乃迎之为夫人。人皆服其先见。维新之后，氏累进而上显位，夫人置身于交际场里，密学法语，萤窗数年，其业大熟。田中氏尚未知之，偶偶氏奉命为特命全权公使，将赴法国②，私忧法语之不练。夫人始慰之，告以先修法语。田中氏大惊异。既抵法国，与外人交接，俨如法国妇人。法人皆敬礼之，无不赞美公使之夫人云。

---

　　①　田中不二麿（1845—1909 年），日本幕末及明治期武士、官僚、教育行政家、政治家，明治初期文教行政的首脑。

　　②　田中不二麿于明治二十年（1887 年）6 月 4 日调任驻法国特命全权公使，之后兼任驻比利时、瑞士、西班牙和葡萄牙特命全权公使，次年任法国巴黎万国博览会（法国 1889 年巴黎世界博览会）事务副总裁，明治二十三年（1890 年）6 月 24 日奉召回国。

村田氏之夫人

贵族院议员村田保氏之夫人,前外务书记官斋藤荣氏之长女。丰韵清丽,性质温雅,又富于义气。村田氏既为元老院议官,有一英人,自以习于日本之风俗,往来诸家,骨牌双陆之游戏,无不效之。亲戚某私憎其高慢,欲大牷之。偶偶夫人作杂煮,命某以供英人,某以为机不可失,故踌躇于英人之侧,以觇英人之食。英人以踌躇执箸,而欲仿之。某乃先举箸,英人亦举箸。先取碗,英人亦取碗。某乃笑其如田舍汉,乃以箸夹荞麦,伪为一一浸汁者,逆颈绕口而入,以右手回头绕头,出箸于面侧,以挟饼取而食之。英瞥见数秒,蹙頞而仿之,取饼落其背上,其衣全污。一座皆喷饭,投箸而起。夫人闻之,大责某之无礼,遂谢绝其往来。夫人又善理财政,处家俭朴,然绝吝啬之习。田村氏今日之富,夫人与有大力云。

斋藤氏之夫人

农商务书记官商务局长斋藤修一郎氏之夫人,府下材木商某之女,性不羁,能面折当世之杰士。斋藤氏尝侍井上伯,伯爵活达机敏,每好与妇人戏言,而指责其欠点。偶偶官舍夜会,贵女群集,夫人亦在其中,应接严正,人不敢呈媚言,方正自持。已而会散,伯爵复向夫人而下冷评,语气甚滑稽。夫人憎其无礼,忽引伯爵之组而倒于地,执大笔而涂其面,微笑曰:"伯爵若不止冷语,更常以墨汁而注伯爵之面。"伯爵自后不敢戏语。夫人亦善理家政,有条不紊。而于交际社会,每助斋藤氏者不少。人皆赞夫人之才敏。

产医家村松希贺子十六名媛当选者之一

安生堂产院长村松希贺子,旧沼田藩士村松玄庵翁之女。安政元年(1854年)八月,生于江户。父通汉法之医学,旁兼针治,夙举为典医,食禄百五十石。女史幼专习孔孟之书。年六岁,藩主土歧赖知侯召为夫人万千子之内官,大蒙宠用。当时同藩文学大感,又多学者。女史更大励志,师汉学于故出口蔀,师书画于樋口溪月,勉学不已。既而辞夫人之侧,侍于其父之膝下,勤学无一息懈怠。时其子侄兄弟皆夭折,无袭其医业者。女史叹之,乃奋然决志,力从事于女医。从父而学医书,又修针术。父翁既老,而忧无子孙,频劝其迎婿。女史乃迎医家某而配之,琴瑟相和。数年后,医家某,累多失德,大伤其产,女史悲泣,数数谏之,以至寝食俱废。然某毫无更改,遂与女史离婚。自后诸贵显劝其再入夫,女史固辞,乃一心励医术,旁复研究英书。女史大悟产婆学为必要,乃入济生学舍,更迁樱井学校,复投东京府产婆养成所,萤雪积效,以明治十四年三月,乃卒业。自日本所而移于横纲町,以从事于产婆之业,遂为大产医家。是时日本之女德,极其腐败,多流于奢华淫荡之风。女史于翌年创设淑女馆,以图女风之改良,以熏陶多数之美人。又开安生堂产婆学校,以扩张明治十八年前东京府知事高崎男爵产婆养成之规模,而起东京产婆会。女史又推及本所深川、南葛、饰郡之同业者,为第六支部会长。又选为产婆会本部之干事,次举为本部之副长。然当时同业中,轧轹最甚,互相谗谤诋骂,正论不行。女史大叹之,乃先退会。而二郡一区之产婆,亦连袂而去同会,别推女史为会长,而起江东产婆会。时明治二十四年,与东京产婆会相对峙。执慈善之方针,而得庙堂贵显之赞成。新设安生堂产院,以扶自费与施费之产妇,而救妊妇九十八名,内外之贵显,皆嘉其举。自俄国皇太子殿下为始,以至善男善女,寄赠之资金,续续相集,大扩施业之范围。女史性温雅磊落,尝欲力矫正日本之女风,以救日本妇女子陷于西洋心醉之弊,而不注目于泰西之美点,乃自凌其风波而欲窥其实况。恐父翁阻其志，密整旅装，乘夜而出，待翌日以赴横滨，将投美国便船。偶偶为人所告，为父翁所抑留，至今日航海之念犹未断。身为淑女馆、安生堂产婆学校、安生堂产婆学校、安生堂产院及江东产婆会长，又从事于产婆之业。

教育家棚桥绚子十六名媛当选者之二

绚子，大阪人，字文远，号梅庵。幼好读书，受《大学》句读于家庭，其余论孟诸书及各经典，皆受之于师。独学刻苦，时习不忘。时有高洲先生者，富世之鸿儒，绚子之父祖，师事之。绚子自幼闻知先生之言行，私自奋兴。其父当诫绚子曰："女子读书，往往骄慢凌人。汝其慎之。"以故绚子每朝于人之未起，即早起而执炊爨之业，昼间专从事于家务与裁缝，温良恭俭。年十六，入奥野小山之门，又就三瓶信庵而学字，尽得其法。

嫁美浓人棚桥松村。松村亦好学之士，通百家之书史，以病而失明。松村亦与小山相友善，常谓小山曰："仆不幸罹病，不能见物，惟愿如韩愈所谓目盲而心不盲者。愿得能代仆读书之良妻，以成吾志。"偶闻绚子之贤，询于小山。小山乃为执媒妁之劳，乃举伉俪之式。琴瑟静好，佳偶天成。绚子于夫之旁，书籍笔砚，不释于手，学业因之大进。及后夫妇相携而归美浓，于空山寂寞之里，躬服井臼薪水之劳。既而累阅世变，家产大堕，内外多难，备尝辛酸。后又移于尾州一之宫。绚子处其间，未尝变其志操，读书不辍，傍其盲夫，十年日一日，不改其乐。

幼儿三人，而免啼饥号寒者，皆绚子之力也。其时囊底所余者，不过数十金。绚子乃尽卖其衣服筓梳，合以托之于富商之家，以充不虞之用。节家用，事勤俭，集其乡之子女，教以算数裁缝，而补其不足。居于一之宫者数岁，后复移于名古屋，为巾下女学校之教员。时爱知县方开养成校，以传习小学师范科于县下之诸教员。绚子亦在其中，业成，转奉职于桃夭女学校。家计稍支，欲以长子一郎今称棚桥文学士留学于东京，以监督无人，因循未果。会有公家创立女子师范学校之举，募女教师于四方。闻而大喜，急应其募。初移于东京，命为四等训导。绚子兼喜得以教养一郎之便，乃使入英语学校。后复辞职，开家塾于三田，以教笠原侯之诸公主。一年半，复出而为学习院之教官。三年解职，又授福泽三尾、吉田等诸家之女子,以读书、习字、裁缝之科。又设金声学校于芝山内,集良家之子弟而教授之。数年乃闭校。时一郎氏已入大学,业成而为文学士。绚子亦任成立学舍女子部修身科。今犹在舍,兼监督生徒,德性涵养之誉为最高。绚子生一男二女,男即一郎氏,长女嫁而夭,次女未适人。绚子治家有法,不溺私爱,训戒教养,期于一致。又于读书,每训以立身救世之道,惟务躬行实践,不徒探章句而斗词章。又学和歌于近藤芳树、铃木重岭二翁,故和歌亦大有名于世。

宗教家矢岛嘉兹子

　　樱井女学校校长矢岛嘉兹子,旧熊本藩之乡士故矢岛忠左卫门氏之女,以天保五年(1834年)四月生于肥后之益城郡。家世为总庄兼代官。其母学德兼备,以家庭教育授其子女。嘉兹子乃入女大学,然守其家风,不忘其所熏陶。先习朝夕之杂事,以修延绵机织养蚕之事,更专力于文学修行。是时游艺颇盛行于藩中,贵贱皆玩琴弦。女史亦修之。偶偶朝廷下节俭之趣旨,以谕示群臣。熊本藩最奉其旨。士族以下,皆禁游艺。女史亦废其业。其母谓曰:"女子既禁游艺,必有一艺以代之。"女史乃专念修学,重习四书五经。未几,福泽先生以西洋的教育,大显于世。于幼稚园之事,大唱女子之教育,以体育、智育、德育为基础。女史从事于女子教育之念始起。

　　明治四年(1871年),以其兄直方民部大丞卧病于东京,女史闻之,乃欲自执看护之劳,奋然上京,以侍其兄之病。时方下小学校创立之令,木下助之氏众议院前代议士奉职东京府,夙慕女史之学德,劝其负担为教员。女史以失学辞不敢当。数数劝之,乃始入讲习所,学小学教育法。至如洋算则据笔以训蒙。又晓女子以英学为必要,乃学于中村敬宇氏及竹桥女学校助教某氏。凡数月,以学习大困难,一日乃断念弃之。始应常盘小学校之聘而为教员,又转川樱女学校。女史修习英学之念,尚未能止。然此科仅小学校,未能兼之,不能遂其志。

　　明治同窗之友信基督教者,见其举止优美,乃欲闻其教旨。因其甥横井时雄氏本乡之教会牧师闻马太传①之演说,直携之而赴骏河台,入嘉黎乐氏之教党。且就安井亨氏爱宕下教会堂之牧师数数听其讲义,终未能窥其真相。安井氏乃访女

_____

① 即马太福音,是《圣经》新约的一卷书。本卷书共28章,记载了耶稣的生平与职事。马太福音的总纲是基督乃耶和华神成了肉体来作君王救主,藉着他的死与复活,将他的百姓从罪恶里救出来。

史,热心而诱导之。又因筑地新荣女学校校长梅芝希司希庐氏劝其勿从本邦女子之教育。女史乃辞樱川女学校,而入教授之门。自善得练习英语之便,拮据以从其业。先是,基督教信者樱井希加子于中町六番起樱井女学校,大肆力于西洋的教育。偶偶又起赴北海道布教传道之思,乃以其学校让女史与梅芝希、司希庐氏共维持其业。于是新荣学校学科程度增进之问题亦起,遂与樱井女学校而并合,于上二番町筑新校而移之,以授女子高等之学,遂成今日之隆盛。女史倾心于基督教虽久,然尚未受其洗礼。明治十三年冬,德风普洽,女史乃始以宗教家自居。然与人语,辄以为不过一信徒。而其德风所被,莫不以宗教家仰之,而其谦谨又有如此。

日本音乐家长原梅园女史十六名媛当选者之三

　　梅园女史，骨董商故长原弥三郎之妻，初名梅，为江户之雅人平井均乡翁之第二女。以文政六年（1823年）生于下谷之黑门町。幼好书画管弦之书，学道于条崎小竹在大阪，学画于父均乡，学三弦于杵屋藤吉、清元佐贺次、富本丰多野，学琴曲于中村勾当大阪。最长于南画，自号仙姑，与姊连山所称江户之女画仙而并立。先是，有禅僧荷塘一圭者，奥州人，住长崎崇福寺。偶与中国人金江琴、江芸阁、朱柳桥、李少白等，同游于日本。闻中国乐，心窃慕之，乃共幕医曾谷长春学其指法。经五裘葛，二人相携而至江户。一圭住于大工町，长春住下谷。当时幕府之禁制颇严，如乐器者，不过好事家之私习，而精其技者仅文人宫泽云山、守村约、市川米庵、颖川泰渔等，不过数辈。女史夙有好文雅之僻，欲修此技，共姊连山而入曾谷长春之门，以习书画音曲。出入西丸及萨、土、艺等诸大侯之门。后嫁长原家。共姊连山而赴大阪，在内平野町而教和清之乐。至明治维新后，门弟子得数百千。于是女史谓清乐之趣味最佳，乃共其姊并立于东西，以期扩张此道。遂独至东京，在富士见町养数百之后进，以其从来所爱玩之提琴初代清音斋之制作、月琴初代天华斋之制作，与逸云卓文君等二名器同时渡来、琵琶明代藤堂侯之所赐、明笛自长崎之容谷先生所传四名器，而著《前赤壁》《琵琶行》《翠春亭》《饮中八仙》《桂殿秋》《满宫花》《狮子序》《天仙子》《雪花飞》《玉台观》《步步娇》《凉州令》，以下数百曲。自其友人故镝木溪巷颖川春涣之门人镝木云禅之弟，亦当时之文人之遗传，遂称溪巷派，又称之为梅园派云。女史又能鉴定古器，当第三劝业博览会开设之期，为审查官，鉴别数百之乐器，其名愈高。又以书画而遨游于泉尾、浓信、两、备、播、丹诸州，冈田半香，后藤松阴、森一凤、中西耕石、田能村直诸大家，皆相友善。今多藏其遗墨而学其笔锋，书法多宗法于东坡。当时南画之秀，世鲜知者。因附传记之。而梅园女史之所长者，不仅在日本音乐，而当世知之者，仅震其音乐之名，未能全知女史也。

风流家上杉小华女史_{十六名媛当选者之四}

女史名嘉希子,旧那须藩交代合寄太田原带刀千五百石之第二女,以安政二年,生于江户之本所。父翁性严格,教育主于严正,曾戒诸兄曰:"诸学若不彻底而耐忍,不如无学。汝辈各选其所欲者。"女史时方八岁,沉思熟考,乞修茶道与音曲之事。乃学茶道于松平宗伯幕臣,通称权次郎,学音乐于育人故山登。其业既成,于茶道号喜雪庵小华,于音曲号高濑,凤有出蓝之名。明治十一年,嫁旧高家上杉义顺氏书画之号信斋。上杉氏亦高雅,共乐清闲,寄怀于松风萝月。与其兄松雪庵宗悦通称太田原清明,族三浦君香、三浦友香皆三浦安氏之女,脱然于十丈红尘之俗界,而置身于幽邃之境。养茶道音曲之门弟子凡数百,饮食教诲,各成其业,诚不愧称女利休之名。

和文家及书画家税所敦子<small>十六名媛当选者之五</small>

权掌侍税所敦子,其性贤淑,不仅长于和文及文学,兼备妇德,不让于前之紫式部。高崎正风①氏曾序敦子之歌集,摘录之于下

　　权掌侍税所敦子,出自林氏,以文政八年生于京都鸭河锦织之里,幼长于和歌,为文惊世。年十八失父,二十嫁萨摩之殿人税所氏。二十八共良人而迁鹿儿岛。事姑以孝闻,赠大纳言殿。岛津齐彬公闻其才德,颇嘉尚之。其后随前左大臣岛津久光公而入都,事之历久如一日。明治八年秋,为皇后宫之内侍,文学愈深。又长于和歌,传其世者不少。当时之名公卿,皆与之互相唱和云。

---

① 高崎正风(1836—1912年),日本幕末武士及萨摩藩士,明治时代官僚、宫廷政治家、教育家、文学家、作词家,桂园派复兴的中心人物;明治八年入侍宫中,明治二十二年任宫中顾问官,明治二十八年任枢密顾问官;明治二十一年至明治四十五年担任御歌所长,指点明治天皇的和歌,深得天皇宠遇;编纂有《高崎正风演说笔记》《歌之物语》等。

洋学家加藤锦子十六名媛当选者之六

女史为东京府士族加藤清人之长女,以文久三年(1863 年)二月生于小石川水道町之家。闲雅温顺,能事父母。女史之母,素好音乐歌舞,故令女史亦就师学之。当时维新后为日尚浅,人人皆注目于泰西之事物。女史之父,亦奉职于开成所,慨然从事于洋学。女史遂入东京竹桥女学校,而修英学。女史于学窗,孜孜不倦,夜对孤灯,独习以其业。至十一二岁之顷,不幸而罹病,乃遂废学。至数月之久。其父忧之,询于中村敬宇①先生。先生常爱女史之为人,命女史移其邸而养病。已而病少愈,遂读巴黎之万国史。数月卒业,更以他书代之。是时外国之书籍,坊间最稀,其价不能廉,乃乞于先生。先生曰:"凡读一书,非通读一次,即能全得其解。吾今日之所以得通英语者,以读斯麻意陆之《自助论》②,反覆百回,而后有此。卿欲解洋学之真趣,宜取巴黎万国史展转而熟读之。"女史奉其教,读毕又读。人皆笑其迂,然女史无所顾忌,益益黾勉,遂至书中无一字不了解者。其今日之大成,其源实胚胎于此。当时适因东京女子师范学校之设立,女史应其募集而入学,以修英语科。又为幼稚园保育法之修业,乃受留学美国之命,凡选三人,女史与其选。乃整旅装而待出发之命。既而文部省之议一变,其命令遂解除。女史慷慨,泪濡于襟。时明治十二年(1879 年)五月。至十三年七月,以优等证卒业于师范学校,乃拜幼稚园保姆之命。十七年六月,又任助教谕兼幼稚园教员。至十九年一月,文部省之议渐决,以女史曾受普通师范学校,及幼稚园保育科之修业,

---

① 中村敬宇:即中村正直(1832—1891 年),别名敬宇,日本启蒙思想家,生于江户,自幼学习汉学、兰学、英文、精通儒家经典。

② 斯麻意陆之《自助论》:斯麻意陆即塞缪尔·斯迈尔斯(1812—1904 年),英国 19 世纪伟大的道德学家、著名的社会改革家和散文随笔作家;《自助论》,今译作《自己拯救自己》,它的出版开创了西方成功学。

已满三年,乃命留学美国。女史以达其素志,乃大喜,告别父母,驾长风而渡海程千里。是年二月下旬,著美国华盛顿。美国大统领科厘乌拿①,爱女史以妙龄之身,而具留学海外之雄心,乃谒见于私邸以示其荣。女史乃入马沙兹可西兹州所立斯拉摩师范学校,奋励勉学,常占首席。于卒业式场,授与卒业证。女史临式,乃改洋装,束发而复和风,广袖翩跹,长裙曳地,薄施红粉,脸映朝霞,姿容婉约,外人无不啧啧赞之,以为大和之樱,忽移于新世界。女史乃立演坛,题为日本国风,为流畅之演说。其风采相照映,拍掌之声,如雷震耳。更入乌野陆斯列加列兹州之学校,修业于特别科。又修业于贺斯托府幼稚园之保育法。明治二十二年六月乃归朝,直任女子高等师范学校生徒教授,旋补奏任官五等,叙从七位。女史之教其生徒,谆谆熏陶,毫无倦色,众生皆感其德化不置云。

---

① 美国大统领科厘乌拿:即美国第25届总统格罗弗·克利夫兰,1885—1889年在任。

小说家田边龙子十六名媛当选者之七

女史号花圃①,为田边太一氏之令娘。以明治三年(1870年)十二月生。入迹见女学校,以故退学而在家,数年常受家庭之教育。至二十一年入高等女学校,二十三年三月乃卒业。女史为人,尚素质,而温顺,孝父母,善事其兄。幼好读稗史小说《如乐语三题口新》等,展诵不辍。女史又富于记忆,尝共阿兄游三游亭,以听演述圆朝子之浮世口新。既而其兄遨游英国,每闻芝山有名会上仝子之讲演,暗以彩笔缕记之,邮寄于其兄,以慰其羁情。兄病没后,检其遗筐,女史所寄书简,充然山积。以述本国之风光奇闻,绵密周到。凡读其书者,莫不惊其才笔。其兄之骸骨既归,乃会其亲故,而开追悼之筵,乃招圆朝子而开讲演。女史又助圆朝子而著《薮之莺》②小说,以公于世。于是女史于小说界,大博声称。幼好和歌,学于中岛歌子之门。十一岁之顷,父太一氏在清国,女史为庭前梅花之写生,更为和歌一首附以寄之。当时宣传于艺林,揭载于明治烈女百人之一。女史又入山势松韵之门,以学琴曲。于江户开市三百年大祭之时,作八朔祭之歌,以清元之谱而歌之。又作横笛之曲,谱长篇以行于世。女史文才富赡,意之所向,斐然成章。或署名或匿名,其编著之书,风行于世。又常应召宫内省之御歌会,其奏咏无不称旨云。

---

① 花圃:即田边花圃,本名田边龙子,因嫁给三宅雪岭,所以又名花圃;三宅雪岭(1860—1945年),日本明治、大正、昭和时期评论家,1943年被授予文化勋章,著有《真善美日本人》等。

② 三宅花圃于19岁时发表了《薮之莺》,内容是描写女学生当代风俗的小说,而"女学生"这个词在当时也意味着"上流阶级闺秀"。花圃用《薮之莺》的稿费为亡兄举行了一周年的忌辰,是文坛上的热门人物。花圃所著小说《薮之莺》的出版是同门学妹、著名作家樋口一叶迈向创作的直接动机,经花圃介绍她在杂志《都市之花》上发表了小说《阴沉木》,因此结识了编辑藤本藤阴,开启了其通向文坛的道路。

日本音乐家寺家村爱子十六名媛当选者之八

改进新闻社主寺家村一雅氏之夫人爱子,以天保五年(1834年)二月生于江户龟河岸今之日本桥区住吉町,为山田派之鼻祖山田检校(1757—1817年)之高弟山登检校松和之第三女。夫人幼敏慧,年甫五岁,已能弹琴受初许。后业大进,六岁已受中许,七岁已得奥许,可知其才艺之非凡。天保十四年十二月,以松平阿波守之命而为内官,年十岁。嘉永三年(1850年),当阿波守姬君出府之际,乞假得其允许。自后至嘉永五年三月,常在姬君故藤堂伯之夫人之侧,于琴曲之下,勤于稽古。夫人每对月一弹,高韵凄绝,响遏行云。安政元年(1854年),乃嫁于寺家村氏。今在滨町之邸,清风明月之夕,临潋滟之长流,时奏一曲以自遣。寺家村氏,亦风流逸雅之士。人皆称为佳偶,艳羡不置云。

西洋音乐家幸田延子<small>十六名媛当选者之九</small>

欲知延子之履历,于其兄幸田露伴①氏之书,可以得其梗概。其书曰:

拜读尊翰,而询小妹之履历,敬详陈之。当其五岁之顷,天性好音乐,取迎邻同伴之歌谣,及市井流行之呗唱。于母氏裁缝之旁,津津而玩味之。七岁之顷,乃入师门。其翌年,入东京师范学校附属小学校而试演之。其南邻中村氏令娘今为高岭秀夫氏令闺,自楼上闻其琴音,延颈证耳,爱而忘倦。十三岁,更从山势韵松氏而研究琴学。自小学唱歌之科起,深受音乐教师那耶氏之知。因那耶氏之赞助,遂于明治十五年(1886年)而入音乐取调所。其年七月,那耶氏将归国,勉以奋修英语,他年游于欧美,以期技艺精到,谆谆嘱望之。那耶氏去后,更受中村令娘、瓜生夫人、游西七庐渡、庐耶、那巫列璞、义知托离之教。一面又学英语于美斯耶利、美斯列利司,又受汉学于菊地松轩先生,更受伊泽旧音乐学校校长之知。明治二十二年,乃拔擢渡航于美国,留学贺斯托府之可奚陆卫托厘。满--年后,单身而游欧洲墺国乌伊府。又修业于其府之音乐院云。

又书曰:既入音乐院,三月则试验,每试验皆居高等,无不叹其敏云。

---

① 幸田露伴(1867—1947年),日本小说家,本名为幸田成行,别号蜗牛庵,出生于日本江户(今东京),东京英学校(青山学院大学的前身)肄业。他从小受到中日古典文学的熏陶,学识渊博,文学造诣颇深,与尾崎红叶、坪内逍遥、森鸥外等人齐名,因此这一时期在日本文学史上被称为红露逍鸥时期,1937年获日本政府颁发的第一届文化勋章。

舞蹈家高木富子 十六名媛当选者之十

高木富子者，长州人，故手家律藏氏之长女，于安政元年（1854 年）七月，生于本乡元町之邸。其父一旦罹厄，寄寓于下总佐仓藩。凡数年，改名濑协寿人。富子年尚幼，为其父母携入僻陬之地，与华美风流之俗，已相背而驰。然其父性勤俭，通兰学英学，及经济之道。居常戒其子女曰："衣食足而后知礼节，古语诚为格言。苟家治不治，安有余暇以当公事？"又曰"今日洋学虽发兴，然皮相者多，不过滥用彼国之物品，于国家经济之道，全未研究。吾家仅刷附木一本，决不用外国之品，当于精神上求之。"其家法之严，先见之明如此，故皆服膺其言而无须臾忘。今高木氏之家风，虽受西洋的教育，而不流于浮华，家事整然而不乱。富子内守素质，其效尤多。富子既与高木氏结婚，媒介传言曰高木氏于结婚之先数年间当留学于海外，愿两亲决断之。呼富子而询其意，富子答曰："大人素出医家，以洋学鸣于世。少女亦通洋学，而为医师之妻，以求学问而远游。数年之诀别，岂遂为远乎？"及归而始成婚。明治十三年（1879 年）之顷，上流社会，舞蹈流行。富子身列交际社会，遂力学之。其技爱绝于一世，群推之为舞蹈家云。

《东洋女权萌芽小史》终

光绪二十九年（1903 年）四月廿九日印刷

光绪二十九年五月十五日发行

日本维新慷慨史卷

原名近古慷慨家列传

日本　西村三郎　编辑

中国　赵必振　译述

应国斌　翦甜　校注

钦命二品顶戴、江南分巡苏、松、太兵备道袁为给示谕谕禁事：

本年二月十二日，接英总领事霍来函，以"香港人冯镜如在上海开设广智书局，翻译西书，刊印出售，请出禁止翻刻印售，并行县廨一体示禁。附具切结，声明局中刊刻各书均系自译之本"等情。函致到道。除分行县委，随时查禁外，合亟出示谕禁。为此示仰书贾人等一体遵照，毋得任意翻印渔利。倘有前项情弊，定行提究不贷。其各凛遵毋违，切切特示。

光绪二十八年三月初二日示

钦命加三品衔、赏戴花翎、在任候选道、特授江苏上海县正堂汪为出示谕禁事：

奉道宪札："接英总领事霍来函，以'香港人冯镜如在上海开设广智书局，翻译西书，刊印出售，请出禁止翻刻印售，并行县廨一体示禁'等由到道札县示禁等因"到县，奉此合行出示谕禁。为此示仰书业人等知悉，嗣后不准将广智书局刊印各种新书翻刻出售。如敢故违，定干查究。其各凛遵，切切特示。

光绪二十八年三月十七日示

日本维新慷慨史叙

芝山子编《慷慨家列传》,已及三编,其书详于我国维新之改革,文明之进步。凡有关于国步者,述其事迹至周且详,而于爱国志士,艰难奔走,躬膺刀锯鼎镬[1]而不辞,以及时势变迁,人情隆替,无不记之。是书本为传记之体,于历史之关系尤不浅,今特请序于余。余乃叙其事略代之,盖为读者省其涉猎历史之劳耳。为之序曰:

欲求社会之进步,必不能无所改革。欲求改革,则万不能无破坏之势。必破坏有多少,而后进步有多少。所谓雨不破块,则地不能成膏腴,风不鸣条,则林不能除败叶,此天下之公理哉。

昔者我国之文明,无不取资于西洋。天文十年[2](1541 年),葡萄牙商船漂流我国,是为开通之起点。是时葡萄牙来萨州[3]之种子岛,乞薪米,岛人始得其鸟铳[4]等之利器。于是葡船每年至肥前[5],通互市。适宣教师佛兰斯萨维尔[6]来,而传耶稣教,其教派号为该苏维特派。上自公侯,下至士庶,多喜而归之。将军织田

---

① 刀锯鼎镬:刀、锯:古刑具,也指割刑和刖刑;鼎镬:古炊具,也指烹刑,指古代刑具。也泛指各种酷刑。

② 应为天文十二年(1543 年),葡萄牙人飘流种子岛(位于日本鹿儿岛县南部、大隅半岛以南海面上),传火枪。第一支欧式步枪由此传入日本。

③ 即萨摩藩:正式名称为鹿儿岛藩,为日本江户时代的藩属地,位于九州西南部,在江户时代,其领地控有萨摩国、大隅国和部分日向国属地,此外琉球王国也受他们控制,领土包括今日的鹿儿岛县全域(含琉球国的奄美群岛)与宫崎县的西南部。

④ 鸟铳,又称鸟嘴铳,是明清时期对火绳枪的称呼,明嘉靖时传入中国,与原有的管身火器相比具有照门、照星、铳托、铳机,开始可以双手同时持握而发射。本文提及的铳,一般是指枪。

⑤ 肥前藩,是日本江户幕府时期的一个藩属地,位于日本九州岛西北部(今日本佐贺县),幕末倒幕运动中四大强藩之一。

⑥ 历史上译作圣方济各·沙勿略(1506—1552 年),生于西班牙纳瓦拉,出身贵族,葡萄牙派至亚洲的天主教传教士,1540 年,奉葡萄牙国王若奥三世派遣,以罗马教皇保罗三世的使者名义航海东来,于1542 年抵印度果阿,后转至新加坡、马六甲等地,1549 年,乘中国商船至日本山口和丰后水道沿岸等地传教。沙勿略是最早来东方传教的耶稣会士,是耶稣会创始人之一,首先将天主教传播到亚洲的马六甲和日本。天主教会称之为"历史上最伟大的传教士",是"传教士的主保"。

信长①及诸侯伊达政宗②、石田三成③、松永久秀④、小西行长⑤、大友京麟⑥，其余若有马、毛利、大村⑦等诸侯伯，皆为信徒。设信长殊寺院于都下，盛奖励其宣教师。

已而人民昧于彼教之宗旨，以为我国僧侣，衣食皆赖他人施与，而葡僧反之，多自出资以疗病者，或散财以赈贫民，而一身毫无所受。疑其为间谍以觇觎我国者，颇忌防之。适西班牙商船亦来乞互市，亦送宣教师至，前说愈滋人疑。至秀

---

① 织田信长(1534—1582年)，幼名吉法师，出生于尾张国(今爱知县西部)胜幡城(一说那古野城)，日本战国时代到安土桃山时代的大名、天下人，"日本战国三杰"之一。其一生致力于结束乱世、重塑封建秩序。织田信长于永禄十一年(1568年)至天正十二年(1582年)间推翻了名义上管治日本逾200年的室町幕府，并使从应仁之乱起持续百年以上的战国乱世步向终结。

② 伊达政宗(1567—1636年)，伊达氏第十七代家督，安土桃山时代奥羽地方著名大名，江户时代仙台藩始祖，幼名梵天丸，元服后字藤次郎。其名政宗(与中兴之祖九代家督政宗同名)即意味能达成霸业。

③ 石田三成(1560—1600)，日本战国时代和安土桃山时代的武将及大名，幼名佐吉，初名三也，关原之战中西军的实际领导者，丰臣家重臣。1600年，关原之战爆发，石田三成率领的西军在此战中被德川家康率领的东军虐袭战中击破，三成本人也在不久后被捕并遭处决。石田三成被杀后不久，丰臣家族旋即垮台，天下被德川氏取而代之。

④ 松永久秀(1510—1577年)，日本战国时期大和国大名，通称松永弹正。松永久秀早年事迹不详，后出仕于三好长庆担任要职。但松永久秀阴谋篡夺三好家实权，三好长庆及嫡子三好义兴、弟弟安宅冬康、十河一存之死都有其嫌疑。三好长庆死后，松永久秀与三好三人众掌握家中实权。1565年，松永久秀与三好三人众谋杀室町幕府征夷大将军足利义辉，史称永禄之变。但不久双方反目，松永久秀随后与三好三人众、大和国国人筒井顺庆长期交战。1568年，松永久秀臣服上洛的织田信长，但又数次发动叛乱，最终于1577年11月19日在信贵山城之战战败后自杀身亡。

⑤ 小西行长(1555—1600年)，日本安土桃山后期武将，通称弥九郎，初为备前国宇喜多氏之家臣，1579年受丰臣秀吉所招，因屡立战功，1585年为摄津守，赐姓丰臣，1588年受封肥后国，封邑24万石(一说14万石)。1592年及1597年，在丰臣秀吉两度出兵朝鲜时任先锋主将，1593年代表日方与明使沈惟敬等签订龙山停战协定。1598年丰臣秀吉病死后，从朝鲜撤军，并与丰臣秀吉的心腹石田三成结盟对抗德川家康，在关原合战大败后与石田三成被俘，斩于京都六条河原。

⑥ 应为大友宗麟(1530—1587年)，日本战国时代九州的战国大名，并同时是位天主教大名，大友氏第21代领主，本名大友义镇，因大友氏始祖出自藤原氏，故正式姓名又可记为藤原义镇。天文十九年(1550年)大友家族内部发生变乱，其父义鉴被杀后继任家督，永禄六年(1563年)修筑臼杵城，自为城主。曾提出19条政治纲要，依靠臼杵城的良港地位，与葡萄牙、中国的商船来往，曾一度支配九州六国，天正六年(1578)与岛津义久战于日向耳川，大败，日趋衰落，次年让位给大友义统，天正十年(1582年)与大村、有马氏同为遣欧使节，被派往罗马。

⑦ 有马、毛利、大村是九州三大名，信奉基督教，1582年(天正十年)，第一次派遣使节去欧洲，代表日本天主教向罗马教皇和葡萄牙国王表示敬意。

吉①之时,东海之吕宋岛②,因宣教师之信徒众,为西班牙所并。举国大惊,急逐二国之宣教师。天草之乱③,我国益恶耶稣教。宽永十五年(1638年),德川家康④设严罚死刑,以罚耶稣教,并禁西班牙、葡萄牙之来航。

先是,和兰⑤、英吉利二国,代葡西二国握天下之航权,亦以长庆五年⑥来乞互市。我国之忌耶稣教者尚少,而宣教师路若卜那苛⑦大收人望。因与葡、西不睦,遂逐葡、西,为英、和二国宗教之势力范围。后英、和二国,每年必来互市。元和七年(1621年)以后,英国内乱,而与我国之商务亦大损,其互市遂止。独兰人尚与我通,其时输入我国者,不过火器、筑城学、天文学、博物学、医学、天文器、医器、医药等。我国学术之进步,尚无闻焉。

然幕府仍虑国人与外国通,禁造大舰。而犹密恐有读耶稣教之书者,除医者、天门⑧者之外,概禁其书。故稍知泰西⑨之文明者,不过医者、天文者之数人。文

---

① 丰臣秀吉(1537—1598年),原名木下滕吉郎、羽柴秀吉,是日本战国时代、安土桃山时代大名、天下人、著名政治家,继室町幕府之后,近代首次以天下人的称号统一日本的日本战国三英杰之一。本能寺之变后,其成为织田信长实质的接班人。天正十三年(1585年)担任关白,后担任太政大臣,获赐姓氏丰臣,后将关白职务让与养子丰臣秀次而自称"太阁",建立了新的封建体制,确定了士农工商的身份;奖励新兴工商业,扶植城市的发展。在宗教方面,他保护佛教寺院,压制天主教的传布,迫害西班牙传教士,开日后禁教锁国之先河,庆长三年9月18日病逝,其后,部将德川家康趁机夺取政权。

② 吕宋岛:在古时,吕宋岛是一个小国,称为吕宋。明朝时期有大吕宋和小吕宋之称,1571年至1898年吕宋岛为西班牙侵占,故《海录》译作小吕宋,而以大吕宋称呼西班牙统治的整个菲律宾。

③ 又称岛原之乱,自宽永十一年(1634年)起,岛原、天草地区连续发生天灾,民不聊生,由于幕府残暴的统治,终于爆发了江户时代最大的一次农民起义"岛原之乱"。在天草四郎的领导下,起义军迅速占领了原半岛南部的原城,于城上竖立起十字架,挂上画有十字架和圣像的旗帜。据统计,参加起义的岛原、天草农民共37000余人,其中有战斗力的为13000余人。此战为幕末之前的最后一次内战,"岛原、天草之乱"是对幕府和诸藩横征暴敛,以及迫害宗教信仰的大反抗,但它的失败也促成了幕府锁国体制的最终完成。

④ 德川家康(1543—1616年),日本战国时代末期、安土桃山时代三河国大名,江户幕府第一代征夷大将军,日本战国三英杰(另外两位是织田信长,丰臣秀吉)之一,日本历史上杰出的政治家和军事家。庆长八年(1603年),他在江户开幕,创立江户幕府,也称为德川幕府。

⑤ 和兰:即荷兰。

⑥ 应为庆长五年(1600年),荷兰船尼弗得号飘流至丰后,威廉·亚当斯来日。

⑦ 一般译作路易斯·弗洛伊斯(1532—1596年),葡萄牙人,耶稣会在日本的早期著名传教士,永禄五年(1562年)到日本,先后在北九州、京都等地传道,其间创作了时间跨度在1549年—1593年之间的著作——《日本史》。虽然该书旨在记载耶稣会的历次行动,但也提供了关于当时日本的很多情况。

⑧ 据下文,应为"天文"。

⑨ 旧泛指西方国家,出自明末方以智《东西均·所以》:"泰西之推有气映差,今夏则见河汉,冬则收,气浊之也。"一般指欧美各国。

化元年(1804 年),俄罗斯之使臣列汨奈多①来乞互市,幕府咨于和兰。和兰人告曰:"俄国以猛鸷之势,并吞四方,其志最叵测。"我国向惩葡、西二国之前事,闻而大怖,乃辞俄使,以除和兰之外不许通商之旨却之。是时我国藐视外人,谓之为夷狄禽兽,遇待尤慢。俄使大怒,炮击函馆②之营,蹂躏北海道而去。于是举国震慑外人,非复如前此之自尊。文政五年(1822 年),发令除和兰之外,凡西洋之船舶来者,则先炮击之,是我"攘夷"二字之所始。筑炮台于浦贺③、下田④、品川⑤等,海防甚严。

是时,西洋航海之术大进,太平洋之航路,非复如昔日之困难,故谋与我国通商者日益多。俄、英、美、法等国之船,多来近海。然彼国尤忌外交,未知条约订盟之事,凡照会于我国者,概拒而不答。兰人忠告于我政府曰:"方今海外诸国,望与贵国通商者甚多。诸国寻来,将有所请。贵国不问原因,妄击却之,恐贻不测之祸。"幕府已知西洋火技之胜,知攘夷之实难行,遂废攘夷之令。天保十三年(1842 年),乃下令曰:"外舶之来者,须问其事情。请互市者,辞而谢之。乞薪米者,准人民给与。"遂废攘夷锁国之名。

嘉永六年(1853 年),美使候理来浦贺⑥,请互市。我国命浦贺奉行之属吏接之,美使大怒,辞气傲厉。盖已熟察我国顽固之流,非可理喻,故除咽喝之外,别无良策。于是我国人心,愈加激怒,愤其无礼,竟敢蔑我神州,咸欲奋死,以雪国耻,举国骚然。虽居幕府要职者,亦颇愤之。然常闻兰人之说,征诸兰学⑦者译官之言,自审国势难敌,不敢轻举。然而人心愤激,上下一途,朝廷之诏,儒者之建言,舆论之激昂,势不可遏。而内情自悉,实迫于势之不能。若不内蓄国力,而孤注轻

---

① 一般译作列札诺夫(1764—1807 年),1804 年成为首位俄驻日大使,曾编写一部日语词典。
② 原名箱馆,日本北海道西南部重要港市,1854 年辟为对外开放港口,商业日渐繁荣,曾有"北方长崎"之称,1869 年改今名。
③ 浦贺:日本东京湾口的门户,属神奈川县横须贺市,位于横须贺市东端,三浦半岛东岸,临浦贺水道,港口自古有名。
④ 下田:日本静冈县伊豆半岛南部的都市,旧为贺茂郡。
⑤ 品川:位于今日本东京都港。
⑥ 1853 年 7 月,美国东印度舰队司令佩里率领的四艘军舰来到日本,向德川幕府提出开国通商要求。面对佩里舰队的巨大压力,德川幕府内部发生了激烈争论。
⑦ 指的是在江户时代,经荷兰人传入日本的学术、文化、技术的总称,字面意思为荷兰学术,引申可解释为西洋学术。兰学是一种透过与出岛的荷人交流而由日本人发展而成的学问。兰学让日本人在江户幕府锁国政策时期(1641—1853 年)得以了解西方的科技与医学等。

试,则实自速其亡。于是幕府急修兵备,欲足其实力而后击之,故于条约之事,逡巡不决。而朝廷不省,颁诏攘夷。而外人开港条约之谈判,又日迫之。幕府中立其间,调停内外,周旋奔走,实极困难。幕府久揽大权,王政久堕,已为志士所愤,而开港之举,又拂舆论。于是志士愤起,以迫幕府。而当时浮浪,虽抱热志,实多未审外情。议论纷然,啁鸣鼎沸,群以国贼诋幕府,急欲一举。幕府势不得已,而外人日迫,迁延时日,则将外忧内患同时并举,遂于下田缔结美国之条约①。志士由是愈愤其专断,诉于朝廷,请讨幕府。朝绅亦愤幕府之压制,愤懑不堪,苦于势不能敌。忽得志士之臂助,众情大喜,共誓以倒幕为志,于是勤王讨幕之说又大倡。已而俄、英、法三国踵至,依美国之例以要求于幕府。幕府既缔前约,不能不允。志士愈激昂。

先是,萨②、长③、土④、会⑤及诸藩,以幕府命卫京都。萨、长二藩主,建议以谋调和朝、幕,而朝廷以攘夷之事,知幕府万不能行,乃欲幕府奉还政权,更诏强藩以任此。幕府闻之大惊,遂欲断行锁港,献货朝廷,怀柔诸侯,改革制度,以仰体朝命。文久三年(1863)五月,遂以锁港之事,通之外国。英、法公使等皆笑,无应之者,幕府无计可施。天皇于是月亲幸加贺,赐中纳言⑥一桥庆喜⑦以攘夷节刀,并

---

① 1854 年 3 月 31 日,江户幕府与美国缔结和亲条约,日本通称为《日米和亲条约》(《日美和亲条约》)。条约中主要规定日本必须开放下田与箱馆这两个港口与美国通商,并保证落难的美国士兵得到安全保障。

② 萨藩:萨摩藩,正式名称为鹿儿岛藩,为日本江户时代的藩属地,位于九州西南部。在江户时代,其领地控有萨摩国、大隅国和部分日向国属地,此外琉球王国也受他们控制,领土包括今日的鹿儿岛县全域(含琉球国的奄美群岛)与宫崎县的西南部。

③ 长藩:长州藩,又被称为毛利藩、萩藩、山口藩,是日本江户幕府时期的一个藩,属于外样大名,位于日本本州岛最西端,长州藩包含令制国中的周防国和长门国。与九州岛的萨摩藩、四国岛的土佐藩隔海相望。藩主毛利氏族,驻萩城(现山口县萩市),为幕末西南大藩之一。

④ 土藩:土佐藩,日本江户幕府时期的一个藩属地,位于日本四国岛南部(今日本高知县),为幕末时期四大强藩之一,后成为倒幕派志士的基地。

⑤ 会藩:会津藩,位于陆奥会津郡,在今福岛县境内,日本历史上的雄藩之一,是幕府的柱石,其领主多是幕府的栋梁。

⑥ 中纳言:从三位,文武天皇大宝五年(705 年)初置,最初定员二人,后多加一人,与大纳言之职务相同,但不可代行高官职务,中纳言又俗称"黄门",源于秦汉时代的名称。

⑦ 一桥庆喜:即德川庆喜(1837—1913 年),江户幕府的第十五代征夷大将军,也是江户幕府及日本历史上最后一位幕府将军。其本为水户藩主权中纳言德川齐昭的第七子,1847 年出继一桥德川家。1862 年幕政改革后,担任将军后见职。1866 年第十四代将军德川家茂死后,德川庆喜继任将军。1867 年 6 月,土佐主张幕府大政奉还,并发动倒幕运动,德川幕府战事失利,德川庆喜于 1867 年 10 月 14 日奉还大政,将大政奉还予天皇。

下攘夷之诏，布告天下。志士扼腕雀跃，鼓舞而起。长藩遂击美、法之舰于下关，萨藩亦击英舰于鹿儿岛。幕府大忧其误事，遣使以责长藩。长藩误击其舰，幕使大怒，于是与长藩不相能。八月十三日，朝廷准长藩之请，诏幸大和，决亲征攘夷之议。幕府愈嫉之，乃流言曰"长藩欲挟天子以号令四方"。朝廷疑之。会藩者，党于幕府者也，乃迎其意，请于幕府，禁长藩之兵卫护宫门者，逐之京外。长藩吉川等亦怒，乃拥兵入京自诉，遂被大逆之冤名。而三条以下诸公卿，赞成行幸太和之举者，皆削官爵，遂遁长州。将军家茂、一桥庆喜、会津容保以下四十八侯，皆与长藩不睦。

元治元年（1864）正月，朝廷再下诏曰："今国家危急之时，万不可轻举误事。长藩等误信匹夫之说，为无谋之攘夷，而朝绅竟被其诱，不可不讨。汝等协力辅朕，以平国难，云云。"是诏盖出于党幕者。时人谓之为翻覆之纶旨。是岁八月五日，率美、英、法、俄、兰五国之舰队，共击长门。长藩已被大逆之冤名，官军大举而来，不得已，遂谢曩日之罪，竟函福原等之首以谢官军。高杉晋作大怒，自称为正论党，凡主持谢幕府者，目之为俗论党。二党相争，势不相下。已而晋作起兵，诛俗论党。而版本龙马[①]等，又复调和萨、长，共谋以倒幕府。是时井伊、安藤二大老[②]，叠兴大狱，已失人心。萨藩既助长藩，其势愈盛。偶偶将军病殁，庆喜袭任为将军，遂罢征长之议。

庆应三年（1867年）冬，孝明天皇[③]崩，皇太子即位，于是国是一变。先宥长藩之罪，乃许外国之请，许开兵库港。是岁九月，土佐藩主山内容堂上书幕府，请改政令，奉还大权以定国基。艺侯亦上书请归政。将军亦以为然。乃于十月十三日，会列藩将士于二条城，决其可否。会津、桑名二藩极力阻之。而萨藩小松带刀、土藩后藤象二郎、备前藩牧野权六郎等极以为宜速奉还大政。众首赞成，遂决

---

① 版本龙马：坂本龙马（1835—1867 年），日本明治维新时代的维新志士，倒幕维新运动活动家，思想家，原为土佐藩乡士，后来两度脱藩而成为维新志士，为促成萨摩及长州二藩成立军事同盟的重要推手之一，而由其向后藤象二郎所提出的船中八策，即强调政权归还天皇朝廷，并设想建立以天皇为中心的新的国家政权体制，也成为后来明治政府开展的明治维新运动的重要指导方针。

② 大老：江户幕府时代辅佐将军的最高官员，统辖幕府的所有事务，地位在老中之上，只在非常时期设立，只设一人。

③ 日本天皇（1831—1867 年），别号幕末天皇，日本第 121 代天皇，是仁孝天皇的儿子，明治天皇的父亲，支持公武合体，明治维新期间，在反对倒幕派时于 1867 年 1 月 30 日突然去世。他的死引起了种种议论，死亡真相至今未解。

归政。十月十五日,请于朝廷。朝廷赏之,乃命诸侯皆受朝廷之命令,并召诸藩人才以改革政治,遂定维新之基础。复长藩藩主之官职,罢会、桑二藩之宿卫,于是诸侯并奉还版籍①以赞新政。维新之业,皆尾张、萨摩、土佐、越前等诸藩所议定。德川、会津、桑名皆不与焉。会、桑二藩慊之,庆喜亦不无怨望,以为诸藩利天皇幼冲,藉揽权柄,上书朝廷,请仍旧执政。诸藩于是遂疑庆喜。而会、桑诸藩之佐幕者,遂拥庆喜以举叛旗。京师骚然。朝廷命尾张、越前二侯传旨庆喜曰:"速贡土地,且亲入朝,以明自无异志。"盖将召为议定议定官名之职焉。庆喜心虽危之,然不敢背朝廷命,遂将入朝。佐幕之将士不听,曰:"主君若欲入朝,臣等以死从。且请君侧之恶。"庆喜意遂移。以会、桑之兵为先驱,入京。京师汹汹。萨、长、土三藩以朝命守伏见、鸟羽之两道,幕军将过之,不许。喧争未竟,遽发炮以击官军。官军乃以反贼目庆喜,奉锦旗以伐之。交战三日,幕军竟不利。庆喜乘大舰夜遁。幕军全溃。朝廷乃下令追讨,命诸藩东征。幕军力尽,庆喜谢罪,其事乃平。是我国维新改革之略史。

综而论之,朝廷初恶外交,责幕府之专断,将命强藩代幕府以行攘夷,并欲以倒幕府。而幕府侵凌王室,久擅政权,已为舆论所恶。复迭兴大狱,戮志士,而忌长、萨诸藩。人心愈激。庆喜因时而变,遂不得不奉还大权。既而会、桑诸藩,与勤王诸藩相忌,又佐幕府以抗官军。东北诸藩,私感幕府之恩,竟昧大义,随声附和,以敌勤王诸藩。是时若无外国虎视,则血战之势,未卜其止期。而以外国觊觎之故,幕府不敢久抗,以自残同类而授隙于外人,则其事实于外国有间接之影响焉。然外国最忌舆论,唯内乱之时,攘夷之论不得实行,外人亦不敢干涉,惟幸其内乱而自喜。及内乱已平,而气机已去,攘夷之说,亦渐寂然。且交际渐深,彼我之情势,两皆了然,不复再为群盲之舆论。然其始也,实因攘夷而起,则内乱之始末,亦无外国有间接之影响焉。设是时突与海外诸国媾兵,则兵备器械,众寡不敌,决无今日之太平。幕臣井伊直弼等,虽明大势,惟习其专制独断之秘密主义,不能以其情实,公之于社会。复以积年专断政略,受社会之恶名,故不可弥缝也。及至奉还大政,而攘夷之谬说,亦自息焉。呜呼!妨我国之文明者幕府,妨文明输入于幕府者耶稣教。开文明者志士,而志士唱攘夷倒幕府者实因外人。外人不

---

① 奉还版籍:又称版籍奉还,是日本政府(即明治政府)于明治二年 6 月 17 日(1869 年 7 月 25 日)实行的一项中央集权政策,意指各大名向天皇交还各自的领土(即版图)和辖内臣民(即户籍)。

来,则锁国之论不起,开港之说亦不行。质而言之,妨文明者外人,开文明者亦外人。我国文明消长之近因在幕府,远因则在外人。远因在外人者,因其来而方知改革,方知痛痒。近因在幕府者,独荷重之负担,以至于亡。非不明于时势也,是盖秘密主义与压制政体,不能公布其情实于社会,以自取其祸也。呜呼!专制政体之尚秘密主义者,虽燎于时势,而仍不免祸其身。曷若公布之于社会之为愈乎?然而时运转变,亦已奇矣。

　　明治十八年(1886 年)春

　　《日本维新慷慨史叙》终

日本维新慷慨史凡例

—是书原名《慷慨家列传》，易以今名，似较前略善。

—是书苦无善本，错漏讹谬，更仆难数。译者孤陋，就其所已知者，略为更正。所不知者，概从原文。别无副本可征，不敢武断擅易。

—原编颇无次序，似系拉杂而成，今略加厘定，更其次第。以先觉者为首，以攘夷者次之，以维新功臣为殿，略以类从。佐幕二人附于攘夷者之后。

—书中所录诗歌甚夥，无关宏旨。然原书所有，不忍全弃。其诗则照原文备录，和歌则概删之。间有所录，系采自他书已译成汉文者。盖和歌本难译，亦如中国词曲，苟译成和文，全失其本来面目矣。

—原序四篇，今择录其第三篇冠诸卷首。余三篇，无关宏旨，本不欲录，然译书者宜存原本。今汇录于后，以备后人稽考焉。

—卷首所录第三篇序，作者姓名，原书又复遗漏，无可稽考，姑从缺如。

日本维新慷慨史卷上

佐久间象山①先生传

信洲之地,环山岳,拥大湖,天地灵淑之气,磅礴郁积,必有所钟。郁积既久,则溢迸感发,产英伟魁梧非常之杰。如佐久间象山先生其人者,非信洲英灵神奇之气所丽者乎!

先生名启,字子明,号象山,通称启之助,后称修理。信浓人。其先出桓武帝②之皇孙高望王。王之裔孙,有食于安房国佐久间之庄者,遂以佐久间为氏。中世又为信浓国饭山之城主,又转为长治之城主。元禄年间(1688—1703年),故藩除,同族有三左卫门者,去仕松代藩,子孙遂留焉。先生祖名国止,通称彦又卫门。父名国善,通称一学,号神溪,文武兼通,尤精易学。文化辛未(1811年),先生生于松代象山之麓。先生幼颖悟过人,以神童称。七岁,举动如成人。十五岁受家学,深通象数大意。尝读张子《巽风说》③,拍案曰:"彼说非是。张子所谓阴气凝聚在阳内者不得出,则奋击为雷霆。在阳外者不得出则周旋为风。予则谓阳卦主阳,阴卦主阴,是易道之例。坎之陷,阳之陷于阴。离之丽,阴之丽于阳。是以风雨之理可见。今张子说雷风,皆以阳为主,失义类矣。朱子以下,谈象卦者多取此说。余所不解。"听者为之动容。

既长,豪迈不羁,以澄世为己任。是时泰西各国初来,乞互市使节奔走于东

---

① 佐久间象山(1811—1864年),日本江户末期思想家,兵法家,日本近代史上接受八方文化的典型人物,也是幕末社会领导阶层——年轻武士的师长和楷模。他的洋学接受论(用什么方法来移植和研究西方科学文化)被定型化公式化,社会影响很大。

② 桓武天皇,生于737年(天平九年),卒于806年4月9日(延历二十五年三月十七日),日本第50代天皇,781年4月30日(天应元年四月三日)至806年4月9日(延历二十五年三月十七日)在位。

③ 指中国宋代大儒、哲学家、理学创始人张载的学说。

西,天下骚然。而外人益迫之,或发巨炮,或掠民居。幕府苦于驭制,沿海之海防森严。先生闻之,慨然曰:"此伸吾素志之时也!"慷慨悲愤,进海防之策于藩主真田幸贯。藩主贤明有宏度,延揽人才,深爱先生,擢为近侍。先生以学未成,固辞。乃给游学之资,砥砺其业。天保己亥(1839 年)二月十二日,出乡里,入江户①。先生之出乡里也,其母送之门间,训之曰:"汝之游学,宜笃实勤苦,以志道德。苟守吾训,虽千里外,犹膝下也。若志趣凡陋,与流俗等夷,即日奉甘旨,扶携朝夕,吾不乐之。汝之学问,要不外此。若背此言,非吾儿也。汝其服膺守之!"先生感泣,立志益坚。既入江户,出入林述斋②、佐藤一斋③之门,又与梁川星岩④、渡边华山⑤、坪井信道诸子订交。

先生尝谓人曰:"今之时,非古之时,儒生学士,惟耽于汉学汉文。不读他书,何以应世。方今外患荐至,今日读书者,宜涉猎万国之书籍。咀其华,含其英,以备国家之急。何可死守汉文汉字之为哉?"于是研究泰西书籍,专讲铳炮、兵制及筑城、造舰诸技等,以求制外寇之策。其所自制之铳,其迅捷三倍于泰西所制者,意匠精妙,非人所及。萨、长、土、肥诸藩,摸造洋铳者,皆效先生之制云。辛丑(1841 年),藩主为阁老⑥,兼备海防事,以先生备顾问。壬寅(1842 年)冬,先生上书,论海防八策。一曰扼沿海要冲,筑炮台、置大炮,以备缓急。二曰停输出荷兰

---

① 江户:即今日本东京,12 世纪初是豪族江户氏的居馆,因此得名。天正十八年(1590 年),讨伐北条的小田原之战后,德川家康入封关东,以江户为居城,江户城开始繁荣起来。庆长八年(1603 年),家康在江户开设了历时 200 多年的德川幕府,从此,作为全国政治、经济中心,江户城得到很大的发展,最终形成了现在的东京都。日本江户城遗址位于东京都中心千代田区,被日本政府指定为国家的"特别史迹"。1868 年改名为东京。

② 林衡(1768—1841 年),江户后期儒学者,大学头,名衡,字熊藏、叔、德诠,号述斋、蕉轩、蕉隐,别号蕉轩、天瀑等。他的学问以朱子学为基础,关注清代考据学。其本人曾与柴野栗山等所谓宽正三博士推进与改革昌平坂学问所的儒学教育。

③ 佐藤一斋(1772—1859 年),美浓岩村藩士,儒学者,曾随中井竹山、林述斋学习,后任昌平坂学堂教授,因给经书加标点而博得"一斋点"美名。一斋当幕府儒官 19 年,曾在幕府"官学"大本营"昌平簧"任教,凡士庶人入其门者不下 3000 人。在其门下和再传弟子中出现了许多活跃于幕末政治舞台的思想家与活动家,如佐久间象山、大桥讷庵、吉田松阴、西乡隆盛等,为明治维新造就了一代人才。

④ 梁川星岩(1789—1858 年),日本江户时代的汉诗人。被誉为"日本的李白"。

⑤ 渡边华山(1793—1841 年),原名渡边定静,日本学者、政治家、画家、幕末藩士,其门下有名的传人有福田半香、青木翠山、角田静竹等。

⑥ 阁老,在日本官制中称为老中。老中是江户幕府才设有的武家职制,又称之为阁老或是年寄家。年寄家的日文意思是指年纪较大者,而若年寄则是年纪较小者。老中是常设的,是负责日常行政事务的官吏,任命拥有 2.5 万石至 10 万石俸禄的谱代大名四至五人担任。根据 1634 年 3 月实施的《老中职务定则》规定,老中负责与朝廷的联系,管理一万石以上的大名,以及财政,神社,外交等事务。

之铜,可铸大炮数千门。三曰仿欧洲制作坚舰,以转运江漕之米。四曰选关吏以稽奸宄。五曰练水师以备海战。六曰兴学校、敷教化以励节义。七曰信赏罚、施恩惠以结民心。八曰创贡举之法,由学校以得人才。是岁,邵阳魏氏方有《圣武记》①之作,先生见之,跋其书曰"呜呼!余与魏君生异域,姓氏不相闻,感时著书,同在此岁,而其言亦有冥合者,真海外同志也。但中国上世以来,有海防,无海战,以坚壁清野杜绝外人为家法。余则不然。讲炮舰之术,为要击之计,天下岂有不可以战而可以守者乎?"是则与魏氏之书不同耳。既而藩主以疾辞阁老,其策不行。癸卯(1843 年),先生归省母,母大喜,力疾出迎。先生惊喜,扶持卧褥。未几疾愈,人皆谓先生之纯孝所感。是岁,藩主命先生训点四书。业成以献藩主,加禄为郡中监察。未久,先生奉母再入江户,侨居木塊坊,集弟子以教授。诸藩主之来通刺②者日多一日。

初,先生大悟西学之有用,刻苦勉励,究其蕴奥。著有《和兰语汇》,请幕府刊行。不许,悒悒去之。乃游沿海要冲房、相③之间,经览其海防,措置皆不得法,叹息而去。又见内海之炮台,哂谓人曰:"庙堂以此防御外寇,岂为得术乎?"欲上书论其利害,不果。永嘉④壬子(1852 年),上书幕府,乞刻其所著《炮卦》。又不允。是岁,藩主幸贯卒,世子某述先公之遗爱,以都府楼瓦之古砚赐先生。先生感泣曰:"先公尝与三村养实论臣曰'修理虽多瑕疵,然亦一世之豪杰也。'臣闻之,感激流涕。以谓臣多瑕疵者,臣之实。而以豪杰称臣,臣何敢当。然以先公之明,目臣以豪杰,臣之大荣。臣固不足以报先公鸿恩于万一。敢不自加奋勉,庶几不失先公之明也。"拜舞而出。先生尝独得亡人宋默尔所著《宇宙记》⑤,其于天文地理,

---

① 魏源(1794—1857 年),清代启蒙思想家、政治家、文学家,名远达,字默深,又字墨生、汉士,号良图,湖南邵阳隆回金潭人(今隆回县司门前镇),官高邮知州,晚年弃官归隐,潜心佛学,法名承贯,近代中国"睁眼看世界"的首批知识分子的优秀代表,提出了"师夷长技以制夷"的主张。魏源学识渊博,著作很多,主要有《书古微》《诗古微》《默觚》《老子本义》《圣武记》《元史新编》和《海国图志》等。《圣武记》书中谈到 18 世纪西北地区穆斯林的反清起义问题,共 14 卷,前 10 卷以纪事本末体记述清王朝建立至道光年间的军事历史,后四卷《武功余记》为作者对有关军事问题的论述。

② 指出示名片以求延见。刺,名片。

③ 房:安房国,古代日本分国之一,属东海道,又称房州、南总。其领域大约为现在千叶县的南部。相,相模国,古代日本令制国之一,属东海道,又称相州、湘州。相模国的领域大约为现在神奈川县(东北部份除外)。

④ 应为嘉永(1848—1853 年),日本的年号之一,孝明天皇时代,仍处于江户德川幕府时期。

⑤ 指法国科学家拉普拉斯(1740—1827 年)所著《宇宙系统论》。

阐幽显微。尝称之曰:"是殆综括宇宙古今始终者。儒生谈物理,多臆度,流于荒诞,乌足知之。"赋诗十首大赞泰西之学可采,以示人。是岁冬,先生抵乡里,次道上田,与八木、加藤林诸士论国事,不知东方之既白。

癸丑(1853 年),美国军舰八艘驶相州,入浦贺。沿海诸炮台,果不足用。美国节使迫幕府,促速执。幕府议不决。宣言军舰将长驱冲江户城。都下戒严,物情汹汹。先生单骑驰抵浦贺,察视其形势。驰归江户,告之藩主。藩主擢为参谋,训练藩兵。已而幕府遣吏于久里滨,存问美使。美使颇骄傲,应接之间,漫不为礼。先生闻之,愤懑不堪,援笔直画十策,切齿沫出。书成,上之幕府。其书略曰:造坚舰,练水军,新筑城东之炮台,改相、房炮台之旧式。简勇敢之士以编炮队。厘革庆安(1648—1651 年)之兵制,定炮政,开硝田,选将才以备警急。取长舍短,措名举实。肃纪纲,振士气,用联事法出《周官》。岁时演巨炮,以团结列藩之水军。书入,不报。独幕吏川路圣谟以先生论房、相炮台之得失,其言果验,大服之。先生以不用其言,郁郁不自得。适幕府属荷兰人购军舰,先生又建策,谓"与其托之兰人,何若以命国人习海道,扩见闻,且谍知外国情形以备异日缓急之用。"又不报。门人吉田义卿名矩方,号松荫,称寅次郎,后有专传闻之慨然奋袂,谋航海外。会鲁国[1]军舰泊长崎,义卿决志西行。先生赋诗送别,力赞其举。其诗曰:

> 之子有灵骨,久厌廛廛群。振衣万里道,心事未语人。虽则未语人,忖度或有因。送行出郭门,孤鹤横秋旻。环海何茫茫,五洲自成邻。周流究形势,一见超百闻。智者贵投机,归来须及辰。不立非常功,身后让龙宾。

时安政元年(1854 年)九月十八日也。

义卿兼行抵长崎,至则鲁舰已拔锚而去。义卿怅然,乃复还江户。安政纪元之甲寅(1854 年),美舰复至,过本牧岬[2],突入横滨。幕府得急报,即日命松代[3]、

---

① 鲁国:日本以前对俄罗斯的一个称呼,简称为鲁。从江户时代到二战前,日语中对于俄罗斯的主流表记为"鲁西亚"。1877 年,俄罗斯领事馆因"鲁容易联想到鲁钝(愚蠢的意思)"而对日本政府提出抗议,日本考虑到俄方的意愿而将汉字表记改为"露西亚"。

② 本牧岬:位于横滨市中区的海角,也叫本木鼻。

③ 松代藩:日本江户时代的一个藩,位于信浓国埴科郡松代町(现属长野县长野市),是信浓境内最大的藩,藩主居于松代城,统治川中岛地区的四个町,酒井家、松平家和真田家先后被封于此。该藩曾名川中岛藩,为森忠政的领地,佐久间象山即出身于该藩,其藩主后代在明治维新中被封为子爵,后升为伯爵。

小仓①二藩主备警卫。松代藩主以先生参与军议。先生经画部署,七昼夜不得寝。遂与队长望月贯恕率兵抵横滨。时幕议将开伊豆之下田港。先生曰:"下田天险,不可以与敌,且难策应。宁开横滨港,不犹愈乎。"即驰归江户,与藤田彪东湖建白于水户烈公。又说幕吏崛织部正等,备陈利害。下田开港之事遂寝。

六月,义卿谋航美利坚,与同志某抵下田。初,义卿至长崎,先生察其意,助游资以赏其志,且授密计。义卿等抵下田,私就美舰谋。美使不允,事败被逮。搜义卿行箧中,得先生送别诗,于是先生亦逮捕下狱。先生见幕议之颠倒,愤懑不堪,赋诗以见其意,有"终古禁人侦彼实,连年任敌探吾情"之句。又在狱中著《省仇录》。秋九月放还归松代,幽之于望月某之别业圣远楼。

冬十二月,诏熔铜佛梵钟铸大炮以备边防。先是,壬寅(1842年)之冬,先生上书藩主,论海防利害,谓"一旦备边,欲铸大炮数千门。天下之铜有限,不若聚寺院之大钟巨佛以充其用。盖海寇内侵,天下骚扰,灵场宝地,亦岂能独获安全。不如收之以备警急,固事理之所宜者。"会藩主辞职,议遂不行。至是闻此诏,乃大喜,跃然曰:"是非吾十四年前之论耶?今日其果验矣。惜先公墓木已拱,不复见之。"悲喜交至。

先生既闲居,而有志之士,多私来学炮兵之术者。或劝先生谢绝之,先生曰:"学期报国,教之亦所以救世。吾虽闲居,国家之隆替,不敢偶忘。且志士之来学者,必抱爱国之志,岂忍挫其锐气乎?福祸自有定命,何过虑为?"乃赋诗以示其意。先生闻藩使之入江户城,屡受强迫之举,悒悒不乐,而幽囚未解,常慨然曰:"百年之后,当有知予之心事者。"切齿扼腕者久之。

是岁冬,幕府遣林大学头抵京师②,奏事不得达而归。幕府更召阁老崛田备中守议开港。明年二月,先生闻其事,奋然曰:"是天下大事,吾身虽在禁锢,一息尚存,讵可默视耶?"乃违禁遣门人马场某,诣京师,遗书梁川纬字公图,号星岩,大论开港锁港之利害得失。纬乃与梅田定明号云滨,通称源太郎及内池大学等谋,呈

---

① 小仓藩:日本江户时代丰前国的一个藩属领地,藩厅位于小仓城(今福冈县北九州市小仓北区),幕末至明治时代期间曾被称为香春藩及丰津藩。
② 即日本京都。794年桓武天皇迁都平安京到1868年东京奠都为止,京都一直都是日本的首都。

其书于关白①九条公②。先生得其报，大喜，赋诗以赠纬，其末曰："感微甘罪遣，欲求通天闻。圣明苟有神，九死非所难。"时吉田义卿系长门之狱，窃以书托高杉晋作达于先生，其略曰："知时务如先生者，今之俊杰也。矩方非复昔日之少年，而粗狂日盛，无所不抵触。身虽可系，而狂不可系。动有所怵，恐一朝狱死，非丈夫志。但问幕府诸侯，有可与有为之人。赤县神州，有可以树帜之地，即为吾辈死所。微言以示高杉生，仆之至愿也。"寻义卿送江户，遂处刑。其绝命词传至信阳，先生见之，潸然曰："义卿急于事业，吾尝欲引之以成伟功，今遂已耶。"万延纪元庚申（1860 年）正月十二日，幕府初命使节航美国，先生大喜，谓"我国王化，由此渐布外邦。"

先是，先生既作《樱赋》入天览，乃自作五绝以志其荣。后十有余年，先生之遗集成，其友中村正直题其端曰"匹夫著作，得蒙天览。前则佐川田之国歌，后则先生此赋。三百年间，惟此二人，可谓荣矣。"门人遂刻石建之于东京城之西北飞鸟山之巅，以荣示天下。

初，先生以甲寅岁获罪归松代，后经九年，至文久壬戌（1862 年）冬，始蒙宥释。盖因长门侯之力云。至是长、土二藩，交遣使聘之。先生辞不往。癸亥（1863 年）之岁，飞鸟井亚相又传征命，辞不赴。是岁冬，将军德川家茂③厚礼召先生。明年甲子（1864 年）春三月，遂赴京师。是时攘夷之说盛起，处士慷慨之徒，聚合京师，往往杀外人，火使馆，日益横暴。而先生独主开港，家人门生，咸为先生危。或有止先生之行者，先生不听，曰："再蒙征命，岂复可辞？"既而入京师，谒将军，及一桥庆喜。幕议以先生隶陆军局，董④浪华炮台之事。先生辞之，请用欧人，不允。中川、山阶两亲王亦召见，咨当世之急务。会津侯松平容保⑤

---

① 关白：为日本古代职官，本意源自中国，为"陈述、禀告"之意，出自《汉书·霍光金日磾传》："诸事皆先关白光，然后奏天子。"也就是说任何大事皆先陈述或禀报给霍光知道，然后上奏于皇帝。该词经遣唐使引入日本，逐渐成为日本天皇成年后，辅助总理万机的重要职位，相当于中国古代的丞相。平安时代，藤原氏始开关白一例，藤原氏及其直属后裔一条、二条、九条、近卫、鹰司，五家轮流当上此职。

② 在此指九条尚忠（1798—1871 年），是江户时代末期的公卿，也是藤原北家摄关家的九条家当主。安政三年（1856 年）至文久二年（1862 年）为关白，亲幕府。

③ 德川家茂（1846—1866 年），江户幕府第 14 代将军。

④ 董：监督管理。

⑤ 松平容保（1836—1893 年），是日本江户时代会津藩第九代、亦是最后一代藩主，曾担任京都守护职。官称肥后守。号佑堂、芳山，神号忠诚灵神。

亦延见之。适少将岛津久光①在京师,其臣高崎某称兵部奉命就先生咨时务。少将之说与先生合,先生欣然欲共成天下之事。而朝野攘夷之说方盛,少将不得志,归萨摩。惧先生罹奇祸,使高崎兵部谕之。先生感激流涕,曰:"贵贱虽异,所见则同,可谓知己,不在千载之下。启持此论已二十余年,不暴白于天下,虽死不易此言。且自古英雄豪杰,际创业之时,怀独得之言,未尝不以杀身成其志者。是不足患也。"高崎长叹而去。西乡隆盛②亦来咨时务,将延之于其藩。既而不果。六月,条陈正名分、养人才等,上之于一桥庆喜。未几,水户藩士入京师,乞下攘夷之诏。先生愕然,将上书陈其利害。袖疏诣山阶亲王之邸,途过木屋町,忽被刺死。时七月十一日也。年五十有四。先是,长人桂孝允③、小松乾等惧先生之遭害,劝之归,先生不听,且曰:"开港之议,吾知其嫉于时,然为国家长久计,我固不可逃死。且即死,而或有激而继我者,数十年当享其利。若我自馁之,亡无日矣。"至是果及祸。

先生体貌魁梧,躯干长八尺,眼光射人,人不能仰望。幼时负乳母之背,诣某寺门,见其碑,自以手画乳母之肩如作文字者。乳母归,告先生父神溪。神溪乃以纸笔试先生,先生大书数字,点画无差。神溪益奇爱之。盖在襁褓中,已具英杰之志操。先生持开港之说,始终不易者二十余年。踬蹶④交至而毅然其志益坚,遂遇害。后十余年,明治十年(1877年)十一月,先生之诗钞出,山阶亲王题其卷首和歌一首,述怀旧之意,追悼不置云。

呜呼!先生钟信州灵秀之气,以有为之姿,际有为之时,出而踬蹶,随起随仆,百屈千折,其志不挠。而遂罹奇祸,不能伸其万一之志,岂时之未至欤?抑亦民智之未开欤?先生尝著《炮封诗》,序以见其志,其言曰:"炮封即睽⑤之封。予所遭

---

① 岛津久光(1817—1887年),江户幕府末期萨摩藩主岛津忠义之父,执掌该藩实权。1862年(文久二年),久光为实现"公武合体"而率兵进京,一方面利用"寺田屋骚动"镇压尊攘派,一方面侍奉敕使大原重德赴江户,逼迫幕府实行幕政改革,结果实现了一桥庆喜就任将军后见职。

② 西乡隆盛(1828—1877年),日本江户时代末期(幕末)的萨摩藩武士、军人、政治家,他和木户孝允(桂小五郎)、大久保利通并称"维新三杰"。西乡隆盛前期一直从事于倒幕运动,明治维新成功后鼓吹并支持对外侵略扩张,因坚持征韩论遭反对,辞职回到鹿儿岛,兴办名为私学校的军事政治学校,后发动反政府的武装叛乱,史称西南战争,兵败而死。

③ 木户孝允(1833—1877年),本名桂小五郎,长州藩出身,在尊攘、讨幕运动中起领导作用,维新后参加起草《五条誓约》,是政府的核心人物,推进奉还版籍、废藩置县。

④ 踬蹶:绊倒。比喻遭受挫折而失败。

⑤ 睽:不顺。

遇,无一不暌者。图事揆策①而其谋不用,则暌。竭忠尽智,而反招罪庚,则暌。言论笃实,而不免猜疑,则暌。货财横散而家道困迫,则暌。然物穷则变,变则通。居正道以固终,乃暌之理。且天地暌,其事同;男女暌,其志通;万物暌,其事通。吾之处世,吾之用否亦在自强耳。"由此言观之,先生之志不伸则当暌之世,非变通之时欤。呜呼! 先生在今日果何如? 试访信中之地,山岳巍巍,大湖苍苍,千古不朽,庶足以仰慕先生之高风欤。刺先生者,为肥后藩士。既刺先生,亦遂自首。呜呼,先生伟矣。彼肥后藩士者,识虽至闿,而蹈死不辞。以视夫侈言忠孝,有祸则又甘弃君国,降心媚其所仇,以苟一日之生者,抑又侠矣。

---

① 揆策:画策。

藤田东湖①先生传

　　先生讳彪,字斌卿,通称虎之助。东湖,其别号也。当陆水户藩人。其先出参谋小野朝臣篁卿。父讳一正,字子定,号幽谷,通称次郎左卫门。世业商。居水户、下谷。至一正,初仕水户藩,为彰考馆②总裁,食禄二百石。

　　先生幼颖异,卓荦不群,人皆称藤田氏有子。文化戊辰(1808年),甫三岁,父一正为滨田郡宰,先生从徙焉。明年己巳(1809年),藩主武公就国政暇猎于野,憩滨田郡厅。先生共村童出拜,进退动作如成人。明年庚午(1810年),藩主将入江户,先生从父初谒见,藩主奇其容貌。六岁时,从堀川潜字文川,通称晋藏。那珂港人。木村敬业馆主事受《孝经》。先生善读,过目不忘。堀川潜谆谆不倦,善教授之。又有本宫虎孝者,善击剑,一正称善之。先生过郡厅,见其父嘉许,乃自削竹为刀,窥其不意,辄出以击僮仆,乃大喜,日以为事。自是不甚读书,鄙丹铅咕哗③之学。文政己卯(1819年),先生年十四,有丰田亮者字天功,出水户,抵江户,访一正之旅舍,共龟田服斋、太田锦城,以硕儒鸣于都下。先生行谒之。又就冈田十松之门,学击剑,专于武技。因请于父,寓于外舅原雅言江户之藩邸。祁寒霜雪,磨砺不辍。丙戌(1826年)春,父一正复入江邸。先生复请曰:"彪初学十字枪法于乡先生,不获应许,以其不适于用。今愿学有实用者。"一正许之。乃从伊能云斋学其枪术。一正事竣归,留先生于吉田尚典之家,且训曰:"文武之道,相待而

---

　　① 藤田东湖(1806—1855年),幕末学者。藤田东湖之父幽谷是尊王攘夷论者,东湖自幼受其父的熏陶,深受尊王攘夷思想的影响。

　　② 彰考馆:史馆的名称。水户藩二代藩主德川光圀开始编纂《大日本史》,他于1657年(明历三年)在江户水户藩邸设立史局,1672年将史局移至小石川上屋敷,并将之命名为彰考馆(彰往考来之意)。

　　③ 丹铅,指点勘书籍用的朱砂和铅粉,亦借指校订之事。咕哗,亦作"咕毕"。犹占毕。后泛称诵读。

用,偏废皆不可。愿汝勿效腐儒,亦勿流为剑客。余之志也。"先生乃益奋勉。

初,甲申(1824年)之岁,英吉利之军舰来常陆之北大津村,邑人告急。事闻幕府,议者皆谓幕议必严责之。及幕吏至,以漂泊之例宽待之。一正闻之,命先生曰:"英人频年窥觊我边疆,傲慢无礼,而举世喜姑息。今日之事,吾已预知幕议必因循放还。若如吾言,则堂堂神州,岂无一具远识者。汝速赴大津窥其动止。若不出吾所意料,汝直杀之,从容就官请裁。虽出一时之策,庶几足以伸神州之正气。吾惟汝一男,思之已熟。汝若死,是吾与汝命穷之时,亦复何恨?"先生慨然曰:"谨奉教。"一正大喜曰:"真我儿也!"速结束上途,适伯舅丹就道来。一正备酒共饮,其私意盖隐以饯先生。酒未数行,有飞报曰"幕吏以薪水给夷人去。"一正愕然。时先生年十有九也译者曰,一正此举亦殊卤莽。攘夷者在于政治学术,岂可以血气从事乎。幸而不成,否则徒祸耳。虽然意气凛凛,至今犹有生气。岂者吾国之朝言攘夷大势,去即摇尾乞怜,媚外唯恐不及者,所可借为口实也。

先生之寓吉田尚典家也,自额其室曰"不息",取乾卦象辞"天行健,自强不息"之语以示意。时藩主哀公之介弟烈公敬三郎在藩邸,闻之,亲书"不息"二大字以贶①先生。于是益砥砺,入则读书讲学,出则弄枪击剑,不一日废其业。是岁冬,伯父某婴病甚危,先生得报即归水户。数日,某没。一正遗书招先生曰:"研究文武,不可失其时。"乃再入江户。未几,急足来,告以一正病笃。先生方在教堂弄枪,得报,即投枪起,直上程。兼行归水户,即一正易箦②之夕。先生恸哭曰:"前日之诲,今犹在耳,讵期竟成遗训乎!"五旬之间,悲号哀痛,饮食不下咽,至于骨立。

至丁亥(1827年),丧讫,乃就仕途,袭父禄二百石。寻补进物番。先是,藩主以一正及青山延光为彰考馆总裁,延光居江户,一正居水户。一正卒,及复置总裁,以大竹亲从、会泽安权摄其职。先生袭父之禄,及以进物番补馆职。而当时老儒耆宿,其班位皆居先生之下焉。旋因会泽安以事辞职,乃以先生与大竹亲从共任之。先生不屑与亲从共事,乃为书以赠亲从,奉身自退。又极论馆局之大弊五:一曰心术不正不宜居馆职;二曰正人实学不宜废弃;三曰摄职之选不宜在彪;四曰史业课督不宜迫蹙;五曰虚文粉饰不宜助长。反复辩论者数千言。先生既为书以赠亲从,又论川口长儒之污行,为书以赠川口长儒,乞间引过,议论剀切。于是青

---

① 贶:赠,赐。

② 易箦:更换床席,指人将死。箦,华美的竹席。

山延光等以江户、水户两馆隔绝,欲以水户馆正义之士入江户,以杀其势。乃为探阄之法,以定入江户者。先生不可,曰:"吾辈岂若儿童游嬉乎?探阄之事,有如博者,乌可为。"乃据实以答延光。更申亲从固请辞职。适藩主薨,不果。

初,藩主疾笃,继嗣未定。诸朝臣议以清水侯继其后,物情汹汹。十月朔,江邸之报至曰:"青山延光深以储嗣不定为忧,以大义责执政榊原淡路。淡路哂之,且曰以幕府之奉公子,何不可之有?"又报曰:"邸中用事者,日夜出入水野阁老之第。事情不测,必山野边氏在此,庶足以破有司之奸谋。"先生得书,谓此系国家之大事。乃直访山野边兵库曰:"事且急,大夫宜连共杉山忠亮谋。"乃归家祭其父之灵,以实告。急谋南上,卜之不吉。先生投策曰:"见吉而后行,见不吉而后止者,寻常之人事耳。今日之事,乃一藩之大事,据卜筮以决吉凶乎?吾今已决死,何卜筮为?"乃谢神主,传檄二三同志以会议。于是川濑德教通称七郎左卫门、会泽安通称恒藏、吉成信贞通称左卫、贞武田胜、铃木宜尊、桑原几太郎等来会,在杉山忠亮、山野边兵库之家,先生时相往来。时国法禁出境,议论故不决。川濑德教慨然曰:"吾辈幸不死,即蒙罪出境,社稷之福亦大。"议遂决。诈称为藩主祈病于静神社,乘夜跨马而出。既入江户,先生共诸士诣守山侯松平赖慎。赖慎延之室,因具陈情状。赖慎曰:"卿等凛凛忠慨,余虽弩朽,当尽心以遂卿事。"既决策,夜半辞去。途扣剑客斋藤弥九郎家,弥九郎大喜,击剑延场,供盐粥。明日诣监察今村某,告以犯禁南上事。既而藩主薨,又诣守山侯,请速尽力。数日,闻元老中山备州请立敬三郎为藩主,上之幕府。诸士皆感泣,有欲即北还者,先生不可,曰:"事已就绪,俟其完绪,归亦未晚。"未几,幕府允许之令下,即日发江户北还。先生谓诸士曰:"吾辈犯禁出,今又以众还,恐人心震骇。今日吾辈之彷徨于此者,以君主之故。若君主既定,不可踌躇。"遂发。三日达水户城下。时己丑(1829 年)十一月也。初,先生与诸士之会议也,关十兵卫曰:"今纳言公捐馆舍无嗣,虽有介弟敬三郎,顾颇聋病。若得大府公子为嗣,实公家之福。"山野边兵库按剑嗔目曰:"咄!吾威公①、义公②以来,主畅承祧。均嫡也,与尾、纪二藩异。奈何竟请大府公子为嗣?今日舍敬三郎其谁?吾当以死奉之。"十兵卫钳口而退。先生乃与诸士决策

① 水户藩初代藩主德川赖房,谥号威公。德川赖房(1603—1661 年),德川幕府初代将军德川家康 11 子。

② 德川光圀(1628—1701 年)日本江户时代的大名,水户藩第二代藩主,著书有《大日本史》,在明历三年(1657 年)开始修编,书成时间却在明治三十九年(1906 年)。

而行。敬三郎者,德川齐昭也。英迈果断。既嗣位,任贤举能,为尊攘诸士倡,功业冠列藩。实先生等之力。

天保庚寅(1830年),新藩主当国,以先生为郡田宰。先生既至郡,革其旧弊,颇风励,民情大骇。乃于政务之闲,会僚吏子弟,吟咏风月,讨论古今,以镇定之。未几,大变郡制,乃徙居大田部之宫舍焉。性好山水,出巡时,登山临水。招集父老,以论旧习之是非。会岁饥,乃设常平仓于大田部之野。复欲推广,适罢郡,乃止。是岁冬,藩主赴江户之召。时藩主锐意谋治,先生屡蒙召对,极陈修文奋武之事。藩主嘉悦,手书《尧典》"克明峻德"三十字以勖之。有志之士,皆企首而望中兴之化。而政府执事者,墨守旧弊,不欲更张。藩主益勤宵旰,遂修祖宗之典型,乃设局于城中,以修文献志,与政府有志之士相往来。未几,会泽安、铃木宜尊等为谗者所谮,诬以朋党。二子既去,政府中正义之士,鲜有存者。先生与同僚相议曰:"郡宰本疏外之职,吾辈述利害以谋国家之利益。群小居中制之,诚意不得达,奈何!"因上书论退小人进君子,为国家之基本。谋待驿使之往来江户者上之。壬辰(1832年)春,会泽安坐事罢。先生知不可以口舌争。即日称病不出。朋党之论益炽。藩主大怒,急召濑川德教等于江户问状。寻转先生为通事,徙江户。先生既移家居小石川之藩邸。居极狭隘,家人交苦之。先生曰:"吾少时寓吉田氏之舍,室方九尺,四面皆壁,仅一小窗以取明,犹能刻苦其间。大丈夫苟居天下之广居,区区小室之广狭,又复何有?"时边疆屡告警。水户藩国用频年空竭。藩主于是开拓虾夷①,且以警备北门。谋之滨松侯,滨松侯然之。藩主乃谋之先生。藩士大鼓舞,互议论其是非得失。先生独慨然从事。

乙未(1835年),选先生为政府史。藩主将制民产,建学校,而江户、水户两政府依违不决。乃命先生就水户政府达其意。戊戌(1838年),再入水户以传命。明年,又入水户。阅月乃还。是岁,藩主令以明年庚子(1840年)就藩。水户士大夫以军资困乏,恐获罪,密议以阻藩主之就藩。因上言曰:"去岁岁凶,士人之俸禄大减。若就藩之事,士民嗟怨,离心解体,大损公之盛德。宜完赐俸禄以慰人心,然后就藩。若事状迫促,恐江户政府不能制之。"藩主大怒,将罚水户之巨室及执政者。先生直诣执政曰:"闻公将因江户之有司,以罪水户之有司,吾辈不为请免,

---

① 虾夷:日本北海道的古称。虾夷人是古代日本的族群之一,根据其地理分布分为东虾夷、西虾夷、渡岛虾夷、渡觉虾夷等。虾夷是指他们毛发长如虾须。

则何面目以见水户乎?"执政谕之,先生不可,遂引罪移病。请辞职,不允,充史馆编修。庚子春,复擢侧用人,出入政府。

初,藩主在江户忧北房猖獗,欲开拓虾夷,屡请于幕府。就藩,及与阁老简牍往来,而事状不通,乃使先生于江户通其情。先生谒阁老滨松、松代二侯,竣其事,乃还。藩主就藩。未几,国内大治,而小人亦有渐进者。先生从容讽谏之,不省。因恳请辞职。有馋先生者,谓其家窘急,势不得居职,故托正义为辞。又曰以今井惟典为参政,是以怨望。人私告之先生,而藩主亦赐手谕曰:"寡人信汝,而汝疑寡人。汝去,寡人亦致仕。"先生乃勉强视事。适执政传公命且赐黄金曰:"子屡屡行役,其或乏资用。"先生默受之。直入奥右笔局,托其黄金于局长曰:"彪之贫困未甚,向者行役之日,如蒙斯赐,彪何敢辞。今日若有行役之命,亦不敢辞。无故而赐,安有受之之理,子幸为彪谢执政。彪虽饥饿,不敢拜赐。"局长无以对。执政亦不能强。

壬寅(1842 年),幕府废乙酉(1825 年)攘夷之令,命海内诸侯守宽政(1460—1465 年)、文化(1804—1818 年)之旧政。先生潸然曰:"我公他年之志将废,彪亦不得探虎穴矣。天殆未欲驱除丑房乎。俄房之蚕食北陲者,何时可遏。东照①、大献二公之灵何在乎?"怏怏不自得。明年癸卯(1843 年)春,先生从藩主谒日光庙②,途间坠马。藩主强从之,由船入水户。是岁秋,召今井惟典为寺社奉行③。先一日,先生入奥右笔局,闻之,诣执政府辨之。执政退。乃谒藩主,请屏左右。藩主大声曰:"汝来言今井之事,事已决,勿复纷纭。"先生对曰:"既命惟典,即可云决。今未之命,如何处分,只在阁下。"藩主曰:"寡人去岁排众言擢今井不次之选,而今井不容于人言。有司告寡人,寡人保护至今日。而今井既失人望,故出之从事祭祀。亦善处之道。"先生曰:"惟典劲直故,执政惮之,监察畏之,佞人尤忌之。阁下擢之于前,今又贬黜,窃恐小人拍手相庆。"藩主曰:"汝向执政论之。"先生流涕而退。见结城执政曰:"不能救今井乎?"执政赧然不能答。先生乃归家。上书,

---

① 这里指代德川家康。日光东照宫是供奉日本最后一代幕府——江户幕府的开府将军德川家康的神社,建造于 1617 年,位于日本栃木县日光市。德川家康在位时以武力攻破各军阀领地,统一全日本,死后被尊为江户幕府的守护神东照神君,所以神社称为东照宫。

② 即位于日光的东照宫。

③ 寺社奉行:日本江户幕府时期的官职名,掌管直辖领地内寺社的监督、祭祀、法会、修缮、人事、诉讼等事项。

尽其平生欲言而未言者。杜门移病,托姻戚武田迫道请辞职于政府。居二日,今井惟典来,传命出视事,且曰:"吾罢参政,犹黾勉从事。子何逡巡至此。"先生曰:"子之出而视事,亦如吾之退而移病也。"惟典笑而去。有鸟村志摩者,又来传公命。先生拜谢曰:"臣病愈。虽无公命,固将出以图报。然臣之病,恐非寻常小故也。"既而安岛弥次良盛服来,又传公命曰:"曩日之奏议,深感寡人之心。而汝移病家居,则浮言益沸腾。寡人甚忧之。请为寡人,暂出视事。"先生谓公之优待至此,而犹固执前议,不敬孰甚,乃谨奉命。弥次良大喜而去。明日乃出,视事如故。藩主亦优遇之。先生常语人曰:"君臣之情义,自古所无,决无富贵贫贱之念存乎期间。曩者身在疏外之职,一事一议,动为有司所制,常忧愤懑激不堪。以故上书之辞,不免矫激过实。及处亲密之地,和乐之意,感激莫言。或与之叹息,或讽议辩论。君臣之间,颜情稔熟,实有不忍面折抗言者。天泽之际遇,实无可言。"

先是,甲辰(1844 年)夏,幕府屡以参事命藩主。藩主以国事未就绪辞。幕府疑其有异志,诘其国老中山备州。盖以藩主归藩,既铸巨炮,又简阅军旅,故不能无疑。今年夏四月十八日,阁老土井大炊头①、阿部伊势守②、牧野备前守③等连署参府,传命召藩主。乃定五月二日南上。先生方卧病,众医皆止其行。先生不可,曰:"死且不辞,区区病症,何足介意。"乃诀母及妻子。姻戚武田彦九郎来,知先生之意,把杯酌,先生强饮之。遂发。五日,入江户。三日不沾米粒,而意气慨然。邸中皆谓公必蒙严谴。先生曰:"必待事发,为时已晚,何如今日先哀诉之。吾今病笃,命且不测。同一死也,吾宁自杀以救公。"适藩主召先生,将与反复谈论,而先生已入参政府。既而翻然悟曰:"吾过矣。幕府之疑公者,非一朝一夕之故。吾今自杀以哀诉,将实馋者之言。"乃止。忽报阁老以明日召支藩高松、守山、长洲三侯。邸中愕然。三日,松平赞岐守、松平大学头、松平播摩守、阿部伊势守、牧野备前守传幕府之命曰:"藩主近日骄慢自用,不惮嫌疑。将军不怿,宜速致仕。移驹

---

① 大炊头:日本古代官职名,从五位下,大炊寮的长官负责典礼、宴会上食物的调理,掌管诸国收获粮食配给的部门。大炊头也管理御料地。

② 伊势国,日本古代令制国,属东海道,又称势州。伊势国的领域大约为现在三重县的中央大部分,即扣除东部的志摩半岛、西部的上野盆地及南部的熊野地方东隅,阿部家族曾数代袭任伊势守。

③ 备前国,日本古代的令制国之一,属山阳道,又称备州,现为冈山县东南部及兵库县赤穗市的一部分(福浦)。

込①邸,闭户思过。"因命世子鹤千代②袭封。幕使去,藩主召先生语曰:"幕府亦必不怿于汝,殆将命汝致仕矣。"先生拜谢曰:"他人则不知臣决不免。纵令幸免,亦何面目以立于世。得从阁下于寂寞之滨,愿已足。"藩主叹息久之。适中山备州来,告以阁老罚中山氏以上有司之状。即夜四更,肥田执政传阁老之命,夺先生职,禁锢于监察。府吏率工来,舍之东西及南北邻之境,凡寸隙以机塞之,又以板钉门而去。先生曰:"奴仆无理,奉命不过禁吾之出入。然竟薪水不通,殆将饿死乎?"又以禁锢之旨不可背,乃请于邻家穿其墙,令童仆出入以给用。而监察日来舍外,查检甚严。

初,先生之出水户,病适笃,人皆危之先生以死自决,至此而病适愈。夏月之际,蒸热霑湿,上热下溃,臭秽之气充塞室间。先生坦然曰:"比之文天祥之土窖,我舍则玉堂金屋也。尘垢盈爪,虮虱侵肤,未足以敌我之正气。"乃效文天祥之《正气歌》,自赋诗曰:

> 天地正大气,粹然钟神州。秀为不二岳,巍巍耸千秋。注为大瀛水,洋洋环八洲。发为万朵樱,众芳难与俦。减为百炼铁,锐断仇人头。尽臣皆熊黑,武夫尽好仇。神州孰君临,万古仰天皇。皇风洽六合,明德侔太阳。万世无隆污,正气时放光。乃参大连议,侃侃排瞿坛。乃助明主断,焰焰焚伽蓝。中郎当用之,宗社磐石安。清丸曾用之,妖僧肝胆寒。忽挥龙口剑,虏使头足分。忽起西海飓,怒涛歼胡氛。志贺月明夜,阳为凤辇巡。芳野战酣日,又代帝子屯。或投镰仓窟,忧愤正惧惧。或伴樱井驿,遗训何殷勤。或殉天目山,幽囚不忘君。或守伏见城,一身当万军。升平二百岁,斯气常获伸。然方其抑郁,生四十七人。乃知人虽亡,英灵未尝泯。长在天地间,隐然叙彝伦。孰能扶持之,卓立东海滨。忠诚尊王室,孝敬事天神。修文与奋武,誓要清胡尘。一朝天步艰,邦君身先沦。顽钝不知机,罪戾及孤臣。孤臣困葛藟,君冤向谁陈。孤子远坟墓,何以谢先亲。荏苒二周星,惟有斯气随。嗟予虽万死,岂忍与汝离。屈伸付天地,生死复奚疑。生当雪君冤,复见张纲维。死为忠义鬼,极天护皇基。

---

① 込:日本地名,位于丰岛区北部、驹込台地的位置,古时的丰岛郡驹込村包含文京区本驹込、千驮木一带,后分为上驹込村、下驹込村。

② 即德川庆笃(1832—1868年),水户藩第十代藩主,为第九代藩主德川齐昭的长男,幼名鹤千代,江户出生且受世子的教育。

先生常谓："苏轼有言'道义贯心肝,忠义填骨髓。'死生之际,谈笑而处之。吾深服斯语。"又举以砥砺子弟。以为苏轼斯语,必有孟子浩然之气,方可贯注。夫浩然之气,胸中别具一至大至刚之象,非后世黄吻耳学之徒。或以豪放磊落、跌崖不羁者之所藉口,以大背孟子之本旨。其小廉曲谨以乡愿称者,愈不得似。苟欠慎独内省之工夫,则行慊于心者,斯其气愈歉然而中馁,安有所谓浩然者。故必道义贯心肝,忠义填骨髓,然后正气磅礴充塞于其中,及其至则可塞于天地之间。其无聊感愤之际,必诵斯语,谓"吾惟斯一片耿耿之气,以培养浩然之地。"盖先生以五月六日夺职禁锢。其后移小梅村别墅。终日兀坐,无书可读,无友可谈。顾念前后之经历,穷愁愤懑,无所泄,亦无所诉,盖默会之所得云。于是取其平生出处大节、君臣遭遇之际,与关于国家盛衰变故者,著一书,名曰《回天诗史》。自题其集曰:

> 三决死矣而不死,二十五回渡刀水。五乞闲地不得闲,三十九年七处徙。邦家隆替非偶然,人生得失岂徒尔。自惊尘垢盈皮肤,犹余忠义填骨髓。嫖姚定远不可期,丘明马迁空自企。苟明大义正人心,皇道奚患不兴起。斯心奋发誓神明,古人有云毙而已。

自是先生杜门屏居,大攻家学,综览群书,而益慨然。往往不能自禁,发为诗歌以自遣。其后三年,藩主赦罪,先生亦免。寻归水户,亲故时相往来。先生之名大噪于天下,远近争来咨时务,问文事。先生曰:"时事吾不欲复言,欲详吾行吾志者,吾有《诗史》,自取二三篇读之。"慷慨扼腕,继而泪下。嘉永癸丑(1853)前,藩主受幕府之命议海防政,乃召先生至江户,直复原职。藩主亦感先生之诚心,自书"诚之进"三大字以赐之。先生于是改其通称为"诚之进"云。先生之出江户也,天下想望丰采。当时英杰之士,佐久间修理启等,皆来咨时事,而先生夙愤外人之猖獗,持论或有时抵牾。先生愤懑不堪,赋诗以自悼。其诗中曰:"宝刀虽染洋夷血,却忆常阳旧草庐。"读者扼腕。

安政乙卯(1855年)十二月二日,江户地大震,被灾。以是日薨。享年五十。藩主悼惜,命归葬乡里。乃葬于水户城南常磐原先人之茔侧。先生娶山口氏,子三人。长子小野太郎,夭。次曰建,嗣家。次曰信,先生没后十数年,经敦贺死。女五人,长归原田成德,余尚幼。先生天资英敏,容貌魁伟,眼光射人。人服其聪明,而爱才容众。虽寸长者,推奖不置。弱冠时,不好读书。既而学,悟曰:"绛灌①无文,随陆②无武,古人所愧。大丈夫奈何不学?"遂刻苦读书,学业大进。性豪爽,有大志,临事慨然,以死自誓,故屡遭大变而益砥砺志节。其终身以明大义、正人心为己任,以修文振武为立国根本。每遇大事,辄不以死自畏避。本其家学,遵其父一正遗训居多。先是,嘉永(1848—1853 年)中,边防屡警,先生与藩主画大计,议防御之政事。传京师,天子大嘉藩主之留意。先生之名,亦以上闻。既没,讣达京师,天子震悼,叹为失人。天下人识与不识,皆为之惜。明年丙申(1856 年),前藩主齐昭命其臣青山延光撰先生之碑文,自题"表诚"二字于其额以荣之。

---

① 绛灌:汉绛侯周勃与颍阴侯灌婴的并称,均佐汉高祖定天下,建功封侯。二人起自布衣,鄙朴无文。

② 随陆:汉刘邦的文臣随何、陆贾的并称,两人皆有辩才。

蒲生君平①先生传

蒲生君平,名秀实,字君藏,通称伊三郎。下野宇都宫人。先养于福田氏,后改氏蒲生。蒲生为近江之望族,其先出藤原秀卿,至参议氏卿,从丰臣秀吉领会津,声望大显。氏卿有庶子名带刀者,从蒲生氏徙封宇都宫。带刀食禄三千石,纳邑之豪族福田某之女为妾。会蒲生氏再封会津,带刀亦从之。时妾有身,因留外家。未几生男。初带刀之行也,与之约若生男,则遣之于会津。妾之父母,宠爱之,不欲远遣,佯告带刀为女子。鞠其家,因冒其姓,为宇都宫编户之民。带刀立孙曰正荣,实先生之父。正荣五子,先生其幼也。

幼颖悟,不受人之羁约。一旦,祖母语其家系,闻之慨然发愤,誓兴起祖先之声名。自欲复氏蒲生。于是废游戏,折节读书学剑,不事生产。比及成童,寓下野鹿沼铃木石桥之家,学书史。适岁暮,举家拂煤尘。男子各带巾执帚,皆役于楼室,而不见先生。婢仆等咸愤之,索之堂室厨厕,遍问比邻,不得。洒扫过午,已毕,各就浴。偶视屋上,见先生席于瓦顶,泰然阅书,如不知家中之繁忙。众升屋,引之下。先生下梯犹不释卷,顾众曰:"诸君劳甚。"众怫然不应。先生直入书斋,又读如故。

既长,益好书史,然不甚研究章句。特通忠孝大义,景仰千古之英雄豪杰,以之自比。其持论未尝少自贬以求售,故俗儒笑为迂阔,不敢与之结交。然先生自信愈笃,恒慨然谓其同气友曰:"我以畎亩之余夫,生不能治耕耘,又未尝仕官为吏,以干升斗。即读书作为文章,亦不能与曲学阿世之徒为伍。糜粥以度朝暮,不复他营,以自取困穷。子等不知其然,辄为吾讶。然吾少时在家,读书祖母旁,祖

① 蒲生君平(1768—1813年),江户时期日本儒者,与藤田幽谷、林子平等过从甚密,特别受水户学之影响,重视大义名分论,倾向尊王思想,对当时皇室的式微,深为叹息不已。

母语我曰:'汝虽小儿,已略识字,善记祖母言。汝虽生此家,其系原出蒲生氏。汝高祖之父,实蒲生氏带刀君之子。汝读书立志,毋忘此语。'吾于是始发愤立志,研究古学,以修旷世之坠典,欲报国恩万一,庶几无忝其先祖。我生实晚,若逢大化(645—650年)、大宝(701—707年)之世①,大织冠②、淡海③二公之相业未必所企及。虽然,在其位者行其道,不在其位者行其言。稽古征今,道达国体王政之要,纳民于轨物。在上之人明祀典以教孝敬,四海之内,各尽其职以助余,则天祖将照临六合,万世不坠。富诸侯以奋武卫,安百姓以固邦本,是我之愿也。其或不然,或值天庆(938—947年)、天正之乱(1573—1592年)④,秀卿、氏卿两先公之将略勇武,或附骥尾以成功。今也升平二百余年,无所施用。然安不忘危,古之善教。天下虽安,岂无可虞者。北则鲁西亚⑤,西则英、亚诸邦,屡屡窥我边海,涎我神国。邦内亦岂无无赖狡贼、邪教左道之徒。故乘此时正名分以定民志,禁邪道以塞乱源,置天下于泰山万岁之安,民为尧舜之民。苟行吾说,则必远宴安之鸩毒⑥,驱戎狄之财狼,一时可致摧陷廓清之功,斯民免被发左衽⑦之患。斯吾之志。吾之志愿若此,彼悠悠之徒,曷足共谈?"

又谓曰:"为政正名⑧,仲尼所先戎狄是膺。周公之训,今世俗儒之文。以乱名分,俗吏之权以乱法纪。夫乱法纪,罪止其身。乱名分,载在简册,传之百世,流毒无穷,其罪不容于天地。夫神州为天地之正气,阴阳和肃,实为中国。中和之气,

---

① 大化、天宝年间,日本有较大革新。大化革新,日本的社会政治变革运动,革新派以唐朝律令制度为蓝本,参酌日本旧习,从经济到政治方面进行了改革,规定了中央集权的封建国家体制。大宝律令,日本古代的基本法典,颁布于701年,是日本第一部成文法典,以中国唐朝的《永徽律》为蓝图,是一部以刑法为主,诸法合体的法典。

② 大织冠:日本古代官位体制完善之前的最高官职,仅授予过中臣镰足。中臣镰足(614—669年),日本大化革新的主要功臣,藤原氏的始祖。

③ 淡海:淡海三船(722—785年),奈良时代学者,弘文天皇之曾孙,自幼出家名元开,后奉敕还俗,下降为臣,赐姓淡海真人,曾任国司、文章博士、大学头,有"文人之首"美称;著有《唐大和上东征传》《送戒明和尚状》等,相传曾为神武天皇以降历代天皇撰述汉式谥号。

④ 天庆、天正之乱:天正之乱,是日本平安时代中期,天庆年间发生在濑户内海的藤原纯友之乱;天正之乱,在天正年间,发生在伊贺地区的叛乱。

⑤ 指俄罗斯。

⑥ 宴安鸩毒:贪图安逸享乐如同饮毒酒自杀一样致命、有害。比喻耽于逸乐而杀身。

⑦ 被发左衽:被发,散发不作髻;左衽,衽襟向左掩。指古代中原地区以外少数民族的装束,借指沦陷为异族统治。

⑧ 正名:正名分。"名分"思想源自孔子《春秋》,儒家思想中,君臣、父子、夫妻的关系称为"名",相应的责任、义务称为"分"。在名分的教义下,进行人伦价值的判断,人伦价值称为"大义"。日本政治文化中的"名分",在幕府权利衰落时代,成为提高天皇世俗权力、呼吁天皇追从者的工具。

乃生五谷,甘美丰饶,所以养其文教之所及。精英之气,乃生金铁,坚刚锐利,所以成其威武之所加、天地之所限,永无外寇之患。自开辟以来,天祖①之胤世世传统,君臣上下之分,至严无紊,宇宙间孰有能及我神州者? 故虽交大国②,日出处天子,与日没处天子③,犹不肯稍让惟古天皇时,与中国隋帝通使,其辞曰:日出处天子问日没处天子无恙。惟正名之故。今俗儒不知名分,动损国体,眩于小大之势,而不顾其名。则爱新觉罗之正朔④,亦可禀而奉之。鄂罗斯之察汗,亦可称之为女帝乎?"译者曰:君平此言不可为训。彼时全球未尽通,不知地球之大,不知万国之平等,其虚矫自大与吾国之顽固守旧者等。君平之气节文章皆为世法,其议论则当抉择其是非。读者幸务借以自文其虚矫自大之谬妄之习也。

先生常叹皇室之凌夷,与外人屡屡窃窥边海之患,辄欲以身供国家之牺牲。于是游历四方,交其豪杰伟人。遇其同气,则慷慨痛论,泣数行下,或剧饮大醉,颓然自放。以身处于物外,而忧国之念,未尝顷刻忘。尝游京师,路过东寺,见一像,衣冠俨然。问之,则足利尊氏⑤。怒气勃发,愤懑不堪,大声数其罪,鞭之数百。寺僧等愕然,不敢止之。又尝航佐渡,拜顺德帝⑥之灵,见其荒芜颓废,大悲泣曰:"我神州万岁一系,谁敢窃窥神器者。彼何等逆贼,敢置至尊于此绝海穷天之地。然祖宗之灵,能使逆贼一朝族灭,其鬼馁而⑦。惟怪山灵荒废,一至于此。而为臣子者,无一人悲之。"告官以请修缮。嗟夫。我国生民,谁非天子之臣子,何浇漓至于

---

① 天祖:指日本神话之中的创世之祖天照大神。她被奉为日本天皇的始祖(皇祖神),也是神道教最高神。传说中,天照大神派天孙·琼琼杵尊(天忍穗耳命之子)去管理苇原中国(日本国),从此以后天照大神的子孙就一直治理日本。天皇是天照大神万世一系之神裔的传说便由此而来。

② 这里指中国古代王朝。

③ 《隋书·东夷传·倭国》:"大业三年,其王多利思比孤遣使朝贡。使者曰:'闻海西菩萨天子重兴佛法,故遣朝拜,兼沙门数十人来学佛法。'其国书曰'日出处天子致书日没处天子无恙'云云。"日没处天子指的是隋炀帝。日本地理位置位于中国东边,故有此语。蛮夷之国竟敢与中国天子半分天下,平等对称,炀帝看了很不高兴,对鸿胪卿下令说:"蛮夷书有无礼者,勿复以闻。"

④ 正朔:是由于中国古代天命理论,大一统思想,以及华夷之辨等古代思想理论的发展而产生的政治概念,即"正统"的意思,象征着一个王朝统治、代表中国的合法性与唯一性。

⑤ 足利尊氏(1305—1358年),日本镰仓时代末期至南北朝时代的武将,室町幕府的第一代征夷大将军,原名足利高氏,幼名又太郎,镰仓幕府灭亡后,由后醍醐天皇赐名为尊氏。由于足利尊氏在镰仓反叛后醍醐天皇,后来又攻入京都流放天皇,因此被水户学的儒学学者们当做逆贼。江户时代德川光圀在编纂《大日本史》时,将他列入逆臣之中。明治时代后,由于受到皇国史观的影响,足利尊氏被日本政府当作逆贼,但二战以后日本人的历史观出现了变化,部分历史学家对其作出了肯定评价。

⑥ 顺德帝:顺德天皇(1197—1242年),第84代日本天皇。

⑦ 鬼馁而:语出《左传》,意思是以后没有子孙供饭,鬼魂都要挨饿了。而,语尾助词。

此极乎!

因之欲急归铃木石桥，路经一川，适因霖雨，流水暴涨，桥梁已圮，乃解衣绝流，直达前岸。奋急直走，不觉其为裸体。行路之人，皆指之大笑。先生数见山陵①之荒废，大悲之，将有所议。适有大竹与伍者，自京都来谓先生曰："朝廷近赠役小角②为神变大菩萨之号。"先生闻之，辄泣曰："历世天皇之山陵，荒芜颓废，且不闻上谥号。而彼如小角者，则异端左道之徒，以惑愚民，何赐追号为?"号哭辗转，殆将坠地。遇当路之人，告以山陵荒废，辄欲修缮，躬自历视其地，参考古图旧记，乃作《山陵志》焉。尽力焦思，平生之精力，半尽于此。

当时俄人数数出没虾夷边海，以窥我国。上野人高山彦九郎③常尽意边海之事，将经津轻南部入虾夷以探事情。先生素闻彦九郎之为人，慕其慷慨奇节之士，亟欲一面，以吐肝胆。闻之大喜，遂结策上途，追至仙台，彦九郎已过十余日，竟不能及。乃始旋踵归途。以访林子平④。子平，仙台人，亦忧国俊杰之士。先生为人率真，不修边幅，孤剑一笠，衣履敝恶，行装如野人。叩子平门，通刺。子平出见，心鄙之，呼曰："咄! 何物野翁，不能自修却欲望人，何能为乎。"叱骂不为揖礼。先生亦忿曰："吁! 山泽腐儒何自尊大!"乃不与接语而去。

既归，在下野之古河，与故交相往来。先生素重忠孝之事，慷慨之气，出自肺肝，不能遏抑。尝一夜与客纳凉会饮，酒酣，先生起如厕，聚蚊如雷，先生厌之，以团扇亟拂臂后，染其不洁犹不自知。他客在席，杯盘献酬，偶偶谈及楠公⑤事。一客曰："公之死早矣，生全不能扶持王室，徒洁己以售其名，岂得为真忠臣。"他客皆雷同，赞其论。先生在厕中闻之，不能平。卒自厕出，挥团扇前论辩驳，座间讶其臭气，掩鼻而起。时小婢方行酒，指先生所挥团扇曰"厕中之物也。"视其半面全染不洁，而席上杯盘皿碟及先生衣裤间，挥洒所及，点点几遍。众客愕然。

---

① 山陵:指皇帝陵墓。

② 役小角:贺茂役君小角(634—701年)，身处飞鸟时代和奈良时代之间，是当时的咒术家，通称役行者，也是修验道的开山鼻祖。光格天皇敕谥其"神变大菩萨"。

③ 高山彦九郎(1747—1793年)，上野人，日本尊王论者，与林子平、蒲生君平并称"宽政三奇人"。其曾往各地宣扬尊王思想，因愤懑而在久留米自杀。

④ 林子平(1738—1793年)，江户时代后期著名政治学者，曾大肆渲染"俄国威胁论"，著有《三国通览图说》《海国兵谈》等，此外，还曾自撰《富国策》。

⑤ 楠公:楠木正成(1294—1336年)，幼名多闻丸，明治时代起尊称大楠公，为镰仓幕府末期到南北朝时期著名武将。他在推翻镰仓幕府、中兴皇权中起了重要作用。楠木正成一生竭力效忠后醍醐天皇，后世以其为忠臣与军人之典范，被视为武神。

丁卯（1807 年），俄人又至虾夷，大掠民家，边畿大震。先生在江户，闻之，愤懑不堪，乃著《不恤纬》五编，共《山陵志》至京师献之幕府用事诸公。有司以其言皆非处士所宜言者，却之，且将诘问。先生乃引律文，诵故事以对。于是益慷慨自奋，特言天下人所不敢言者，以鼓舞一世。时人目之为狂妄，有司亦因之，议处以重罚。适有某者为权贵所重，平生颇知先生之为人，悯其志，为之力辩其无他，因得免死。先生自此遂不复言，自号默斋，题其读书之处曰"修静"。因慨然曰："吾将修吾之身，以期后世，或有用吾言者。"益肆力著述，教授子弟。上书赠答自称曰"关东布衣"。尝赋诗以述怀，曰：

> 丈夫生有四方志，千里剑书何处寻。身任转蓬无远近，恩随流水几浮沉。
> 笑看樽酒狂先发，泣读《离骚》醉后吟。惟赖太平恩泽渥，自将章句托青衿。

> 短褐空过二十年，悠悠世事漫周旋。曾期大义骄侯国，岂意微躯屈市尘。
> 求友一乡无共语，读书千卷有谁怜。明时在野还知分，瓢饮惭非颜子贤。

> 祭政原非二，安民在敬神。先王庙陵废，后世淫祀新。恐举天孙国，终为夷狄人。我慕清麻吕，忠肝不顾身。

丈夫三十尚无名，学剑中休射半成。器量总非万人敌，下知终是一书生。

文化十年癸酉（1813 年）七月初五日，以疾没于江户之寓居，享年四十有六。其疾革时，自作《修静斋大人墓碑铭》，文极怪伟，中说三宝，皆爱君忧国之言。其辞曰："大人者，生有三宝，尝谓天子之祚与天地无穷，必正名分以绝天下非望之念。修陵寝，明祀典，率天下贡其力以资王祭，愿东西数千里海内之地咸臻肥饶。崇祀山川，永弥水旱。修民制，均丰约，教民孝顺忠信之道，八十者养老无憾，而鳏寡孤独者忘其穷。我国自古无夷狄交侵之患，乃天地所以限之。自今以后文武之士，厉忠力国，勿安一日之姑息，忘万世之远图。吾今虽死，精灵常在天地之间，愿俟其人以授之，云云。"

先生始患奸臣俗吏创虐天下之苍生，著"革弊免役"等论，继又患制度律令之不复古，乃撰《职官》《神祇》《姓族》等志，合《山陵志》为九志焉。未成而没。先生壮时丁祖母丧服除，遂出国游历四方。故娶最晚，其配多氏，红叶山之伶官某之女，无子。先生没后，其交游亲旧相聚号哭曰："斯人作《山陵志》，最致意于丧祭之礼。今不幸无嗣，则今日之责，舍我等朋友，其谁任之。"乃葬先生于江户北郊谷中龙兴山临江寺之城内。水户藤田一正亲撰其墓表。呜呼！世称彦九郎、林子平暨先生为三奇人。而子平终身幽闭，彦九郎自刃死，善终者仅先生一人而已。

高山彦九郎①先生传

或谓之乱人，或谓之义人，生于泄沓之世，竟不能容其身，以痛苦流涕终其世。晚归后筑之土，至人疑其踪迹而不能自白焉。然天地灵秀之气所毓，浩然正大。千秋之下，义烈凛然，恩给其子孙，旌表其闾里。后生之士，景仰不已。如高山正之其人者，世所希见，不可不述也。今考其传而传之。

其先出于远江守某，建武（1334—1338 年）之乱②，为新由在中将源义贞③之属，勤劳王事，颇以骁勇名，所谓"十六骑党"之一人。新田氏灭，某之裔亦微。在民间，世世处上野国新田郡细谷村。子孙虽降编民，然以乡里之旧族常佩双刀，往来闾里。郡宰亦不禁之。至有良右卫门者，尤嗜武技，俨然如武门。良右卫门有膂力，弓枪、击剑、驭马之术极娴。常携仆从，负弓矢游猎山野，格杀猛兽。时人服其勇，无赖之徒，为之慑气，阖乡赖以安。先生实其子也。

先生字仲绳，通称彦九郎。生既俊异，具非凡之骨相。早失父母，为祖母所鞠育。喜读书，不事游戏。闲依祖母膝下，乐闻古今英雄之事业，战斗之胜败，辄记不忘。年十三时，一日读《太平记》纪中兴之事业，忠臣节士，肝脑涂地，膏血遍原野，悲愤不已，慨然有功名之志。年十八，竟辞乡游京师，就师受业。居二岁，博涉书史，出外舍，遍交都下诸生之有志者，订交结盟。诸志士亦感其诚，争来结纳，交游颇广。先生素有四方之志，会以事归乡。阅数月，又辞去，留江都。江都硕儒伟

---

①　高山彦九郎（1747—1793 年），上野人，尊王论者，与林子平、蒲生君平并称"宽政三奇人"。曾往各地宣扬尊王思想，因愤懑而在久留米自杀。

②　建武之乱：发生在日本建武年间的一次北条残党的叛乱，虽然是小叛乱，最终也被镇压，但是，其对后世影响深远，可以说是日本历史上最为著名的叛乱之一，这场叛乱，间接导致了足利尊氏的反叛，进而加速了建武朝的覆灭。

③　源义贞：新田义贞（1301—1338 年），幼名小太郎，为镰仓幕府末期到南北朝时期之名将，河内源氏一族，新田氏第八代当主，曾经辅佐后醍醐天皇，灭亡镰仓幕府，但后被足利尊氏打败，自刎而死。

士,多与之相往来。后更游历诸州,东陲西陬,足迹几遍。

先是,先生遭祖母之忧,以鞠养之恩,哀痛最甚,欲服再期①之丧。其兄止之,不听,庐祖母之塚侧独居三年,哀痛如一日。糜粥不下咽,体惫骨立,殆如植鳍②。父老咸钦敬之。事闻江户,有司为之旌表。其乡有无赖之徒,结党博弈,好健讼,素嫉先生之所为,又闻有司褒赏之,百方倾陷,竟诬告曰:"正之托丧服之事,以弋声誉,而阴多遗行。加之凌兄特甚,不孝不友,孰大于是。"乃系之狱。吏固闻先生以孝友名,颇异其不类,召诘之曰:"庶民不得带刀剑,国之定制,苟有犯者,身陷形狱。闻汝处畎亩之中,常以双剑自随,何也?"先生对曰:"臣祖高山远江守,勤劳王事。自南朝以来,二十余年,未尝无一人不带刀剑者。"有司异其言,知其率真,胸中淡泊,磊落无他。怜其为馋者所构,欲登庸之,因谓曰:"汝有仕宦之志,居常所业,注意武技欤,抑欲以儒学名?"先生曰:"士虽贫贱,苟欲致身,亦何难之有?然窃闻之,君子之仕以行其义,以行其道,岂有一毫攫取爵禄之心。且学所以明人伦,士之志道,岂必限以文事。臣生平好读书,初未尝欲以文士自名,故不效彼诸生毕生溺于章句以成腐儒而为世厌。又甚好学击剑,亦不欲以技艺立身,故亦不肯专修之。"有司微笑曰:"如汝之言,亦不欲求仕。汝虽非文学者流,亦以道自任,不得不谓之儒者。试讲《大学》,以益余见闻。"先生取书,解释精辩,义理分明。有司曰:"果不负所闻。"竟释之。

先生在狱,狱吏馈食来,俯仰感慨,粒不入口。出狱,竟不入家,遂游四方。遇豪俊奇杰之士,必畅谈时事,扼腕切齿,辄至泪下。至闻忠孝奇行之事,必直访之,不以僻陬道远而止。自是声名愈高,时高门巨室,多为布衣之交。天朝之名卿中山大纳言爱亲有为之人,奇先生之行,屡召与语。江门江上关龙、丰前梁又七、水户长久保玄珠、立原万、藤田一正等最相亲。初,先生之游江户,访长久保玄珠,一见如故。玄珠遂遣其乡人立原万书曰:"予在江都,交处士高山氏,倜傥奇伟,慷慨之人,不赍一钱,常跋涉天下,自慕鲁仲连③之为人。"万以书示藤田一正,一正时年

---

① 再期:指服丧两年。期,一周年,旧时父母之丧为三年,但到第二个忌日即除去丧服,故称。一般情况下,祖父母丧,只需要服丧期年,即一年。

② 植鳍:竖起的鱼鳍,形容人枯瘦背脊弓曲貌。

③ 鲁仲连:又名鲁连,尊称"鲁仲连子"或"鲁连子",中国战国末期齐国人,生卒年不详,善于谋划,常周游各国,为人排难解纷不受酬报。前260年,秦军围困赵都邯郸,他以利害劝阻赵、魏大臣尊秦为帝。赵、魏两国接受他的建议,联合燕、齐、楚等国共同抗秦,邯郸解围。前249年,齐国派军收复被燕占据的聊城,年余不下,百姓灾难沉重,他以亲笔书信劝说燕将撤守,齐复得聊城。

十三,景仰不已,赋诗以赠先生,亦目之为鲁仲连。其诗曰:

> 闻君高节一心雄,奔走求贤西复东。游学原怀奇伟策,正知蹈海鲁连风。

由是一正与万共来江都,投玄珠家。先生与二君相见,甚喜,谓一正曰:“吾遍游天下,阅人多矣,未有如足下之卓越者。承足下见爱,愿赠以言,足下多病,讲学之余,宜试武技。剑虽一人敌,不足以临阵御敌,然精练之可以强壮身体。勤学之余,为益匪浅。”未几,一正、万等归水户。

明年,岁大饥,所在盗贼蜂起。上野亦危甚。先生适在江户,闻之,愤然蹶起曰:“吾之旧里,而有此事,吾万不可不出死力之理。”即踵江上关龙,告其由,且辞别。关龙危其行,欲俱行以援之。先生不许。关龙知其志不可夺,遂设计,故设席饯之,赆以衷甲一领。先生受之而别,独行至板桥驿。时已夜,过桥上,有物遮其途。先生大怪之,近而熟视,则二男子横卧于桥上,状貌狰狞。先生不欲踏过之,呼之不应。良久,既而默念:“此系官道,彼塞之,其罪在彼。”乃踏凹处而过。其人蹶起并呼曰:“谁踏我头,无礼特甚。咄咄!速止谢罪!”先生不顾。二人怒,拔剑追击之。先生大怒,因立叱之,山岳皆鸣。二贼辟易,不敢再迫而去。先生疾步达其乡,过一旅店,适饥,遂入,命酌。闻邻室喧呼饮酒,讶其声为素识者。窥之,其徒数十人。而关龙、梁又七亦在其中。大讶之,直入问其故。则两君因先生之行甚危,特率其徒先至,以助之。而事已平,会将归,故会饮。先生闻事平,亦喜,同饮大醉,遂与之俱还。前桥上之贼,为官所捕。其魁自相语曰:“吾膂力敌万人,生平未有恐怖事。惟前在板桥,欲劫旅人金。一夜,遇一渺小丈夫,将劫之,彼嗔目大叱,至今日犹觉其声在耳。”追忆悚然。

是年,京师灾。先生闻之大惊,昼夜兼行,驰赴京师。过木曾山中,时已午夜,贼数人拔刀胁之。先生叱曰:“汝知上野高山彦九郎乎?今闻天关[①]灾,特驰赴之。奴辈岂足污我刀。”贼皆投刀慑服。后大阪狱中一贼语他囚曰:“世所谓天狗魔王者,徒闻其语。惟吾实见。吾在木曾山中,逢一客,欲胁之。彼自称为高山某,眼光如炬,呼声如雷。世所谓天狗魔王者,未必果若此人。”先生与江上关龙善。关龙见先生每以气凌人,忧之,谓之曰:“若无术,虚气不足以服人。遇真健者即穷耳。”先生不服,抗论力辩。关龙骂曰:“正之,怒即杀我。不我刺,非夫也。”先生愤然,欲拔剑,关龙以手抑其柄,先生尽力不能拔。关龙微笑徐谓曰:“止。”先生暗恶

---

① 天关:宫廷,这里代指京师。

叱咤之气，竟为之折。于是折节学剑，每夜自试，必千返乃寝。久之极其蕴奥云。

先生正直不阿，赴义如渴，公侯多招致之。尝抵某侯，乃当要津者。两童子浣濯衣，穿绔，馈食甚谨，侯指曰："小儿辈欲乞长者之教诲。"先生逡巡不应。侯曰："勿然。吾虽有缺失，愿闻之。"先生揖曰："然则不敢不言。往来某所之民，兄弟复父之仇，官护送之，如同囚徒。今日所言，关于名教者甚鲜。愿先于是等加意焉。"侯谢曰："一时指挥之所不到，后当谨之。"

先是，俄人数数往来虾夷，窥窬海边。先生深忧之，欲躬自历视其地，窃探虏情，而未果。庚戌（1790 年）夏，遂决计单衣孤剑先至水户，经津轻南部，极北流之陲。临发，诣玄珠，告别。玄珠壮之，置酒以饯。玄珠家藏镇宅灵神铎，乃建武（1334—1338 年）中楠河内所奉献之物，出以赠之。先生拜受，大喜曰："我将赴北陬不毛之地，祖道而得此神铎，吉祥孰大焉！"盥漱着礼服，再拜感泣。又谓玄珠曰："我以游历之事，今日固甘万死，身后亦无复关心虑者。但一事托君，仆仅一女，愿得结婚天下之名士。藤田子定，国士无双，若因君得奉为箕帚之妾，九泉之下，尚图报君。"子定者，一正之字也。既去，至水户，访立原万、藤田一正及诸同志者。留数日。一日，万谓人曰："活云长来，子盍往见之。"先生须髯颇美，故戏呼之为关羽云。又有木村谦者，居于下野村，与先生一见，如旧相识，遂以肝胆相许。谦赠诗曰：

> 高山子，高山子，东山壮士气翩翩。七尺躯兮三尺剑，一个行李在半肩。天下山川跻攀尽，偃蹇日吟远游篇。行行铁杖驱长蛇，怀中明珠照海天。自言四海皆兄弟，不愁乡国隔山川。秋风先到白川上，真人紫气满关边。关尹[①]想像占来往，留得《道德》玄又玄。风尘俗物谁得读，宝篆一字直十千。天下野人丑男子，相见谈笑夜如年。天厨兼馔为后供，玉液滚滚对炊烟。坐间割鲜肉如堵，樽中大杯酒如泉。醉中谈笑同奇癖，寻问本朝孝子传。人世高行谁不美，与君同好亦何然。今日相逢今日别，可惜再游已多愆。忘老一时意气豪，鬓上毿毿奈二毛[②]。吁嗟嘻嘻！高山子，高山子，天下要道属君曹。草鞋如虎开云雾，知君至德，高山仰愈高。

既辞水户，遂驰北向下野。蒲生君平素慕先生之为人，闻其北游，追至陆奥，

---

① 关尹：指老子出函谷关留《道德经》的故事。关尹即当时请老子留经的令尹关喜。

② 二毛：斑白的头发，常用以指老年人。

适出后醍醐天皇①之塔婆之下。塔婆者,盖南北之乱,官军尝镇抚陆奥,以故至今为天皇之供养。君平彷徨迟回,休息陇上,一樵夫过前,因问曰:"汝见伟人否?"对曰:"前有一士人过此,嘱余荷水至。其人即浴水着礼服,跪塔婆下,出怀中文,读一字未终。歔欷流涕,殆如狂者。"君平曰:"是矣。"问其何日,曰已去十余日矣。君平不能及,乃返。先生跋涉东西,颇健步。其平生所赉,常具甲胄一袭,盖以为从军之日,必须躬亲,故预习之。先生既历南部津轻之地,又至松前,入虾夷不毛之境。纵横奔走,临熊罴之窟,迫蛟蛇之渊,草食露宿,艰苦备尝。尝屡日不得食,饥饿殆死,而心不挠,神色如常。久之,还松前。又航海游西南,极北洋之险。幸舟坚风顺,舟渡如飞,三日三夜,径达中国指日本京师。留京师数月。明年辛亥(1791 年),复辞京,游四海。是岁二月,夷舶至纪伊之大岛浦,又出没筑前、长门之边海。幕府下令,四方戒严。壬子(1792 年)夏,俄人送其漂民至根室。明年癸丑(1793 年),幕府遣石川将监、村上大学等按捡事由。是岁,大纳言奉敕至江府,其事秘密,世莫得知。先生在西海凡三年,数见夷舰窥我边海。又闻本国告警,束装复归京师。

先生之每至京师也,至三条桥上,遥望皇阙,跪地叩首,自表曰:"臣高山彦九郎"。途人士女,怪顾哗笑。先生不顾。一日游郊外,诣足利氏之墓,声其大逆之罪,数之曰:"咄!汝何物逆贼,敢害忠良,戕害皇子,虐万乘之至尊,其罪不容于天地!"且骂且鞭之。读国史,至南北之际②,必悲愤慷慨,涕泪沾书。其恶北条、足利,不啻私仇。自幕府设立以来,专威福于关东,蔑视天朝,视如无有。先生每见俗儒庸吏徒慕唐山,不知国体,鼓舌弄笔,淆乱名分,以煽惑世人。因慨然曰:"环海万国,惟我邦皇统连绵,万古不革,真个神州,岂彼朝秦暮汉,以逆贼为帝之腥膻邦土,同日而语。"尝会诸生,话及笠置③先登之事,先生忿然曰:"逆贼敢抗天子,其子孙决不育。"一后生进曰:"先生之言未中,仆实当时迫帝陶山之裔也。"先生大怒曰:"贼胤勿污我门。"遂斥之。又尝访一士人,见其机上置所箸室《直清论》,其

---

① 后醍醐天皇(1288—1339 年),日本镰仓时代后期、南北朝时代初期第 96 代天皇,南朝初代天皇,在位期间,结束连仓幕府的统治,实施建武新政,建立了南朝政权。

② 指日本南北朝时期,即上文提及的后醍醐天皇时代,其时为镰仓幕府时代,北条氏控制幕府。足利尊氏反叛后醍醐天皇,支持开设了北朝的室町幕府。

③ 笠置:元弘之变(1331 年),后醍醐天皇携带象征皇位的三神器和亲随逃往笠置山,号召勤王。下文提及的楠公,即有着浓厚勤王思想的楠木正成,应召率兵出战。

论楠公应召直造笠置,以为度量不足,引诸葛亮三顾草庐之事以议之。愤然骂曰:"腐儒论事何迂!元弘(1331—1334 年)之时,岂三国所可同年而语。刘汉之末,天下分裂,豪杰并起。当此之时,刘玄德以贩履织席之人,自称帝胄,岂真伪谁能辨之。亦犹今世奴仆之辈妄称源平、藤桥之姓,以自夸异。孔明三顾而出,吾犹以为早,即百顾又何如。若楠公者,则大异是。赫赫王朝,神器所在,六合所仰,开辟以来,神圣相承,皇统一姓,传之无穷。普天之下,率土之滨,一夫一民,皆沐其恩泽。而楠氏则廷臣之裔,畿内之民。虽无召命,岂视国家为难,酣然自安。彼闻天皇蒙尘,投袂而起,彼岂能从容而效诸葛乎。读书论世,而不知此,万卷何益?"怒发直立,裂其书掷之庭前。先生慷慨之举动,往往有类狂者。故不为庸人俗客所容,然又善为理屈,惟大人爱其愚直云。尝在丰前,乡儒仓成善次以先生不幸之事语人。先生闻之,忿怒不堪,持刀直往善次家,请得其状,则斩之。善次知其意,出席授之,论其理由。先生始悟,揽涕谢之。其憨直大率如此。

既留京师数年,终不得意,居常怏怏。再游西海,航海至筑后主森嘉膳之家,嘉善亦奇士。居数日,怏怏如有病。一日出,过一关,关吏止之,归馆,闭之一室。忽出其所赍日乘①,寸裂之投池中。嘉膳见之,惊问其故,且曰:"积年尽力而后成此,今一朝毁弃,岂不可惜。"先生曰:"我亦岂不知爱惜之,然百事已矣。况此鸡肋,何足深惜。"嘉膳曰:"足下所为,嫌疑所届不留以示后世,必有疑为不良之事者。何以解之?"先生乃止。嘉膳既退,须臾,先生拔刀自屠其腹。嘉膳复来见之,大惊曰:"何以至此!"先生曰:"吾尝欲报国家,以表忠义。今一无所成,无可为已。自愤吾才力太劣,乃天绝吾。为吾寄语海内豪杰,好自为之。"嘉膳曰:"国法所在,愿为子加疗治。"先生不应。嘉膳曰:"吾舍子而子自杀。吾不为子疗治,自违国法。罪将无所逃,愿子亮之。"又不应。又曰:"然则吾告官,乞捡视。子且少待,勿遽自屠。"先生曰:"诺。"乃留刀于腹。嘉膳亟命家人报之官。顷之,先生指东方问曰:"此非帝都及故国耶?"嘉膳指东北示之。先生拍手再拜,俨然端生,谈笑如平时。既而医来,视之。吏亦至,问其故。先生告曰:"狂耳。"问其乡贯,曰:"上野新田郡细谷村。"再问,不复答。乃推刀深入尺许。吏捡问其所赍之物,毫无可疑。惟天下各山大川胜区之图画,及忠臣孝子之行状,诸名家所送之诗文而已。中有

---

① 日乘:日记。

先生自书国歌^①一首曰：

> 我所思兮，何处哀，高邱兮，无女望。舰积兮，魂兮之所止。吾将舍此兮，而就汝。

至晓竟绝，年四十有余，时宽政五年（1793 年）也乾隆五十八年，人无知其所以死者。久留米侯闻而怜之，乃命转告新田领主，封其所贮之物，送还乡里。葬先生于府下遍照院。后数月，其墓下有自刃者。其人状貌魁伟，盖为唐岛常陆介云。常陆介云者，亦慷慨之士。初闻先生名，未识面。一日，诣圣获院法亲王，遇一士人，骨相非凡，眼光灼灼，声如洪钟，因卒然曰：“君非高山殿欤？”先生亦曰：“君非唐岛殿欤？”因执手相泣曰：“天下事何至此极。”遂相往来，定为刎颈交。既闻先生死，感触至此。先生既死，事传三都，无能测之者。或曰愤关吏之辱耳。江上关龙曰：“吾数数骂之，而彼不死。彼岂计较于关吏者。彼既不能杀人，又不为人所杀。舍自杀其焉可？”梁又七曰：“彦九郎殆有感而然也。”

初，光格天皇^②在位，举国望中兴，而幕府大将军德川俊明^③专柄，中外嗟怨。先生涕泣语同志曰：“今当树帜国门外，号集千人，行诛国贼，尊吾皇也。”寻德川家齐既入幕府，稍稍革俊明所为，朝士悦之。于是国家大政，尽属德川氏。先生以为德川氏再兴，王室无自振之日，留我必终仇德川氏，祸且涉及王室，乃怏怏西游，而死于此。先生既死之明年，其叔父剑持长藏乃起坟祭之。后五十余年，明治朝维新赫赫，王业复古。朝廷赏先生勤王之大义，赠从四位，追号高山神社。先生一子一女，子曰义，助游林公酒之门。

呜呼！先生天资忠孝，倜傥慷慨，其志虽不克成，而苦节至诚。闻风兴起，竟成今日之大业。追赠社号，光被泉壤，庶足以慰先生之魂矣。先生短小白皙，双目紫棱，烂烂炯炯，声如雷霆。同志洗请试其叱咤，先生命列陶器于棚上，倚柱大喝，陶器尽振，相触转落，如贯珠然。然平和爱人，温容溢面。其览书史，初若不经意者，过目辄能别是非明义理，精思熟虑者不能折之。学尤务实。尝至水户宕手村，

---

　　① 国歌：这里指日本和歌，是日本的一种诗歌，由古代中国的乐府诗经过不断日本化发展而来，是日本诗相对汉诗而言的。和歌包括长歌、短歌、片歌、连歌等。

　　② 光格天皇（1771—1840 年），日本第 119 代天皇。光格天皇个性敦厚，在其任内恢复了石清水神社与贺茂神社的临时祭，以及其他朝廷的仪式。同时他也热衷于学问，多才多艺，在位期间，最重要的事迹是为其生父典仁亲王上尊号。

　　③ 德川俊明，即德川家治（1737—1786 年），院号为浚明院，德川幕府第十代将军，乳名竹千代。

闻有孝子乙吉者。至其家,乃著礼服延之上座,执手言曰:"沐二百年太平之泽,得孝行如子者,得不谓之天幸欤!"又有在江户为父报仇者,先生在上野,驰赴之,特赠《孝经》一册,垂涕以激励之。先生以布衣羁旅之士,而独具大志,以尊王室攘夷狄为己任。跋涉天下,激励人心,鼓舞义气,出于至诚。尝在京师过鸭川之侧,见童子手捉一龟玩之,甲上有文,尾毛毿毿,即所谓绿毛龟者。先生奇之,乃出资购归,谒伏原正二位清原宣条卿,以供呈览。二位以文学蒙尊宠,亦以为祥瑞,即进天览,睿圣嘉赏。先生亦颇自喜云。当时之士论,或谓先生为疏狂避世者,或目以逸民独行者,皆不足以知先生。尝自言曰:"我未尝欲仕,而常觉彼仕者之责任,皆我之责任也。设遇有关于天下者,但知有天下而不知有身。若遇常陆之源义公①,及备前之烈公其人者,为之执鞭,亦所甘焉。"此则先生之志欤。

---

① 源义公:即源义光(1045—1127年),日本平安时代后期的武将,别名称为新罗三郎义光。其主要支持力量为妻室常陆国豪族常陆平氏。

林子平①先生传

　　林氏之家,藏子平先生肖像一轴,肥前硕儒松林饭山为之作记。像纵八寸,横六尺,著小袴,带长刀,为行旅装,踞坐磐石上。左手握墨斗,右手捉笔,如将写其所思者。其骨肉丰腴,须眉生动,风采非凡,犹可想见度量若海,卓见若神,透贯百世之概。夫不世之才,绝人之智,其所言所行,必出庸俗之表,而世目之为癫为狂。辁轲困顿,惟其心任天地之照明,待千载之公论,舍子平先生其谁足以当之?

　　先生名友直,仙台人。其先出于伊豫探题伊豫,地名。探题,官名,伊豫介通清。十数传至冈村至政,仕幕府为铳队。更四世,为先生父源五兵卫良通通称良通半次郎。良通旧为松平陆奥守之臣,故受伊达氏之藩俸。因事削籍,养于叔父林某。遂姓林氏。先生幼颖悟,不受羁约,常游山野,驱逐鸟兽。年十二三,略通书史,举动如成人。喜地图,展观终日忘食。邦土之广狭,山川之脉络,一一默记。不甚喜章句,最注力于经济实务。苟得国典、旧记、法令,必宝重之。素有大志,出仕本藩。及冠,辞乡,流寓四方。西自肥、萨,北至虾夷,所过山川厄塞、风土民俗,与有司刑政之得失,咸默察而识之。至悉,又考攻守胜败之由,谓备陆不如修海备,遂倡防海之论。所赍一裘一褐,奔走四方,性恬澹寡欲,心存大义,贫无瓮飧,晏如也。其亲族多缙绅,先生蔑视之,不治家事,常曰:"龌龊求全,丈夫所耻,宁为国事以自毙,讵能怏怏忍忍,持筹握算乎?"

　　下野蒲生君平,亦伟士。闻先生为人,常慕之,一日特访。君平率真,不修边幅,敝裤短褐,行装鄙野。先生叱之曰:"何物穷措大②,不能自修,而望人乎。"君

---

　　① 林子平(1738—1793年),日本江户时代后期著名政治学者,与高山彦九郎,蒲生君平合称为"宽政三奇人",号六无斋主人。

　　② 穷措大:形容贫寒且酸气的书生,含轻慢之意。

平亦怒曰:"野翁,何妄自尊大乃尔。"遂不接一语而去。先生注意海防,不屑为傲岸乖僻之举动。尝在京都,谒中山大纳言,论高山彦九郎、蒲生君平,慷慨谈时事,往往自泪下。众咸激赏之,先生独曰:"彼辈第善哭耳。方今天皇垂拱,政府得人,天下号无事。西方群雄,日胁以谋我。一日神风朦朣,蔽海而至,君等位上卿,荷重寄,一痛哭遂足以效国耶?"

当时以彦九郎、君平及先生称天下三奇士。然其所主,各有不同。先生最留心边防,尝见外人窥我东洋,且忧且愤曰:"我国升平日久,士风懦弱,上下恬安。人人在昏醉酣卧之中,不知外洋为何等。即有稍知一二国名者,则又妄自尊大,概以禽兽目人。殊不知彼之百技精熟,器概整备。航海铁舰,千里一瞬。攻守之火具,金汤不足以备之。万一邦家有事,卵石之势,其奈之何?"慷慨忧愤,以身为天下先。西至长崎,北极虾夷之地,警觉天下,鼓舞士气。极筹御侮之策,以坚固皇国之基础。同藩士有工藤琢卿者,业医,以博学卓见闻。一日,与先生相见,琢卿常主边防之议,与先生持论相符,意气投合,悲愤慷慨,谈论移晷。自是日日相访,交谊尤密。先生一日抵琢卿,欲再至长崎以审敌势。琢卿壮其志,设宴饯之。乃促装,再游长崎。会外舰来舶,躬自谒其船主,审按海外诸洲之情事,咨访西洋诸国之强盛。始知西洋各国,日辟疆土,坚舰利兵,日日垂涎于我东洋,边防益急,迫不旋踵。

乃归江户,于是著《海国兵谈》及《三国通览》等书。先生著书,词旨平易,以期人皆通晓,不为诘句聱牙以炫其博。藩主见其所著书,论学政、武备、制度、法令、赏法、地利、俭约、章服,及杂篇之九篇。其文极平淡,而其言深切,非他人所能言其万一者。大赏之。《海国兵谈》统十六卷,初卷至十五卷,论水战、陆战、物见、夜军、人数、扱、器械、粮米、地形、城制、攻城、笼城、射骑等事,末卷则兼言文武、国家经济、足食足兵之义。而其大意曰:西北诸番,概务开辟以拓疆土,威力日强,又长航海之术。然我日本,环国皆海,自江户日本桥,直达欧罗巴洲。一水相通,无有间隔。彼欲来则来,安可无以备之者?《三国通览》则详邻国朝鲜、琉球、虾夷之地图,其意曰:若有日本勇士,于此三国干戈互动之时,资此书自足以应变。二书既成,时海内宴然,亦无外侮,人皆以为无根之事。幕府有司等议,以为虚谈妄说以惑众,下令毁梓。逮先生于仙台,禁锢于其兄嘉膳之家。时宽政四年壬子(1792年)五月十六日。其罪状曰:

松平陆奥家来林嘉膳同居弟子平,纵图利欲,声名躁妄。又妄著书,以为异国将袭日本，狂论异说，以惑庸众。又绘地图，妄肆窥测。付兄嘉膳，严加禁锢。云云。

先是，先生在江户之藩邸，一日攘甲上马，直出邸门，驰入水户侯之邸门。卒谒其故，曰："马逸。"问其姓名，曰："仙台林子平。"门卒白之于侯。侯素闻其名，召之，见其蓬发毿毿然，眼光射人，问曰："汝非著《海国兵谈》者欤？"曰："然。"侯大喜，因赐之酒，谈笑尽欢而散。先生放荡不羁，间类疏狂玩世者，而其实拳拳忧世，未尝顷刻忘。兄嘉膳之妻之丧，未殡，明朝以葬，举家匆忙。时正穷冬，寒气透肌，夜已半，众皆就寝，而不见先生。众觅之，偶闻佛前鼾声，嘉膳怪之，见先生傍尸之衾而卧。嘉膳大惊，叱之。先生徐起曰："寒威不堪，借嫂之衾。嫂既死，俱卧何嫌？"其放澹如此。

然其在禁锢，无惰眠，无欠伸，谨慎泰然，终日端坐。阅半年，终始如一。后罹病，荏苒不愈。嘉膳忧之，友人谓曰："吾子虽在罪中，其心可对天地，他日必见天日。请稍逍遥游息，藉以自爱。官亦必默许之。不然，或遇一朝不幸之事，遇赦或晚。子虽无悔，兄等之遗憾，岂有极乎？"先生辞曰："吾非不知爱身，然如君之言，是以诈待上。纵令他无知者，天知地知，岂可欺乎？"顷之，病愈笃，竟没。时年四十有余。数年，将军家齐任太政大臣，夫人亦进位一阶，于是大赦四方，以免诸罪。先生既没，乃命大番头泉田佐渡守赍赦书以布之。

先生家贫，无妻子。其为人慷慨大志，不屑龌龊以营生，常痛心外侮。是时在位者狃于承平之概，曾无远虑，故妄加罪于先生，不其痛欤！独蒲生君平闻先生没，上书请为立墓，而吏不许。其后外侮日迫，其言皆验，乃始许立墓于仙台市街西龙云院之域内，而表之曰："六无斋友直之墓"。盖以先生将瞑目之时，曾赋《六无歌》，自署"六无斋主"，故以是题之云。其歌曰：

> 仰前徽兮紧无亲，家有牛衣兮泣无人。无赈息以自赎兮，孰贞余薪。藏名山而无书兮，毁于嬴秦。虽无资以自给兮，尤得忍。无死以俟我，生之再辰。

后五十余年，至明治朝，朝廷嘉赏其爱国大义之诚意，旌表其里，更赐祭粢料若干金，赠正五位。先生其瞑目含笑于地下欤。

昔者朝鲜国王李昭之时，有李珥①者，与同列柳成龙②之辈。一日入经筵，珥启曰："国势不振，不可不虞意外之变。请养兵十万，以备缓急。不然，日安恬熙，一朝变起，驱市民以战，则大事去矣。"语毕，左右无一人赞之者。既退，成龙谓珥曰："方今太平无事，经席勤勉，当以圣学为先。军旅之事，今非急务。公何所见，不与吾辈相议，竟自陈达乎。"李珥曰："俗儒何知事务。"笑而不答。后十余年，果有我丰太阁丰臣亮吉之事③。卓越之见，辄在数十年以前，彼此一辙。然李珥之论，不言所以。或彼欲矫升平文弱之弊，或忧内地之革窃而止。丰公之事，亦出彼之意外，无端而偶中耳。至于先生，卓见绝识，慷慨自任。盖以欧洲今日之局，早已在先生之目中。而气宇旷豁，度量若海，更非李珥所可同年而语矣。

---

① 李珥(1536—1584 年)，李氏朝鲜知名儒学家和哲学家，字叔献，号栗谷、石潭、愚斋，世称栗谷先生，出身贵族。

② 柳成龙(1542—1607 年)，字而见，号西崖，李氏朝鲜政治家。曾于朝鲜宣祖时期担任领议政(宰相)一职，封号丰原府院君，死后谥号文忠。

③ 指明万历年间，1592—1598 年日本太阁丰臣秀吉基本统一日本后，渡海至朝鲜作战，史称万历朝鲜战争。

吉田松阴①先生传

　　吉田氏,出一条之朝臣藤原行成。行成之后,有松野平助、仕织田氏。明智光秀之亡信长也。以书招平助,平助不屈,死。子玄蕃,生重基,始改姓吉田。庆长(1596—1615年)中,战没于大阪城。重基之子,为十郎左卫门重贤。重贤又称星野氏,其子友之允,始名重矩,又名重次,实出云藩十三岛通种之第三子,通和汉兵法。长藩主青云公召而禄之,是为吉田氏之始祖。重矩四男,长男十郎左卫门矩行,嗣父之后。矩行五世孙曰贤良,实先生之父。先生初名大次郎,后改名寅次郎,又名矩方,字义卿。长洲侯之藩士,号松阴,又号二十一回猛士。本姓出杉氏,嗣吉田氏。先生之生父,名常道,又名疆,称正一。

　　先生幼敏慧,年十一,藩侯庆亲召讲武教全书,言辞爽俊,无涩滞,众奇之。及长,愈深沉,通晓古今书史,尤精兵法。山田赖毅固先生器之,语之曰:"今日多事之秋,和、汉之学,不足以尽之。钻研章句,虚糜岁月,尤非所宜。宜放开眼孔,默察宇内之大势。"先生大悟,专心海外之事。嘉永二年(1849年)遍游九州,访奇杰。至平户,谒叶山铠轩,盖先生平生之所钦慕者。三年(1850年),随藩侯入江户,巡视总防之海岸,慨然曰:"江户之湾,虽当浦贺之要冲,然兵备既严于浦贺,纵欧人入寇,亦不足恐。而东北诸国,地旷人稀,戒备疏慢,俄人屡屡窥觇,岂可忽诸。宜先熟察地形,预为之备。"

　　会肥后士宫部鼎藏亦有东游之志,约与先生俱,而邸吏不给关符,曰必得公裁

---

　　① 吉田松阴(1830—1859年),日本江户时代末期政治家、教育家、改革家,明治维新的精神领袖及理论奠基者。日本开国之后,他无限愤慨,著文疾呼民族危机,力倡"尊王攘夷"、防御外侮,后得藩主允许,兴办松下村塾,传授兵法,宣讲尊王攘夷主张,培养了高杉晋作、伊藤博文、山县有朋等倒幕维新领导人。吉田松阴的"皇国史观"思想深深影响长州藩士,且后者成为明治政府重要支柱,使得新政府外交政策亦深受其思想影响,并且逐渐发展为日本军国主义思想,著有《讲孟余话》《幽囚录》《留魂录》。

乃给之。时藩侯已归国。先生曰："吾已约人，临期迟延，人必谓长人不义，岂不辱国。"吏固执不可。先生大困，乃谓："男儿报国，今惟其时，岂可拘守常例，坐失事机。"乃不待吏允竟发。至水户，乃及鼎藏游奥羽北越，航佐渡，阅岁乃还。吏执法以纠先生，幽于国。

六年(1853年)，美之兵船入江户湾，天下骚然。藩侯固器重先生，特请赦之，助其游学四方，以成其材。先生至江户，遂著《私言》《急务条议》《攘夷私议》等书，又论攘夷之策。适佐久间象山在江户，以豪杰识时务闻于时。先生闻之，往乞教，意气相投，互吐肝胆。象山先生知为国士，爱重之，谓先生曰："近世西洋学者，驱蒸汽之力，以行舟车。甲舰冲涛，万里一瞬。戎器精锐，兵法轻捷，海陆共极其便。国富兵强，为天下冠。当此之时，男子宜发奋万里之外，历游欧美，以察知形势。而仅仅谋御外国之侮乎？"先生大惑。是岁七月，俄国军舰入长崎，先生奋然曰："知己知彼，兵家之第一义，毋失此机。吾将乘彼国之航，以察外国之形势。"遂窃游长崎。象山察其意，赠诗述志，以壮其行。先生至长崎，俄舰已去，大失望而归。途访鼎藏，复共游江户。

安政元年(1854年)正月，美舰复来，泊下田。先生大喜，乃别鼎藏，详告曰："洋房欺我，将入其舰，刺彼以报国。"鼎藏固止之。先生不听，终别而去，乃与其仆金子贞吉俱。初，贞吉之见先生也，愿乞教，先生曰："地与人离，人与事离，故事不成。欲成事者，宜先究地理。"贞吉乃读地志，旬日而成。先生曰："已得大要，宜及其细。"授之《禹贡》，亦数日得其要领。先生奇之，谓贞吉虽卑贱，目光炯炯，人不能屈，其气可用，乃劝共游海外。三月二十七日，赴下田，夜棹小艇，投美舰，美人拒不纳之。彷徨港内十余日，遇一美人，乞其先致以书柬。是夜，又乘渔舟出，无橹棹，乃解裤，缚二竹竿以代橹。力重裤绝，乃脱带代之。浪高水激，舟不得进，二人极力奋腕，数时乃抵于舰。先生攀梯，贞吉方执缆，回顾间，舟离本舰，荡漾不知所之，佩刀行李，皆在舟中。已而舰中人扶二人上，有善国语者出接，并投昼间所得之书柬示之，且曰："船将大嘉二君之笃志，唯两国修好之条约，厉禁贵国之私出海外者，不敢私诺。且我舰拔锚之期尚缓，当在两三月之间。君等宜暂归，取公裁，愿载同往。"贞吉曰："仆等已犯国法而来，还则得罪。"美人曰："暗夜无有知者，宜速去。"乃以一舸送至岸。先生仰天叹曰："呜呼！天呼！"翌日，美人以状告幕吏，国人亦得二人之行李佩刀以上。行李中得象山之诗，吏固嫉象山名望，且疑二人为其所劝出。象山时以藩命在神奈川之戍卫中。共捕三人，传系马坊之狱。

象山旋免，槛送二人于其藩。槛车狭甚，四方仅三尺，先生与贞吉交膝而坐。已而入荻城①，贞吉在狱，患疮濒死，愤恚曰："仆与先生决策，事纵不成，得航海而死，沉尸沧海，委骨外土，亦所不辞。何意受辱在此，复何面目以存于世。得一拜父母而死，万无遗憾矣。"藩侯怜之，特赦之，遂见父母而死。年二十五。先生在狱阅岁，复锢禁于其家。藩人固服先生之才学气节，争来受业，门弟子益多。已而遇赦。

五年（1858 年）六月，藩侯归江户，览先生所著狂夫之言，大喜，更欲怀所书以上。先生感激益力。时幕府矫朝旨，与美使结条约，开五港，行交易。勤王之志士大愤，游说朝绅，以讨幕之议。先生亦上太原宰相《时势论》一篇。老中②间部诠胜③奉幕府之命，上京捕志士，中外汹汹。先生大愤幕府之非举，纠合同志，谋刺间部诠胜。

将上京都，乃作书告其父兄曰：

顽儿矩方泣血再拜白家严、君主、叔父家大兄膝下：

矩方秉性虚弱，婴孩以来，连罹笃疾，而不幸，遂不死于病。制行狂暴，弱冠而还，屡犯重典，而不幸，遂不死于法。回顾二十九年间，当死者极多，迄今未死，复致父兄今日之累，不孝之罪，何以尚焉。然今日之事，关皇家之存亡，系吾公之荣辱，万万不可休止。古人所谓忠孝不两全者，此类是也。天下之势，滔滔日降，以至于今，其由盖非一日矣。且以近言之，美使入幕府，上假条约。天子闻之，下敕停之。幕府不遵，定假为真。列侯之议，士民之论，一不容于幕府。天子又下敕召三家大老，大老不至，三家则蒙幕责矣。幕府反使老中间部侯上京。侯已上京，称病不朝，伪言反覆，谓水户与崛田、西城之议合，以故阿附朋比，遂为违敕之议。不斩水户、崛田，夷事不可理也。当今幕府幼冲，无所辨识，自非大老主之上，间部辅之下。天下之事，安至于此。然则二人者之罪，上违天子明敕，下害幕府大义，内背列侯士民之望，外饱虎狼

---

① 荻城：荻城是日本山口县荻市的一座城堡，别称指月城。毛利氏在关原之战支持西军败战后，领土被大幅削减，于是在该处筑起荻城，作为长州藩的藩厅。有时也指代长州藩。

② 老中：江户幕府的职名，为征夷大将军直属的官员，负责统领全国政务，在大老未出席的场合，是幕府的最高官职；定员四至五名，采取月番制轮番管理不同事务，原则上在拥有 2.5 万石领地以上的谱代大名之中选任。

③ 间部诠胜（1802—1884 年），江户时代日本越前鲭江藩主，作为幕臣，历任寺社奉行（加役）、大阪城代、京都所司代等职，后任幕府老中，负责外交及联络朝廷，于 1858 年（安政五年）年 9 月往京都向天皇，对围绕"安政条约"和"将军继嗣"而奋起的倒幕志士进行逮捕镇压，是"安政大狱"事件的执行者。

溪壑之欲,极天穷地,俯仰无容。然而天下士大夫安然默坐,无一舰一炮往问其罪。神州正气,既已为邪气所消融也欤。顽儿一念至此,食不下咽,寝不安褥,惟悲一死之不早而已。

项忽得江户之报,尾、水、越、萨将袭诛彦根大老①。顽儿闻之,距跃三百曰:"神州正气,尚未消融也。"政府之议,固当合纵四家,镇压邪气也。然儿犹有憾焉,事于四家,吾因人成功,不免于公等碌碌之数也。是以儿私不自量,纠合同志,神速上京,获间部首,贯诸竿头。上以表吾公勤王之忠,且振江家名门之声,下以发天下士民之公愤,愿为举旗趋阙之首魁。如是而死,死犹生也。然事固不为私为,而亦不敢公请。赵贯高②所谓"事成归王,不成独身坐耳"。是儿等之志也。是以儿等将以某日偕同志诣益田行相之门,告故而发,不敢求许允,政府待以逋亡可也。事捷利则师旅当继进,不幸不捷,他人或死,儿则投身就捕。明志士愤激所发,决非公家所知也。

顽儿虚弱狂暴,本不在人数中,天下反有翻听虚名,认为豪杰者。向以愚论数道,致之梁川纬③。纬窃渎青云上,盖经一夜之览云。一介草莽,区区姓名,蒙圣天子垂知,何荣加之。儿死何晚也。近日正三位源公谓大原重德④卿以"七世灭贼"四大字见赐,且传世子大原重朝卿诗数章。"望高德博劳铁锥",其意甚切,儿岂可不死哉。不孝之子,惟慈父怜之,不弟之弟,惟友兄恕之。定省怡怡,不能复罄,膝下之欢,愿割爱抑友,以儿为死已久矣。寻常之亲,败身体发肤,并以见赐。顽儿之愿,何以加焉。泣血涟涟,不能竭所思也。

顽儿矩方泣白。

按,是书原系汉文,照原文直录。附识。

---

① 彦根大老:即彦根藩主、幕府大老井伊直弼。井伊直弼(1815—1860年),最著名的事迹是与美国签订《日美修好通商条约》,赋予了美国商人与海员治外法权,并开放港口。1860年3月3日,在樱田门外被倒幕志士暗杀。
② 贯高(? —前198年),秦末汉初赵国相国。汉高祖刘邦平灭赵国后,贯高积愤图谋报复;阴谋破露后,被收监受刑,但他大义凛然,揽罪于己,保护赵王。高祖被其感动,赦免了贯高和赵王。贯高自以救助赵王的使命已经完成,遂断颈自杀。
③ 梁川纬:梁川星岩(1789—1858年),日本江户时代的汉诗人,被誉为"日本的李白",名卯,后改名孟纬;字伯兔,后改为公图,通称新十郎,号诗禅、星岩。
④ 大原重德(1801—1879年),日本江户时代朝廷大臣。于1862年作为朝廷代表与岛津久光一同往江户,向幕府传达"三事策",其后作为反幕派而活动,明治维新后仍参与政治活动。

先生父常道固气节之士，不敢止之，乃密告国老益田亲施。亲施危之，藩侯将东觐，以解幕府之疑。先生论其不可，言辞激烈。十二月命先生就狱，先生曰："得罪下狱，固不敢辞。今罪名何在？何为系狱，我死必往。"门生吉良、良明等八人，闻之，皆驰至，曰："先生无罪就囚，我辈不可默止。"八人诣吏问其理由，吏皆称病谢之。众至蓐前，请论事。吏大惧，潜匿。明旦，吏幽八人，谓先生指使门生抗命，将并系之。时常道卧病，先生哀诉父之病状，请缓数月，侍其汤药。病少间，自趋就狱。许之。数日，常道病少愈。于是会门生，设宴告诀。常道励先生曰："儿往矣，纵身屈于一时，而伸名于万世。儿毋伤也。"先生既就狱，犹亟论东觐之非计不已。

六年正月，播摩人大高又治、备中人平岛武次郎来藩，不得意而去。先生问其人之志，二人曰："三条、大原二卿，闻长侯东下，将要之途以共谋事。我辈同志三十人，迎公于伏见，将周旋于朝绅，并说四方之有志者，共讨幕府。闻长藩多志士，是以来谋。"先生感叹，乃召门生曰："卿等脱籍赴义，以成藩人之名。事果成，当归功于公，否则死而后止。"门生辈迟疑不决。先生叹曰："天乎！天乎！党士竟观时势为向背，陷我公于不义，恬然不省。他日为时势所逼，将置我公于何地。"数日不食。门生入江弘毅与弟和作慨然曰："我将试往。"先生大喜，为授策。既而事泄，弘毅、和作共逮捕。是岁，幕府若狭之志士梅田定明、小林民部等被捕，事涉先生，乃命长藩槛致先生于江户。槛车将发，久坂通武、高山晋作等门下之士，出送之。握手惜别，共叹党祸无穷，恐不得再见，乃画先生之像，共奉之。先生自题赞曰：

三顾出庐兮，诸葛已矣夫。一身入洛兮，贾彪安在哉。心师贯高兮，而无素立名。志仰鲁连兮，遂泛释难才。读书无功兮，朴学三十年。灭贼失计兮，猛气廿一回。人讥狂顽兮，乡党众不容。身死国家兮，生死吾奚疑。至诚不动兮，自古未之有。古人难及兮，圣贤敢追陪。

于是复下狱。然先生忧国慨世之念，益益不已。在狱中，作《正气歌》以次文天祥韵。其歌曰：

正气塞天地，圣人惟践行。其次不朽者，亦争光日星。嗟吾小丈夫，一粟点沧溟。才疏侧身陋，云路遥天庭。然当其送束，眼与山水青。周海泊舟处，敬慕文臣笔。严岛鏖贼地，仰想武臣节。赤水传佳谈，樱留义士血。和气存节名，孰扪清丸舌。壮士一谷笛，义妾芳野雪。墓悲楠子志，城仰丰公烈。倭武经虾夷，田村咸类羯。叹此数君子，大道补分裂。尾张连伊势，神器万古存。琵琶映芙蓉,嵩华何足论。最是平安城,仰见天子尊。神州临万国,乃是大道根。从美夷事起,诸公实不力。已破妖教禁,议港洲南北。天子荐轸念,四海妖氛黑。奉敕三名侯,鸡栖凤凰食。其他忧国者,亦皆沟中瘠。欷乎五六岁,世事几变易。幸有圣皇在,足以兴神国。如何将军忠,曾不拂洋贼。大义自炳明,孰惑辨黑白。人生转瞬耳,天地何有极。圣贤虽难企,吾志在平昔。愿留正气得,聊添山水色。

又咏国歌曰:

　　生系江户之图圄兮,死埋骨武藏之野。化碧血兮,以待来者。魂依日本兮,驾青虹而上下。

幕府诘问先生曰:"汝向作匿名书献朝廷以议倒幕府,且在长州与梅田云滨①通密谋。其说信否?"先生笑曰:"我焉知之? 且上书而自匿名,此鄙劣者之所为,丈夫所不屑,吾何至鄙劣若此。梅田氏之来我国,我方获罪在狱中,何得与之通谋? 公等所询,毫无实迹。但我向疾幕府之专横,以所著《时势论》上参议大原重德卿,又谋暗杀间部诠胜,适我以置禁不果。此二事外,吾不得而知之。"从容自陈,毫无惮色。幕吏大惊,议处斩。时安政六年己未(1859 年)十月二十七日,享年二十有九。临刑赋绝命词乃就义。

---

① 梅田云滨(1815—1859 年):日本幕末志士,自幼受到楠木正成的忠君爱国思想影响。1854 年 9 月 18 日,俄国使节璞廷查乘军舰来到大阪湾进行谈判,云滨计划率领十津川乡士攻击俄舰,后展开一个反对签订条约的运动,并逐渐向"王政复古"发展,秘密策划倒幕,并以攘夷的名义实行倒幕的政论由此开始,后病死于狱中。

赖山阳[①]先生传

先生名襄,又名迁襄,字子成,通称久太郎,自称三十六峰外史,又称山阳外史。安艺原竹人。父惟完,字千秋,初寓大阪,娶处士饭冈氏女。以安永九年《日本近世名人事略》曰:考日本安永只八年,其明年为光格元年,即乾隆四十五年(1780 年)。或即此年,先生生于江户。天明元年(1781 年)春乾隆四十六年,惟完应水藩侯之召,归广岛,先生亦从。

幼敏慧,好读书。八九岁时,喜读《平家物语》《太平记》等书。为儿嬉戏,筑土为城郭,具攻守之状,以为乐。尝患目疾,父患之。入一室,止其读书,先生窃读不止。年十三,惟完有江户之役。先生作诗寄之。柴野栗山[②]见其诗,叹曰:"千秋有子,而不道之实学,乃纵为词人耶。"先生闻之,感愤,遂日读纲目,然纪治乱大事,不规矩于书法。栗山闻而益奇之。

年十八,从叔父杏坪出江户,游尾、藤二州之门。一年归,才学大进,作诗自道其志曰:

筑海飓风连天黑,千艘艨艟来自北。笑杀碧眼蒙古儿,怛胜漫鼓图南翼。吓得赵家孤与寡指元时,持此来拟男子国。相摸太郎胆如瓮,防海将士争飞鞚。倒墙为梯鹢退飞,兵栖巳压穹张罗。磨砺无期鏖战场,敢将瑞穗博乳潼。君不见风伯一驱附云涛,不使膻血蔑我日本刀。

先生豪放,不受藩法羁缚,潜出国,为逻者所得,拘之。时年二十,誓不仕矣。文化七年(1810 年)嘉庆十五年,管茶山请先生督其塾生,乃游备后。明年,出游京

---

① 赖山阳:赖襄(1780—1839),字子成,号山阳、山阳外史,通称久太郎,别号三十六峰外史,书斋名"山紫水明处",著名汉学家。其性格豪迈,著述广布,著有《日本外史》等诸多书籍。

② 柴野栗山(1736—1807年),赞歧人,朱子学者,日本"宽政三博士"之一,初在京都研修国学,后接受幕府招聘,往江户担任昌平坂学堂教官。其博学多才,精通汉诗文,曾建议幕府实行异学之禁。

师。下帷二条木屋街之下,以教弟子。十三年(1816年)二十一年二月,惟完在广岛病。一日,先生在堂讲《庄子》,闻报至,曰疾笃,投书而起,理装就道,五昼夜兼程至广岛。至则惟完已没。先生遗恨,不能自措。自是终身不复讲《庄子》。文政元年(1818年)二十三年,丧除。游镇西,历丰筑,留长崎二月,南极萨隅,于是足迹遍西海道。复归广岛以奉母,侍母游芳野岚山、伊势、琵琶湖等诸胜境。尝赋诗以纪游曰:

> 履声喧蓬上,过桥已离城。缊路径黄菜,身人鱼贯行。时过绿杨岸,缩首避枝杨。渐见城州山,迎人得眼明。千里迎母到,今日始入京。行厨谋友办,一飘膝前倾。洗杯长流水,慈颜方畅荣。同舟喧笑语,谁知母子情。

六年癸未(1823年),乃家京师。买三本木,名曰“水西庄”,多植梅花以环之。庄岛临水,春花秋叶,啸咏其间。三年六月十二日,病肺疾,咯血不止。医曰:“是积年劳神之所致,恐不可治。然姑以疗法试之。”先生曰:“死生有命。然我有老母,且志业未成,假令或有生理,姑施医疗。”时先生《日本政记》尚未脱稿。于是日夜力疾丹铅,欲续成其稿以遗世而后死。至秋,疾益笃,虑母忧之,但告以微恙,寻将愈云。九月二十三日,如平时,手写《政记》,删改之。将草“内廷篇”,忽左右顾曰:“我将假寐,且勿喧。”搁笔脱眼镜而卧。抚之则已冷。享年五十有三。前数日,先生门人有善画者曰大雅堂义宽至,请写先生之像,先生自为像赞曰:

> 身偃仰于一世,而心关百世之得失。不恤己之盐齑,而忧人家国。嗟!是何物迂拙男儿耶。虽然,焉知无念此迂拙者之时乎。此膝不屈于诸侯,聊答故君之德。此眼竭之于群书,不虚先人之嘱。此脚侍母舆,迹芳山,蹐太湖,上下溪流,而未尝蹄朱顿之门。此口不饴冷杯残炙,而此手欲援黔娄之寒饿也。

其自任如此。先生为人,瘦躯高颧,眼光炯炯,神采沉毅,处人直攎肝膈,第峻峭不能容人。苟违意,虽通贵不相党顺。常以为士气论“吾将以直其曲也。”诸侯召之者,皆不就。大纳言日野公好文章,时宴集都下诸儒,以听讲义。闻先生名,招之。不往。屡请,乃曰:“野人不习礼节,请以野服出入。不能如他儒,且必琵琶之鲜,伊丹之酿,日以供之,庶几其可。”公皆许之,乃往。公设宴以待先生。先生醉后,戏作画。佐贺侯见之喜,介其臣古贺寿专莼卿乞画。先生怒曰:“吾岂画师耶!”即其所寄二绢,讽之以诗,大书七绝二首以还之。诗意深厚,传诵一时。其诗曰:

磊落横胸不自持,吐为狂缠漫淋漓。此心应有故人识,敢曰侯门唤画师。

曾谢横经弄翰儒,宁将余技侍观娱。怀中画本犹堪献,仿佛豳风七月图。

日野公既重先生,而诸儒有以先生为傲者,于是作书辞日野公曰:"襄受恩旧藩,义当委质致身。而少小多病,有所不耐。且性疏脱,不能因物俯仰。喜平安山水幽秀,其文士非仕途人,乃乐居之。杜门戢影,花竹之外,未尝与人往来。自念已不仕父母之邦,敢折腰他人。不独不仕,亦誓不履王公之门。襄,野人,本无求于王公,特感足下知遇,鞭懒策惰,周旋至今,而今乃有非我者,则将奋其逸翮,青冥是依。何必勉己所不能,俯学都人士之为,为天下高人所讪笑哉?"公益敬之。先生耽书,四方乞书者,绢素满堂。又精赏鉴,藏古书画数十。常置酒呼人对饮,醉中好演平语。酒醒,挑灯读书,五更乃寝,习以为常。著述最富,曰《通义》《春秋讲义》《先友录》《书后题跋》《日本乐府》《文集》《诗钞》。最行于世者,曰《日本政记》,曰《日本外史》。《日本外史》唱尊王,成正统。二十年始成,既成,秘不示人。白川侯定信闻之,卑礼而请刊行。乃录而献之,上书曰:"襄著书二十年,藏之箧笥,未尝示人。今乃得足下寓目,以取信于天下后世,真意外之幸也。襄虽无求于今日,千百载后,有读吾书而奋者,皆足下之赐矣。"由是《外史》大行于世。文辞明了,议论精确,称杰作焉。盖述日本武门之历史者,以此书为巨擘云。有一生请其书,将进之权贵,先生怒曰:"吾书岂媚权门者!"卒不与。《政记》则最后之所著书,未成而没。前数日,猪饲彦博敬所来相访,谈南北正统之议。意不合,先生怒目竖发,慷慨若平生,见者不知其病。遂更著《正统论》,置之《政记》中,曰"苟以北朝为正统,岂新田、楠公诸君子为乱臣贼子乎。"先生说经,主洛闽诸儒,然不甚墨守,要以通古圣贤立言大义为宗。为文章,不抗声肆辩,谆谆如话言,必抉真奥,发妙旨,人人能解而后止。《外史》者,即三十年尊王之士所奉以号于国者也。接人必吐肺腑,不敢隐藏,人苟违其言,面责毫不假借。人质诗文,佳者赞不去口,劣者虽改窜数四,必得其意而后止。性至孝,病父早亡。事母至恭顺,寓京师,日用绌甚,必迎母以养。迎母之时,托其亲属,护舟而来,浃旬风雨,不得至。曾赋诗曰:

帆席逍遥迎母来,板舆准拟看花回。余寒原得西风峭,使母早来花晚开。

先生患咯血时,曾为《咯血歌》以自遣。曰:

我有一腔血,其色正赤其性热。不能沥之明主前,赤光灿向庙堂彻。又不能溅之国家难,留痕大地碧弗灭。或曰先生阅史遭奸雄逭天罚。睢阳之齿辄嚼啮。彼无寸伤已自残,愤懑遂致肝胆裂。或曰先生杀人手无铁,发奸摘伏由笔舌。以心诛人人不知,灵台冥冥潜阴血。吾闻此语两未领,童子进曰竟有别。先生肉中本无血,腹中奇字仅可掇。赚得杜康争载酒,剑菱剑名如剑岳雪雪。大福藏府受不起,溢为赤莹戒饕餮。咄哉,此意慎勿说。

又自题所著《通义》一首:

肉食谋存谁置评,自嘲多事老书生。一窗风雪妻儿卧,奋笔灯前纸有声。

又《题不识庵击机山图》一首,尤为脍炙人口。

鞭声肃肃夜遇河,晓见千兵拥大牙。遗憾十年磨一剑,流星光底逸长蛇。

明治十四年(1881 年),褒尊王之志士,赐祭粢①料百金。

先生夫人,广岛士御园氏之女。继室丹氏名惠里,有壶范②。子四,长辰之助,夭。次元协,善书,承家为安艺文学。次又一郎。次三树三郎,死国事,明治十六年(1883 年),褒勤王殉国者,赐祭粢料五十金。二十四年(1891 年),与先生同赠正四位。

---

① 粢(zī):古代供祭祀用的谷类。
② 壶(kūn)范:妇女的仪范、典式。

赖三树①先生传

先生名萱,字子椿,号鸭涯。山阳先生第三子。生于京师三本树之寓,故称三树三郎。幼丧父,为母所教育。年十七游浪华,列儒者后藤、松阴之门。后游江户,入昌平黉。又游奥羽北陆,沿海诸州,见海防亡备,慨然而去。忧美使彼理来浦贺,请互市。朝野嚣然,急为军备,诸侯多购军粮,百物之价颇腾。先生谓:"京师之地,米糒仰给于他州,一日戒严,运输不便,辇下百万之众必苦饥馑。及今之日,宜贮蓄米粟数万石以备非常。"乃与同志有力者谋,为幕府所阻,遂不果。当是之时,议论百出。朝廷主张攘夷,幕府唱开港,依违不决,而俄、英、法、和兰相继而来。朝廷大惊,敕副将军源齐昭断事。于是四方唱勤王者,共谋举事。先生亦共梁川、星岩、梅田云滨等,力劝粟田口亲王及内大臣三条实美②等以讨幕府。幕吏恶之,捕先生,槛致江户。

先生上途口占曰:

当年意气欲凌云,快马车驰不见山。今日危途春雨冷,槛车摇梦度函关。

奸吏定以处士横议③之罪,然其罪不重,将宥之。先生问廷吏曰:"吾承先君之庭训,怀勤王之志,不忍见幕府之横姿,欲有所谋,以报皇室。得从宋之文天祥于地下,死且不居。"言辞激切,遂处斩。

时安政己未(1859年)十月七日,享年三十有五。就刑,从容赋诗,延颈而死。

① 赖三树:即赖三树三郎(1825—1859年),赖山阳之子,儒学者,尊王派志士。其与聚集于京都的学者文人,尤其是尊攘志士如梁川星岩、梅田云滨等交往密切,是京都尊攘运动的核心人物,后在"安政大狱"中被杀害。

② 三条实美(1837—1891年),日本幕末、明治时期的公卿、政治家,明治初年重臣,日本第三任内阁总理大臣,是朝廷中象征倒幕维新的指导者。

③ 处士横议:意思是没有做官的读书人纵论时政。处士:古称有才德而隐居不仕的人,这里指没有做官的读书人。

其诗曰：

排云手欲扫天莹，失脚堕来江户城。井底痼蛙过忧患，天边大月欠高明。

身从汤镬家无信，梦斩鲸鲵剑有声。风雨他年苔石面，谁题日本古狂生。

古狂生者，先生之别号。先生之慷慨就义如此。

诗歌甚多。其国歌二首曰：

我罪伊何兮，囹圄累累。抱苦心兮，君不知。望宫阙兮，万死其奚辞。

睿之山兮葱茏，望白云兮当空。一腔热血兮，死当为鬼雄。

先生尝诣宽永寺①，途遇酒楼，沽饮大醉。既而睹祠宇宏丽，叹曰："咄！德川氏敢蔑视朝廷，压制黎庶，华侈如此，其僭若何！"蹴倒寺门名灯，大声快呼。友人止之，挥刀追逐。事露，幕吏来捕。旋得解而免。

先生嗜酒，饮必狂醉，辄拔刀争斗，而未尝伤人云。

---

① 宽永寺：位于东京都台东区上野。宽永寺的创立者是德川家光，因为在宽永年间开始建造，所以被称为宽永寺。宽永寺也是德川家的菩提寺之一，江户时代十五位大将军中，总共有六位被埋葬在宽永寺，17 世纪中期以后，历代住持开始由皇族担任。

水户齐昭公①传

公讳齐昭，字子信，又号景山，别号潜龙阁，幼称敬三郎，后名纪教，又更名齐昭。宽政十二年（1800 年）三月十二日，生于江户之砺川，藩主德川纪治②谥武公第三子也，出于藩主之庶夫人外山氏。幼歧嶷③，年四岁，举止如成人，一日请于武公曰："请去保母，代以士人。"武公乃命近臣二人以傅之。是岁始读《孝经》。明年，乃能诗。九岁时，日习枪术，目发十弹为常，未几尽得其蕴奥。尝无近臣竞步，公一日走百余里无惫色，众咸惊焉。

文化十三年（1816 年），武公薨。公年十七，哀悼不已。遵儒者制，三年不听乐。文政己丑（1829 年），藩主修齐谥哀公卒，无子。公遵兄终弟及之制，嗣藩主位，年三十矣。叙从三位，任左近卫中将，寻转参议，进权中纳言。为人英敏果断，不为异端所惑。其袭封也，厘革藩政，汰冗吏，正经界，薄税敛，安畲黎。尤重武备，令诸臣环甲每岁谒义公之庙。常因田猎以习兵，曰居安不忘危也。未几，果有大盐后素④称平八郎之乱，幸而事平。

---

① 水户齐昭公：德川齐昭（1800—1860 年），日本江户末期水户藩藩主，幼名虎三郎、启三郎，字子信，号景山、潜龙阁，谥号烈公，1829 年继任藩主后着手藩政改革，1841 年设立藩校弘道馆，培养藩士，1844 年受幕府的"隐居谨慎"处分，1849 年被赦，1853 年美国佩里率舰来日时，参与幕政，负责海防，1854 年因对签订日美条约不满辞职，后在将军继嗣问题上，主张由一桥庆喜（德川庆喜）继任，与主张拥立纪伊藩主德川庆福的井伊直弼对立，1858 年在井伊就任大老后，再次被幽禁于水户，后病死。

② 德川纪治（1773—1816 年），常路国水户藩第七代藩主。纪治在藩内进行一系列改革措施，打破家老制度，破格任用儒学者藤田幽斋（藤田东湖之父）。

③ 歧嶷：幼年聪慧。

④ 大盐后素：即大盐平八郎（1793—1837 年），名后素，字子起，通称平八郎，江户时代后期阳明学派儒者。天保年间（1830—1844 年），大盐平八郎因为到处为穷人铤而走险，受到大多数明治维新志士的崇拜，他的英勇事迹鼓舞了志士的武力倒幕斗争，后来他被推崇为"民权的开宗"，成为自由民权论者攻击专制政府的一大精神支柱。

天保十一年（1840年），上皇崩，公献议幕府曰："宜献修山凌之资，葬祭之仪亦宜厚。人或谓崇天朝即轻幕府，安得有此谬言。幕府理应敬天朝而善事之。今历朝山陵荒废没于丛草之中，而幕府不过问。今志士有欲起而为之者，岂非幕府之耻欤？"书上不省。又上书朝廷，请复上古谥法以上上皇，廷议从之，乃上谥号曰"光格天皇"。先是，天皇崩，多取其所在之宫上院号，而谥法之制，久绝而不行。至是，历朝之弊，一朝而改，公之力也。

十二年（1841年），设学校于水户，曰弘道馆。课藩士子弟，文武礼乐射御算数，至铳炮操练医术，皆分课之。每亲临听讲，士咸自奋，业大进焉。是岁幕府命严海防，公命铸大炮。苦乏铜，公乃征封内之梵钟充之。或以为不可，公曰："昔者极平信纲伊豆守毁佛像以铸钱，后人称之。吾闻佛以普渡众生为己任，何不可之有？"乃卒征之。铸工不习铸巨炮，耗费铜料，未之能成。公命再铸，又不成。铸工诣公请罪。公曰："未习之业，吾不咎汝。吾将指示若，好再为之，若不能成则吾之罪。"乃亲督指画之，卒如其志。公大喜，藏之库。又改兵制，乃废骑射，编炮队，军制悉仿泰西，名曰"太极阵"，时演习之。于是水户兵备，强于诸侯。

弘化元年（1844年）五月，幕府见其频修兵备，疑有异志，乃罢职，幽于驹込邸，时年四十五。先是，结城寅寿颇才慧，公宠之。既而藤田彪、今井惟典、田丸直谅等新用，乃疾之而馋于公，公觉斥之。寅寿衔公。会僧侣以征梵钟，颇怨望。有诉之幕府者，寅寿教之故。及此公在幽，礼服端坐，终日不变，及敝又更之，其敬谨如此。嘉永六年（1853年），美使彼理率兵舰来浦贺，挟兵以乞通商。幕议纷纷，阁老阿部伊势守正弘[①]素善公，咨之公。陈其策十条五事，又献其所铸巨炮七十四门，以供海防。众惊叹公之先见。正弘乃劝幕府召公参议，公辞之。正弘自诣邸固请，公固辞。起入内，正弘不退，坐至夜。公乃颔之，乃起参政，时六月八日也。公书谓海防必造巨舰，曾请于幕府，而以国禁不听。公乃自作小模，藏之库，时出以示匠师。至是，又请造战舰，弛前禁，幕府许之。乃命匠师如其模以造，是为"朝日丸"。由是诸侯造战舰者日多。公既参幕政，然不欲开港，与幕府不合。及美使引见，公愤激不已，请辞职。幕府慰留之。不可。乃复归藩。

安正二年（1855年）八月，又召与幕政。既而将军家定病。五年（1858年）六

---

① 阿部正弘（1819—1857年），日本江户时代末期备后福山藩第七代藩主，曾任江户幕府老中首座，幕末动乱时期推动安政改革。阿部正弘在第十三代将军德川家定的后继者问题上推举一桥庆喜。

月,会诸侯于江户,议立嗣事。时公之第八子庆喜,方嗣一桥氏,为刑部卿,有声望。权中纳言松平庆恕尾张侯、近卫中将松平庆永越前侯,咸属意之。乃约公于西城,以劝公。公亦欲立之,乃于会议时,欲陈其说。大老井伊扫部头直弼柄权,欲立幼主以便己,乃拒之曰:"纪伊宰相家茂,将军之从弟,且性聪敏,以嗣将军。"公曰:"家茂虽聪敏,然仅十二龄。今日内外多事之时而立幼主,殊非得策。且庆喜聪敏,亦超于家茂,而年龄更富,当嗣将军。"庆恕、庆永傍赞之。直弼抗争不止。公乃欲直谒将军,直弼以其寝病,固辞不为通。公大怒,斫之,直弼亦握刀进。鲭江侯间部诠胜急趋至,称将军召直弼,掖之而入,不复出焉。公乃止,由是怏怏不豫。七月四日,将军薨。直弼竟立家茂为将军。安平侯松平庆赖传命出,乃罢公及庆恕、庆永等,禁锢之。禁庆喜于上城。公忧愤,阴诉朝廷。朝廷方闻幕府与美使定条约,恐其专断,乃命召三家与幕府咨议。三家者,水户、尾张、越前,皆德川族也。直弼奏曰:"齐昭、庆恕、庆永皆有罪,幽于其邸。纪侯年幼,臣亦鞅掌政事,不及与诸臣议,遣中老间部诠胜将命,惟陛下赐咨询之。"天皇得书大怒,谓群臣曰:"我国开辟以来,未有外侮。今乃丛于朕躬,此朕之不德有以致之。朕欲雪此耻,而幕府又不奉命。朕无辞以告祖宗,独有禅位以谢耳。"太息久之。前内大臣三条实美进曰:"今日之事,当敕强藩辅将军,与列侯协商行事。水户齐昭方忤幕府意,幽屏于国。其子庆喜有政略,人望属焉。"因极论齐昭可大用,天皇大喜。八月八日,乃发诏书敕公曰:"幕府擅结美使条约,调印已定,而后遣中老间部诠胜奏闻。蔑视朝廷,义将焉在。朝廷方欲协和公武①,召三家与大老协谋,而三家皆得罪。大老又以政务鞅掌为辞,其轻朝廷实为已甚。且三家所得何罪,亦未奏闻。为此外患迭见之日,辄斥亲藩以离人心。政务弥缝,不呈其状,假今交涉之端皆由独断,不俟朝旨,则万几丛脞,国纪安存。是敕卿辅幕府行事,连会大老、阁老及三家、三卿,各诸侯伯会议,以御外侮云云。"将发敕书,召关白九条忠尚。忠尚与幕吏通款,称疾不朝。乃命左大臣敬卫忠熙、右大臣鹰司辅熙奉敕,遣鹈饲吉左卫门赍至水户。公犹豫不敢行。而幕府得尚忠报,六年己未(1859年)六月二十七日召公曰:"以私密奏,妄请敕书,使微贱者赍诏命,其罪大矣。"乃永禁锢,并其二子权中纳言庆笃、刑部卿庆喜,及中纳言庆恕,中将庆永,土佐侍从丰信宇和岛,侍从宗城等并幽之。鹈饲吉左卫门、安岛带刀等皆坐斩。九月,悉捕志士党水户者。

---

① 公武:公家(朝廷)和武家(幕府)。

奏叙家茂正三位，拜征夷大将军。于是天下志士，咸切齿井伊氏。公在国闻之，悲愤慷慨。

七年（1860年）三月，水户臣佐野竹之介、黑泽忠三郎等与鹿儿岛藩士有村治左卫门及同志十七人，谋要击大老井伊直弼于樱田门外①，乘雪刺之。卫士数十人，因严寒，而且出其不意，皆为十七人所斩。有村治左卫门断直弼之首，遂偕佐野竹之介、斋藤监物、莲田市五郎、黑泽忠三郎等至中老坂淡路守安宅之邸诉曰："吾辈于井伊侯，无秋毫之怨，惟欲救国家之急，出于一片赤心。井伊侯柄政以来，苟且偷安，以媚外国，损其国威。近且私与五国，独断条约，擅许互市。扶幼主以专国权。有不附己者，若三家诸侯及公卿百官，则或幽或斩。有志之士，或唱尊攘，则诬以心怀异志，妄行屠戮。悖逆之举，神人共愤。吾辈同志，誓行义举，甘伏斧钺。挺身以除卖国之奸，非惟不关私怨，且属公益。今首恶已除，虽死不朽。惟冀后之敝政，速尽改革，以固皇基，而免外国之奴隶。吾辈瞑目笑。"五人皆自杀。其他四人，亦诣细川氏之第自首，后不知所之。时三月上巳之节。世皆以为义举，至今称道弗衰。

长州久慈郡有农宕田濑兵卫者，自诣肥后邸曰："臣虽后期，不能共樱田之举，然与义士大关、杉山等同谋，今遂其意，死无遗憾。请共佐野以下处刑。"吏禁锢之。人相谓曰："百姓犹且知义，不欲自欺。水藩男子，乃铁肠而不知耶？"彦根藩大怒，上书乞赐其十七人。不许。又宣言曰："水户藩浪士党中有一被捕者，其怀中得齐昭所与之书及精金等，盖齐昭所馈。樱田之祸，必齐昭所指使。"流言宣布，山形藩士盐谷中藏建言曰："彦藩浪士怀中齐昭之书，是必怨齐昭者所为。果承齐昭旨，岂有置之于怀。假令怀之，何以就捕之时，不闻检出。必待官吏之问，乃应声而呈。其为诬言，殊不足证。而同志十七人中，八人已自就缚，其同盟者，皆属义士，岂贪生匿名者。今彦藩追索其党，捕之过急，及其无辜之臣。恐强索之愈动水藩之士气，铤而走险，其祸愈烈。今所执水藩之士，若高桥多一郎父子、林忠左卫门等数人皆其藩中之卓卓者，慷慨愤激，以国事为己任。若必杀之，必激其乱。且其心向齐昭，欲纳一桥刑部卿庆喜嗣将军，亦以其年长且英明。视家茂公为优，

---

① 樱田门外之变：日本安政七年的政治暗杀事件。不满幕府大老兼彦根藩藩主井伊直弼的水户藩激进浪士，于江户城樱田门外突袭准备进城的井伊直弼队伍，井伊直弼当场惨死。此时共计有水户浪士17人、萨摩浪士1人，后世合称"樱田十八士"。

亦非异志,乃其忧国之忠心。井伊中将即直弼轻侮朝廷,视公卿大臣如土芥,杀天下名士五六十人。世人闻之,咸切齿愤腕。水藩士义愤所激,故出乎此。请有司勿妄逮捕刑罚,以速祸而新元气。"公遂获免。已而高桥父子自杀,佐野以下,至明年赐死。

万延元年(1860年),公患胸痛,岁余不痊,至是又发。然公天性豪迈,饮啖不衰,精神如常。故虽近医官,亦不知其危笃。八月十五日,诸公子开乐。及诸公子退,遽召重臣。是夜三鼓,晏然薨,年六十一。私谥烈公。公居常俭素,禁奢靡,以身率物。学通古今,独具卓见。令行禁止,士民悦服,翕然从之。世称其有西山先公之风。明家训,恪勤藩职,尊天朝敬幕府,大小事知无不言。屡受幕府辅佐之命,多所建白,其言亦皆验。以身任天下安危者,殆三十年,四方仰其丰采。常患外洋之扰,讲求守御之术,与阁老论不合,怏怏而薨,识者惜其志业未遂。文久壬戌(1862年)二年,朝廷追赏其忠节,赠从二位大纳言。明治二年(1869年),又诏加赠从一位公。

诗歌慷慨忧愤,气节溢然,读者泣下。录其数首如下:

敌忾兮心殷,角声呜呜兮雄心生。洗国耻兮谋不成,哀睡夫兮弗謷。

白发苍颜万死余,平生豪气未全除。宝刀难染洋夷血,却白青山旧草庐。

洗心拭目拜吟余,满眼蛮魔尽扫除。倘遇神刀诛贼日,一人人顾君此庐。

四海千万国,吞噬互为君。唯知尧舜日,忽付犬羊群。警戒定及时,天未丧斯文。文修武振日,一夫敌万军。

所著有《明训》《一斑钞》等。尝上疏曰:"造三樯之巨舰数千艘,铸大炮数百万门。许天下之僧徒,蓄妻食肉,以习武艺,以备防御。今海内之寺院禅宗一万九千三百八寺,密宗一万千百寺,一遍教六万七十六寺,源空教十四万二千寺,融通派一千五百寺,一向宗本愿寺门徒八万八千三百九十四寺,专修门徒七千五百二十寺,目莲教八万三千二十寺。用之得出数千万兵日本旧制,僧兵颇横。如延历寺、围城寺、与福寺之僧兵,其势最盛。中古争权势者,辄视其所向以决胜负。故齐昭之策如此,不得以中国之僧徒例。笑其迂拙也。译识。"又尝虑虾夷之海防,献书幕府曰"虾夷之地,北接俄罗斯,西邻满洲,我国北门之锁钥。属岛遭俄国之蚕食,后日隐忧,殊多叵测。请赐虾夷封地,躬自临之,开拓镇抚,

驱逐异类,以备北方。"不听而止。公薨。十余年,果有桦太千岛交换事[1]。于是
始服公之先见焉。

① 桦太千岛交换:即桦太千岛交换条约,亦称"1879年圣彼得堡条约",是日本与俄国于1875年5月7日在圣彼得堡签定的双边条约,规定日本获得堪察加半岛以南的整个千岛群岛的主权、鄂霍次克海的捕鱼权和其周边俄罗斯港口十年的免费使用权,条件为将整个桦太岛(俄语:Сахалин、汉语:库页岛)的主权给予俄国。

月照师①列传

师名忍向,洛东清水寺成就院之住僧。初名宗久,称久丸。家出业医。年十五,父玉井宗江,送师入清水寺,托其住僧藏海上人为僧。师才智敏慧,夙悟佛法,尤怀慷慨尊王之志。天保六年(1835年),年二十三,代藏海为住持。与朝绅近卫公爵忠熙②交善,就学和歌。尝咏《十善戒》,今犹存于成就院中。

嘉永七年甲寅(1854年),曳杖邀游诸国,以观世态人心。安政四年(1857年)冬,欧洲兵舰入浦贺,逼通商之条约。物情骚然,天子深忧之,命幕府固辞。幕府惧不奉诏,独断而许其互市。师出入公卿之门,唱倒幕攘夷之论,勤于王事。时朝廷命师祈酿泰平,师尽力将事。朝廷赏之,恩遇颇厚。方起用水户齐昭公以辅国政,近卫公预通之。齐昭公素与师善,乃命公谋之西乡隆盛③。隆盛者,鹿儿岛之著名勤王家,与师为兄弟之交。师乃命之传近卫公之言于水户。时隆盛有归乡之志,故辞。师强之再三,隆盛终不诺,事遂不果。会党祸起,幕府素忌师,将捕之。亦恶隆盛,而惧萨藩之动不敢。近卫公惧师罹祸,命避难他往。

戊午岁(1858年)九月十日,与隆盛及仆大规重助等发京师。萨藩志士海江田武次后改名信义亦与之俱。比至伏见,捕者追至。师乘肩舆,隆盛、武次、重助三人前后护之。捕者渐逼,武次曰:"彼者若迫,仆斩之。"隆盛曰:"事勿轻举,吾将先示以威。"乃手柄大刀,屡屡回顾。捕者惧,不敢迫。遂遁至大阪。隆盛曰:"大

---

① 月照(1813—1858年),日本幕府末期志士,僧人,为清水寺主持,兼任山内宝性院住持。月照利用郊外隐蔽的地方作为勤王志士集合的场所,在朝廷和水户、萨摩两藩之间为讨论下密诏或承办机要事情而不辞辛劳地奔走。后来月照不忍幕府黑暗,走投无路,跳海自杀。
② 近卫忠熙(1808—1898年),幕末公卿,也是"公武合体派"人物,号翠山。
③ 西乡隆盛(1828—1877年),日本江户时代末期的萨摩藩武士、军人、政治家,他和木户孝允、大久保利通并称"维新三杰"。通称吉之助,号南洲。

阪之地,亦不可久留。师或独居鹿儿岛之地,否则即航海。"四人共至马关,投白石正一郎之家。正一郎者,亦当时之有名勤王家,招集四方之慷慨家,招待极厚。会四人至,大喜,共输血诚,慨谈国事。萨藩之脱士北条石门亦在焉_{初名木村仲之}_{丞,后改村山枯根},亦勤王之志士,意气相合。隆盛谓师曰:"吾先入鹿儿岛说藩侯,为师兄谋藏身之地。师兄宜与海江田、北条两君赴筑前之博多。"请于北条。北条诺之。隆盛乃发。江海田寻托北条亦还萨。北条因送师于博多港。已而幕吏来索,闻已遁去。而北条乃脱士,不能犯脱国之禁以入萨境。方忧虑间,适福冈志士平野国臣来,慨然曰:"师怀大志而未克伸,设捕者来,祸将不测,不可坐以待捕。余亦唱勤王之说,为幕吏所忌,亦不可留此,请共奔鹿儿岛。"北条大喜,乃以师托焉。时白石氏飞报至曰:幕吏追师兄等甚急。师乃与国臣、重助三人为道士装,改名静溪院鳞水,同航萨摩。将由米津以入藩,关吏拒不许,乃迁道至阿久根。阿久根亦有关,虽视察稍宽,然亦不得通。隆盛寻至,共贺其无恙。隆盛叹曰:"我谒岛津侯说大义,而藩史某请我勇决。已而侯病卒。今难复谋。"相对而哭。隆盛托师于其相识之寺僧。僧惧,不敢久留。而捕者又至。十月十五夜将半,隆盛易旅装访师寓所,师共国臣出迎之。隆盛色异常,眼光如炬,默坐太息,忧愤之色显于面。师已察之,命国臣至厨煎茶。隆盛太息曰:"幕府命福冈藩捕师兄与国臣。福冈之捕吏已至,徘徊市间,搜索甚力。奉参政谕旨命师兄等避于日向。"师太息曰:"吁! 我知之矣。日州其我埋骨之地乎。吾忧国伤时,志尚未达,不屑受幕府之诛,故避至此。今事已急,若幕吏逼我,吾之首领,借子一剑之力。死于同志之手,无遗憾矣。"隆盛亦悲愤不已,共约投海。时国臣携茶至,隆盛佯言捕吏至,速避难,促备行李。乃与重助四人,共登舟。潮逆,舟不能进,泊于一岛。时十月望日,天空无云,月明如画,银波荡漾,一色千里。舟中预其酒食,皆素馔,四人开宴,举杯环酌。隆盛曰:"今夕之宴,不涉慷慨之谈,止谈风月,以舒积慰。"吟赏酒酣,师出船表,仰月小立,把墨斗舒纸,书和歌二首以示隆盛。其歌曰:

抱壮志兮未舒,嗟鱼腹兮葬吾躯。萨摩之濑兮,魂兮其孰招予。

今夕何夕兮,吾死之期。魂渺渺兮何之。冲萨摩之浪兮,驾苍龙而上驰。

隆盛一阅,即纳诸怀,取笔而和之曰:

君为国兮捐躯,余殉君兮生死其美辞。魂安将归兮,渺渺其愁予。

亦出立船表,偕师共指近岛之景色,故为赞赏之语。国臣、重助不之怪。忽闻水上泼然有声,国臣、重助骇视,见师与隆盛已共投海中,急命舟子援之。事出仓促,莫知其由,救护之力所不及。及援出,二人已绝息。急焚火暖之,百方拥护。隆盛渐苏,而师之忠魂,一去不返。时安政五年(1858 年)十一月十一日,年四十有六。即葬之于鹿儿岛东禅寺。隆盛既苏,追慕不已。

维新功成,值其十七回之纪念日,隆盛赋诗吊之曰:

> 相约投渊无后先,岂图波上再生缘。回头十有余年梦,空隔幽冥哭墓前。

国臣侍隆盛养病于一渔舍,旋为幕吏捕去。隆盛亦流于大岛①。

师善和歌,多有传于世者。录其二首,以存吉光片羽焉。

> 江流兮浩浩,庐中人兮自吊。甘殉国兮杀吾躯,抚长剑兮仰天啸。

> 挽雕弓兮携彤矢,不救国兮心不死。望同志兮哀吾子。

---

① 隆盛1844 年起任下级官吏。1854 年成为开明派藩主岛津齐彬的亲信息从,随其住江户,参与藩政,并为尊王攘夷运动奔走。1858 年幕府兴安政大狱,两次被流放。1864 年被召回藩,在京都掌握藩的陆海军实权。

渡边华山①先生传

先生名登,又名定静,字子安,又曰伯登,又号寓绘堂、全乐堂、昨非居士、金琚居、随安居士等。先世田村图书,仕于越后。子权右卫门定重,居江户,与冈部某交,得推举,仕三河国渥美郡田原藩主,著忠勤。冒母家姓渡边。定重子定清,定清子定泰,定泰无子,以同藩之士平山卿左卫门直时子定延为嗣。定延嗣子定通,亦自平山家来,字叔浑,通称市郎兵卫。先生父也。定通好学,家贫,不能得书,手录五经,日夕诵弗缀。臣事备后守康之、备前守康武,有直声。文政元年(1818年),为年寄年寄,官名。子五人,先生其长也。先生以宽政六年乾隆五十九年九月生于江户藩邸,温顺异于常儿,间出议论,辄震其长老。有大志。

宽政十三年(1801年)嘉庆六年,年八岁,入侍世子。文化元年(1804年),始受俸。有事过日本桥,犯备前侯卤簿。呵之,先生愧愤,乃立志委身儒业。师事鹰见爽鸠,涉猎书史,尤留心时局,兼善画。三年(1806年),世子卒,弟元吉立为世子。先生仍前职。然家贫,父定通痼疾二十年,医药无所得,尽鬻家具以供。冬月无席,瑟缩终夜。母爨则助之举火,不见龃瘁之色。一日友人谓之曰:"子专致儒学诚善,然子贫甚。盖借画以糊口,无贻父母冻馁。"先生感悟曰:"儒学虽为救天下,其如父母冻馁何?"乃降志,以绘事自给。先生少得谷文晁②之笔法,尤为人所珍宝。家贫不能购良纸,日以钱十六文,多至二十四为止,投美浓以购纸。折衷古法,自成一家。好作墨竹,尝题诗曰:

① 渡边华山(1793—1841年),原名渡边定静,日本德川幕府末期的政治家、社会活动家、儒学家、兰学家和画家。其门下有名的传人有福田半香、青木翠山、角田静竹等。
② 谷文晁(1763—1841年),日本江户时代的著名画家,曾广泛学习狩野派、圆山派、南画(水墨画)及西洋画法,并将各画种的表现手法相互借鉴,从而形成自己的风格。其曾为《集古十种》图录做插图,还曾游历各地画出大量风景写生画,弟子有田能村竹田、渡边华山、谷文一、谷文二。

郑老画兰不画土,有为者必有不为。醉来写竹似芦叶,不作鸥波无节枝。

常曰:"以艺营生,儒者所耻。一日不作画,一身之穷固可忍,其如父母何?"

五年(1808年),先生年十六,为藩主备后守康友舍人。五月,从备后守归田原。翌年,复至江户。备后守卒,子元吉立,是为对马守康和。文政二年(1819年)嘉庆一十四年,田原藩修田相仓门,先生以督役功进秩。五年(1822年),世子桥三郎至江户,先生从行。六年,对马守康和卒,桥三郎嗣,是为备前守康明,田原之祖。备后三郎高德,为南朝忠臣。数传属德川氏家,赐三州田原一万二千石。至康明无子,先生劝立异母弟友信,同藩士则议以邻藩支庶入嗣。先生集同志上书争之。藩士哗曰:"友信羸患且时作,不可以君。田原弱内而单外,子大藩子,有援,且不患贫。"先生曰:"节冗浚源节流,财可生也,何为求助诸侯,转举吾先君领土以献之也。"不听。友信亦隐居鸭果别邸。先生遂觖觖归江户。

十年(1827年)七月,备后守康明卒,老臣议迎立姬路侯酒井雅乐头忠实子,是为土佐守康直。康直贤而爱士,擢先生为府僚,兼信友信。先生乃率群士以学,定典例,制衣服,审庶务,减侍女之数,上下用命,藩政大治。天保三年(1832年)道光十二年,擢年寄,食禄百石。时藩主土佐守已生子,而友信亦有一子名信太郎。土佐守欲于二人之间定世子,下其议于群臣。先生乃上言曰:"友信,先侯之弟,当承祧。以病故不得立。公侯以他姓入嗣,当思所以全南朝遗臣裔者。信太郎贤,足为藩嗣。臣敢以死请。"土佐守纳其议,于是立信太郎为田原世子。四年(1833年),奥羽大饥,先生乃举北地事以戒田原民,上书筹荒备。其后,信州、百越、播州、丹州乱,道路大梗。先生忧之,倡境内豪高屯米以备营济廪。一藩之人,感其忠诚,至于方外,皆争执役赴之。不数日事藏,先生以白土佐守。土佐守大悦,名之曰"报民仓"。先生首捐谷为之倡。七年(1836年),大雨以风。明年逾甚,岁乃大歉。先生方卧病,遣真木重兵卫定前代上救荒之策,土佐守多采其议。时济廪已开,四方感动,富者争出金谷以赈。天保之饥,远近饿莩数十万,而田原境内,未闻一死人也。事平,纪州藩万讲农学,先生乃谋于远藤白鹤,购书修农政。明年,岁大熟。八年(1837年)为世子信太郎师范。

先生读书喜儒者言,后乃倾心欧洲之学。是时海禁未开,泰西流入日本者,独有和兰之书。宏达之士始稍稍治之。小关三荣、高野长英、畠井善良、铃木春山、伊东元朴、坪井信道、户塚静海、杉田元卿等,皆以兰学名,慷慨忧时,聚于都下。

先生与之交，立尚齿会①，倡海防之论。田原滨海，先生念居民不可不使知外务，乃图诸侯外国军舰、商船与其旗帜，以示沿海居人。时修战备，春秋大习武事，以田猎练兵，以海渔训船术。务国本，育人才，请游学，举有所成就。田藩，小藩，不受天下之侮，立诸侯间，称强盛矣。十年（1839 年），土佐守命先生执田原政。先生辞。

尚齿会之立也，先生亦约其友高野长英之门人内田弥太郎、奥村喜三郎共入会。二人者，皆仕于幕府，然有才学，通算数，慷慨爱国者。喜三郎谓："我国航海之术未开，往往覆舟溺人不足以敌泰西。"欲新制经纬器，将出于尚齿会，以博众评而献幕府。是日赍访瑞举，同至会所。会中有幕吏芳贺市三郎者，适巡历上野、下野，甲斐，信浓等处归，众谈时事。时兰人方议玛丽逊请长崎互市之事，市三郎密写其书出诸怀以示坐，且详告之。玛丽逊②者，英人也，舰至日本，过长崎直趋江户滨海处以护送漂民，求互市。在长崎，兰国之甲必丹③船将为之请于长崎奉久世伊贺守，伊贺守难之，以告阁老水野趋前守忠邦④。阁老欲援文化初年（1804 年）逐俄使查古芝托故事，评定所亦议曰："英夷屡犯海禁以窥伺我，若仅乞互市者，宜至长崎，何为逼我国都。且其意不测，将欲播传妖教以惑吾民。漂民固可悯，顾以易我国家，孰利孰害，宜一举以驱逐之。"先生闻之曰："吾在长崎，颇识兰人，孰察欧洲之情势。今英使玛丽逊者，彼国有名之士，其所著书，已传我国，藏官库中。今彼既来，其人迥非查古芝托之比。而幕府不详外国情事，辄以海寇视英人。彼既冒万里之风波而来，攘之必结怨。吾国之势，安能敌之。吾辈日日讲求外事，谬附先觉者，当著书以觉彼等，毋贻国祸。"乃著《鸮舌小记》《慎机论》《番论私记》等，

① 尚齿会：1833 年，以兰学家高野长英、渡边华山、纪州藩士远藤胜助为首，联系兰医小半三英、幕吏江川英龙、川路圣馍等，成立尚齿会，共同研究世界形势和西洋文物制度，讨论政治经济问题。

② 玛丽逊：马礼逊，一般指罗伯特·马礼逊（1782—1834 年），英国传教士，西方派到中国大陆的第一位基督新教传教士。他在华 25 年，在许多方面都有首创之功，编辑出版了中国历史上第一部英汉字典——《华英字典》，还第一个把《圣经》译成了中文，并以自己的医学知识在澳门开办了第一个中西医合作诊所。此外，1838 年，载有日本漂民的美国"马礼逊号"驶进日本海域，护送漂民并请求互市，遭到日本幕府的拒绝，在萨摩藩（鹿儿岛）受到炮击。此事件导致天保（1830—1843 年）年间的改革，其中就有加强对江户湾等战略要地的警备，以巩固海防。在日本江户幕府时期，人们多将马礼逊与"马礼逊号"混淆。1838 年发生马礼逊请互市的事件时，马礼逊传教士已于 1834 年去世，故显然为美国的"马礼逊号"。

③ 甲必丹：即是荷兰语"kapitein"的音译，本意为"首领"（与英语"captain"同源）。

④ 水野趋前守忠邦：水野忠邦（1794—1851 年），幼名为苑五郎，江户时代后期的大名、改革家，德川幕府首席老中。他曾为第十二代幕府将军德川家庆推行天保改革，以防止社会和经济的的日益衰败。

而尚未示人。长英亦据市三郎之言著《梦物语》,设梦词问答,以述所见,专斥攘夷之非策。偶出以示同志等。而佐渡奉行川路左卫门尉服汉、伊豆之代官江川太郎左卫门等,亦上书极陈攘夷。阁老虽恶众器,而主战者之议亦少沮。

时有命遣鸟井耀藏巡视浦贺海岸,耀藏以其属小笠原贡藏从。江川太郎左卫门时为浦贺代官,与耀藏议梗。耀藏素恶兰学,且谓玛利逊朵颐我国,兰学之徒心知其妄以尊信西洋故,专敌幕府,不治且惑众,当处以极刑。江川太郎既不协于耀藏,而复与先生暨长英等友善。耀藏愈衔之。适小笠原贡藏制有测量图,然贡藏粗和外事,其图鲁莽多误。耀藏出以示江川太郎。太郎知其谬,以耀藏故不欲斥之,然惧图用则误海线,乃密告白公仪官名,并告先生。欲更得测量士,别图之。先生乃与长英荐其门人内田弥太郎、奥村喜三郎,俱至浦贺。贡藏自审,艺原不若二氏,行且夺其功,遂谮之于耀藏曰:“里村曾为增上寺役,猥贱安可预国事。”耀藏遂逐喜三郎于江户。江川太郎大愤,乃取弥太郎图呈之公仪,耀藏亦上其图于老中,则江川所进者实善。由是愈衔之。

初,耀藏本受学于幕府儒员林大学头衡译按,此据《日本近世名人事略》。而《慷慨家列传》则云林大学之第。子未知孰是,存以待考。兰学既盛,大学弟子多志兰学而去大学者。先生亦林氏弟子,交兰学者,为尚齿会会长。耀藏久不悦,思有以倾之。既而以测量之事,兰学名誉愈出林氏上,怒不可遏,日夜伺之。未几,江户兰学之徒数十人,欲开南洋无人岛,殖物产以供国用。群议渡海,将以请之幕府。而先生实与其谋。未发,贡藏以告耀藏。耀藏大喜曰:“是可以偿吾夙憾矣。”先生弟子有花井虎一者,夙游长英之门,有志兰学,亦无知无人岛事。贡藏乃就虎一探先生阴事,招之家,谓虎一曰:“近世兰学者,好诽谤幕府政事,以开拓土地私与物产为名,私结徒党,与异国密谋,此危道也。足士为今名士,固有可以重于世者,奈何为是,以蹈不测。”虎一惊惧曰:“微子,几丧吾躯。苟可以免祸者,无不为之。”贡藏曰:“足下若心社稷,当驰告鸟井公,鸟井公必大喜,扬足下于朝,富贵何足道哉。若有所踌躇,亡无日矣。”虎一大喜,乃夜具书告鸟井耀藏曰:“方今洋学弥漫,诸侯之士,鸟津、黑田、三宅、两松平谓伊贺守及内记等之属下若曾根金三郎、江川太郎左卫门、古贺小太郎、羽仓外记、大内五左卫门、望月兔毛、庄司郡平、斋藤八郎兵卫、本木道平诸人,与常陆之无量寿寺僧顺宜顺道,集市人于本、石町及驿舍。彦兵卫松、工秀三郎等互相煽惑,而奥村喜三郎等,与之周旋。田原侯重臣渡边登和田侯家臣小关三荣、纪州侯藩士远藤胜助、水户侯藩士立原太郎、町医高野长英、铃木春山,尤其魁首,著书立说以谤仁政。游其门者,数百人。近乃以开垦无人岛为名航渡海外诸岛,私交外国。且闻其徒,有与大盐平八郎善者,实与大阪之乱。请急治之,以纪祸原。"耀藏得书,以示幕府。幕府天文习见方职名涩川六藏,亦通兰学,嫉先生等压其名,亦上书实其狱。当是时,民间方宣传兰学者欲谋不轨,水野忠邦大惊。十年(1839 年)五月,橛町奉行大草安房守大索三宅、土佐守家,捕先生,赴诏狱。是日先生方招长英于家曰:"闻幕府橛捕兰学者。果尔,则仆与足下,且有祸。"语未卒,而缇骑已至。先生顾谓长英曰:"何如行耳,高野先生得毋怖耶。"遂就系。前后捕者斋藤次郎兵卫、道山平左卫门、本歧道平、秀三郎、彦兵卫、后见金次郎、柳田胜三郎,无量寿寺僧顺宜、顺道及高野长英等。花井虎一亦赴狱为证。吟昧方掌讼狱官中岛嘉右卫门揭罪状于狱,遣吏索先生家,得先生手草,缄以长篋舁归。手草者,《慎机论》之未定草稿也。先生对簿,颜色不屈。既坐系,乃上状幕府曰:

> 登,田原家臣也,前岁得除年寄。时有敌舰之警告,吾藩主领土三州,田原滨于大洋。登奉命为海岸悬官名。海防,登职也。高野长英、三关小荣辈,皆以兰学知名,故与订交笃。长英于藩主,任以译事,有难解之书,则相为诠释。外国政俗戎备,颇得洞悉、利病。然登幼学殊左,妄耗日力藩主家事,复时时有所任荷。其于兰书,殊浅尝,未敢以自足也。去年六月,乃闻有英人玛利逊事,登惧有变。苟兰入藩主领土,所关非细,因预为之备。寻乃得阿兰陀甲比丹言,玛利逊系彼国名士,留学中华数年,富有著述,汉土之书多能读者,其英迈可与语。登又以为有裨于译事,欲宾接之。而有司墨守法令,严别种族,争屏逐之,甚非所以怀柔远人也。登上念国家,下求学问,有所感愤,辄缀于书,冀当路公卿见之。苟蒙垂问,思有以奉告。书中悉记外国治乱之事,其政教学校为日本汉土所不及。是则可为伤心者也。日本有大八洲之限,奥洲荒土荆榛渐辟。征讨熊袭之后,神功皇后[1]自

---

① 神功皇后(170—269 年),日本古坟时代的大和皇族,日本历史上第十四代天皇仲哀天皇的皇后、第十五代天皇应神天皇的生母,原名不可考,其和式谥号在《日本书纪》中被称作气长足姬尊,《古事记》里则记为息长带姬命。她是彦坐王的四世孙女,父亲息长宿祢王是开化天皇的玄孙,母亲葛城高额媛则是新罗王子天日枪的后裔。传说她在仲哀天皇去世后曾长期摄理朝政,为日本史上首位女性君主,在明治时代之前大多把她作为第十五代天皇或准天皇。她三度亲自出征朝鲜,开日本海外拓土之先例,但事多不确。太安万侣(日本古代官方史书《古事记》的作者)将她与邪马台国的卑弥呼女王相联系。日本在二战战败后掀起疑古浪潮,神功皇后是否确有其人在史学界存在很大争议。

征新罗、北越、东奥,次第开化,终及于松前、虾夷。识力日进,乃成丰成太阁征韩之功。迨至中叶,不能远有,务为狭小之治。刑政日滥,严绳耶稣诸教,此其所以受侮也。后此之变不知如何矣。昔人有治一室者,倘门唆庸自谓宁溢,日肆威福于其奴婢妻妾,一出门外虽乡党之威,无与交者。大盗之来,不得越墙。及燔其村而火及之,犹键以自守,谓门庭之足恃。此南华胠箧①之所以讥之也。今天下五洲,美、澳、非洲,已为欧罗巴诸国有矣。亚洲之国,独我与中国、波斯,足以自存。而三国排外之甚,无如我邦者。外国著书,已数言之。乃自塞聪明,而以嫉忌之心,傲然自大。是何异于闭目掩耳,而谓雷霆之无声耶。欧西兵备之修,远胜于我,以视我国犹委肉以当饿虎之蹊。物极则变,盛极则衰。古教隆盛之地,今无不为北狄吞噬者,中国初不必论。佛氏诞生之国,为今锡兰,已夺于英吉利矣。天竺,昔并为蒙古,今为西夷矣。古称全世界之罗马,变而为颓惰之俗矣。古之强盛不足恃,今之无事,又岂可忽乎。拿破仑蚕食诸国皆殷鉴也。又考西洋诸国之地,大抵北极起于七十度,终于四十五度,其间多五十五度以下,以拟我国则奥羽、虾夷以北之地。古时人不多,地不广,耕不足食,织不足衣,食毛茹血,习于劳苦。其后文明渐开,终出英达之君,及今乃至富强。然则土地之博,人民之多,皆无与于强弱,其惟忧勤足以裕国乎。凡政立于所据,福生于所为。今国家所据者,环海之地,所为者,排外之策。一旦可恃者不可恃,可安者不得安,而以三代绥服之制,秦汉御戎之论,以论今日,是亦胶柱鼓瑟②者耳。中国之地,重山复领界其南,沙漠围其西,即大寇飙举以压其境,而其势犹足以退守。我邦四周块比,天下之所争,而世世无以为备。一旦有事,虽举全国之力以赴之,未见其有济也。况西洋诸国,明于利害而驯于战斗,骁将悍卒善为攻取者哉。濒亡弗恤,而尤袭晚唐衰明之敝,尚风雅以沦文弱。俾士气不振,夫大臣多贵游子弟,固不足责。而名为儒臣又资望甚浅,凤规小节,不知大体,以养成不痛不痒之世界。及今不变,亦束手

---

① 南华胠箧:胠箧:释义为撬开箱箧,后亦用为盗窃的代称。也指撬开箱子,打开箱子,出自《庄子·胠箧》。该篇深刻揭露了仁义的虚伪和社会的黑暗,一针见血地指出"窃钩者诛,窃国者为诸侯",但看不到社会的出路,于是提出"绝圣弃知"的主张,要摒弃社会文明与进步,倒退到人类的原始状态。这是庄子社会观和政治观的消极面。

② 胶柱鼓瑟:用胶把柱粘住以后奏琴,柱不能移动,就无法调弦。比喻固执拘泥,不知变通。

待毙而已。登不自揣，妄有论著，首及防海，经久其书未成。《恰如鴂舌小记》，则皆取外人之言，以资考订。于万国之形式，人物之贤否，国土之广狭，民人之多少，靡不详之。自谓未必无当于政策也。又况无人岛之议，登固不与知者耶。登死不足惜，其如国家之事，何惟执事鉴之。

书入不省。先生已坐系半岁，备受鞠楚。亲戚朋辈，多为营救者。先生又致书于其友人曰：

登危上辱亲，陷于大罪而不自知，是为极愚。然登胸中止有君父，平生不耐细事。实则君臣大义，铭篆胸臆，不可漫灭，未尝及于他念。虽门人就我习绘者，亦未尝不以此告之。一国之事，尚足以系心若此，况今日有外国之患哉。志分外之志，又好纵论，致祸之由，盖即以此。今日银铛之下，分与世隔绝，惟未尝敢自戕害，冀有以图报于国。然无诸君之力，则诬枉之罪，终就刑诛耳。吾家近籍没，必搜索及于吾书。书为感愤之作，恐蹈诽谤，未竟其绪。且书中之语，多半遗忘，竟即是以入吾罪。故庭鞫之词，出于意外。然华山心中未尝以为有悖，故身就挞辱，亦未觉其楚也。枢近之意，尚可以宥我格于谗口，遂用疑豫。然亦听之天命而已。天命有在，则吾心皓若晴月，足下又何由为我忧之。所难堪者，无以慰我老母。登孝养之志，积年莫遂。闻有颂吾老人多福者，则喜悦至不可以状。孰谓一旦而有此祸，以遗吾老人之忧耶。登报国之念，蓄之已八年矣。同官有兄弟之交者，比年乃敢以相告。谁谓一败而至于此。然平生自念未尝一纵私欲，破法度，虽遭谗言，而方寸之地，验之往昔，按之将来，未尝不愉愉也。然心念吾亲，梦寐辄呼老母。同狱者笑之，则又泯其声息，而颊辅之间，尽为泪积。华山念母，知母之念华山深矣。惟足下之有以慰吾母也。登在狱，同辈皆相下，闻登名，未尝不称先生。狱吏亦渐不苦我。故此地虽非乐土，而在我视之，则犹浴者出汤，烦襟尽散矣。足下辈为我营求出狱，其感盛德，然世间之疑未尝或释，动曰"华山有罪，皆其藩主之耻。"是则不忍闻之。即令登一旦幸除囚籍，出而与士君子接，已被此名，谁容我矣。方今芟夷①洋学，动以华山为戒，足下与我书札相往来，亦当慎之。文网既密，射影吠声者，愈复不测。吾辈既以洋学好事获罪，究不足惜，而世变深可忧悯。新学日开，而上之闭拒，亦日益力。上暗下明，则上忌下激，百年

---

① 芟夷：铲除。

之后,亦复可知。今岁之旱,吾藩之事未尝一日忘之。当时同官,必有忧形于色者,为我告之,努力政事。华山去后,藩政颇驰,闻有念我者,举前此善政,悉为我功。此为无根之誉。继吾事者,所当显美于天下,则登受赐矣。狱中之制,登于众罪人为宽,草席一具,寝处其中,他则三人四人,甚有六人共之者。桎梏惨痛,非复人理。牢有窗,窗四尺,格纵横有隙以纳风日,而外复有物以为之蔽。阴若翳雪,蒸若渥汤,沟渠不流,秽臭腾塞。同狱之人,无不愁叹。澄气静坐,顾亦安之。同居患难,情亦甚昵,不必其为何等人也,而其中有相谓者,曰:"渡边某其人自好,且无罪而至此,刿在吾辈。"闻之可为感泣。此地大类地狱,而藉以阅历艰苦,亦足自益。比来心气,日即于驯,夜中蚊雷几竭吾膏,亦未尝一夕不得寐。勇气之盛,知足下为华山喜也。无量寿寺住职顺宜,年五十五矣,前六日,以热撄重病,牢医恶闻其气,自槛外诊之,药四五百人共煎一镬,舛谬错杂不可胜道。顺道月朔朝食尚无恙,卒病暴蹶矣。同登罹罪者,强半有病,已死其一。登至今尚健在,或幸不死,会当与足下相见也。

时无人岛之狱,政府微闻其冤,稍稍不直虎一。而著书之谴,卒莫能释。先生自度无由白,欲自到以毋逮于刑。乃为血书曰:

> 洁身死义,以待来者。百年之后,当有知我。

既而曰:"吾君奈何,吾亲奈何,吾渡边登乃遽轻此一命耶。"遂止。然自以为再受鞫必无生理,而念母之心益切。乃为歌曰:

> 离罪网之冤结兮,终易解夫羁羁。惟亲心之系眷兮,捐郁邑其何期。抚长剑而太息兮,甘鼎镬之如饴。睇白华之绛跌兮,羌有生之可恩。嗟路歧兮,吾之悲矣。

复血书其歌,达之奉行所。十二月,幕府判先生等罪状曰:

> 啸众党徒,讲论蛮学,据异族之言以为足征,著书讪谤,以干朝政。敌舰犯关,有主战者则力抗其议,务与外国人厚。罪状至重,第其所为书,幸未成而引过不敢竟其业,得减死。渡边登等悉付其藩主所在禁锢。

先生既出囚,朋友大集以贺。诸侯旗本使者旗本卫士,犹麾下也,町人商人,无不至者。而先生既蒙禁锢之命,不得与人相见,乃夜造鸭巢公之庐。友信与语竟夕,乃去。出涕潸然。翌年(1840 年),先生乃稍稍得自如,出藩邸,至田原,以书画养亲为乐,不复问世事。铃木春山时亦放弃归田原,日夕过从,相为酬唱。治

《周易》《论语》,咸有所得。明年辛丑(1841)作《幽居日录》。而是时,藩主康直已逝。世子信太郎嗣,朝廷未有锡命。先生为年寄时,参藩政,勇于改弊,同列多侧目者。至是则群伺其举动,谓信太郎不获爵命,皆华山之罪有以致之。而福田半香[1]适有书画会之议。半香,先生之门人,任侠好友,当资先生生计,欲以书画会娱其师者也。事闻诸与先生有郤者,乃宣言曰:"华山以幽蛰之人,求交于世。数与江户门人,书相往来,无所惮畏,其变且不可测。"于是其说大腾。先生闻之泣曰:"信太郎以任用华山,故恶于朝廷。不幸华山以万死之身,不膏齐斧,得与慈母妻子相送余生。而所以累吾藩主者至矣。今乃以门徒会聚之故,更获重咎,益将不利于信太郎。累囚无补于国,自裁则狱事或不竟,因自剖其腹焉。"是日,其母在室,怪久不见先生,命妇视之。妇登楼,则先生已死,鲜血盈席。妇大惊,疾呼其母,告以先生刺咽死。其母怪之曰:"吾儿殉国,丈夫何不屠腹死,而乃刺咽,以效妇人女子之所为乎?"既而检其尸,则胸腹洞裂。母氏拭泪含笑曰:"真吾儿也"。死之前一日,预作书以永诀亲戚朋友,又作《邯郸梦里图》以自喻。既死,尸旁有遗嘱曰:"华山谋事不臧,终无以全其身以慰老母,死之后,当立石墓前,题曰'不忠不孝渡边登'七字,以告来者。"幕府闻先生死,使人往检视,取其尸葬田原城宝寺。

先生体硕大,长面丰颐,音如洪钟。常长刀短裤,行市中,不识者以为武人。性廉而博爱。尝有纪州商船过田原远江滩,被风,舟覆,舟中物为村民渔者所得。商民诉之公仪,以为盗,将重坐之。先生为处其事,得减罪。村民大感,咸谓"渡边君活我"。乃以千金为先生寿。先生笑曰:"吾奉君命领兹土,兹土事吾职也,奈何受若金。若果德我者,当谨所业,毋为暴以贻华山忧,则吾百姓厚赆我矣。"峻却之,而从者之请益固。则贮以待赈,即其所输于报民仓者也。晚年,尝习西洋画法,自图其像,酷肖焉。为文援笔立就,如宿构者。一日,访友人家,阅地球图,叹赏不止。自午前至昏夜,辞归乃罢。谛视之际,忘酬酢焉。深夜读书,至会意处,或笑或独语,如与人谈论者。先生门人兼学画者颇多,福田半香、椿椿山、山本琴谷、井上竹逸等,尤其巨擘。尝语人曰:"吾国所传汉人手迹绝少,余所目击者,云

---

① 福田半香(1804—1864年),江户时代后期日本著名南画家,师从日本绘画鼻祖渡边华山,有"华山十哲之首"之称。

烟则王石谷①,花卉则恽南田②,无出其右者。吾门习绘事者,云烟则借半香之名之所长,花卉则弼椿山之名之所长。其得意之笔,亦吾国绝技也。"家多藏书,悉以献藩主,开文库以惠学者。有劝其遗子孙者,则曰:"华山得治书以至今日,皆吾主之赐。华山之书,公家之书也。子孙贤,何患无书。不读书,则留以饱蠹。曷若公之于世之为愈乎。"或人感其公正,默然而退。

呜呼! 如先生之用意,可谓大公无私。而其远识达观,尤非常人所及。竟有以其痛论时事,或疑其不见用于世,愤怼而死。燕雀安知鸿鹄欤? 又或仅知其画而不知其为人。如先生者,岂徒以画名哉?

日本维新慷慨史卷上终

---

① 王石谷:王翚(1632—1717 年),字石谷,号耕烟散人、乌目山人、清晖主人等,清初"四王"之一。其山水画源于家学,后受到王鉴和王时敏的指导。他学习古人的范围较广,从元四家到宋人的大青绿山水都有涉猎,晚年的山水画,在简练中求苍茫;偶画花卉,秀隽有致。有"画圣"之誉。
② 恽南田(1633—1690 年),原名格,字寿平,后以字行,改字正叔,号南田,明末清初著名的书画家,开创了没骨花卉画的独特画风,常州画派的开山祖师,后来成为清六家之一。

日本维新慷慨史卷下

平野国臣[①]先生传

平野次郎国臣,福冈之藩士,幼字已之吉,又曰乙吉,后又改姓吉。父大中臣,曰吉三,为藩之铳队教师。先生性好读书,尤长国学,通故实。尝自号月乃舍友,月庵柏舍等,后又号独醒轩。寄食铳手番头小金丸彦六之家,又称雄之助。以藩事往江户,游宽永寺、增正寺[②]等,睹其庄严,逾乎魏阙,愤皇室之式微,慨叹不已。

安政二年(1855 年),从藩士冈部威明至长崎,董营筑卫戍之事。时英、法二舰入长崎,幕府咎其无状,然怖其兵威,雌伏不敢诘。先生见之,悲愤形于色,常欲倒幕府恢复皇权。父吉三恐其累家,呼之使归。安政五年(1858 年),闻攘夷令下,大喜。窃去国,更姓名为都甲楣彦。抵京师,结赖三树、梅田云滨等同志,将有所为。幕府之臣间部诠胜捕赖三树等去,又围先生于新屋街之客舍。先生适在外,闻之遁归福冈。幕吏追之急。时清水寺僧月照者,亦慷慨志士,适避难在福冈,乃共谋为道士装,自称月照之弟子,改名对岳院云外。抵萨州,庇于忧国志士西乡隆盛家。幕吏迹之益急。先生乃共月照、隆盛二人,航海奔日向。会潮逆,舟不得前,二人吟酌彻夜。月照、隆盛醉后频谈国事,切齿扼腕。时一舟自后至,疑为追者,二人相谓曰:"吾辈事毕矣。"相持投海。时先生方啸风吹笛,见变大惊,急回棹命援二人。月照已绝,隆盛苏。既而隆盛被捕,先生

---

① 平野国臣(1828—1864 年),日本江户末期福冈藩士,尊攘志士。其通晓国学,于 1858 年脱藩,往京都与诸志士为国事奔走,曾计划在北九州起兵,事败而被捕,出狱不久又在生野银山举兵,战败被俘,在京都被斩。

② 增正寺:应为增上寺,是位于日本东京都港区芝公园的一座净土宗寺院,山号为三缘山,全名为三缘山广度院增上寺,是日本净土宗镇西派七个大本山之一,也是江户幕府德川家的灵庙之一。

再入京师。改姓名为宫岛司,谋再举。时幕府之人,遍布京师,大索尊王之志士。先生蜷伏其间,往来长门、筑后,以求同志。萨藩士堀忠左卫门者,亦慷慨士,共谈国事,乃大喜,共谋入萨。关隘严,不得入,伪托藩士高桥某之仆,乃始入焉。因赋歌曰:

抱热志兮如煎,忧国事兮皇然。奔走江湖兮望樱岛之山。庶同志兮盍簪。

乃与志士相谋复至熊本,以访同志。安政八年①,再至萨摩,偕其藩使而入,依堀氏而居。又闻岛津和泉守久光②抱尊攘之志,献其所著《尊攘英断录》及《培覆论》。和泉守览之大喜,互论时事,意气相投。和泉守曰:"吾明春将入京,请敕攘夷。卿先往以待我。"先生乃入京。同志小河一敏等待之,集来者三百余人。又献书曰:"方今天下之形势,幕府驾驭失术,内忧外患,相并而来。社稷之危,殆如累卵。臣等窃唱尊攘大义,而义士寥寥,无敢附和者,故迁延至今,未能举事。而幕府威权日益猖獗,近闻和学者某,背皇室之旧典,肆行无忌,一至于此。是以天下义士,扼腕愤激,欲讨其罪者,如水赴壑。今适岛津和泉已在浪华,义士踊跃从之,飙驰云集,千载一时之会,时哉勿可失。臣谨为陛下献三策,庶采择焉。一曰:今乘岛津和泉在浪华,宜速下诏,令其拔华城、火彦城、踏条城。和泉亲率一队,以入京,扫除幕吏,解粟田宫之幽囚而迎圣驾于华城。以定行在③,然后陛下号令天下。六师东下,以函馆为行宫,问罪于幕府。若幕府悔过谢罪,削其官禄,与诸侯等。如敢逆命,则讨伐是随。是为上策。二曰:待和泉至伏见,乃急召之,扫荡在京之幕吏,解粟田宫之幽囚。拔条城以据之,号令天下。而招集义旅以取华城,而后问罪幕府。是为中策。三曰:待和泉上京之日,与阳明氏会议,而扫荡幕府,以解粟田宫之幽闭。拔条城以据之,以张皇威。募义军以拔华城,而后问罪幕府。是为下策。三策审其时势以酌行之,必见成功。愿朝廷速断,毋失时机,云云。"时福冈

---

① 安政无八年。疑为安政六年(1859年)。

② 岛津和泉守久光:岛津久光(1817—1887年),日本江户幕府末期萨摩藩主岛津忠义之父。1862年(文久二年),久光为实现"公式合体"而率兵进京,一方面利用"寺田屋骚动"镇压尊攘派,一方面侍奉敕使大原重德赴江户,逼迫幕府实行幕政改革。最终,一桥庆喜就任将军后见职,松平庆永任政事总裁职。在1863年底到1864年(元治元年)初的参议会议上,久光也掌握了主导权。1864年禁门之变时,与会津藩的军队共同对长州兵作战并将其击败。明治维新后,他内心反对废藩置县,1874年(明治七年)任左大臣,但因其强烈的保守性,意见未被采纳,不久隐退回乡。

③ 行在:也称行在所,指天子所在的地方。也指天子巡行所到之地。

侯黑田齐博将诣幕府,途次至播磨。先生谒之,劝其义举。侯闻大惊,称病回国。先生共萨州藩士伊牟田尚平在焉。萨藩逮捕尚平,并欲捕先生。尚平者,曾因国事犯禁以去国者也。既而先生伴齐博归。齐博待先生颇厚。或谓先生曰:"福冈侯志欲囚君,恐同志夺之,故佯为亲厚,已预敕其臣备之。入国,恐祸作。"先生不省。未几,入国境,藩士备船迎候。先生亦乘其船。既登舟,果为所缚,如或人之言。先生既被执,乃赋歌曰:

望白云兮卷舒,思吾亲兮倚门闾。哀王室兮多烦忧,问菽水兮谁娱。

文久三年(1863年)三月,皇威渐就恢复之途,曩之以唱说尊攘获罪者,多因获赦。先生亦得免。复入京,著《国体辨》以奉学习院。学习院者,光明帝[①]所创之学校也。后奉诏,命为学习院督长。时中山公将举勤王之师于大和[②],以讨幕府。朝廷命先生谕之。已就途,闻幕兵开战,复引还。既而幕府复得势,京师之志士渐渐分解。皇威亦渐堕。先生亦去。至但马,变姓名为佐佐木将监,亟劝长门之缙绅三条中纳言以助忠光。乃说泽主水正宣嘉。宣嘉曰:"时势至此,吾辈可袖手坐视乎。"共举兵于但马之生野银山,急造代官川上德太郎之馆。德太郎以事在外,留守武井某出接之。乃谓留守曰:"吾辈奉敕征暴徒。长州、京师之援兵将至,姑借此馆,以为屯宿。"武井惶惑,不敢辞。先生等复借铠仗等,及米五十包,金千两。传檄四方,亟募兵以应忠光。士卒之应者踵至。已而闻忠光败,士气大沮,亡者渐多。先生叹事不就。宣嘉先遁。先生被创,乃奔潮来郡网场村田石姬路。龙野、丰冈之诸藩奉幕府之伪命来追。先生遂为丰冈藩士所捕,槛送京师。在狱中,著《自团论》,以示同窗者。人皆感泣。明年元治(1864年)纪元甲子秋,长藩入京,火市街,与幕府之成兵战。幕吏恐有越狱者,出囚人,悉斩之。先生年三十九,时七月二十日也。赋绝命词以自慰曰:

舍身殉国兮吾之志,事不成兮死不惜。后有来者兮庶其继。

又赋诗曰:

龙铁虎口寄此身,半世功名一梦中。他日九原埋首处,刑余谁又认孤忠。

---

① 光明帝:后光明天皇(1633—1654年),名绍仁,幼名素鹅宫。他对幕府方面颇有抵抗之意,同时是个爱好学问的人,受到当时儒者藤原惺窝的影响,积极引进朱子学。此外,他再次提出恢复神宫例币仪式,也有意要复兴大学寮。

② 大和:这里指大和国,日本古代的令制国之一,属京畿区域,为五畿之一,又称和州。大和国的领域相当于现在的奈良县。

　　先生常慕高山彦九郎以为人。初遇泉州,上书言事。泉州赠以矿金十两。先生购石灯一基,建于高山氏之墓。再拜其灵以去云。又赋诗曰:

　　　　纵令藩人评贼生,天朝容我下忠名。十年辛苦今已解,默笑狱中待落成。

崛织部先生传

　　临难不挠,处危不屈,愤外夷之陆梁,怒有司之昏愦,决然上书以自裁,以觉群小之迷蒙。幕府之吏,有如此志士者,殊不多得也。

　　志士姓崛,名利熙,字钦文,幼字省三郎,号有梅,通称织部正。伊豆守利坚之子。幼好读书,长研究经济之学。擢监察,后转函馆奉行①。颇著功绩,民慕之。教土番以耕稼机织之道,垦不毛之地以拓山林,进采黑龙江以筹海防。归赋诗曰:

　　　　休把寒暄论瘠肥,眼看田亩堕荒芜。辛苦谁识万千粒,开辟以来曾所无。

　　已而转外国奉行。时天子方下攘夷之诏,幕府不敢奉。外人遂益猖獗,以兵威逼幕府。先生奋激,力斥外人之无状。人多快之。时阁老安藤信睦②主持外国交涉,惧其恫吓,许其筑馆于品川御殿山。先生切谏其不可。信睦等怒,命国学者按故例将行废立之举。先生大怒,再上书于信睦等。其书曰:

　　　　外国尹织部正堀利熙谨白:语云"鸟之将死,其鸣也哀。人之将死,其言也善"。臣尝知之矣。向不顾微躯,激论应答,不服阁下之高议,其罪当万死矣。今复不避斧钺之诛,砰肝脑,绞肠血,聊贡鄙言,以酿阁下,请少容焉。

　　　　抑外虏航,尔来公仪百方不决于战守,而决于和亲。是时也,谁不可防,惟切齿扼腕而已矣。臣深忧之。尝上缕缕之鄙言,颇有所容。而东驰西奔,预其事,固臣之职,不可不竭也。然均是人也,岂无慷慨义烈之志哉。近者阁下滥于公议之海涵,恣意妄行,无顾虑,既犯大义者,不可胜算也。就中垒使都督米理弩儿微行于贵邸,专议我政事。阁下俱被同餐,尊之如师父,遂与我

---

①　奉行:日本古代官职,掌理政务的常设职位。上至幕府,下至各地方的大小藩主,都依各种政务需要设置许多奉行职位。奉行的办公处所一般通称为"奉行所",相当于中国的衙门。

②　安藤信睦:即安藤信正(1819—1871年),幕末时期的老中,陆奥磐城平藩主,初称信睦、信行,后改称信正,最初担任寺社奉行、若年寄,1860年(万延元年)晋升为老中,主管外交事务。

国典数部，是可怪一也；彼与阁下结伯仲之义，而赠毡布奇玩数千，阁下酬之以庆长正保金若干两，是可怪二也；彼醉倒之际，戏于阁下之侍婢，而阁下许与之，是可怪三也；彼请筑居馆于御殿山，一月以金八百两券之，阁下遂许之，是可怪四也。此四事犯大义者最甚，然而尚有甚于此等。窃闻彼妄议废天子之事，阁下使国学人讨索旧典，私画其议，其谓之何哉？

至于此，血泪如雨，铁肠欲裂。天下人痛哭愤怨，皆欲食阁下之肉。实大逆无道，天诛所不容也。其颠末已于彦根先老可见，是臣所以深为阁下忧也。然道路之言，虽未可尽信，而天以人言，则其事果捕虚矣。是臣所以誓不服阁下之高议也。阁下若不忘邦之大义，则教忠于天朝，竭身于幕府，施仁政于民，都臣所伏祈也。今臣将屠死，其害也亦害，阁下请少容焉。临表不堪涕泣。

是书原系汉文，依原书直录。中多字句未安者，无他本可校，姑仍之，以俟知者。译者识。

书上，遂屠腹死。年四十三，实万延纪元庚申（1860 年）十一月五日。而信睦不省，御殿山之馆方落成，是日，果为浪士所焚。

先生性方正，勤直卓见。居常简素清廉。慕诸葛亮、陶渊明之风，植梅于庭，吟啸其下，其自号有梅者以此。尝以事入虾夷，舟轻积丹之海角，有神曰"虾夷之祖神"。士人谓过此者，必供酒馔，否则风浪覆船。先生笑曰："吾奉国命至此，将大拓土地。何物妖神，敢阻碍耶？"以巨炮轰其祠，嗣后妖言始息。至今土人感其仁惠，并称其勇气云。

又尝为诗以写其志曰：

旷世奇才钦两贤，行藏易地业皆然。气节千秋出师表，清高万古去来篇。苦辛本识由三顾，忠勇无心戴二天。男子功名应若是，纵教一醉曲肱眠。

绝命时召其臣三岛三郎兵卫通植即河野显二曰："君辱臣死。汝其毋忘此语哉。"三郎兵卫泣不能仰。先生既死，三郎兵卫见信睦无悔过之志，大怒，誓除之，遂击之于版下焉。

武田耕云斋①先生传

武田耕云斋名正生，一号如云，称伊贺守，初名彦九郎，为水户藩士，初称迹部氏，以其出于武田万千代丸之后，遂复氏武田焉。

少骁勇，善武略，研究经济，兼通韬略。仕藩侯景山公②，为老臣，赐禄千五百石。以端正蒙眷遇。英、美之来请互市也，藩侯屡共先生等谋上书幕府。安政（1854—1859 年）中，侯奉诏将断行攘夷。幕府大惊，止其行，奉还诏书。侯不得已，命其臣尾崎丰后守赍赴江户。行至中途，志士蜂起要而夺之。虽幸得脱，诣江户，致之幕府。而国内之志士，屯集长冈驿，大唱攘夷。景山公虑其无谋，妄启兵端，命鸟居濑兵卫和解之。志士等高谈雄辩，濑兵卫不能破其说，怏怏而还。既而志士等见事不可为，始自解散。屯集之志士，皆先生平日之所结纳者。

自是，藩内分为二党，尊王者为正党，佐幕者为奸党云。景山公薨，正论党皆被斥，奸党愈横恣。已而一桥庆喜从将军家茂朝京师。庆喜者，景山公之子也。复召先生等共谋国事，正党亦复见用，以充卤簿。先生亦上京师，从庆喜之后，得谒天子。叙从五位下。天子赏其勤王之笃志，命其条陈时事。先生既被殊荣，其志亦愈固焉。

元治元年（1864 年）春，奸党市川三左卫门③、朝比奈弥太郎等，共谋陷先生，通谋幕府，以废正党之职，将幽之。正党奋激，至江户，诉于藩主。遂纠合三百余人，发下总，至小金原。先是，藤田小四郎、信山一郎等，亦愤奸党之横肆，妄捕正

---

① 武田耕云斋（1804—1865 年），日本江户时期水户藩士，因为尊王，并且利用藩兵政变，终被藩主下令处死。

② 景山公：水户藩主德川齐昭，号景山。

③ 市川三左卫门（1816—1869 年），日本德川幕府末期水户藩士，曾任藩主府家老，主张佐幕而与武田耕云斋对立；戊辰战争后，市川遭到处决。

党妻孥,株连不已。诉于幕府,幕府反将诛之。藤田小四郎等大怒,举兵筑波山,自号监察府。至是共合军为游军监察府总辖队,举田丸直谅为军师,藤田信竹、内延秀岩、谷信成为三总裁。作烈公①之木偶,奉之出筑波,诣日光,请见幕吏日光奉行小仓但马守。但马守恐怖,急召山中之猎户以自卫。乃见。直谅曰:"我烈公奉诏攘夷,力尽而事未成,赍志而薨。今夷狄跋扈猖獗,苍生涂炭,堂堂神州,坐受外人之侮。神君将如之何。吾辈不忍傍视,将祈之神庙,而后攘除横滨之虏。请借日光寺院为馆舍。"但马曰:"俟请幕府而后敢许。"直谅遂退军太平山。来集者颇多。奸党闻之,市川三左卫门等乞幕府之援兵。其将永见贞之亟等,率兵来击。直谅等斥之。与先生密相通讯,断行攘夷。至是,幕府命水府支藩松平大炊头赖德代水藩主,振抚常野。大炊头乃先发江户,至小金原,谕召先生。先生抗论藤田之义举,大炊头遂服,乃俱趣水户。途间趋附者如市,全员四千余人,次吉田村。时元治元年八月十日。大炊头遣使城中曰:"吾今奉幕府命,代藩主镇常野,将入城中。"奸党大惊,遣使拒之曰:"大炊头即不代藩主,亦可入城。其他诸士则不许入。"大炊头大怒曰:"水府之全权在我,诸士之进退惟我命,安受汝等指挥。"使者天野伊豆、大井元次郎即退。独铃木茂左卫门争辩不止,乃斩之。于是城中备军。先生等进兵袭奸党之家,击破其军,进至那珂港,屡战皆胜。乃遣使入奸党之阵而议和。奸党杀其使者。先生大怒,发炮奋战,杀敌将川上舍次郎。而筑波之军,田丸直谅、藤田信等亦来属,兵势大振。已而奸党乞幕府之援兵,玄蕃头田、沼意尊等来击,互有胜败。而奸党招大炊头往。先生止之曰:"彼不容臣等,而独招公,其意可知。臣等危之。"大炊头不听,率数人入水户。至则责其通贼,传幕府命使自裁。杀其从者。先生大怒,得藤田等相援,誓除奸贼。

十月,幕府之兵围先生等数月不能克,乃榜示以招降者。于是围中之兵,不欲抗幕府,相与议降。先生之军,因之失利。乃奋告诸军曰:"吾辈之死,亦何足惜。请借诸军之力,背城借一,必诛奸魁市川等。苟束手待毙,谁复继烈公之志以勤王事者。一桥卿,本烈公之爱子,其初上京师即以一桥卿属之于我,嗣后奉朝命攘夷,而我又与闻其事。今又依一桥卿以起义兵,我安可惜死而不竭吾之力乎?"乃

---

① 烈公:德川齐昭谥号烈公。德川齐昭(1800—1860 年),日本江户末期水户藩藩主。1829 年继任藩主后着手藩政改革。1841 年设立藩校弘道馆,培养藩士。1844 年受幕府的"隐居谨慎"处分。1849 年被赦。1853 年,参与幕政,负责海防,后辞职。1858 年井伊就任大老后,再次被幽禁于水户。后病死。

率诸军千二三百人，拥旌旗，护辎重，出馆山。至大宫村，追兵至。又战破之。进佐贯，共市川之兵，力战三日，互有死伤，终败之。出奥州道，过下毛，预陈情于沿道之小藩，以请假道。诸藩畏其势，不欲拒之，然恐获谴于幕府，穷蹙不知所为。至锅挂驿，太由原藩主之城适当其冲，遣其臣金枝弥五左卫门来谒先生。先生出迎之。其人仪止整肃，语言明达。因问其来旨。金枝曰："敝邑力弱兵寡，非诸君之敌，敝藩惟知尽社稷之职而已。公等鉴其下诚，绕道他出，幸甚。若必出其城下，惟以死拒之。"先生感其言之诚实，答曰："仆等至此，实不得已。然非甘为乱贼者，当惟命是从。"乃取道世良田，借粮于会津侯。入上野，破高崎城主松平辉照之兵。至信依，高崎城主诹访忠诚，松本城主户田光则起兵防之。先生与之战于和田领，大胜之。复历美浓路，涉大田川，至加纳驿，入西京。大垣侯户田氏彬岛津氏之大军防之。转路北行至越前大野，城主土井利垣焚沿道之村舍。军至，无次宿之所，筑栅而守。时大雪，兵士冻不能堪。先是，一桥庆喜闻先生西上，自请于朝，为大将，率桑名、会津、松江、福冈、阿浓津、小田原等之兵，以加贺兵为先锋。十二月十日，加贺之兵阵于榛原，其藩士永原甚七郎将之。先生之兵，冻馁不能战。乃上书京师，请开路。不听。曰："待明日战后乃开路。"先生再上书。庆喜为之上请，乃许。先生复上书五通。一上之庆喜，一述其事之始终，一谢罪，一因加贺藩乞降，一则与甚七郎。甚七郎见其书，愍其忠节，为之上疏乞宽裁。且恤其军士之冻馁，因军监播摩守其举进于庆喜。其书曰：

臣正生顿首百拜，敬白于一桥公阁下：臣等不顾天下之大禁，被甲率众，纵行诸州，非好乱挑战也。诚不得已之势耳。阁下所知逆臣结城实寿余党市川参、佐藤图书、朝比奈弥太郎等，谗毁臣等奉继烈公遗志，扫除侮我洋舶，尽微忠于国家之行，而百方妨之，一炼金铁。故臣与之数战于本国。虽则与同僚争战者，非臣本意，然臣等终因循，则戊年以来，天朝所降攘夷之诏，皆为水泡。而纶言如汗之大义，亦寸地且不行。洋泊益跋扈，国体殆拂地。如此，则烈公继述祖宗遗志，欣慕东照宫风教之事，咸泯灭至无迹矣。臣子之情也，遗憾无过于此矣。臣正生固甘粉骨碎身，扫攘洋舶，尽微忠于天朝幕下也。别册述其势情之始末，仰愿阁下瞭察之。伏地待命。

既许其开路，率兵西上。其上加贺侯乞降之书，亦录于下。

正生等屡向哀诉，而承今竟不被允之命，恐惧不知所措。然正生等业已抗幕府之命，动诸藩之兵，死且有余罪。因全军八百十三人，尽降伏于尊藩军门,俟罪。虽然正生等心中,固青天白日,如所向陈。苟蒙乱贼之名,则千载之下,死有余憾。冀尊藩垂武门之情,为正生等善辩解焉。所决死言者,止于此耳。他亦无所言。

乃束兵仗,悉送之于榛原,时元治元年十一月二十四日。甚七郎等送先生诸人于敦贺之本胜寺,及各处分处,待遇优厚。而幕府忌之,终思划除。翌年(1865年)二月三日,遣大目付黑川近江守至,悉斩之。先生死时年六十二,赋绝命歌,乃就刑。同被祸者,田丸直谅、藤田信竹、内延秀等二十四人。既而又杀三百二十八人。其余或流或放者,不知其数。天皇闻先生等死,大悼之,急敕赦其余。先生就刑之日,天忽惨黑,烈风暴起,凡决囚四次,皆有阴风袭人,人咸冤之。后三年,征东之役,亲王纯仁高仓永祐、四条隆平道敦贺,各赐香金,以慰忠魂。前田齐泰亦赐五百金为先生诸人筑墓,立石者共十五人。明治初,天子北巡,诏先生后裔,再赐以修墓金而还。

先生长于诗歌,其《题下喜多崔山楼》诗,尤脍炙人口,录之于下。其他之诗,亦录一二,以见先生之忠愤。

一朝愤奋义忠情,斋骨粉身霸使兵。孙子筹谋吴子智,张飞勇烈岳飞贞。驹峰难进穷途雪,越海曾期绝命缨。不訾波山狂称美,千秋何朽护皇名。

云井龙雄①先生传

天下杰出之士,有不可一世之概。而其心事磊磊落落、雄伟拔群,固非庸庸者流所能窥其藩篱者。我日本维新之史,克当此者谁乎?

前羽一丈夫曰:"云井龙雄先生,非所谓杰出之士耶。"先生本姓中岛,讳守善。弱冠出为同藩士小岛才助之义子。义父没,始改今姓名。父总石卫门,母屋代氏。旧为米浑之藩士。先生短身广额,状貌如妇人。而天资精悍,倜傥有大志,殆有五鼎食五鼎烹②之气概。尤富奇计。幼具至性,善事父母。其父尝以先生之起居动止迥异常人为忧。先生知之,忏悔弗措,矢志折节,自检束以解父忧。好读书,恒废寝食。游学江户,事安井息轩之门。夜间方读书,惫极欲睡,或以冷水渥面,或口含辛味以驱之。殆极不堪,以木棍自击其头。头之痛,常不断云。常于一夜间读彻《左氏传》。其力学如此。涉猎和、汉群书,尤长王氏之学③。

明治戊辰(1868年)春,以征士在京师。人见其纤弱如女子,颇轻之。及与论事,雄辩风生,高谈飙发,满堂皆为之屈,无能折之者。乃大惊服,声名渐著于时。既而官军与德川氏兵,大战于伏见、鸟羽,官军大捷,遂大举东征。先生上书诉德川氏之冤,不允,乃大怒曰:"官军炮击德川氏,而又加以叛贼之名,何其冤哉。吾当以雪其冤为己任,且恢复吾藩之祖业,目方瞑耳。"乃将历说世傍诸藩,连合奥羽诸侯,以抗官军。归途过骏州,见幕府游击队长人见胜太郎。胜太郎谓先生曰:"我以兵数百,将据函岭之险,以绝西军之后援。君连合奥羽之兵,南北夹击,西军

---

① 云井龙雄(1844—1871年),本名小岛守善,字居贞,号守月,又称湖海侠徒,生于今山形县米泽市,日本幕府末期政治活动家和文学家。

② 五鼎食五鼎烹:语出《汉书》载主父偃之言"丈夫生不五鼎食,死则五鼎亨耳!"古代行祭礼时,大夫用五个鼎,分别盛羊、豕、肤(切肉)、鱼、腊五种供品。形容高官贵族的豪奢生活,亦喻高官厚禄。

③ 王氏之学:指王阳明的学说。

必珍。"先生拍手大悦曰："是奇计也。"乃星夜急奔归国。时东北诸藩,已与德川氏同盟,合抗官军。先生勇气愈奋,计画谋议,多属之焉。然而幕军终败。胜太郎等航海北遁,先生闻之,叹息不已。又自以为官军深入我地,必乏后援,若合二毛诸藩以绝其后,则必不振。乃与会津人原直铁、幕府麾下士羽仓矿三郎、日光山僧樱正坊等共谋,将间行出上毛沼田。未上途。先是,胜太郎等潜来留此,至是将归。先生赋诗以送之曰:

平方之湾勿来关,石路萦回岩峒间。怒涛如雷愤雪起,淘去淘来海噬山。地形雄伟冠东奥,一炮守之谁能攀。君航东洋来此地,目击区处防海事。难奈秦兵威不振,风声鹤唳肝胆坠。君犹咤叱冲敌阵,指挥死士弹且刺。彼众我寡势不能,咽喉之地忽然弃。君不见大梁举兵救赵来,函谷之关可击摧。纵令此地弃不守,雪耻有期君止哀。我亦潜行唱两毛,袭都欲刺二奸魁。义兵一时起敌背,掩击尽之亦快哉。胜算历历在方寸,我任此事不敢逊。今日别君君自爱,惟须诗酒遣宿闷。金风飒飒吹兔水,三十六峰秋色美。此将与君笑相迎,遨游好携东山妓。

先生等四人既发,关吏阻之。先生强辩而过。吏大怒,追蹑来围。矿三郎、楼正等奋战死之。先生共直铁等斩数人,余者辟易。二人遂遁。时八月下旬也。当次之时,官军大举围石松城,日夜攻击。弹丸如雨,霹雳震天。金鼓之声,喧阗动地。先生急归国,欲集兵以援之。至米泽,而藩王已树降旗。然其志犹未屈。明年九月,请游学上京入集议院,屡陈天下大计,不为时论所容,群斥之为贼首。先生慨然赋诗曰:

天门之窄窄于瓮,不容射钩一管仲。炭坦无恙奋麒麟,生归江湖真一梦。自笑豪气犹未摧,每经一难一倍来。睥视蜻蜓洲首尾,向何处欲试我才。讲学平生护此志,道穷命乖何足怪。只颂痛饮醉自宽,埋骨之山到处翠。

生不聊生死不死,呻吟声里扑又起。立马湖山彼一时,雄飞壮图长已矣。我生有涯愁无涯,悠悠前途果如何。咄咄休说断肠事,满江风雨波生花。

先生窃集同志欲再举兵,上书诸藩,乞镇抚脱籍反侧之徒各自归顺,不允。会有幕士三枝采之助者伪装为僧,自称净月坊,赴京、阪,探知情事。明年春,净月坊归曰:"西国物情汹汹,将有内讧之势。"又言已得同志十数人。先生闻之,忭舞雀跃，欣然曰："时至不可失，宜乘机以兴兵。西国诸藩，思乱之士，苟闻我起，彼必揭竿。东西相应，以抗官军，事必可成。"乃书"归顺部曲点检所"七字于白木，树于东京芝二本榎上行寺、圆心寺门前，以集同志。直铁以下来会者四十余人。奥羽诸藩士，遥应者颇多。朝廷知其情状，幽先生于其藩。五月，押送米泽。其徒增冈誉吉等，欲谋夺之于途。先生喻止之。既至米泽，愤懑不已，潜赠书同志，谋又举兵。既而其徒被逮，遂泄其谋。先生自是深敛锋芒，不敢复谈世事，时托吟咏以自遣。八月，再槛送于东京。途过刀根川，遂赋诗曰：

欲回狂澜救一世，道之穷通未敢计。直气吐来震九重，满眼神骏是芥蒂。天日不照孤臣心，枉被浮云遮且蔽。欲死则死生则生，我肘岂易使人掣。槛车夕过东宁川，目掣湖山泪沾袂。回首遭逢梦耶真，壮图只有水东逝。呜呼！纵令此山如砺此川如带兮，区区之志安能替。

既而其徒悉被捕，事尽发露。先生以下，伏罪者数十人。十二月，枭先生于小塚原。时年二十有七。直铁、誉吉等十数人，皆处斩。其余流放有差。初，其同盟之簿，名姓约万余人。事急，先生急焚之。鞫问甚严，酷刑备至，身无完肤，无一供者。先生幽在米泽，怏怏不乐，锐气郁勃于胸中，托于文字以自遣。悲壮淋漓愤慨之气，溢乎毫端。临刑时，神色自若，切齿扼腕，瞋目而叹曰："吾之事终矣。吾计不成，不能使封建复古，不能雪德川氏之冤，不能复吾藩祖之业。呜呼命欤！"

译者曰，封建易为郡县，此进化之公理。王政复古，此日本维新之基础。而龙雄昧死争之，至死不悟。其识亦太卑矣乎！

先生诗最多，兹附录其最著者。

粗豪自许国干城，胸裹常储百万兵。齐赵逾盟秦业立，蜀吴构难魏谋成。输诚或不回天意，守节惟须舍我生。脱却人间多少累，横空正气浩然盈。右述怀。

绿湿红沉悄无力，恰是杨妃啼后色。花容如愁何所愁，我向花问花默默。想昔滨殿殿南庄，把酒赋诗赏海棠。当时同盟今四散，或为鲁连或张良。须水火不遂其志，往往激昂就死地。死者函首送王廷，生者海岛犹唱义。嗟我赤城才脱身，再举无策久逡巡。今对此花想往事，愁泪和雨沾红巾。己巳(1869年)三月雨中观海棠有感作。

呜呼！先生负奇才，不用于世，而昧于顺逆之理以抗王师。然其苦志，在雪德川氏之冤,复己藩祖之业。各为其主,亦不可与叛贼相比例也。至其屡出奇计,百败而志气不挠,囹圄幽囚则托辞藻以舒其愤懑,是亦可谓天下杰出之士欤!呜呼!古来英雄豪杰之士,昧于顺逆之理,其末路令人惋惜不置者,岂独一云井龙雄也。其亦善于自择而慎之哉。

高杉晋作①先生传

先生名晋作,又名春风,字畅夫,号东行。山口藩士。幼倜傥,具大度,言辞慷爽,有睥睨万人之慨。好词赋,已而弃之,专供兵书。年十九,谒吉田松阴。初,松阴屡称久版通武,赞之为少年奇才,国士无双。及见先生,大喜,以为可与通武比肩者惟先生。先生负其才,敢任勤学,好放言高论以侮人。而通武则反之,慎言行,有老成之风。故松阴常扬通武而抑先生。先生大悟,奋志勤勉,而学业大进。于是松阴议事,多与先生共之。通武告人曰:"晋作非吾所及也。"先生闻之曰:"久版生天下之奇杰,吾奚得与之比。"松阴大喜,乃曰:"二生相让如此,此国家之幸福也。"时人称晋作、通武为双璧云。

文久元年(1861年)春,擢为世子近侍。是年冬,幕吏将航海上,命先生从,以侦知形势,赐资五百金。至长崎,幕吏改期明年。先生以为幕吏不至,吾姑为豪游。所赐金,尽挥霍之。以百金赁一屋,购一妓,闲居以俟。至明年春,乃共幕吏至海上。八月,乃归藩复命焉。是年冬,游学江户,与久版通武、大和直利等共谋将焚御殿山西人之馆。事觉不果,乃遁奔京师。三年夏归国,藩士治其罪。先生惶惧自幽于松下村。六月,藩主谋举攘夷。马关之役,长军失利,藩主乃起先生赴援。先生奋然曰:"肉食之徒,皆不足任事。必矫门地之弊乃可。"乃请藩主,不择贫贱,不问士庶,凡强壮有用者,悉给厚禄以编行伍。其兵强悍,号为奇队兵,自为队长。其驭兵也,赏罚严正,号令明肃,虽凶险无赖之徒,不敢违令且乐为之用云。是年冬,擢为世子奥番头。既而亡至京师,与久版通武等欲唱勤王。通武曰:"恐

---

① 高杉晋作(1839—1867年),讳(实名)春风,通称为晋作、东一、和助、默生,字畅夫,号东行、西海一狂生、东洋一狂生,化名谷潜藏、谷梅之助、备後屋助一郎、三谷和助、祝部太郎、宍户刑马、西浦松助等,之后改名为谷潜藏,日本幕末时期的著名政治家和军事家,长州藩尊王讨幕派领袖之一,奇兵队的创建人,幕府末期尊攘、倒幕运动的志士。

矿王职,奈何?"先生大窘,乃还藩。遂下野山之狱。时元治元年(1864 年)春三月
也。秋八月,夷舰复来,攻马关。藩主又起先生于狱中,以督军。遂更姓名,称谷
潜藏。

是年冬,藩内党议大起,物情骚然。国老益田右卫门、福原越后、国司信浓大
唱勤王,举兵向阙。藩士之不与其谋者,实为误国。三国老当时用事,或捕之,或
禁锢之,并幽藩主父子于寺院。冬十一月,问罪之师大纳言德川庆胜至,将毁其攘
夷所筑之炮台,撤堡寨。三国老亦下狱,将枭首军门以赎罪。藩内议论,益复水
火。勤王党因斥恭顺党为邪党。邪党大怒,并其属者悉捕之,连及先生。先生急
遁于奇队兵驻队之所。先是,幕府之兵来围,藩主命奇兵队之长舟某徒之德山,盖
恐其抗拒幕兵,愈难收拾事平。师送。奇兵队至山口城曰:"幽主君者吉川经干之
计,宜急勤主君速出幽所。"急至山口,诸宰臣不允。奇兵队大怒。及先生至,队士
恳切留之。先生不听,曰:"吾别有奇策,汝辈毋复云。"至筑前。既而闻三国老被
祸,愤激不禁,遂欲讨邪党以革藩弊。乃还马关,传檄幕兵。奇兵队之潜匿者,翕
然四集,兵势大振。时正党亦群集,据伊佐村,其势犹微。先生乃与太田市之进①、
山县狂介②等,谋袭马关之藩厅。先夺药弹兵器,以备军资。募土豪,具粮仗,率兵
先袭伊崎之廨舍,次荻城,乘势入山口。与伊佐之诸队相犄角,欲以一战殄邪党。
众疑惧不敢发。先生按剑怒骂曰:"国家危难,既迫旦夕,岂能拘常法犹豫以待时
乎。汝等不往,吾将独行。碌碌之辈,徒供邪党之刃耳。"众遂奋然而起。

应庆元年(1865 年)正月六日,遂围伊崎之廨舍,逐其将藏田丰后之助。当是
时,伊佐之兵,亦袭绘堂村,大破邪党之兵,斩奸魁财满新三郎等。十日,又与邪党
战于川上、太田、长登三所。又大破之,斩若稻岩井等十五人。十四日,邪党以兵
七百来袭。奇队兵百五十人以邀之,战于长登、川上,又破之。邪党大却。又袭太
田、鸢巢之二口。奇兵队知之,伏弓手,左右夹射,邪党大败而走。荻城之邪党大
惊,急遣使告变于幕府。又挟藩主以还城,下令国中,禁卖衣食于奇兵队。国老栗
谷隼人将兵三千来击。先生率卒百人,乘夜大风雨袭之,斩邪党之头揭于枪上,鼓
噪而进。邪党又出新兵,连战三日,终不胜而还,退守荻城。先生等亦不攻之。时

---

① 太田市之进:长州藩士。

② 山县狂介:山县有朋(1838—1922 年),日本军事家,政治家,幼名辰之助,后改小助、小辅,明治
维新后由山县狂介改名山县有朋,号含雪,日本幕府末期和明治、大正时期的军事家、政治家,两届首相,
日本近代陆军的奠基人,明治维新以来"军阀王国的始祖"。

吉川经干将出兵镇守,毛利元周同元纯止之,乃遣使调和于二军之间。先生等乃杀邪党之首谋数人,其余皆宥其罪。先生又入山口,与井上闻多等谋,制鸿城军,袭邪党于佐佐并驿,又胜之。二月,遂平邪党。于是阖藩议论一变,一归勤王。初,邪党之起兵也,号令皆为矫用藩主之君命,旗章悉用一字三星。我军视之,气大沮。先生笑曰:"彼国家之贼,而漫用公家之徽章。我今击贼,何弃公家之徽章而不用乎。"乃命悉作一字三星之旗,兵势于是大振云。

会津侯松平容保夙恶长侯,劝幕府请降之罪,而阁老水野精忠助之。乃使大监察塚原但马守传令曰:"大膳父子,速诣幕府谢罪。不然,大将军将率师亲征。"四月,幕府遂令天下曰:"毛利大膳父子,不知悔过,将有非常之举。今将奉诏,以五月十六日大举征之。沿道诸侯暂止东觊以候命。"尾州侯德川庆胜闻之曰:"长门诸臣,犯京师以清君侧,不过欲白其君之冤。然其罪亦止于弄兵阙下。斩三国老以谢,事亦可止。今复伐之,毋乃太过。若万一幕府不幸而败,则大势随之。以吾主见,不如其止。"遂上书幕府力谏。而胜安芳亦极力止之。不听。将军亲领中军,德川茂德同茂承率师而进。至品川,二旗士前谏曰:"毛利氏之罪,已罚。今又伐之,师出无名。且今当祖庙二百五十回之大祭,而劳师远征,以旷祀事,不如其止。"又不听。二旗士愤而屠腹而死,而不知其姓名。论者惜之。九月,师进至大阪,召长侯曰:"二十六日速至。或轻减问罪之师。"先生等乃奉藩主于山口,集众会议,论辩嚣然,移晷①不决。先生奋励攘臂而起曰:"幕府向我藩问罪,三国老已含冤授首,而犹未足,今复大举以击我。敢请于诸君,俟大军至,力战而死,亦足用慰死者之冤魂。愿诸君速决之。"众皆曰:"惟先生之命是听。"至是,藩论乃固。

二年(1866年)五月朔日②,幕府传旨于小笠原长行曰:"处汝藩以三事:一、削封十万石;二、庆亲父子禁锢终身,以敌孙兴丸嗣其家;三、族三国老之家。"阖藩大怒,战之志益决。乃故迁延其答命之期。幕府待至二十日,奉命之书终不至。遂分兵四道以合击之。以一军军艺州,二军军石州,三军军丰前,四军为海军,军于大岛之炮台。先生是时监马关之军。六月十二日,乘夜潜乘汽舰,绕大岛之东突出敌舰中央,猝炮击之。敌大惊,不知所为。先生急激汽烟突围疾驰,敌舰欲逐之,误以为萨兵之来援者乃止。幕府之一军,与长人太田市之进、石川小五郎等战

---

① 移晷:日影移动,指经过了一段时间。

② 朔日:即初一。

于小濑川,大为长兵所败,退阵于安艺。市之进等据四十八坂之险,乘大雾袭幕兵大野之营,互有胜败。连战数日,终胜之。二军将自石州入长州境。长藩井上闻多、大村益次郎等,绕道出幕兵之后,击之于滨田。长兵乘胜,破滨田、福山之诸藩兵,杀其监军三枝刑部。滨田城主松平武聪弃城走云州。长兵遂取石州。三军在丰田,未进小仓。十六日,先生以兵舰三艘,击小笠原忠斡田浦之炮台。守将岛津志津摩鼓励众卒,频发大炮,覆长兵之一舰。长兵四百人,上陆奋战,擒小仓之将安志内记,遂烧民家。小笠原之兵千余人,幕兵百余人,互相拒战,自辰及申,胜负未决。长军遂烧田浦之营,夺粮器而退。明日,先生进兵田浦。至门司浦,袭其炮台,杀守将小山左近,进击大里浦之营。小笠原守将长行发炮应战。先生率汽船二艘之兵三百人,冒丸①至大里。登大里之后山,前后夹击,烧敌营。在门司之兵,亦来助。长行北走。追而房之。小笠原敌将贡止来援,抵死拒战,丸尽乃装石以代。毙长兵之一队长。会日暮,军乃退。明日,先生以纸作小仓之旗树之,急进袭敌。烧其市舍细川氏之兵,将援小仓。八月朔,先生佯作细川氏之旗帜,伪为援兵,选死士数百,将之入小仓城。城主小笠原忠斡不知,纳之。已而城中火起,先生见烟焰,内外夹攻。城中将小川弹正自杀,忠斡奔香春,其臣小笠原左近负忠斡嗣子丰千代丸走熊本。小仓城遂破,所获谷四万五千行,黄金四十二钱,银块二千贯,及铜、铁、铅、锡、火药、弓铳等。小仓之亡臣,屡屡排战,欲复之,不果。艺石之诸军,亦为长军所败。诸军色颇沮,俟幕府之命解围而去。小仓藩小笠原丰千代丸等数人,致书长藩以谢罪。长藩许之,乃还其城。

是月十一日,会将军家茂卒于大坂之军中,庆喜乃罢征长之兵,托言以待后命。朝廷亦召德川庆胜、同茂承、前田庆应等,问其各抒所见,以处置长藩。皆以为宜赦。乃命幕府以贤才著众之胜安芳②使长以请和。事遂平。初,征长之役,诸侯多言其不可,幕府不听。失师糜费,而终不济。于是大藩皆不受幕府之节制。幕府之威,自是遂倒。是役也,先生之功为最,而广泽兵介、井上闻多、大村益次郎等次之。三年(1867 年)四月,先生以过饮伤肺,病殁于马关。享年二十有九或曰三十余。病笃,藩主日日遣人问之,长人为之乞祷于神者数万人。

---

① 冒丸:这里指炮弹弹丸。

② 胜安芳:即胜海舟(1823—1899 年),日本幕末、明治时代的政治家、旧幕臣中的代表人物和开明派、幕府海军的创始人,通称麟太郎,后自称安芳。

先生为人，侃侃绝俗，识见超绝。少时放逸无赖，父逐之，乃剃发以谢。常之江户，附载英、佛之夷船，学其火术。西人惊其敏慧，异之。及为奇兵队长，蓄发未长，槎枒如栗，而身著白纶子衣，跨古锦襕裤，手执蛇眼伞，足著高跟履，携马关妓六七辈，高唱伊势跃，踏舞入营，营众皆骇然。赤根武人，其班虽在先生上，先生既至，其威权即归于先生。及其扫荡邪党，长、防二州之兵权，皆归掌握。声名大著，上下属望焉。屡出奇计以挫敌。大里之役，先生在马关，著大纹岛帽，踞胡床，指挥将士，威风凛然。其与肥兵战于足立山下，先生则又著绮衣，萧然自裕。或请曰："盍著戎衣？"先生摇尾州扇，从容笑曰："区区鼠辈，何必以武服临之耶！"富永某、赤根武人并有才具，时人并称之。而先生独言其人反侧。后皆如其言。尝至长崎，取耶稣教之书读之，慨然曰："耶稣之议论，颇近于阳明。虽出于异域，宁可薄之？"至其忠愤节概，震于一时。松阴之门下，与先生比肩者罕矣。

福原越后①先生传

　　先生名元间,荻藩毛利侯之世臣。文久(1861—1863 年)元治(1864 年)之际,国内多事,朝野骚然。幕府矫朝廷之旨,款纳外人。毛利侯②建议朝廷曰:"天子速幸大和,谒神武天皇之山陵。至春日山,速开群议,决攘夷亲征之策。"朝绅三条实美、三条季知、东久世通禧、壬生基修、四条隆歌、泽宣嘉锦、小路赖德等七卿和之,劝帝从其议。幕府大忌长藩之声名,布告于人曰:"长藩将挟天子,号令四方。"于是朝廷又疑其异志。元治元年(1864 年)正月十八日,严命诸侯以卫九门,止天子太和之行幸。七卿力陈其不可。不用。乃奔长门。长侯毛利庆亲诉于朝廷曰:"臣瘁心有年,谋尊攘,日夜黾勉,冀扬皇威于海外。亲征攘夷之期,亦复将近。不图行幸大和之举,遽尔中止,且撤臣堺厅门之警卫,禁入赞下。数年苦心,将归水泡。亟知此事系馋人所为,急欲上京以自表白。而深思苦虑,未敢轻入。伏乞怜察之。"又复谕其藩臣曰:"虽有上下之分,君臣之别,然皆皇国之民,爱国之心决无有异。汝等之仕于吾藩者,无以异我之事朝廷。吾有意于政事,赖汝等之匡辅,以尽其爱国之志。幕府怠于政事,吾亦必匡救之,以尽吾爱国之志。近者幕府执政,不奉朝命,而媚外人。其于职事,毋乃缺乎。吾思有以匡之,上策朝廷,乞将军上

---

　　① 福原越后(1815—1864 年),日本幕府时期长州藩永代家家主,是长州藩最后的家老,推动"尊王攘夷"运动。他于元治元年 6 月率军进京,7 月在"禁门之变"中负伤败退,后在岩国的龙护寺被勒令剖腹自尽,享年 50 岁。

　　② 毛利侯:这里指毛利敬亲(1819—1871 年),又名毛利庆亲,是日本江户时代末期的一位大名、明治时代初期的政治家。江户末期的长州藩藩主,策动天皇下诏攘夷,并率先炮击下关的外国船只,把尊攘运动推向高潮。

洛①以决攘夷之议。而十八日之变,突尔忽起。揽衣雪涕,泣望觚稜②。呜呼! 汝等尽职于吾藩者,能助我以匡救朝廷乎? 方今朝议一变,专媚外人。曩者长门宰相等信野夫匹客之说,不察宇内之情势,漫然暴举,以炮击夷舰,或暗杀幕使,加之以实美图其引谤以致如此狂暴。非处之以罚。不可。是皆朕之不德所致。凡尔有司,其尽职以辅朕焉。"时元治元年正月二十一日也。时人称之为反覆谕旨。诸藩既请赦长侯之罪。侯亦上书自谢,而犹力请攘夷之举。朝廷不听。

藩士滨忠太郎、久版义助名玄瑞、来岛又兵卫、寺岛忠二郎等,以"君侧之恶不除,王室断难复古",欲大举上京师以请。推先生为首,率兵四百,将乘兵舰以上京。先生欲止之,不可。进至大阪,次山崎天王山,致书所司代③松平定敬,请朝廷复任七卿,宥宰相父子罪,速举攘夷。

其书略曰:

天下祸变迫于目睫也,非以回天猛断,速举膺惩大典,则三千年卓立神国,亦为髡虏被发之域矣。草莽微臣上书,甚怖其非分,而抱忧不遑忌讳。因祈石清水庙④,缕述血诚以奏言。抑自外迫变起,宸襟⑤日夜忧恼,屡命攘夷。而加奈川之约,有司无道。故其后四五年间,妖气怪氛,郁塞天地。壬戌(1862 年)之秋,敕使东下,督促攘舶。去夏帝亲命大树以攘期,布告之于天下,亲祈贺茂⑥、石清水庙,竟告幸太和,谒太庙。岂图阙下扰乱。三条公等与赦王宰相父子,蒙谴诏,及今岁正月已赐宸翰一次。四月委任诸政于关东。委任关东则虽当然之事,而十年之圣断,虽富岳⑦崩,湖水竭,而不动摇者。与今日行事龃龉者,恐九重之深。馋诬欺罔令然乎? 野臣胸膈为之摧裂,叫天

---

① 上洛:日语中的上洛,主要是指前往京都,而京都的别称就是洛阳(Rakuyo),故谓"上洛"。在日本明治维新之前,战国大名带兵攻入京都的行动被称为"上洛",如同中国春秋时期的"问鼎中原"(称霸诸侯)。

② 觚稜:宫阙上转角处的瓦脊成方角棱瓣之形。亦借指宫阙。

③ 所司代:日本幕府职称。京都所司代是幕府职称,一般由谱代大名担任,是幕府在京都的代表。幕末倒幕呼声高涨,京都屡次发生动乱,商店被破坏,强盗横行。幕府有感京都所司代无法控制治安,于1862 年设置京都守护职作为负责京都治安的最高机构,京都所司代转为京都守护职辖下,直至 1867 年随幕府政权结束而被废止。

④ 石清水庙:日本三大八幡宫之一,是仅次于伊势神宫的国家第二宗庙,为二十二社的上七社之一,是守护京都内鬼门的神社。

⑤ 宸襟:帝王的思虑、判断。亦借指帝王。

⑥ 贺茂:贺茂御祖神社,位于京都市左京区的神社,通称下鸭神社,为二十二社之一。

⑦ 富岳:日本富士山。

号地,悲痛不堪。若夫馋诬欺罔之徒喋喋谄以"七事云云"以惑圣听哉七事见高杉晋作传。正气消灭,壮烈切齿,四海鼎沸,风俗左衽矣。二条公等承顺屡年圣衷,欲措神州于富岳之安。宰相父子,亦尽力于官武之间,东驰西骋,建白①以复上洛。与其二百年废典,又奏请茂贺、石清水之行幸。自布告攘期之后,每忘寝食,勉励武技,倡尊攘鼓舞士风,而与三条公等皆无有他肠矣。圣襟若疑其有异心,谨请召之于玉座之近,而巨细经天听。然,则宸怒自济矣。然而宸衷或有所不协,而圣谕且随之,则必感激奋兴,甘斋粉身骨矣。谨观古今创业中兴事迹,未有不枕戈横槊之劳,卧薪尝胆之苦。而成就之者,蛮夷拓国广地,或复旧地,成独立不羁之国,皆剑槊相摩,弹丸注面之际而就之。若夫床褥枕席之间,虽有神策明筹,犹属画饼。盖行大义于宗国大仇者,不可须臾迁延也。谨请圣断,速建国体。而以覆载之德,涵容三条公以下宰相父子赤心,以率励天下之士气。如此,则四海亿兆,欢喜踊跃,因而讨扫倒海大寇不难也。

老中稻叶正邦②遣使山崎之阵曰:"向所上书,一桥卿因之以奏。一桥卿言若迫京城,致烦睿虑,非臣子所宜。宜退武库以待。"先是,先生在伏见,白于京师曰:"敝主大膳父子,欲自诉于幕府,使仆将趣江户。顷间敝藩亡命之士多集山崎,仆恐其或有轻举,故留于是。"至是,正邦命先生曰:"汝等欲诣幕府者则许之。其余皆引还。"将在廷诸大臣议曰:"长藩以虎狼之势,令上京师。今强拒之,将启兵衅。天下土崩,禁阙亦难保全。愿请宥之,以计平安之策。"贺阳宫朝彦,及一桥庆喜、松平容保会津侯等奋然曰:"长人集诸国之浪士,以兵威强请朝廷。今若许之,益张其气势。宜急讨之。"乃命在京诸侯,严九门警卫。市民见之,老少相扶,遁于郊外,京师骚然。先生乃退其兵之在天王山者,居于嵯峨天龙寺。虑其疏暴之举也,共来岛又兵卫以镇静之。俄而京师误传战起,禁门之守备颇严。朝廷遣大监察主水正永井尚志、监察户川三针郎,责先生曰:"奏请入觐而率重兵而来,其义安居?京师乃首善地,讵容猖獗。谅其勤王之赤心,姑允所请。汝其独留,兵士速遣还国。"先生答曰:"曩遣来岛又兵卫镇抚嵯峨之兵,而京师误传兵起。臣等深自惶惧,藉兵自卫,职是之故。去年攘夷之诏既班,藩士鼓舞,攘臂待期,甲胄剑戟,日

---

① 建白:提出建议或陈述主张。

② 稻叶正邦(1834—1898年),山城国淀藩(京都府京都市伏见区淀本町)第十二代藩主。

不离身,决志以俟战事。今日专行奏请者亦即为此。一俟令下,即奋志前驱。故备兵事,因与偕来。愿请速决,请退兵以俟焉。"乃命来岛等再三谕之,兵士不从。朝廷益疑毛利侯,亦惧兵士之暴举。遣国老国司信浓朝伯镇抚之。已而又遣益田右卫门介亲施谕之于中川之宫。会津中将等怒曰:"不及此时,速行征讨,后祸将迫,其奈之何?"既而永井尚志又至,命曰:"明日速归。"军士不允,曰:"请缓三日,乃传全军而退焉。"初,长侯之蒙谴也,诸臣皆言松平容保及某亲王陷蔑诬奏。其冬乃遣说客加藤熙号樱老,水户之藩士激先生等曰:"宜乘此时速起兵以抵山崎、伏见,诉之朝廷,则天使必临其阵。及时面诉,以雪藩主之冤。"其论凡十五条。藩宰惮其过激,惟频遣使以请。屡请不许,遂用熙策。军士愤怒,咸欲杀容保以清帝侧,誓不生还。故虽藩主屡命,抵抗不从。既而朝廷乃发征长之檄,传诸藩以致讨,实庆应元年(1865 年)七月十八日也。

其檄略曰:

> 顷者荻藩福原越后等,于去年八月十八日以清君侧之奸为名,挟兵威以犯畿阙。国司、益田等亦伪为镇压,实拥兵士,陆续上京,非讨其罪不可。列藩速体朝廷之意,发兵追讨。

长兵闻之曰:"垂手而受追讨之兵,宁粉身以杀贼。愿以此意,速达朝廷。"先生与亲施谕止之。未几,一桥侯之兵与长兵遇。长兵鼓噪殊甚,发炮击走之。于是会津、萨摩夹击长兵。长兵之队长来岛又兵卫正久奋战抵拒,而长兵终不利。稍退。官军乘胜进追。适来岛中流丸,洞胸堕马,长兵遂溃。于是朝绅一桥中纳言议曰:"今日之事,官军虽大胜,而长州之兵,亦殊劲勇。相持不下,徒苦万民。若败而求和,可耻孰甚。虽胜亦必和,不如速行宽大仁惠之事。"乃请宥长侯父子之罪。时京师以长兵势盛,惧不敢允。中纳言奋然曰:"长侯之罪,既为天下所不容,公等一闻炮声,又怯如此。既不允和,则不若速诛灭之。"乃纵兵以击长兵。战颇激。先生时在伏见,服绀丝铠,著猩绯军袍,冠金革乌帽,跨金甲马,握白麈以指挥。率兵五百,向嵯峨山崎,以为后应。时大垣侯之将小垣仁兵卫忠宽号铁心设炬山上,遥为前阵以疑长军。长军惟注意山上,奋勇而进。忠宽预设伏,发炮以击之。长兵大惊,殊死奋战。先生等鼓噪以助之,旋中铳丸,伤不能起,仅脱归伏见。

已而夷船进袭赤马之关,长兵闻报议曰:"我辈之强请朝廷者惟攘夷。今夷船进袭我国,而不斥之。我辈之职何在,徒弄兵于京师乎。"乃引归。藩侯执先生等幽之。毛利元周、吉川经干等力谏不听。八月,上书于朝廷曰:"前月十九日之事,臣恐惧战慄,无辞以谢。实福原、益田、国司三臣,背臣镇抚之命而为亡命党之首领,罪大恶极。臣已幽之于支族左京亮元周之邸,以待后命。臣素抱勤王爱国之志,不敢稍变。臣谨伏以俟罪云云。"十二月,尾张侯督讨长之兵至广岛,遣吏责长藩罪伏。时长藩父子,专主恭顺,屏居寺院,以待问罪之师。及吉川经干出而谢罪,于是先生暨益田、国司等遂自裁。先生暨益田、国司各赋绝命词三章,乃就义焉。呜呼!先生殉国之志烈矣。

高野长英①先生传

或问余曰:君既为《渡边华山先生传》,盍传高野长英先生? 长英先生与华山先生,实同功一体,同唱开港,同贻奇祸,实为我国文明之先导者。余乃述先生之事为之传焉。

先生姓高野,名让,号端皋。为江户之市医。父曰后藤实仁。先生其第三子也。以文化元年(1804 年)五月端午生于陆奥国胆泽郡之水泽。幼名悦三郎,年十四养于叔父高野玄斋,乃改名乡斋。玄斋为水泽邑主伊达将监之典医。先生就受家训,略通兰学。又学汉学于兄直之进之义父坂野长安。会兄直之进游学江户,先生请于父,与之俱。不许,乃不告而出。苦无旅资。时乡党有设会醵资以谋子母利者,月醵金额,抽签以定先后。其中者得其所醵金,共得倍蓰②。先生代父临其会,适得中,乃大喜曰:“此天之助我也。”遂怀十五金以投坂野氏。父闻之而怜其笃志,遂许之,更给学资。时文政三年(1820 年)秋,先生年十七也。

既上江户,寓堀留街之药店神崎源造家。源造者,玄斋之旧友,以故视先生如犹子。源造劝先生入当时著名兰医吉田长叔之门,勤学三年,其学大进。长叔爱其才,因己之名,遂名先生为长英。未几,先生归水泽。玄斋以其学未成,怒,不许相见。先生慨然留于版野氏三日,再出江户,仍在长叔之门。二年,又游留驹正见之门。先生尝欲游长崎,不果。会长崎医士今村甫庵自江户将归。先生旧识甫庵,欲请与共行。谋于长叔、正见、源造等,皆赞成之。而甫庵登途之日已迫,得乡报不之允,不暇再请,留书谢其专行之罪,遂共甫庵上程。初,先生尝以和兰丸散

---

① 高野长英(1804—1850 年),日本江户时代末期著名兰学学者,完成日本第一本生理学著作《医原枢要》。

② 倍蓰:谓数倍。倍,一倍;蓰,五倍。

丹膏法授源造，源造大异重先生，于是助其旅费学资。

文政七年(1824 年)八月至长崎，从兰医西博德尔①习兰学，及医术。西博德尔夙以医名，曾医长崎奉行特氏之病者，诸国之医学士闻名来学者颇多。高良斋、伊东玄扑、伊藤主介、竹内玄同等皆在其门。先生入其校舍，孜孜勉励。二年学业大进。又得通词者②吉田权之助以辅之，当其塾之翻译教授。九月，和兰贡使依例赴江户，西博德尔亦从。先生初欲从之归，而得乡报，犹望其留长崎以图进益。于是再致家书，复留学一年。

先生之在长崎也，其学资系仰给于源造。有江户医山田某者，负源造药价五十两，往肥前平户，因松原见扑以仕于松浦侯，参与国政，权势颇盛。源造闻之，促先生代取其债以充学资。先生乃访山田，致源造之书。山田无意偿之。先生知其守财奴，乃曰："此金实源造欲以先生之学资。若月给衣食之料，生得专习兰学，则足矣。无俟尽偿也。"山田曰："藩侯多藏兰书，而鲜解之者，徒贮仓库。卿若读之，以任译事。余当请于藩侯，学资毋忧。"先生心大喜，诺之。藩侯书籍富，而先生常病，力疾译之，多切于实用者。

先是，西博德尔自江户归，携天文司高桥作左卫门所赠日本实测地图，事触国禁，为幕府所逐，去长崎，遂归国。其罪连坐者数十人。先生恐其祸及己，窃去长崎，入萨摩。至十二年(1829 年)正月，果捕良斋等。至六月乃免。先生闻之，复归长崎。先生之未归也，适父玄斋病笃，遣门人小野良贞迎先生。良贞不知先生所在，不果。已而玄斋没。及先生归，乃告之，劝共归。先生曰："吾父使长英远游，欲吾竟其学。吾又病，尚有一息之存者，吾归犹及。今执哀以辍学，非吾父意。今吾且至江户，终择事，幸有所成就，得竟事老母，或以弥吾憾乎。"良贞曰："君今移家，置庐墓③于不顾，宜恤人言。"先生曰："我之立志正在此时。立身兴家，非江户不可。不归何害。"良贞乃去。是岁，先生移居江户魏町，从事医疗并翻译。四方之士，多集于其门。时天保元年(1830 年)，先生年二十七。

---

① 西博德尔：菲利普·弗朗兹·冯·西博尔德(1796—1866 年)，德国内科医生、植物学家、旅行家、日本器物收藏家。日本官员曾鼓励一小群科学家学习荷兰文以看懂荷兰人带来的书籍和地图之类的礼物，故能读写荷兰文的人被称为兰学家。西博尔德于 1824 年在出岛外开设教授兰学的鸣滝塾。1828 年西博尔德在参见幕府期间，偶得日本地图，被控叛国罪并被指为俄罗斯间谍，后遭软禁，驱逐出国。

② 通词者：指译员。

③ 庐墓：古人于父母或师长死后，服丧期间在墓旁搭盖小屋居住，守护坟墓，谓之庐墓。

三宅侯之臣,爱渡边华山先生之才,延为藩之老君友信之兰学师。先生亦慕华山之为人,交谊最厚,共欲扩张西学以兴实利。与纪藩儒官远藤胜助等谋,设一社,名曰尚齿会。而所谓尚齿会者,非与寻常之会集,仅集耆老以及乐余年者比。盖专研究政治经济,以备人咨问而议其得失利害为目的者也。时兰学渐盛,居其西者,先生暨渡边登、小关三荣、铃木春山之徒,世称之曰山手组。居其东者,宇田川元真、杉田立卿、坪井信道、冈研海之徒,世称为下町组。而山手组为最盛。山手组者,犹言上城派云。天保九年(1838 年)十月,适英将玛利逊将航渡,幕议不可,将谋拒之将。幕府小吏芳贺市三郎者,亦尚齿会之会员也。一日怀密议以示众,则评定谋拒玛利逊之策。先生与华山愕然曰:"是国家大事。英国善战,为西洋冠,开衅且祸全国。玛利逊为近世英杰,久居亚玛港。能读汉籍,著书已传吾邦,藏诸官库。其来或非区测。今有司不知外事,乃以玛丽逊为船名。船与人之不能辨①,奈何而轻于战。我辈已审其情,不宜默默。"乃著《梦物语》以示同志,其书流播颇广。幕府衔之,以为谤毁政治、摇惑人心。

适华山以无人岛事就捕。先生闻信,往友人某家询其颠末。友以实告,且曰:"君暂匿身,以待时至。"先生不可,曰:"事有天命,奚遁为?"遂托老母于其友铃木春山,自抵北之府尹以自首。狱吏问先生曰:"《梦物语》中所托之事,英国人情风俗,委曲言之。汝曾航渡彼国乎?"先生曰:"未也。"吏曰:"然则书中所托,皆荒唐无稽,惟欲蛊惑世人耳。"先生正色曰:"世上未有能升天潜地者,而能说天地之理。何况英国舟楫之所通,著述之所能译,何难知彼之国情。"论辩不屈,吏不能折。遂下狱以困苦之。先生惫不能胜,遂述其忧国之苦衷,非有他意,上书以乞宥恕。十二月二十八日,吏突然召先生与华山,宣告两人皆处以终身禁锢之刑。而小关三荣自杀。先生在狱二年余,众囚皆以礼相下,推为牢名主。狱中著书曰《蛮社遭厄小记》。十二年(1841 年)四月三日,狱火,官悉纵众囚。先生遂得脱。

先是,囚中有荣藏者,先生伟其才,密教以对簿之词。荣藏大悦曰:"吾自分已死,今因先生之教,苟脱囚,必图所报。"先生曰:"吾以公家之故,罹重咎,终瘐死狱中。大丈夫之恨,无过此者。汝出狱但候夜有大风,则火狱舍之旁。司狱者必纵囚,吾或得脱。天下事固有可为,长英不能枉此七尺躯也。"荣藏既免,如其言。火起,吏果纵囚。

---

① 船与人之辨,在《渡边华山先生传》下有注,此实为高野长英等之误。

先生出,先至其故人大规俊斋家。时天未明,直入卧内。俊斋大怪。先生曰:"今晓失火纵囚,因得出狱。愿衣我,且假一佩刀。"俊斋察其将亡,谕之曰:"吾闻纵囚后三日归狱者,减罪一等。子宜早归乞宽典。"先生笑曰:"幸勿怖。吾不汝累。"乃强索佩刀,衣其衣以去。复访伊东元朴、竹内玄同等,再乞资斧。遂剃发伪为医师,入于小石川。吏以为其归也,四方搜索乡里,水泽之地尤严。先生潜都下一年。明年冬,侦探渐缓,以硝石精粹其额,变容貌潜往水泽以省母。复赴江户。然不可久留。复去名古屋。既至,又有泄其机者,遂至伊豫宇和岛。藩主爱其才学,阴底护之,擢为译官。先生于是少安,以藩主所赐金养其母妻。居三年,窃寄书友人,得其探侦已缓之报。先生大喜,遂出宇和岛,窃归江户,匿于幕府小吏野信四郎之家。

山形藩士松下寿醉者,善铸炮。铃木春山与之善,使先生往交。寿醉闻其谈,心折之,令其子健作受业为弟子,研究火术。先生尽倾其蕴奥以授之。寿醉大喜。既而有知高柳为先生者,难久庇,谋之于横井宗也。宗也乃伴先生谋之于幕府军务士官滕麟太郎即滕安芳,字海舟,时年二十。麟太郎曰:"我幕府之士,子幕府之罪人也。食其禄而庇其罪人,不义。然不敢泄,子速去,勿踵吾门。"先生大服其言,以所手批《铃禄外书》赠之曰:"若英雄,他日必成大名,愿以此为缟纻。"今此书仍为滕氏所藏云。

又变姓名曰泽三伯,寓青山百人町春山之宅,专事翻译以为自给之资。初,先生尝欺其妻,以为逢赦出狱,故不欲与世人交,闭门谢客。既而妻探知越狱之事,然绝不问之。时风气渐开,西洋兵式者日盛。先生所译多兵书,流传颇广。嘉永三年(1850 年),应萨摩侯齐彬之命,乃译《三兵他求知几》。稿成,萨侯叹赏弗置,辄出其稿以示人。时伊东元朴在兰医中最著名,适候其邸,又出以示元朴。元朴讶曰:"是必出高野长英之手。近日译人,无有如此精确者。舍长英外,谁能具此乎?"萨侯此书乃得之于其臣下,又不知高野长英为何人,幕其才学,乃遍访之。幕府有司始知先生潜伏府下,乃大索。川路左卫门尉百方庇护,然事不可为。先生尚不知之,适至松下寿醉之别业,以诊病者。为侦吏所发觉,然恐有误,不敢仓卒举。适有与先生昔日同囚者,再犯罪,就缚。有司谕之曰:"汝能指证长英,则免其罪。"同囚者乃偕吏潜行,至先生所居青山之家。先以笠掩面诈为将亡者,请见先生曰:"仆再犯罪,侦探甚急,将欲远奔,请赐资斧。"先生与之金,令速去。俄而捕吏七人围先生之家,三人伏床下,二人守其门,二人自中庭入。先生预有戒心,庭前遍置木叶,仅一路通者。时方将食,闻籁籁之声,异而起。捕卒二人,前后来缚。先生拔佩刀刺之,斩一人,其一伤而扑。先生呼曰:"死亦有命,吾何憾乎!"遂自刃。捕吏骤缚之,已绝矣。时嘉永三年十月晦日,年四十七。妻及四子暨宫野信四郎、松下寿醉、健作等皆被捕。妻永禁锢,四子及家财附于其妻弟某。宫野等皆连坐,流海岛,其余之知交受罚有差。

先生为人,卓荦不羁。性嗜酒,醉则高谈雄辩,指摘人之瑕疵。始由医术而入兰学,终以兰学名于时,以扩张其政治经济之学,医术则其余事焉。然世人虽崇敬先生之兰学,即医术亦无及之者。先生之时代,西洋文明,绝无输入,而先生独具先觉之特识,以为之导,非豪杰之士,孰能之乎?先生又精和、汉等文,常居上州医者福田宗祯家,所著《西洋字典》《和兰史略》《西洋杂志》《医原枢要内外编》《奇器集成》《二物考》等书,皆藏其家。

捕先生者,为町奉行同心官名小林某云。

三好监物先生传

余一日游松岛①,登富春山,阴雨骤至,云物晦冥,八百余岛,星罗棋布于波心者,隐而不见。既而暴雨乍过,痴云欲流,气象万千,变幻不测。将落未落,欲飞不飞,凫雁翱翔,鱼龙出没。忽焉蜃楼海市,幻景依稀,忽焉水立云垂,奇情宛在。怒涛澎湃,群岛嵌奇,不可端倪,非宇宙之奇观耶。呜呼! 若松岛者,诚海岳之宗师哉。灵秀所钟,杰人斯出。成雄伟之事业,具磊落之精神,以倍臣而膺天朝之褒典者,果为谁欤? 则三好监物先生其人是矣。

先生姓三好,名清房,字显民,通称监物。其先出于阿波②。十一世祖义元,善铳术,以见藩祖伊达政宗于大坂,赐禄五百石。祖义遍,父义明,母管原氏。先生以文化十一年(1814 年)十二月三日生,幼丧父,母氏教以义方。举动详雅,无异成人。

维新之初,海内骚然。将军庆喜奉还大政,朝廷召萨、长、土等诸藩参与大议。寻而召伊达庆邦。伊达藩僻处东奥,暗于上国之事情议论纷纷,物情汹汹,二三执政,不知所为。庆邦知先生之大略,擢为参政。先生慨然曰:"吾藩立国以来,勤劳王家。今日之事,不可委于关西诸藩。"力劝藩主西上。庆邦乃先命先生率兵入京以护禁阙。会伏见变起,四方义军,辐辏辇下者数万人,争先东伐。朝廷以伊达藩雄于一方,特诏以讨会津。命九条道孝为奥羽镇抚使,泽为量之为副督,醍醐忠敬之为参谋,东下海道。先生以兵护三使,夜以继日,以复命于庆邦。先是,执政阪英力等至江户,宣言曰:"萨、长二藩利圣上之幼冲以夺德川之政权,其心叵测。"众

---

① 松岛:在日本东北仙台市松岛湾内,系指这一地带的海湾和列岛,以碧海、白浪、青松称著,是日本著名三景之一。
② 阿波:日本战国时期地名,为德岛之旧名,位于四国岛东部。

惑其言,一唱百和,牢不可破。先生颇陈大义,百端辩论,议始决。藩主乃迎三使。乃赞藩主率总军,督邻近诸藩以伐会津,士气大振。而英力以下私结党与,通会津庄内之二贼,争放讹言以煽动人心。先生固持正义,谗谤交至。先生知势不可争,称病辞职。既去位,英力等无所忌惮,遂要奥羽诸藩以拒王师。先生慨国事之不可为,退居采邑。既而王师援白川、磐城诸城。贼锋日钝,众心疑惧,不克自保。英力等恐先生再起,伏兵以召先生。先生自知不免,慨然叹曰:"事已至此,无可如何。不若断然引决。"遂入与母诀别。母氏欣然曰:"汝殉王事死,吾无憾矣。"乃作《上醐醍参谋书》,付二子曰:"六师临疆,汝等宜持之,为主母请命。"于是一家掩泣。先生从容命酒,作书画,赋和歌,谈笑自若,无异生平。夜半,屏左右,端坐自刃。气息未绝,嗔目太息曰:"咄,凶贼之辈,不知何物为诏敕,狞顽至此。其奈之何!"乃绝。实明治戊辰(1868年)八月十五日也。英力等疑其伪死,因与尸其党检之。又捕与先生之诸同志等,悉下狱。既而王师临疆申谕,庆邦始知为凶徒所罔蔽。逮捕英力以下等,伏阙谢罪,述先生之言,追悔无及云。

先生为人勇断果决,议论侃侃,不求苟合。自海内多故以来,常慨然以身许国。苟有益于国家者,知无不为。前后在职二十年。娶管野氏,七男四女,曰清熙,先没,曰清笃,曰长亲,曰清高,曰清德。余二子犹幼也。女长夭,次适小野氏,次适三浦氏,次卒于家。翌月,诸子奉先生遗命葬于凿井郡东山黄海松柏山皇德寺,享年五十四岁。明治己巳(1869年)某月日,朝廷敕藩之摄知事伊达宗敦上先生殉节之事状,宗敦具状以闻。圣上大悦,赐祭资二百金云。

芝山野史曰:当贼焰冲天之日,俨然守大义,百折不挠,遂为凶徒所害,其忠诚节操,巍巍乎!荡荡乎!凡人俗辈,乌能测其端倪也。亦如松岛之变幻不测欤。固宜为百世人臣之龟鉴矣。呜呼!当时之众论,若委清房以会讨事,必剿绝贼巢,诛锄乱魁,岂必动上国之军旅哉?惜其言不用,其志不伸,徒婴荼毒,可胜叹欤!

梁川星岩①先生传

世人多以诗人视星岩先生,而不知先生为慷慨之志士。呜呼! 是岂足以知先生者哉? 先生之慷慨气节,殆天地灵秀之气,独钟于美浓欤。先生姓梁川,名孟纬,字公图,一字无象,初名卯子,字伯免,称新十郎。星岩、诗禅、天谷、百峰、老龙庵,皆其自号也。生于美浓国安八郡曾根村。地有星冈,星岩之号,盖以此云。年七岁,入乡之花蹊寺,受字句于大随和尚。资性敏慧强记,人多奇之。十二岁,父母皆亡,哀恸逾成人,至忘寝食。享和三年(1803 年),年甫十五,以家事付于弟某,负笈游学江户,受学于古贺精里、山本北山之门。未几归。文化七年(1810年),二十二,复出江户,又居北山之门。学业大进,识见高远,诗学殊非注意,所闻所见,率笔成篇,人皆以为天禀,当时大洼天民②号诗圣堂诗佛。先生以诗名于都下,其体清逸淡薄,颇类国风。而先生之诗,温润浓厚,于二雅为近。先生取则于唐,天民广及宋元。天民开诗社于神田柳原北隅之玉池,四方名士,走相集。庚唱叠和,名曰江湖社。先生亦在其中。天民既没,江湖社亦火,亭社园亭,荡然乌有。先生亦归。

先是,先生携妻景婉字红兰,工诗,与先生唱和共游四方,南船北马,殆二十年。天保五年(1834 年),始还江户。居无定所,乃寻天民之江湖社,遂欲居此,以探池沼山水之胜。购其傍地,别凿一池,树梅环之,筑屋其上,名曰"玉池吟社",以自居

---

① 梁川星岩(1789—1858 年),日本江户时代的汉诗人。1807 年游学江户,就学于山本北山的奚疑塾,与江湖诗社的诗人交往甚多,自接触到葛西因是的《通俗唐诗解》后,对唐诗产生较大兴趣,1817 年回故乡闲居,与他人共同组织白鸥诗社。1822 年与妻子红兰游历日本西部历时五年,此间诗作收入《西征集》中,诗名鹊起,被誉为日本的李白。

② 大洼天民:即大洼行(1767—1837 年),又名江山川,名行,字天民,号诗佛,别号江山仇,常陆人,日本汉诗名家,诗话家,著名学者,著有《诗圣堂集》。

焉。尝赋诗曰:

> 经营草草十旬余,断手玄冬戚发初。崇厦岂能安鸟雀,把茅岂足庇琴书。

杜陵奔走空皮骨,韩愈辛勤有屋庐。廉让中间只应好,何须轮奂始称居。

> 浚池叠石学幽栖,巷不容车门亦低。鱼弄清,冰光漾漾,云笼残日影凄

凄。寒蔬仅有园官赠,鲜鲫何劳脍手烹。闻说摄船多运酒,也要一勺到吾脐。

> 漫道三迁孟母同,先生无乃太匆匆。往来不厌搬姜鼠,重叠能任负板虫。

雪意欲成阴已结,梅花乍放日微烘。流光鼎鼎亦如此,万事人间亡是公。

名闻都下,生徒大集。弘化二年(1845 年),弃诗社归。人怪而问其故,不答。强而后言曰:"江户人民辐辏,户口五百万。一人日食五合米,而一月之间,其用不下四十万,其米多自海运输转。近者英吉利纵兵东方,有可乘者,辄攘夺之。如清国之香港,是其成例。一朝袭我品海,绝我海运,则五百万之生灵,皆成饿殍。吾辈赢老之身,必转沟壑,不如归故国之为愈。"遂赋数诗而去。其诗曰:

> 文章不值半文钱,才到曹刘也等闲。收拾声名便归去,一簪白发看青山。

答友人问。

> 卖赋侯门两鬓皤,书生往往死奔波。归来我便夸亲友,留得十年余地多。

先寄乡友。

> 成立宛如新竹繁,自矜才俊聚吾门。一朝决别能无泪,看取斑斑两袖痕。

留别诸生。

> 临别谁能不黯然,无情花竹亦缠绵。空桑一宿人犹恋,况我淹留十五年。

留题寓馆。

卜家于京都之东北鸭川,题曰"鸭沂小隐"。焚香读书,优游自适,啸傲云霞,栖迟林壑,与世相忘,聊托于诗以自乐。其诗古雅清奇,风骨高趣,世人称之为日本李白云。一诗一篇,随声而成。虽险韵难题,不假思索,而凯切典雅,一字无来历者。警喻寄托,委婉幽深,悉有裨于人心世道。赖山阳名播天下,俯视一切,而于诗则推先生。先生亦尝曰:"成余名者子成,而成子成诗者则余之功。"子成者,山阳之字也。当时以诗名者,菅茶山、广濑淡窗、大洼天民、菊池五山之辈,其名皆出先生下。近世评文者则宗山阳,于诗则实。

先生其寓京都也,与佐久间象山①最友善。自天保(1830 年—1844 年)之末,外舶出没近海,幕吏偷安,无以应缓急。先生忧之,故游历四方,阴结纳志士,说公卿诸侯,欲大施行护国海防之策。藤田东湖目为治世奸雄。而萨州侯齐彬使藩士关勇助入其门,托言学诗,实咨国事。西乡隆盛亦数与先生论救时方略,大慨服之。安政五年(1858 年),井伊直弼为大老。其秋,阁老间部诠胜奉命西上,将收捕尊攘诸子。先生乃与其友春日仲襄谋曰:"方今幕府,未喻朝旨,公武乖离,日甚一日。外寇方炽,内讧之势复盛,其危可炊而待也。余曾授诗于间部侯,审其人,欲候之大津桥,告朝旨所在,冀协公武。奈何?"仲襄善之。先生作慨叹诗二十五首以讥时弊,贻间部侯,微示其意。间部西上,而先生以九月四日卒或曰一月九日。病革,顾谓其妻景婉曰:"丈夫不死妇人之手。"乃易室端坐,瞑目而逝。年七十矣。卒方三日,而尊攘大狱起,诸士就缚。幕吏指先生为党魁,捕者至门,而先生已死。欲索文字之言国事者,一无所获。吏疑其遁,收鞫景婉,且推问会葬者,至发其墓。景婉对簿,吏问先生生平所与往来,及议论国事语。景婉曰:"吾夫所往来,皆天下豪俊。我妇人安得知,又安得闻之谋国事。而苟及于我者,非梁川星岩矣。且纵闻之,我亦安得泄?"卒不言。下狱。狱吏使谕之曰:"汝家若有重宝,县官当为汝护之。可详其名。"景婉曰:"吾家无长物,独我平日驯双鸽,鸽吾飞奴,今无为饲者,我死愿与此鸽俱耳。"后数日,竟释景婉。

先生容貌清癯,如不胜衣。性淡泊,不拘于物。尝在北山塾,逋负无以偿,索之急,剪发与之,为僧以谢。故又自号曰"诗禅"。晚年潜心理学,尝折衷于王阳明著。著《春雷余响》《自警编》,忧国之念,至老益切,后进多感动焉。其弟子多以诗名。近世者,若大沼枕山、远山云如、小野湖山、森春涛、冈本黄石鲈、松塘江马天江等,皆出其门。先生著述,有《星岩集》八卷,今少佚非全稿矣。余诗数章附录于后。

> 出师未接身先陨,筹策无人继乃公。可惜鹿头关下战,苍黄失我半英雄。

咏史

> 当年乃祖气凭陵,叱咤风云卷地兴。今日不能除外衅,征夷二字是虚称。

失题

---

① 佐久间象山(1811—1864),日本江户末期思想家、兵法家。日本近代史上接受八方文化的典型人物,也是幕末社会领导阶层年轻武士的师长和楷模,他的洋学楼受论被定型化、公代化,社会影响很大。

小筹大策漫纷纷,一举谁能扫海氛。圣虑焦思无昼夜,微臣争不效忠勤。

失题

二十余春梦一空,豪华吹散海樊风。山排杀气参差出,湖迸冤声日夜东。忆昔满宫悲去鹤,欲将往事问飞鸿。鸿闳剩见英雄血,堑树鹃啼朵朵红。一谷怀古

小原铁心先生传

王政维新之际,或辅翼朝廷以倒幕府,或欲保德川氏以复幕府,或希调和宣武,或望确立国是。然或方向一误,身败名裂。至于今日,竟不得被文明之恩泽者,盖偶惑于大势之顺逆,不可谓非其不幸焉。余窃大哀之。大垣藩①之初,夙佐幕府,欲助之而为朝廷特建功绩,以无负藩主之明决。如小原铁心先生其人者,非效力最笃者欤?先生名忠宽,字栗卿,通称二兵卫,一号是水醉逸。父曰忠行,母曰上田氏,世仕大垣侯。七世之祖忠监仕藩祖正明公,于武藏鲸井之乡。寻而藩主以功移封摄津尼崎。既而再移大垣,亦皆从焉。忠丰之子忠显,勇敢雄伟,博施济众,声望甚崇,累职为城代。其子忠珍,亦富才略,将幕府命藩治飞弹州之土寇。忠珍承命往治,不日平之。民大悦服,至今建祠祀之云。幕府大其功,命其子孙,世世嗣其职,为藩之名族,食禄七百五十石。曾祖能右,又有功,加赐百石。祖能令,坐事削其百五十石。先生以天保十三年(1842 年)兼袭其职禄,司会计之职。二年,藩主大奖励学事,先生任其事尤力。嘉永七年(1854 年),美国之彼理来江户湾,命诸侯备之。先生受藩命,助心族户田伊豆守往备之。时赋诗曰:

> 孤客鞍头感慨催,海门落日晓潮回。谁知一片武夫憾,戍迹秋寒本牧台。

先是,国用多端,饥馑荐至。先生乃散私财,恤穷民。家藏茶点具数品,先生以为碌碌败瓦,当售之以赈民。而以其为先人所爱玩,不忍售之。然以弃小取大,乃经国之道,终决意挥涕售之,以为赈输之费云。先生又献议藩主,改租税之法,省冗费,大改革其财政。数年,仓廪充实,民皆安堵。文久二年(1862 年)春,以病辞职,居加州之山中。是年冬,再复职。明年秋,从藩侯奉幕府之命守京师。其诗曰:

---

① 大垣藩:日本古代藩,属美浓国,藩主为户田氏。

臣节胸间一片存,仰观天日照乾坤。熊黑麾下士三百,守护皇宫第一门。

元治元年(1864年)八月十八日,长藩福原越后等举兵勤王。幕府拒之,命大垣之兵,戍宝塔寺。先生闻报,分息忠建、高冈三郎兵卫等为三队,以二队伏沿路之民屋中,以一队阵于路。福原等不知其有伏也,率兵直进。先生令三队夹击之。二时许,遂击退福原等。是年冬,武田耕云斋等率兵上京。幕府闻报,命藩侯归美浓为备。先生亦从。赋诗曰:

十年征没若为情,七入江都五帝京。已矣关山残月里,白人鬓发是鸡声。

军门雪满暮萧萧,寒雁啼过旌影飘。奇正中间吾有算,半旬待战不曾挑。

旬余始出越州地,南到梁园朝日辉。忽彩虹横峡雪峡,官军一道解围归。

先是,安政二年(1855年),藩侯赏君之功,加赐禄三百五十石。先生固辞,不听,遂受百石,以二百五十石充是年制公费。至是又以内外之功,应庆三年(1867年),增赐百石以赏之。先生终不受。明治戊辰(1868年),大政归于朝廷,制度尽革,广征诸藩之人才以参国事,名曰"征士"。先生当其选,遂入京。是岁正月二日,任参与之职。赋诗曰:

共仰政权归帝朝,遣贤拔擢及渔樵。若将世态比花候,此是春风第一朝。

会伏见事起[①],藩兵佐幕府,为其先驱。先生息子忠迪袭先生之职参与藩政在其中。

先生赋诗曰:

大义我兵曾所摧,何由今日战端开。楚氛遮面漫漫黑,翻认官军仇视来。

锦旗已及淀江浔,尚听炮声震上林。遥望洛南炎焰赤,自题写我欲然心。

先生大惊,驰使谕以大义曰:"德川内府今日之举,盖为群小所误。汝在其间,当以死直谏之。"既而惧事不及,恐藩主误于顺逆,请于朝廷,驰归大垣。说以大义,劝藩主上京待罪,且为之陈情实,以请宥焉。于是朝廷命藩主以东山道之先锋,建功自赎。时诸藩方向,不无误指,而大垣藩翻然反正,以勤王事,实先生之功。是月十七日,先生入会计事务局判事。闰四月二十二日,改会计官判事,叙从五位。五月十二日,兼江户府判事。适病,不能上途。请辞职,不允。固请,仍不

---

① 伏见战役:为日本戊辰(1868年)战争中,新政府军和幕府军在鸟羽、伏见进行的首次战役。1868年1月3日,明治政府发布王政复古令。幕府将军德川庆喜为维护其领地和权力,指挥幕府军和会津、桑名等地藩兵,与朝廷新政府军在伏见、鸟羽展开激战,幕府军战败。政府军初战胜利为推翻德川幕府在各地的统治铺平了道路。

许。朝廷特赐一灯具,副以煲辞,以赏其尽职。先生感泣赋诗以谢曰:

天赐一双金蹈灯,恩光长照子孙荣。用之兵马非吾愿,缓与寻花答太平。

明年夏,朝廷以藩兵屡奏战功,赐藩主禄三万石。藩主仍以千五十石分赐先生。既而诸藩奉还版籍,朝廷仍命藩主为藩知事,任先生为大参事焉。四年(1871年)正月,任本保悬权知事,叙正六位。未赴任,寻改大垣藩厅之出仕,以五年(1872年)四月十五日病卒于家。年五十有六。

先生为人,慷慨磊落,状貌魁梧,容止严正。好文学,从斋藤拙堂游,兼通经济,且善诗文。余事从事于绘事。性善饮,尝侍宴,上亲举大杯以赐先生。先生满引数杯,颇以酒自豪。性爱梅。尝植老树数百于其别墅之"无何有庄"。先生之祖忠显,以老乞骸骨,营别墅于城北林村。筑一亭于其中,闭门谢世,不出户者八年。自以老耄不见用于世,一日入铁柜中,自刃而死。其子忠珍,亦退老于此。自后其地颓废者凡一百五十年。先生欲继其志,至林村亲访其迹,遍寻父老,则风踪云影,漠乎无知者。乃新购一园,营亭于其间,号为"小梦窝"云。暇则集客,饮酒、赋诗,以销永日,恒多酩酊而后止,然未尝偶废一事焉。三世历事藩主,遭国多难,尽力斡旋,其功居多,阖藩赖以重于时。所著《练卒训语》《大船抚要》《改革十则》等,刊行于世。附录数章,以见先生之学焉。

梅花三百树,就中结吾庐。不延隐逸士,不迎章句儒。有客谈国事,其心冰雪如。

唐虞果何治,尧舜果何人。能随天下心,以治天下民。九重虽深邃,四海可坐观。

粟乎非天雨,财乎非鬼输。一逢不虞患,诛求及无辜。善哉三仓法,天下欢丰腴。

百蛮如一家,好通利是计。今我日本国,俨为封建势。其势迁交货,其势便边卫。

久版通武①先生传

　　先生为长州侯之医官,初名诚,字实甫,通称元端,后改义助,号江月斋,又号秋湖。兄玄机,慷慨有气节,喜谈海防事。嘉永(1848—1853 年)中没。先生幼慧,博综众艺。父兄早没。好医术及兵家言,受学于吉田松阴。松阴大奇其才,每指先生以教后进之俊秀。后终以女弟配先生。先生欲审海外之事,入藩之博习堂,研究西学。年十七,游镇西,又历山阳、东海。复至江户,视察山河形势及诸藩之政教武备,遍交同辈之有志者。年二十,再入江户。愤外人之跋扈,痛幕府之偷安,奋然欲有所建白。共松浦知新游芳野金陵之门,修汉学,求古今之盛衰,经世之大道。余事为诗,往往惊人。常有诗曰:

　　　　投笔请缨志坎坷,秋风孤剑发悲歌。皇州未报擒夷将,边柳萧疏胡马多。

　　是时四方唱义者颇多。井伊直弼大老与老中间部诠胜入京,捕当时之志士,遂起大狱。志士大怒,激成樱田、版下之变②。先生大喜,踊跃曰:"局面从此必变矣。"文久四年(1864 年),先生偕同志高杉晋作、入江弘毅等入京师,有所建议,述《回澜条议》一篇,以述改革王政之策。时长侯父子迭至京师,与萨、土二藩议,谋调和朝幕,以定国是。世子毛利元德奉天子诏诣江户,与幕府诸臣会议。先生随之行,周旋甚力。久而不决。先生叹曰:"肉食之徒,安足与谋?"与高杉晋作议,将至横滨,焚西人馆,窃脱上程。世子大惊,驰马追之,至大森,及之。世子曰:"家君

---

　　① 久版通武通称义助,号玄瑞,即久坂玄瑞(1840—1864 年),日本江户末朝激进的尊王攘夷派志士。

　　② 樱田、版下之变:指日本江户幕府末期,当时尊攘志士刺杀幕府大老的事件。樱田门外之变,前文已有注;版下之变,即坂下门外之变,指1862 年1 月15 日,以水户浪士为中心的尊攘派武士七人在江户城坂下门外刺伤老中安藤信正的事件。信正推行"公武合体论",迫使和宫下嫁以恢复幕府权力,招致尊攘派的激愤。宇都宫藩的大桥讷庵等人企图暗杀信正,未遂。但大老和老中在樱田门之变和这次的坂下门外之变中不断受到袭击,使幕府的威信大为下降。

先天下以倡大义,吾又奉密旨来此,兹事重大。吾方以汝辈为心腹肱骨,而今轻举弃吾,自陷暴动危殆之事,奈何?"且谕且泣。先生暨晋作亦流涕顿首曰:"臣等识量浅狭,几至累公,死有余罪。自今以后,谨惟命是从。"世子留江户数月,终不得机,遂西归。先生请独留江户。

先是,幕府为英人筑馆于高绳御殿山,颇宏壮。将竣工。志士皆非之。先生亦谓"是地为江户之扼要,外人居此,是犹命盗以守门户也。"一夜,窃往焚之。志士皆大快,而幕府不知何人所为。先生自是所交之志士益多,颇唱勤王攘夷之说。藩侯恐其获罪,遽召之还。元治元年(1864年)正月,朝廷开学习院,受四方之建议。先生尽力周旋其间。时外人日猖獗,攘夷之举,迁延无实效。君侧奸吏,梗塞阻挠。先生乃共寺岛昌、昭轰宽胤通称武兵卫等谋曰:"攘夷之举,一日不可缓。若缓一日,即与彼一日之势。不若直诣阙请诏。然陪臣之身,躬犯禁阙,奈何?"既而沉思曰:"热志之所注,国运系之。惟伏阙而请,愿死以谢。"三人乃共斋戒,诣阙伏地,泣血抗诉。世子时在嵯峨。方食。闻之,大惊投箸,立时驰马诣鹰司关白,以请处分。公亦愕然,奏于朝廷以请宥之。上闻感叹,皆免其罪。急召诸藩主,以幕府矫诏迁延攘夷之期,将行幸大和,议起亲征攘夷之军。五月十日下诏,布告天下。志士欣舞,扼腕而起。先生声名,因之日隆。世子先遵诏归乡,筑塞堡以修战备。志士闻之,如云而集,不日已得数千人,名曰"奇兵队",众推先生为队长。藩侯命先生为马关之先锋。先生率之以发,遂击马关碇泊之洋舰,奋战击退之。朝廷大赏其功,藩侯亦增其位格,任为参政。

已而闻朝绅姊小路公为贼,杀之于朔平门外。京师物情骚然,以为公乃勤王之忠臣,今忽被杀,则朝议之变动,可测而知。急驰上京,以窃形势。而朝议果变,诏褫三条公以下十二人之官职,倚其参朝。八月十七日,以废前诏五月十日攘夷之诏布告天下,逐长藩所守堺町门之兵,命萨、会诸藩分守。吉川经干、益田亲施等亦至,共欲挽回廷议。百方议画而不可。长藩之兵大奋激,屯于大佛,将袭禁阙,流言纷纷。柳原权中纳言光爱[1]奉敕来谕。先生亦恐其轻举,共敕使亲抚谕之。陈其向志,欲请朝廷议以谋恢复。敕使终不可而去。先生乃诣鹰司公,欲再强请。至则宫门已锁,不可入。乃毁邸之后门,直入谒关白。少选[2],三条西三条

---

① 柳原光爱:日本幕府末期议奏权中纳言,其女柳原爱子为明治天皇典侍,大正天皇之母。
② 少选:一会儿;不多久。

等诸卿踵至。长人亦聚，扼腕大呼曰："幕府无状，敢故矫朝旨以阻盛举，而妨爱国之人。因请共议以处分之。"关白不应。先生挥袂而起，与晋作等会于方广寺，纠合山阳、南海、西海之志士，谋讨幕府。吉川、益田等止之不可，遂留书而去，奉三条以下公卿七人归长门。其书略曰："朝议忽变，物情骚然。堺町门之守卫既撤，无以尽力本国之海防。今特奉毛利元纯、吉川经干以下之都卫归国。倚赖恩命，举国感戴，甘死以从事焉。三条氏诸公者，皆忠诚热志。今欲推之为攘夷之先锋，先奉之西归，以待复职之命，云云。"

于是藩人危惧，议论百出，众情汹汹。六月五日之夜，会津藩士袭三条之长川邸，杀吉田年麻吕等三人。报至，福原元间、陆司亲相、益田亲施、来岛又兵卫，共先生率兵船数艘，于二十三日以上京。分五百人伏次嵯峨、伏见、天王寺三处。先生变姓名曰松野三平，至天王寺，潜召志士，来属者日益多。先生又诣清水石之八幡宫，祷藩侯与七卿之赦命。与同志共为盟书，以致老中稻叶正邦，请为代奏。在山町以待命。不报。先生叹曰："大事去矣。唯犯万死以冀收回圣旨。若事不成，以死报国。我公之忠诚，天实知之。"七月十九日，昧爽①，与国司、来岛等合谋。国司、来岛等率兵九百自嵯峨以入京。先生共入江弘毅等，以兵五百自山崎入京。欲亲杀松平容平等，入阙哀诉。先生与来岛破石山八条氏等之后门，自其庭入内郭，发大炮进冲守护花容保凝花洞之阵。至蛤门劝修寺氏之门前，欲乘容保等入大内要击之。时所司代桑名侯之兵，卫御庖门，会津侯之兵，戍宜秋门，津岛之兵，助会津之兵奋战。我兵复出蛤门以战，众寡不敌，退据鹰司氏之邸。井伊之将木侯土佐，福井之将伊藤友四郎，桑名之将某等，一桥之将大泽显一郎、河野外一郎等来援。围之，弹丸如雨。容保令放火于上风。先生踏火焰，东西奔驰，督将士战甚猛。既而被伤，膝痛不能步。先生自知不免，以后事嘱入江弘毅曰："一据天王山，合伏见、嵯峨之兵，以图再举。"众突围，奔山崎。国司等兵亦不利。而退。先生泰然，上楼割腹，投身烈火中而死。时年二十有六。其所传之诗歌，择录于下：

皇国威名海外名，谁甘乌帽犬羊盟。庙堂若刺尚方剑，直斩将军启圣明。

胡云漠漠尽冥濛，天下无人护圣躬。九阙他年遭吉梦，金刚山在野山中。

---

① 昧爽：拂晓；黎明。

版本龙马①先生传

海南第一奇杰之士，是为版本龙马先生。先生世为土佐②山内侯之臣，食禄七十九石。父曰长兵卫，母曰幸子。先生以天保六年（1835 年）十月十五日生。幼乏活泼之气，其容止殆如愚者。同龄之少年，不屑齿之。然而先生竟成"南海第一"之英名。大器晚成之语，殆为先生写照。

及长，日夜勤励，尽读内外之书。从同藩士日根野某学剑法，又从某氏学泳水之术。一日风雨暴至，先生著蓑笠驰游泳之场。途遇师，师问曰："值此风雨之际，将何之？"先生正色曰："先生问何迂。弟子将往泳水之场，以习技术。先生尝言入水不厌濡。风雨之烈，何足畏乎。"遂终课而归。先生之气象，概如如斯。

先生以为在海南之解州，而言学，殆如井底之蛙。不若上下江都，广交名士。乃请于父，东上入千叶周作氏之门。又有当时有名之剑客，先生从学数年，术大进，乃以剑名于世。是时尊攘之说盛行，值志士奔走东西，斡旋之际。安政癸丑③，藩至山内丰信公为井伊大老所恶，将锢之国。藩主大惊，物议汹汹。先生亦谋之同志者，武市半平太等共归乡，将有所为。陆路至大阪，取水路以航兵库海。时值晚秋，玲珑一色，播、艺之诸岛，斜照霏微，景色奇绝。先生共武市上甲板，遥望海上。乍见坚舰一艘，喷黑烟，鼓荡于逆浪之中，直线前进，仅见其上樯，至模糊不可辨而止。其舰之标识曰"由悠"。先生指谓武市等曰："彼等英吉利之军舰。呜呼！壮哉！船之精良，器械之美备，实足振威于地球，非偶然也。我辈口呼攘夷唱海

---

① 版本龙马即坂本龙马（1836—1867 年），幕末志士。

② 土佐：日本高知县旧称。"土佐"来自古代日本的神话传说，被称作"土佐国建依别"，意思是英勇男子汉的国度，属于日本南海道。

③ 安政癸丑：疑为安政甲寅（1854 年）。安政元年为甲寅年。其上一年（1853 年）为癸丑，年号为嘉永六年。

防,其策则等于儿戏吁! 何其迂也?"叹息弗置,目送军舰,至尽处犹茫然伫立,不知所为。后日先生以练习海军,编成海援队,躬为之长,其远略盖已始于此。

先生归国时,藩内讨幕之说大盛。武市等皆窃连长州之久版通武,水户之住谷寅之助等,谋将请诏,以讨幕府。举先生为联长之使,至荻,将行久版之所议,要岛津于和泉上京之途以举事。先生既出藩,更遣才谷梅太郎上京。同志之辈和泉之谕止之。遂不果。复入江户。已而藩侯购一汽船于长崎,命某某等管之。先生之甥高松太郎,以藩命学航海术于幕府之军舰奉行胜安芳。先生介之,共为安芳门客,以习练航海水战等。安芳爱先生才量,最亲善之。介于越前之春岳公,免其脱藩之罪,以请于丰信公。先生于是得归里。

应庆元年(1865年),长藩之久版等迫朝廷攘夷之期,以至弄兵阙下。长藩妄被恶名,谓为大逆。百万官军,围其四境。幕府宣布讨长之令。先生窃去安芳,趋九州,与同藩中冈慎太郎等谋有长侯之罪。既而萨藩亦倡尊攘。萨、长、土互相连结,以倒幕府,而改革国政。乃复上京,遍结同志者,四方奔走,殆无虚日。先生寄寓于山城、伏见之濑户屋①。其居停,业旅宿。主妇登势②,有侠气,人称之曰"伏见女将军"。凤知先生,遇之颇厚。先是,尊攘志士栖崎将作有女曰阿龙,美慧,时年二八,寄寓于登势之楼。将作本凤志勤王者,大和之战,助松本、藤本等支给金帛,事多龃龉,屡遇失败,终以党祸禁锢死。遗言曰:"大丈夫赍志而死,遗憾无穷。吾子犹幼,吾志之遂,近不可期。幸善保家声,以待时至。"母子哀叹,谨守亡父之遗言。而家道艰难,乃寄阿龙于侠女登势。登势亦尽力庇之。一日,语先生曰:"君知阿龙慧顺,度亦闲雅,为君子之室,可称佳偶。姜凤受彼母氏之嘱,誓必嫁一同志者。姜钦君之节烈勇侠,愿缔结之,幸毋失人。"先生亦凤知阿龙之才敏节操,乃许其请。遂卜日以成秦晋云。

当是时,幕府之势尚盛,下令捕杀都下之勤王志士等。募壮士,执军械,市井搜寻,专捕志士,名其军曰新选组③。窃知先生之举动,然未仓卒妄指。先是,长藩

---

① 濑户屋:日语中,"濑户物"指的是陶瓷,销售陶瓷的商店都被称作"濑户物屋"。

② 登势(1829—1877年),日本幕末时期寺田屋的女老板,从坂本龙马开始就保护了许多被幕府盯上的尊王攘夷派志士,被幕府视为危险人物,还因此坐过牢。

③ 新选组:是日本幕末时期一个亲幕府的武士组织,也是幕府末期浪人的武装团体,主要在京都活动,负责维持当地治安,对付反幕府人士。他们在戊辰战争中协助幕府一方作战,1869年战败投降后解散。新选组外号"壬生狼",在成立初期得到当时担任京都守护职的会津藩主松平容保支持,并纳入会津藩编制。

之高杉晋佐,率奇兵队,营于马关。幕府令诸藩之佐幕者集大军以拒之。先生惧长藩再败,则尊攘之志,将成画饼。乃说萨藩之士西乡吉三助隆盛、大久保市藏①利通等曰:"讨长总督尾张侯庆永已获福原等之首,即宥长侯之罪。今幕府复起无名之师,万民涂炭,遑志不顾。海外各国,亦蹑其后,而不自知。今日之急务,在倒幕府,定国是,以巩固基础。倒幕府之机,惟在今日。"时萨藩议论百出,其说未决。先生乃辞萨,先说长藩之有志者,乃与三好真三慎藏②,桂小五郎③即木户孝允等熟计,其志颇同。未几,黑田了介④清隆为萨藩之公使,来谋萨长连衡之事。长藩藩主令众会议,桂小五郎、广泽兵助⑤、井上闻多⑥馨、村田藏六后大村益次郎⑦、宍户备后⑧玑等皆在。高杉晋作先进曰:"长州男儿,一奋臂自当关东百万之兵。纵不可为,当食尽力极而后止,何事仰倚他人。"桂小五郎先驳之曰:"高杉氏之言,乃谋一藩之事,未为天下谋。如谋天下,乞速容萨藩之说,以定国家之大势。慎毋失机。"议论纷然,及暮不决,乃期明日。遂散。及夜,先生乃共小五郎密访晋作家,恳恳辩论。晋作执前说,无少屈。先生察知晋作之意,盖恐连衡萨藩,则长藩之士,将生倚赖心。又恐外藩笑为卑怯,乃笑而言曰:"贵藩夙以攘夷名,而己与外国联合,而独峻拒内国。盖欲避畏怯之名耳,恐非君之本心。"晋作乃哑然笑曰:"君之言,实中隐衷。己为君所破,何拒之有?"于是两藩连合之议立成。先生之功,亦伟矣哉。

---

① 大久保市藏:大久保利通(1830—1878年),幼名正助,号甲东,后改名利通,生于日本萨摩藩(今鹿儿岛),原为武士,日本明治维新的第一政治家,号称东洋的俾斯麦,为了改革铁血无情,最后被民权志士刺杀身亡,但也成就了明治维新的成功。

② 三好真三慎藏:三吉慎藏(1831—1901年),幕末长府藩士,幼名友三郎,经历寺田屋事件,受坂本龙马所托照顾阿龙一段时间。

③ 桂小五郎:原名木户孝允。

④ 黑田了介:黑田清隆(1840年—1900年),日本第二任内阁总理大臣(首相),元老,萨摩藩人,积极投身倒幕运动,参与建立萨长联合。戊辰战争时任监军、参谋,后任明治政府兵部大丞、开拓使次官、长官及参议等职,1876年代表日本政府签订了日朝修好条规(即《江华条约》),迫使朝鲜打开国门,致力于开发北海道,聘请美国人开普伦为顾问,推进开拓使十年计划。

⑤ 广泽兵助:广泽真臣(1833—1871年),长州藩士,与木户孝允一起参与藩政改革,并投身讨幕之中,在明治政府中曾任参与、民部大辅、参议等要职,推进版籍奉还,于1871年在东京被暗杀。

⑥ 井上闻多:井上馨(1836—1915年),明治维新元勋、九元老之一,政治家、实业家。明治、大正两朝元老重臣,幕末以及明治时代时的活跃人物。

⑦ 大村益次郎(1825—1869年),原名村田良庵,亦名永敏、藏六等,1865年即42岁时,改称大村益次郎,日本近代史上著名的军事家,在长州藩进行军事改革、指挥讨幕军打败幕府军和创建日本近代军制中,起过重要作用,死后被日本军国主义封为"战神",并将陵墓葬于日本"靖国神社"之中。

⑧ 宍户备后:宍户玑(1829—1901年),长州藩士。

先生遂上大阪,诈称萨藩士以觇京地之情形。一夕,新选组士二三十人,突围濑户屋,入执阿龙,问先生所在。阿龙素敏警豪迈,尝佐先生周旋国事,谋倒幕府,以继先人之志。及见新选组至,乃绐之曰:"西阶第一房。"众释阿龙,争先登。阿龙先入东阶,遽告变。时三好真三、大里长次郎近藤旭亦在,共起执刀以待。新选组数十人,握枪荷戟以登。三人刀战毙其数人,敌少辟易,色沮。先生以目示二人,急破窗上屋,乘暗而遁,潜数町外之木厂中。恐敌复来,二人先别。致信萨邸,阿龙亦至,遂脱先生于危。先生谢其厚意,约再会而别。既至萨邸,萨藩极力护之,不使其出。先生甚苦焉。

庆应二年(1866年)正月,幕府大举以攻长州。萨藩虽订连衡之约,然惮天下之耳目,未敢公然应援。先生乃请于萨之家老小松带刀[1]曰:"仆请至鹿儿岛,纠合浪士,以编制海军。一以为贵藩之臂助,一以为长藩之援。"幸其许之,乃共小松、西乡等谋曰:"以君一己之资格,以援长藩,其策极善。君其速行。"先生于是直下九州。阿龙请从,乃共至鹿儿岛,留阿龙以守。自往来长崎、马关之间,谋合长藩,以侦幕府之举动。是岁六月,幕府海陆并进以攻长州。长之海军高杉晋作,以军舰数艘御其海军,遇先生来援,大喜,延为参谋。十二日,晋作一舰突入幕府舰队中,以夺其气,实出先生之计画云。幕府遣其回天、富士、凤翔、迅动等之坚舰,泛马关近海,以示气势。七月三日,先生迄晋作谋,欲乘晓雾以破幕之海军,自指挥长藩三舰以袭幕舰。幕之舰队长本镰次郎武扬航荷兰以学海战之术,以善战名。互有死伤,终日未决胜负,迁延相持者数日。七月二十日,将军薨。八月十日,小仓城破幕府之将小笠原长之所守。讨长之事遂止。先生亦自萨州归。适后藤元君[2]象次郎补土佐藩之参政,因购军舰器械,奉藩命至长崎。与先生遇,谈都中事,如故交者。乃介绍先生于藩主容堂侯,以其海兵为藩之盾护,名为海援队。

庆应三年(1867年)四五月之际,先生率其队之汽船,欲送弹丸于神户。至三原海峡,值海上霖雨,咫尺不辨,汽力渐缓。倏见大舰之舰灯,为纪藩之汽船"光明丸"。先生大惊,急转舵避之,不及。大舰之舰首,已在我舰之右舷。霹雳一声,竟为冲破。先生急令众跃入光明丸。先生先跃,众皆移踵。回顾之间,我舰仅余墙

---

① 小松带刀(1835—1870年),通称尚五郎、小松带刀,小松家29代当主,萨摩藩家老,代表萨摩藩,负责诸藩联络人、交涉役等任务,促成萨土同盟。

② 后藤元君:后藤象二郎(1838—1897年),日本幕末至明治时代武士(土佐藩士)、政治家、实业家,日本明治维新的元勋(维新元勋)、土佐三伯之一。

项。先生大喝,速呼光明丸之士官。船中无应答者,水夫狼狈,左右奔走。先生急令水夫遽撤彼舰之樯灯,投之海中。船士无知之。已而先生入船将之室,告以冲突之事。至长崎,乃诉之于纪藩官衙曰:"光明丸背航海之法,不树樯灯,当罚其士官。其冲突之罪,全在光明丸,当出偿金以谢。"纪藩拒之。后藤元烨君谋为流言曰:"海援队之浪士,愤纪队无状,誓将覆仇。窃脱藩者相踵数十人。"海援队之浪士中冈慎太郎①所率,天下所惧。纪藩亦以光明丸之口供无有证者,终偿先生十余万金以谢云。

方是时,萨、长之连衡益密,大出兵士以讨幕府。土藩主容堂公亦知幕府之不可辅,乃使后藤神山郡廉、福冈等藩士,说将军王政复古之举。实庆应三年九月也。将军因循未决。会津、桑名诸藩,皆助幕府。冲突之势,如将战者。先生大愤,送后藤曰:"将军之姑息若此,其奈之何?"先生指后藤明日谒将军,力陈复古之议。说如不行,决然死谏。仆等将要将军于途而刺之。已而将军意决,以十月十三日,召诸侯以下于二条城,陈返上大权之奏议。朗读宣示,以问诸侯之意见。先生及小松、后藤等在末座,极力赞之,以促返政之举。桑、会诸藩士大恶之。十二月十二日,先生寓京都之河原町,与中冈慎太郎等相会,痛饮,慨谈国事。已而会散,中冈独留,谈至夜将半。适浪士三人来谒,乞家人吉藤传名刺。浪士尾其后,遂斩吉藤,直入其室。拔刀以斫先生,中肩。先生仓皇执刀。中冈亦拔刀助之,奋斗数合,被十余创,扑室外。浪士以为二人已死,舞刀向中冈臀肉一击,放声高歌,除下阶去。先生欹耳听之,如无所痛苦者,独语曰:"如彼刚胆,始足以成大事。奴辈必非凡物。"乃起,仗刀至灯前,火光照锋芒,耀耀射人,恨不以之屠奴辈。长叹久之,更唤曰:"慎太!慎太郎兄伤何如?余伤已重,无复生望矣。"言讫,遂绝。时年三十三。中冈少先生三岁。海援队之士,闻变而至,则浪士已不知所往。乃尽礼葬先生于东山之鸢尾,岁以致祭云。

---

① 中冈慎太郎(1838—1867 年),日本幕末时期的土佐国志士、活动家,属于倒幕派。陆援队队长。

藤本铁石①先生传

先生名真金,字铁石,别号铁寒士,又号都门卖菜翁,通称津之助,为备前之藩士。少时,综练武技,博通经史。善书画,意致潇洒,骨格峻异。与人交必尽其信,殷殷敦厚,人咸乐亲之。屡游南海、镇西,与广濑淡窗②、草场佩川③、村上佛山、矢上快雨等讨论诗文,业遂大进。

嘉永(1848—1853 年)初,居京师,下帷授徒。走笔作高山幽壑以自喜,案前罗列奇籍古书。尝曰:"五日读一书,十日画一山,胸中净尽。神游山水之奥,口诵金玉之音。殊足自得,无所扰扰。"都下人士请其画者日盈其门。癸酉④甲寅(1854 年)之际,外患日迫,国势不振,先生慷慨激发,谓:"外人所求,实不止于和亲贸易。非速自立,则将无以自存。及今不图,后悔无及。"遂以匡正国事为己任,屡以正义痛陈于公卿大夫。时诸藩之浪士,多潜匿于津、摄之间,以窥朝廷意旨。先生窃设宴饮以交纳之,家道因之渐贫。文久癸亥(1863 年)八月,朝廷行幸大和,及决亲征攘夷之议。先生大喜,且曰:"自癸丑(1853 年)以来,外患日迫,日本四面环海,易启外人窥伺之谋。天皇深劳睿虑,屡以攘夷诏令赐幕府。而幕议因循,不尽其职。如井伊、安藤身居高职,恣其权势,将以亡身,竟至纳交外人,辱国媚敌。皇皇诏谕,视若弁毛。天皇宥其逆鳞之罪,而命一桥刑部卿以佐幕府,速举膺惩之师,以除外患。而幕吏又不之省。是以正义之公卿二十四人及长门一藩与天下之义士,以大义相招,尽力王室。虽外有幕府之奸吏,内又弱暗之公卿,而圣

---

① 藤本铁石,即藤本铁石(1816—1863 年),日本江户末期著名军事家,尊攘派,天诛组总裁,著名书画家。
② 广濑淡窗(1782—1856 年),日本幕府末期丰后日田人,折中学派儒者,诗人、教育者。
③ 草场佩川(1787—1867 年),日本佐贺藩士,肥前人,日本江户后期儒者,精汉诗,善画墨竹。
④ 癸酉:应为癸丑(1853 年)。

明英断,义举显然。苟弃此不图,则皇威委靡,奸焰益炽。虽慷慨愤懑,而何补于瓦解? 神州陆沉,屈指可待。故攘夷为今日之急务,而内奋皇威以除国贼,方能匡正大典。宜速鼓舞士气,一扫偷安之习,屏除奸慝,以肃内治,然后可以言外攘。"

乃与志士松平奎堂、吉村寅太郎[①]、竹下熊谊、那须信吾[②]、安积五郎等,谋举义兵。奎堂首赞成之。同志共三十余人,奉侍从中山忠光脱京师以赴大阪之河内、富田森。先生独留京师,以窥朝旨。居三日,即至河内。实文久三年(1856年)八月十七日也。与奎堂等议,先袭杀大和五条代官铃木源内,焚其厅,以为义兵之首途。盖源内私耽执政之意旨,为幕府之得力者。同志之士,踊跃奋兴。先生及奎堂为总裁,以决军议。居数日,四方应者,殆数千人。屡与和田、山津、彦根、郡山及其余畿内近国之藩兵接战,互有胜负。先生建议曰:"闻京形势一变,正议公卿,或放黜幽闭。浮云蔽日,奸吏弄权,竟违睿虑,以止亲征之举。然则吾辈徒蒙犯上作乱之名,不如暂罢。且居十津川乡[③]以待机。先破纪州新宫,以便遁迹于四国、九州之地。再募义兵,以图再举。"众如其议,奉大将中山忠光[④]赴十津川乡。未几,十津川乡之兵多逃去,其议不果。先生愤怒感叹,惜乡兵之反复,赋和歌以写其意焉。

既而陈营于天之辻。先生在天之辻阵中,抑郁不堪,乃遣下馆藩之脱士涩谷伊与作宽行之军将,称中山待从之使,说津藩将藤堂高猷曰:"今日吾辈驻兵此地,将集义军,以迎凤辇,遵去年十二月亲征之诏令。讵料是月十八日,肥后守松平容保等,逞奸谋以矫睿旨,下伪令于四方,以压王权。岂胜痛憾。是以纠合同志,诸藩同心戮力,以扫除逆贼而复王权。防士民瓦解之内忧,攘夷狄猖狂之外患。窃闻贵藩夙抱勤王壮志,然而驻兵此地,将为吾党之敌军者,殆未知其事由。敝藩特

---

① 吉村寅太郎(1837—1863年),日本江户末期尊王攘夷派志士,土佐高冈郡(在今高知县)人,名重乡,又称虎太郎,拥立公卿中山忠光,组织"天诛组",在大和五条举兵,后受各藩联军讨伐,战死于大和鹫家口。

② 那须信吾(1829—1863年),土佐藩士,据说无论剑、枪,还是铁炮都运用到了出神入化的地步,勤王党,文久二年(1862年)4月,参与刺杀土佐大思想家、持论较武市为保守的吉田东洋,因此被迫藏匿于京都长州、萨摩藩邸。翌年8月,天诛组举兵,他即加入出任军监,9月24日于鹫家口战斗中,遭彦根藩士狙击,中弹战死,享年35岁。

③ 十津川乡:日语"十津川郷"即十津川村,奈良县最南端的一村,除了日本未实际统治的北方四岛之外,该村是日本面积最大的村。

④ 中山忠光(1845—1864年),大纳言中山忠能之子,尊王攘夷派公卿,于1863年被推为"天诛组"盟主,讨幕失败后逃往长州,后被暗杀。

遣使以问。"津藩队将等迎伊与作,与之饮,俟其醉,遂缚之。先生大怒,遂发兵破津藩之阵营。后数日,津藩队将赠书天之辻阵营,责其暴举。先生乃作书答之曰:"方今在京之奸徒等,擅矫睿虑以蠹国政。吾辈之举动,外形虽似暴徒,然素抱勤王之志。天地神人,可鉴此心。公等外形虽号官军,然实为朝廷之叛贼,亦为天地神人之所知。公等未明天、幕言天朝与幕府之区别,君臣之分际,故有此举。亟宜察其名实,毋入迷途。"队将藤堂高猷得书大怒,牒合诸藩之兵,大举以迫天之辻。先生谓此役一败,则大事全去,不如避之。乃说大将中山忠光急去海南、西镇之义藩,戮力以谋再举。忠光乃去。火其阵营,自率壮士三十余人,部署成阵,奋斗激战。自携长枪,毙敌十数人。津藩枪队之督长某挥枪直迫先生。战数十合,进刺先生左肋。先生既被重创,复力战数合,力尽而死。时年四十七,实文久癸亥(1863 年)九月十五日云。

梅田云滨①先生传

京师之儒,以梅田云滨先生为首屈一指。先生名定明,一名义质,通称源治郎。若狭人,号云滨,别号湖南。小滨藩士矢部重介之第二子,本姓梅田,改姓矢部,后复为梅田氏云。

先生少博览多识,天资豪爽,具尊攘之志。言学宗山崎闇斋②,兼通诸家。复出江户,从游于藤森弘庵、佐久间象山、藤田东湖等。数年,三十余,下帷京师,以陶冶子弟。藩主召之,辞不应。使者三反,终不起。

已而游西长之门,交高杉晋作、久版通武、僧月照等,意气相投,共抱忧国尊王攘夷防海之志,欲有所建立以自强。安政元年(1854年)九月,俄罗斯之军舰,突入大阪,捧国书以谒政府,人心汹汹。津、摄之间,屯兵士以备之。有志之士,共议欲逐其舰。大和国、十津川之处士相会,招先生,共推为谋主,以袭俄舰。先生闻之,决然奋袂而起。先是,先生喜盛筵,爱声伎,因是家日贫,不能为豪举。妻儿冻馁,无以自给,而先生亦坦然。常曰:"心大则百物融,心小则百物塞。盖其所见者大,不为小节所囿也。"诸志士招先生时,妻适病,儿方幼,无以护持。或欲止先生行。先生叹曰:"安能以一家之事而废国家事乎?"遂赋诗曰:

> 妻卧病儿啼饥,斯心直欲扫戎夷。今朝死别兼生别,只有皇天后土知。

或传是诗为先生就缚槛送江户题壁之作,与此小异

时人传诵之。既而俄舰退去,事遂中止。归则其妻已死。相传以为诗谶云。

末几,英、法、美三国船舰复来,泛于武藏、相摸之海上,以请通商,举止颇暴

---

① 梅田云滨,幕末志士,1815—1859年在世。

② 山崎闇斋:日本德川时代初期的儒学者、神道家、唯心主义哲学家,名嘉,字敬义,号闇斋,通称嘉右卫门;作为神道家又号垂加。

漫。时朝廷方主攘夷,幕府制之。诏虽屡下,幕府终不奉命,力主开港。先生忧愤不能措,时托和歌以自遣。乃与同志山科出云守、丰岛大宰少贰、小林民部权大辅、高桥兵部权大辅、若松木工头、春日缵峡守、森寺因幡守、丹羽丰前守、田中河内介、饭田左马、伊丹藏人、重贤三国、大学宇喜多一慧、梁川星岩、赖三树、池田陶所,及成就院僧月照、妙圆寺僧信海等。窃奉朝旨,欲以举事。适桥本左内、清川八郎、安积五郎等来江户,大赞其议。安岛带刀、日下部伊三次、饭泉喜内、藤森弘安等亦在江户,为之声援。先生乃议曰:"幕府昏弱,不足共谋。吾尝闻之,水户之前中纳言齐昭,修内政,备寇,夙怀尊攘大义,屡屡奏请速行攘夷。为今之计,不若众推中纳言为将帅,以奉诏旨。"众然之。于是窃由青莲院粟田宫后改称中川宫,及左大臣近卫忠熙、右大臣鹰司辅熙、内大臣三条实美、大纳言久我建通、大纳言一条实良、大纳言中山忠能等诸缙绅,密奏天听。先是,幕府大老井伊直弼遣其臣长野主膳至京师,窃通幕旨于关白九条忠尚,以甘言变攘夷之睿旨。主膳在京师,闻志士等之所为,大惊,急报井伊大老。大老乃命主膳等逮捕志士,密而不发,暗稽其党。适大纳言德川庆恕、中将松平庆永、少将山内丰信、待从伊达宗城等,见幕府之逡巡,窃共谋将立水户前中纳言之第七子一桥庆喜为将军之世子。因决行攘夷之朝旨,遣桥本左内及日下部伊三次等至京师,奏其事。二人乃说小林民部权大辅曰:"方今外夷猖獗,而幕府不能制之。刑部卿者,水户黄门之子,英明敏聪,夙抱尊攘之志,为列侯士民所钦望。今不若立刑部卿为幕府之嗣,辅翼将军,速实行朝旨以安宸襟。"民部闻之,大喜。乃与学生及三树、星岩、陶所等,共谋尽力,周旋颇至。朝廷遂下内旨于水户前中纳言,纳刑部卿于西域,且辅中纳言以匡己尊攘之大义。井伊大老闻之,急纳纪伊藩主德川家茂为幕嗣。家茂幼冲,未辨世事,盖拥之以行己意焉。志士益愤激,疾其奸黠。安政五年(1858年)三月,幕府之阁老间部诠胜以井伊大老之命上京都,佯称伺候天气,咸献金帛布匹于朝廷及诸公卿,咸称开港之利,以冀朝议变更。十月,遂捕町奉行冈部前常等志士三十余人,先生亦在其列。又幽所司代酒井忠义,及青莲院之官,暨近卫左大臣以下公卿数十人。十二月,先生及赖三树等三十余人,槛送江户。先生自知不免,赋和歌以述志焉。

已而系于小仓藩之狱。狱吏轧问甚严,且讯曰:"汝辈借攘夷为口实,擅拥兵势,假托尊王,实谋以倒幕府,而紊国家之大经。然此事必有所主使者,速自白以脱罪。"先生夷然对曰:"吾生而知尊攘大义,不知其他,安用指使?"幕吏酷刑拷讯,身无完肤。或使跪于圆木之上,加积石于其膝下。先生不能堪,气息殆绝。然慷慨自任,不变易其所言,骨因之折,颜色变易,非复人形。幕吏乃以药治之,竟得不死。至安政六年九月十四日,旧病再发,遂瘐死狱中。年四十四,葬于浅海禅寺。

先生尝游九州,大集弟子,演说曰:"吾将西游,愿举一说,为诸君终身服膺之言。"遂说《春秋》"元年春王正月"①,以明尊攘之意。诸生大喜曰:"先生素昔所讲,非《大学》则《小学》,或《论语》及《近思录》等。何图今日,独发密论,愿服膺守之。"

先生诗词甚多,择录于下:

一木岂能支大厦,此时不道世情非。贱臣不向南方去,独向北方拜帝闱。

高卧悠悠二十春,山中草木是知人。今朝有故辞猿鹤,欲学钓鱼东海滨。

---

① 言王道统一于道,天下统一于王。

浮田一蕙①先生传

京师人,姓丰臣,称内藏允,名公信,后改可为。一蕙,其号也。善画,宗土佐派,以之为业。平常好读《孝经》,暗诵不误一字。教弟子必先以《孝经》,作孝经图以献朝廷。常谓门人曰:"画虽小技,未尝无益于世教。徒描花鸟以悦俗人者,非我所为。"

夙抱慷慨之志。嘉永六年(1853年),美舰泊东京湾。先生时在江户,语其子可成曰:"今为志士杀身救国之秋,雄藩乍离乍合之时。宜速定其主义,熟思深虑,择其尤正者以辅翼之,庶足以成大事。"乃请于长藩,命可成编入其队伍。既而美使与幕府媾和,美舰遂去。先生大愤,凡乞画者,辄为神风覆蒙古兵舰之图即元太祖征日本覆师之事与鹿儿岛高德削树题诗之图与之,以寓其意,盖欲以振兴士气云。

是岁,皇城火,召先生绘旧图以呈,赏赐有加。绘其图于御屏风。时外患日迫,国事日危,先生乃由显宦某奏陈时务策一篇。天皇嘉纳,问其名,则曩日绘图于御屏风者。

五年秋,幕府兴党狱,捕梅田云滨、赖三树等。先生父子亦同被捕,槛送江户。知恩院宫之臣大学亦踵至。一日,幕吏刑讯之,先生执义不屈。大学言甚暧昧。先生还囚室,大怒,责大学曰:"汝非士乎,奈何向幕府奸黠之吏屈膝为? 吾宁为沟中之鬼,绝不屈节于彼类。"怒詈之声,达于户外。又谓可成曰:"汝夙友善大学,今大学临难失节。汝不与彼绝交,吾将不以汝为子。"明年秋,父子共释,还京师。先生在狱,已罹恶疾,遂于安政六年(1859年)十一月四日以病终,年六十有五。

---

① 浮田一蕙(1795—1859年),日本江户后期画家,擅风景画。

桥本左内①先生传

先生,越前福井之藩士,名纪,字伯纲,通称左内,又号黎园。时国事日非,乃出京师,斡旋于诸志士。而家计贫困,拮据不能尽其所为。安政四年(1857年)八月,藩侯松平庆永受内旨,奏请定幕府之嗣子,及内敕下赐数策。天皇及诸公卿,始决议下攘夷之诏以赐水户前中纳言。五月,党狱起,先生亦被捕。吏责问曰:"汝自称亲受内旨,果为何等之内旨?"先生答曰:"已称内旨,固属秘密,安能告汝。苟能告汝,则何密之有?"吏刑讯之,终不道。六年(1859年)十月七日轩于市,年二十有六。埋骨于原回向院。后之过者多吊焉。

先生博览多识,在狱尝手《资治通鉴》,并注《汉纪》。书未成而就义。狱中尝赋诗曰:

> 二十六年梦里过,顾思平昔感滋多。天祥大节胸心折,土室犹吟正气歌。
>
> 苦冤难洗憾难禁,俯则悲痛仰则吟。昨夜城中霜始陨,谁知松柏后凋心。
>
> 欹枕愁人愁夜永,阴风裂首析三更。旻天应忆怜幽寂,一点星华照狱明。

又尝论狱制云:"狱所以惩恶导善。而在狱中者,皆弒逆盗贼之徒,日语穿窗攘夺之术以为功。故入狱者,非徒不知悔改,而适以长其恶心。及其既释,家无一钱,遂尝试其所闻之术,以行实际。于是小盗乃变为大盗焉。嗟乎!狱制如此,焉

---

① 桥本左内(1834—1859年),幕末开国论者,福井藩士,早年师于儒医吉田东篁,1849年从绪方洪庵学西医和兰学。其当过藩医,1854年游江户,从彬田成卿学兰学,后任福井藩校明道馆学监,开设西式学堂,致力于藩政改革,为藩主松平庆永谋臣,主张改革藩政,建立统一国家、开国通商并与俄国结盟。1858年初,美国要求签订《日美友好通商条约》,受庆永命赴京都活动,其游说在京贵族,以使天皇批准条约(条约敕许),同年,因主张拥立德川庆喜继任将军,被反对派井伊直弼抓进牢狱(安政大狱),次年处死。

能劝惩。凡囚狱者,宜择其所堪之业,督率力行。复以三余①,教以修身之道。庶有豸乎?"

先生之诗集《白黎园遗草》,吉田松阴尝赠诗曰:

曾听英筹慰鄙情,要君久要订同盟。碧翁狡弄何限憾,不使春帆飐太平。

磊落轩昂意气豪,闻说夫君胆生毛。想看痛饮京城夕,扼腕频睨日本刀。

---

① 三余:充分利用一切空余时间读书。意出董遇的"读书三余法"。所谓"三余",是指"冬者,岁之余也;夜者,日之余也;雨者,月之余"。

安积武贞先生传

先生名武贞,通称五郎,江户人。深智,有谋略。与松本奎堂、藤本铁石、清川八郎等结同志,唱攘夷之论,以激四方之有志者。江户之警察日严,共八郎遁入水户。又入京都。闻亲征之诏,同志奉中山忠光卿为先锋,与八郎共入鹿儿岛,广募志士。得津岛久光之赞助,更大喜。八郎乃奉中山卿再下鹿儿岛,约先生共止久光上京。先生乃大纠合同志。未得八郎之报。而久光东上之期已迫,而八郎犹未来。乃谓:"久光若先东上,则与同志平野国臣、伊牟田尚平等会于大阪。共八郎要久光于途,请其助中山卿以举事。若未上程,则会众以趋大阪。俟久光至,则相将入京。"时文久二年(1862年)二月也。

已而闻久光所奏非请速诛奸吏与决行攘夷,乃在监轻躁之浮浪,大反所为。先生以为余辈为天下唱义,今际此时会,而逡巡失机。久光不足与谋大事,不如乘时举事,以大刀直断姑息关白谓九条公。时为关白。志士责其姑息,故以姑息关白称之,苟且所司代谓酒井氏。时为所司代。志士责其苟且,故称苟且所司代讥之之首。方足震惊天下耳目,以落奸吏之胆。刻期将大举,适大久保利通奉久光之命,来说浪士曰:"朝廷新置亲兵以卫禁阙,寡君荐公等充之。"众怫然曰:"余辈所谋天下事,安事一身之荣?"利通见其说不用而去。复命于久光。久光闻之大惊,急召能剑者数人,缚首谋之浪士。于是浪士之谋不果。萨藩浪士大失望焉。

既而复交长藩诸浪士,交相为谋。是岁八月,亲征之议中止。中山卿及藤本、松本起兵大和,杀什官铃木源内。先生乃与池田谦二率同志二十余人会之,推先生及铁石为军师。先生无铁石谋,募十津川之豪民,营于天野川辻,耀军威以殉四方。先生素娴军略,大得士心。众大喜,以为得良军师。藤堂、纪伊、郡山诸藩之军,大举来攻。先生乃共池田谦二、冈见富次郎诸士戍和田,屡出奇兵以破敌。诸军战不能胜。适中川宫遣谕解散十津川之豪民,兵士多遁去,军乃大穷。九月十八日,官军大举来攻,四方受围。先生与吉村寅太郎、杜下几马当鹫川口之兵,终不能敌。先生自携枪出阵,为敌所伤,遂就捕。以元治元年(1864 年)二月十六日,斩于京都。赋绝命词乃就义。其余诗歌,附录于下。

　　舍生取义定男儿,四海纷纷何所期。好向京城埋侠骨,待他天定胜人时。

　　此时此恨若何穷,毛发皆立鸣刀锷。风白空濛天色怒,满坛怪而斩英雄。

此诗疑多伪误,照原文录之。

　　日出国兮有名宝,百炼精铁所锻造。光芒电闪夏犹寒,风萧萧兮发冲冠。请看日出男儿胆,蹈白刃兮犯炮丸。犯炮丸兮陷坚阵,纵横捕击山岳震。有死之荣无生辱,不须将台受约束。上舞剑歌。

安岛带刀先生传

攘夷之密诏初下水户,朝廷闻幕府与美国条约订盟之奏,大怒曰:"国家之大事,而幕府妄行专断,仅遣一介使臣,率尔奏闻,无礼实甚。宜议以处分之。"大会缙绅以议。乃召三家大老诘之。井伊大老奏曰:"实水户、尾张二氏屏居之罪。纪伊氏犹幼,臣在江户,内政外务,终日鞅掌,不能一日去江户。今遣老中间部下总守诠胜西上,幸赐咨询。"朝廷得报,大怒。

天皇一日告群臣曰:"我国建纪以来,未受外国之侮。神州之所以为神州者,实以此。至朕之世,不幸有此,是朕不德所致。然亦不能坐以待亡。力虽不及,然夙具扫荡海外夷狄之志。必偿此愿,然后可告天地神祇。今幕府抗不遵旨,朕无以对祖宗。朕甘逊位,以立贤王,以奏攘夷之功。"言罢怅然慨叹。左右固谏。上曰:"时事至此,岂犹可偷息乎?"时安岛带刀先生与前内大臣三条实美、茅根伊豫、日下部伊三次等,与闻朝廷密救水户氏之谋,乃谨对曰:"事当谋之强藩,救令以补将军。列侯协力以举事,事必可为。今水户中纳言齐昭,以副将军之职,因力倡攘夷,蒙谴于幕府,屏居在国。其子一桥庆喜,夙具才干,宜下救水户藩,令唱大义。齐昭必当大喜,以奉诏旨。"上从之。安政五年(1858年)八月下救旨,召关白。关白九条忠尚,窃通谋于幕府,托事不至。左大臣近卫忠熙、右大臣鹰司熙辅,三条实美等乃为诏书。其略曰:"美夷之条约,方订于神奈川。不过一时之假约,其署印出于不得已。间部诠胜上京,奏闻其事。是尝以国事广咨诸侯之议,而事机失宜,卒至背朝令而忽国事。故至如此。故外国之事,宜与内国诸侯,参酌其宜,以求公武合体①。欲召三家大老,而设言不至。今内忧外患之时,不宜远斥亲藩,以失人心之趋向。今特诏卿等,合公武以安百世。其与大老、老中、三家、三卿、列侯速议,公武合体,扶将军以御外侮云云。"又敕幕府曰:"三家以下列公,皆速体朕意,辅将军以安国家。尾、水、越三氏,忠诚忧国,尤朕所凭,宜效忠节以翼将军。特敕齐昭,位在列侯之上,参与国事。其将朕旨宣告各藩。"

是敕之下,盖因先生与茅根伊豫,共水户之老臣,见藩侯齐昭受幕府之谴,故留京邸。依于京邸留守鹈嗣吉左卫门,游说三条等诸卿,转奏天子,以达侯之忠诚,故有是敕。敕书入水户。齐昭以为敕书虽优美,然不过名誉之事,不敢干涉幕事。以示阁老太田备中守、间部总下守。二老曰:"先下幕府之敕,亦与此旨同,应协议行事。"适九条关白遗书幕府曰:"下水户之敕书,固出于藩人私请。而敕书之下,亦出于朝臣私意,非经朝廷公议所为。"大老井伊直弼大悦,遣间部诠胜言于水户邸曰:"诠胜不日上京奏事,请于朝廷。所下敕书,勿公示列藩。"且论罢水户老臣冈田武岛等。

当是时,将军家定薨。纪侯家茂嗣。纪侯幼冲,诸事决于直弼。直弼遂举诠胜兼任官具奏。遂以是岁九月上京师,将奏事。馆于本能守,称病不出。捕冈部前常党于水户者,槛送江户。又黜朝绅之唱攘夷主义者。且说九条关白曰:"齐昭曾参幕政,与阿部、势州等以议美国通商条约,不允决断,因唱异议以归罪幕府者。今欲立其子一桥刑部卿为将军,为己专国政之诡计,宜速遏之。朝廷若恤德川氏,速正家茂之位号,勿再迟疑。"尚忠然之,奏请以"正三位征夷大将军,右近卫大将,源氏长者,淳和、奖学两院别当"之职赐家茂。

明年二月,诠胜东归,逮先生及茅根、鹈嗣诸人等。是岁安政六年(1859年)七月二十七日。继而幕府深恶水户,幽藩侯齐昭及其二子庆笃、庆喜,斩鹈嗣父子及茅根等,囚先生于江户。先生自屠腹而死。临死曰:"臣固知死,惟不知曾累及前中纳言公否? 愿一闻而后瞑目焉。"闻者皆为之流涕。先生曾赋绝命歌,而后自屠云。

---

① 公武合体:又称公武合体论、公武合体运动、公武一和,是日本江户后期(幕末)的一种政治理论,主旨是联合朝廷(公家)和幕府(武家)改造幕府权力。此政论获得幕府和部分大藩属的支持,主要目的是要结合朝廷的权威,压制当时的尊皇攘夷(尊攘)运动,以避免幕府倒台,并进一步强化幕府的地位。

日下部伊三次先生传

日下部氏，名信政。父某，为萨摩侯岛津氏之臣。先生获罪于其藩，客游水户。水户侯齐昭，奇先生之为人，欲禄之，固辞不听。乃为之说于萨侯，复其籍。尝亲学和歌于三条实美。公性慷慨，以国事自任。

安政五年（1858 年），出水户，上京师。茅根伊豫等相与饯别，把袂而去。先生告茅根伊豫等以上京师之志，必达其目的而后已云。已而三条公面赐敕书于水户公，断行攘夷，极力说公，遂命鹈嗣父子下其敕书。先生周旋其事颇力。先是，西乡隆盛在江户，会茅根氏，谈及先生在京师斡旋之事。茅根大惊曰："今日幕府暗探志士之举动，事极严密，道路以目。伊三次之策虽善，然其方法颇危险，深恐半途事露，奈何？伊三次西上之时，曾以其事语我，我尝极言止之。"隆盛曰："余亦惧其轻举。余幸不日西归，当极止之。"已而入京，则敕书已降水户。幕府大惊，捕与其事者数十人。时谓之水户之狱。以先生为首谋，命吏严护槛送江户。以三奉行町奉行、寺社奉行、勘定奉行，皆幕府之权官参坐鞫问，拷讯百方。先生慨然曰："仆等陪隶小臣，临国家之大事，犹不敢爱惜身家。诸君幕府旗下之显官，何独任四夷日逼，国势日危，而懵然不省。诸君问仆，仆不屑与诸君言。若阁老列坐问我，我当倾肝沥胆，以破幕吏之迷梦，鞭笞水火所甘受而不辞。"绝口不复再言。吏不能奈，槛送其藩以幽之。先生在狱，尝为和歌以自遣。时严冬寒甚，仅御单衣。刑疮糜烂，为风所蛊，遂因之而死。时十二月十七日。葬于古河之西福寺。子裕之进，处流罪，流于荒岛。先生长于诗歌，录其一脔于下。

星斗阑干月漫天，书窗深坐不成眠。欲知世运隆兴兆，神武东征戊午年。

鹈嗣父子合传

京师水户邸留守鹈嗣左卫门邦广，及其子幸吉，皆慷慨忧国之士。共藩宰中山信实、茅根伊豫、安岛带刀、日下部信政等，谋奏请攘夷之密敕，为传奏司。安政五年(1858年)八月八日，其子幸吉传敕书于藩侯。幸吉以橐裹敕书，独潜至江户，上于蕃侯、前中纳言齐昭。齐昭与老臣等，沐浴斋戒，具礼服而奉敕书，再拜开读。伤天皇之宸襟，感藩臣之简在，激昂慷慨，尽力国事，联结志士，大唱攘夷。于是豪杰英隽，闻密敕既下水户，集于江户者接踵，指天誓日共辅水户氏，逐丑虏以耀皇威。都下因是嚣然。幕府大骇，议处分之。阁老太田资始、间部诠胜谓齐昭曰："宗藩虽奉攘夷之诏，奋壮志以驱丑虏。然征讨之事，固宜任之征夷大将军。亟宜奉还敕旨。"齐昭未答。大老井伊直弼又议曰："敕书之下，必其藩所请者。谁为传之？"诠胜曰："臣请细探。"乃奏请兼将军位号宣下。遂于安政五年九月上京布其党羽，密探消息。既得其实，于是就关白九条尚忠奏请下敕，请处分干涉此事者。自皇室公卿以至诸藩之士，凡有与闻者，悉捕之。吉左卫门父子，以微臣之身奉天子敕书，因之获罪，自以为荣。遂槛送江户。幸吉狱中为诗，先序其事曰：

安政六年己未(1859年)四月二十六日，以幕府之命，与安岛大夫及大竹领兵卫，同抵评定所，受审。此行祸殆不测。时出，得诗一篇。乃把笔疾挥，留以与儿熊太郎。他日成立，其有以知余之志也。时属大风，乌云惨淡，杜宇悲鸣，如诉冤者然。

诗曰：

长鲸横海骄，妖氛蔽日昏。奈何春秋义，举世付空论。簧言入左腹，罗织在宗藩。歎辨既无地，痛苦声每吞。忽值柴泥诏，远传自天阍。我公感且奋，祸福宁遑论。修攘翼幕府，正将答至尊。皇天未悔过，逮捕惊禁垣。决此蝼蚁微，斋粉亦何怨。嗟乎直不肖，学术无渊源。壮岁得虚名，要地浴殊恩。感遇不自揣，欲撑狂澜翻。报效无涓埃，疏漏忽祸根。今日逢穷鞠，岂复望平反。丹心尚如火，誓欲雪君冤。生前所未报，窃期椒山[①]言。

是月二十七日斩于塚骨原。以幸吉之罪尤重，遂枭处。国人悲之。吉左卫门尤长于诗歌云。

---

① 椒山：指明代著名谏臣杨继盛(1516—1555 年)，号椒山。他上疏力劾严嵩"五奸十大罪"，遭诬陷下狱，在狱中备经拷打，终遇害。

大桥顺藏先生传

先生名正顺,字道周,号讷庵,江户人。仕于宇都宫藩户田公。幼志气倜傥,好读书,博涉经史子集,工诗文。稍长,游林氏之门,学业益进。乃下帷江户,教授生徒,以兴正学为己任。

嘉永癸丑(1853 年)甲寅(1854 年)之际,美国军舰至贺浦,求通商缔好。幕府大学头林健等接之。先生乃独见健,论美事。健不能用。先生愤懑,自是不复蹑林氏之门。著书立说,极论幕府方向之误。忠愤之气,溢于言表。四方传诵之。幕府不省。已而缔结条约,延使臣于江户,会将军于城中。先生抚膺长叹,不能自已。赋诗以陈其志曰:

> 仓皇折膝拜夷蛮,苟且何知酿后患。恨杀满朝林立士,一人无复私椒山。

> 五胡猖獗国将倾,肉食犹称真太平。独怪谢安出山后,竟无伟略济苍生。

> 一世栋梁名望虚,屈腰胸肟房意安舒。休言中国同其族,输与满清林则徐。

及闻内敕下于水户氏,乃大喜。急诣水户与同志谋,建言画策,颇力。未几,幕府大索党人,收敕书奉还。先生太息曰:"大事去矣。国家日沉沦,奈何!"乃赋诗曰:

> 白痴相率慕腥膻,渐看幸民欲祭袄。扑灭妖氛果何日,慨然抚剑问苍天。

袄者,胡神也。安政六年己未(1859 年)十月,赖三树就刑。先生闻之,窃至骨塚原,收三树之尸,建石表墓。幕吏明日见之,摧倒其表。既而大老井伊直弼为志士刺之于樱田门。幕府将兴大狱。先生上书力陈其不可。不省。及间部诠胜罢阁老之职,安藤对马守信睦握幕府之权。煽故井伊氏之遗焰,拒朝旨,纵奸吏,将按废帝之故事,擅易国家之大典。先生愤懑不堪,乃谋于外国奉行崛利熙,屡屡极谏信睦。信睦不纳,反暴言以辱之。并遗书利熙,使自裁。先生愈愤激,密谋于浪士儿岛强助、石黑简斋、横田藤四郎等数人,将有所为。又与三岛三郎 河野显三通植、丰原邦之助、细谷忠斋、浅田遗助、相田千之允、内田万之助等，相聚密议，共谋以刺信睦。为幕府所知，侦得其踪迹。文久二年壬戌（1862 年）正月十二日，捕先生等下狱焉。

初，先生之妻之弟，菊地幸兵卫，本都下之商贾，以豪富闻，散万金以赈志士。与先生共谋，欲奉一桥刑部卿以唱大义。因一桥氏之臣山本繁三，呈同志所建之策于刑部卿。讵知繁三反复，竟首其谋。于是先生与幸兵卫共逮。三岛以下，同志之士闻之，恐因循败事，遂会于两国横山町太田道育家，誓死决议。以是月十五日，要击信睦于下版门外①。信睦被伤，从士多死。不幸志士力尽，奋战而死。

时先生在狱，闻之。幕吏知其与谋，严加责问。先生答曰："吾同志所议，仰欲遵奉朝命，匡正国家之大典。他事则毫不知。"幕吏益疑，拷问愈严。先生不能堪，身体委痹，困卧数月，病愈笃。是岁七月七日，幕府乃命幽先生于其藩邸。狱中赋诗曰：

> 刑尸累累鬼火青，枕头时觉北风腥。苦心忧世夜难睡，起向窗前见大星。

> 尊王攘夷岂无时，何计危言却被疑。今直盖棺吾已矣，秋津川里一男儿。

是月十二日，终病死于狱中。年四十有七。所著有《辟邪小言》《千代田问答》《责难论》等。又在狱中所作三字经，颇传于世。其书录之于下：

> 我日本，一称和。地膏腴，生嘉禾。人勇敢，长干戈。衣食足，货财多。昔神武，辟疆域。一天下，创建国。有国风，曰和歌。辞婉丽，可吟哦。若神功，犯矢锋。征三韩，为附庸。收贡物，讨不共。仁德仁，皇弟贤。互让位，及三年。弟自杀，仁德传。帝矜民，察炊烟。历天文，百济来。玉宪法，圣德裁。至文武，文学盛。设大学，教德行。始释奠，察先圣。日本记，三十卷。九百年，会人选。仲麻吕，聘于唐。称晁衡，友李王。在异域，其名芳。孝谦时，诏万民。读孝经，孝道新。桓武朝，有对策。试人才，举巨擘。弘仁人，有非常。释空海，小野篁。菅名家，出菅公。公文学，冠日东。纪贯之，古今集。顺和名，所不及。书道夙，及佐理。并行成，三迹英。清与柴，才女子。著源氏，作双纸。道长奢，不修德。藤氏感，至此极。博学名，江匡房。义家学，察一翔。平重盛，所谓仁。事父孝，事君纯。忧君父，忘其身。平氏亡，失斯人。源赖朝，执朝政。皇纲解，将权盛。东鉴者，镰仓史。述实事，视臧否。北条氏，有

---

① 下版门外之变：见《久版通武先生传》下注释。

泰时。克其欲,去其私。有国风,寓箴规。后觉醒,亲执飙。虽南迁,皇统正。正成贤,善用兵。尽精忠,如孔明。子正行,寻北征。父子志,虽不成。同天地,有美名。尊氏兴,以诈力。及其乱,骨肉食。六十州,终分裂。相抗衡,战不辍。至信长,几平治。满招损,罹篡弑。秀吉智,虽无比。厚税敛,耽奢侈。好战伐,役多士。其家亡,无孙子。积善家,有余庆。积不善,有余殃。忧劳兴,逸豫亡。慎厥终,无不康。

清川八郎先生传

先生本新征组①之邸长,其名甚高。名正明,本为出羽国庄内卿清川商贾某之子,姓爱知。慷慨有气节,以善剑历游四方。家素豪富,散千金,以交志士结豪杰以自许。尝曰:"刃一丑虏,刺一官吏,非大丈夫之所为。余将合有志之士,以唱大义于天下。"闻水户正党将举大事,乃亟往以赞其谋。既至水户,谓其不足共谋,复归江户。会同志四十余人,将焚横滨之史夷馆。且曰:"诛逐丑虏以清国患,然后上奏京师以慰宸襟。事若不成,甘一死以殉国。"与同志约期而去。其党皆佩大刀名曰攘夷刀。衣阔裤,名曰脱藩裤。沿途豪饮放歌,痛骂当路之士,将斩反对之论者。时捕吏搜索等严,先生恐谋泄,与其徒安积五郎武贞等,韬迹而出。幕府捕其徒池田中村嵩等熟人下狱。

文久元年(1861年),先生复入水户。因萨人伊牟田尚平遍交志士,以图义举,而终不如其意,乃游北越。复入京都见中山忠爱卿。忠爱卿者,大纳言忠能之长子,忠光之兄。自幼侍帝侧,以幕府恶之,遂屏居。窃交京都之志士,纵谈国事。先生故谒之,且说曰:"近闻幕府有废立之事,将逼皇上逊位,别立私人。今不决谋,后悔何及?"忠爱卿闻之,大忧。乃议曰:"中川宫之贤明,众所属望。今被禁锢,人咸冤之。若得亲王受密旨,募天下义士,以举事,事则必成。"于是忠爱卿乃奉中川宫之旨,作书以招志士。先生携之,共武贞、尚平航至萨摩,遍说同志。肥后之宫部鼎藏、松村大成,筑前之平野国臣,筑后之真木保臣、大岛井敬太,丰后之小河一敏等,素抱壮志,愤幕之蔑视朝威。闻先生言,咸谓为千载一遇,皆誓致力

---

① 新征组:日本江户末期武士和浪人的武装团体。前身为浪士组。1862年(文久二年)末,清川八郎建议召集江户浪士协助幕府。1863年初组成浪士组,约200人。首领清川八郎、山冈铁舟。同年春,幕府命其警卫将军,进住京都壬生村。因清川八郎与尊攘派联系,有反幕行动,回江户后被暗杀。浪士组分裂,一部分即改称新征组,属鹤冈藩(庄内藩)。1864年5月废止。

于国家。国臣昔曾入萨,交西乡隆盛、大久保利通诸人,又深知和泉守_{岛津久光}之为人,即共先生入萨摩,鼓舞藩士。见藩侯,上所著《培覆论》。侯嘉纳之,且谓曰:"吾来春将谋举事,诸君纠合同志,静以待时。"尚平亦见藩之老臣小松带刀,陈先生所周旋之状。带刀大喜,亦赞助之。诸同志闻之,无不踊跃从事。先生曰:"事今已成,不宜再缓。"急募同志。四方来集者如云。文久三年(1863年)正月,先生欲奉中山公再下,留武贞而独上京。闻京师幕府之警察严,率同志匿于大阪之萨邸。已而岛津氏东上之期已逼,保臣、一敏、国臣等前后会于大阪,得党众百余人。然皆为乌合之兵,虽同唱尊攘,而意见各异。先生曰:"先袭关白九条忠尚、所司代酒井忠义之邸,以为首途。而待岛津氏。"国臣急于举事,不从。已而岛津氏至,恐其粗暴误事,因近卫公而入奏,自请镇卫京师。遂辞先生以下。先生等既去,又入江户,遍交同志者,声名传于京都。

时四方浪士,远近聚合。幕府虞其粗暴轻举,于京都则置新选组,于江户则置新征组,以自警卫。以近藤勇为新选组之监督,以先生为新征组之监督。盖欲以网罗浪士以厚禄饵之,并责其为侦探逮捕之事,其意盖以为以暴制暴之举云。而组士之数,本所之馆千五百人,马食町及传通院共四五百人。其暴戾不减于昔,或数人,或数十人,分抵诸豪富之商贾家,称索攘夷之费,强索金币。不与,则狼籍搜索而去。市中畏之,民皆不便。幕府无如之何,更以酒井左卫门尉总括之。先生自谓:"吾今虽受幕府之禄,为新征组之监督,然非大丈夫之所处。不若仍纠合同志,为攘夷之先锋,却丑虏于千里之外,以报国家。"即以自立声明,因此谋脱党籍。于是一日访其平昔所最恶之党员某,痛哭语之曰:"吾欲结同志,以起攘夷军。君宜与俱。"某愕然曰:"幕府因防此等暴举,故以卿等为浪士之监督。卿若如此,则何以制其下?其如幕府之命何?"先生笑曰:"果然如此,何必谋事。汝等鼠辈,不足与谋。"遂拔刀直斩其首,并留书曰:"此人失礼于我,故斩之。"遂脱籍潜匿。幕吏闻之曰:"彼若因争斗而杀人,虽有其罪,然不必决然而走。必有深故。"密遣一人探之,果闻其纠合同志,将袭横滨,党员已至百余人。急命捕卒捕之。捕吏曰:"八郎娴武技,人所共知。今虽遣数十人,犹惧不克。不如密遣夙达武技者暗刺之。"众吏以为然。乃择佐佐木只三郎等三人,伺间而发。文久四年(1864年)四月十五日,先生访松平山城守之邸金子某,谈毕将归。至芝瓦町,暗中长枪突出,直刺先生之肋,先生闪避之。大刀复自后而下,斫中右肩,入四五寸。先生拔刀刺敌,中其手及膝。又一人直斫先生之额。又一人直挥断先生之腕。先生遂仆,敌众奔集,群斫刺之。先生笑曰:"鼠辈何卑怯乃尔!"遂绝。诗稿甚富。今录其谒友人墓诗一首。

　　呜呼!义友果瞑否?回天好机事已毁。遗恨空成后死人,徒然乾坤诉微旨。天也不言地也默,中有云物遮彼此。顷刻清风奋手尽,请君耐闷暂时里。

岩仓具视①公传

维新创业之初，在天皇御侧，辅佐赞翼，以奠今日之国基者，首推太政大臣、正一位大勋位岩仓具视公。公之先，曰源师房，为村上天皇之皇子、中务卿具平亲王之长子，任为右大臣，称为村上源氏。王孙曰雅定氏久我，雅定氏之子曰雅通，孙曰遵亲，曾孙曰报先，玄孙曰忠通。忠通九世之孙曰晴通，晴通二子，季曰具尧，分居岩仓，遂称为岩仓氏。具尧三世孙、参议兼右近卫权中将、正三位具庆无子，以权中纳言堀川康之二子纲丸为己子，即为具视公。

公以文政八年（1825 年）九月十五日生于京师。幼聪慧，具奇才，通和汉之学，审于治乱废兴之迹。常修武技，无失时。时将军恣揽政权，天皇徒拥虚位，人民知有幕府而不知有朝廷。公抱奇愤，告父具庆，诉于所司代。司代申之大老不报。至是常具尊王之志，以复皇权。天保九年（1838 年）十月初，叙从五位下，时年十四，加玄服，听异殿。弘化二年（1845 年），至正五位下。嘉永七年（1854 年）三月，任待从。安政元年（1854 年），美使彼理来贺浦，请互市。幕府不能拒，许之。不俟敕旨。公愈愤懑。

四年（1857 年）十月，天皇在殿有御制，命左右取纸笔。皇室固乏额给，仅二页之短册，不能备焉。众骇然，不知所为。公大怒，夜叩所司代本多美浓守或曰板仓周防守之第，通刺会之。田曰："今日上有御制，征短册而不得。以万乘之至尊，至不能得片纸，果谁之罪欤？幕府封殖私财，蔑视朝廷，不知皇室。足下虽仕于幕府，然率土之滨，莫非王臣。足下夙明大义，知名分，宜速告之幕府，留意补给皇室

---

① 岩仓具视（1825—1883 年），号对岳，幕府末期、明治初期的公卿、政治家，曾策划王政复古，支持明治维新。他是宫廷中倒幕势力的核心人物，为打倒幕府，和萨长联合，形成宫廷—萨长联盟，这也成为明治初期政治的根基。在维新的一切重大活动中，他都发挥了核心作用，明治维新后，历任大纳言，右大臣，一直活跃于中枢。

之需。"美浓守答曰："公所言，实至理。然待诉于幕府，迁延不能待。皇上既若此穷乏，请以微官之私财补之。"美浓守遂自献金入内廷。皇室得以少给。

已而幕府与俄罗斯、和兰二国订盟。将军特引见美使。朝议固主攘夷，愤幕府之专断。四年十二月，幕使大学头林健等上美国国书，请朝廷允许。朝廷不允，敕曰："所奏事极大，上惧祖宗神明，下虑亿兆人心，不可轻决。宜付诸侯公议，具奏采择。盖因公等建议所致云。"时幕府不奉朝命，朝廷不纳幕议。一国宛如二政府，命令互相背驰。有志之士忧之。公亦备计朝幕协议之策，心志几为之摧。时将军家茂请降嫁皇妹和宫内亲王之亲子，议论纷纷，或以为渎亵皇尊斥之。公以为皇妹降嫁，虽非其例，不敢轻许。然平察利害所系，可以协和公武，维系人心，宜断然许之。因谋于关白九条尚忠。尚忠闻公之论，大为赞成。因之入奏，遂得终允。以文久元年（1861年）十一月，和宫发于京都。公以正四位下、右近卫、权少将之职，供奉和宫至江户，默察世事之风潮。

时幕府以外人之迫，不能制之，请于朝廷。又不得允裁，进退维谷。公审度时势，知幕府通商外国，实不能已。虽未请于朝廷，擅行决断，其势可谅，不得指为僭越之为。遂说幕府权臣，以谋公武合体。诸侯赞之，尽力协和，公之力尤多。乃复结交幕吏。归京后，犹注意关东之动静。在京之志士，以为公首赞协和朝幕，及和宫降嫁，而公又为其供奉。下江户后，又复亲昵幕臣，而究未尝见协和合体之实际，多有责公志节中变者。志士日踵公门，竣辞诮让。公力为辩解，以为朝幕终可协和，而幕府怙势，不异其前日所为。于是公之人望大堕，皆以为欺天子而媚幕府，恶言交至。既而降朝旨，且责尚忠及人我亚相建通、千种宰相有文、富小路少将敬直等，凡参议降嫁者，谕令罢职。公亦与之，遂辞职。入岩仓之庄，剃发，号为友山，又曰对岳。时文久二年（1862年）十月也。于是志士，皆目公为奸人，不复与公通往来。独长州之桂小五郎木户孝允知公苦志，屡来相访，共谈国事。而萨州之西乡吉之助隆盛、大久保市藏利通、土州之版本龙马、石川诚之助等，寻至，共倾肝胆，画后日之策。公因以知世运变迁，心颇自慰。

三年（1863年）正月二十二日，公早起，将沐，见庭垣有坠物。讶之，趋近而视，则一截断之人腕以书系之。公徐读其书曰："彦根藩士长野主膳，与九条关白之臣岛田正辰通谋以阻朝议，今已伏诛。千种公之臣贺川肇，不知自惩，仍为幕府谋，故再诛以示警。"公从容瘗之庭隅而入。当是时，浪士之气志正激，其所为大率类此。攘夷之论，四方嚣然，幕府不能制。既而一桥刑部卿受攘夷之节刀而不辞，幕势愈衰。

庆应三年(1867年)正月,今上即位。因先帝之丧,行大赦。三月二十九日,公得恩命。于是萨人小松带刀,土人寺村左膳、后藤允烨,肢人大木民平、大隈八五郎,其余若玉乃揉世辰、香川敬三、北岛秀朝、大桥愤三等,复与公往来,共谋后事。公曰:"今日朝幕之议,互相背驰,协和之策,不复可行。若将军不废,则太古王政之制,终无复期。"小松带刀大赞之,谕告将军庆喜先是,将军家茂薨,一桥刑部卿嗣其职。庆喜亦知幕政支离,不可收拾。遂命列藩之士,会于二条城,共议太政奉还之案。盖系土佐侯等之建言。小松、后藤居于末席,力记还政之利。庆喜大喜,即命二人议其方法。遂以十月十五日,解其征夷大将军总追捕使之印绶。于是世潮一变,朝廷下敕,免长侯之罪,召还三条以下七卿。公等亦奉敕免,允复其职。十二月九日,朝廷大改官制,废摄政、关白、征夷大将军、议奏、传奏、守护职、所司代等官,更置总裁、议定、参与之三职,以有栖川炽仁亲王为总裁,仁和寺纯仁亲王今称小松官、山阶冕亲王、中山忠能及其余之朝臣为议定,大原重德朝臣及公,并其余之朝臣为参与。

时会津、桑名两藩,不悦太政之奉还,拥将军战于伏见,失利而走。明治元年(1868年)二月,决议东征。以公为副总裁兼海陆军务会计事务总督,任征讨之事。未几,事平。独榎本镰次郎在虾夷,仍然猖獗。先生参与大久保市藏奏曰:"中古以还,天皇深处堂陛,接謦欬者,不过数人。九重深邃之中,非独与人间迥异,实悖天理。今宜大破旧习,广施新政。天子宜通观下情,广纳舆论,大行改革。今京都处狭隘之地,不足以扩张皇国之基。宜迁都大阪,以张皇威。"下朝廷议之。公曰:"其旨趣甚善。虽然,臣犹以为未全。大阪之地,不过一市场,地势卑陋。且今日东方之人心未平,不宜迁都,恐不能制。不若少待关东之平,凤辇巡幸江户,遂永驻之。江户者,东海之要地,国之中央,实为基业巩固之地。然方今扰乱,不宜遽迁。俟人心既定,然后迁都,尚未为晚。"天皇嘉纳之。及至十月,卤簿下江户,公侍从。

明治二年,进大纳言,赐赏典禄五千石。敕曰:"汝具视忧皇道之衰,抱恢复之志。太政复古,重振基业。躬任天下之重,夙夜厉精,黾勉图治,以佐中兴。国之柱石,朕之肱骨。余嘉乃绩,用特赏赐,以酬厥劳。呜呼!将来导辅,惟赖汝举视,尚其懋哉!"公大感激,固辞不听,乃受命焉。明治四年,公建议迁武家之华族于东京，又征亲兵于萨、长、土三藩，以卫王城。皆允其请。公又忧桦太①之疆界，未克判明。请于朝廷，遂遣参议副岛种臣至俄国，以正之。是岁七月，公迁官外务卿。十月，进任右大臣，兼特命全权大使，以参议木户孝允、久保利通、伊藤博文、山口尚芳为副使。十一月十二日，自横滨启碇，向美而发。自桑港至华盛顿府，谒大统领林古仁，呈国书以缔交际之谊。大统领遇公等颇厚。复航英国，见女皇维多利亚。先是，英皇子来游日本，时公及三条实美公任接待之事，待遇优渥。故复至英，并游历欧洲，遍察文明之政治、风俗、法律、兵制等。既归，奏陈所见闻之情事。我国文明之端绪，始于此。

明治六年，征韩之议起，陆军大将西乡隆盛、参议后藤象次郎元烨、板垣退助正形、副岛种臣、江藤新平、前原一诚等首唱之。独参议大隈重信、寺岛宗则、木户孝允等力驳不已。舆论嚣然，历久不决。先是，公病，久缺朝参。适三条相国亦病。公病稍愈，扶病而出，力驳曰："今日之急务，先修内政，而后可言制外邦。国帑支绌，而急于武功，以张挞伐，恐不足以服民。于经济上、政治上所害不少。不若先固内治之基础，而后耀武，亦未为晚。"大久保、大木、伊藤诸参议亦力赞之。西乡共江藤参议迫公曰："前日之廷议既决，今忽临朝阻之，何以慰天下。征韩之论既决，公宜捐私见以循公议。"公答曰："前议决否，非余所知。今余代理太政大臣之职，岂可不详审精慎，为庙堂策画万全。"江藤参议进曰："公今代理太政大臣之职，则前太政大臣议决之事，岂可以私见而尽翻之乎？"辩论颇激。公从容答曰："前日之议，则前日太政大臣有议决之权。今日之议，则今日太政大臣有议决之权。纵令前日大臣所决，其谬误失顺序者，今日大臣，犹得驳之。予今断然以性命拒绝前议。"木户参议首赞之，大久保、大隈二参议亦助之。公乃决议曰："明日予以诸君之论及予辈之议，并奏之，以俟圣裁。"西乡以下诸氏，见其说不行，颇怏怏。明日，上奏辞职。还国。于是天下公论，褒贬相半。血气之少年，至有责公为方向之误者，将谋刺公。七年（1874年）一月十七日，公退朝，出赤版离宫，归马场先之邸，取途餐违。贼要公之马车，以斩公。公赤手捍之，伤其手，以毛布缠手，暗中跳匿堤上，逾堤泳濠而遁。急诣皇居正门，通名而呼卫兵。卫兵异其装束，流血淋漓。谛视，审其为公，大骇。急招医诊之，调护其伤。皇上特赐御料马车，护送归其私邸。公后语人曰："予若不航海外，则余已死。幸而前者游欧洲时，与航海者

---

① 桦太：库页岛，日本称为桦太。整个19世纪，日本和沙俄反复争夺库页岛的实际控制权。

相习,身躯敏捷。故前日堕于堤下,不致受伤,而得泅濠而遁。是航海之益我不浅。"后捕贼讯之。土佐人武市熊吉、吉喜久马、山崎则雄、岛崎直方、下村义明、岩田正彦、中西茂树、中山泰道、泽田悦弥太等,皆处斩。四月,征台之役,公亦唱平和之说以止之,终不及。明治八年,朝鲜突击我云扬舰,征韩之论复起。公之地位,因之愈危。时岛津大臣久光与公论争,遂怒而请罢职。于是遣办理大臣参议黑田清隆于汉城,以和平之手段,缔开港之条约,定商之规程。公之参画为尤多。既而朝鲜之事,我国之势力范围,骎骎日进,亦公之先内治而后及于外国者,其功尤伟。

公先叙正二位。九年五月,为东北巡狩之供奉。事毕而归,进从一位。十一月叙明治勋幸之勋一等,赐旭日大绶章,命为华族督郡长。又奏请再兴学习院光明天皇所建,设于京都,后废,以教育同族之子弟。又建华族银行,固同族之生产。酬尽一切,尤为周密。明治十年一月,天皇幸西京。三条相国从,奉敕委政于公。适西乡隆盛起兵萨摩,政务益繁,而公无倦色。谕同族集贤以赈官军之兵伤者,又命妇女造棉散丝,赠战地之病院,以供疗痍之具。其精细如此。事平,天皇东归。公委政权于上,益用心于内治政策,尽分难内阁之策。及建日本铁道会社,设任友轩,又设华族搢士之苦乐府雄会所以谋亲睦,设官吏服役纪律以戒官吏。时公患癌疾,苦于不能饮食。然犹奉命,任西京殿保存之事务,躬赴西京。十五年十二月,叙大勋位。先是,赠公以俄罗斯伊太利二皇之勋章以赏公之功绩。论者以为荣。

十六年(1883年)五月,病渐笃。皇上遣敕使至西京,慰问之。六月,召还东京,特命侍医诊视。七月五日,皇上亲枉驾视公病,皇后亦继至焉。公请辞职,不允。至再三,众参议亦力止之。公召山田参议显义曰:"众苦留我,不杀我不止。请卿速奏天皇,使我解职。幸甚。"参议乃为具奏。其略曰:"臣具视以庸劣糯才,适逢盛运,谬承宠眷,致身台辅。夙夜鞠躬,唯恐不及者,兹已十有余年。伏维国步非常之时,大定典宪,以振张皇猷,为万世继述之计。而鸿业今尚未成,是以不量驽钝,黾勉列班,思攒大业。今臣不幸罹犬马之病,自省涓埃未报,谬居重显。以疲劳之躯,久列权位,致疏朝觐,莫接天颜,致负陛下知遇之罪。臣罪万死,愿陛下哀悯微衷,赐归骸骨。臣得休息,以养病躯。臣死之日,犹感恩戴德,毋敢或忘。前者陛下万乘之尊,辱临床蓐。又赐使慰以优旨,不允臣之所请。圣恩高厚,不知所措。而臣重忤天威,凌袭祈恳者,愿申哀情,冀陛下特垂天听,赐以静养之暇。

臣当力争事汤药,以俟病愈。冀得再拜天闻,赞颂陛下之伟业云云。"时七月十八日也。十九日,公病大渐。三条相国枉车特来谕之。见公之状,归奏天皇。皇上亲再贲临,允免右大臣之职,为前右大臣。二十日,皇上及皇后又遣使下问。公病益激,语言塞涩。至晓七时四十五分,溘然长逝。年五十有九。皇上发哀废朝,停三日孔刑。二十三日,敕赠太政大臣。二十五日,葬于南品川之海晏寺。海陆之军队,护枢而行。缙绅送葬者盈万人,绵延数里,人踵相接,途人亦接流涕。是日天阴翳微雨,天亦哀公之去欤。所谓国家之柱石,人臣之仪表者,非公其谁属也?

公性至孝,幽居岩仓之时,不能见其父,哀慕不措,日必向其馆再拜云。父生前尝爱品川海晏寺之枫树,欲购其地,不果。公因赎海晏之地以葬父。公遂葬其侧焉。

木户孝允①公传

  公本姓和田,小字小五郎。孝允其名也。幼养于桂氏,通称桂小五郎。后执藩政,改称木户准一郎。少骄悍不羁,母氏常戒之。不听。年十二三,母氏卧病。公侍汤药,衣不解带,其至性盖本于天云。然旧习不改,母氏深忧之,病亦渐笃。公知其状,翻然悔悟。看护不离床下,经二日,母氏遂逝。公哀痛不已,深咎其往,始卓然立志。于是克己忍性,读书学剑。将同藩士吉田松阴长公四五岁,以学术气节鼓舞一藩,诸名士多出其门。公与之结兄弟交,共期后来之大业。

  未几,公入京师,复游江户。学击剑于斋藤弥九郎②之门,遍交水藩之诸名士。读书养气,而慷慨悲壮之志,因之愈坚,声明播于土藩。又出江川太郎左卫门、胜鳞太郎海舟③等之门,得闻西洋之军法。时日比谷之长藩邸,设有有美馆,馆中教育击剑之术,及汉学、国学、西学等门。擢公为都讲。坂下门之志士内田万之助来藩邸,投刺见公曰:"余辈恶安藤阁老之无道,欲杀之。不幸事不成,同志者或死或缚。余亦被重疮,不能起。夙闻公名,故敢贸然来见,敢以后事记公。"探怀中,出书一册。盖数安藤之恶迹,欲为国除患者,以示公。公读曰:"善哉。"既而万之助屠腹死。公诉之藩主,周旋其事颇力焉。

  先是,美国使臣来,与幕吏测量江户内外各海港。公私感边海之事,乃变身厕入洋奴之列,携一筐,从吏至镰仓之七里滨,观其测量。及归,躬负衣履,大为所

---

  ① 木户孝允(1833—1877年),本名桂小五郎,长州藩出身,曾拜吉田松荫为兄,从斋藤弥九郎学习剑木,何江川学习西方军事学。在尊攘、讨幕运动中起领导作用,维新后参加起草《五条誓约》,是政府的核心人物,推进奉还版籍、废藩置县,与西乡隆盛、大久保利通一起被称为"明治维新三杰"。

  ② 斋藤弥九郎(1798—1871年),江户三大道场之一的神道无念流练兵馆的创始人。此人虽然身为名道场宗主,其人生却不拘泥于道场,而是放眼世界的人物。

  ③ 江川太郎左卫门,即江川坦庵,也称江川莫龙(1801—1855年),传播西方军学、科技,致力于制造火炮及民政。胜鳞太郎海舟,简称胜海舟(1823—1899年),旧幕臣中的开明派、幕府海军的创始人。

困。后又测量品川,复往观之,共仆隶杂于茶店。店妇见公身体魁伟,笑曰:"汝若负医者之药笼医者药笼长六尺,故此以诮之,最为适便。"诸仆隶皆笑之。公绝不露声色。是时幕府威权渐衰,有志之士,出没于四方。世运变迁,其兆已见。公还京师,寓河原町之藩邸,遍谒缙绅之明达者,且私交诸藩之志士。公之识有独卓焉。

既而癸亥(1863年)八月之事起,时末藩吉川监物代长侯戍卫京师,而遽引兵归国。在河原町藩邸者,亦皆从之。惟公共十七人,独留而不去。公乃在京,独探天下之形势。时幕府忘长藩益甚。长藩知事不可再,为遂有甲子(1864年)之变①。事变之先一日,幕兵将袭公于河原町之邸,而公预察之,先避之于邸外。既而长兵一败涂地,公犹不忍离京师,濒危者数矣。时室冈部氏即几松居三本木,慧侠,有气节,以身庇公,因得免。而逮捕愈急,不能一日处。乃遁至丹波。时国论全分,为正俗二党。俗党得势,迫增田、福原、越后三老屠腹,函其首,送于征长总督尾张大纳言。寻而清水、宍户以下十余人,前后皆被祸。公幸在外以免。及正党得势,举兵,公乃自丹波复还。初,公之在丹波也,寄身博徒酒客之间,阴探时势,时通密信于山口,藩人亦不知其所居。而俗论方炽,未敢归。藩侯特赐手书,慰其辛苦,且戒其养晦待时。至俗党势息,国论亦变,乃自丹波召还,任大监察以总裁政务。凡外交指连络诸藩之事内政及兵务悉委其手。公乃擢田村藏六故兵部大辅大村益次郎准兰式以定全国之兵制。与山田宇右卫门等,调理内政,抑制过激之士。而外则密联各藩之有志者,以谋国事。公乃力陈国论所归,时势所向。及长藩遵奉朝意之状,以为舆论之准。先是,吉田松阴以国事死于幕吏之手。松阴死,后辈皆以事松阴者事公。至是公之议论,多士皆翕然。时土人版本龙马阴忧萨、长之阻隔,窃往萨邸,说合西乡、大久保诸士。复至长以说公。时黑田、大山诸士亦来,长侯遂密遣公抵京师之萨邸,于是萨长联合。盖戊辰(1868年)维新,实以此为基础云。

十二月,老臣毛利内匠率兵入京师之萨营、相国寺,遂成戊辰正月之事。而王政复古之业,以成。是月,征公为总裁局顾问。公经理长门一藩之力,至是始显。公默察国事,为后日之计。以为列藩割据,天下事终不可为。时长藩老侯在山口,乃归山口,屏人请曰:"今天下一变,幕府已倒。时势至今日,天下之耳目,不能复

---

① 甲子之变,又称禁门之变,或哈街门之变,是1864年8月20日发生在日本的武力冲突事件。

掩。今若不使王政复古，则雄藩诡计，将再取而代之。驱虎进狼，以暴易暴，则人心复离。王政复古之业，亦归乌有。窃以为今日天下之事，宜以正名分为先。今阁下既先天下唱义，联合各藩，以振起王纲。若再以正名分为天下倡，公义则所以绝国家之乱，私义则雪家门之冤。阁下处千载之一时，岂无意乎?"侯曰："若何为之?"对曰："今各藩之版籍，皆受幕府朱印。夫国土本非所有，而其举动，俨然幕府之封。是以各藩诸侯，视幕府转若君臣之分，而朝廷反若蔑如者。所以名分乖戾，至于如此。今日若正名分，则急宜奉还版籍。版籍奉还，虽非直失封土，而其权势终为朝廷所有。"侯默思之，良久曰："善。汝善为之。"公感泣而退。既出，侯起呼之还，曰："予既诺之。然今日百战之士，意气激昂，事殊不易，否则恐贻不测。汝当至京师，视机而后动焉。"公歔欷不复能言。

公既还京师。未几，扈驾至东宗。先是，丁卯（1867 年）之冬，长兵未发，西乡、大久保诸公，称归其国，与长人三田尻来，谋合长兵，与之俱东。及幕府既倒，西乡从大总督于东北之军，独大久保驻于东京。至是，公一日从容与论天下大势，因语及奉还版籍之意。时藩侯亦忧国费不充，献石高十分之一。大久保意公之言，击节称赞，二人之意见遂合焉。寻归京师。时土、肥二藩，亦纳奉还之议，急欲奉还，遂于己巳（1869 年）正月，四藩首行奉还封土之举。诸侯皆前后相继奉还。寻而定府藩县之制，以诸侯为藩知事，建郡县之基础。盖版籍奉还之大举，虽出各强藩藩主之忠志，而出于谋臣斡旋之力者尤多。虽已举行，而不无郁郁者。公当时决画已定，尝密陈之于宰臣某公。而当时此议至难，某公不敢妄举。既而语又外漏，物议颇腾。公乃默待时机之至。而毛利庆亲乃其旧主，勤王之事，四境受兵者六年，而壮志不隳，殉于国家。乃先就谋此议，而后次及于诸藩。遂规画全局，共各藩之志士，力挽七百余年之颓澜。镇定从容，不动声色，而大业告成。

先是，公参与改定官制之议，至是二年（1869 年）七月，朝命赏公及大久保、后藤、板垣三氏之勤劳。共解剧职，补待诏院学士。是年九月，诏赏复古之功臣，赐公禄千八百石，叙从三位。是时各藩犹拥大权。公阴忧之。三年（1870 年）二月，更革山口藩兵制，解队兵。兵不散，遂围藩厅。公时在山口，队兵索公急，分迫旅寓。是日，公幸在外，解缆潜遁，出马关之间道。适三好、野村二氏会兵来救，击破队兵。事乃平。既而东归。五月还任参议。十一月，召岩仓大纳言、毛利庆亲奉敕从行山口。明治四年（1871 年）六月二十五日，参议以下，显官悉罢。任西乡为参议，公亦复前职焉。公之废藩置县也，盖默察形势渐变。有某氏等初说西乡氏及公,西乡诺之。公曰:"时机恰好。"遂于七月四日,廷议悉废列藩,改为郡县,乃罢各藩知事之职。不血寸兵,而封建易为郡县,公之策画如此。

初,戊辰(1868年)伏、水之役后,百事忽遽,未遑就理。而各藩士人,犹酲沉于攘夷之迷梦。或刺外人,或袭使馆,外交尤难。时山冈藩日置带刀之从兵,与英人在神户启衅,事机至危。幸而事解,各国公使布告中立。而二月十五日,高知藩兵箕浦猪之吉等,复杀法人十一名于堺浦。是月三十日,英、法、兰之公使,方入朝,刺客林田某等,突冲英公使之从卫。英公使遂不果朝。事势将裂,危险已极。幸于三月三日,再行朝见。于是始定外交之基始。兹事体大,而每事斡旋,无毫厘之误,至生冲突者。公及大久保、后藤、伊藤博文、小松带刀诸公,及中井弘、五代友厚等,其功为尤钜。于是外交渐和洽焉,遂派使臣于各国,是为通好之始。辛未(1871年)九月,外务卿岩仓具视右大臣兼特命全权大使,公与大久保、伊藤及山口尚芳共副之。十一月,发东京,周览欧美各国,大有所得。癸酉(1873年)七月,各使事毕归朝,大使及副使以下,亦前后皆至。时西乡、板垣、后藤、副岛种臣、江藤新平诸氏,建征韩之议。议久不决。公乃与岩仓、大久保、伊藤诸氏极力驳之。于是廷议大歧。天亲乃临轩亲决,从公等议。西乡以下主开战说之诸公,周时罢职。是内阁轧轹,达其极点。西乡诸公,皆一时之人望。一旦罢去,人心汹汹,上下交危。而公及大久保诸公,合志努力,以经营国事,维持辅翼,卒无所摇。

七年(1874年)一月,公兼文部卿。四月,征讨台湾之议起。公方病,亟上书议其事曰:"台湾之残暴,妄加残害于我之琉球人。朝鲜当支款之期,而竟拒我之修好使。其无礼无状,固非以兵力讨之不可。虽然,事有缓急,宜分别之。治国之务,以抚民为先。用兵之略,以养力为急。今自维新以来,五六年间,改革政令,尚有未通其宜,处置一切,所失亦颇不少。若朝廷不先抚字下民,竟为用兵之举,似近于以暴易暴之迹。内地民心,其何以辑。今者凡百事具,无论纤钜,多仰给于外国者。经营多端,用度不给,廪帑将倾,外债日增,赋调日益。今之大患,孰过于此。今若举兵,其费固不资,纵能速胜,而善后岂无所需。若或持久,则胜败之计,未可逆赌。则为国家求福,实以速祸。夫内国为本,外属为末。内外本末之辨不明,先后缓急之别先误。臣以为宜先养民,然后徐图后事焉。"不报。五月,辞职。朝廷不许,仅免参议兼文部卿,寻补宫内省出仕。固请挂冠,归山口。

乙亥(1875年)春,征讨台湾之事与中国之谈判,皆未结果。朝廷力求治安。时大藏大辅井上馨罢官,在大阪,阴叹复古功臣,投闲置散,一意欲调和之。会大久保、伊藤二氏自东京，板垣氏自高知，而公亦自山口同至大阪，于是相会，谋将来治国之策，世称之为大阪会议。议合，乃互约后事，相伴还东京。三月八日，再任参议。十三日，板垣氏亦复参议之职。四月十四日，又降谕旨，命六七月开地方会议之举，命公为议长。自是公再入政府，与诸僚共事。王事鞅掌。既而政府措施，渐与大阪会议之目的相阻，颇有与公意及众议不相投合者。十月，江华之警报起，庙堂之事复一变，内阁复因之分离，津岛、板垣二氏去朝，是为"乙亥之轧轹。公以为近日之事，既与素志多违。而朝鲜之事，乃国家之大事。今一二大臣，皆去庙堂。朝鲜之事，谁复处之？以言公义，则当任国家之艰难；以言私，则我末路亦得死所。"乃遂以身自任，请决断速定其旨。俄而罹脑病。因命黑田清隆、井上馨二氏，辨理。公在病中，回忆大阪会议以来，事多拂愿。心颇郁郁，常有嘉遁之志。同辈止之，以待处分朝鲜之结局。丙子（1876 年）三月，黑田、井上二氏毕使事，归自朝鲜。是月，公辞参议。不许。固请。乃罢参议，任为内阁顾问。于是始谢要职焉。已而病愈。

六月，车驾东巡，亲扈侍从，睹民间凋瘵，治绩委靡，时举以闻。七月，东巡归。是时公虽身辞要职，而犹参赞庙堂之枢机。公以为维新之业，由圣天子至仁之德所成。今若任其政治失当，轻躁繁缛，则人民反思封建之旧，而维新之业将隳。今虽大开言路，宽其刑罚，有冤者得以自诉，人民虽以各得其所，然其究似不若封建之旧者。盖以向日诸藩之人民，虽苦于压制，然各自治其地，以自谋殖其物产。即如学校一端，金谷之资，皆所不惜，以期远大之功。故无国无人材，无地无物产。今政府既收诸藩之土地人民，纾其压制，则旧藩主之学校物产，皆为公制公益，政府不能不用力焉。封建之制既变，政府之施为，概类如此。所在人民，渐失其生产之道，而不能通金融殖物产。学校虽多，不过所谓普通小学。年既长而求高等之学者，非求师于都会不可。是以少年二无资者，学不能成，于是诸县志人材日乏。天下之大势，譬之如人身。诸县则犹四肢，政府则如头脑，血液流通于其间，则全身不忧偏废。亦犹资财流通，则天下不患滞壅。比年以来，政府尽征集诸县之金谷，而诸县不能有共支用权。是即诸县日即衰残之原因。亦犹血液不能流通，则四肢将有偏枯者。四肢偏枯，而头脑安得独全。今欲预救此弊，宜分地方自治之权。中央政府，不过司其会计，即官吏亦宜采用其土选。夫置县之初，官吏皆用异乡之人，盖务欲变其旧来积习。是一时权宜之势，不得不然。然其间犹有藉强藩之余威，其官吏仍用土人，而不敢置他乡人者。今则时移势异，诸藩之地，则非他乡人之所能治。欲图挽救,则仍必反其旧习。与以地方自治之权,宜渐次用其土人,以使其自治。盖土人生于其土,情意恳挚,与他乡人比较,则迥相殊,而又习于风俗民情。苟谋事不臧,则终身受谤,而贻耻于子孙。故其用心必深,无苟且一时之弊。亟立区画各县,随今日所确定,他日不更废置分合。以便诸县相勉相励。殖物产,育人才,自谋人民之生业焉。若夫民抚议院者,本欧美各国最美之制。比年以来,人之冀望者日多,但未探究其宗旨。无设立,恐出于一时之轻举,所选议士,又或不得其性格,反受其害而不知。此制未可骤期,宜渐次推之。先起于町村会,以为进步之地,由区会、县会,以至国会。而其所议,必期于划一而后止。又如地方官会议之制,甫经一会,未审其损益何如。此类之制,政府亦宜善措置之,宜察世论之动静,人民之变迁,以布其治。推之天下,何莫如此。

是时东国诸县,土民蜂起,而西国亦有熊本、秋月藩之变。公殊忧之,以为维新之大改革,买之价值过廉言太易也,故譬言之。故行政之官吏,未知人生艰苦,而欲破除人民之生业习惯涉于数百年者。轻举急进,以为一己功名之资。故天下之人心,未之能平。此弊不早为之所,则十余年后,其骚乱有可预测者。盖改革之事,苟无条理,尤为公所最痛心焉。九年(1876年),有金禄公债书发行之举。十二月,鹿儿岛县令并陈鹿儿岛士族与其他士族之情事,请便宜之处分。议者以为宜施特别处置。公曰:"假令鹿儿岛士族,情事稍殊,则区别处分之,有何不可。若政令不出于一,而无端变例,何以示公平。将失全国人民之信。"议遂不合。

明治十年(1877年)一月,车驾幸上国,公扈从。先是,公议屡与众异,徒负苦心。既无益于政府,而又失人民之利,不若挂冠之为愈。以其意陈于庙堂。诸僚切止之。一日,公共大久保利通参议便宜会晤,共谈施政之方向,意志相投,于是稍慰。又共任国家之事。适将西巡,俟还幸时,将大改革地方之政治。至是,公方扈驾。至上国,适鹿儿岛之警报忽至,乃奏请驻辇京师。及发诏征讨,自请当征讨之任。以为比年以来,虽多病不堪任事,然志之所在,毫不让人。今幸当征讨之任,愿自触萨弹,以勤国事。时大久保参议,亦至东京,以兹事体大,公方病,不宜躬亲。不听。是年夏,旧病复发,肝脏大损。病渐笃。天皇遣侍医看护,不离。时兰医希岛路氏在东京学校,而军医监佐藤进自大阪陆军病院,皆来调治。五月十九日,车驾临其寓邸。公时卧床蓐。天皇入室,公转侧褥间。时起,天皇止之,殷勤慰问而去。二十五日,叙勋一等,亲绥旭日大勋章。先是,勋章之制,虽复古功臣,未有得之者。实自公始。二十六日遂卒。年四十四。二十八日,天皇命侍从锅岛直彬就奠于旅馆。赠正二位,并赠金帛,诏曰:"公忠诚体国,勤宣皇室,献替规画,大展邦献。赞维新之洪图,翼中兴之伟业,功全德丰,始终如一。询称国之柱石,朕之肱骨。兹闻溘逝,曷胜哀痛。"进赠正二位,并赐金帛,以示笃恤复古之功臣。皇太后及皇后,皆有赐恤焉。以是日葬于雳山,特旨命仪伏兵护之。又奉特旨,以公裔列华族。明治十七年(1884 年),进叙公爵,示公之行状以荣子孙。

公风神高迈,敬贤爱才。苟有半技一能者,必善容之。人苟通刺,必自迎送,绝无挟贵之意。感恩思义,尤笃于故旧友朋。人有过,未尝面责,而人自洽汗浃背,退后犹兢兢不已。其接人也温,故人皆乐就之。公善诗文,工书法,自号曰松菊。人乞书者,未尝少吝。癸酉(1873 年)冬,方罹病,故以不能任剧职自辞。以其余病,常感于脑。公余之暇,尝借风流以自遣。公所传之诗甚多,今录其一二。

　　　天道不知是与非,阴云汉汉日光微。我君邸阁看难见,春雨和涕满破衣。
书怀
　　　去岁王师迫我境,今朝孤剑入他乡。回头世事变如梦,一片月照男子肠。
戊辰
　　　一穗寒灯照眼明,沉思默座无限情。回头知己人已远,丈夫毕竟岂计名。世难多年万骨枯,庙堂风色几变更。年如流水去不返,人似草木争春荣。邦家前路不容易,三千余万奈苍生。山堂夜半梦难结,千岳万峰风雨声。

《日本维新慷慨史》卷下终

光绪二十八年(1902 年)六月廿八日印刷
光绪二十八年七月廿五日发行